金陵全書

丙編·檔案類

南京城墻檔案

城門的增闢與建設

南京市檔案館 編

南京出版傳媒集團
南京出版社

圖書在版編目（CIP）數據

南京城墻檔案. 城門的增闢與建設 / 南京市檔案館編
. -- 南京 : 南京出版社, 2021.1
（金陵全書）
ISBN 978-7-5533-3095-2
Ⅰ. ①南… Ⅱ. ①南… Ⅲ. ①城墻－史料－南京
Ⅳ. ①K928.77
中國版本圖書館CIP數據核字(2020)第250197號

書　　名　**【金陵全書】（丙編・檔案類）**
　　　　　　南京城墻檔案・城門的增闢與建設
編　　者　南京市檔案館
出版發行　南京出版傳媒集團
　　　　　　南 京 出 版 社
社址：南京市太平門街53號　　郵編：210016
網址：http://www.njcbs.cn　　電子信箱：njcbs1988@163.com
聯系電話：025-83283893、83283864（營銷）　025-83112257（編務）

出 版 人　項曉寧
出 品 人　盧海鳴
策　　劃　盧海鳴　朱天樂
責任編輯　崔龍龍　朱天樂
裝幀設計　王　俊
責任印製　楊福彬

製　　版　上海雅昌藝術印刷有限公司
印　　刷　上海雅昌藝術印刷有限公司
開　　本　889毫米×1194毫米　1/16
印　　張　44.25
版　　次　2021年1月第1版
印　　次　2021年1月第1次印刷
書　　號　ISBN 978-7-5533-3095-2
定　　價　1000.00 元

南京出版社
圖書專營店

目録

壹　市政公報

貳　建築挹江門城門工程

叁　添建挹江、中山、玄武三城門及裝修各城門工程

肆　改建武定門城門工程

伍　移裝通濟門城門工程

柒　修建中華門及金川門城門工程

捌　中山、中華、挹江門等六城門裝置電動開關工程

南京城墻檔案

城門的增闢與建設

壹

市政公報

市政府為函復中華門增闢城門已飭市工務局提前辦理致首都警察廳公函（一九三〇年三月十九日）

首都市政公報　公牘

款准予分為兩期撥款並先行籌撥六百元交本府事務股
核收案由　指令第一六號　十九年三月二十四日
簽復為工務局修築罵駕橋至沐府西門石片路預算工
款因市庫支絀擬分期籌撥由
簽呈已悉准予分兩期撥款應仰先行籌撥六百元交本府事務
股具領支付除交工務局知照并令事務股外仰即遵照此令
附原呈
為簽呈事現奉
鈞府發下工務局呈送修築罵駕橋至沐府西門石片路面工事
預算一案查該項預算既由參事室審查相符自當照撥現雖值
市庫支絀之際惟事關路政當由職局勉力分期籌撥是否有當
理合簽呈
鑒核謹呈
市長劉
附呈繳工務局原呈一件
預算表一份
參事室函一件
財政局局長金國寶謹簽
三月十八日
▲訓令事務股為飭填單向財政局具領修築罵駕橋至沐府

一六

西門石片路工款由　訓令第一七號　十九年三月二十
四日
為令遵事案查前據工務局長陳和甫呈送估計修築罵駕橋至
沐府西門石片路預算需洋一千一百八十八元零九分請鑒核
撥款一案當經發交參事室審查尚無不合即經令交財政局審
核在案茲據復稱以現值市庫支絀擬請分期籌撥等情據此除
指令該局長即將該項工款分為兩期撥發並先撥六百元外合
行令仰該股即便遵照填單前往具領以便支付此令
市長劉紀文

■（一二六）函復中華門增闢城門已飭工局提前辦理案

▲公函首都警察廳為函復中華門增闢城門本府早有計劃
以無款未即實行茲已令飭工務局迅予籌議提前辦理請
查照由　公函第二四號　十九年三月二十五日
逕復者本年三月十九日准
貴廳第六三號公函內開案據第六局局長周代殿呈稱竊職轄中
華門外商業繁盛人烟稠密凡屬米販樵夫魚鹽水菜麕集一隅
一般車載驢負以及肩挑手挈之徒往來絡繹途為之塞行抵城
門擁擠尤甚每至數小時之久不能通行秩序紊亂而車輛笨重
衝撞毀傷尤屬情所難免且該中華門南通雨花台直透陶吳鎮

東隣秣陵關西接江甯鎮爲首都城內外出入咽喉商市繁殷區域之一若不及早設法殊非利民便商之道茲查中華門左右原有六城洞固塞已久內外餘地本屬官基現均建築民房計城內左右三十一戶城外左右十三戶務將各該戶等一律拆卸使原有各城洞重闢其二成爲三門左供車貨進城右供行人進城其中專供出城大道庶秩序不紊交通無阻并飭據戶口調查員查明該處房屋皆係平房抑又破壞不堪縱予拆卸各該戶受害尚少將來城洞啓闢交通利便地方之獲益良多事關交通要政實係當務之急用是不揣冒昧謹以蠡測之見貢陳採擇是否可行理合繪具中華門圖樣備文呈請鑒核轉請市府施行等情並中華門圖樣一紙據此經派保安科第三股主任潘敦徽切實勘查呈核茲據復稱職遵即於昨日上午十一時前往中華門查得該門計有城牆四道最外一道厚約十四五丈左右兩旁共有六洞洞約十二三丈洞後牆壁磚石堅砌如故閘係從前戍卒駐守之用並無已通復塞痕跡寬度高度比較中華門挨次略小其他二三四道城牆各厚約一丈餘門旁並無一洞若開闢城洞時當須將各該道城牆逐一在門旁添闢二門或竟完全拆去方克濟事似此項工程視在其他單道城牆處闢門勞費何止倍蓰至夾住城門內外應須拆讓戶數均與原報相同所估亦係官基再職查察該城內外確係市面殷繁交通擁擠實有設法疏通之必要惟查市府曾於十七年在距中華門迤左一里地方開一武定門現尚未能完全通行上年冬間因添築子午線路曾函知本廳又在中華門左約二三百步興工開闢子午門當時以南段路身尚未築成並未繼續施工該兩門能早日闢成則城南一帶內外交通似可不至專恃中華門爲尾閭矣等情前來查該員等所呈中華門內外商市殷繁交通擁擠尚屬實情惟事關市政設計相應檢同中華門圖樣一紙函請貴府俯賜察核辦理並希見復爲荷等由並圖樣一紙過府查中華門增闢城門最近

國府公布之首都幹路系統圖業經規定該項計劃係保留現有月城全部而另於月城四週固以道路計應闢門二道茲准前由業已令飭工務局迅予籌議以便提前辦理又查前擬開闢之子午門現因幹路系統圖內子午路路線業有變更闢門之議已不適用相應函復統希

查照爲荷此致

首都警察廳　　市長劉紀文

■(二七)復復丹鳳街道路業已轉飭勘修案

▲公函首都警察廳爲函復丹鳳街道路業已轉飭工務局派工勘修由　公函第二五號　十九年三月二十五日

逕復者案准

（一）市政府爲開闢金川門與小東門間城門給市工務局的訓令（一九三〇年五月二十日）

逕復者案准
貴會函囑規定地址闢設菜場并見復等由准此當經轉飭工務局遵辦去後茲據復稱案查接管卷內對於本市闢設菜場擬將人煙稠密之處先行舉辦如利濟巷八角井老米橋顧樓街和會街大中橋太平里等處菜市業經擬定計劃造具預算一俟款項撥發卽行分別興工舉辦等情據此除飭積極進行外相應函復卽希
查照轉知爲荷此致
中國國民黨南京特別市執行委員會

市長魏道明

（三二）招商承辦公共汽車案

▲訓令工務局爲議決市區內公共汽車招商承辦事項由工務局辦理令仰遵照由　訓令第七七號　十九年五月十七日

爲令遵事案查五月十三日本府第一一四次市政會議本市長交議據代理工務局長趙志游簽請撤銷振裕公共兩汽車公司行駛權俾便招商承辦而維交通案決議通過市區內公共汽車招商承辦事項由工務局辦理在案合行令仰該局長卽便遵照此令

市長魏道明

▲訓令工務局爲議決招商承辦公共汽車章程第九條乙款文字修正爲資本總額百分之五之年息又志願書格式通過令仰遵照由　訓令第八八號　十九年五月二十日

爲令遵事案查五月十六日本府第一一五次市政會議本市長交議修正南京特別市政府招商承辦市區內公共汽車章程第九條乙款字句及承辦志願書條件格式案決議章程第九條乙款文字修正爲「資本總額百分之五之年息」志願書格式通過等語在案合行令仰該局長卽便遵照此令

市長魏道明

（三三）開闢金川門小東門間城門案

▲訓令工務局爲議決金川門小東門間開闢城門案已照案通過一面設計工程一面照案提請首都建委會決議施行除已於市民村計劃案內提請首都建委會審議外令仰遵照由　訓令第七九號　十九年五月十九日

爲令遵事案查五月十三日本府第一一四次市政會議本市長交議據代理工務局長趙志游提請在金川門小東門間開闢城門以便遷移棚戶並請照撥工款二千五百元案決議照案通過一面設計工程一面照案提請首都建設委員會決議施行等語在案除已於市民村計劃案內併案提請首都建委會審議外合行令仰該局長卽便遵照辦理此令

市長魏道明

■（三四）令知各局工程在五百元以下者自行招工估價由工務局審核案

▲訓令工務各局據該工務局呈爲工作日見緊張關於財政衛生等局請修市房及公廁等項擬由各該局自行招工辦理案議決工程費在五百元以下者由各局自行招工估價由工務局審核其須設計者仍由工務局辦理令仰遵照由　訓令第八十二、三號　十九年五月二十日

爲令遵事案查五月十六日本府第一一五次市政會議本市長交議該工務局呈爲工作日見緊張關於財政衛生等局請修市房及公廁等項擬由各該局自行招工辦理案決議工程費在五百元以下者由各局自行招工估價由工務局審核其須設計者仍由工務局辦理等語在案除令知工務局並分行外合行令仰該局長即便遵照此令

市長魏道明

■（三五）呈復小營新建營房東南角馬路已飭局興工案

▲呈總司令部爲小營新建營房東南角馬路已飭工務局興工至富貴山道路現正由該局設計中復祈鑒核由　呈第一號　十九年五月二十日

呈爲呈復事本年四月二十六日奉

鈞部經發總字第一六六五號訓令內開案據軍政部軍需署長俞飛鵬呈稱案據藏署工程處處長黃爲材呈稱竊查小營新建營房東南角原有馬路已經截斷應即在溝外另築馬路俾與原有道路接通再富貴山教導隊官長宿舍現已建築完竣該處直達太平門道路及宿舍外道路擬請一併由工務局建築俾利交通理合檢同圖樣呈乞轉呈總部轉飭市政府迅予辦理實爲公便等情據此理合檢同圖樣備文轉呈仰祈鈞座鑒核俯賜轉飭市政府迅予查照辦理實爲公便計呈圖樣二張等情據此除指令外合行令仰該市長即便轉飭工務局遵照辦理切切此令等因並附發圖樣二張辦畢仍繳奉此查小營新建營房東南角馬路（即荷包套馬路）遵已令飭由工務局興工改築爲石片路約一星期內即可完竣至富貴山道路亦經飭由該局實施測量迅予計劃俟設計完畢另文呈請核示外奉令前因理合檢同原圖二張先行呈復仰祈

鈞長鑒核謹呈

陸海空軍總司令蔣

（二）市政公報有關開闢金川門與小東門間新城門的消息（一九三〇年七月十五日）

工務消息

擬定養路計劃

▲全市劃分爲七區
▲每日派工梭巡修理

工務局長趙志游，以本市現所修成之馬路，所費公款甚鉅，關於養路一項，尤應特別注重，俾已修成之路，不致荒廢，特擬具養路計劃，將全市劃爲七區，每區設監工員一人，工人若干名，每日梭巡各路，凡區內道路溝渠，如有損壞，隨時修補，並定有嚴行考核章程，以資獎懲云。

放寬益仁巷至昇平橋馬路

▲工務局已擬具計劃

工務局以益仁巷馬路，早經開闢，珠寶廊至下關馬路，亦已通達，惟益仁巷經過昇平橋一段，路面過狹，不足以便利交通，該局特擬具計劃，即日將該路放寬云。

招工改建四象橋

工務局現擬將益仁巷四象橋改建爲鐵筋洋灰橋，預算約値洋一萬五千元，已通告招工承包，凡曾在京滬兩市得有甲種登記執照，並有鐵筋洋灰工程經驗之營造商，願承包此項工程者，可於即日起，逕往該局領取圖樣，及施工細則，投標規則等件，隨繳圖樣費二元，投標時須繳保證金五百元，或殷實銀行保信，於七月十五日上午十時，在該局當衆開標，，保證金當時發還云。

招工開闢新城門

▲金川門與小東門間

本府據工務局呈，以金川門小東門間開闢新城門，並於城內外添築馬路等工程，已召由石城營造廠承包，又原擬路線較爲灣曲，恐不便於交通，現擬改爲直線，特檢同合同暨改直路線圖，呈請分別鑒核示遵，本府以檢送合同，尚無不合，改直路線亦屬妥善，已指令該局照辦云。

教育消息

暑期衛生教育講習會定期開學

（三）市政府爲開闢金川門與小東門間新城門給市工務局的指令（一九三〇年七月三十一日）

▲指令工務局爲據呈送交通路第二段路面工程合同請備案等情指令照准由　指令循字第三九七號　十九年七月二日

呈一件爲呈送交通路第二段路面工程合同請鑒核備案由

呈件均悉查該合同所訂包價總額洋一萬三千元核與預算數目相符應准備案仰即知照此令附件存

附原呈

爲呈報事案奉

鈞府循急字第八一號指令職局呈送交通路第二段路面工程圖樣預算請核示由內開呈鑒鈞悉查核送到交通路第二段路面工程預算尚屬覈實所擬圖樣亦無不合應予照准除令財政局撥款外仰即具領興工可也此令附件分別存轉等因奉此茲經招由石城營造廠承包建築計包價洋一萬三千元正已于五月二十日訂立合同剋期興工除遵填單逕赴財政局領款外理合檢同合同一份報請鑒核備案指令祇遵謹呈

市長魏

附呈合同一份

代理工務局局長趙志游

■（一五）令飭擬具建築新住宅區計劃案

▲訓令工務局爲令飭擬具建築新住宅區計劃並勘明應行圈用土地畝數呈核由　訓令環字第三三〇號　十九年七月三日

爲令遵事案准

首都建委會秘書處函開關于魏委員道明提議擬圈用地建築模範區案前經本會第二十六次常務會議議決交工程經濟兩組審查去後茲據報告會同審查結果查本案所述購買土地分段建設之意與大會提案孔委員祥熙及魯委員滌平計劃原旨相同果能早見實施確足以資提倡而促首都之發展所擬辦法及地段亦尚適當惟模範區宜改稱新宅區較爲妥善等情前來又經提出第二十八次常務會議議決照審查案通過等因相應函達即希查照等由准此合行檢發原提案令仰該局長即便遵照擬具建築新住宅區計劃並勘明應行圈用土地畝數呈候核辦此令

計發原提案一件

市長魏道明

■（一六）招工開闢金川門與小東門間城門案

▲指令工務局爲金川門與小東門間招工開闢城門合同准予備案所請將馬路改爲直線亦屬可行仰即遵照由　指令循急字第二二八號　十九年七月四日

呈一件爲呈報金川門與小東門間城門已招工開闢並擬將馬路改爲直線附呈合同圖樣請鑒核備案由

呈件均悉查核送到合同大致尚無不合應准備案至所請將原擬灣曲路線改爲直線爲便利交通計亦屬妥善可行併准照辦仰即知照此令附件存

附原呈

爲呈請事竊查建築金川門小東門外市民村擬在小東門南首約三百五十公尺處開闢一門以便出入一案業經職局遵照鈞府第一一八次市政會議議決案派令技正許成行會同馬參事黃參事唐土地局長前往勘定開闢地點即經分別造具預算計闢門需銀一千五百八十七元二角五分城內外築路需銀一千二百三十四元九角九分當于六月四日檢同預算圖樣呈請鈞府核示旋奉指令第八六號照准在案茲經召由石城營造廠承包闢門工程即以所挖之土分墳城內外土路共計包價二千一百二十七元零九分即日訂立合同尅期興工惟闢城所得之土計算結果不足以墳城外三公尺之土路故擬于上項合同工程了結後再就預算所餘之款另在城根挖土借墳以便完成至該城外土路原擬路線較爲灣曲似于交通方面不甚便利現擬改爲直綫以資便捷除通知包工外理合檢具合同暨改直路綫圖樣各一份具文呈請鑒核俯賜分別示遵備案實爲公便謹呈

市長魏

計呈送合同一份圖樣一紙

代理工務局局長趙志游

■（一七）令發修正登記船隻規則案

▲訓令工務財政局爲令發修正登記船隻規則仰遵照施行由

訓令循急字第二三一號　十九年七月四日

爲令發事案查六月二十七日本府第一二四次市政會議本市長交議參事室審查工務局修正登記船隻規則報告案決議照審查案修正通過在案除令財政工務局並公布外合行檢發規則令仰該局長即便遵照施行此令

計發登記船隻規則二十份

市長魏道明

■（一八）塡平交通路北段河道案

▲指令工務土地局爲塡平交通路北段河道請令財局籌撥塡費俟灘地處分後再在地價內扣還請鑒核案由　指令環急字第二六〇號　十九年七月五日

會呈一件爲塡平交通路北段河道請令財局籌撥塡費俟灘地處分後再在地價內扣還請鑒核由

會呈悉准如所擬辦理仰即編送預算以憑轉飭財政局撥款可

南京城墻檔案

城門的增闢與建設

貳

建築挹江門城門工程

市政府關于送建築挹江門城門計劃圖請查照審議致首都建設委員會公函（一九三〇年八月十四日）

南京市政府（公函）首都建設委員會

事由	擬辦	決定辦法	備考
函送建築挹江門城門計劃圖請查照審議見復	鋳		
附件			

（　）字第　號　年　月　日　時刻

收文　字第　號

南京市政府公函　循字第720號

逕啟者業據代理工務局局長趙志游呈稱竊查挹江門為本市江口至城内出入要道行旅往來至為頻繁前經開闢門址迄未建築城門殊與治安觀瞻兩有妨礙現在該處中山路一段又經奉准繼續開足四十公尺將來交通繁賾警衛出入尤屬重要茲經職局用最經濟辦法計劃建築挹江門三孔式城門一座其形式悉依舊法俾資紀念惟事關國都設計自應先行送請首都建設委員會審議再行遵辦除另擬預算外理合檢同城門計劃圖及挹江門附近計劃平面圖各一紙具文呈請鑒核等情並附圖二紙

據此查該句所擬此項計劃於國都設計有無妨碍自應先送審
議除指令外相應檢同原函請
貴會查照審議見復至紉公誼此致
首都建設委員會
計附送圖二紙
南京市市長魏道明

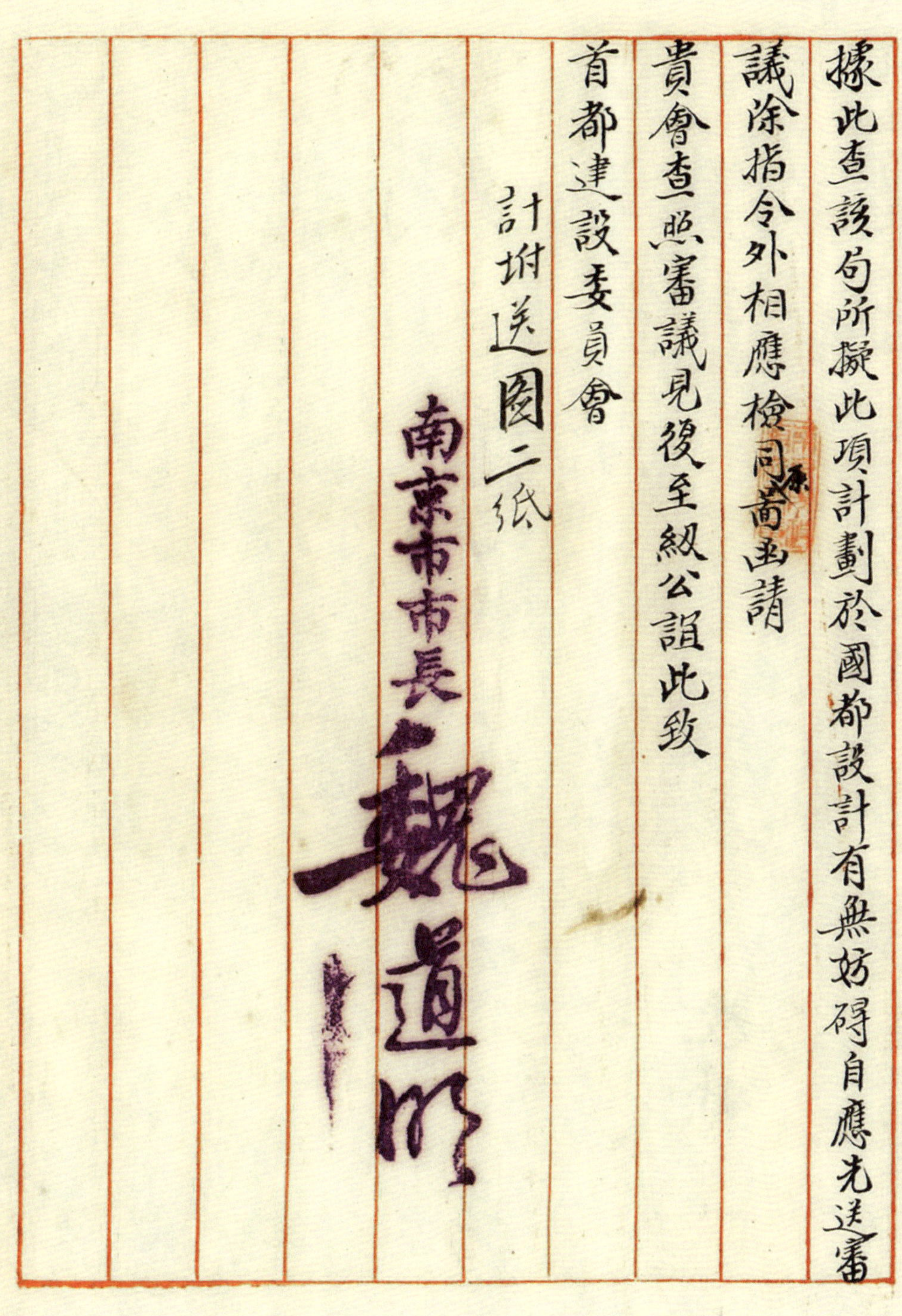

中華民國十九年八月十四日

校對

監印李惠龢

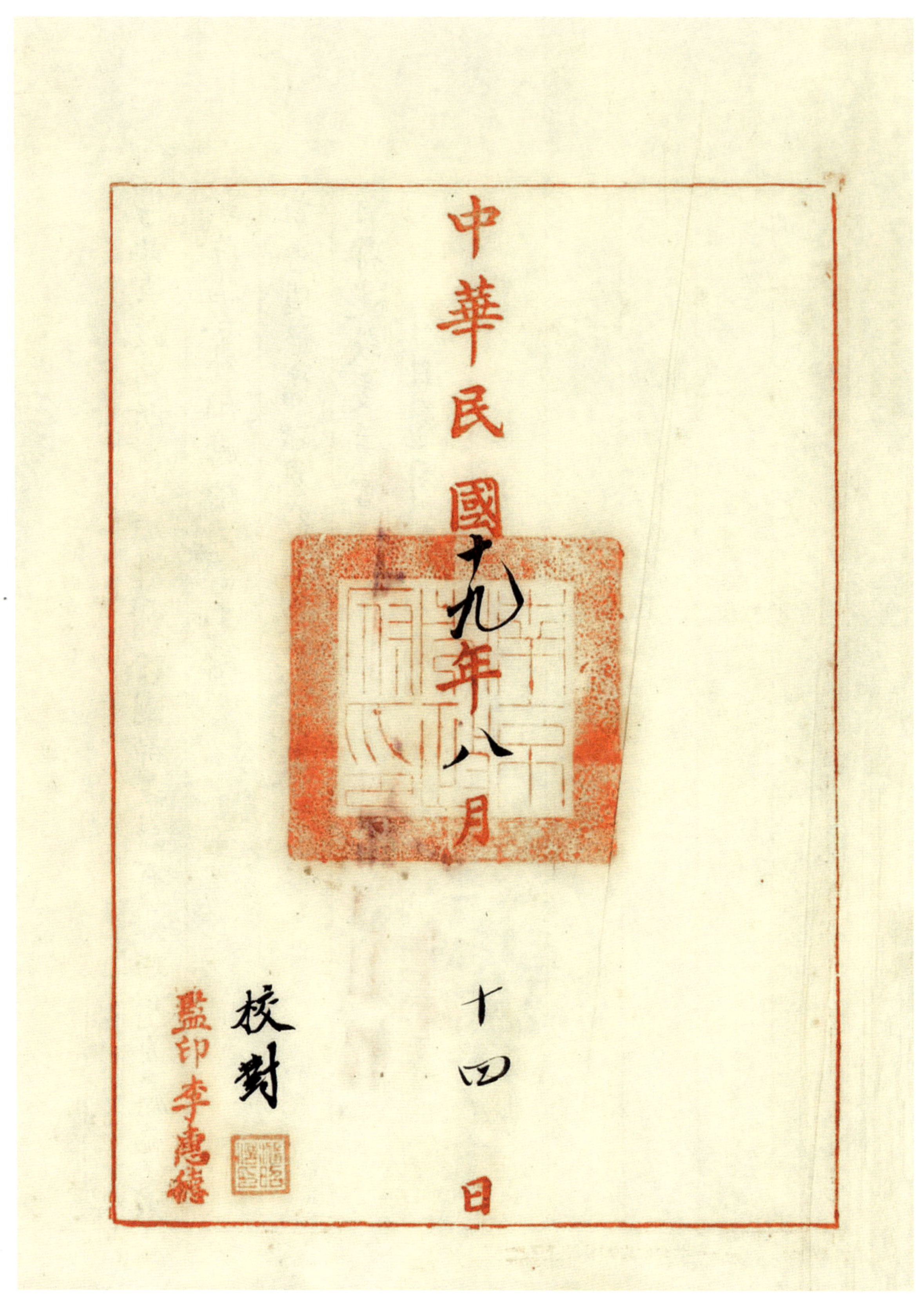

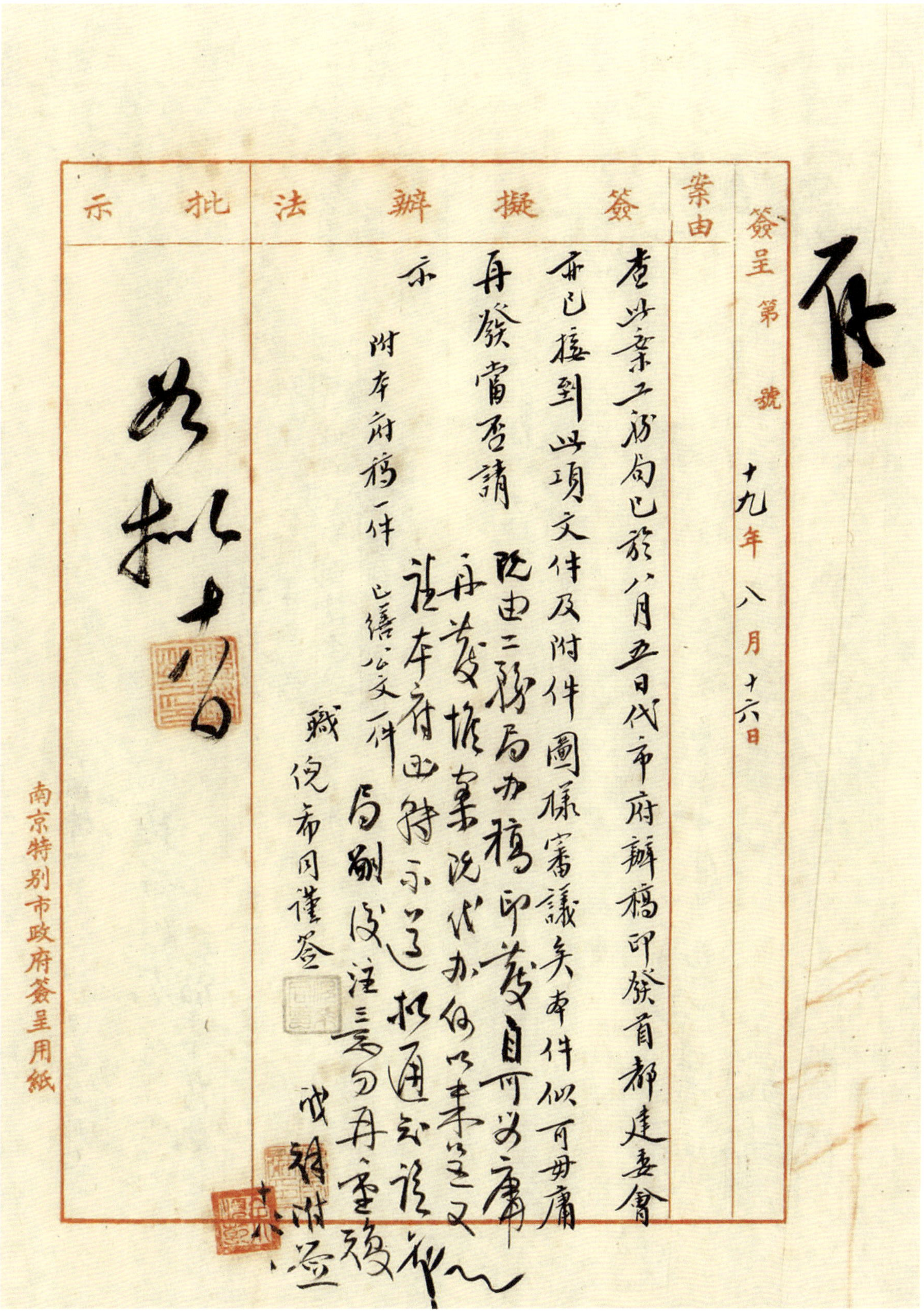

存

簽呈第　號　十九年八月十六日

案由

簽擬辦法

查此案工務局已於八月五日代市府擬稿印發首都建委會
而已接到此項文件及附件圖樣審議矣本件似可毋庸
再發當否請
示

附本府稿一件
已繕公文一件

職倪布同謹簽

既由工務局辦稿印發自可毋庸
再發擬將案呈代辦何以未呈之文
注本府由特示以通知該
局刪改注三字再重複

武楨附簽
十六

批示

如擬
十六

南京特別市政府簽呈用紙

已發 次要 發文 編號報告

南京市政府稿

來文	字第　號
文別	
送達機關	首都建委會　工務局
類別	函　指令
附件	

事由：函送建築挹江門城門計劃圖請查照審議見復由

擬呈送建築挹江門城門計劃圖函轉首都建委會審議由

市長　魏（印）

十二日

秘書長（印）

秘書（印）

科長（印）

股主任

科員（印）

辦事員

十三日

中華民國十九年

交辦	擬稿	核簽	判行	繕寫	校對	蓋印	封發
八月十一日十一時	八月十三日八時	月　日　時	月　日　時	八月十四日十一時	八月十五日十時	八月十五日三時	八月十五日三時

去文　南字第720、721號

檔案　字第　號

此件前由工務局代辦發出，據
因此件存市長室
要故未發出

（南京市政府收發室印）

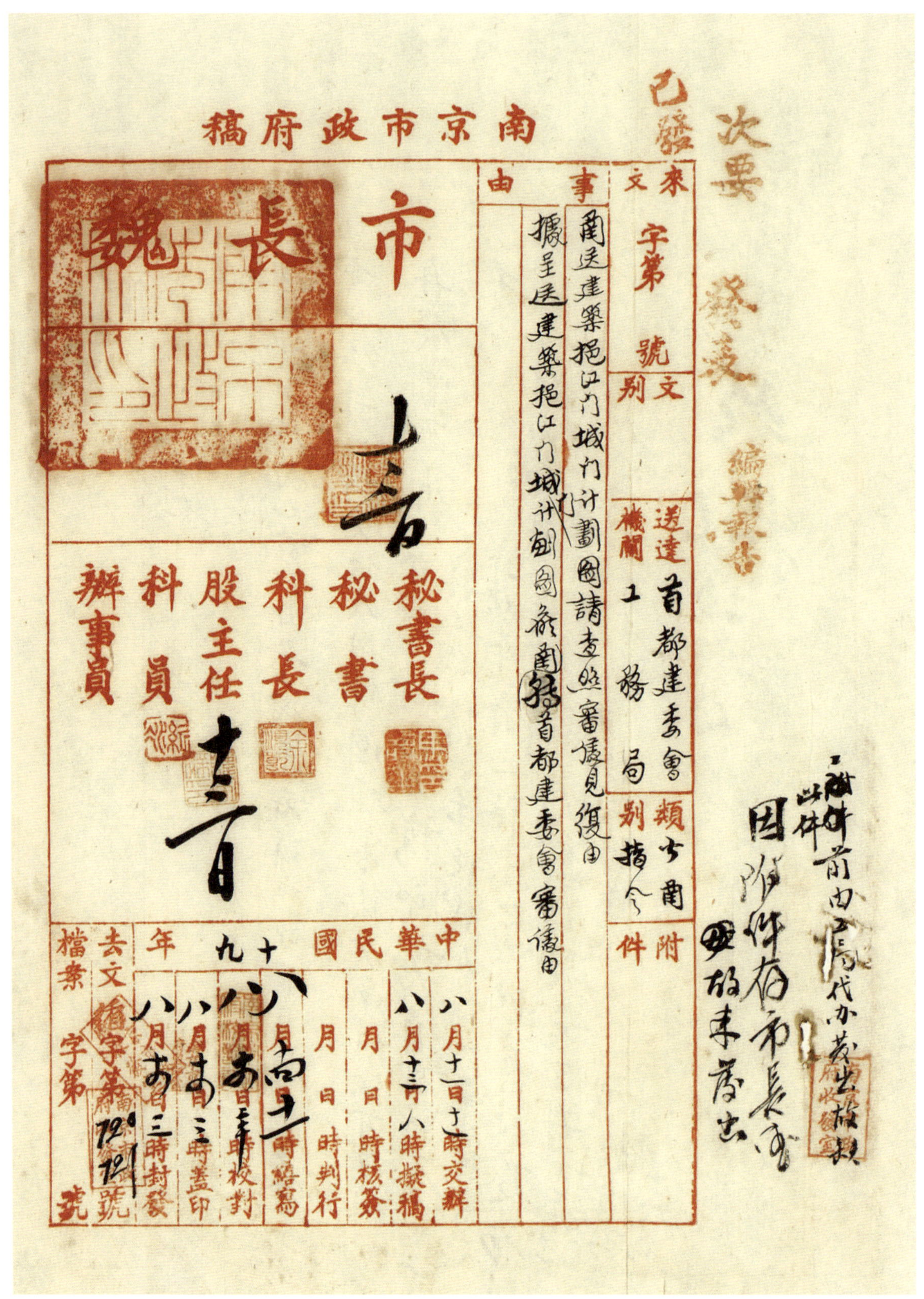

公函第　號

逕啓者：案據代理工務局局長趙志游呈稱：「窃查挹江門照抄到

鑒核」等情，並附圖二紙。據此，查該局所擬此項計劃，於國

都設計有無妨礙，自應先送貴核議，除指令外，相應檢同原圖，函請

貴會查照審議見復，至紉公誼。此致

首都建設委員會

計附送圖二紙

指令第　號

令代理工務局局長趙志游

呈一件呈為建築挹江門城門檢圖請轉函首都建委會

次要

交第一科

文書股

南京市政府工務局 呈 市政府

事由	擬辦	批示	備考
呈為建築挹江門城門檢圖請轉函首都建委會審議示遵由			
附件：圖二紙			

呈 字第 1171 號

民國十九年八月初八日收到 時刻

收文府字第 736 號

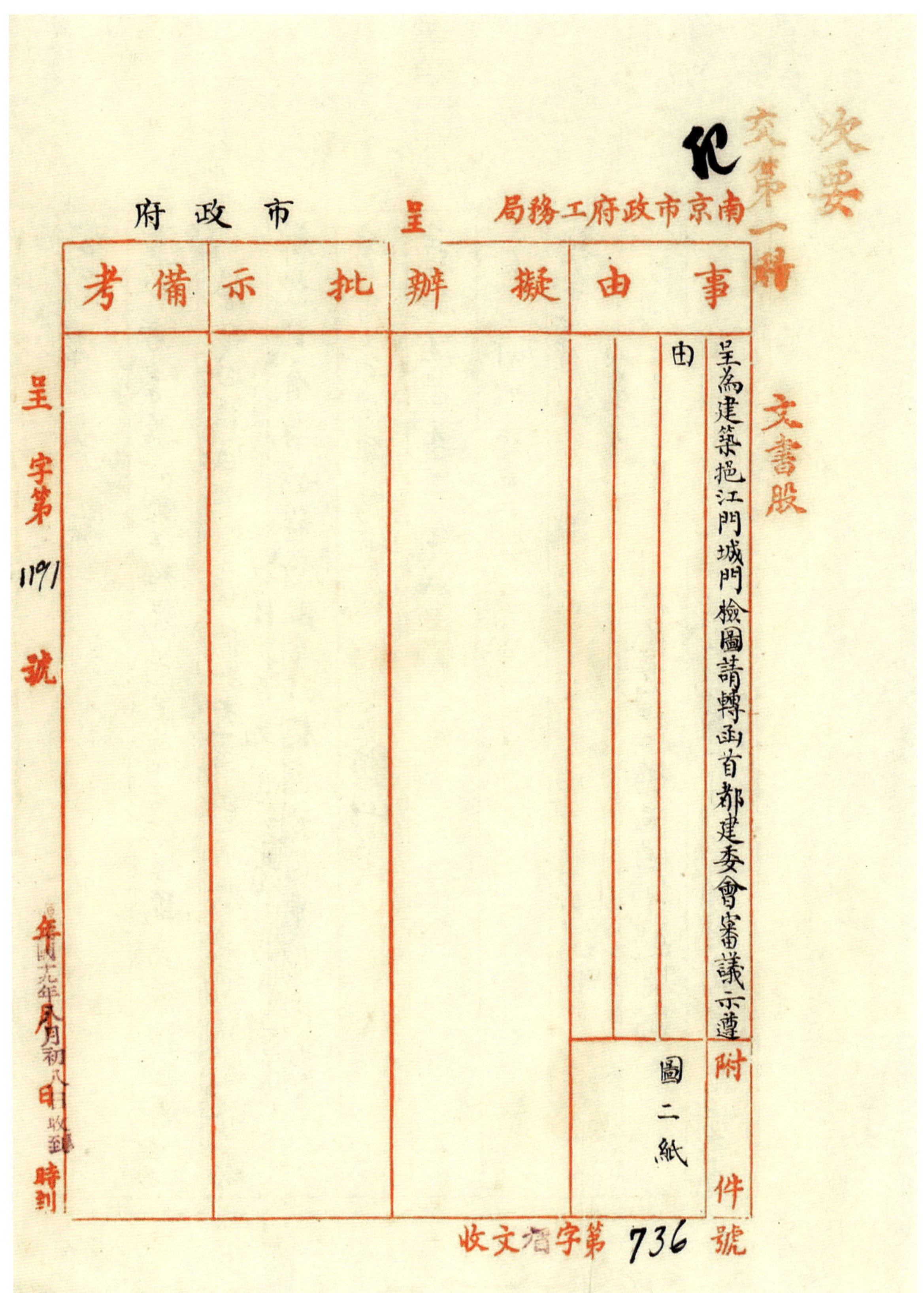

審議示遵由

呈悉、仰候轉函

首都建設委員會審議可也、此令、

為呈請事竊查挹江門為本市江口至城内出入要道行旅往來至為頻繁前經開闢門址迄未建築城門殊與治安觀瞻兩有妨礙現在該處中山路一段又經奉准繼續開足四十公尺將來交通繁賾警衛出入尤屬重要茲經職局用最經濟辦法計劃建築挹江門三孔式城門一座其形式悉依舊法俾資紀念惟事關國都設計自應先行送請

首都建設委員會審議再行遵辦除另擬預算外理合檢同城門計劃圖及挹江門附近計劃平面圖各一紙具文呈請

鈞府鑒核轉函示遵實為公便謹呈

市長魏

計呈圖二紙　先芑市長

代理工務局局長趙志游

中華民國十九年八月八日

校對孫作民

監印孫安民

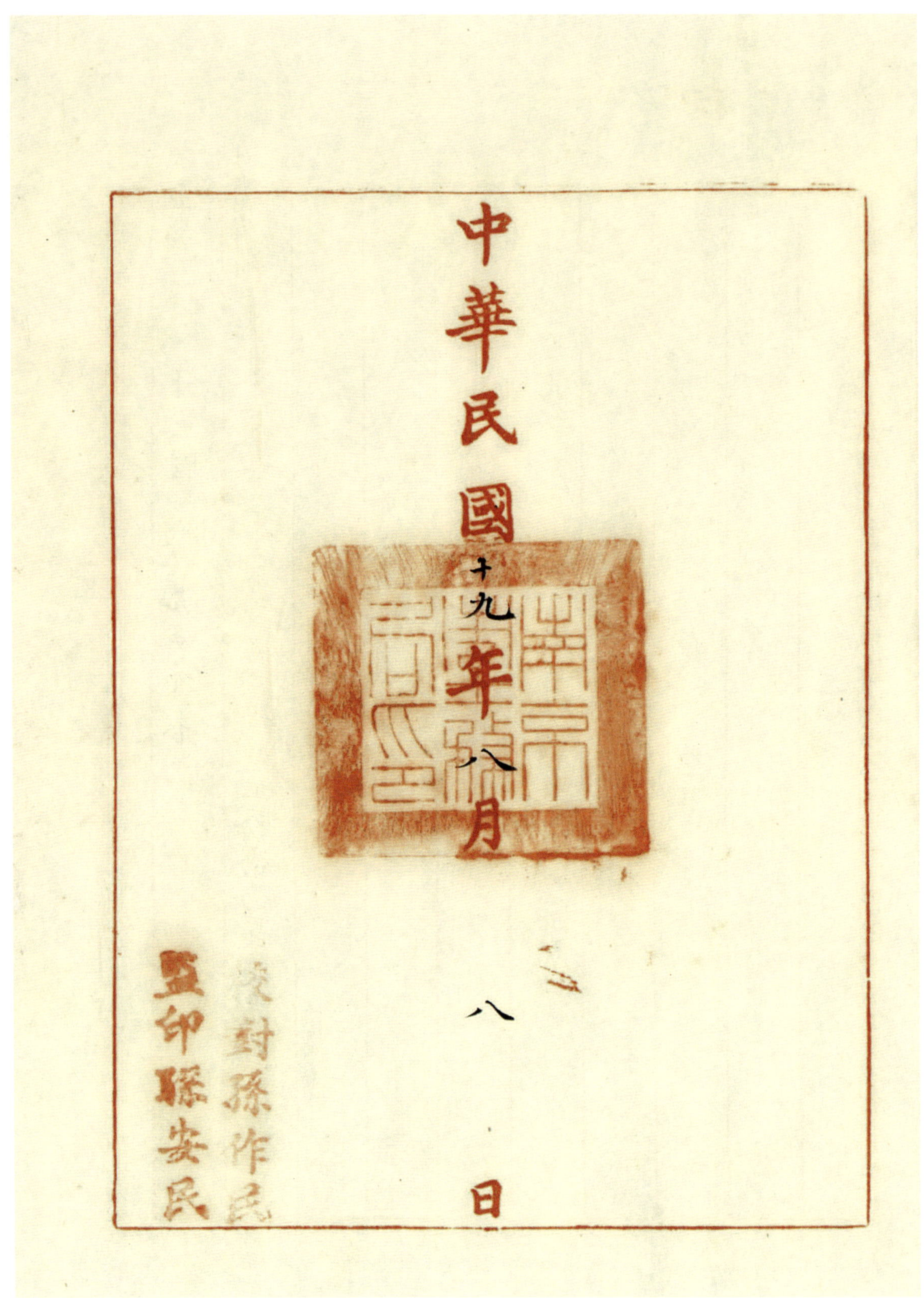

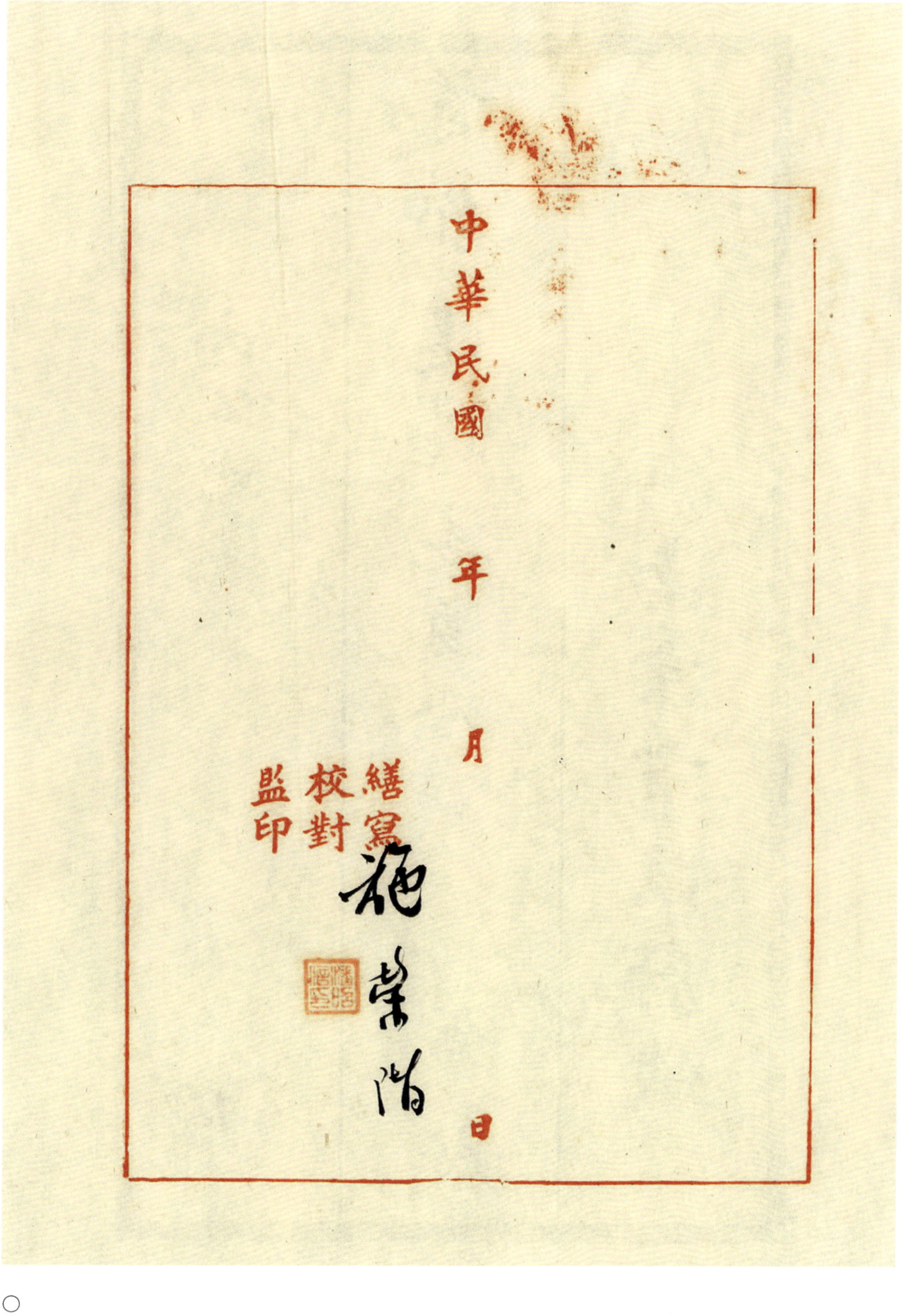
中華民國　　年　　月　　日

繕寫
校對
監印

内公函

120

首都建設委員會　公啟

南京市政府緘

中華民國九年八月十四日

南京市政府稿

來文字第　號	
文別	
送達機關	工務局
類別	訓令
附件	

事由：准首都建委會函建築挹江門城門計劃業經議決通過圖請查照合仰遵照辦具預算呈核由

市長 魏（印）
普（印）

秘書長
秘書
科長 普（印）
股主任 普（印）
科員（印）
辦事員

中華民國十九年

交辦	擬稿	核簽	判行	繕寫	校對	蓋印	封發
八月廿四日時	八月廿五日十時	月日時	月日時	月日時	八月二十六日九時	八月廿六日十時	八月廿六日十五時

去文 檔急字第 464 號
檔案 字第　號

已發
急要
發表
編輯報告

工計

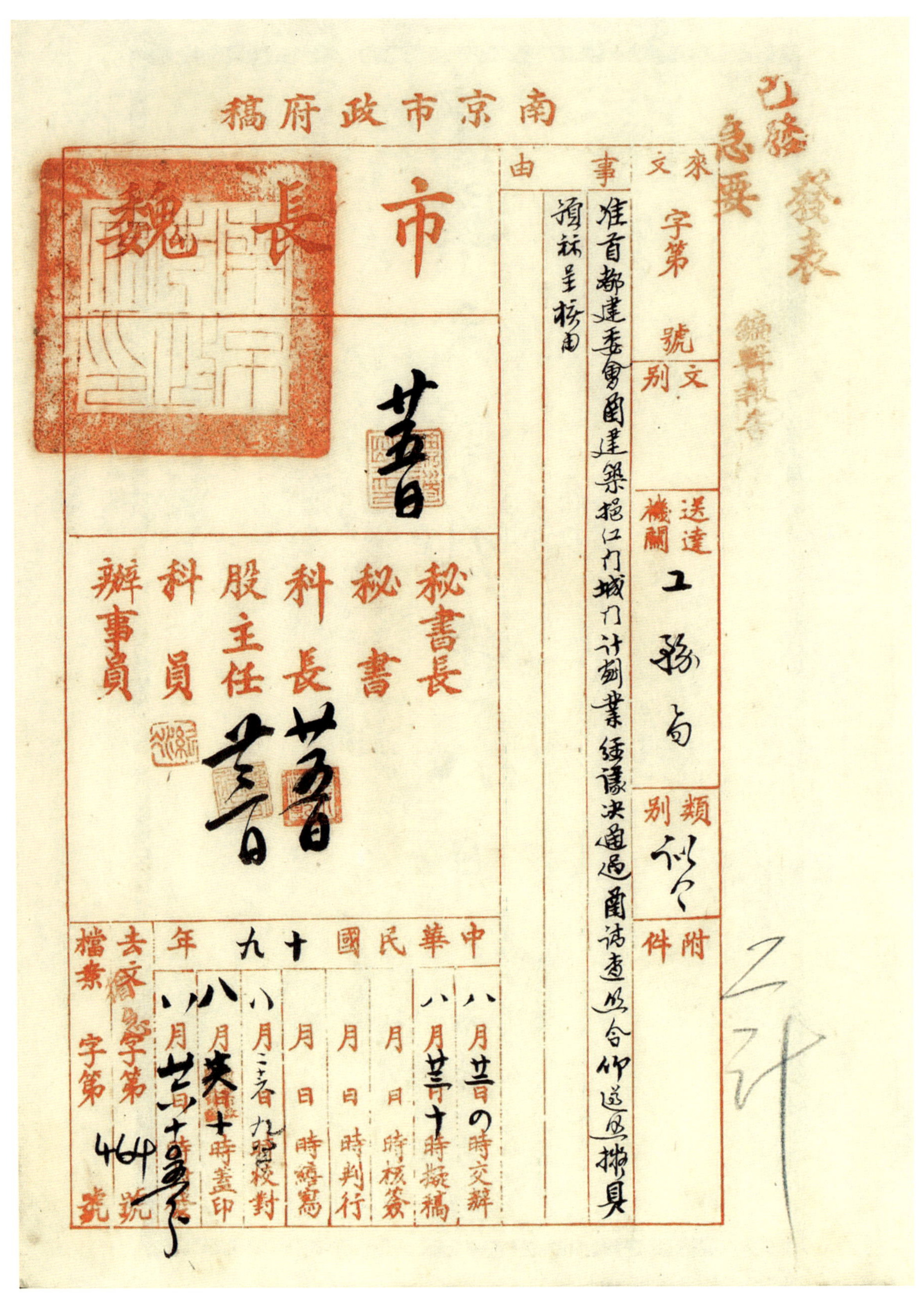

訓令市 464 號

掯急

令工務局長趙志海

為令遵事。案准

首都建設委員會第二七一號函開：案准貴政府函擬即

希查照等由。准此。查此案前據該局呈請，即經轉函審議

在案。茲准前由，合行令仰該局長即便遵照，擬具預算

呈核。此令。

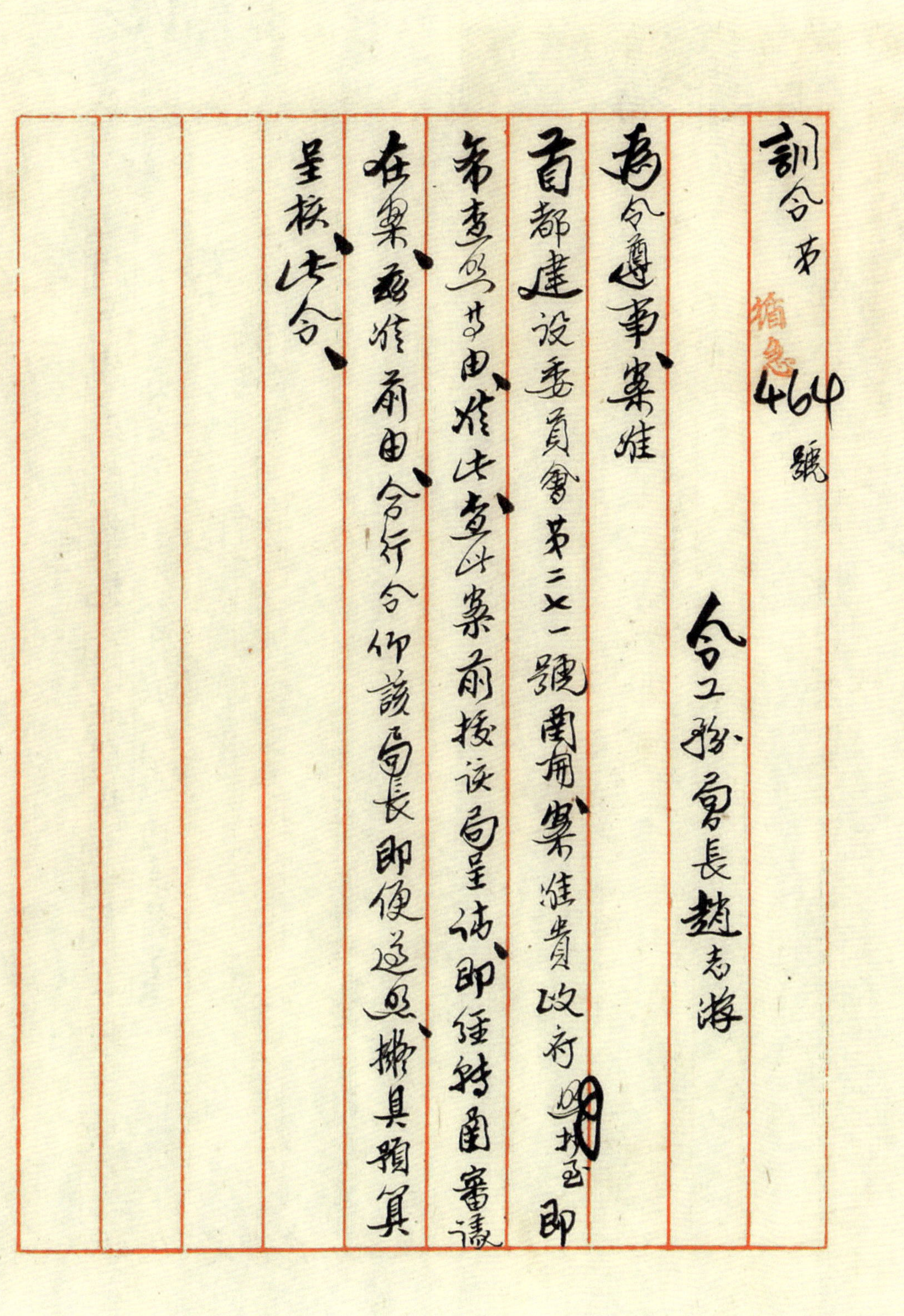

急要 文第一科

文書股

國民政府首都建設委員會公函　　南京市政府

事由	擬辦	批示	備考
關于請議建築挹江門城門計畫業經本會第三十次常會議決通過函請查照由			
附件			

公函　字第　號

中華民國十八年八月廿五日收到　時到

收文急第214號

公函　字第　號

中華民國十八年八月廿[illegible]日收到　時　到

國民政府首都建設委員會公函　字第271號

逕啓者案准
貴政府函請審議建築挹江門城門計劃等因並
附圖紙到會經交工程經濟兩組會同審查旋據報
告審查結果以挹江門交通繁劇與本京治安及觀
瞻有關均有建築城門之必要所擬圖案採取舊法
亦足保存舊日偉大建築核與國都設計並無妨碍
等情當提出第三十次常務會議議決通過等
原呈存
因相應函達即希

查照為荷此致
南京市政府
主席　蔣中正
常務委員　孔祥熙
譚延闓
蔡元培
趙戴文

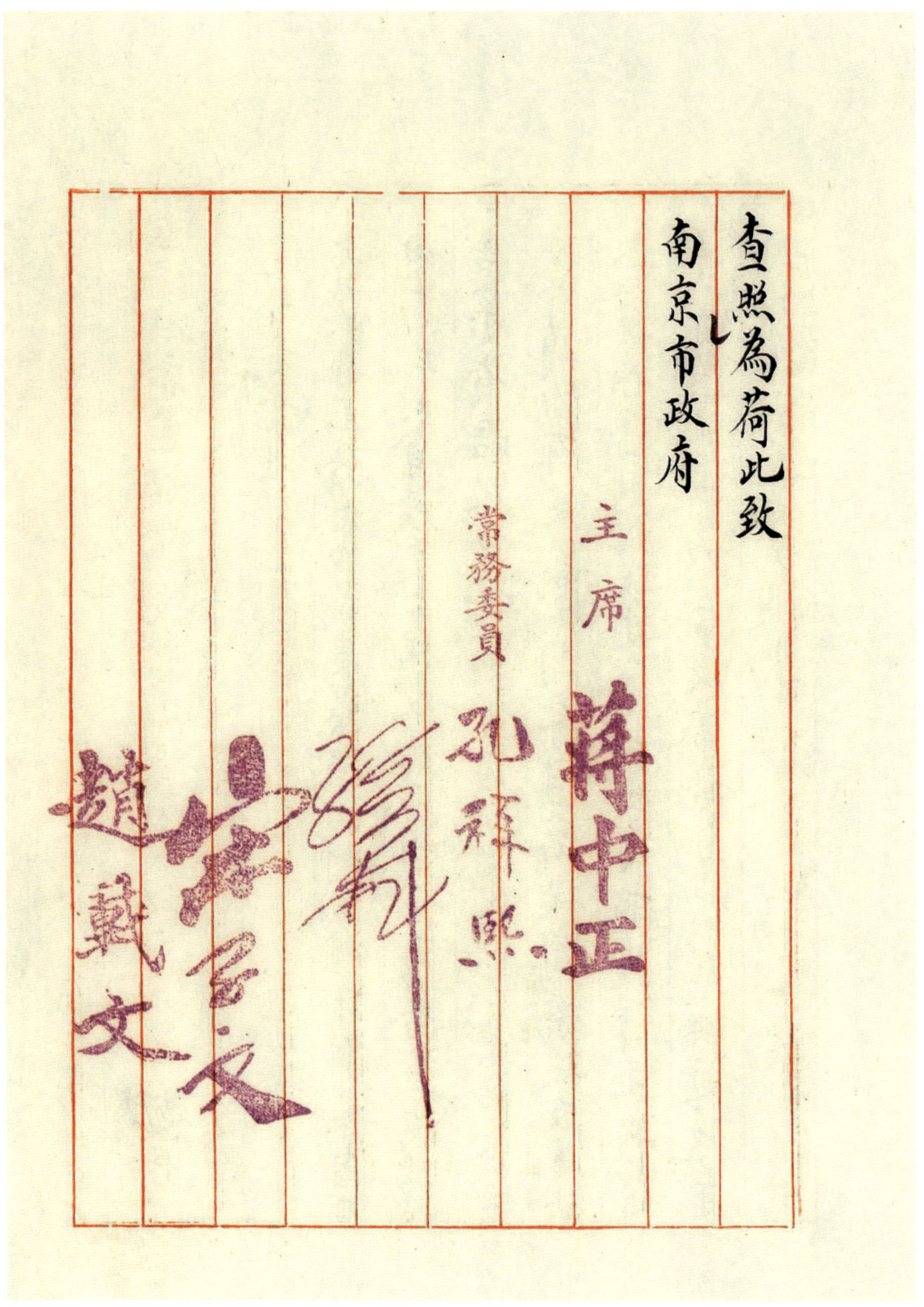

中華民國十九年八月二十一日

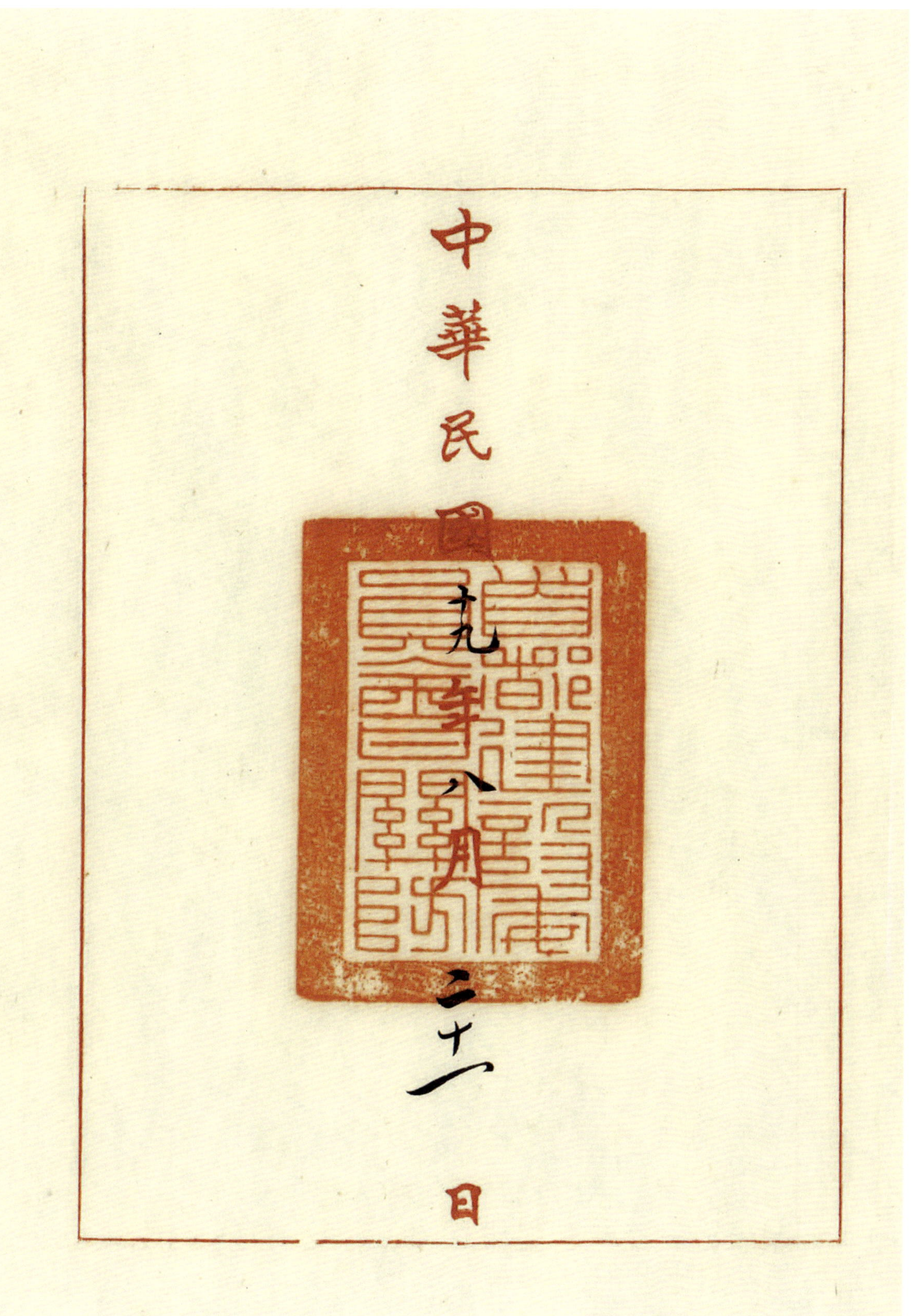

中華民國　年　月　日

繕寫

校對　校對潘昭信

監印

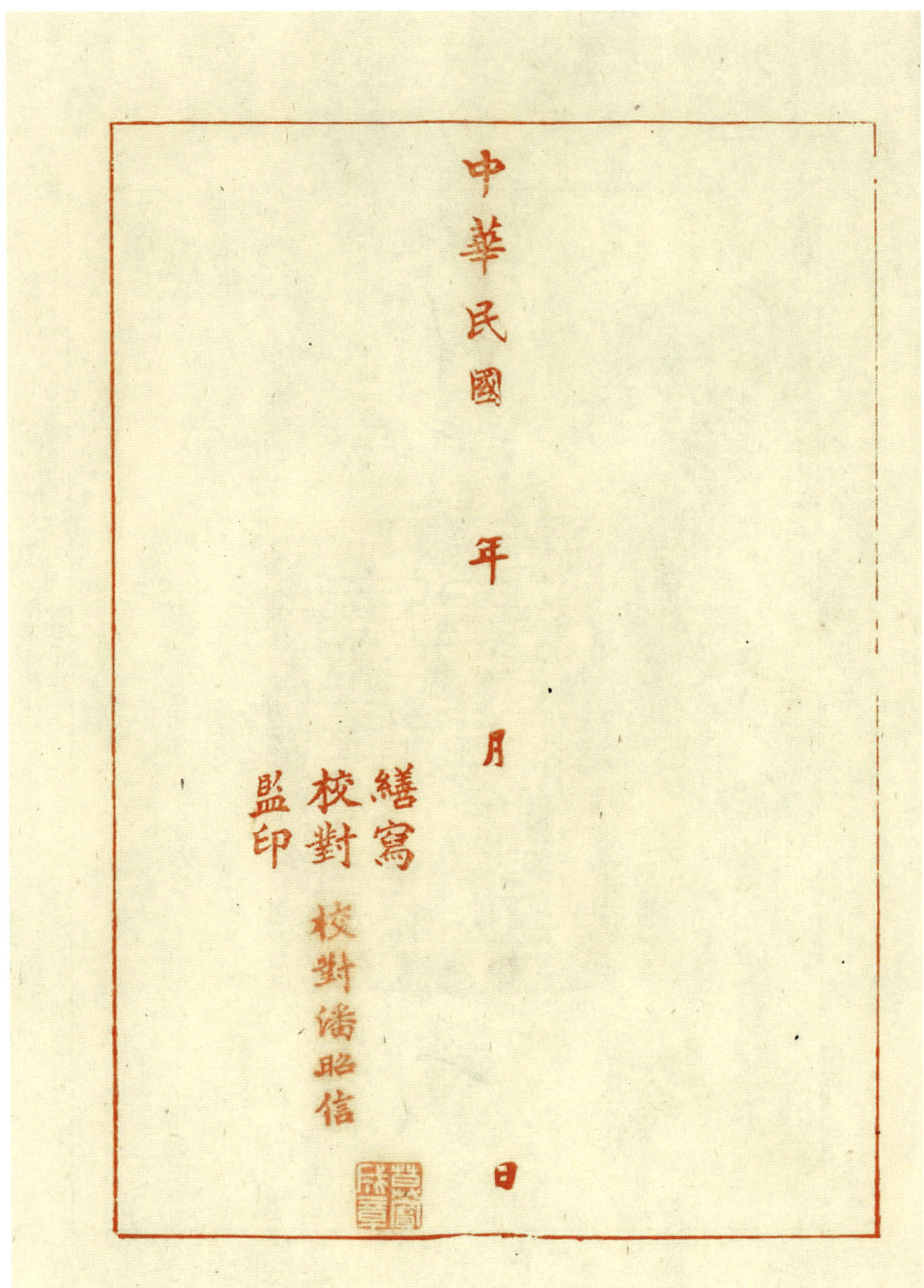

市工務局爲建築挹江門城門擬拆用小東門漢西門内城圈城磚致市政府呈文（一九三〇年九月十日）

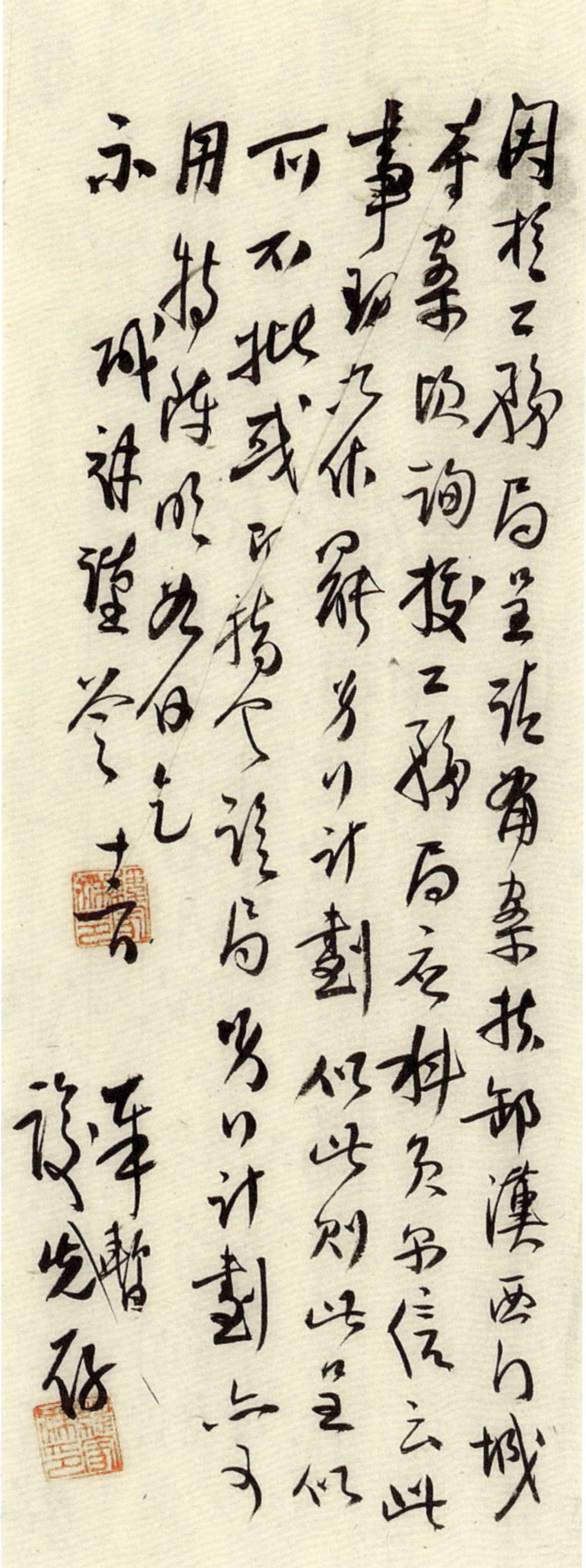

閱核工務局呈請備案拆卸漢西門城本案照詢據工務局云此事現已作罷另行計劃似此則此呈似可不批或只飭令該局另行計劃亦可用特簽陳明如何乞示

職祥謹簽 十一

華聲

許先[illegible]

次要

文第一科

文書股

南京市政府工務局　呈　市政府

事由	擬辦	批示	備考
呈為建築挹江門城門擬拆用小東門漢西門內城圈城磚仰乞備案由	查漢西門內月城之磚首都衛戍司令部一再函以城防重要請勿輕拆應否仍予備案敬請示　九．十二		

附件

呈　字第 1494 號

中華民國十九年九月初拾日收到　時刻

收文　字第 964 號

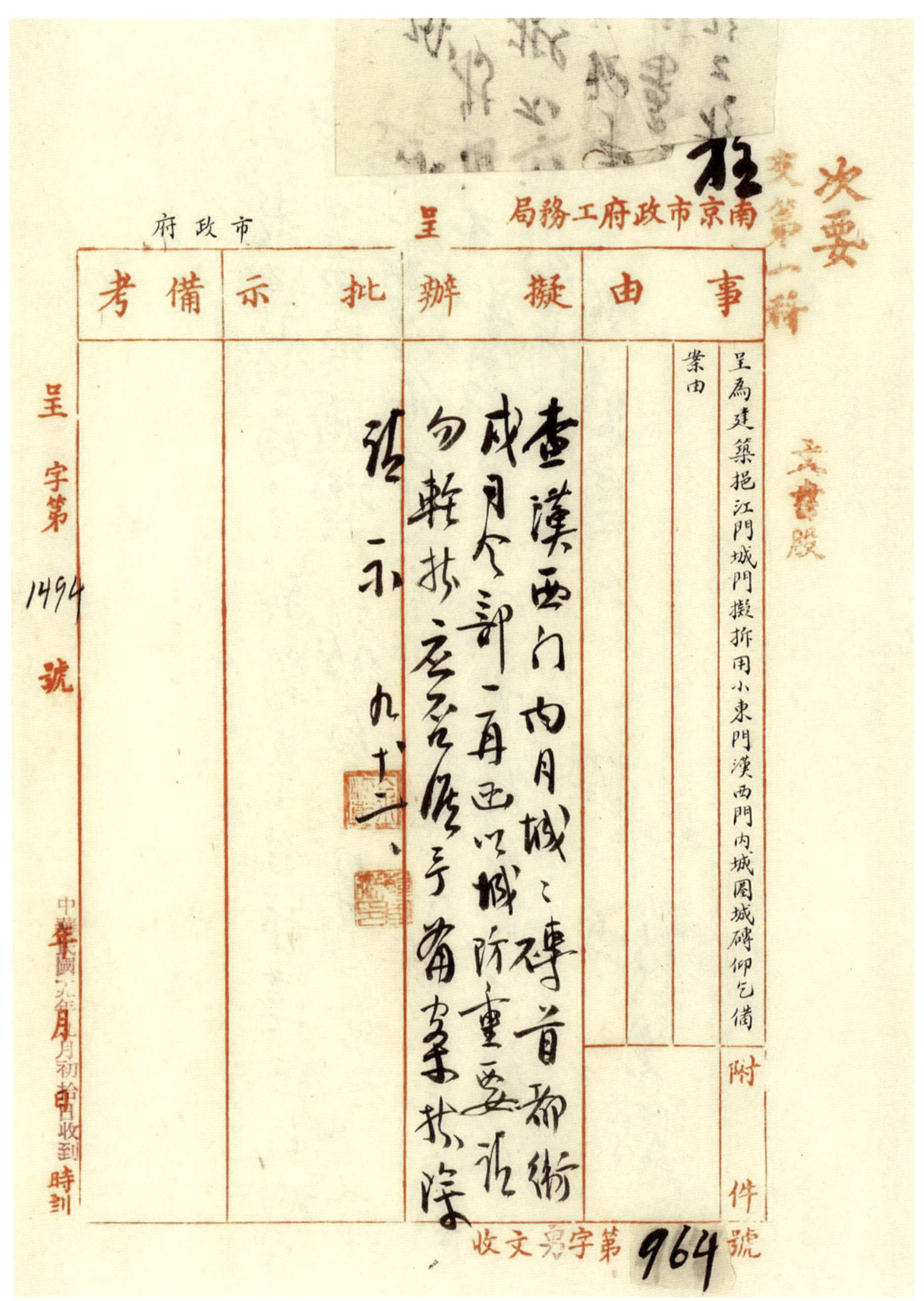

呈為建築挹江門城門擬拆用小東門漢西門內城圈城磚仰祈
鑒核備案事竊查建築挹江門城門一案前奉
鈞長面諭即經擬送計劃圖案呈奉轉函
首都建設委員會審議決定並經飭科詳擬預算各在案茲查建築材料需用城
磚約及二十萬塊殊非定製購備所能適應需要因念小東門漢西門內城圈與城
防尚無如何關係擬即併予拆用以濟急需除分函首都衛戍司令部暨首都警
察廳查照外理合具文呈報仰祈
鑒核俯賜准予備案實為公便謹呈
市長魏

工務局局長趙志游

中華民國十九年九月十日

校對孫登

監印孫安民

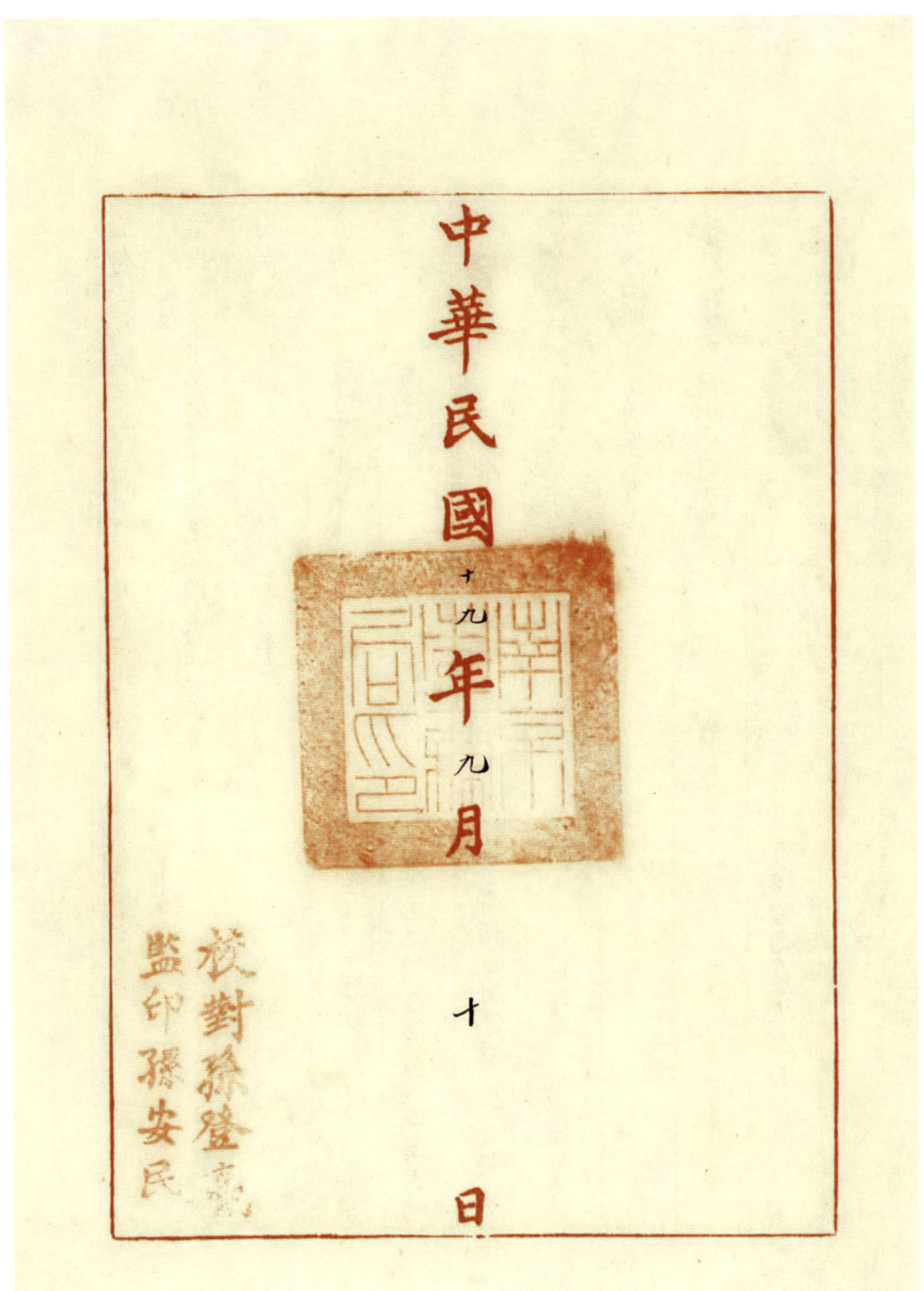

化

更新一號
次要

市执委会公函

事由（由發文者摘錄）	交辦	擬辦	批辦	備考
函請禁止工務局拆毀小東門漢西門城牆建築挹江門城門案請查照辦理				

附件

中華民國十九年九月拾八日收到

收文曆字第1000號

公函　第二〇六號

逕啓者頃閲報載市工務局擬折毀本市小東門及漢西門城牆建築挹江門城門一節　敝
會以首都各種建設實為目前急切之要圖今因挹江門交
通之故即折毀該小東門及漢西門城牆顧此失彼非獨無益且有損壞古蹟及
影響治安查本市城垣始建於六朝再建於明季歷時數千百年乃我國最偉大
最古遠之建築物吾人對於古蹟即不能整理培修亦必須盡力保留今若加以折毀
殊失存古之意最近杭市擬折毀關帝廟内政部尚有明令保存蘇建設局擬折毀
玄妙觀國府亦有明令禁止今以首都之皇皇古蹟一旦折毀殊屬可惜況首都所在

之地乃中外觀瞻所繫除新建設外更應將所有古蹟整理修葺以壯觀瞻如以
交通而論折毁小東門漢西門建築挹江門城門亦未見交通之便利與繁興
且因此城内必失屏藩治安亦受影響顧此失彼徒耗國帑裨益安在因是經
敝
會第四十八次常會決議函市政府在案用特函達
貴府即布迅予禁止工務局折毁小東門漢西門城牆建築挹江門城門以保古
蹟而維治安至級公誼此致
南京市政府

楊熙績

常務委員 蕭吉珊

史維煥

中華民國十九年九月十八日

南京市政府稿

來文 字第 號	
文別	
送達機關	工務局
類別	訓令
附件	
事由	為將本府[illegible]拆毀[illegible]門漢西門城墻與[illegible]挹江門案令仰遵照辦理具復由

市長魏 肯

秘書長
秘書
科長
股主任 肯
科員
辦事員

中華民國十八年

九月廿日八時交辦
月廿日十一時擬稿
月 日 時核簽
月 日 時判行
月 日 時繕寫
九月廿二日一時[illegible]
九月廿二日二時蓋印
九月廿二日[illegible]發

去文環字第951號
檔案 字第 號

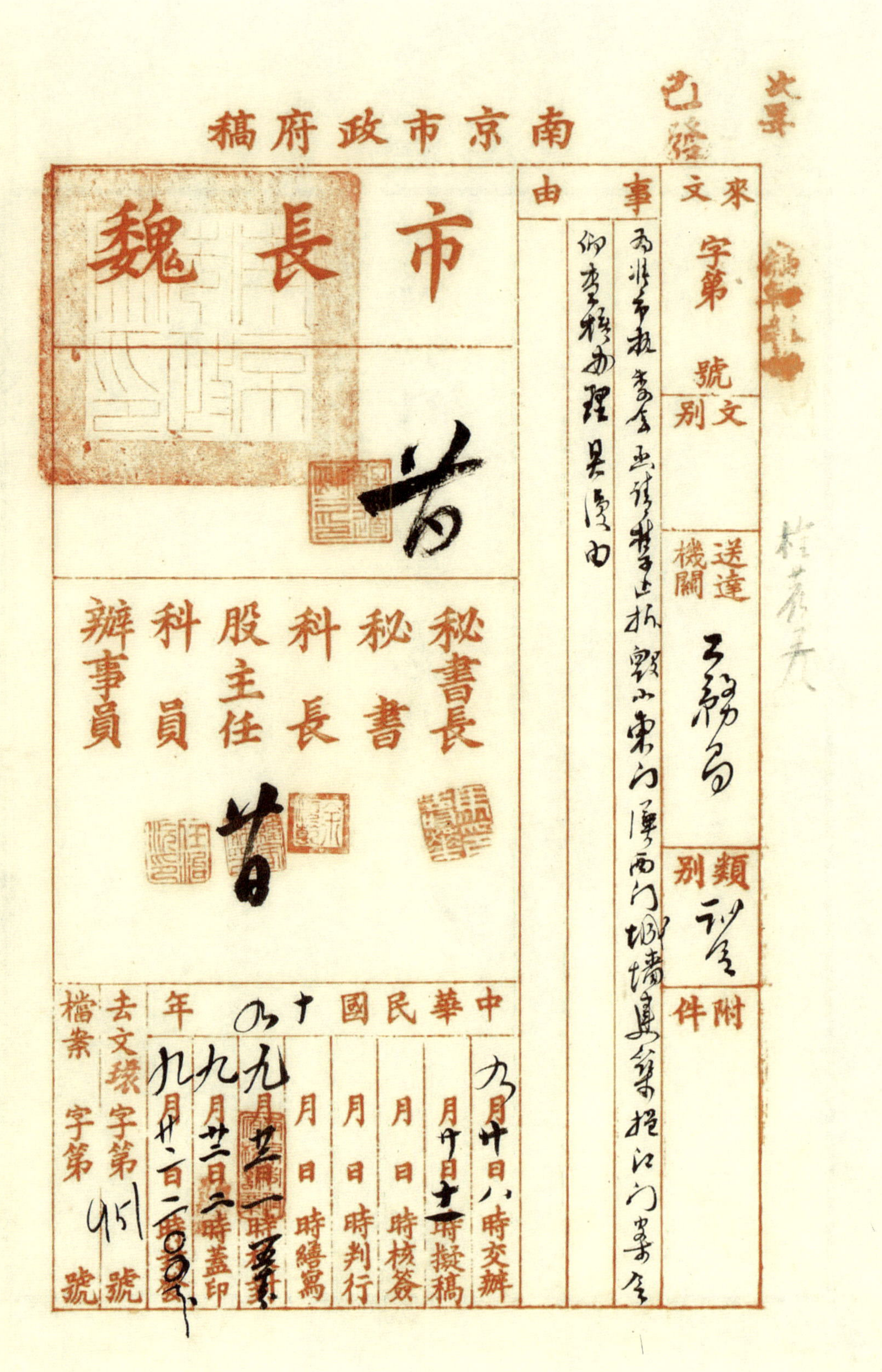

訓令第951號

令工務局局長趙志游

為令飭事。案准

中國國民黨南京特別市執行委員會第三零六號函

開：頃閱報載，市府有拆除城垣[illegible]此[illegible]，案前據

請為[illegible]是項擬議，未經本府核准，[illegible]

由，合行令仰該局長，即便[illegible]是要，以憑核

轉。此令。

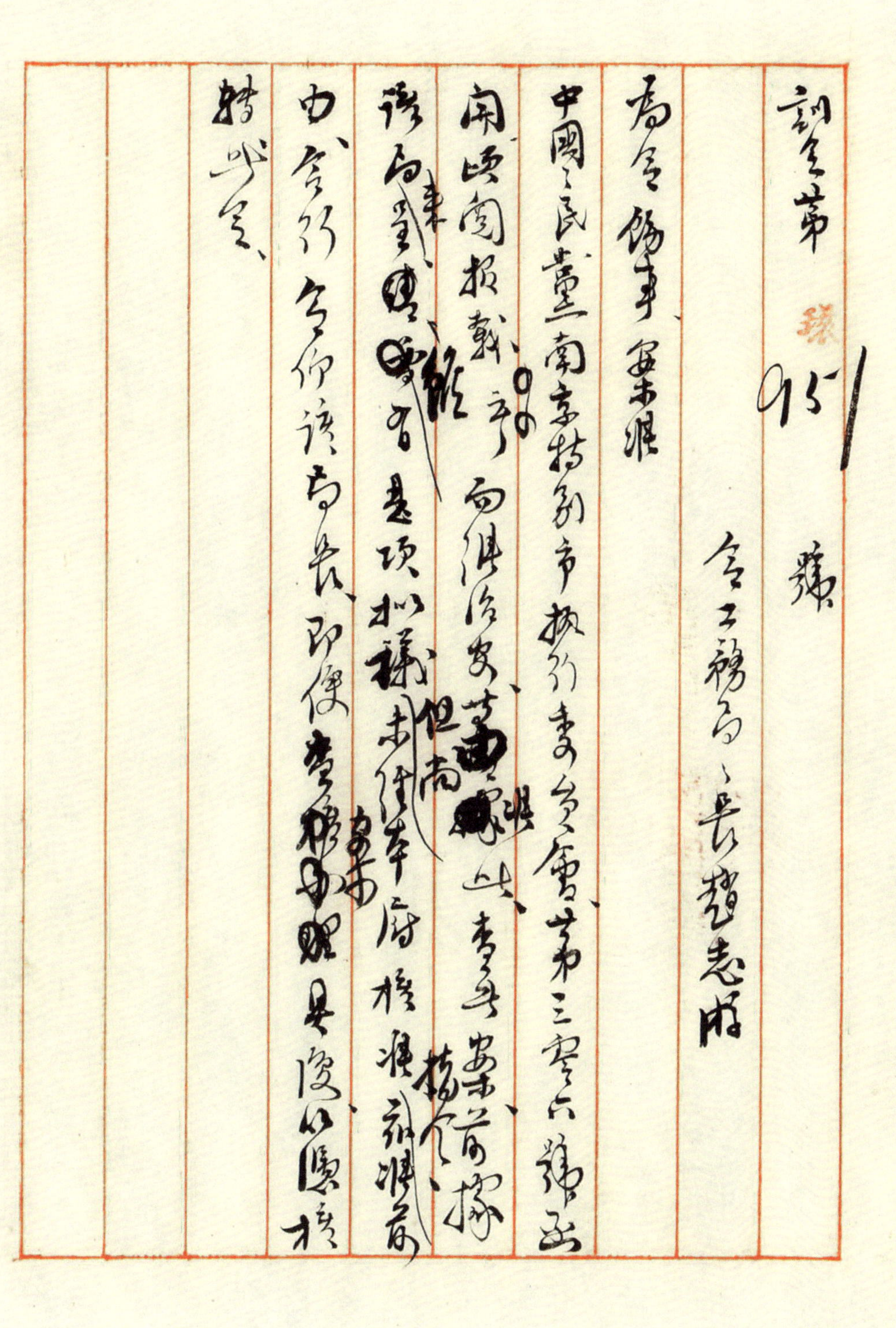

中華民國　　年　　月　　日

繕寫

校對

監印

市政公報關于建築挹江門城門的消息（一九三〇年九月十五日）

首都市政公報　紀事

建築挹江門城門計劃

▲業經首都建委會審議通過

▲本府令工務局擬預算呈核

本府前擬建築挹江門城門，經將建築計劃，函送首都建委會審議，茲准該會函復，以此案經交工程經濟兩組會同審查，結果以挹江門交通頻繁，與本京治安及觀瞻有關，均有建築城門之必要，所擬圖案，採取舊法，亦足存舊日偉大建築，與國都設計，並無妨礙，業經提出第三十次常會議決通過，函達查照等情，本府已令工務局遵照，並擬具預算呈核云。

新街口廣場建築近訊

▲徵收民地先發地價

▲全部工程兩月完竣

新街口爲中山子午各路交叉地方，本府决定建築大廣場一處，場之中央，恭設　總理銅像，周圍雜塒花木，並闢極寬之快車道，慢車道，人行便道，該項計劃，經由本府函送首都建設委員會審議通過，並咨請內政部核准公告，復經土地征收審查委員會將征收民地，依法議定補償價格，本府刻已開始進行，已將應征民地，共約七畝二分，照審查會議定價格，每畝一千二百元，共合八千六百餘元，如數備齊，一面通知各業戶，即日前往領價，一面限令於兩星期內，一律折遷，逾期不拆，派工代拆，並預定兩個月一律完工云。

修治老馬路兩旁樹木

本市中山路兩旁樹木，向由工務局管理，嗣該局以沿老馬路一帶樹木，年久失於管理，致枯萎臥倒，所在皆是，特具呈本府，擬即由局併予飭工修治，以資整肅本府已令准如擬辦理云。

勘修武定門市民住宅道路

本府據教育局呈，據武定門實驗民衆學校呈，以武定門市民住宅道路，泥濘不堪，學生不便行走，請從速修理以利交通，而興教育，本府已令工務局遵照查核，辦理具報云。

檢驗載重卡車

本市車輛，向歸工務局公用股檢驗管轄，車捐則由財

交通部第九三一號函開前准

中國航空公司函以本京三叉河水面飛行場于乘客上下極感不便擬另就下關中山路碼頭偏北江面電燈廠西端建立浮船碼頭一所並在該處陸上隙地建築辦公室數間以資應用等由到部當於建移水機碼頭確屬必要之舉又以事與市政有關特由本部派李科長景樅前赴貴府商准貴市長認爲尚無防礙可以興工除函復該公司即日派員動工外相應繪同草圖一紙函請查照備案見復等由並附略圖一份過府准此查航空公司所擬建築浮船碼頭擇定地址尚無妨礙自應准照備案除咨復外合行照繪略圖一份令仰該局長即便知照此令

計發照繪略圖一份

市長魏道明

■（二一九）建築挹江門城門案

▲訓令工務局爲准首都建委會函建築挹江門計劃業經議决通過函請查照令仰遵照擬具預算呈核由　訓令循急字第四六四號　十九年八月二十六日

爲令遵事案准

首都建設委員會第二七一號爲函開案准貴政府函請審議建築挹江門計劃等因並附圖紙到會經交工程經濟兩組會同審查旋據報告審查結果以挹江門交通繁劇與本京治安及觀瞻有關均有建築城門之必要所擬圖案採取舊法亦足保存舊日偉大建築核與國都設計並無妨礙等情當提出第三十次常務會議議决通過在案相應函達即希查照等由准此查此案前據該局呈請即經轉函審議在案茲准前由合行令仰該局長即便遵照擬具預算呈核此令

市長魏道明

■（二二〇）修理武定門平民住宅道路案

▲訓令工務局爲據教育局呈請修理武定門平民住宅道路令仰查核辦理並具報察奪由　訓令循字第八三一號　十九年八月二十六日

爲令行事案據代理教育局局長張忠道呈稱案據武定門實驗民衆學校校長周汝傑呈稱竊行路問題爲人類生存切要之需先總理倡言革命首重民生誠以行之一字於民衆生計地方整潔市場盛衰均有莫大關係是以特加注意言之綦詳南京目下爲我國首都之地各省工商衣食是謀莫不集居於此其中一般江北小販及勞工受街市房租之困均集居于武定門平民住宅雖得房租低廉之利益甚多但受道路失修之苦亦復不少四月間曾經職校呈請市府修理在案至今已數月尚未見興工上學期職校學生多因道路濘泥不堪中途輟學言之殊覺痛心職校所設之問事處其目的本爲解除民衆痛苦圖謀幸福故居民感

市工務局爲挹江門城門工程業已包由椿源錦記營造廠建築檢具合同預算請飭市財政局照撥工款與市政府的往來文書
（一九三〇年九月二十六日）

106

原件暨附件仍須繳還

南京市政府工務局 呈 市政府

事由	擬辦	批示	備考
呈爲挹江門城門工程業已包由椿源錦記營造廠建築檢具合同預算請飭財局照撥工款二萬三千元又運費二千元俾資應付由			
附件：預算一份圖樣一份合同一份			

呈 字第1615號

中華民國十九年九月廿六日收到

收文仁字第（041）號

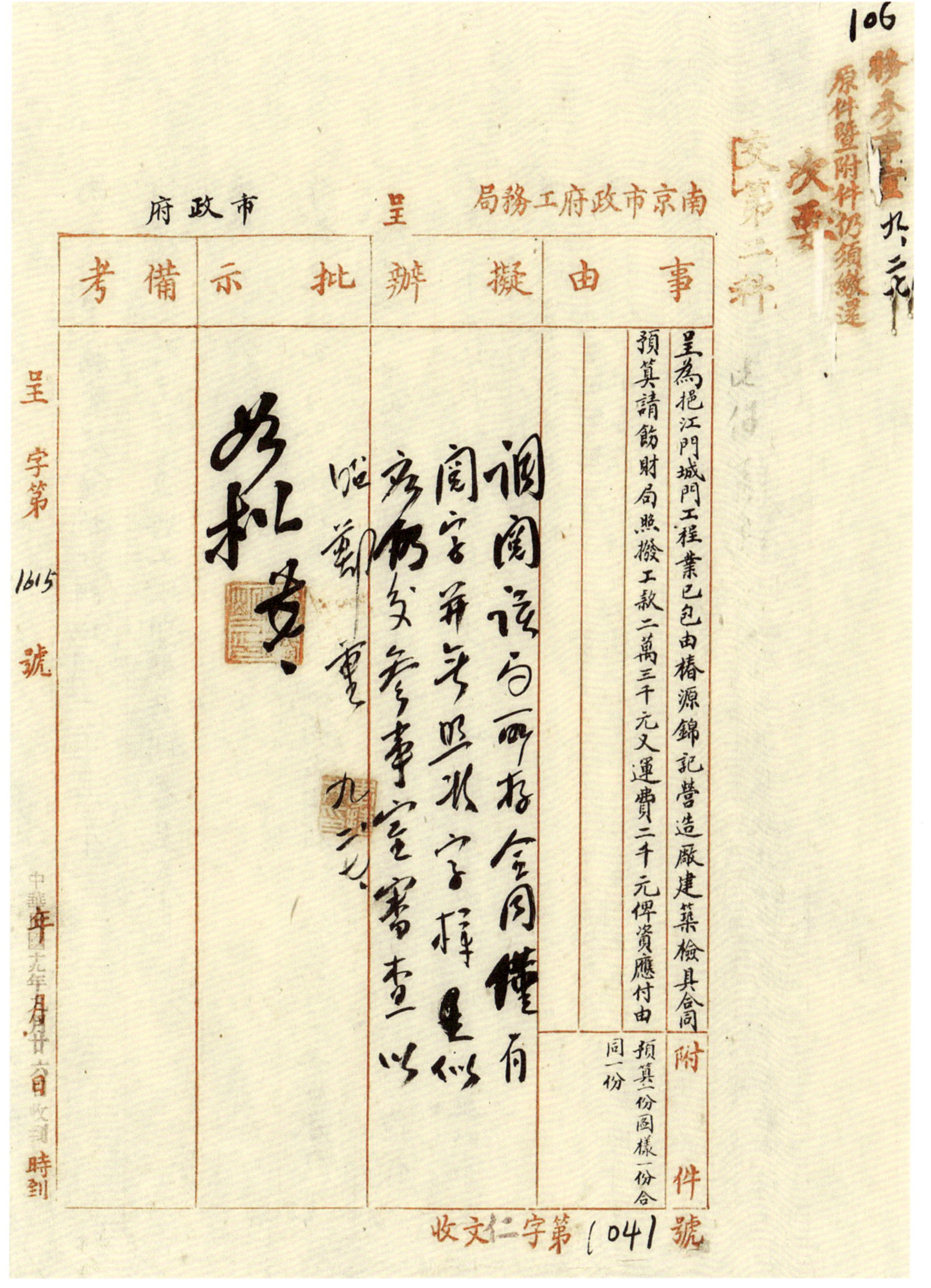

為呈請事竊查建築抱江門城門一案前奉
鈞長面諭趕速計畫興工經即擬具圖案呈奉
核轉
首都建設委員會議決照辦並由職局召由椿源錦記營造廠承包建
築除供給城磚及運費歸職局自理不在總包價以內外計淨包價為
二萬三千元比較預算數計減少洋一千二百九十四元七角五分並以事屬
緊急當經先行訂定合同陳奉
鈞長核明批准各在案茲查工程業已於九月一日開工亟需支款應付理
合檢具預算圖樣合同各一份呈請
鈞長鑒核備查並懇令行財政局迅即照撥包價二萬三千元並城磚運

費貳千元（約計需用城磚二十萬塊每塊計費一分共銀如上數）俾資應付實

為公便謹呈

市長魏

計呈送 預算一份 圖樣一份并合同一份

工務局局長趙志游

中華民國十九年九月二十六日

校對孫登瀛

監印孫安民

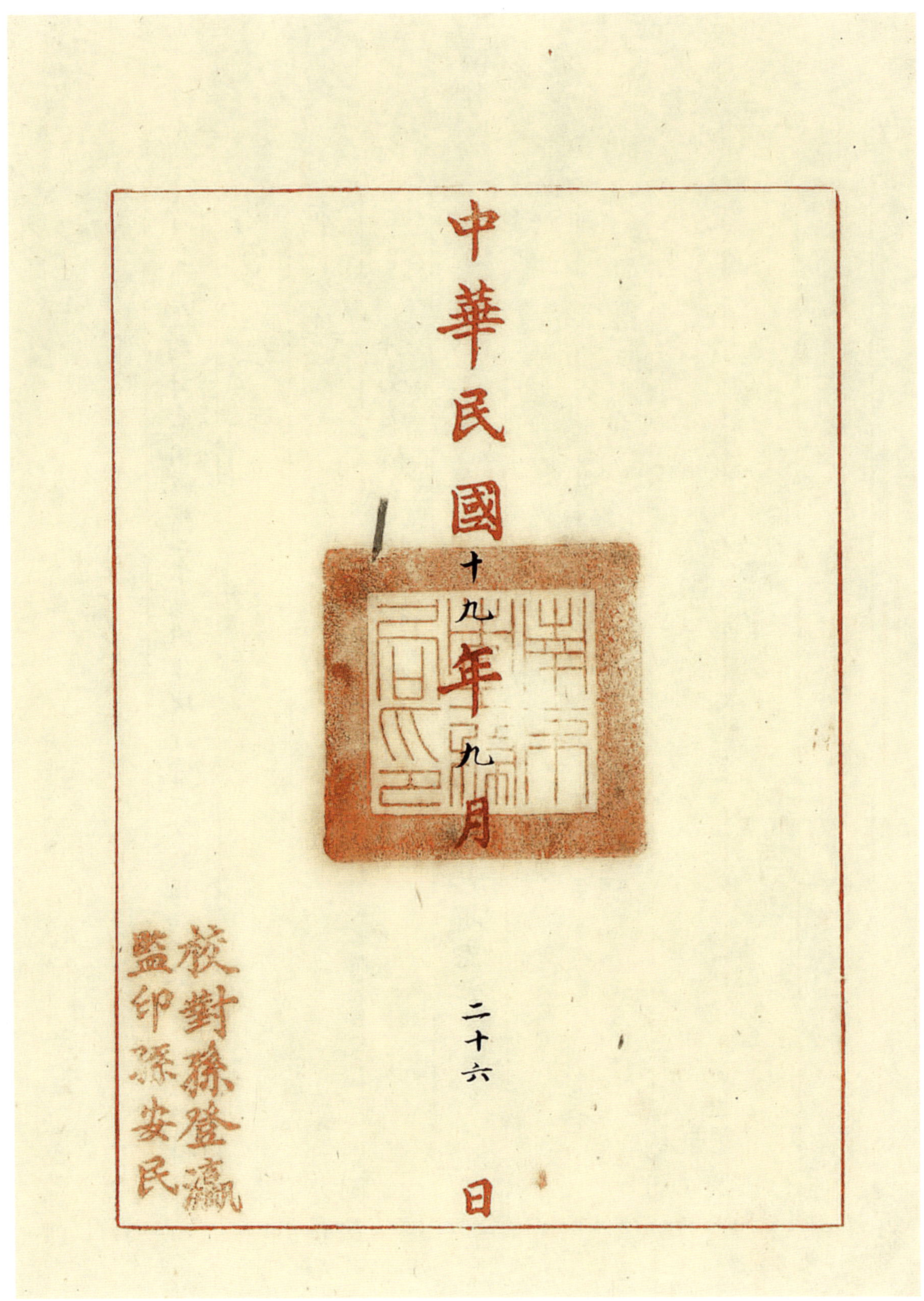

挹江門城門總平面圖

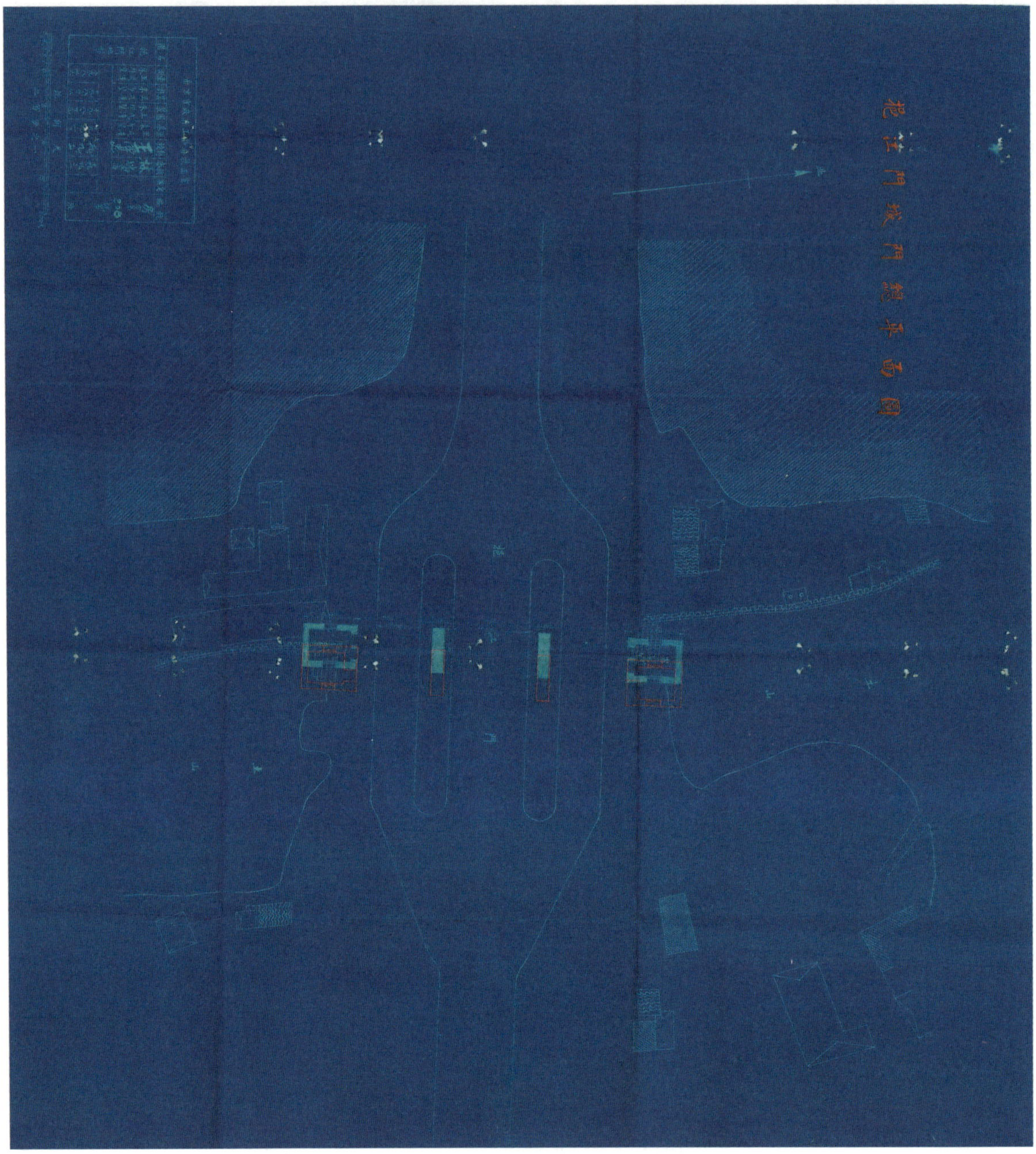
挹江門城門總平面圖

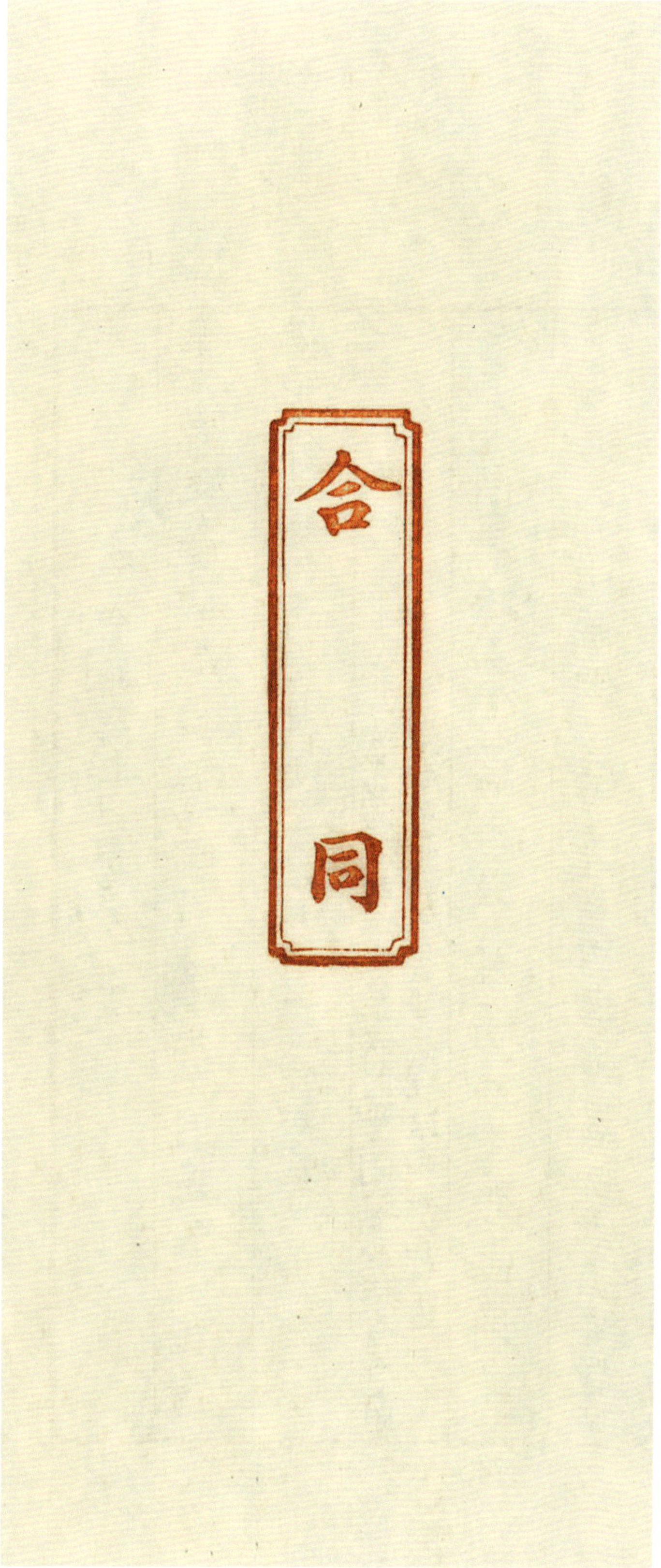

合同

工程合同　工字第37號

南京市工務局(以下簡稱工務局)為挹江門建築工程與潘源錦記(以下簡稱承包人)訂立合同如左

一　工程範圍　在中山路舊海陵門址建築城門孔三個警兵檢查所間及法國工部磚牆填土鋪路並修理路面與人行道

二　本合同包括之工程所有設計圖樣及施工細則承包人均已明瞭願切實遵照辦理並簽名蓋章以資信守

三　工務局根據設計圖樣及施工細則所繪製之放大詳圖承包人均須遵照辦理如詳圖上所規定之工料承包人有認爲不包括於本合同之内者應在該項工程未進行之先以書面向工務局磋商方爲有効

四　工務局對於本工程各部分得隨時更改之其因更改而致工料有所增减則依承包人所開单價計算之

五　本工程所有零瑣之處如於圖樣及施工細則未曾
載明者承包人均應做全不得推諉或另索造價

六　凡本局章程及取締建築條例承包人均應遵
照辦理

七　承包人非得本局之許可不得將工程轉讓或局部分包他人

八　本工程自簽訂合同之日起應立即動工限定伍拾晴

法團砌好倘逾期承包人自願按日罰洋叁拾元全部工程限玖拾晴日

日完工倘逾期交工承包人自願按日罰洋伍拾元此項罰款工務局得於應付工款內扣除之如遇天雨氷凍或暴風確難工作時得照数延期惟須以工務局監工員之報告為憑

九

本工程所需之人工材料工具及一切設備統歸承包人担負工程進行中如損及公私建築物亦應

由承包人負責賠償

十　本工程所需用各項材料除城磚外承包人須先將樣品送請工務局查驗經認為合格方准運場使用在工作時如發現不合格之材料應立即搬運出場不得留場朦混

十一　工程進行時承包人須負工人或行人及車輛交

通安全之責如設備不周以致發生任何意
外事件均由承包人負責
十二 承包人對於工程各部須有適宜之設備以便
監工員隨時查驗各部工程
十三 承包人須派富有經驗之監工人常川在場
督察並須聽工務局監工員之指揮如工務局

認該監工人不能称職時得通知承包人立即

撤換之

十四　本工程無論已成未成如經工務局發現有與圖樣

或施工細則不符之處承包人須負拆卸重造之

責其所有損失概歸承包人担負

十五　凡遇不適宜工作之天氣承包人須遵從工務局

監工員之指示將工程全部或一部停止並須設法將已成之工程妥為保護以免損壞如遇天災人禍不測事項或保護不周工程上所受之損失統由承包人完全負責

十六　承包人不得無故停止工作或延期履行合同倘承包人遇意外事故不能工作時工務局得通知保證

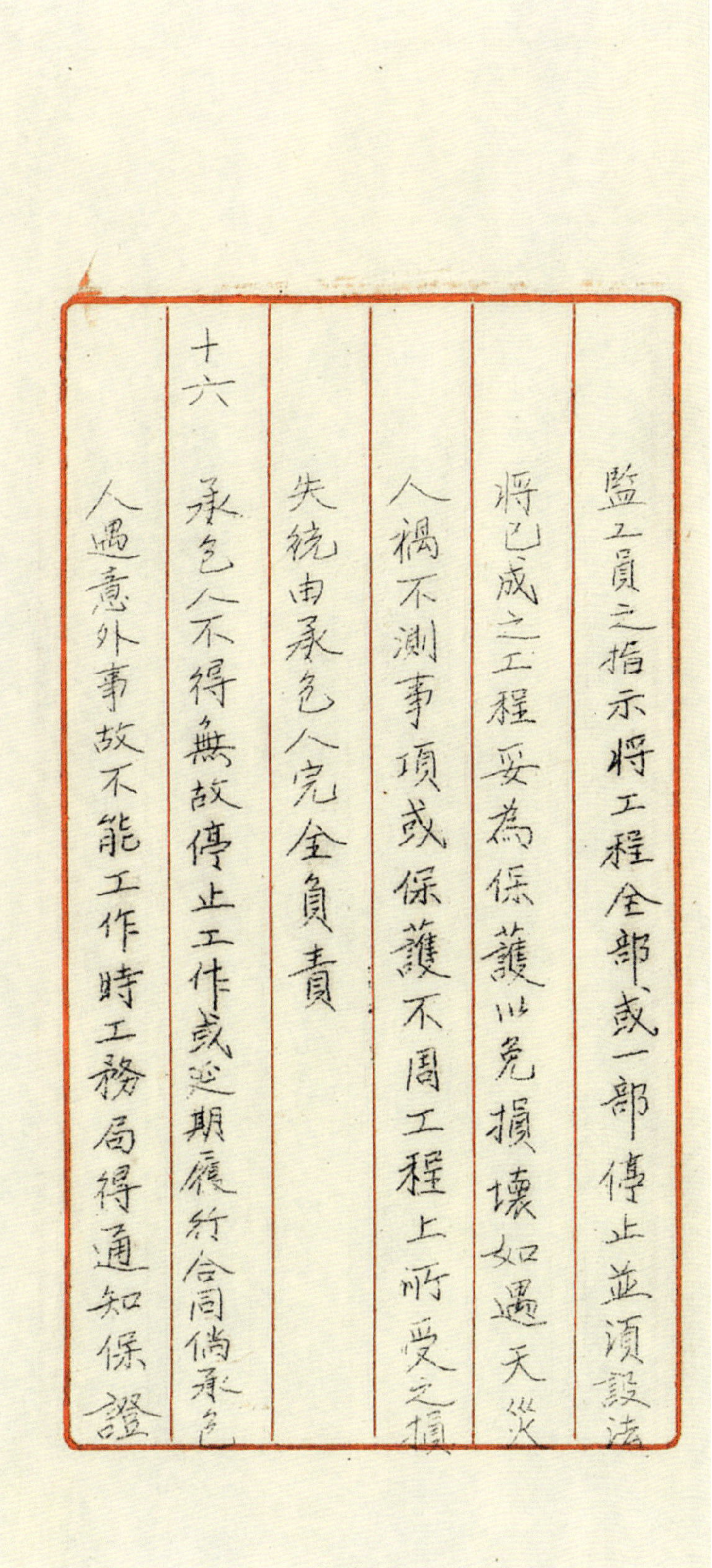

人另雇他人工作所有場內一切設備及材料概歸
工務局使用承包人不得索價且工程續造之費
用及延期所受之損失工務局得由工程造價內扣
除之不足之數統由保證人負責賠償

十七　全部工程完竣經工務局驗收後承包人應
立具保固切結保固三十年倘於保固期內本

工程發現裂痕或傾陷等情工務局認為係由物料不佳或工作不良所致者承包人應負責出資修理不得藉詞推諉或索價

十八 本工程造價定為國幣弍萬叁仟元分七期交付

第一期於地脚材料運齊到場後付洋五千元

第二期於地脚做好後付洋叁千元

第三期於法圈架做好後付洋叁千元

第四期於法圈砌好付洋四千五百元

第五期於墻工做好付洋叁千五百元

第六期於竣工並經驗收後付洋叁千元

第七期於竣工兩個月後付洋弍千元

以上總共計洋弍萬叁千元

承包人於每期領款時須備具正式領款呈文

於三日前送交工務局經查驗屬實後發給付款

憑證遵填領款

十九 本合同及附件均繕就同樣四份一份呈市政府

備案二份存工務局一份由承包人收執

二十 本合同附件如左

設計畫樣　一份計二張

施工細則　一份計一張

單位價目表　一份計一張

保證書　一份計一張

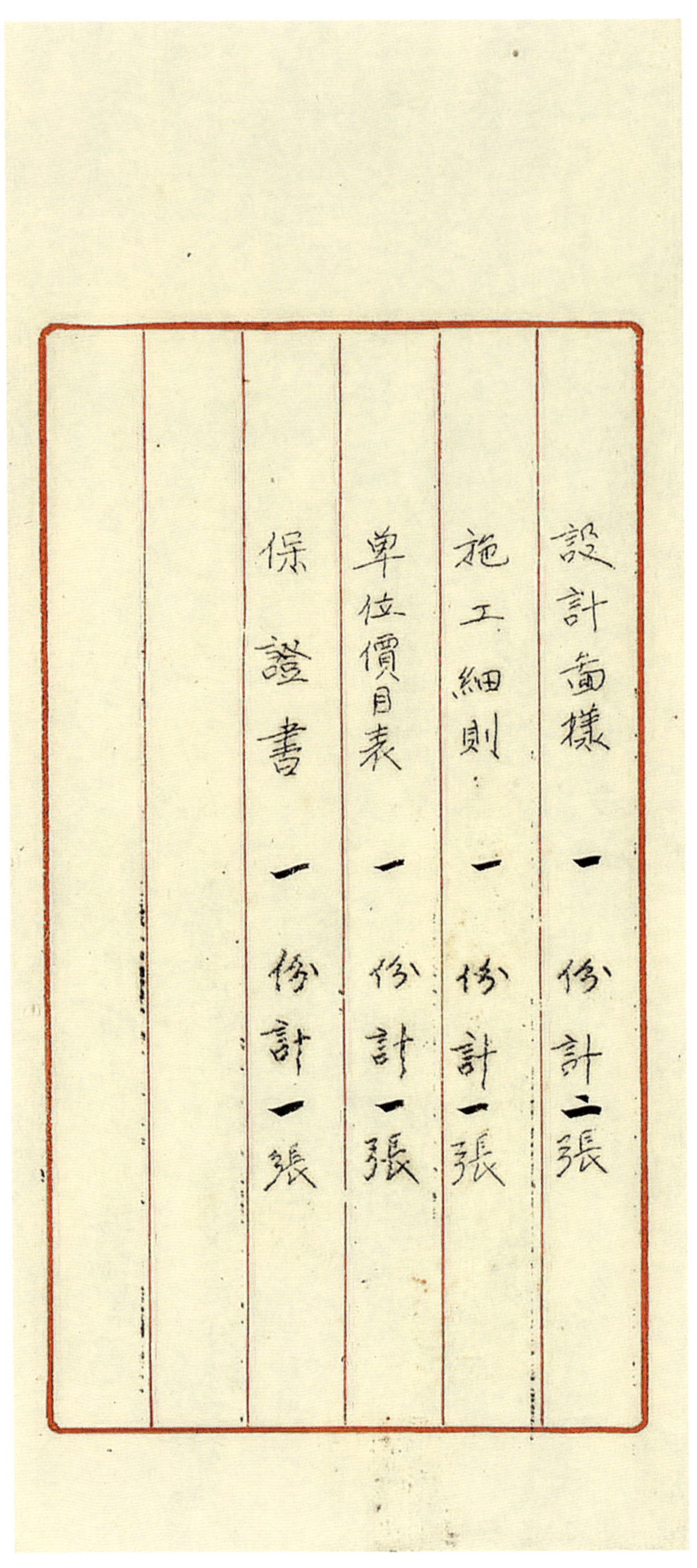

保證人 店號 新元昌
負責人
住址
見証人
住址

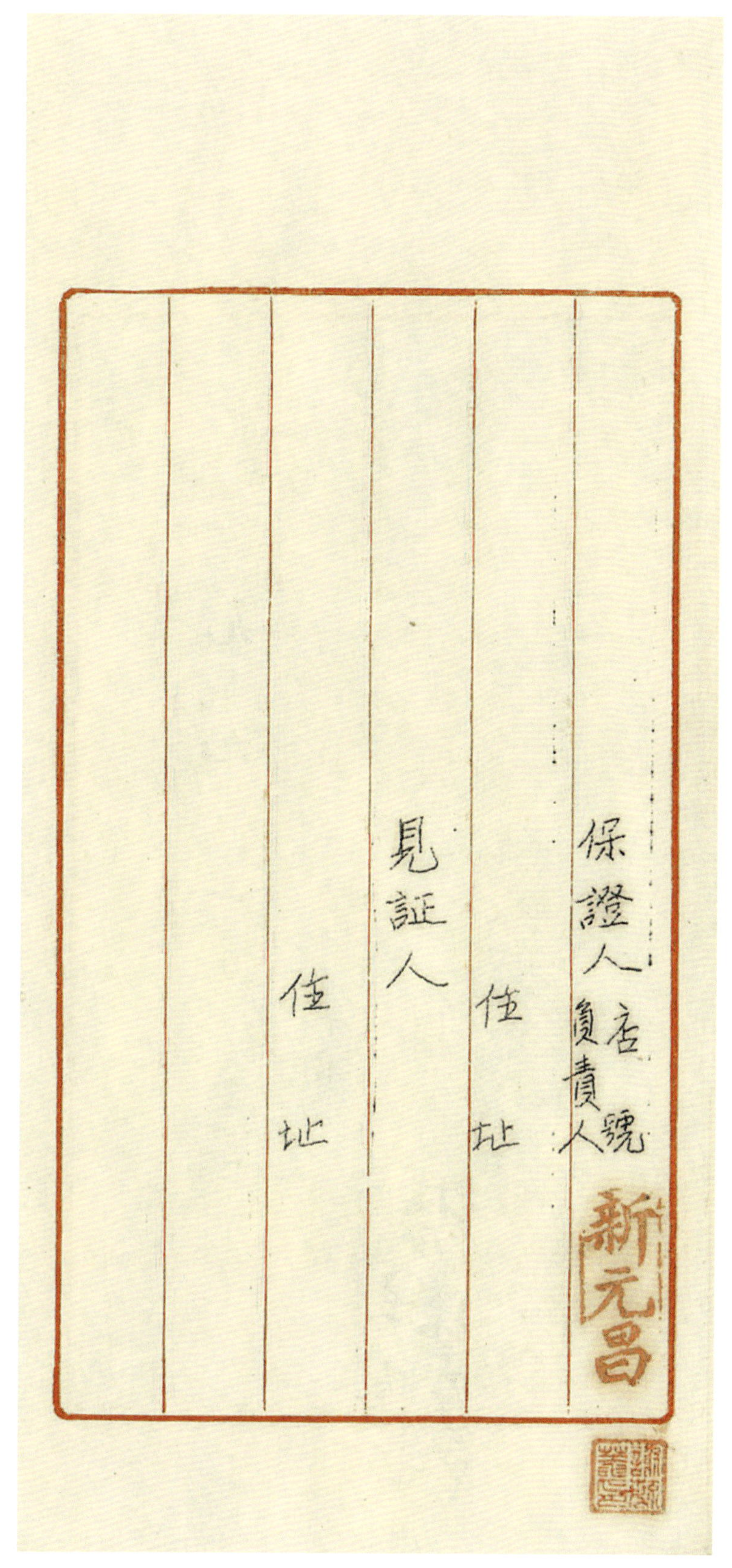

中華民國十九年九月一日

南京市工務局局長

工程主辦 技正 陳品善

承包人 負責人 魏

住址

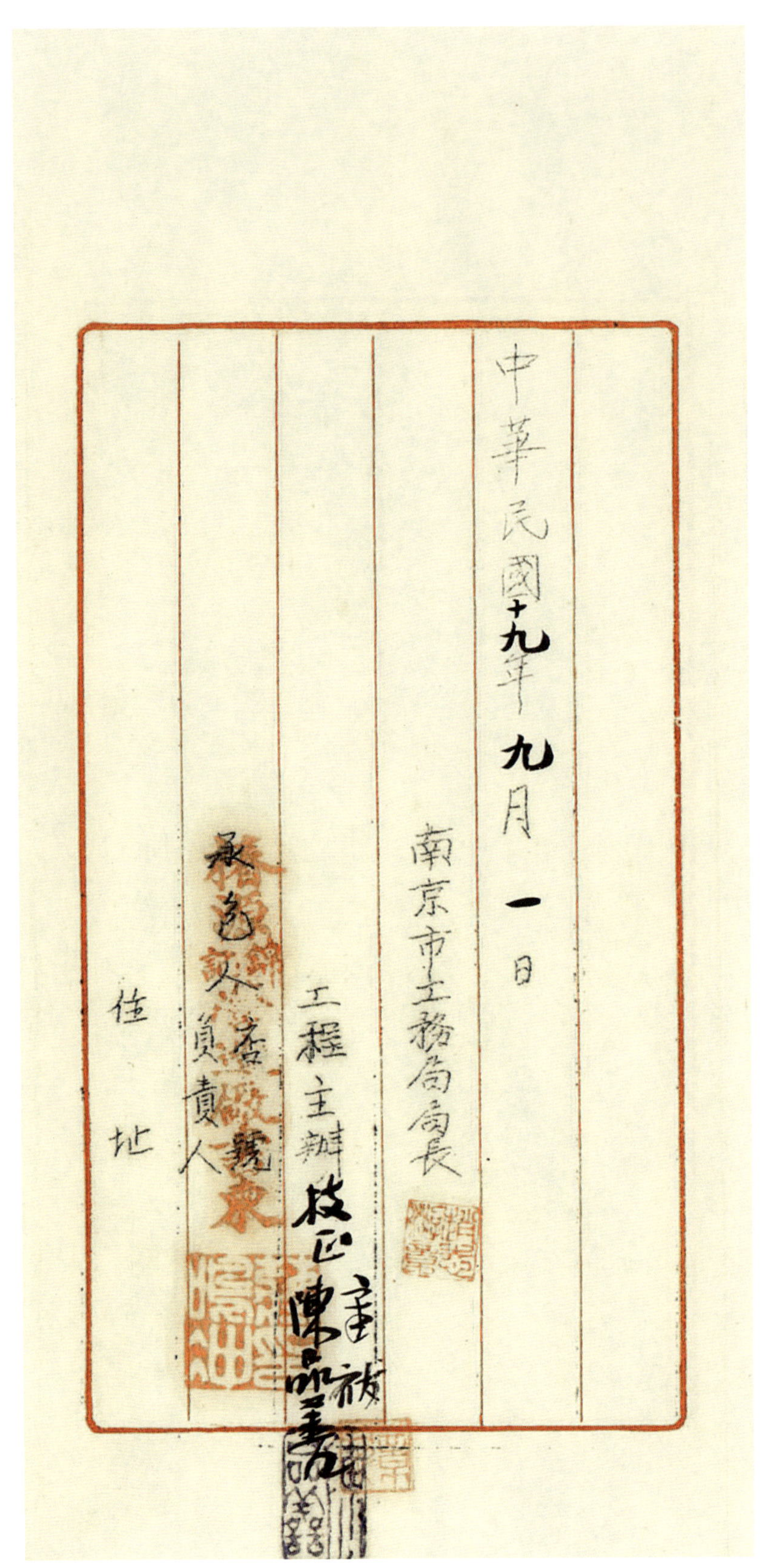

中華民國　年　月　日

第一頁共　頁　　**修繕或新工**

字第　號挹江門城門洞工程預算　工事預算細單

地點或起訖	挹江门舊址	附件	計算者 八月廿日
工程度量	長50公尺平均高15.32公尺厚6.10公尺 城洞五个旁式乍作為警察憲兵稽查 所		校對者 八月廿日
總價	總計庫24294.75元		
平均單價	另加城磚運費2000.00元		審核者 八月廿日
起案原委及 工地概况			
施工方法			

細目如下

種類	形狀尺寸	單位	數量	單價 元	總價 元	備考
土方		立公	3355	0.35	1174.35	
磚牆	水泥砌	〃	1199	8.00	9492.00	城磚運費由本局供給
	石灰砌	〃	393	7.00	2751.00	
鋼骨水泥		〃	132.25	46.00	6083.50	
水泥地面		平公	104.84	1.65	173.00	
道路面		〃	134	2.70	361.80	
塊石		立公	4.15	30.00	124.50	
落水管		公尺	34	4.50	153.00	
龍頭		丁	4	2.40	9.60	
门匾		块	2	138.00	276.00	
鋼窗		壹	4	30.00	120.00	
木门		〃	2	18.00	36.00	
法圈木架		丁	5		3600.00	7200元對折
				總計 24294.75元		

平方公尺簡稱平公　　立方公尺簡稱立公

南京特別市政府工務局設計科

第　頁共　頁

字第　號 挹江门城门洞工程计算　工事計算單

參考

arch 法圈 $2\times\frac{\pi(3.25^2-2.43^2)}{2}=2\times\pi(5.28-2.95)=2\times7.33=14.64$

$2\times\frac{\pi(5.75^2-3.93^2)}{2}=2\times\pi(16.53-13.15)=2\times13.76=27.52$

$\frac{\pi(4.50^2-6.18^2)}{2}=\pi(24.50-19.10)=16.97$

14.64+27.52+16.97=59.13平公

59.13×6.10=360.69立公

法圈间角 $\frac{2.7\times1+1.7\times1+1\times1}{2}\times2\times6.10=32.94$立公

踏步 5.30×50×0.50=132.50立公

大方脚 {2.0×0.9×6.7×4=48.24, 1.2×0.9×6.7×2=14.47} =62.71立公

城墙 [(50×11.50)−(14.64+103.86+76.97+4.4)]×2×0.90=[575−199.87]×2×0.90=375.13×2×0.90=675.23立公

墙墩 [(4.46+1.64)+(2×4.86)×2×0.82]+[(1.64×6.10)×4]×3.82=[25.95+40.02]×3.82=252立公

城台隔墙 (6.50×0.7×6.10)×2=55.51立公

总计砖料为1571.58立公

钢骨水泥 {(9.10×3.64×0.65)×4=86.12, (9.10×2.82×0.65)×2=33.36, (5.60×0.40×5.70)=12.77} =132.25立公

水泥地面 {486×4.46×2=43.35, 5.04×6.10×2=61.49} =104.84平公

道路面 (11.00×6.10)×2=134.20平公

土方

城墙上 2355

墙脚 280 =3355立公

拆旧墩 720

計算者　月　日

校對者　月　日

南京市政府工務局技正室

奉

諭挹江門工程費已交前乞

催速續办理

十月一日時記

南京特別市政府箋

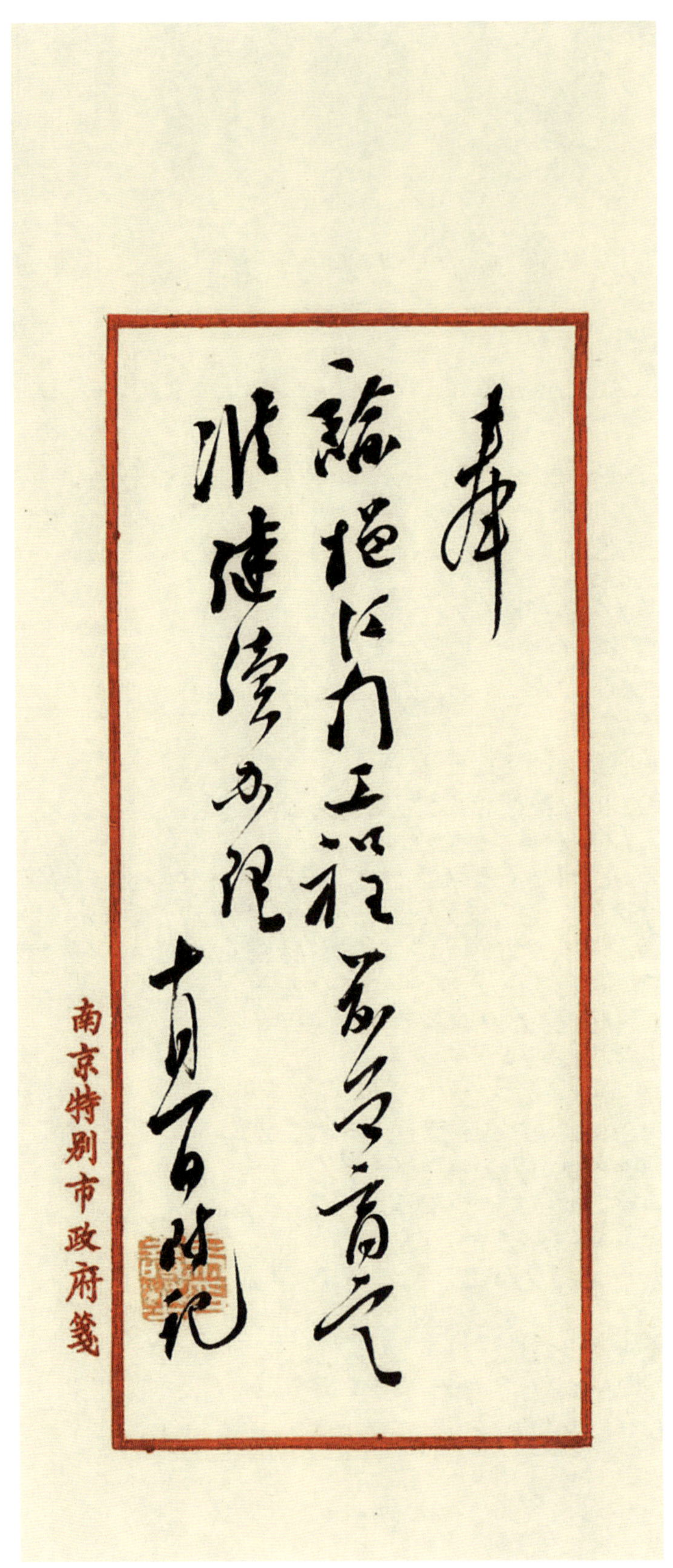

審核股

鄒

簽呈　第一八五號

十九年九月廿九日

案由

簽復核議工務局呈爲挹江門城門工程業已包由椿源錦記營造廠建築檢具合同預算請飭財局照撥工款二萬三千元又運費二千元俾資應付由

簽擬辦法

謹簽呈者案奉
鈞長交下工務局呈爲挹江門城門工程業已包由椿源錦記營造廠建築檢具合同預算請飭財局照撥工款二萬三千元又運費二千元俾資應付一案飭即核議具復等因遵核建築挹江門城門攸関軍事治安自屬切要之圖惟查此項工程原列預算爲二萬四千餘元椿源錦記營造廠承造包價爲二萬三千元就工程經費論其數不爲不多就建築城門論工程不爲不大乃該局於設計該項工程之初未據造呈圖算於招工承造之時又未經過投標及比賬程序况工程合同應先呈草案俟核准後再行簽訂業經本府第七四三號指令遵照在案此次該局竟以已經簽訂之合同呈送查閱尤屬不合所請飭撥工款及運費一節應否照准之處未敢臆断理合檢同原件簽請

簽擬辦法	批示
核示謹呈 市長魏 計呈繳原呈及預算圖樣貳合同各一件 參事 馮軼羣 張育海	如擬 十一日

南京市政府簽呈用紙

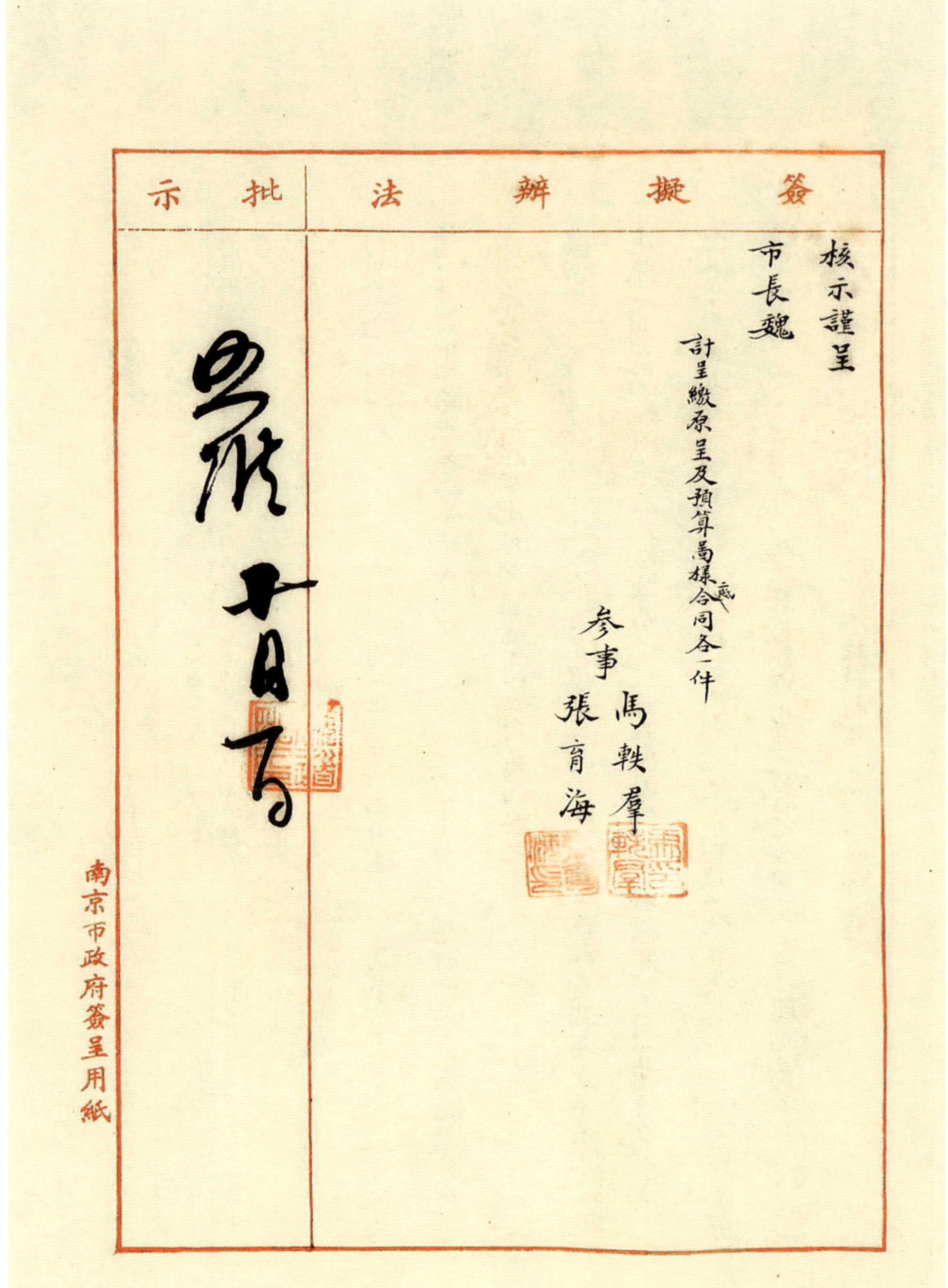

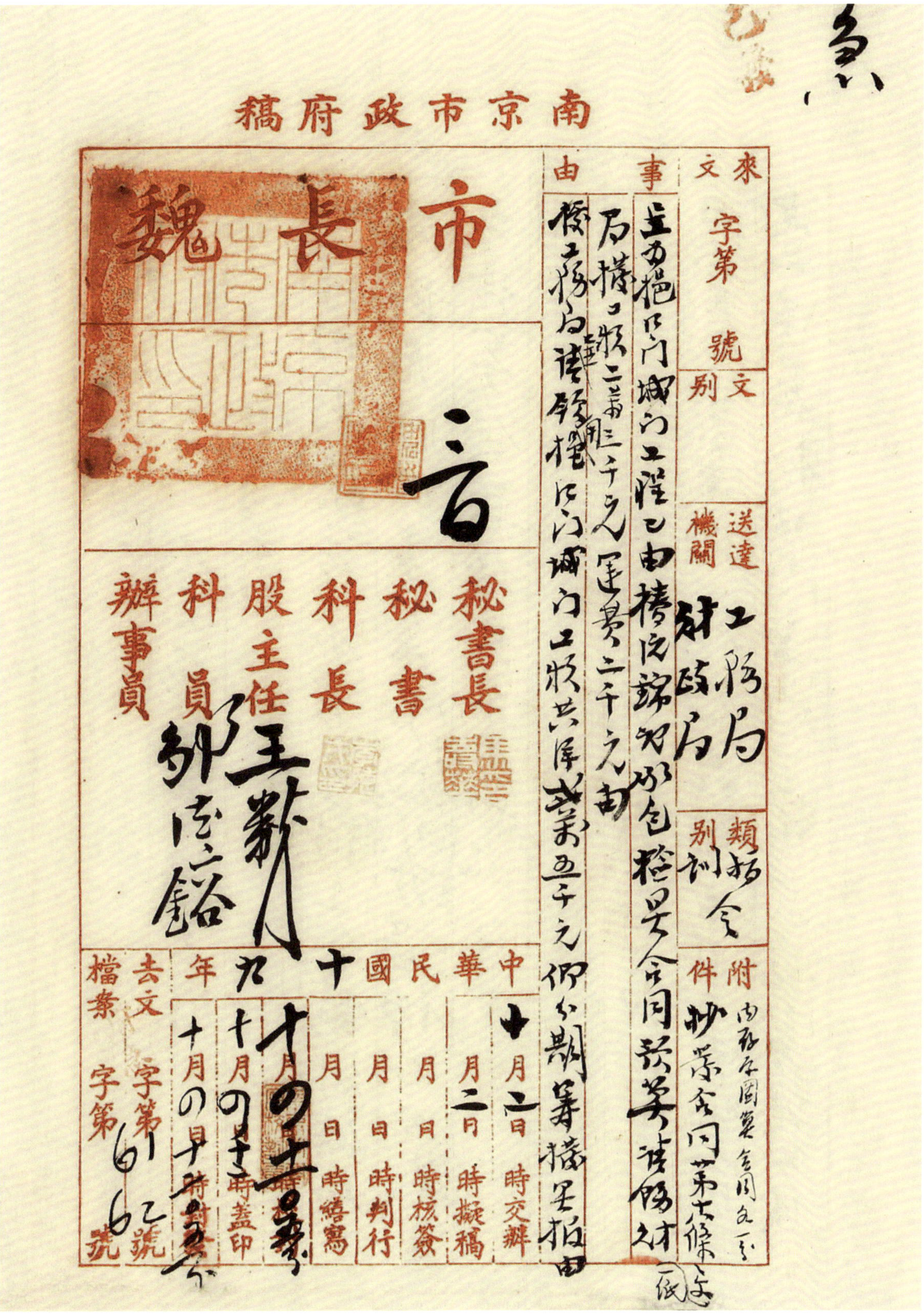

南京市政府稿

來文　字第　號

文別

送達機關　工務局　財政局

類別　訓令

附件　抄發合同第六條

事由　查挹江門城門工程已由樁記錦記承包，檢呈合同說明書，請飭財政局撥工款二萬三千元，運費二千元由
令工務局請領撥挹江門城門工款共洋二萬五千元，仰分期籌撥呈報由

市長　魏

秘書長

秘書

科長

股主任　王

科員

辦事員　鄒

中華民國十九年十月

十月二日時交辦

月二日時擬稿

月日時核發

月日時判行

月日時繕寫

十月四日時蓋印

十月四日時封發

去文　字第　號

檔案　字第　號

稿　令　府字61

令工務局長趙志勝

呈一件　同前由

呈件均悉。所請應准照辦，已令飭財政局

查該局經辦事業費內籌撥，俾分期

歸款，經吳欽轉給具呈人知照。此令（附件存查）

訓令　府字62

令財政局長齊叙

為令遵事。案據工務局長趙志勝呈稱：竊

查建築橋口門城門一案業至實為便

並請繪具圖冊合同各一份到府據此除
指令呈件均悉之此令合行抄發合
同第十六條之文令仰該局長遵照辦理剋期
籌辦據發具報查考此令
計抄發合同第十六條之文一紙

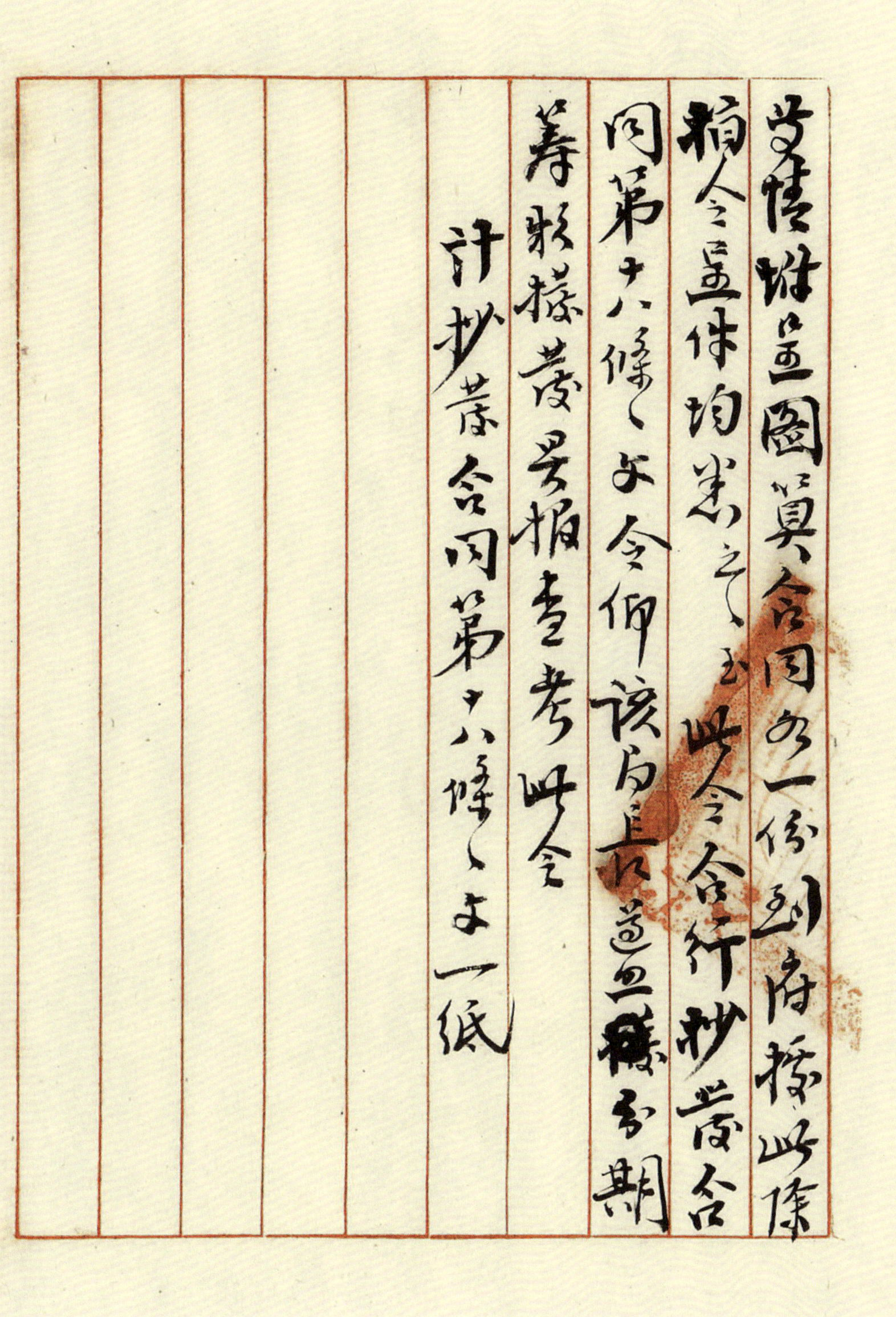

中華民國　年　月　日

繕寫

校對

監印

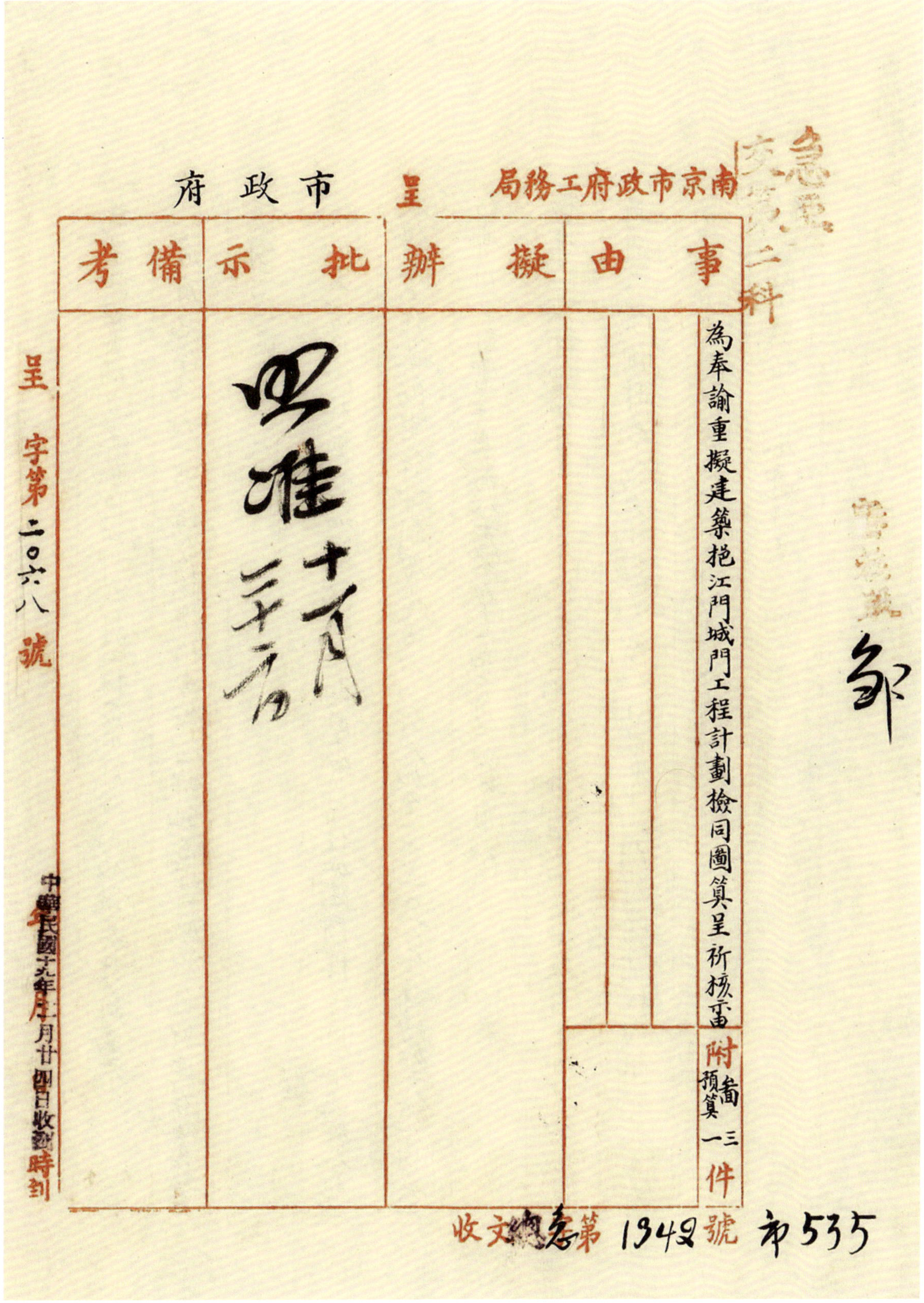

南京市政府工務局 呈 市政府

事由	擬辦	批示	備考
為奉諭重擬建築挹江門城門工程計劃檢同圖算呈祈核示由		照准 十二月二十五日	
附 圖三 預算一 件			

呈 字第二〇六八號

中華民國十九年十二月廿四日收到時刻

收文總第1342號 市535

急要 交第二科

鄒

為呈請事竊查建築挹江門城門工程一案前經職局擬具計劃呈奉
鈞府府急字第六一號指令核准招由椿源錦記營造廠承包興建在案茲查
該項工程進行中奉
諭加大深度以壯觀瞻加厚底脚以期堅實而便加建門樓等因奉此經令包工
人停止工作並飭重行計劃深度由六、一公尺加至一七、二〇公尺（計增加二倍）預算工
料費用共計需洋五萬八千零六十二元七角二分較前奉
核准之數計增加洋三萬三千零六十二元七角二分所需城磚擬取自中山門套城其
拆運各費預計壹萬叁千六百元似應在改正中山門外路線工程內報銷是否有
當理合檢同圖樣三紙預算一份具文呈請
鈞長鑒核指令祇遵謹呈

市長魏

計送圖樣三紙預算一份

工務局局長趙志游

中華民國十九年十二月十九日

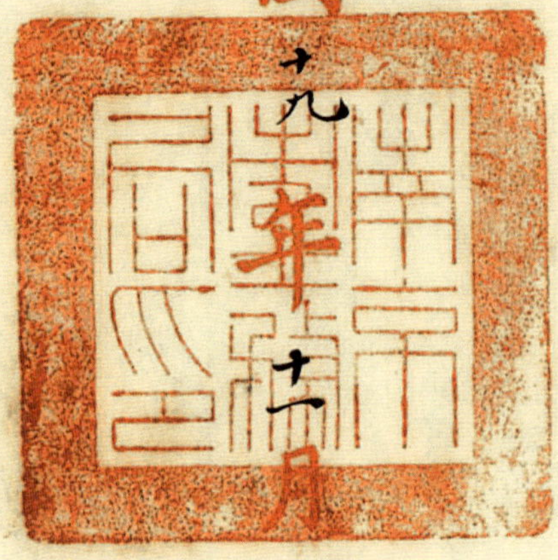

校對孫登瀛

監印孫安民

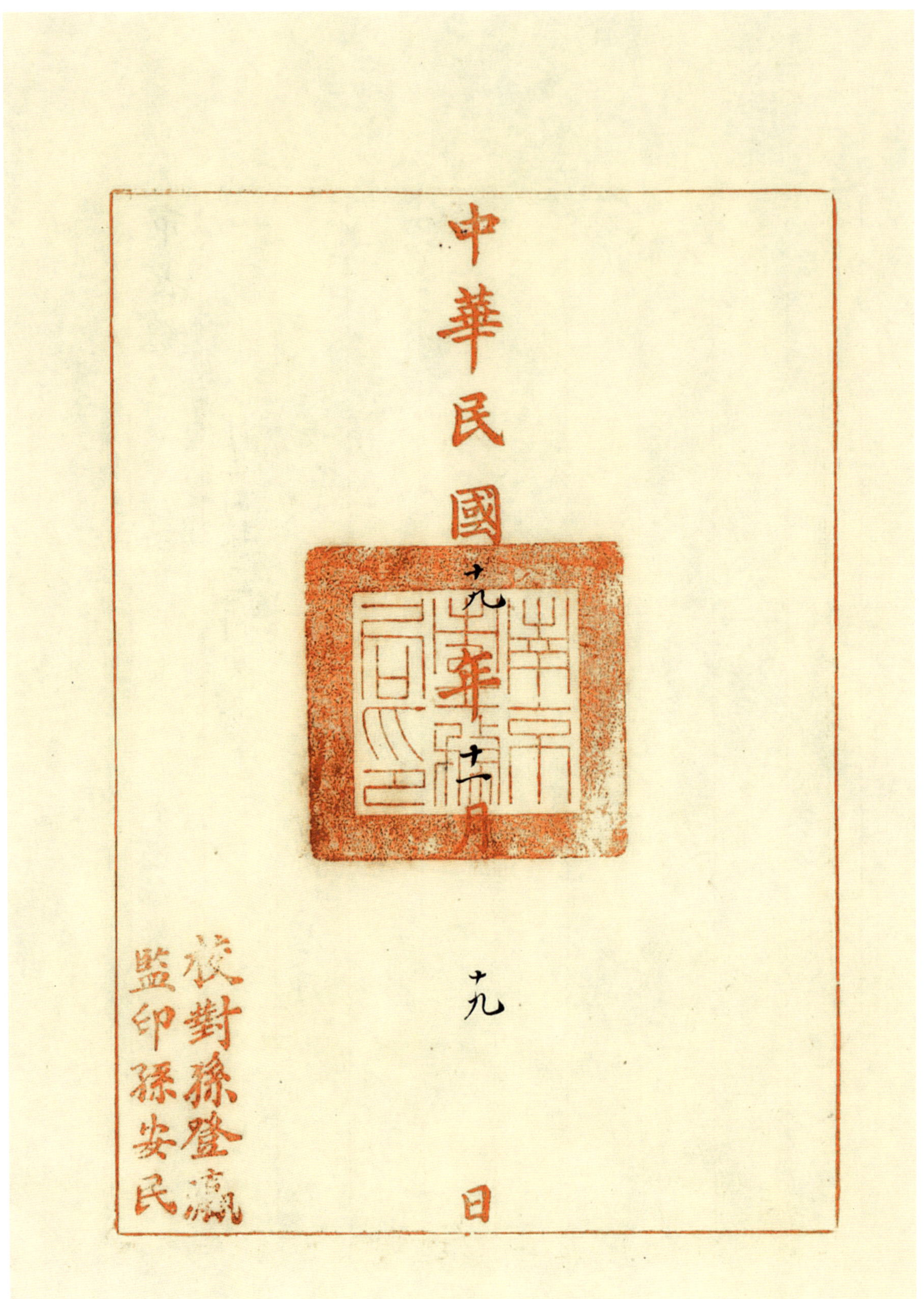

第一頁共　頁

修繕或新工

字第　號計劃變更後之挹江門全部建築工事預算細單

地點或起訖	挹江門舊址	附件
工程度量	寬50公尺　深17.20公尺 最高處高度16.70公尺	
總價	計洋58,062.72元	
平均單價		
起案原委及工地概況		
施工方法		

計算者 [illegible]　月　日
校對者 陳[illegible]　月　日
審核者 陳[illegible]　月　日

細目如下

種類		形狀尺寸	單位	數量	單價（元）	總價（元）	備考
土方	掘土基		立公	7830			
	掘門墩		〃	825			
	填土		〃	445			
				9100	0.35	3185.00	
木樁		ϕ0.20×5.00	根	128	14.00	1792.00	
砌牆工	1:2水泥砌		立公	2173	8.00	17384.00	
	1:2灰漿砌		〃	724	7.00	5068.00	
鋼骨水泥	基腳		〃	312.8	46.00	14388.80	
	枕樑	(1:2:4)	〃	94.1	53.00	4987.30	
水泥三合土		(1:3:6)	〃	58.52	25.00	1463.00	
防水膠漿			平公	1284	0.50	642.00	
木法圈架		貼補損失		40%		8000.00	(圈架价20,000元)
蘇石			立公	4.15	30.00	124.50	

平方公尺簡稱平公　　立方公尺簡稱立公

南京特別市政府工務局設計科

第　頁

續　　字第　　號預算細單

種　類	形狀尺寸	單位	數　量	單　價（元）	總　價（元）	備　攷
門　匾		个	2	138 00	276 00	
鐵　窗		堂	4	30 00	120 00	
木　門		〃	2	18 00	36 00	
落水管		公尺	34	4 50	153 00	
清　頭		个	4	2 40	9 60	
水泥地	2(4.45×14.64) 7.70×17.20	平公	262.74	1.65	433 52	
				總计	580 62 72元	

計算者　月　日

校對者　月　日

審核者　月　日

南京市政府工務局技正室

平方公尺簡稱平公　　立方公尺簡稱立公

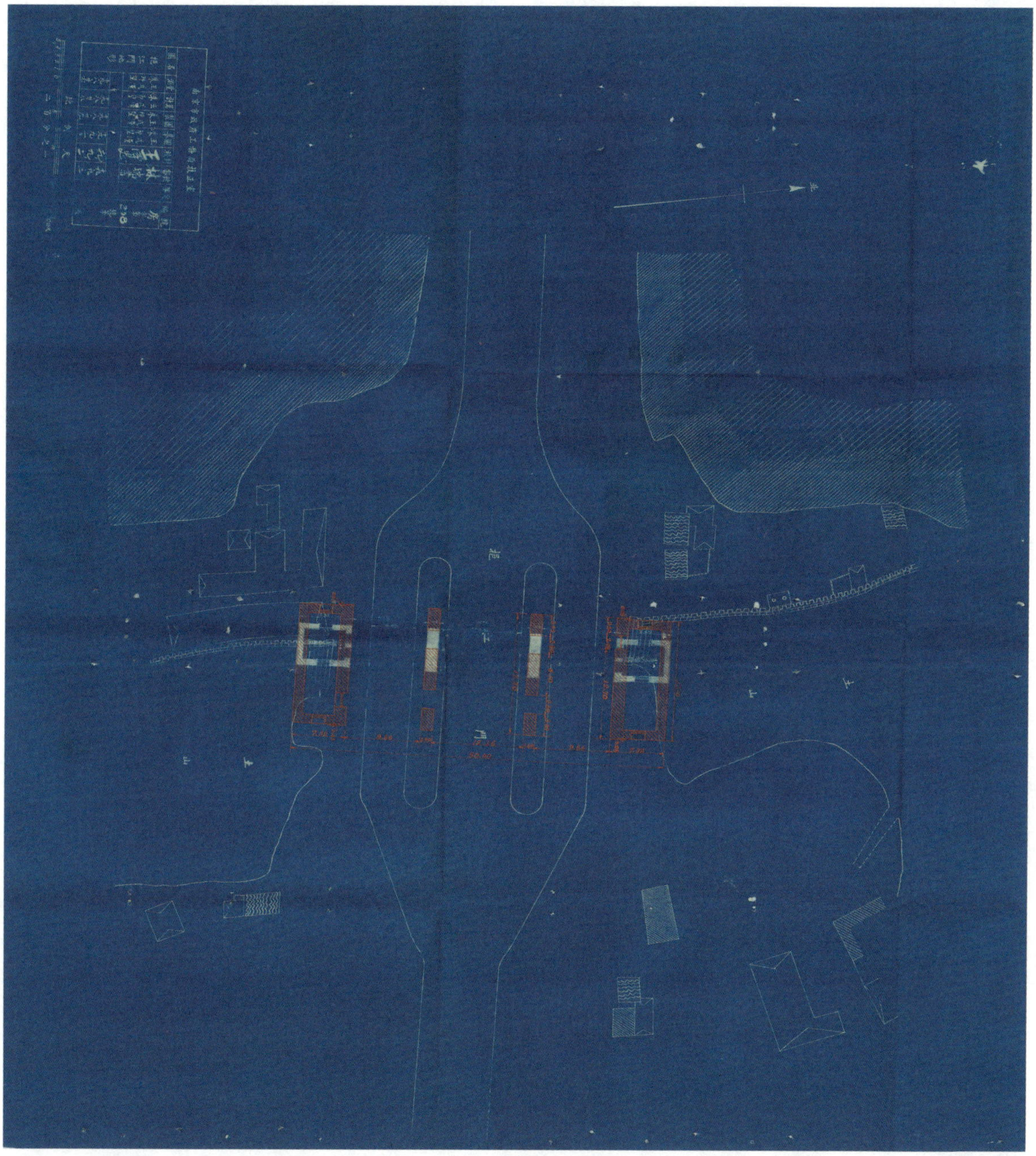

橫割面圖
割面甲
割面乙
比例尺

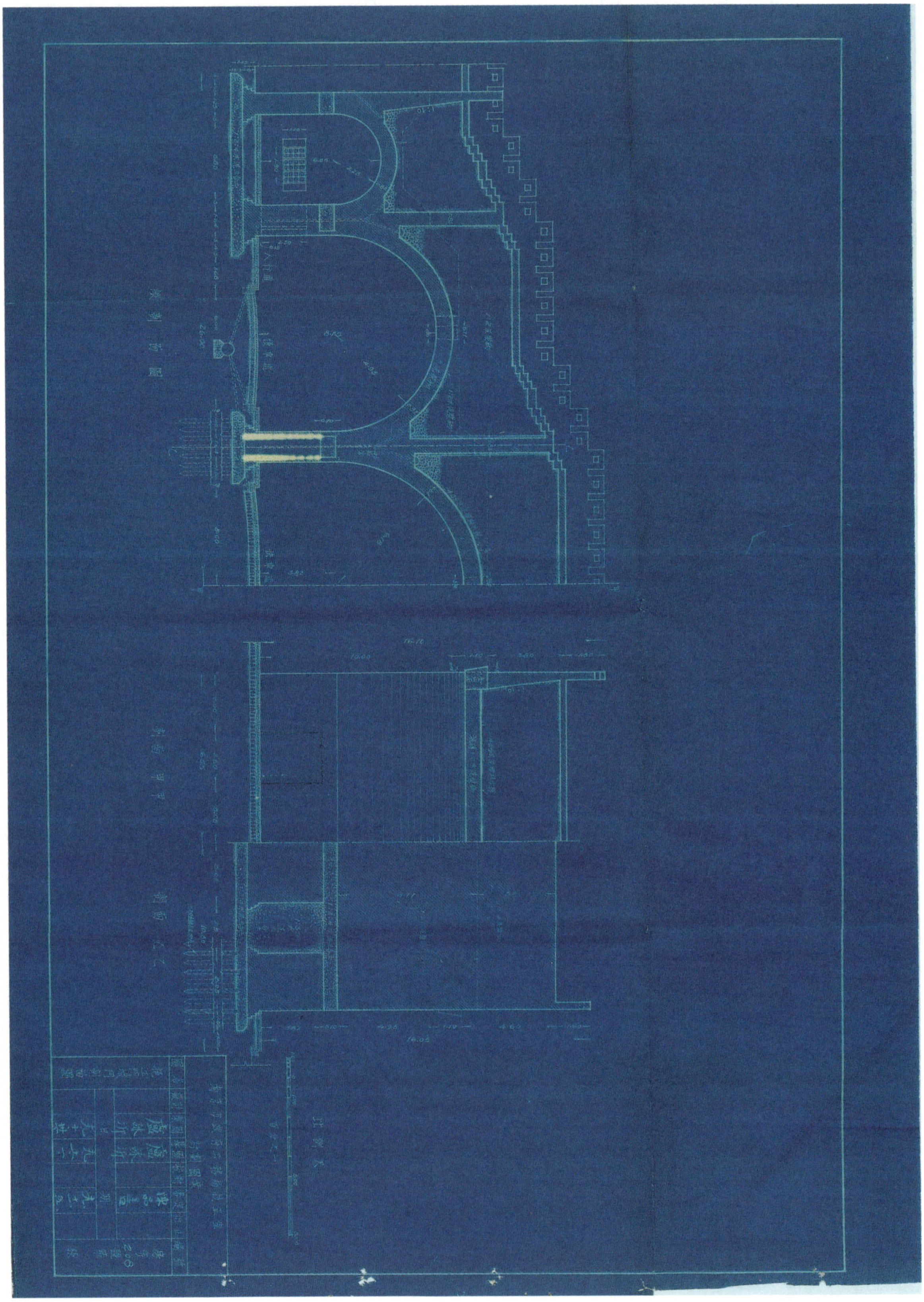

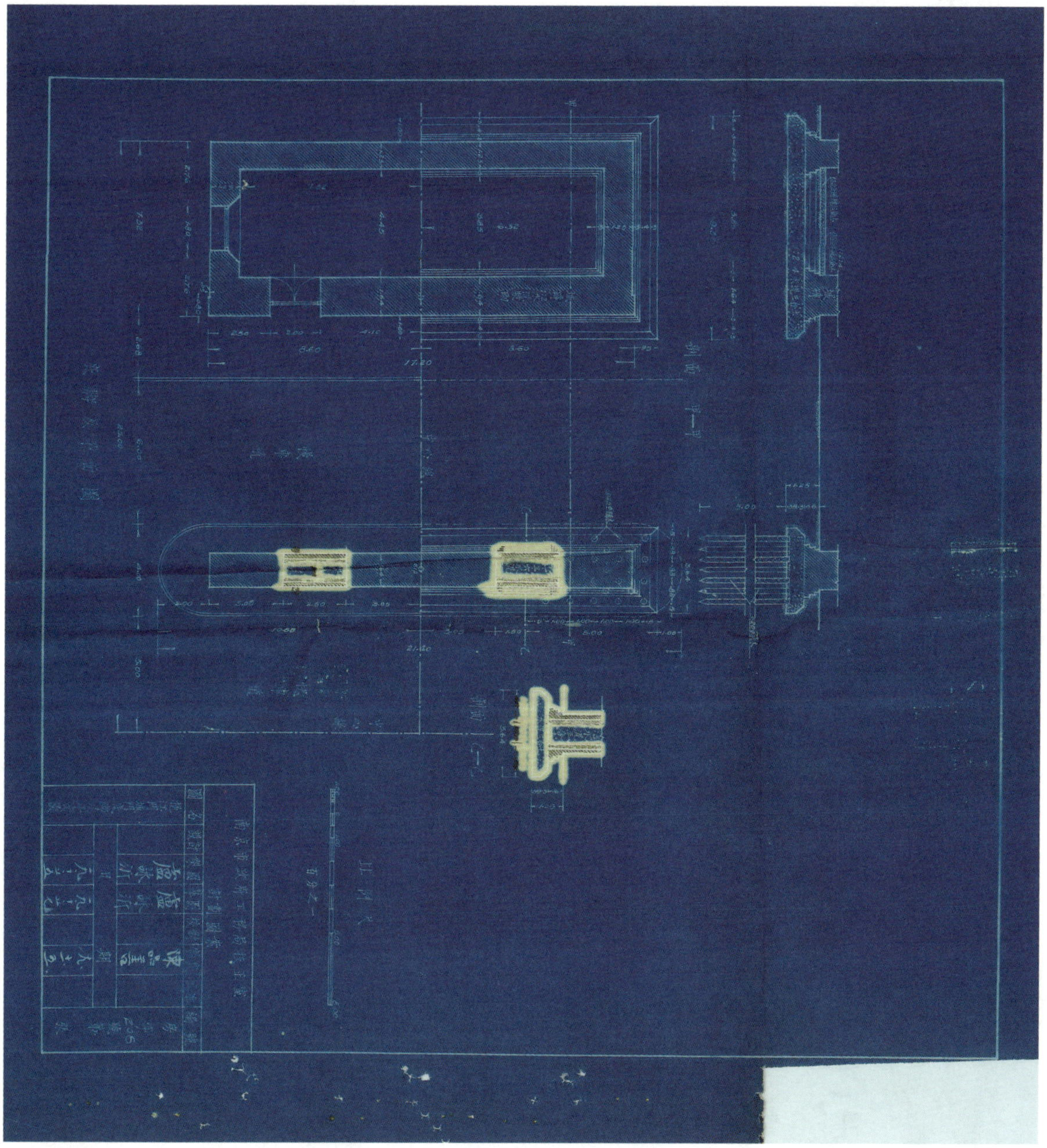

南京市政府稿

市長魏

[illegible]

秘書長

秘書

科長

股主任 王[illegible]

科員

辦事員 鄒[illegible]

來文字第號	
文別	
送達機關	工務局
類別	指令
附件	
事由	為奉諭查擬建築挹江門城門工程計畫暨閘圖算呈乞鑒核由

中華民國十九年

交辦	擬稿	核發	判行	繕寫		蓋印	封發
十二月廿五日時	十二月廿五日時	月日時	月日時	月日時	十二月廿六日十二時	月日時	十二月廿六日十時

去文府急字第 號

檔案字第1127號

急

已發

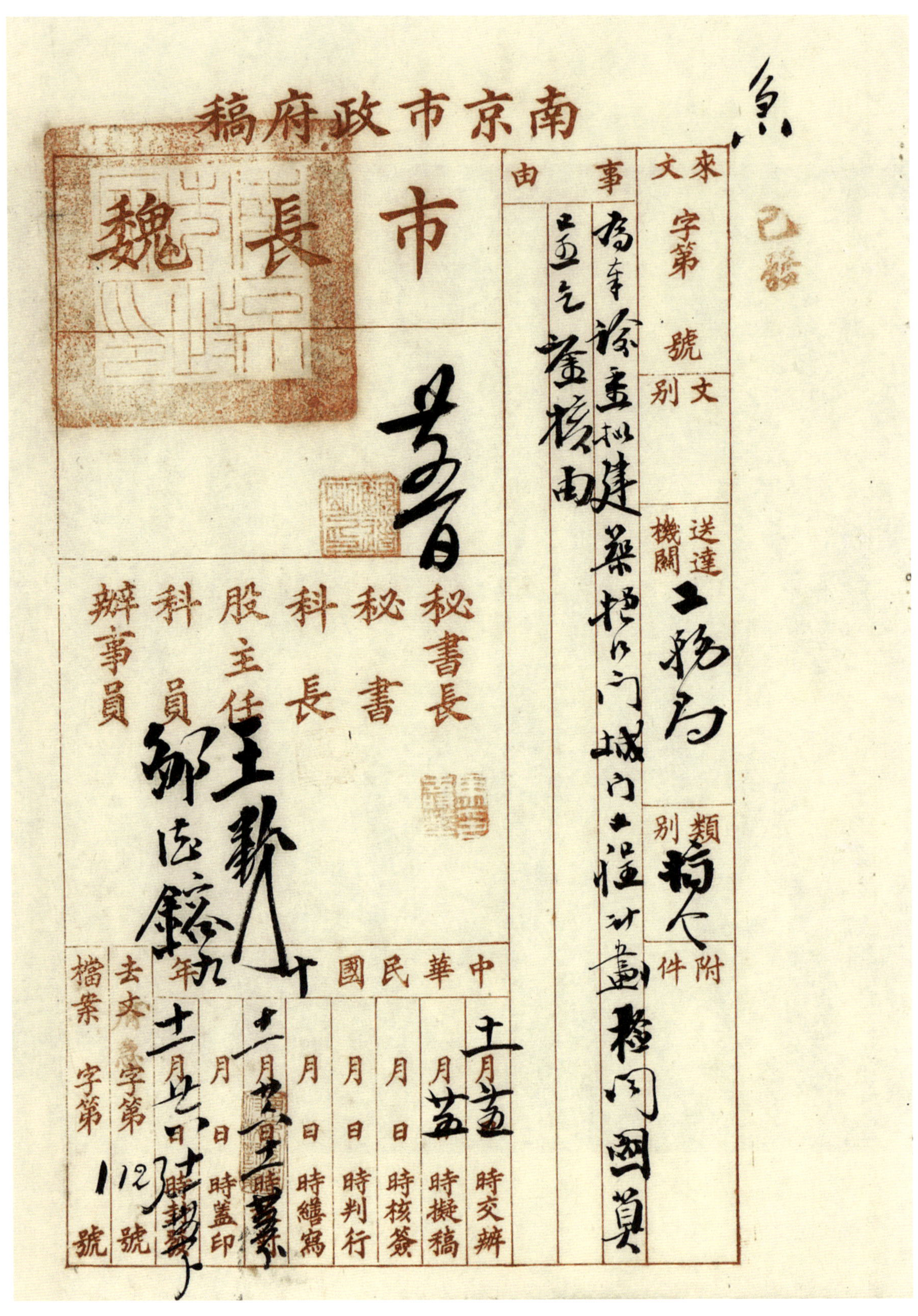

指令 府急 1123

令工務局長趙志游

呈一件 同前由

呈件均悉。所擬由唐可行承造一節，

仰即與原承包人陸根記妥擬增加工程

及如期付款辦法，並候核辦附發局

據報與日本如附件暫存。此令。

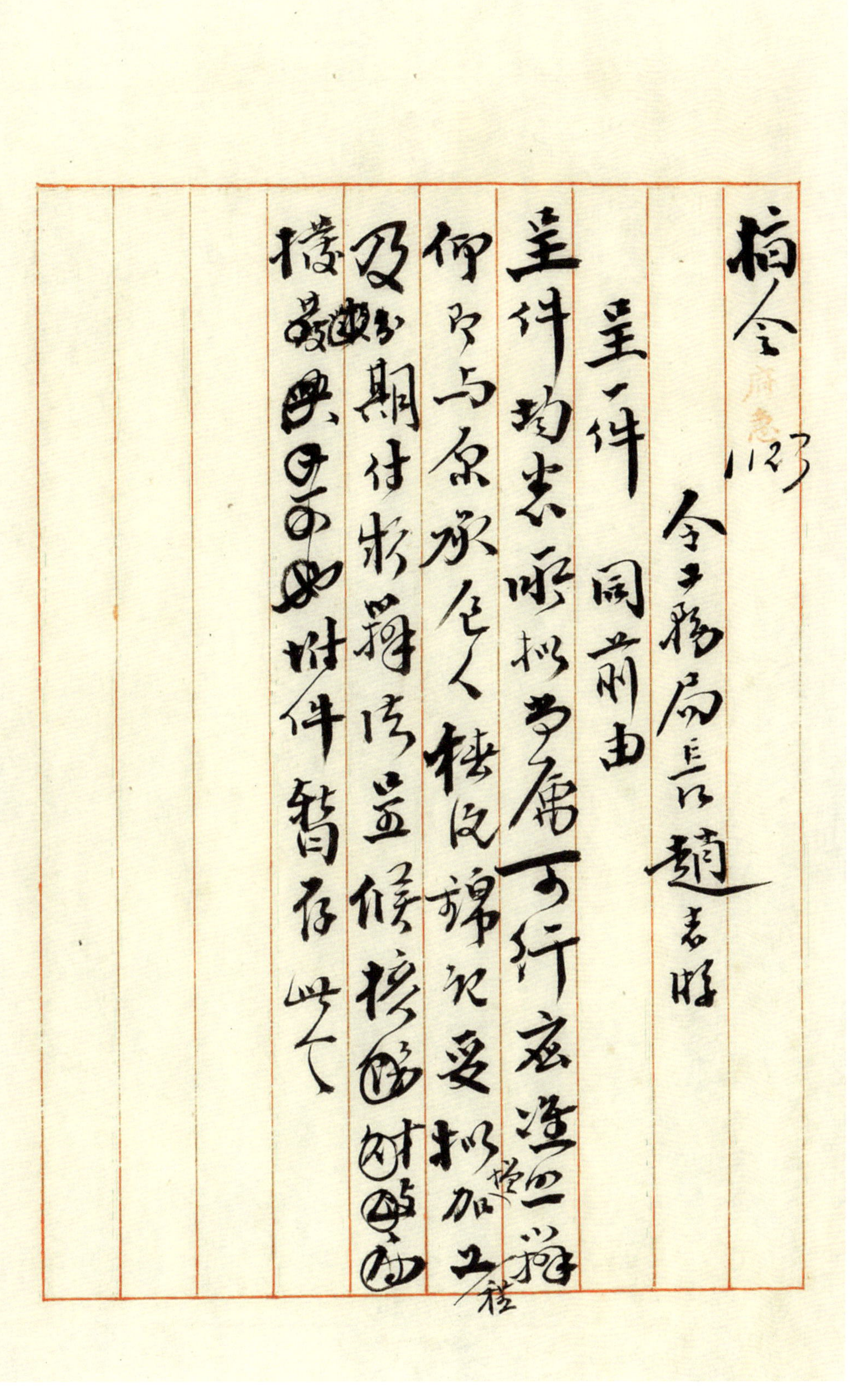

中華民國　年　月　日

繕寫

校對

監印

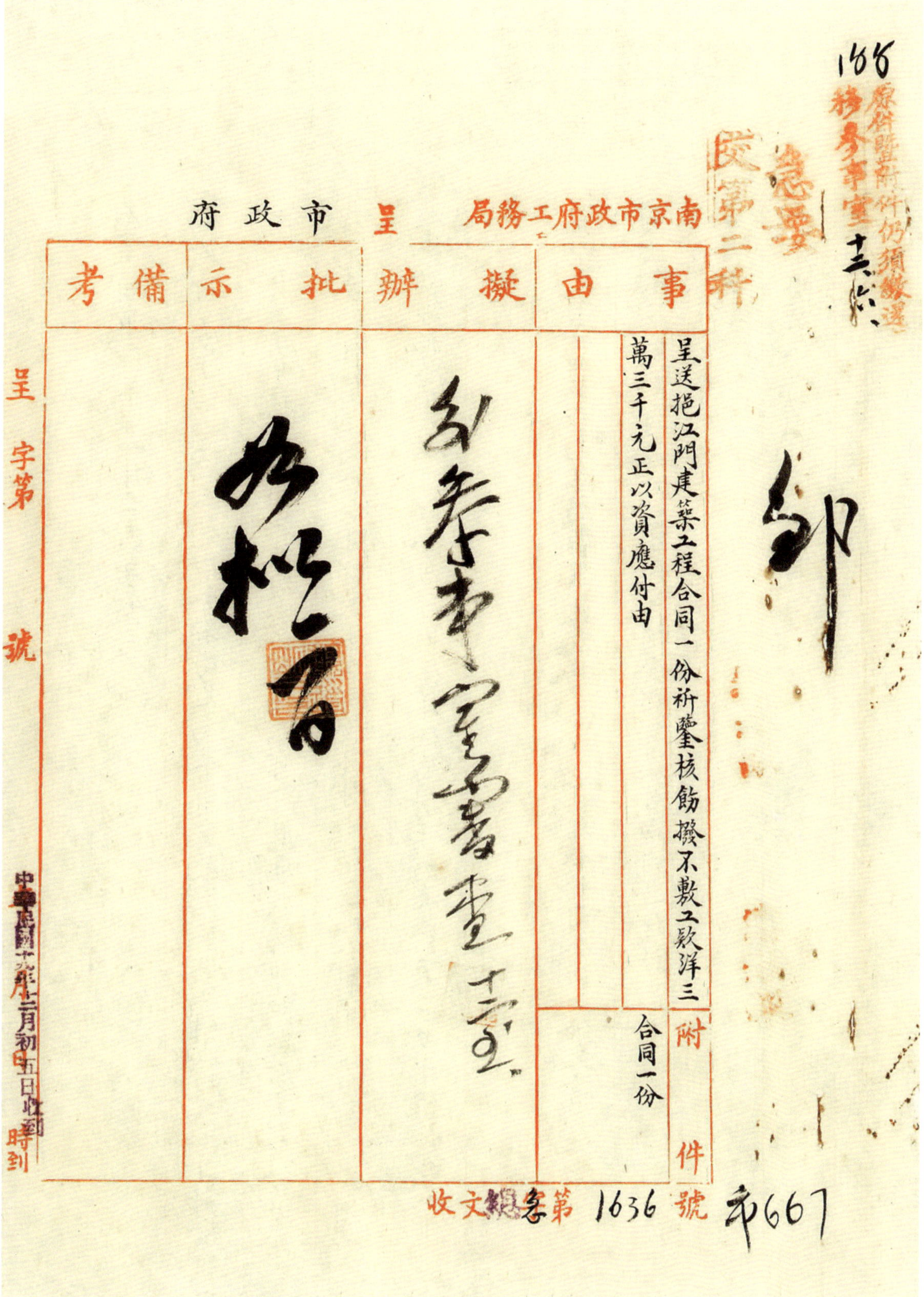
188

原件暨附件仍須發還 秘書事室 十二、六

急要

發第二科

南京市政府工務局 呈 市政府

事由	擬辦	批示	備考
呈送挹江門建築工程合同一份祈鑒核飭撥不敷工款洋三萬三千元正以資應付由 附件：合同一份	交參事室審查 十二、五	如擬	

呈　字第　號

中華民國十九年十二月初五日收到　時到

收文總字第 1636 號 府667

為呈請事，本年十一月二十七日奉
鈞府府急字第二三號指令職局呈為奉諭重擬建築挹江門城門工程計劃，檢
同圖算呈祈鑒核由，內開呈件均悉，所擬尚屬可行，應准照辦，仰即與原呈包人椿源
錦記妥擬增加工程及分期付款辦法呈候核撥，附件暫存，此令等因，奉此，遵即招原承包
人椿源錦記營造廠重訂合同，計包價洋伍萬捌仟元，限於二十年四月一日以前全部
工竣，除前奉
核准之貳萬伍仟元外，尚不敷洋叁萬叁仟元正，理合檢同合同一份，呈請
鈞長鑒核，俯賜轉飭財政局如數補撥，以資應付，而利進行，謹呈
市長魏

附呈合同一份

工務局局長趙志游

中華民國十九年十二月五日

校對孫登瀛

監印孫安民

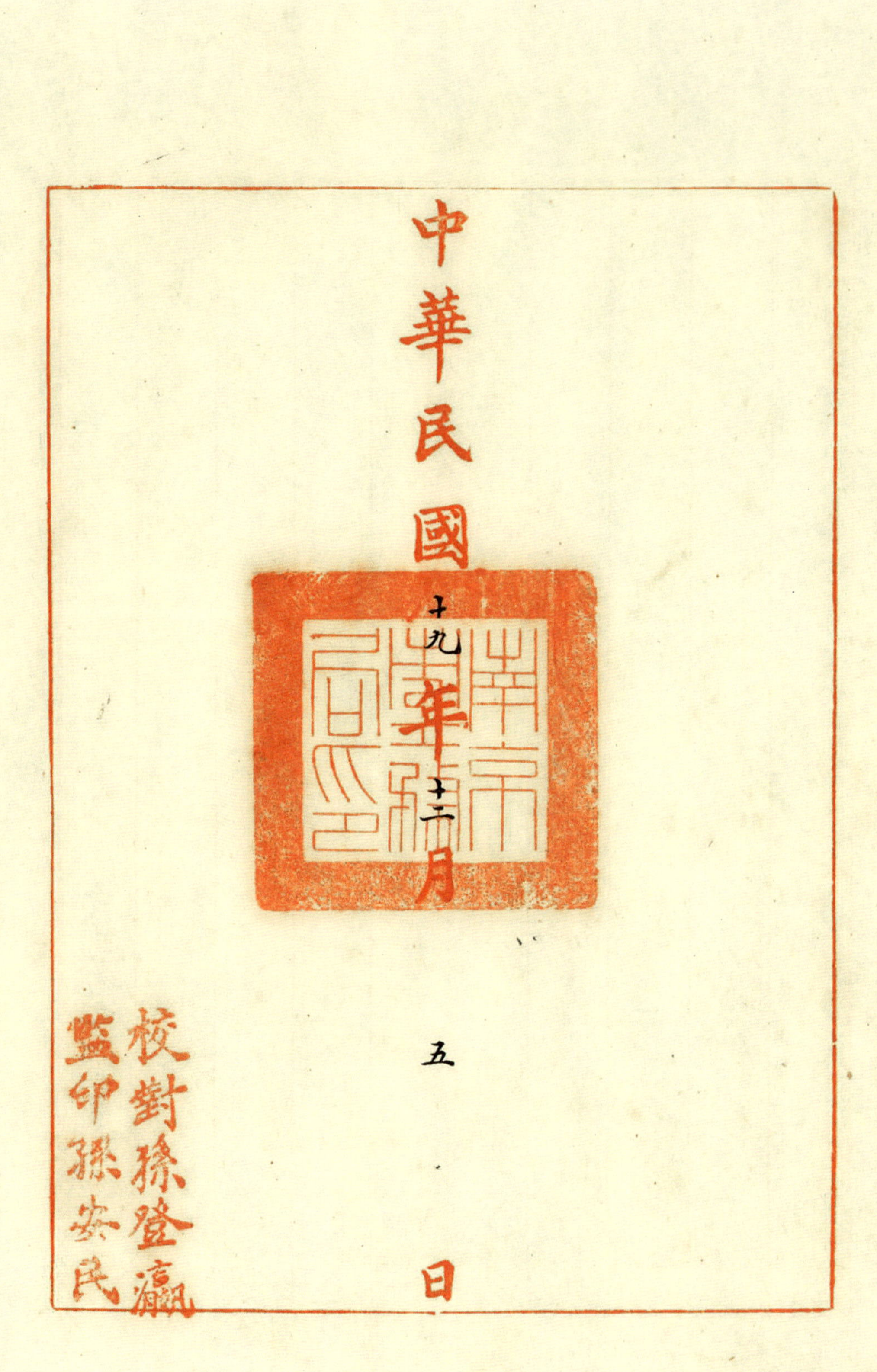

工程名稱 挹江门建築工程

承包人 椿源錦記

工程總價 五萬捌千元

南京市工務局工程合同 工字四七號

開工日期 十九年九月一日

完工日期 二十年四月一日

罰款 每日壹百元

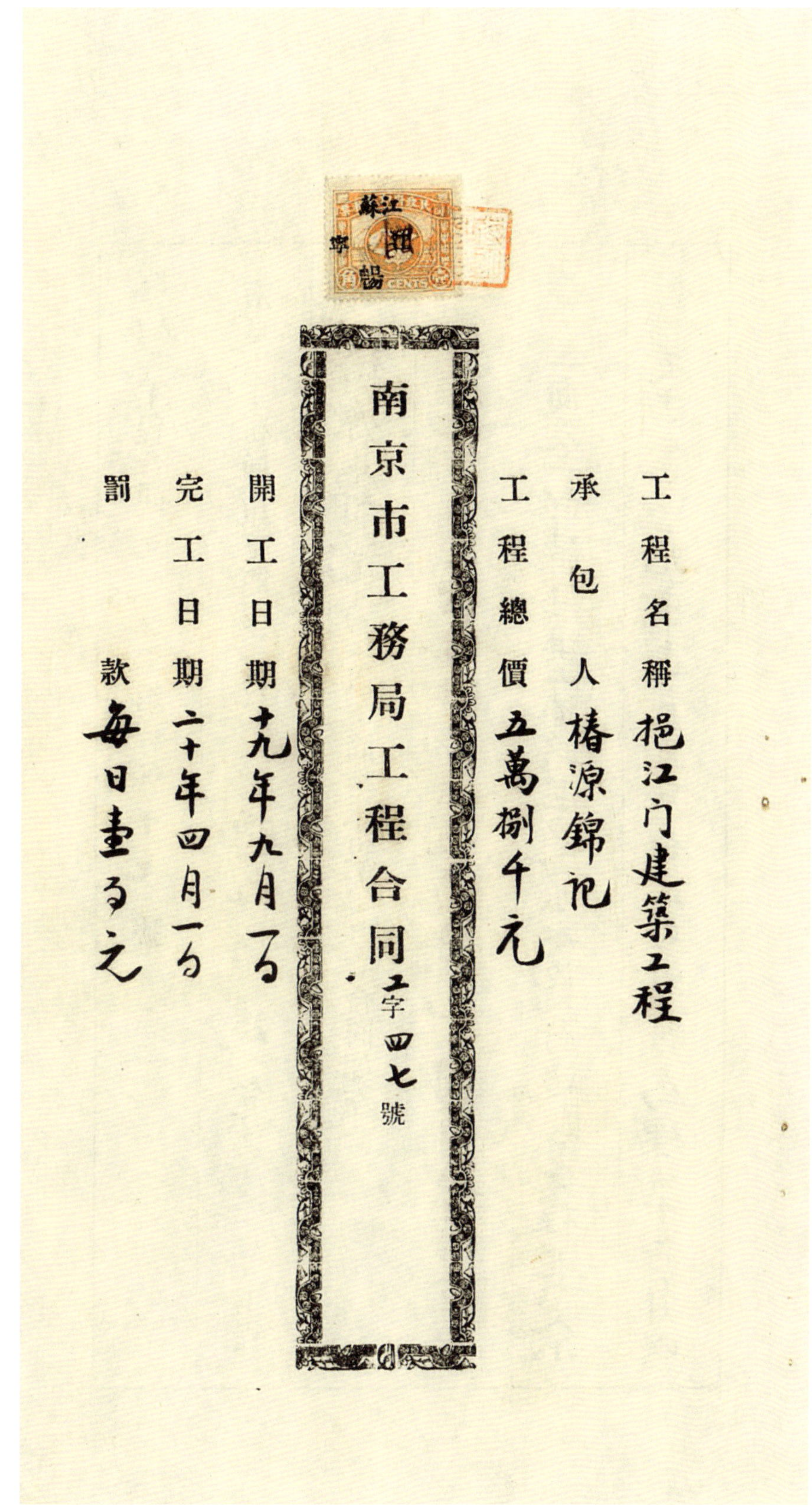

工程合同　　工字第　四十七　號

南京市工務局（以下簡稱工務局）爲　挹江门建築　工程

與　椿源錦記　（以下簡稱承包人）訂立合同如左

一　工程範圍在中山路舊海陵门址建築、城门孔三個軍警稽查所

二間及上部磚墻填土補路並建築水泥人行道等工程其大小

尺寸悉以十九年十二月五日審定之圖則爲標準所有以

前設計均作廢

二　承包人於投標時所繳之投標保證金〔　　〕元應俟本合同正式標定後由保證人蓋章後始得將該項保證金領回

三　本合同包括之工程所有設計圖樣及施工細則承包人均已明瞭願切實遵照辦理並簽名蓋章以資信守

四　工務局根據設計圖樣及施工細則所繪製之放大詳圖承包人均願遵照辦

理如詳圖上所規定之工料承包人有認爲不包括於本合同之內者應在該項工程未進行之先以書面向工務局磋商方爲有效

五　工務局對於本工程各部分得隨時更改之其因更改而致工料有所增減時得依承包人所開單價計算之

六　本工程所有零碎之處如於圖樣及施工細則未曾載明者承包人均應做全不得推諉或另索造價

七　工務局有關工程之章程及取締建築條例承包人均遵應照辦理

八　承包人非得工務局之許可不得將工程轉讓或局部分包他人

九　本工程自簽訂合同之日起應立即動工限定在二十年四月一日以前完工倘逾期交工按日罰洋壹百元此項罰款工務局得於應付工款內扣除之如遇天雨冰凍或暴風確難工作時得經工務局核准扣除之

十　本工程所需之人工材料工具及一切設備統歸承包人担負工程進行中如

損及公私建築物亦應由承包人負責賠償

十一 本工程所需用各項材料承包人須先將樣品送請工務局查驗經認爲合格後方准運場使用在工作時如發現不合格之材料應立即搬運出場不得留場朦混

十二 工程進行時承包人須負工人或行人安全之責如設備不周以致發生任何意外事件均由承包人負責

十三　承包人對於工程各部須有適宜之設備以便監工員隨時查驗各部工程

十四　承包人須派富有經驗之監工人常川在場督察並須聽工務局監工員之指揮如工務局認該監工人不能稱職時得通知承包人立即撤換之

十五　本工程無論已成未成如經工務局發現有與圖樣或施工細則不符之處承包人須負拆卸重造之責其所有損失概歸承包人担負

十六　凡遇不適宜工作之天氣承包人須遵從工務局監工員之指示將工程全

部或一部停止並須設法將已成之工程妥爲保護以免損壞如遇天災人禍不測事項或保護不周工程上所受之損失統由承包人完全負責

十七　承包人不得無故停止工作或延期履行合同倘承包人遇意外事故不能工作時工務局得通知保證人另雇他人工作所有場內一切設備及材料概歸工務局使用承包人不得索價且工程續造之費用及延期所受之損失工務局得由工程造價內扣除之不足之數統由保證人負責賠償

十八　全部工程完竣經工務局驗收後承包人應立具保固切結保固三十年倘於保固期內本工程發現裂痕或傾陷等情工務局認爲係由物料不佳或工作不良所致者承包人應負責出資修理不得藉詞推諉或索價

十九　本工程造價定爲國幣五萬捌千元〇角〇分〇分期交付

第一期於地脚材料齊運出場　付洋　捌千元

第二期於基溝樁打好　付洋　四千元

第三期於水泥基脚做好　付洋　五千元

第四期於中部墻墩砌至水泥枕料底　付洋　叁千元

第五期於左右墻身砌至水泥枕木料底　付洋　五千五百元

第六期於木法圍架做好	付洋五千元
第七期於中法圍砌好	付洋叁千元
第八期於兩旁法圍砌好	付洋五千元
第九期於法圍上部墻工砌至半高	付洋叁千五百元
第十期於法圍防水膠粉好	付洋叁千元
第十一期於全部磚墻砌好	付洋四千元
第十二期於土填好水泥地做成全部竣工	付洋四千元
第十三期於驗收後	付洋弍千五百元
第十四期於完工六个月後	付洋弍千五百元

承包人於每期領款時須備具正式領款呈文於三日前送交工務局經查驗

屬實後發給付款憑證遵填領款

二十 本合同及附件均繕就同樣四份一份呈 市政府備案二份存工務局一份由承包人收執

二十一 本合同附件如左

設計圖樣 一份計 三張

施工細則 份計 張

單位價目表 份計 張

依照工務局挹江門預算單位價

保證書　份計　張

二十二　附加條款

中華民國九年九月一日

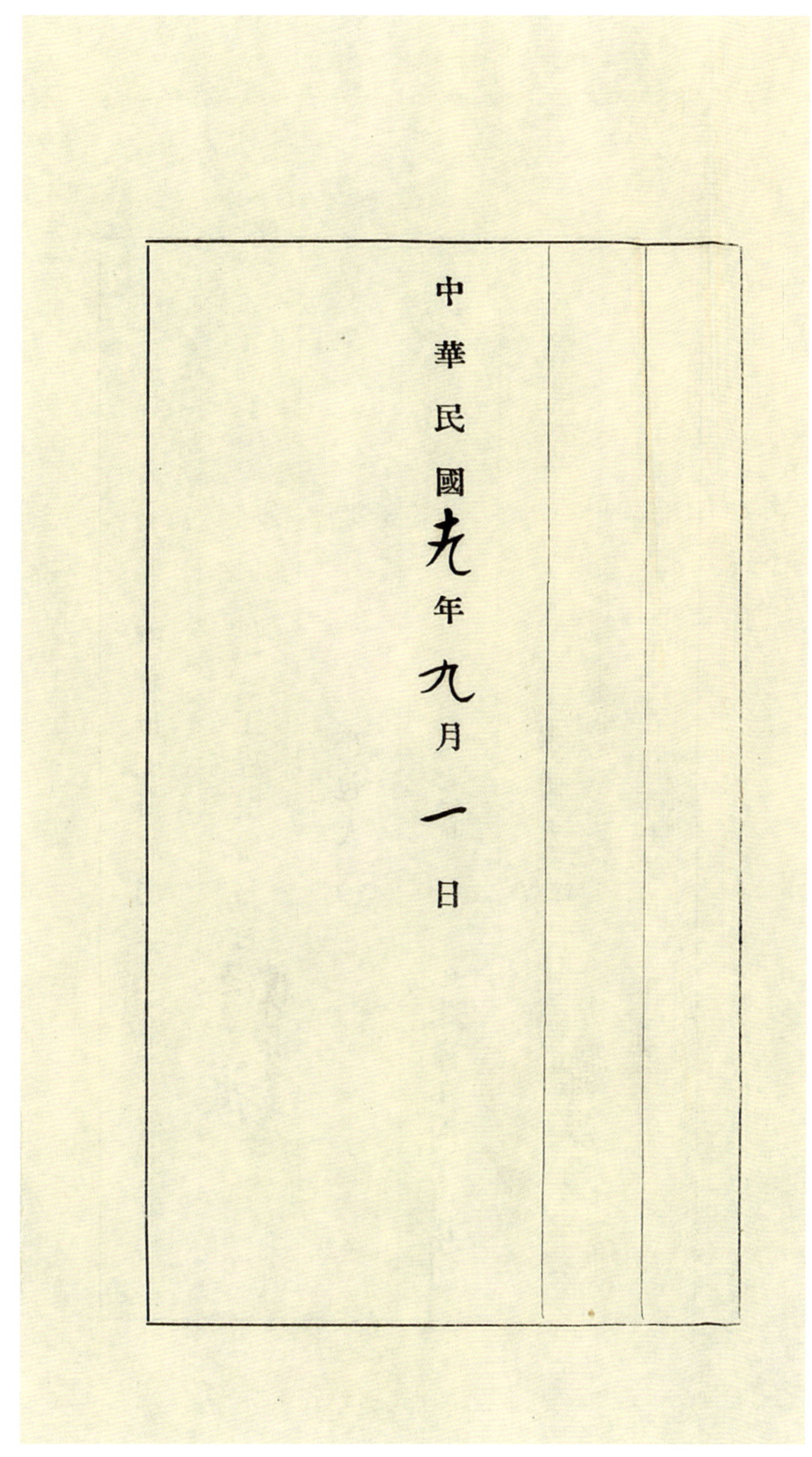

南京市工務局局長

工程主辦 技正 章祓 陳品善

承包人 店號 錡源錦記營造廠書柬
負責人

住址 本市下關中山橋

保證人 店號 新元昌
負責人 謝毓菴

住址 南京楊公井延齡巷

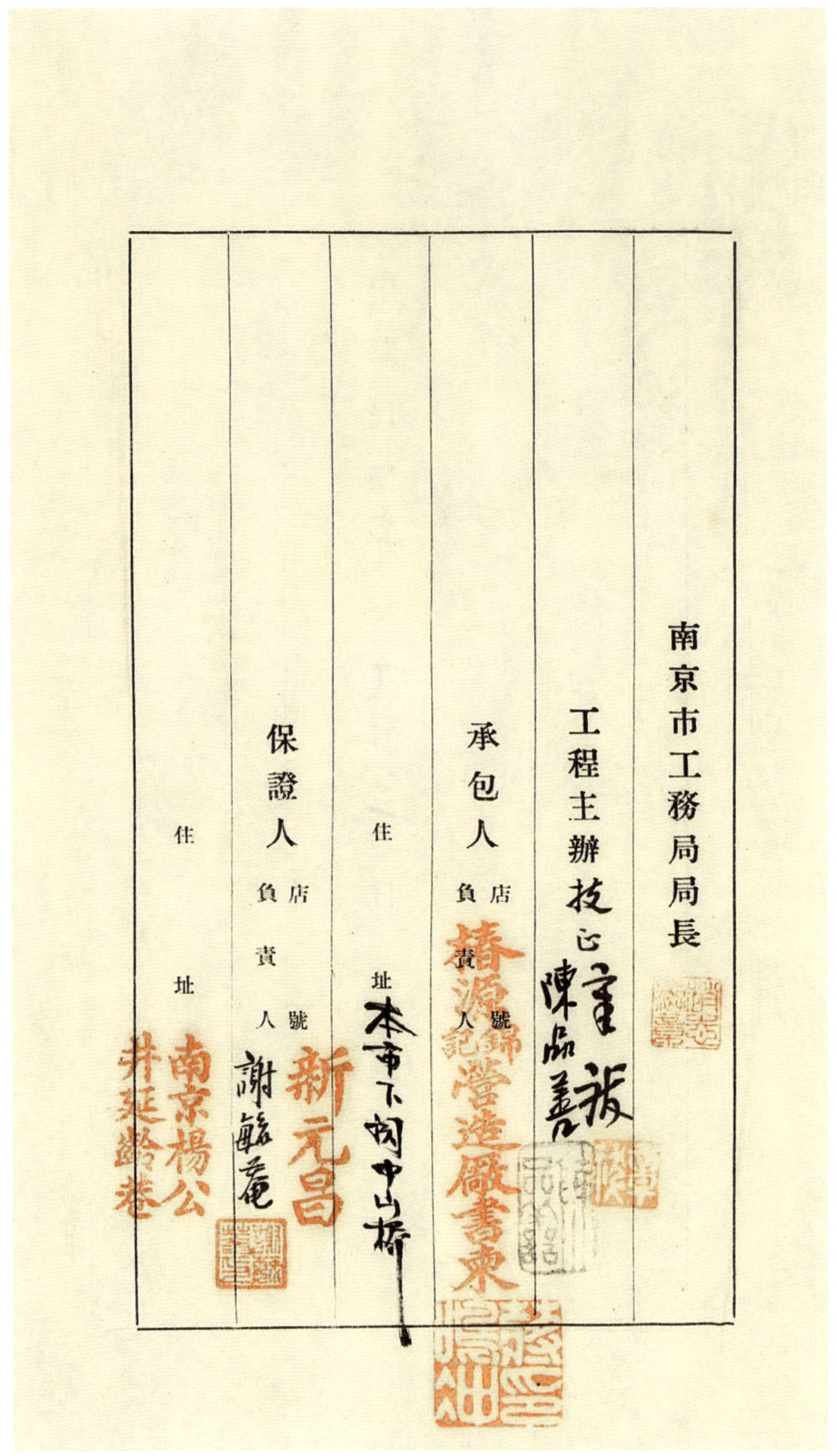

見證人

住

址

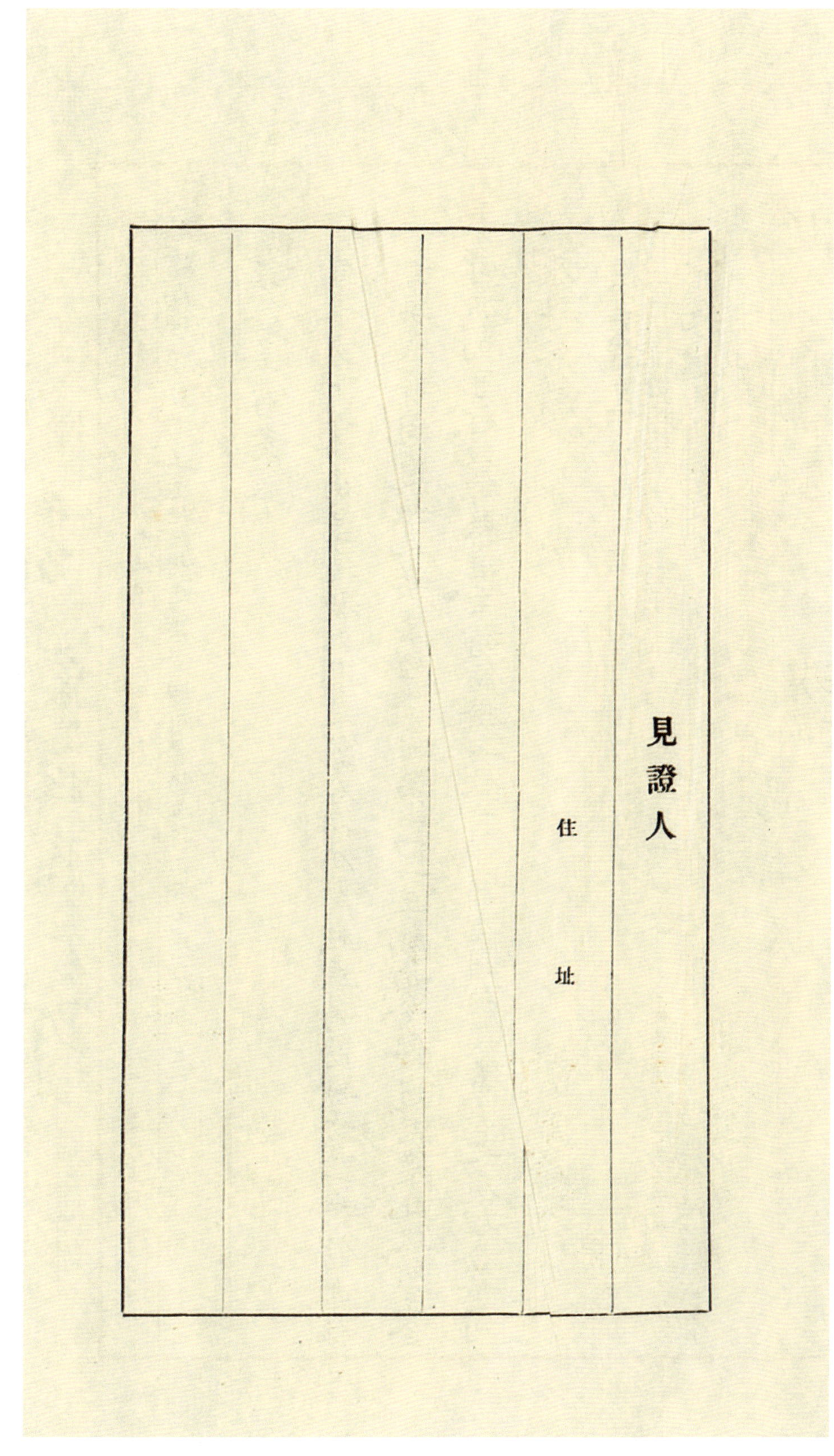

簽呈 第三〇二號

十九年十二月十一日

案由

簽復核議工務局呈送挹江門建築合同祈鑒核並請飭撥工款由

簽擬辦法

謹簽呈者案奉

鈞長交下工務局呈送挹江門建築合同祈鑒核並請飭撥工款一案飭即核議具復等因遵核此案業經本府第一二三號指令飭遵在案此次所呈合同亦尚可行似可照准至請飭撥工款一節請交科核議當否之處理合檢同原件簽請

核示謹呈

市長魏

附繳原呈合同各一件

參事 馬軼羣 張育海

市府審核股 [illegible]

簽擬辦法	批示
	如擬

南京市政府簽呈用紙

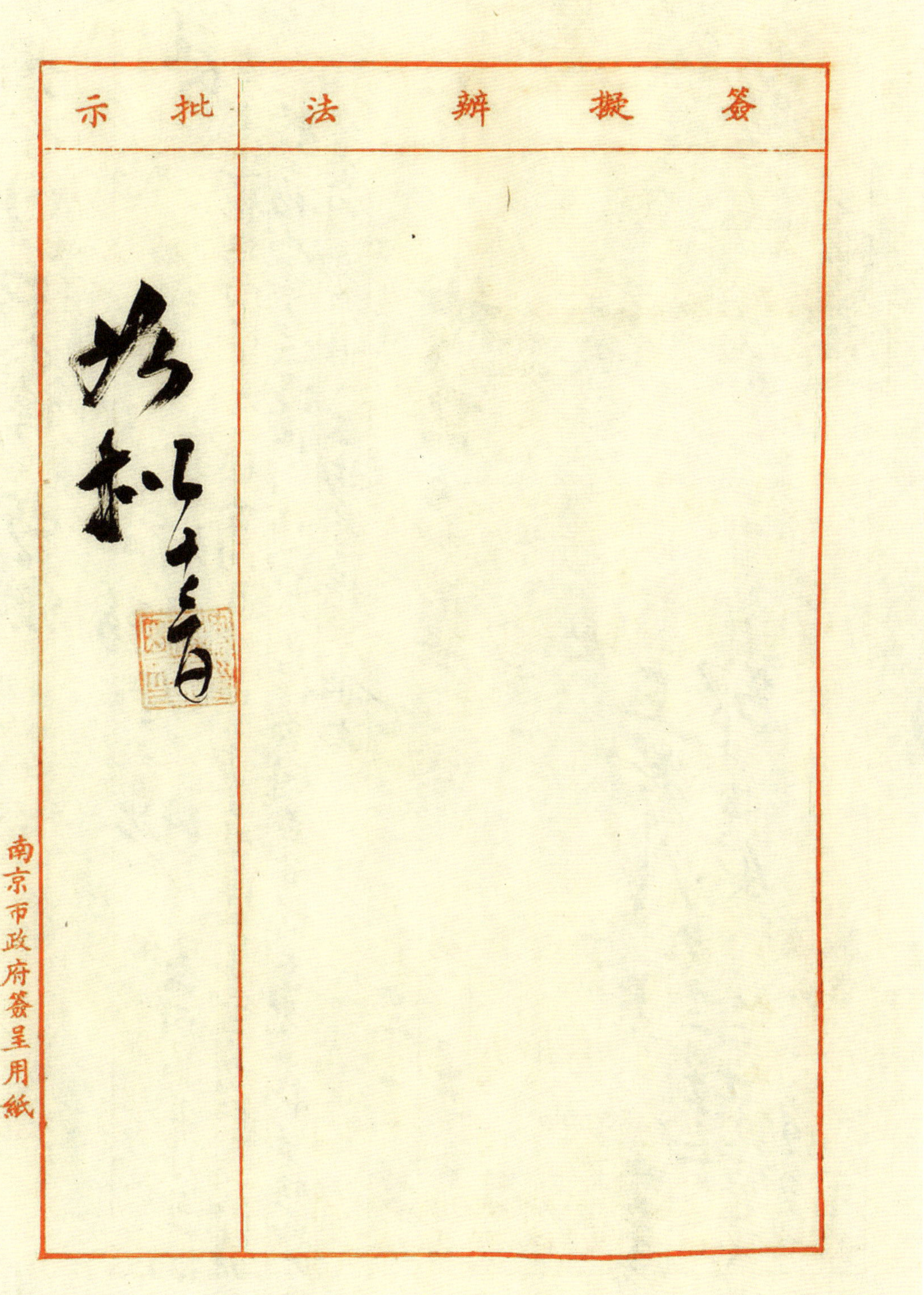

南京市政府稿

抄發合同第十七條條文一紙

己發

發訖

來文	字第　號
文別	
送達機關	工務局 財政局
類別	指令 訓令
附件	合同第十七條條文一紙

事由：呈送挹江門建築工程合同祈核撥發專工款洋二萬三千元正以資應付由
據工務局呈送挹江門建築工程之合同並請撥發專工款等情抄
發合同第十七條條文飭局照撥由

市長魏

秘書長
秘書
科長
股主任　王鄴
科員
辦事員　鄒德鎔

中華民國十九年

交辦	擬稿	核簽	判行	繕寫		蓋印	封發
十二月十三日　時	十二月十五日　時	月　日　時	月　日　時	月　日　時	十二月十六日十一時	十二月十六日二時	十二月十七日二時

去文府字第1596/97號

檔案字第15號

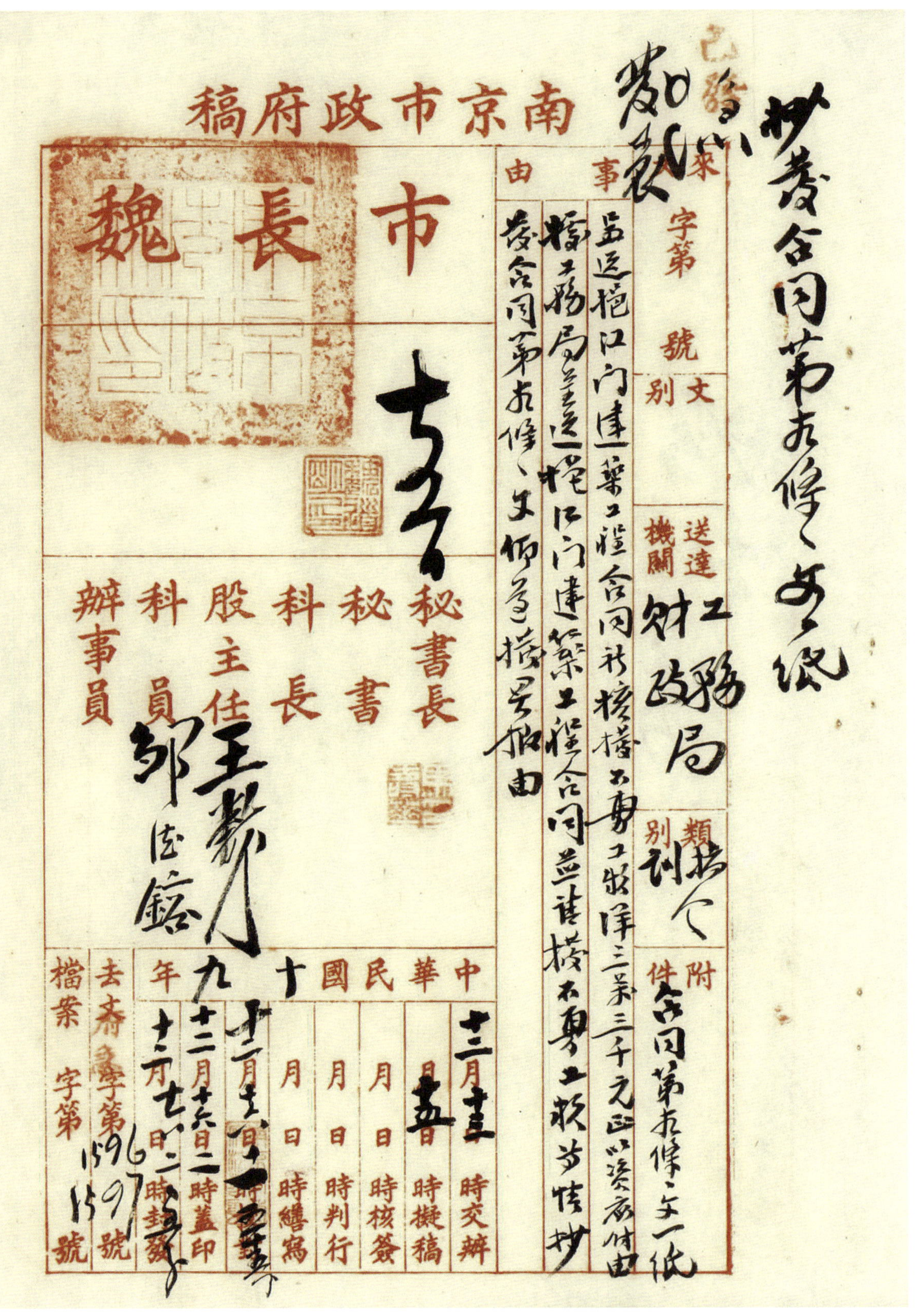

指令 府急 1596

令工務局長趙志游

呈一件 同前由

呈件及合同均悉。已飭財政局在該局十九年度臨時事業費內撥並合同所載分期付款辦法，併案籌撥。仰即會同財政局派員接洽具領，仍於工程完竣後呈請派員驗收，以昭核實而重要政。合同存查。此令。

訓令 府急 1597

令財政局長齊敘

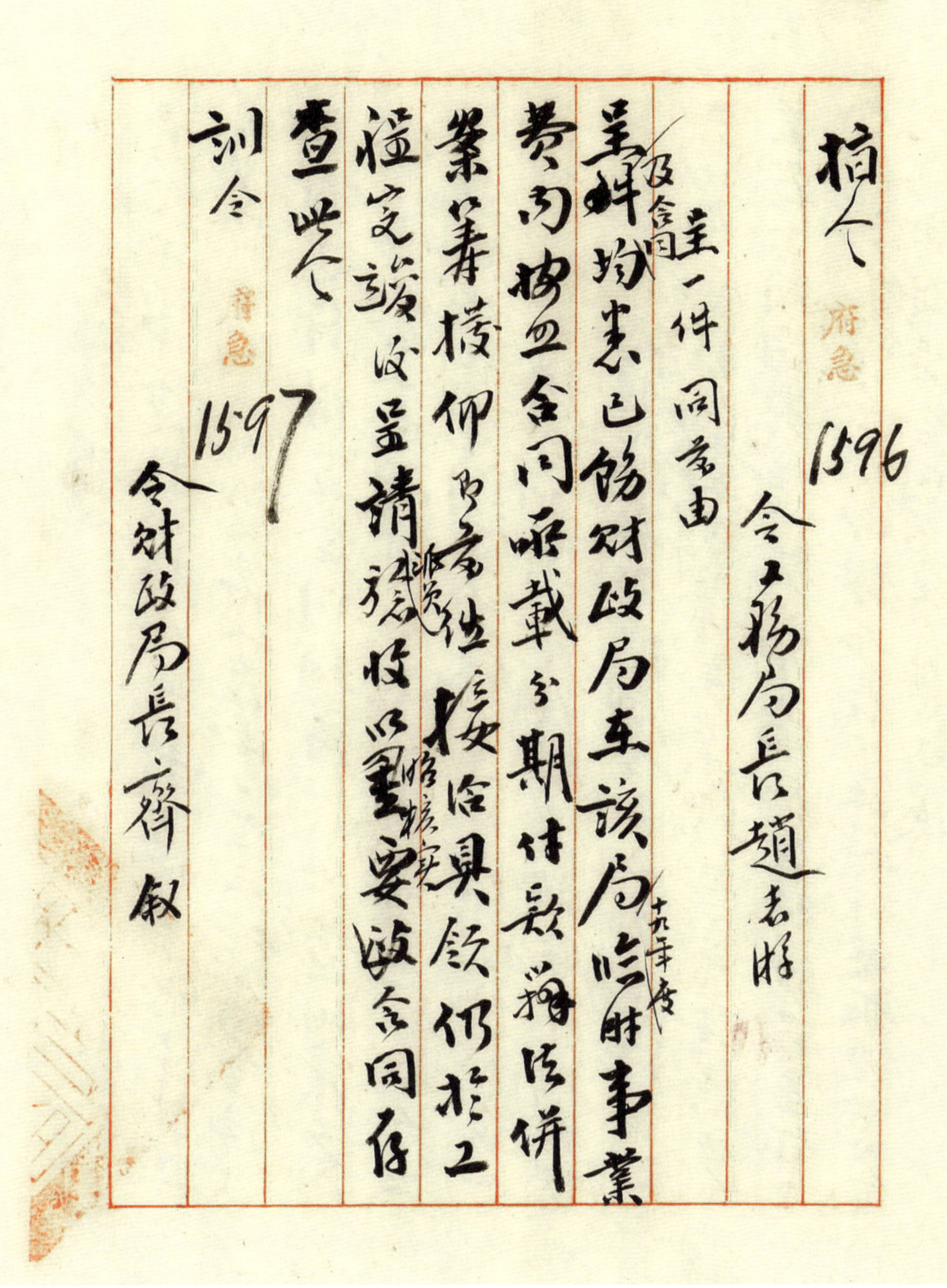

為令遵事：案據工務局局長趙志游呈稱，案奉十一
月廿七日奉鈞府名府字第一二三三號指令內開
呈悉。仰即進行，謄正合同到府核准。此令。等因。查此案業
據工務局呈送圖算、合同等件，請府呈經指令照
准，並經抄發合同第十六條條文，以府名字第六二
號訓令飭知該局分期籌款撥發開辦本府參察
是項工程應俟深度及底脚分別增加，業經飭知
工務局妥籌辦理在案。茲據呈前情，業經核准條款
並及合同均悉。查此令，即另外合行抄發並訂定
合同第十九條條文，令仰該局長遵照辦理，並報查考。此令。
計令抄發合同第十九條條文一紙

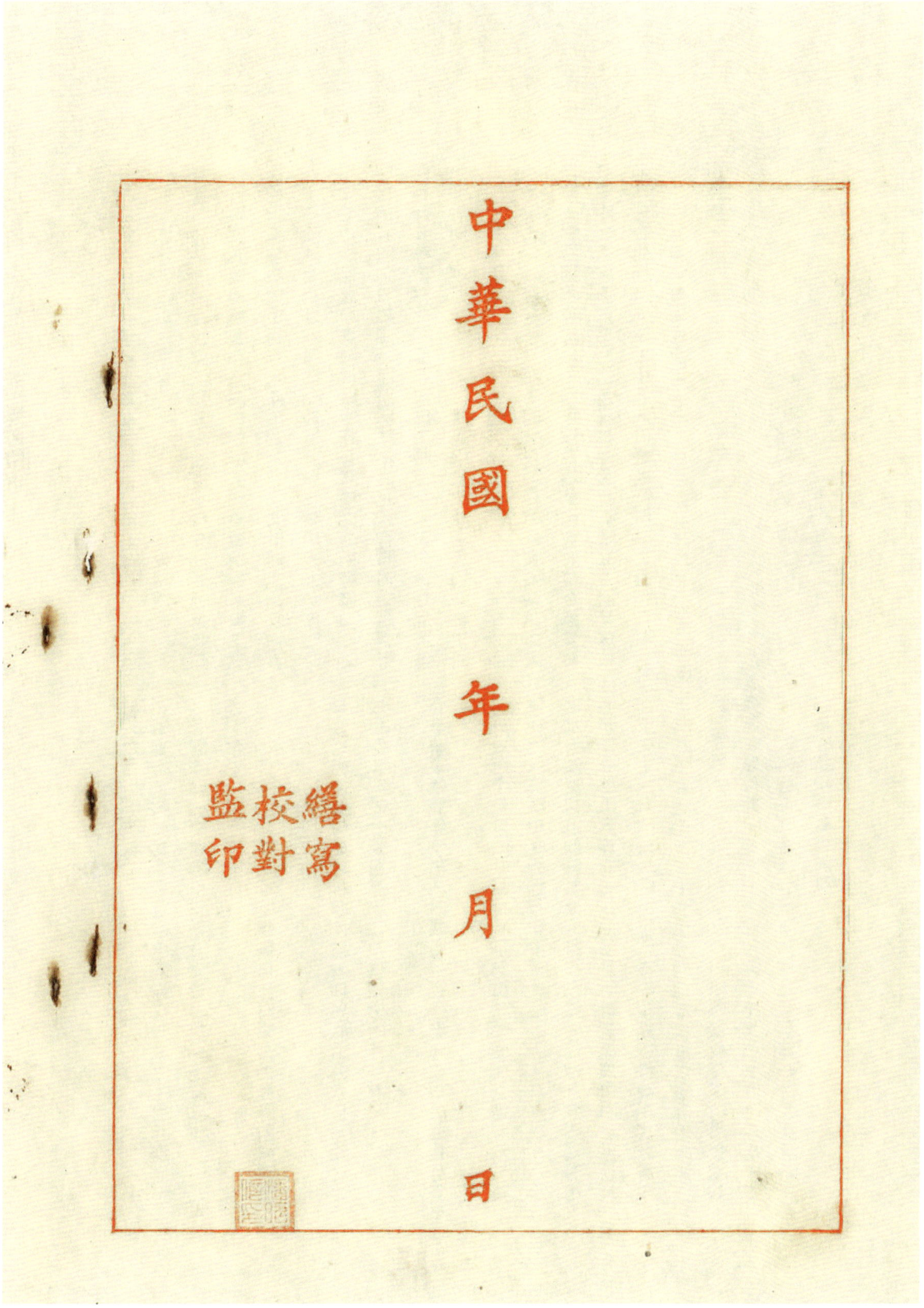

中華民國　年　月　日

繕寫
校對
監印

府府府急字第八二零號指令職局造送新街口廣場工程補充預算祈核示飭撥由內開呈件均悉此項補充工程用款業經本府於該局呈送圖算暨標價比較表案內一併令准並飭財政局先行籌款聽候飭撥各在案茲查前項工程急須興辦所需工款照談海廠前次標價再加入此項追加費用共計洋六萬零四百九十四元八角柒分八厘已令飭財政局在該局十九年度臨時事業費內按照該局與談海廠所訂合同程序分期籌撥仰即前往接洽具領剋日施工一面將所訂本案正式合同補送備查附件存此令等因奉此經即召該包工談海廠來局先行訂立廣場中心合同於本月十二日興工建築限於六十五天內全部工竣每遲一日完工罰洋六十元至提早完工之獎金因恐天寒冰凍不易施工純爲獎勵早日完工而設在職局建築交通路第二段路面工程合同內亦尙有先例可援茲奉前因經將獎金減爲每日四十元廣場四週馬路俟舊屋拆除後再與議訂合同呈送核示外理合先行檢同廣場中心部份合同一份具文呈復仰祈鑒核備案實爲公便僅呈

市長魏

附呈合同一份

工務局長趙志游

十一月十五日

□（一一八）建築挹江門城門案

▲指令工務局爲奉諭重擬建築挹江門城門工程計劃檢同圖算呈乞鑒核案由 指令府急字第一一二三號 十九年十一月二十六日

呈一件爲奉諭重擬建築挹江門城門工程計劃檢同圖算呈乞鑒核由

呈件均悉所擬尙屬可行應准照辦仰與原承包人椿源錦記妥擬增加工程及分期付款辦法呈候核撥附件暫存此令

附原呈

爲呈請事竊查建築挹江門城門工程一案前經職局擬具計劃呈奉

鈞府府急字第六一一號指令核准招由椿源錦記營造廠承包興建在案茲查該項工程進行中奉

諭加大深度以壯觀瞻加厚底脚以期堅實而便加建門樓等因奉此經令包工人停止工作並飭重行計劃深度由六、一公尺加至一七、二〇公尺（計增加二倍）預算工料費用共計需洋五萬八千零六十二元七角二分較前奉核准之數計增加洋三萬三千零六十二元七角二分所需城磚擬取自中山門套城其拆運各費預計一萬三千六百元似應在改正中山門外路綫工程內報銷是否有當理合檢同圖樣三紙預算一份具文呈請

鈞長鑒核指令祇遵謹呈

市長魏

計送圖様三紙預算一份

工務局局長趙志游

十一月十九日

■（二九）核准工程合同暨投標等標準章則案

▲指令工務局爲所送工程合同暨投標等章則尚無不合應准如擬辦理仰遵照案由　指令府字第一一一三號　十九年十一月二十六日

呈一件呈爲擬具工程合同暨投標等章則請鑒核示遵由

呈件均悉送到工程合同暨投標等章則尚無不合應准如擬辦理仰即遵照此令附件存

附原呈

爲呈請事竊查工程合同暨投標等章則向未訂有專章以致漫無標準亟應詳予規定以資遵守兹經擬具通用投標章程計七條又工程合同計二十一條除有特殊情形者隨時增删外各項工程均可通用業經提交職局第九十四次局務會議議決通過理合檢同該項章則各一份具文呈請鑒核示遵實爲公便謹呈

市長魏

附呈投標章程暨工程合同各一份（投標章程暨工程合同見例規欄）

工務局局長趙志游　九月六日

■（三〇）建築交通路第二段人行道案

▲指令工務局爲變更交通路第二段人行道及一切附屬工擬另行招標建築檢呈圖算祈核示案由　指令府急字第一一五〇號　十九年十一月二十七日

呈一件爲變更交通路第二段人行道及一切附屬工程擬另行招標建築檢呈圖算祈核示由

呈件均悉所請應准照辦仰即將車行道費用八千餘元與石城營造廠清結造報餘款暫存該局俟本案確定後再向財政局轉賬一面即行登報招商投標仍將開標日期呈候本府派員監視以昭愼重附件存查此令

附原呈

呈爲變更交通路第二段人行道路牙路沿及溝管等工程並擬另行招標建築檢同計劃圖算仰祈

鑒核示遵事竊查交通路第二段路面工程前經職局擬具計劃呈奉

鈞府循急字第八一號指令核准招由石城營造廠承包興築在案旋奉面諭將兩旁人行道及附屬一切工程計劃加寛等因奉此遵即一面將車行道完工通車一面飭令包工將人行道及路

整頓全市房捐

本市房捐向爲市財政收入之大宗，本府以本市房捐，住房係按租價抽收百分之五，而鋪房則抽收百分之十，近日房租，日益高昂，而房捐反未見增多，顯係住戶所報租價，多不實不盡，現已飭令財政局，切實整頓，并組設房租產價調查委員會分派人員，從事調查，並估計產價及租價以作收捐標準，預計整頓後，每年可望增加十萬元之收入云。

工務消息

興工建築國府東至中山路一段馬路

工務局現擬建築國府東至中山路一段馬路，其計劃，自國府東至漢府街一段中間，舖築一一三四公尺柏油路面，兩旁各築五公尺彈石路，所有排水設備及路牙，一律照築，自漢府街拆至中山路一段，暫築中間十公尺柏油路面，此項工程，已于十一月二十五日開標，審查標賬，以談海廠爲最低，已呈奉本府核准，即與該廠訂立合同，並向財政局領款興工云。

整頓夫子廟前攤位

▲工務局派員劃定地位

本市夫子廟一帶，向爲各攤販麕聚之所，日前工務局曾令各攤販，一律增加布棚，藉壯觀瞻，惟各攤販，多未遵辦，該局以各攤位，復多凌亂不堪，甚至因爭設攤位，發生口角情事，即派員將各攤位，所佔地畝尺寸，予以劃定，將來即按所佔地位之大小，以定徵費之多寡云。

改釘路名牌

▲遵照國府公布名稱

▲並標明其所在地位

本府以本市路名牌，亟宜改釘，經飭工務局詳細計劃，現該局正在積極計劃中，大概多數路名，係遵照國府公佈之首都幹路定名圖之名稱，其餘舊名之重複及鄙陋不堪用者，概行更改，即現有路名，及其所在地位，如某路東接某路西通某路等，均擬調查詳晰，以便統籌辦理云

建築挹江門城門

▲明年三月底可竣工

本府建築挹江門城門情形，業誌本報，現該項工程，經由工務局與承包人椿源錦營造廠訂立合同，限於二十年四日一日以前，全部工竣云。

開鑿江岸及石營盤溝渠

下關江邊堤岸，本府現正開鑿溝眼，茲以石營盤街並無陰溝，每逢天雨，積水不退，已併予開鑿陰溝，以利宣洩云。

放寬中正街楊公井間馬路

中正街至楊公井間馬路，前經首都建設委員會決議，放寬至二十四公尺三十八公尺，現土地局通令各業戶，尅日呈驗契紙，俾便着手興築。

交通路兩旁建築應呈核圖樣

下關交通路現已完成，所有該路兩旁建築房屋，應將圖樣送由下關辦事處，轉送工務局技正室審查，認為合格後，再行發還該處，派員查勘，給照興工。

提前完成行政院前馬路

本京行政院前一帶馬路，自本府招工建築，現已將排水設備，裝置完竣，路面工程，亦已完成過半，此項工程，原訂合同限期至二十年一月四日止，現本府為提前完成，以利交通起見，已令飭包工加工趕造大約不日即可全部告成。

益仁巷馬路加鋪柏油

▲兩旁建築石片慢車道

本京益仁巷馬路，自開闢以來，迭經修理，加以原有路冠過低，且因行駛重車，以致日形損壞，本府現已將該路兩旁，各築石片慢車道，以備重車行駛，中間則改築十公尺寬快車道，加鋪柏油，並將路冠提高，以便兩旁洩水云。

建築夫子廟前廣場

本府以夫子廟前建築廣場工程，亟待進行，該場地擺設之臨時各商販攤位，自應早日拆讓，以利工程，所有售賣熱食及雜耍動物場一類各商，在本月內准予暫行營業到期即行拆遷，其餘販賣各物品攤位，由工務局重行編號，遷入夫子廟內場營業云。

市工務局爲挹江門城門建築工程擬將上層改建鋼骨水泥檢同追加預算呈請鑒核撥款與市政府往來文書

（一九三一年六月十一日）

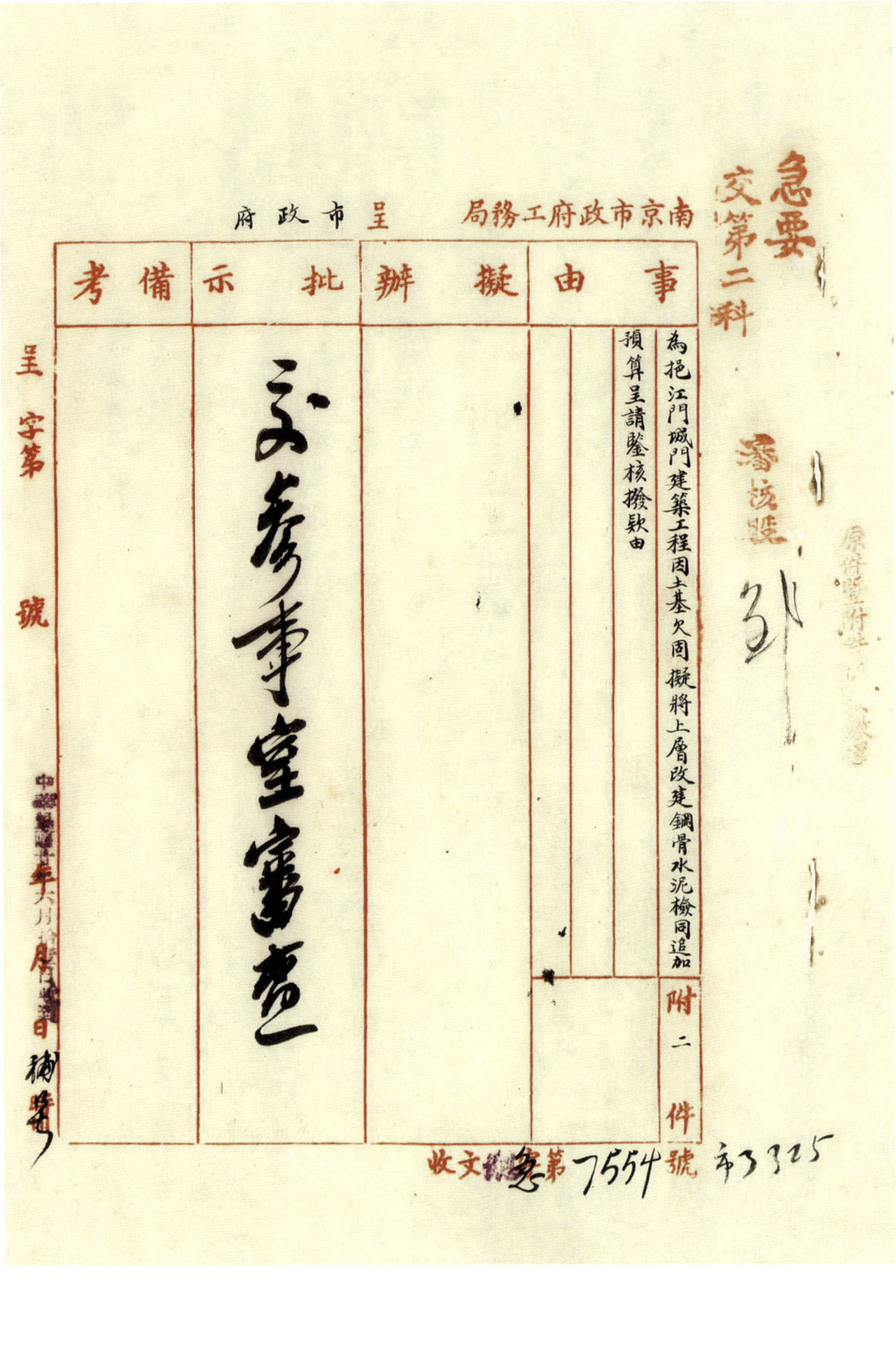
南京市政府工務局 呈 市政府

事由	擬辦	批示	備考
為挹江門城門建築工程因土基欠固擬將上層改建鋼骨水泥檢同追加預算呈請鑒核撥款由		交參事室審查	
附二件			

呈 字第 號

中華民國二十年六月十一日

急要

交第二科

收文急第7554號

為呈送事案查建築挹江門城門工程前經本局呈奉
核准招由椿源錦記承包興建在案茲查原計劃係將全部用城磚砌造但開挖土基後查
察地質不良無以勝任該項建築之載重是以除加固基脚外特於上部改建鋼骨水泥法圈
及縱橫大料各三道以保安全並預留鋼骨水泥柱基以備將來建築城樓之基礎經此改
建工料兩抵計須增加工款洋貳萬壹千玖百拾肆元柒角貳分理合檢同追加預算及圖樣
各一份具文呈送仰祈
鑒核轉飭財政局照數補撥俾資應付實為公便謹呈
市長魏

附呈追加預算圖樣各一份

工務局局長趙志游

中華民國二十年六月二日

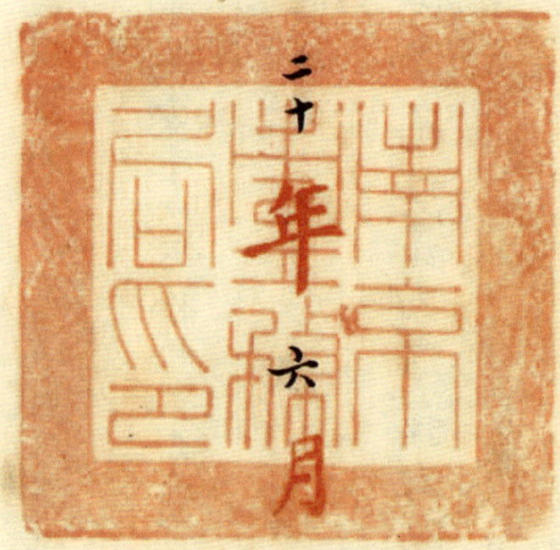

校對孫登瀛

監印孫安民

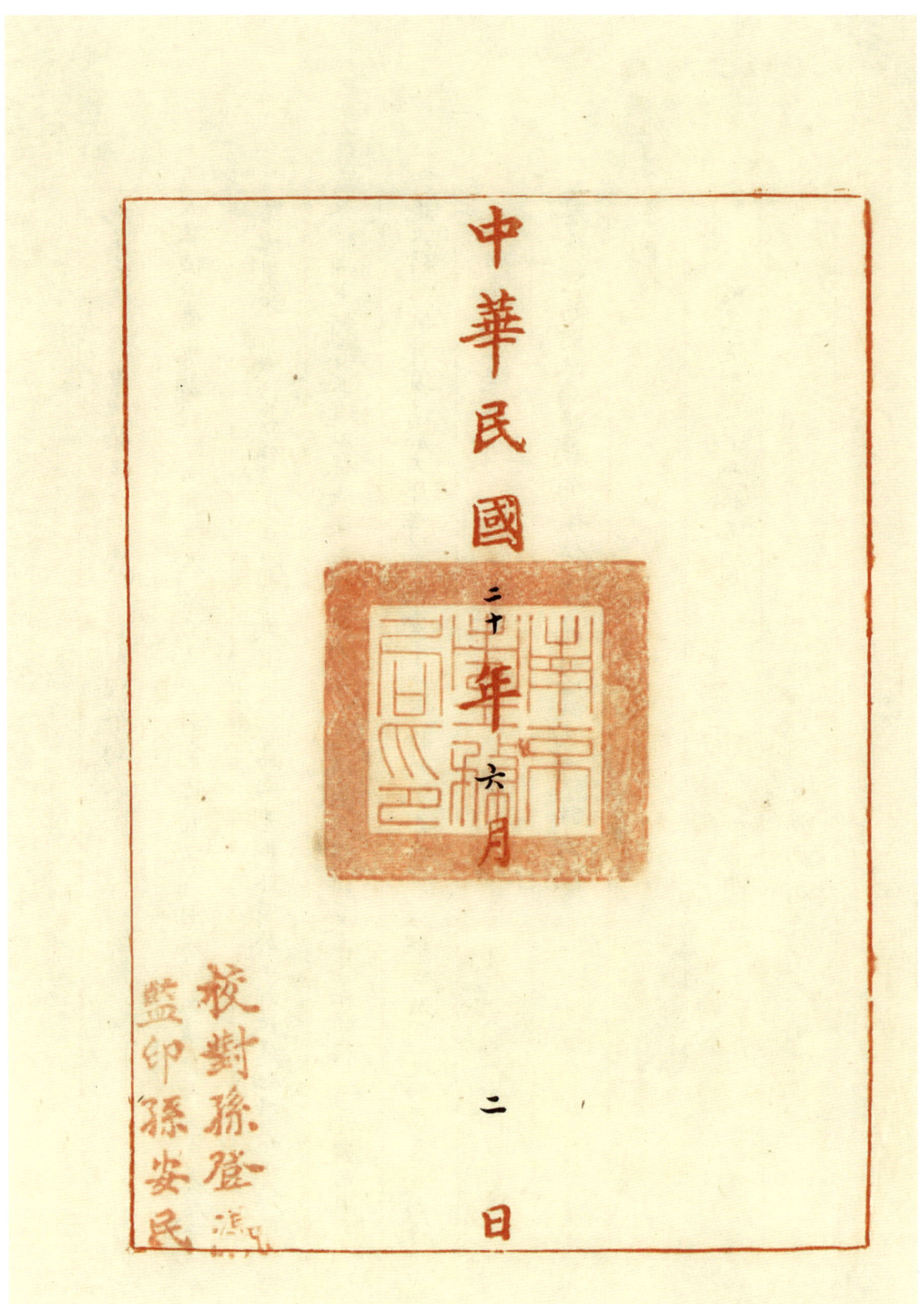

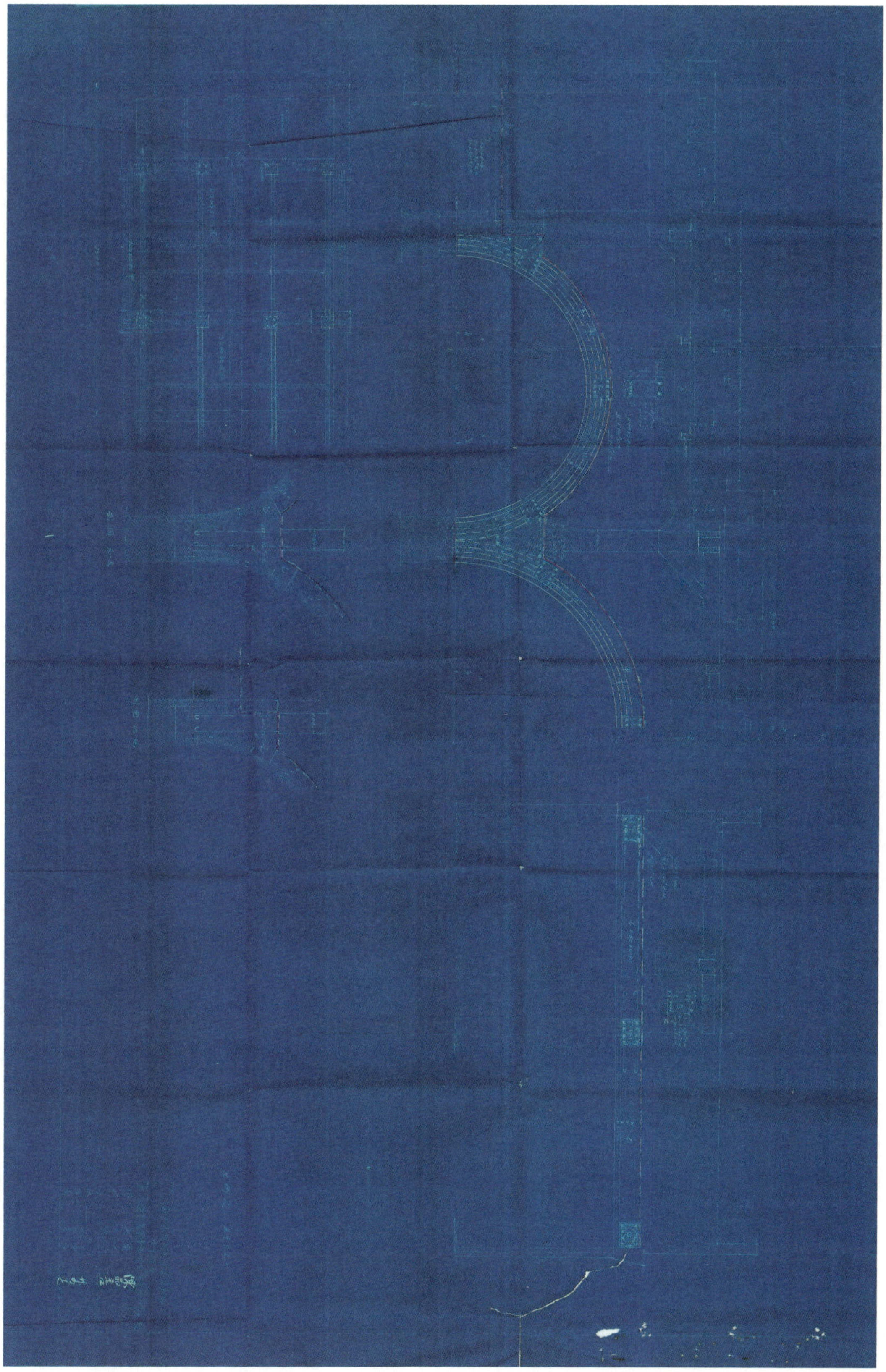

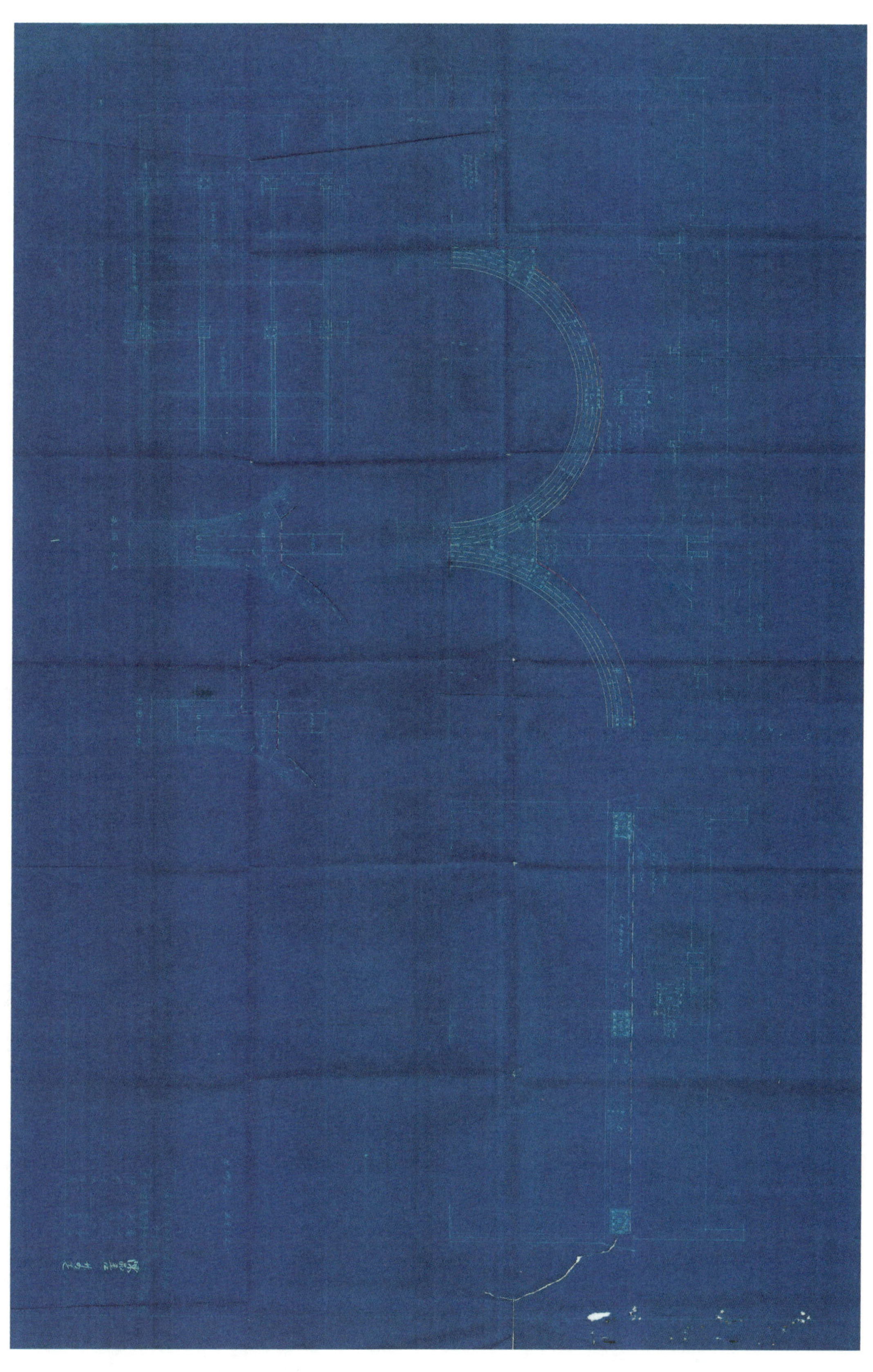

第一頁共　頁

修繕或新工

字第	號挹江門工程應加應減相抵追 工事預算細目		
地點或起訖	加工料預算單	附件	
工程度量	有圖詳示		
總價	應加26512.64元 應減4597.92元		
平均單價	兩項相抵尚須洋21914.72元		
起案原委及工地概況	查原計劃係全部磚砌已经呈报在案現因加建城樓以壯觀瞻則原計劃有不克任重之虞以故將上半部內改築鋼骨水泥大料柱子加黄[illegible]錢乃可保永久安全矣		
施工方法			

計算者 雷□拜 五月廿日

校對者 吳□明 五月廿日

審核者 五月廿二日

細目如下

種類	形狀尺寸	單位	數量	單價 元	總價 元	備考
鋼骨水泥		立公	426.00	51.40	21896.40	
磚牆		〃	151.57	8.00	1212.56	
石灰三和土		〃	123.77	27.50	3403.68	
		應添加工料費			26512.64元	
磚牆		立公	574.74	8.00	4597.92元	應減工料費

兩項相抵尚加26512.64－4597.92＝21914.72元

平方公尺簡稱平公　　立方公尺簡稱立公

南京市工務局第二科

第　頁共　頁

字第　號挹江门添加鋼骨水泥大料樓板並磚工料及應減磚墻工料計算細单　工事計算單

參考先後圖樣

應加鋼骨水泥：

甲種大料　(1.00×0.80×17.00)×6＝81.60

〃　(1.00×0.80×21.00)×3＝50.40

乙種大料　(0.80×0.80×15.20)×9＝87.55

柱子下底脚　3.61×8＝28.88

〃　5.60×8＝44.80

〃　4.19×4＝16.76

〃　6.00×2＝12.00

〃　8.85×4＝35.40

〃　12.67×2＝25.34

樓板下大料　(0.30×0.24×5.60)×4＝1.62

樓　板　(1.20×6.00×17.20)×2＝41.28

共計426.63立公(什426.00立公计)

磚墻：

大方脚　2(1.64+0.60)×17.80×.25＝19.94立公

2(1.64+0.60)×10.20×.25＝11.42

2(1.23+0.60)×(17.80+8.90)×.25＝24.43

隔墻　2(4.50×4.50×1.20)＝48.60

端墻加高　2(0.68×28.20×1.23)＝47.18

共计151.57立公

洋灰三和土：

墻基　2(9.32+3.64)×19.10×0.25＝123.77立公

以上均係應加工料

應減磚墻

两旁圖圈　$2\left\{\frac{a+0.82\times\pi}{2}\times0.82\times(17.20-2.46)\right\}$＝200.46立公

甲種大料　6(1.00×0.60×17.00)＝61.20

1(12.10×0.20×17.20)＝41.28

3(1.00×0.40×12.00)＝14.40

3(1.00×0.60×7.00)＝12.60

＝129.48立公

計算者 [illegible] 三月廿日

校對者 吳正明 三月廿一日

南京市政府工務局技正室

字第　號　　　　工事計算單

參考

乙種大料　$9(0.80\times0.60\times15.20)=65.66$

柱子底脚　$4(\frac{1.00\times3.3}{2}\times3.35)=28.81$

$2(\frac{1.00\times3.3}{2}\times4.80)=20.64$

$4(3.13\times3.35)=41.94$

$2(3.13\times4.80)=30.05$

$8(1.00\times3.50+\frac{3.00+0.80}{2}\times0.55+\frac{3.10+1.20}{2}\times0.5)\times0.80=35.81$

$8(0.80\times3.20+\frac{3.3+1.10}{2}\times0.4)\times0.80==21.89$

以上均係應減之料

總計：

應加鋼骨水泥	426.00立公
磚牆	151.57立公
洋灰三和土	123.77立公
應減磚牆	574.74立公

計算者 [illegible]　三月廿日

校對者 吳[illegible]明　三月廿日

南京市政府工務局技正室

簽呈 第六六三號 二十年六月二十六日

案由：詳文內

簽擬辦法

謹簽呈者案奉
鈞長交下工務局呈為挹江門城門建築工程因土基欠固擬將上層改建鋼骨水泥檢同追加預算呈請鑒核撥款一案飭即核議具復等因遵核所呈挹江門建築工程擬將上層改建鋼骨水泥之工事圖算尚稱妥善似可照准呈請飭撥工款一節擬請交科核議審查當否理合檢同原件簽請
核示謹呈
市長魏

計呈繳原呈一件追加預算圖樣各一件

參事 馬軼羣 張育海

參663 市4030

批示	簽擬辦法
如擬	

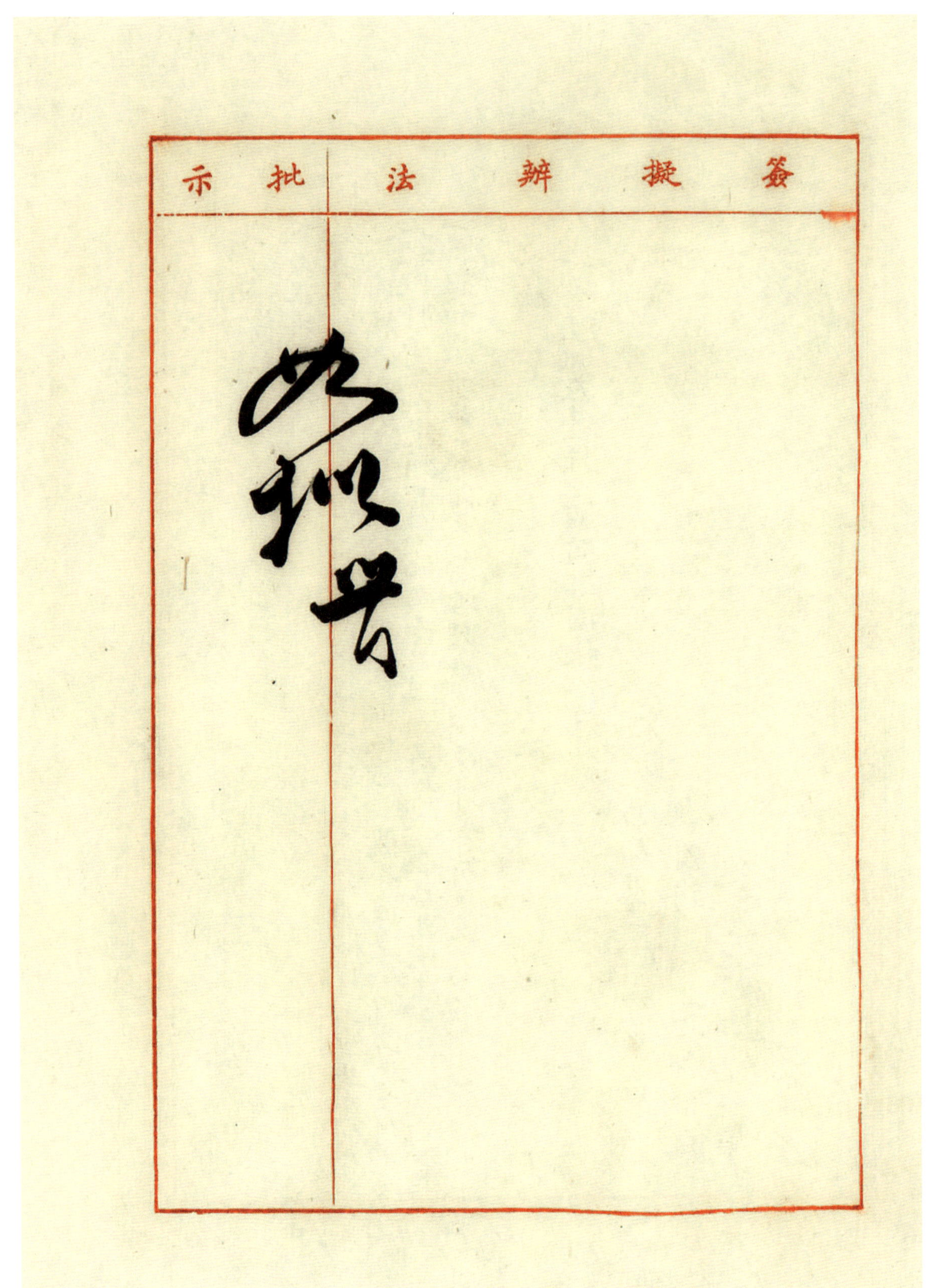

4030

975

急　撥

登記

已發

登記

已發

南京市政府稿

市長魏

秘書長

秘書

科長

股主任　張宗甲

科員　鄒法鎔

辦事員

來文字第號	
文別	
送達機關	工務局　財政局
類別	指令 訓
附件	

事由：為挹江門城門建築工程因土基欠固擬將土層改建鋼骨水泥檢同追加預算請鑒核撥款由

撥工務局請撥挹江門城門改建鋼骨水泥工程費二萬一千九百六十元七角二分仰為照撥具報由

中華民國二十三年

月日時交辦	七月二日時擬稿	月日時核簽	月日時判行	月日時繕寫	月日時蓋印	七月七日時封發

檔案府急字第6797號

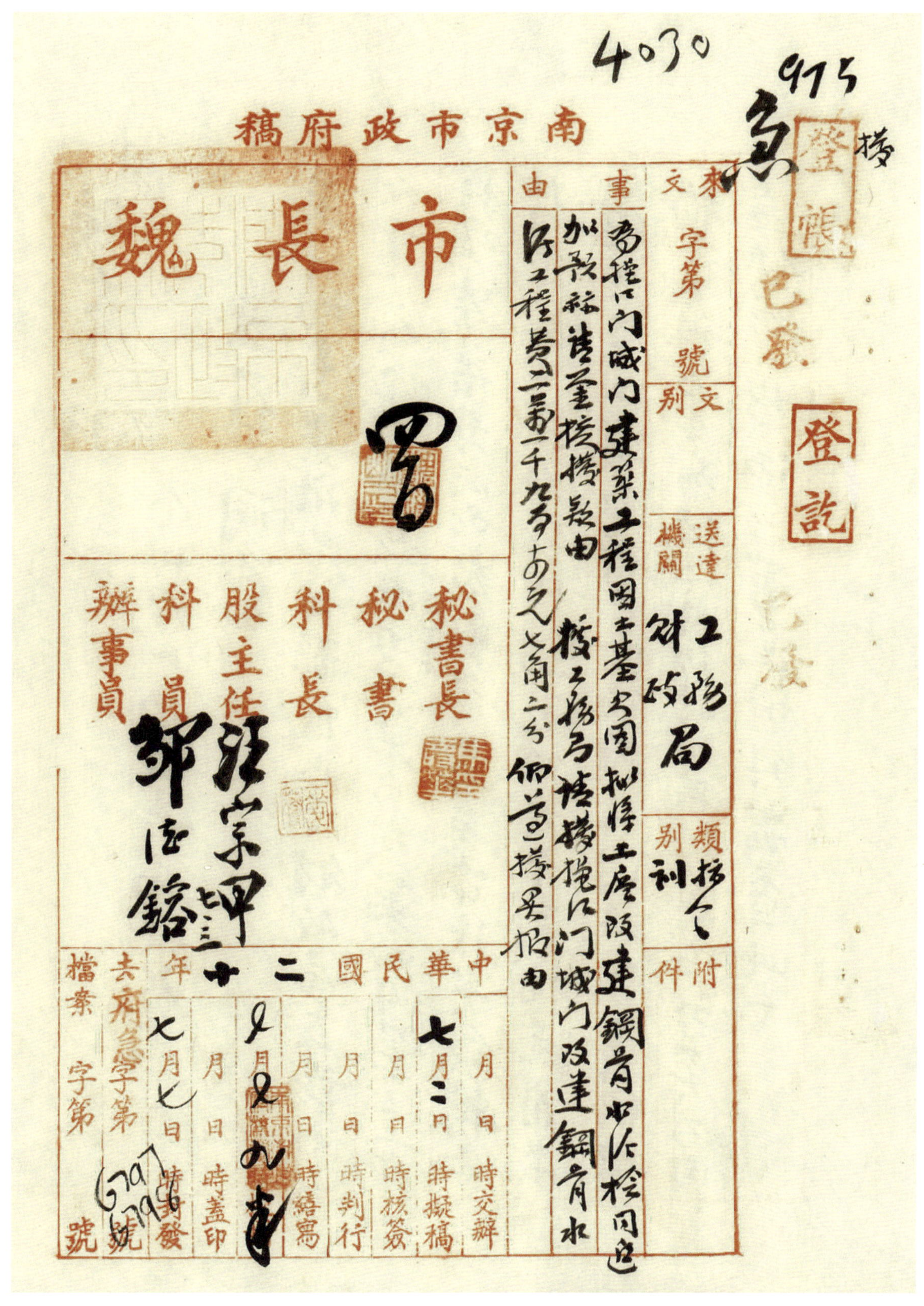

指令

6797

令代理工務局長馬俊峯

呈件同意由

呈件均悉。茲准如呈辦理。已令財政局查照局之二十年度臨時費預算案第九款第四目第三二節廿項建築費內如數籌撥着即[illegible]徑呈領轉給督率施工，並與楊源錦記改訂合同補呈備案，俟全案工竣，即行呈請驗收，用昭核實，仍按預定科目分別編入月份臨時費預算及計算書內呈候核轉。仰即遵照，附件存查。此令

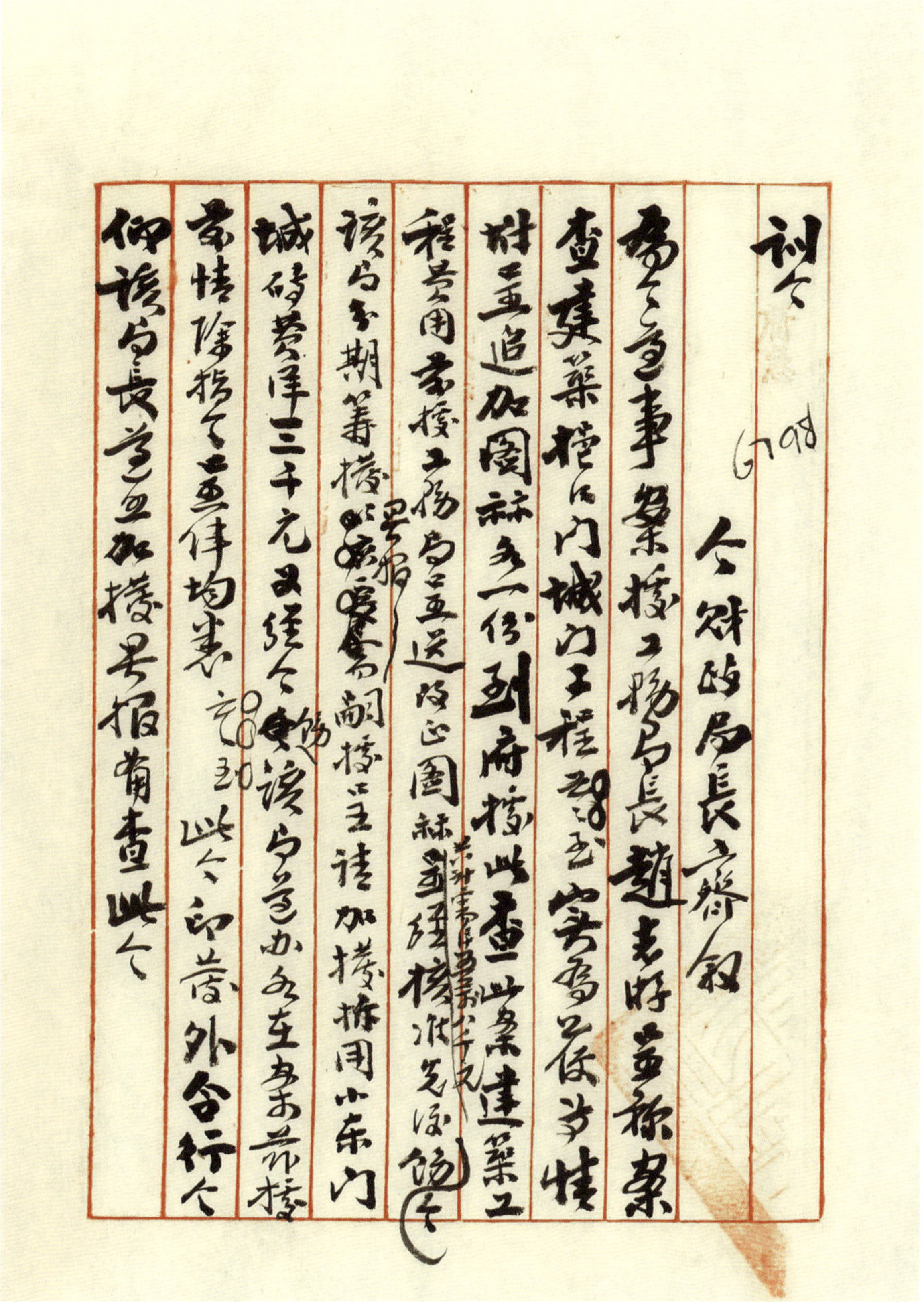

訓令 6798

令財政局局長齊叙

為令遵事。案據工務局局長趙志游呈稱：案

查建築挹江門城門工程，業經呈奉鈞府核准在案，惟

樹並追加圖案各一份到府。據此，查此案建築工

程是用兩樓，工務局另呈送設計圖案，並經核准（共計需費洋[illegible]千元），從[illegible]飭

該局分期籌撥，以[illegible]兩樓，並請加撥拆用小東門

城磚費洋一萬三千元，又經令飭該局如數在案並撥

索情[illegible]撥，並俾均悉。此令印發外，合行令

仰該局長遵照加撥具報備查。此令

中華民國　年　月　日

繕寫

校對閻懷英

監印

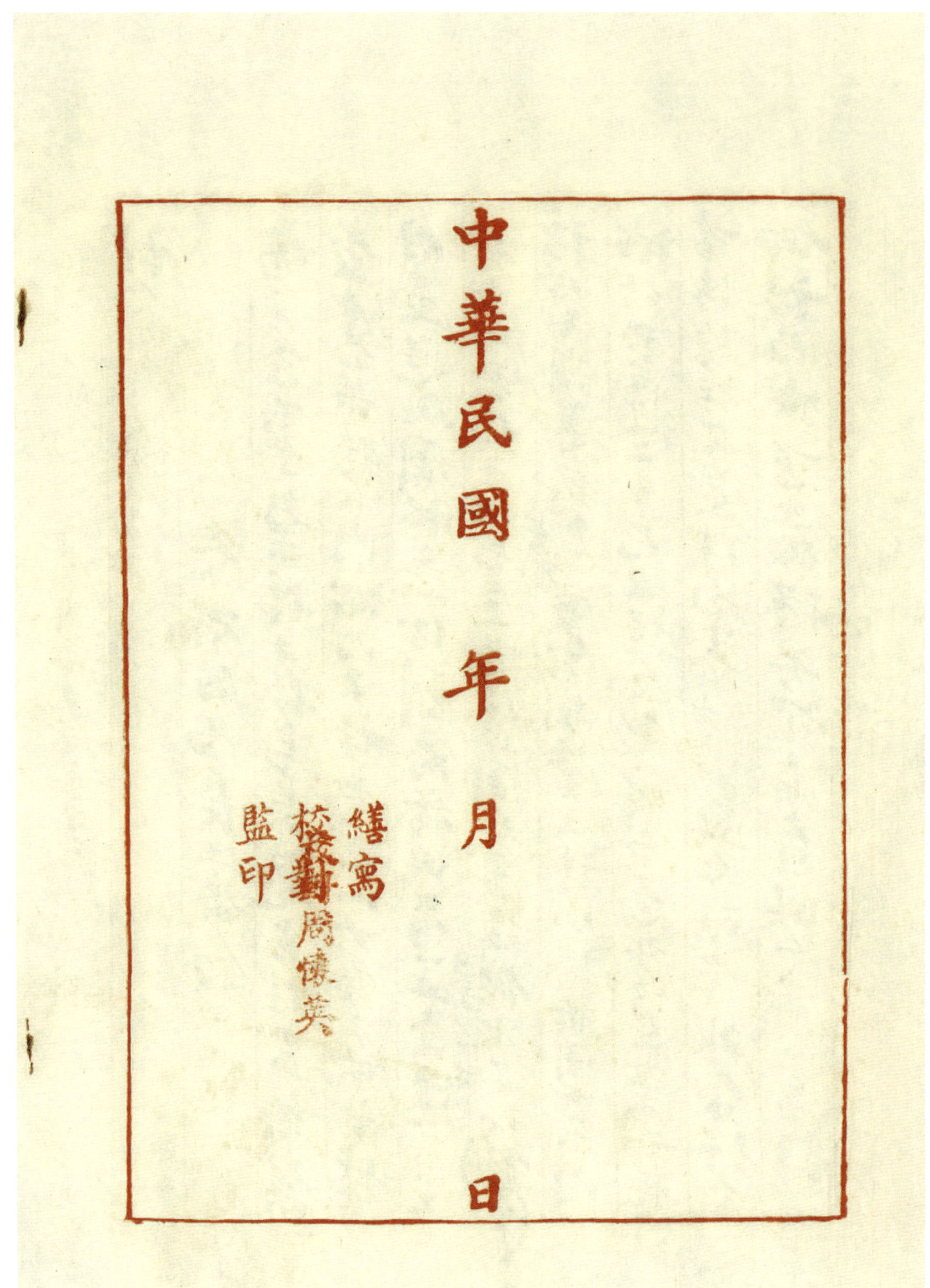

文書二科

審核股

南京市政府財政局 呈 市政府

事由	擬辦	批示	備考
呈復為工務局建挹江門城門改在小東門拆用城磚拆運費已遵令如數撥付由	擬存	存	

附件

呈 字第五四八號

中華民國二十年七月廿日 時到

收文 字第4985號 市549

呈為呈復事案奉

鈞府府急字第六六一四號訓令內開為令遵事案據工務局長趙志游呈稱竊查建築挹江門城門所需城磚前擬於拆除中山門套城工程內運用估計拆運費約洋壹萬叁千陸百元於十九年十一月十九日呈請鑒核嗣拆除中山門套城工程由裕慶公司承包計拆費一項包價列洋壹千零柒拾弍元五角所拆下城磚率多碎小城垣內部又係泥土致質量均不合於挹江門築城門之用故本局即未另支前准拆運款項另飭包工在小東門拆運城磚因該處密邇挹江門故運費較省綜計所用可以減省壹萬元左右擬即請領叁千元俾資應付理合具文呈請仰祈鑒核飭令財政局照數發撥實為公便等情據此查此案建築工程費用前據工務局呈送改正預算共計需洋伍萬捌千元即經核准並抄發合同條文先後令飭該局分期籌撥具報各在案茲據前

情除指令呈悉所請照准已令財政局在該局請撥修建挹江門城門工程費案內如數加撥着即前往具領應用並補具工事預算一份呈送備查一面將領用各款查照前案轉賬科目編入臨時費月份預算及計算書內呈候核轉此令印發外合行令仰該局長遵照加撥具報備查此令等因奉此查此項城磚拆運費洋叁千元除已遵令如數填發准支單交由該局來員携回赴庫具領外理合具文呈復伏祈

鈞長鑒核謹呈

市　長　魏

財政局局長齊　敍

中華民國二十年七月二十日

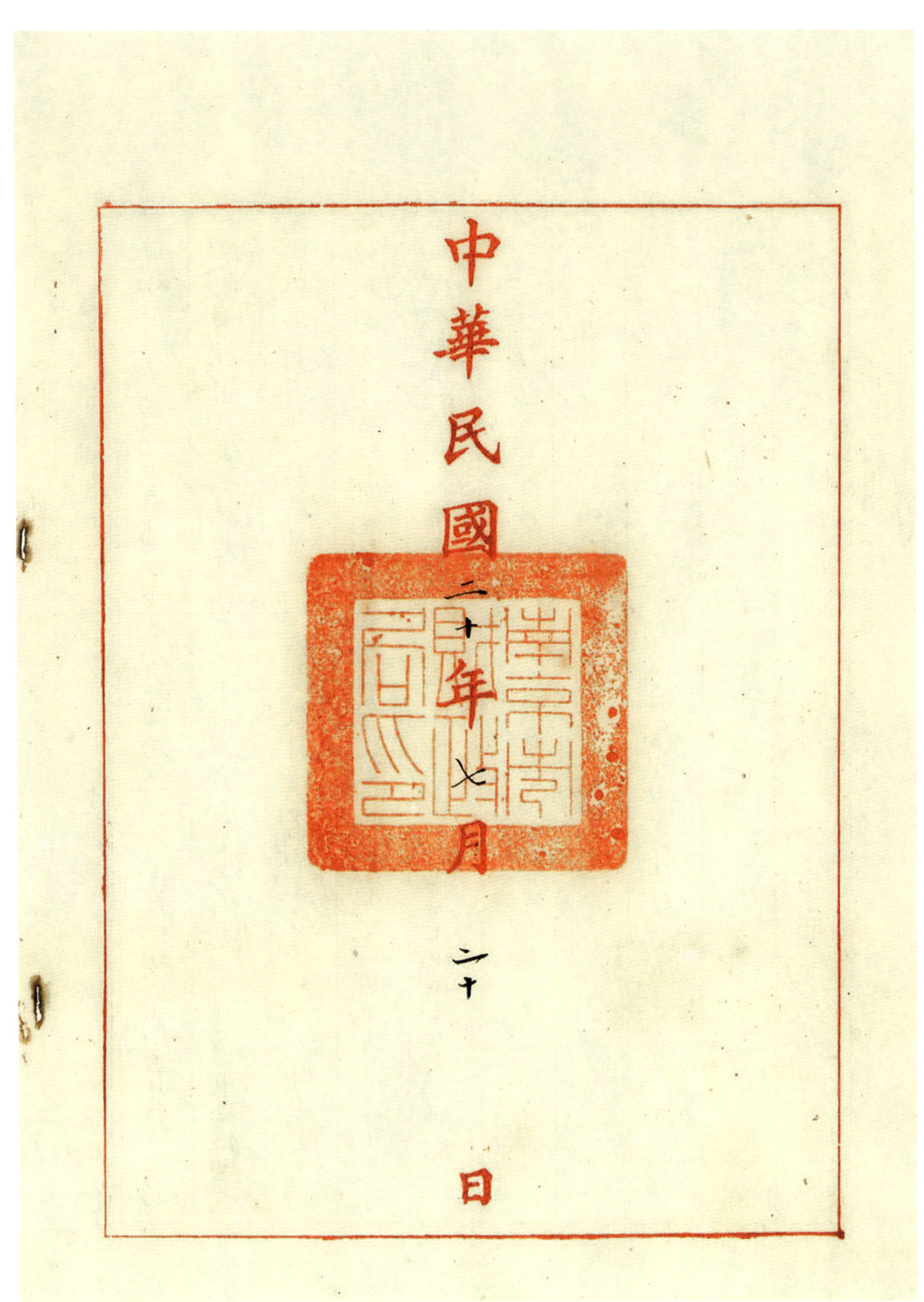

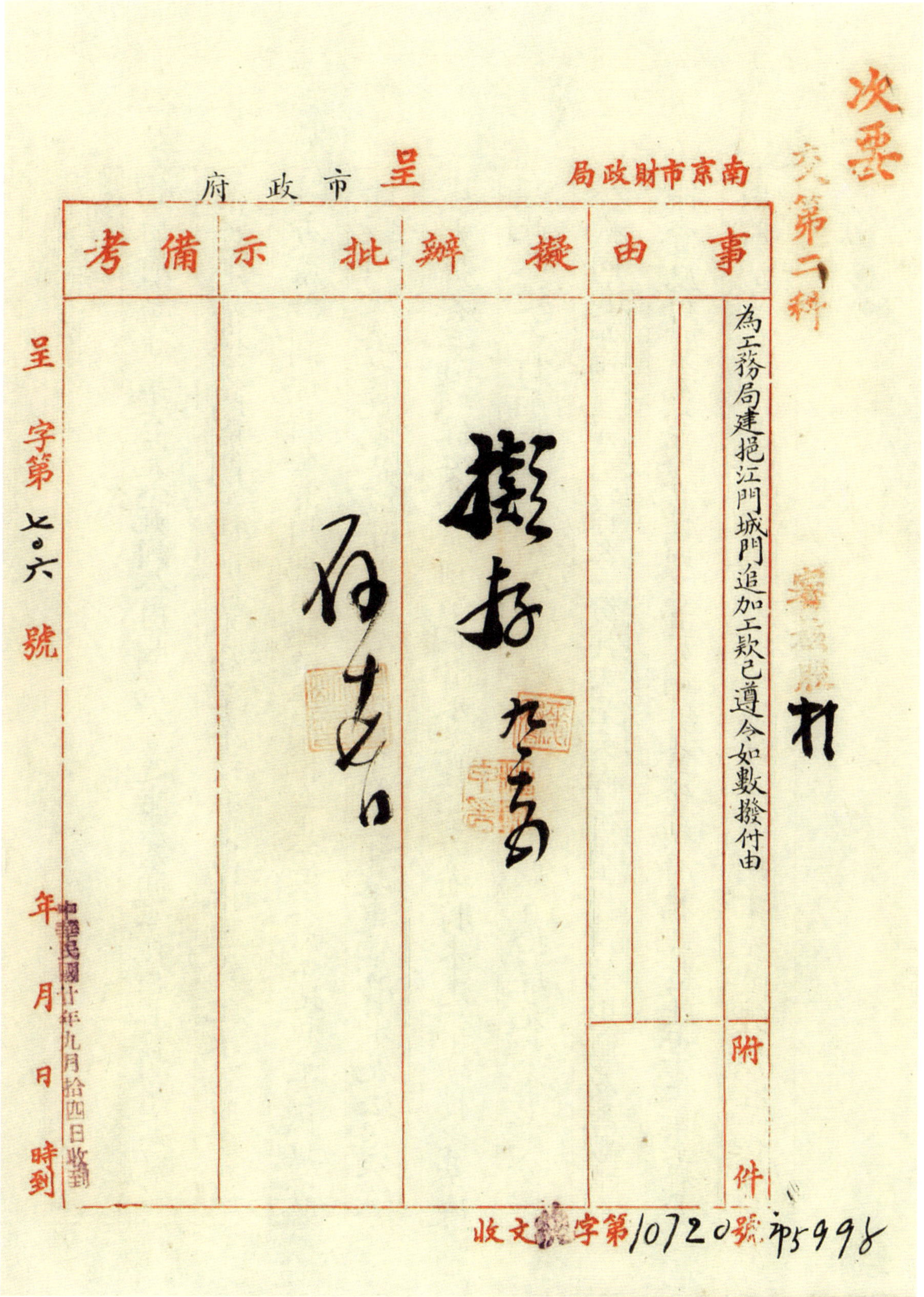

次要

交第二科

南京市財政局 呈 市政府

事由	擬辦	批示	備考
為工務局建挹江門城門追加工款已遵令如數撥付由	擬存	存	

附件

呈 字第七〇六號

年 月 日 時到

中華民國廿年九月拾四日收到

收文 字第10720號 市5998

呈為呈復事案奉
鈞府府急字第六七九八號訓令內開為令遵事案據工務局長趙志游呈稱
案查建築挹江門城門工程前經本局呈奉核准招由椿源錦記承包興建在案
茲查原計劃係將全部用城磚砌造但開挖土基後查察地質不良無以勝
任該項建築之載重是以除加固基脚外特於上部改建鋼骨水泥法圈及縱
橫大料各三道以保安全並預留鋼骨水泥柱基以備將來建築城樓之基礎
經此改建工料兩抵計須增加工款洋貳萬壹千玖百拾肆元柒角貳分理
合檢同追加預算及圖樣各一份具文呈送仰祈鑒核轉飭財政局照數補撥
俾資應付實為公便等情附呈追加圖算各一份到府據此查此案建築工程費
用前據工務局呈送改正圖算共計需洋五萬捌千元呈經核准先後令

飭該局分期籌撥具報嗣據呈請加撥拆用小東門城磚費洋叁千元又經令
飭該局遵辦各在案茲據前情除指令呈件均悉應准如呈辦理已令財政
局在該局二十年度臨時費預算案第四項第四目第三節什項建築費
內如數籌撥着即前往具領轉給督率施工並與椿源錦記改訂合同補呈
備案一俟全案工竣即行呈請驗收用昭核實仍按指定科目分别編入月份
臨時費預算及計算書內呈候核轉仰即遵照坿件存查此令印發外合
行令仰該局長遵照加撥具報備查此令等因奉此查此項追加工款洋貳
萬壹千玖百壹拾四元七角二分除已遵令如數填發准支單交由該局来
員携回赴庫具領外理合具文呈復伏祈
鈞長鑒核謹呈

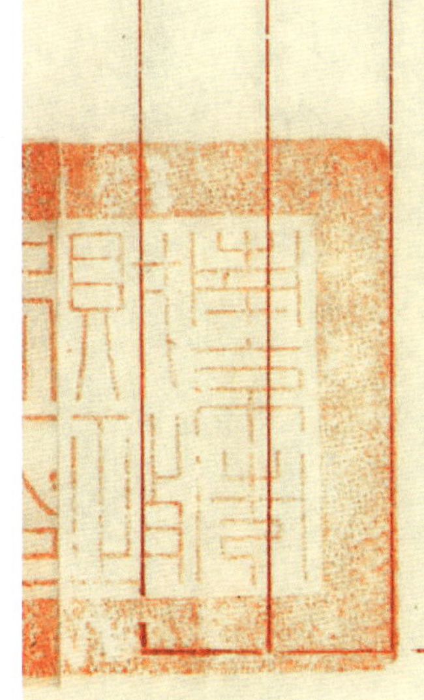

市長魏

財政局局長齊敘

中華民國二十年九月十四日

急要
交第二科
審核股 郭

南京市政府工務局　呈　市長

事由	擬辦	批示	備考
呈爲建築挹江門城門所需城磚折運費前經預算一萬三千六百元茲因不用中山門套城城磚改在小東門拆運費用節省一萬元以上擬飭撥三千元乞鑒核撥款由			
附件			

呈　字第一六九二號

二十年六月廿五日　時刻

收文總字第8124號　市3341

為呈請事竊查建築挹江門城門所需城磚前擬於拆除中山門套城工程內運用估計拆運
費約洋一萬三千六百元於十九年十一月十九日呈請
鈞府鑒核飭拆除中山門套城工程由裕慶公司承包計拆費一項包價列洋一千零七十二元五
角所拆下城磚率多碎小城垣內部又係泥土致質量均不合於挹江門築城門之用故本局即未
另支前准拆運款項另飭包工在小東門拆用城磚因該處密邇挹江門故運費較省綜計所用可以減省
一萬元左右擬即請領三千元俾資應付理合具文呈請仰祈
鈞長鑒核飭令財政局照數簽撥實為公便謹呈
市長魏

工務局局長趙志游

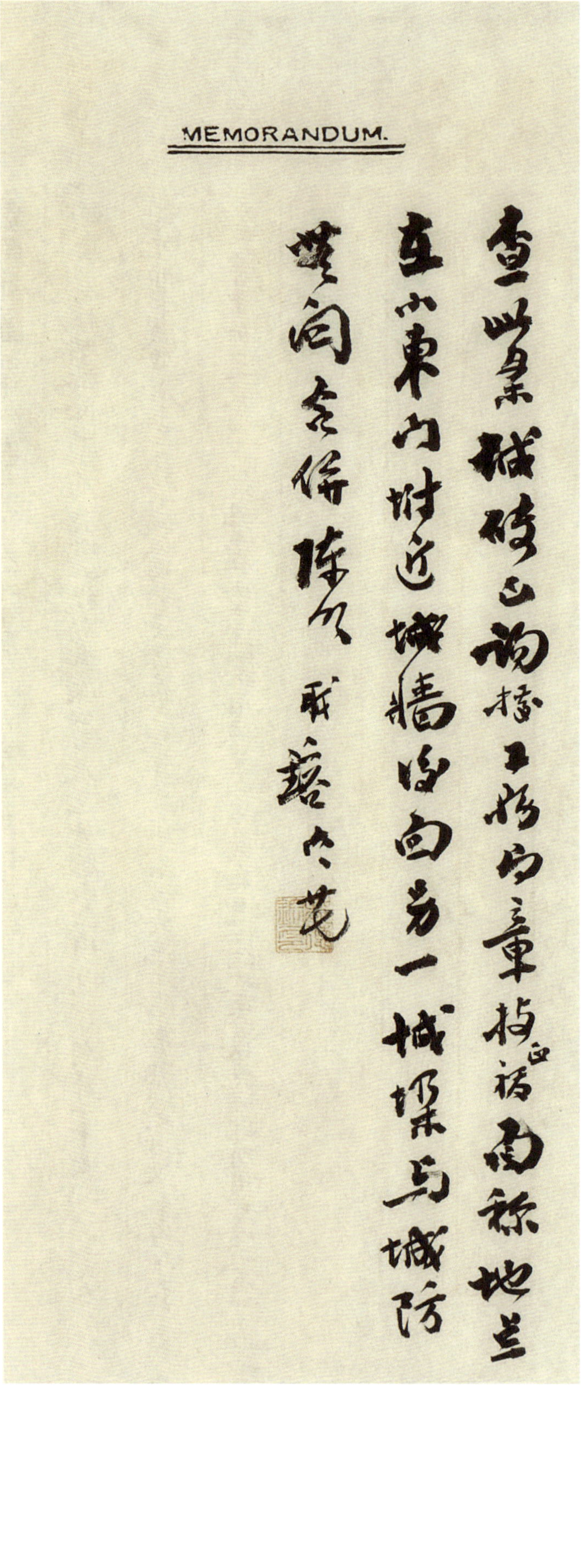

MEMORANDUM.

查此案被後已詢楊、王兩參、章技正，僉稱地點在小東門附近城牆略向另一城垛與城防無關，合併陳明。

職 戴笠

中華民國二十年六月二十四日

校對孫登瀛

監印孫安民

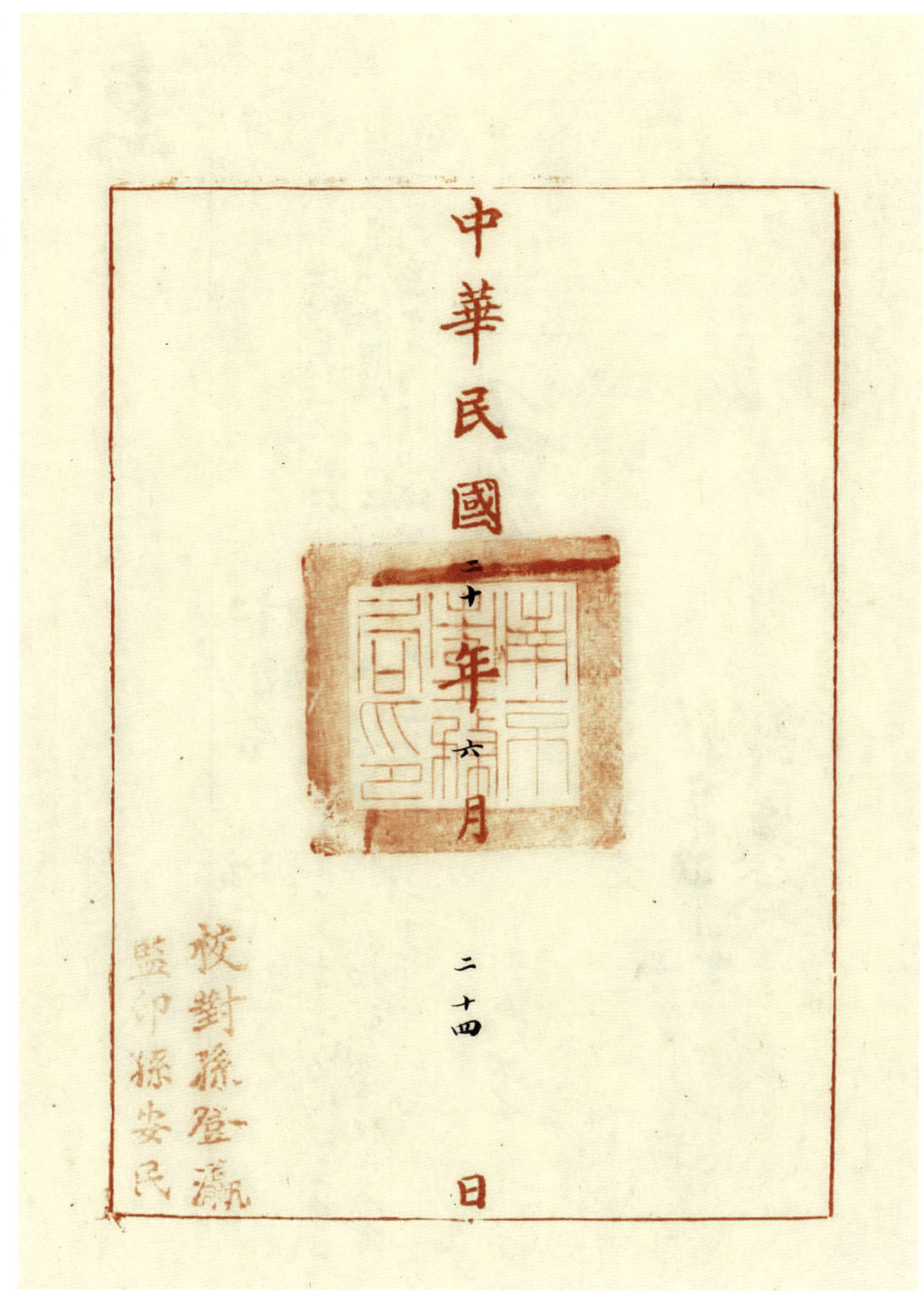

急　已發

南京市政府稿　3341

市長	魏
	黃
秘書長	
秘書	
科長	
股主任	張
科員	
辦事員	鄒海銘

來文字第號	
文別	
送達機關	財政局
類別	訓令
附件	

事由：為建築儀鳳門城門城磚拆運費業經核辦簽呈第一三二十六號批改在挪近東門磚價銀三千元請查核撥給由　撥工務局請建築儀鳳門城門並東門拆用城磚拆運費三千元仰遵撥照撥由

中華民國二十年

交辦	擬稿	核簽	判行	繕寫	蓋印	封發
月日時	六月廿七日時	月日時	月日時	月日時	六月廿九日時	六月廿九日時

去文字第 6613 6614 號

檔案字第號

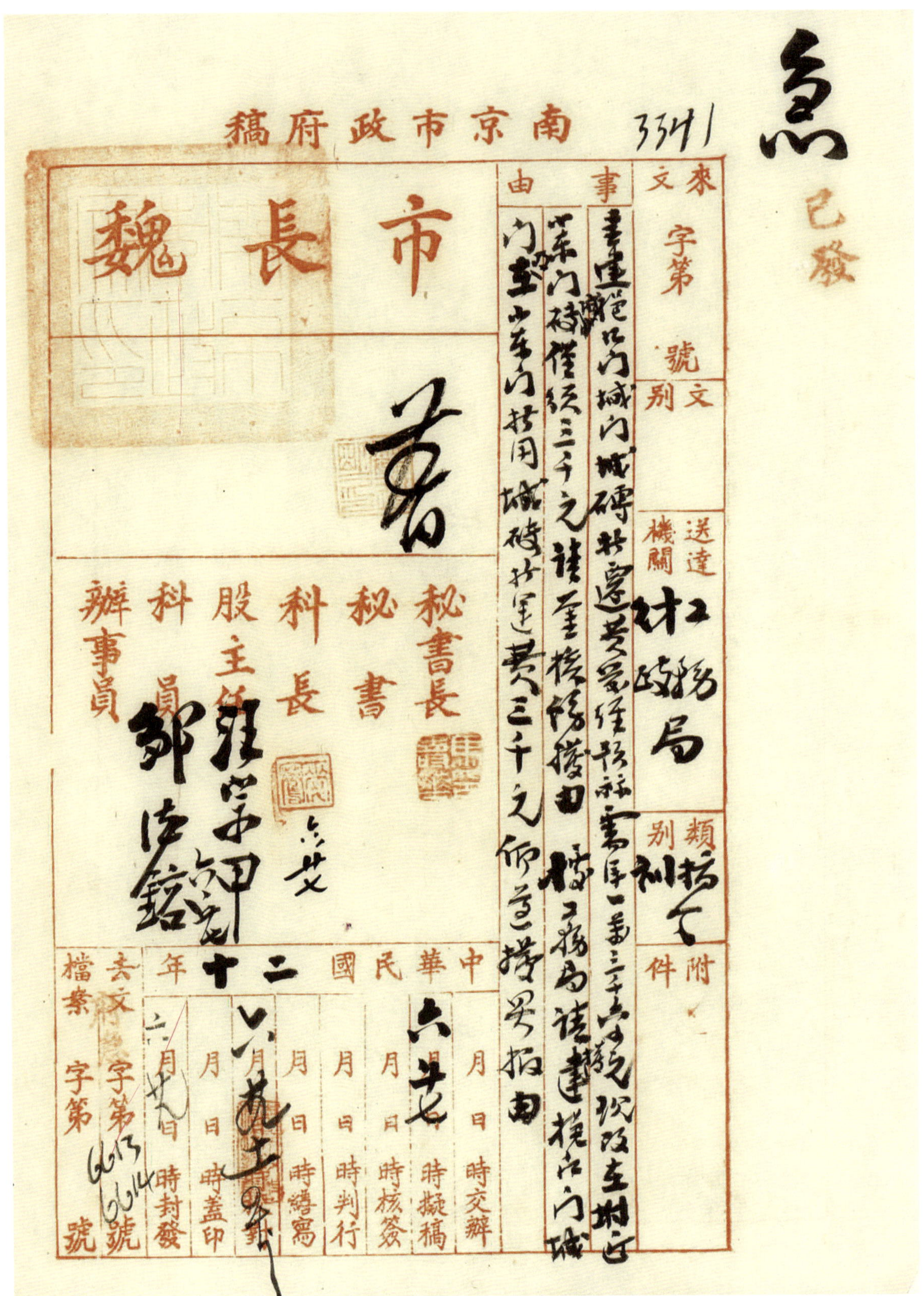

稿 令 急 6613

令工務局長趙志游

呈一件 同前由

呈悉。所請照准，已令財政局查該局請撥建修挹江門城門工程費案內不敷加樓着即逕具領應用，並補呈工事預算一份呈送備查。一面查照案發給（將經用各款）科目編入於附具月份預算及計算書內呈候核發。此令。

訓令 6614

令財政局長齊[illegible]

敬启者：前准事业科工务局长赵来牒呈称：当查建筑德江门城门，前经实局长令使详情核复，查此项建筑工程费用，业据工务局呈送预算，共计需洋五万八千元，印缮标帐，并抄录合同条文，送请复核前来。查所拟分期筹拨是否允当，未敢擅专，据情转请核示。此令，除令饬外，合行令仰该局长遵照加拨，是为至要。此令。

中華民國　　年　　月　　日

繕寫

校對　周懷英

監印

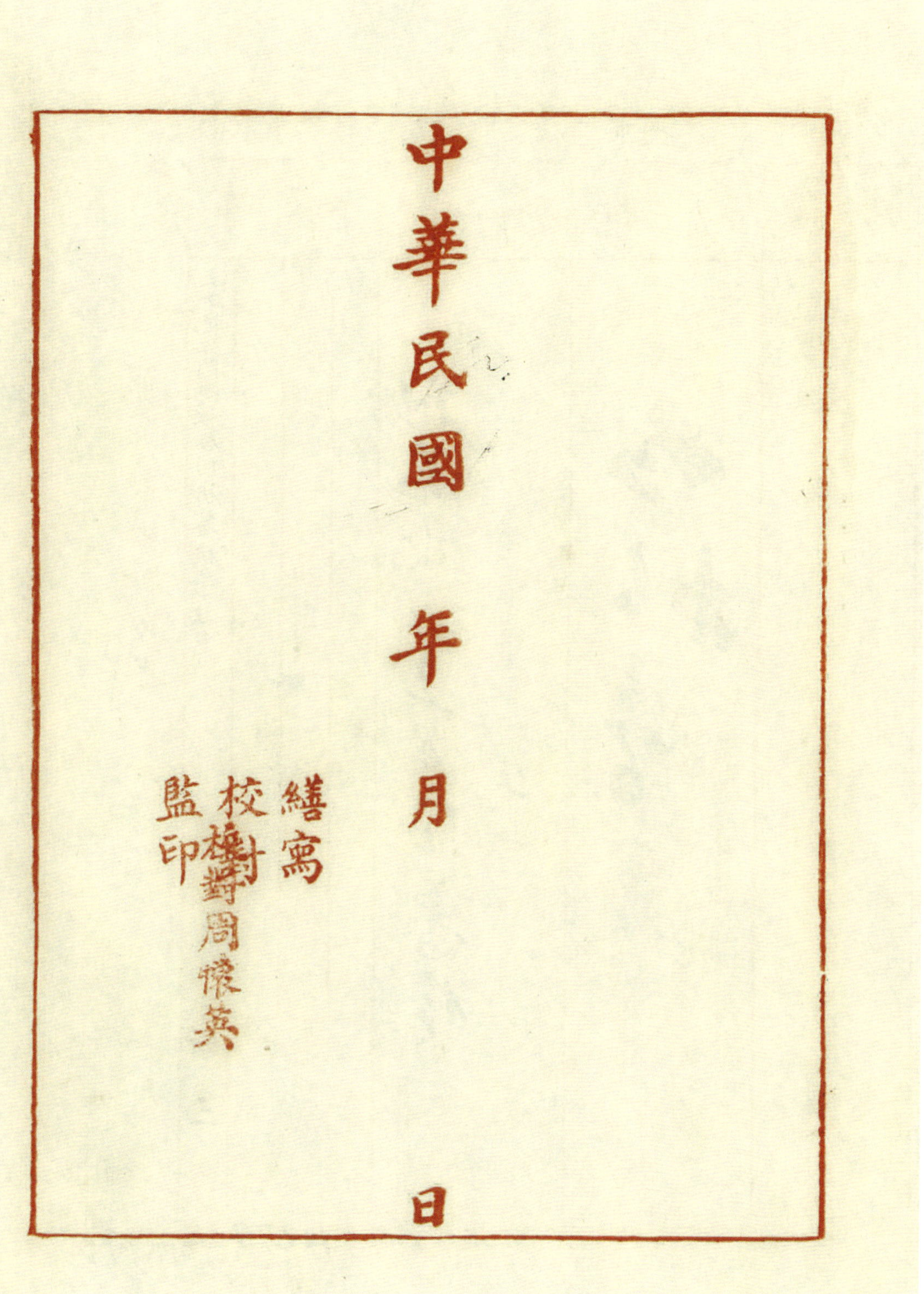

南京市政府工務局 呈 市長

事由	擬辦	批示	備考
呈送挹江門城樓合同祈鑒核撥款由 附三件	擬先交參事室審核 十六	如擬	

呈 字第九四八號

中華民國廿年九月卅日 收到時刻

收文總字第11277號 6172

為呈送事竊查挹江門城門工程業經建築完竣前奉
鈞諭於該城城門之上加建城樓以壯觀瞻等因奉此經即擬具計劃預算需洋叁
萬陸千陸百貳拾伍元叁角叁分復經招由原包工椿源錦記來局切實磋商以叁
萬伍千捌百元交其承包於八月十日興工限於十月五日完成除電燈裝置待工竣辦理
時另行呈報包價外理合檢同合同一份預算一份每份五紙圖樣一份每份六紙併具文呈
送仰祈
鑒核轉飭財政局如數撥款俾資應付實為公便謹呈
市長魏

計呈送合同預算圖樣各一份

暫代工務局局長馬軼羣

中華民國二十年九月三十日

校對孫登瀛

監印張家瑚

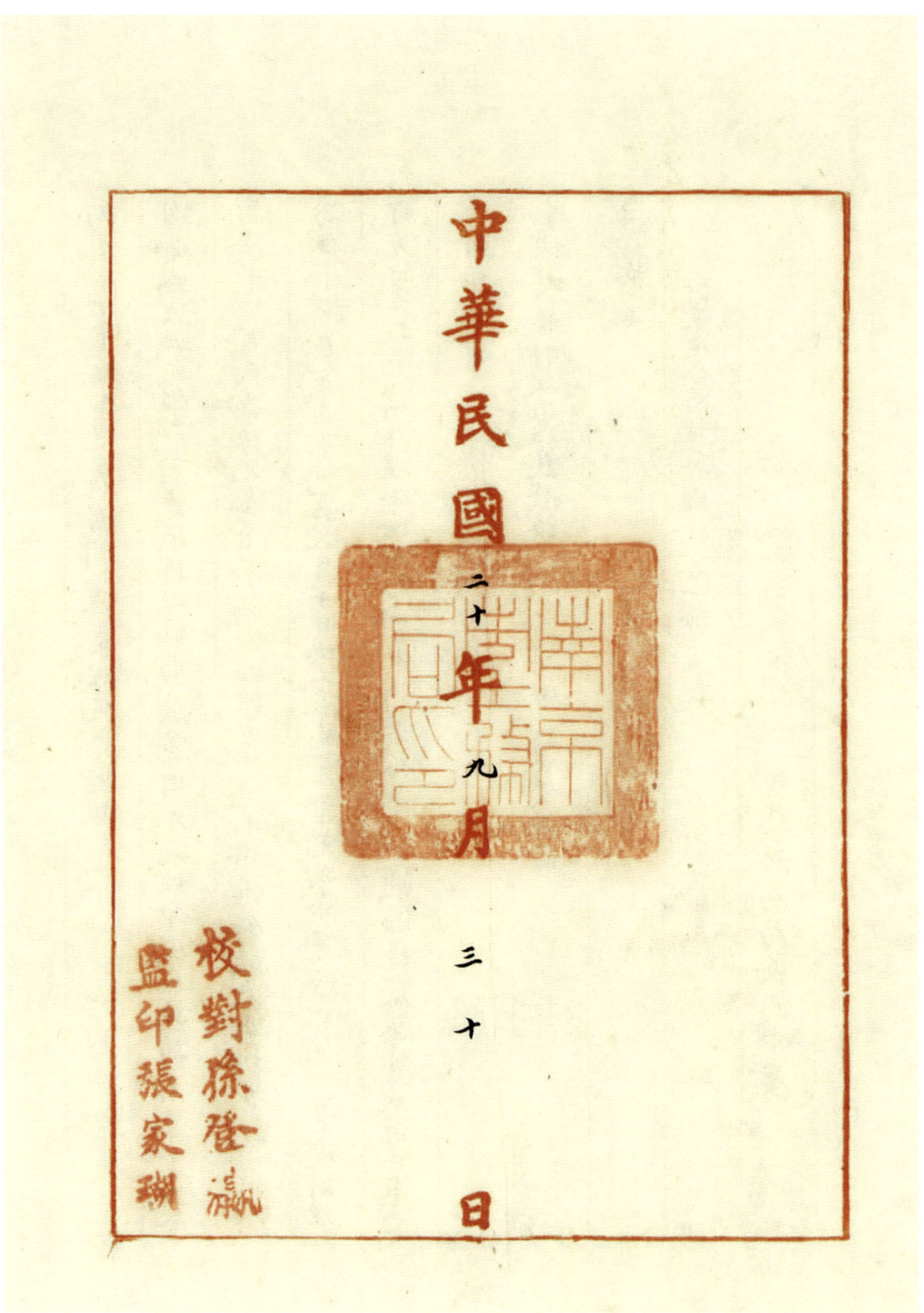

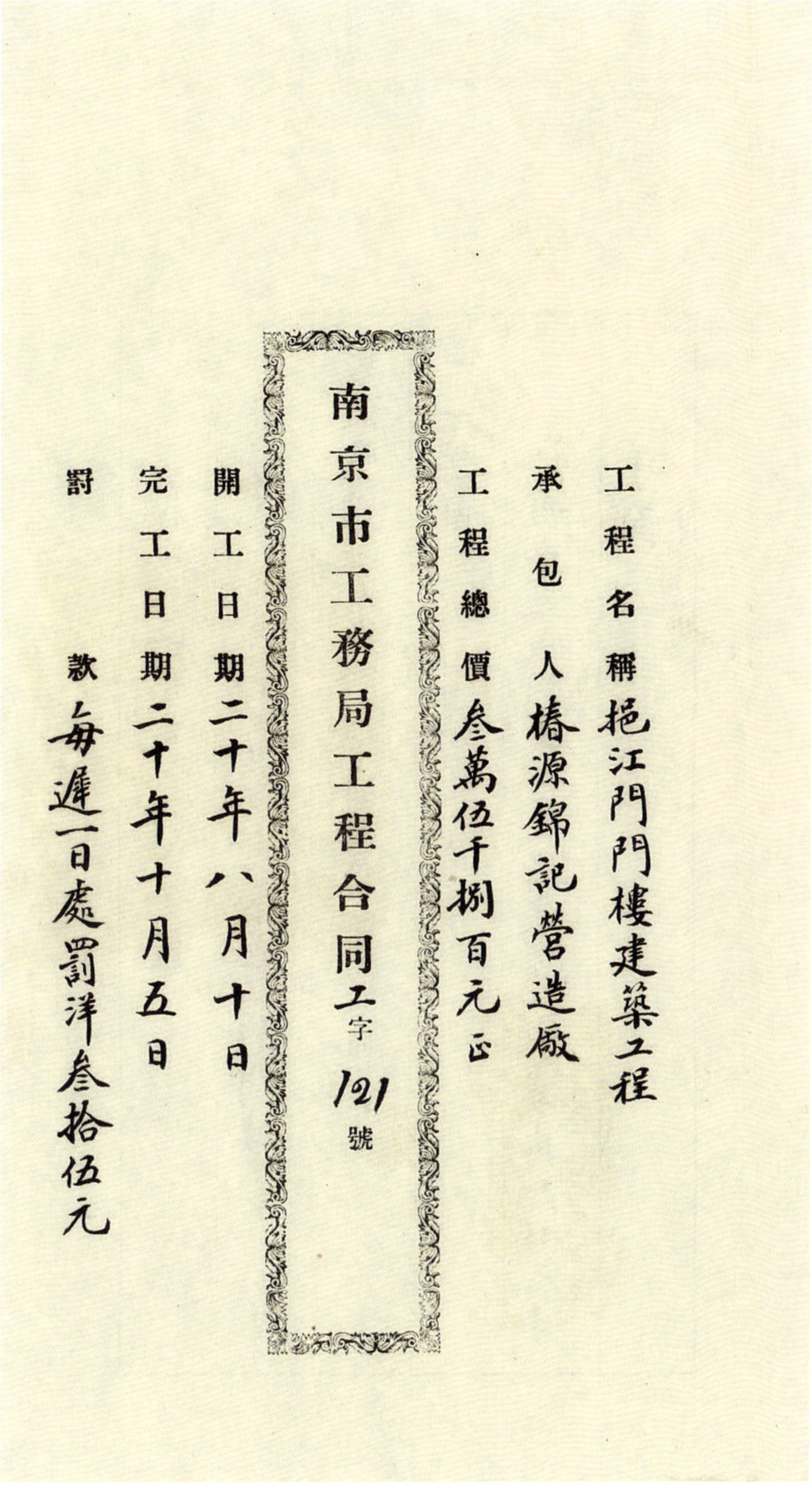

工程名稱 挹江門門樓建築工程

承包人 椿源錦記營造廠

工程總價 叁萬伍千捌百元正

南京市工務局工程合同工字121號

開工日期二十年八月十日

完工日期二十年十月五日

罰款 每遲一日處罰洋叁拾伍元

工程合同　工　字第　號

南京市工務局（以下簡稱工務局）爲　建築挹江門門樓　工程

與上海椿源錦記營造廠（以下簡稱承包人）訂立合同如左

一　工程範圍

在新建之城門上加建樓房及城樓其大小尺寸

詳圖

二　承包人於投標時所繳之投標保證金　ム　元應俟本合同正式標定並
由保證人蓋章後始得將該項保證金領回
三　本合同包括之工程所有設計圖樣及施工細則承包人均已明瞭願切實遵
照辦理並簽名蓋章以資信守
四　工務局根據設計圖樣及施工細則所繪製之放大詳圖承包人均願遵照辦

理如詳圖上所規定之工料承包人有認爲不包括於本合同之內者應在該
項工程未進行之先以書面向工務局磋商方爲有效

五　工務局對於本工程各部分得隨時更改之其因更改而致工料有所增減時
得依承包人所開單價計算之

六　本工程所有零項之處如於圖樣及施工細則未曾載明者承包人均應做全
不得推諉或另索造價

七 工務局有關工程之章程及取締建築條例承包人均應遵照辦理

八 承包人非得工務局之許可不得將工程轉讓或局部分包他人

九 本工程自簽訂合同之日起應立即動工限定在二十年十月五日以前完工倘逾期交工按日罰洋叁拾伍元此項罰款工務局得於應付工款內扣除之如遇天雨冰凍或暴風確難工作時得經工務局核准扣除之

十 本工程所需之人工材料工具及一切設備統歸承包人担負工程進行中如

損及公私建築物亦應由承包人負責賠償

十一　本工程所需用各項材料承包人須先將樣品送請工務局查驗經認爲合

格後方准運場使用在工作時如發現不合格之材料應立即搬運出場不得

留境朦混

十二　工程進行時承包人須負工人或行人安全之責如設備不周以致發生任

何意外事件均由承包人負責

十三　承包人對於工程各部須有適宜之設備以便監工員隨時查驗各部工程

十四　承包人須派富有經驗之監工人常川在場督察並須聽工務局監工員之指揮如工務局認該監工人不能稱職時得通知承包人立卽撤換之

十五　本工程無論已成未成如經工務局發現有與圖樣或施工細則不符之處承包人須負拆卸重造之責其所有損失槪歸承包人担負

十六　凡遇不適宜工作之天氣承包人須遵從工務局監工員之指示將工程全

部或一部停止並須設法將已成之工程妥爲保護以免損壞如遇天災人禍
不測事項或保護不周工程上所受之損失統由承包人完全負責
十七　承包人不得無故停止工作或延期履行合同倘承包人遇意外事故不能
工作時工務局得通知保證人另雇他人工作所有場內一切設備及材料概
歸工務局使用承包人不得索價且工程續造之費用及延期所受之損失工
務局得由工程造價内扣除之不足之數統由保證人負責賠償

十八　全部工程完竣經工務局驗收後承包人應立具保固切結保固　年倘於保固期內本工程發現裂痕或傾陷等情工務局認爲係由物料不佳或工作不良所致者承包人應負責出資修理不得藉詞推諉或索價

十九　本工程造價定爲國幣叁萬伍千捌百元〇角〇分　分期交付

第一期於全部材料到場　付洋肆千　元

第二期於門樓地板木殼釘好　付洋叁千　元

第三期於鋼骨水泥大料做好　付洋　肆　千　元

第四期於上部水泥柱及大料做好　付洋　肆　千　元

第五期於上部鋼骨水泥地板做好　付洋弍千五百元
第六期於全部木擱栅搭好　付洋弍千五百元
第七期於小屋面做好　付洋壹千捌百元
第八期於大屋面做好　付洋叁千元
第九期於牆壁做全　付洋弍千六百元
第十期於扶梯地板裝修做好　付洋叁千五百元
第十一期於全部竣工　付洋壹千五百元
第十二期於竣工六月後　付洋壹千元
第十三期於瓦片到場　付洋弍千四百元

承包人於每期領款時須備具正式領款呈文於三日前送交工務局經查驗

屬實後發給付款憑證遵塡領款

二十　本合同及附件均繕就同樣四份一份呈　市政府備案一份存工務局一
份由承包人收執
二十一　本合同附件如左
設計圖樣　一　份計　六　張
施工細則　份計　張
單位價目表　[illegible]　份計　[illegible]　張

保證書　份計　張

二十二　附加條款

瓦片由工務局代辦料價以弍千四百元為限

中華民國二十年八月八日

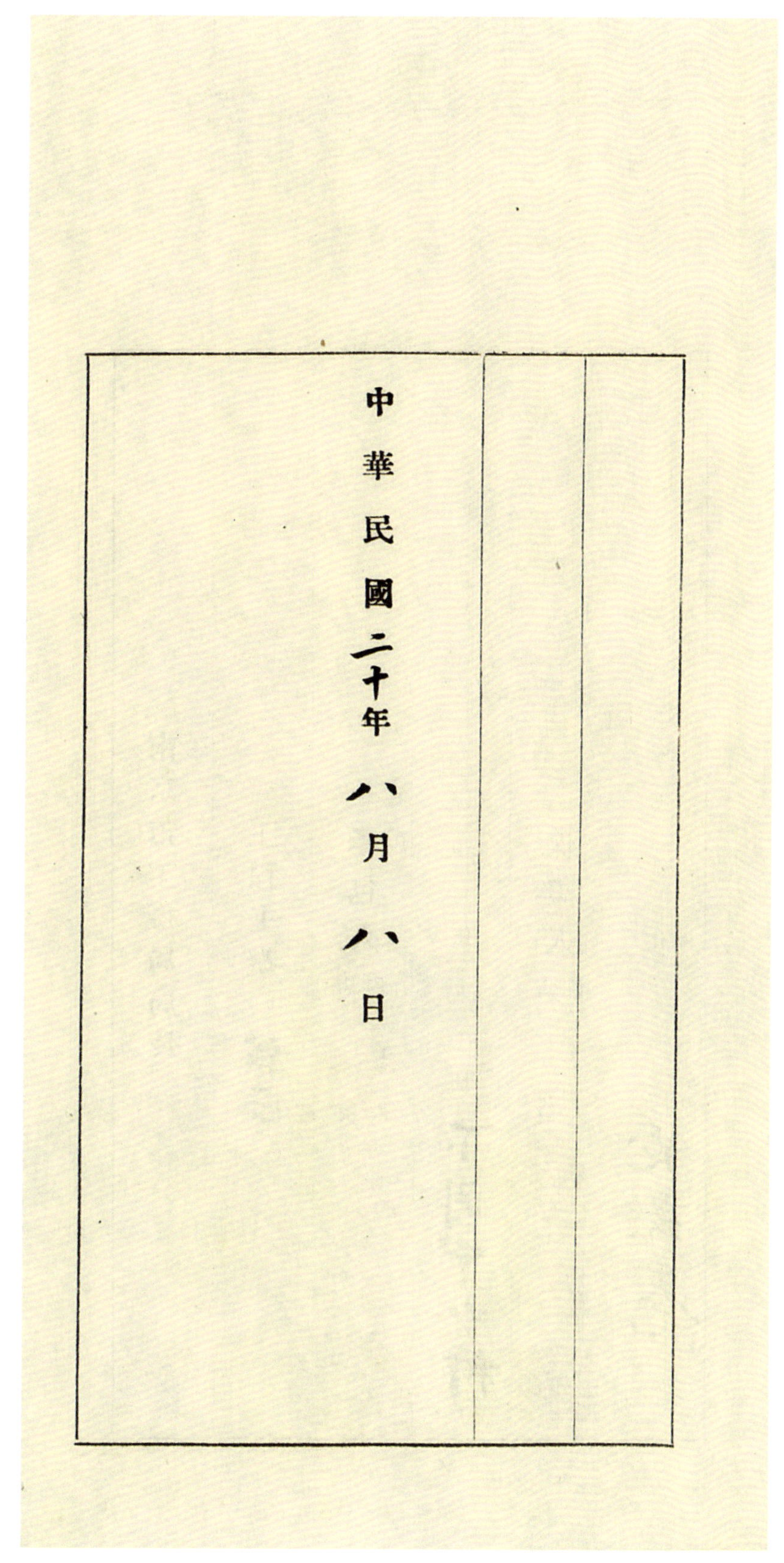

南京市工務局局長

工程主辦　杜正

承包人　店號　負責人　椿源錦記營造廠書柬

住址　下關中山橋

保證人　店號　負責人　新元昌

住址　延齡巷

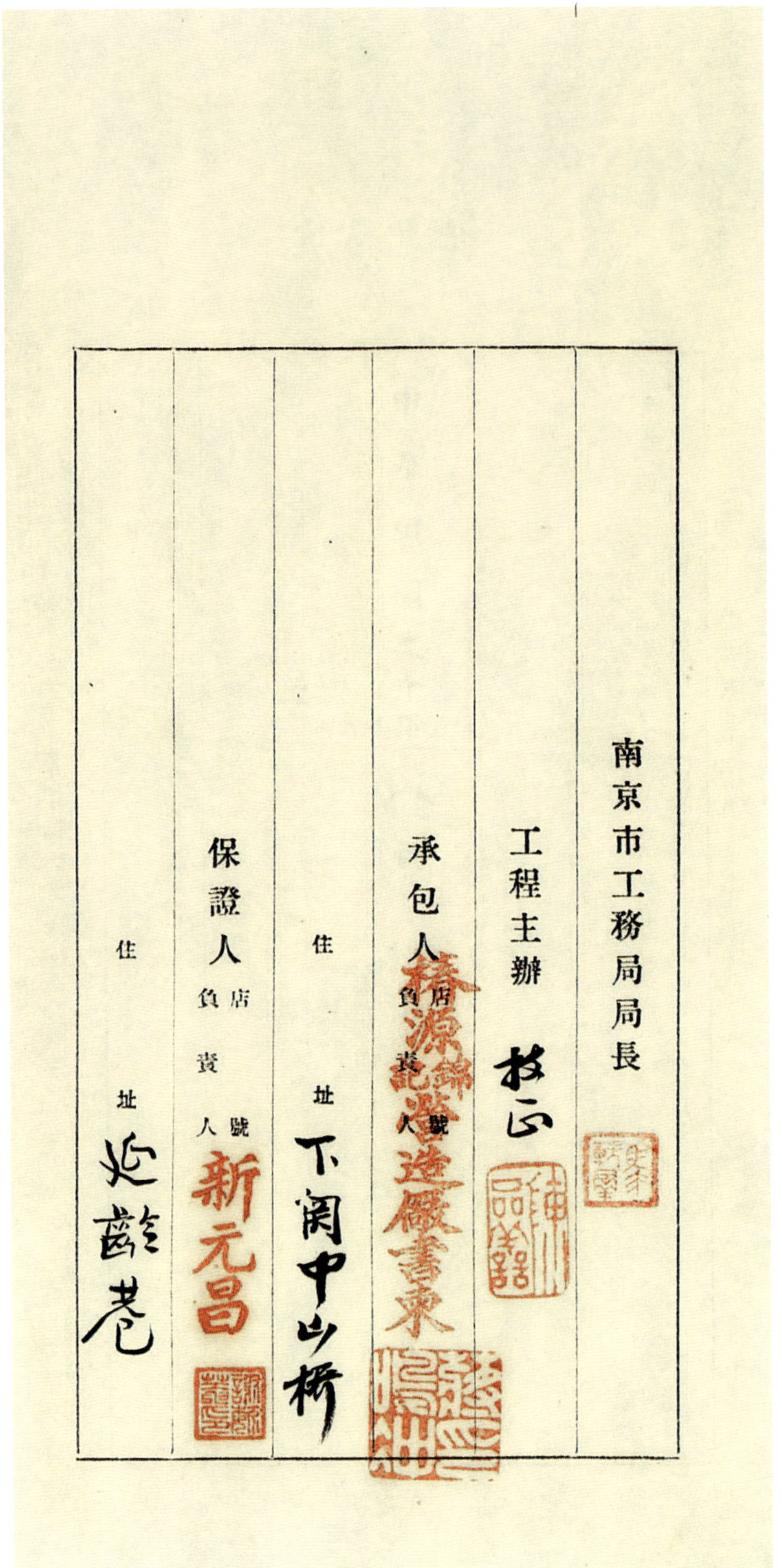

見證人

住址

(工王市府)

第一頁共二頁 ~~修繕或~~新工

字第　號 挹江門城樓 工事預算細單

地點~~或起訖~~	挹江門	附件
工程度量	全部面積 850.00平公 城樓 〃 〃 396.00 〃 〃	
總數	36625.33元	
平均單價	每平公價41.91元（以全部面積計標）（電灯裝置在外）	
起案原委及工地概況		
施工方法		

計算者 七月廿日 盧詠沂 羅仲彬
校對者 七月廿日 司徂京
審核者 七月廿日

細目如下

種類	形狀尺寸	單位	數量	單價 元	總價 元	備考
鋼骨水泥	（全部）	立公	241.83	6000	1450980	
筒瓦屋面	（連屋架在）	平公	527.14	1600	843424	
30公分圓西木柱	（朱漆）	根	28	4500	126000	
〃 〃 半圓假 〃	（〃 〃）	〃	20	1200	24000	
25公分双面鋼絲網板墻（粉刷）		平公	232.80	400	93120	
13 〃 〃 〃 〃 〃 〃 〃	（〃 〃）	〃 〃	114.72	300	34416	
〃 〃 〃 〃 單面 〃 〃 〃 〃	（〃 〃）	〃 〃	702.50	260	182650	
城磚灰漿砌	（連粉刷）	立公	62.81	700	43967	城磚由何供給
拆砌城身	（灰漿砌）	〃 〃	54.94	800	43952	
加高 〃 〃	（〃 〃 〃）	〃 〃	52.28	650	33950	
25公分磚墻	（双面粉刷）	平公	50.40	570	28728	
青石圓墩	（全丁）	個	28	400	11200	
人造石 〃 〃	（半丁）	〃	20	250	5000	
雕花木欄杆	（連漆）	平公	51.46	1500	77190	
廊枋	（〃 〃）	公尺	188.00	300	56400	

平方公尺簡稱平公　　立方公尺簡稱立公

南京市政府工務局技正室

第二頁　挹江門城樓

續　　字第　　號算預細單

種類	形狀尺寸	單位	單量	單價（元）	總價（元）	備攷
磚墻粉刷	(平扁刷白)	平公	290.40	040	11616	
一六企口板地	(㩙棚平頂)	〃	552.72	500	216360	
洋松扶梯	(連扶梯欄杆漆)	座	2	18000	36000	
			以上共計		3378953元	
(門	窗	裝	飾)			
双扇窗	2.00×1.20	樘	16	1800	28800	(玻璃漆五金全)
〃〃〃	2.40×1.20	〃	6	2160	12960	〃〃〃
〃〃〃	2.00×2.60	〃	12	3900	46800	〃〃〃
〃〃〃	2.00×0.80	〃	4	1200	4800	〃〃〃
三〃〃	1.80×1.20	〃	8	1620	12960	〃〃〃
双〃門	2.00×3.60	〃	4	5400	21600	油漆五金
〃〃〃	2.40×3.60	〃	6	6480	38880	〃〃
單〃〃	0.90×2.20	〃	8	1490	11920	〃〃
〃〃〃	1.00×3.60	〃	2	2430	4860	〃〃
			以上共計		183580元	
		城樓共計			35625.33元	
全部電灯裝置					100000元	
		全部總計			36625.33元	
		附註				
		(全部北平彩畫工料估計在外)				

計算者　七月廿四日　盧詠沂　羅仲礼

校對者　七月廿四日　司紀良

審核者　七月廿五日

南京特別市政府工務局設計科

平方公尺簡稱平公　　　　立方公尺簡稱立公

第二 頁共三 頁

字第 號 續挹江門城楼 工事計算單

參考 鋼骨水泥

柱 H 0.60×3.30×2 =3.96立公
〃 I (0.60×1.2)×½×0.60×4.50×16 =38.88〃〃
樑 A 0.35×0.80×12.30×4 =13.80〃〃
〃 B 0.25×0.55×16×2 =4.40〃〃
〃 C 0.20×0.40×6×6 =2.88〃〃
〃 D 0.20×0.40×6×16 =7.68〃〃
〃 E 0.16×0.30×4.60×12 =2.65〃〃
〃 F 0.15×0.30×14×4 =2.52〃〃
〃 〃 0.15×0.30×11.50×4 =2.07〃〃
〃 G 0.50×0.82×16×2 =13.12〃〃
〃 J 0.30×0.50×(108+57) =24.75〃〃
楼板 (49×16.5×.11)−(33.40×6.50×0.11)
=65.06立公

扶梯柱子 0.30×0.30×(5+2+16)=2.07立公
〃 〃 〃 0.20×0.20×2×2 =0.16〃〃
〃 〃 大料 0.30×0.20×(30+34.6)=3.88〃〃
〃 〃 〃 0.50×0.30×3×4 =1.80〃〃
〃 〃 踏步 (7.5+6)×12+(8.3×1.4)}×0.15=4.17〃〃
〃 〃 平台 {(1.2×1.2)+(1.5×2.50)
+(1.4×1.4)+(3×1.2)}×0.10=1.76〃〃
×2= 26.68立公

大小踏步
{(2×2.5×4)+(3.7×0.6×4)
+(5.2×0.6×2)}×0.15 =5.27立公

城楼柱子 0.25×0.4×8×20 =16.00立公
楼板大料 0.20×0.4×6.48×8 =4.13立公
腰插大料 0.25×0.40×79.80 =7.98立公

以上共計鋼骨水泥 241.83立公

計算者 盧詠沂 月 廿二 日 校對者 月 日

南京市政府工務局技正室

第三頁共三頁

字第　號　續挹江門城樓　工事計算單

參考　門窗裝修

名稱		計算	數量
雙扇窗	面積	2.00×1.20＝2.40平公	共 16樘
〃〃〃	〃〃	2.40×1.20＝2.88〃〃	〃 6〃
〃〃〃	〃〃	2.00×2.60＝5.20〃〃	〃 12〃
〃〃〃	〃〃	2.00×0.80＝1.60〃〃	〃 4〃
三扇窗	〃〃	1.80×1.20＝2.16〃〃	〃 8〃
雙〃門	〃〃	2.00×3.60＝7.20〃〃	〃 4樘
〃〃〃	〃〃	2.40×3.60＝8.64〃〃	〃 6〃
單扇〃	〃〃	0.90×2.20＝1.98〃〃	〃 8〃
〃〃〃	〃〃	0.90×3.60＝3.24〃〃	〃 2〃

計算者　羅伸行　盧詠沂

月廿三日

校對者

月

日

南京市政府工務局技正室

字第　號 挹江門城樓　　工事計算單

參考　全部面積　50×17＝850.00平公

城樓〃〃 57.5×10.56＝396.00〃〃

屋面（蓋質青筒瓦屋面望頂板椽子五架大料桁条平頂灰面刷白安簷油漆工料等）

(38.8×7.6×2)+(35.2×8.26)+(6.66×26×2)＝527.14平公

30公分圓面木柱（蔴細灰底朱紅漆4.5公尺長）共28根

〃〃半〃假柱（鋼絲網粉朱漆全上）　共20〃

25公分双面粉刷鋼絲網板墻

(2.10×5.7×4)+(1.7×5.7×4)+(1.2×5.7×8)+(1.3×5.7×4)+(1×5.7×2)+(2×1×12)+(2×0.6×22)＝232.80平公

13公分双面粉刷鋼絲網板墻

(6.3×4×2)+(3×4×2)+(6.3×3.2×2)＝114.72平公

13公分單面粉刷鋼絲網板墻

(26×7.5×2)+(66.4×2)+(6.42×2×2)+(15.4×5×2)＝702.3平公

城磚灰漿砌連粉刷

(2×0.41×5.30×7.50)+(2×0.82×1.2×15.36)＝62.81立公

拆砌城子灰漿砌

0.41×{(50×2)+(17×2)}×1＝54.94立公

加高城子灰漿砌

0.41×{(16×4)+(17×2)}×1.3＝52.23立公

25公分青磚墻双面粉刷

6.3×4×2＝50.40平公

雕花木欄杆連漆

(4.2×0.8×2)+(2.9×0.8×8)+(1.5×0.8×8)+(6.16×0.8×2)＝51.46平公

廊　　枋（油拉連漆）

(74×2)+(20×2)＝188.00公尺

二六金口板地，＋擱柵及平頂鴻腳板油漆

(6.46×9.7×2)+(15.36×5.5×2)+(6.46×3.2×2)
33.40×6.5（城樓一層面部）

＝552.72平公

計算者 盧詠沂　七月廿三日

校對者　月　日

南京市政府工務局技正室

簽呈 第八九七號

二十年十月九日

案由 詳原呈

擬辦法

謹簽呈者案奉
鈞長交下工務局呈送挹江門加建城樓合同及圖樣預算祈鑒核撥款一案飭即審核
具復等因遵核所呈合同及圖樣預算等件尚無不合似可照准奉交前因理合檢同原
件簽請
鑒核謹呈
市長魏

計呈繳合同一份預算一份計五紙圖樣一份計六張

參事張育海
章祓

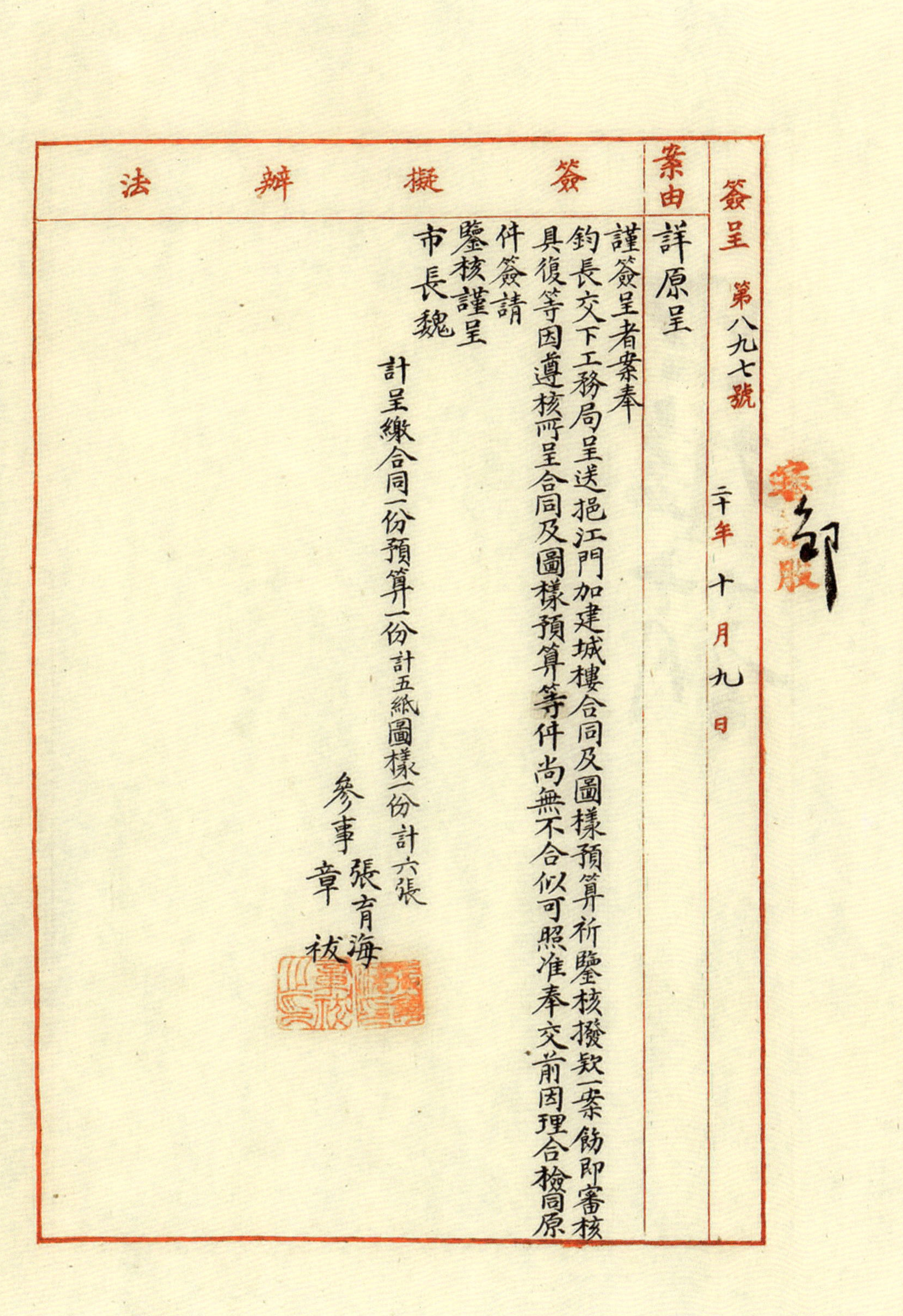

批示	簽擬辦法
照准 十月十二日	

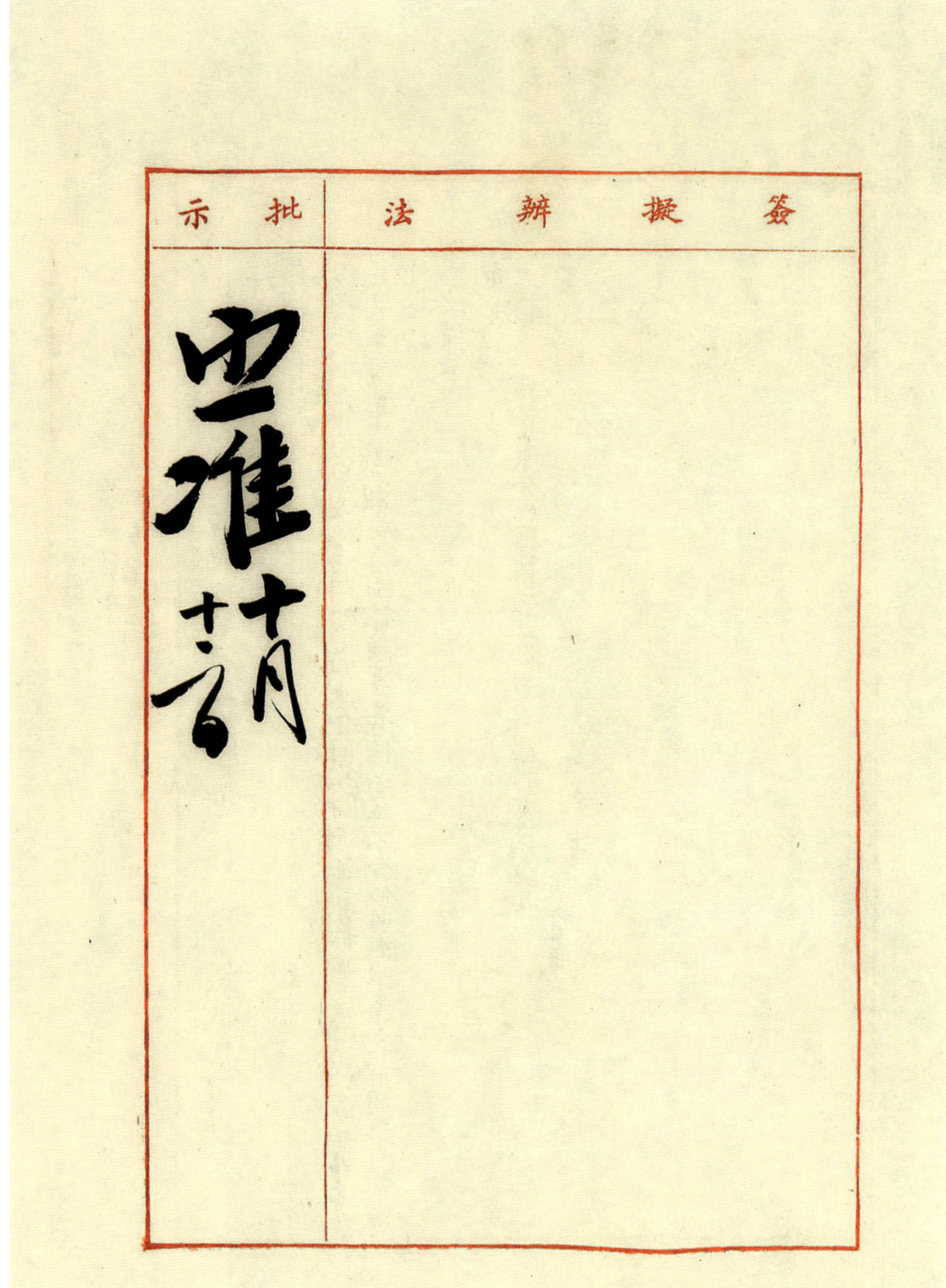

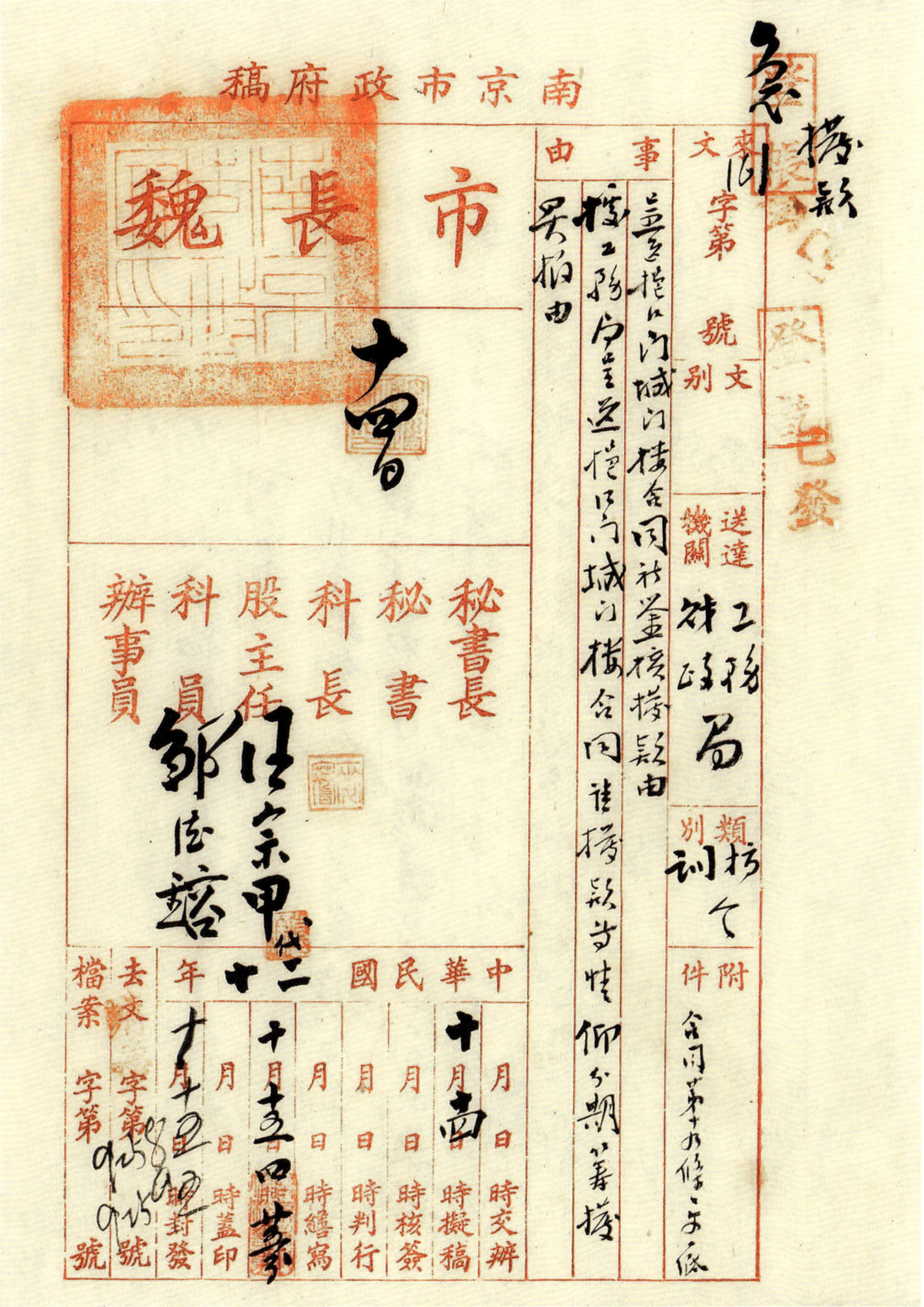
南京市政府稿
市長 魏
事由
文 第 字第 號
文別
送達機關 工務局
類別 指令
附件
秘書長
秘書
科長
股主任
科員
辦事員
中華民國 二十 年
月 日 時交辦
十月 日 時擬稿
月 日 時核發
月 日 時判行
月 日 時繕寫
十月 日 時蓋印
月 日 時封發
去文 字第 號
檔案 字第 號

指令 9258

令工務局長馬俠羣

呈一件 同前由

呈件均悉。案准港字四冊已據財政局呈該局二十年度唯冊內預算第二項第四目其他財政建築費內籌數撥發若由各分期領轉給施工，事竣呈請派員驗收，以重建設。並將領用各款分列四柱清冊造報，以憑核銷。仰即遵照辦理。附件存查。此令。

訓令 9259

令財政局長龐齊叙

為令遵事。案據工務局長馬軼群呈稱：審查挹江門城門工程業經建業營造廠承攬，簽訂合同，查核其條款情形，並送合同、說明書、圖樣各一份到府。據此，除指令「呈件均悉，應予照准，此令」印發外，合行抄發合同第十九條條文，令仰該局長遵照轉發具報備查。

此令。

計抄發合同第十九條條文一紙

校對方其劭

市工務局請派員驗收挹江門城門及廣場兩工程致市政府的呈文及市政府指令（一九三一年十月二十六日）

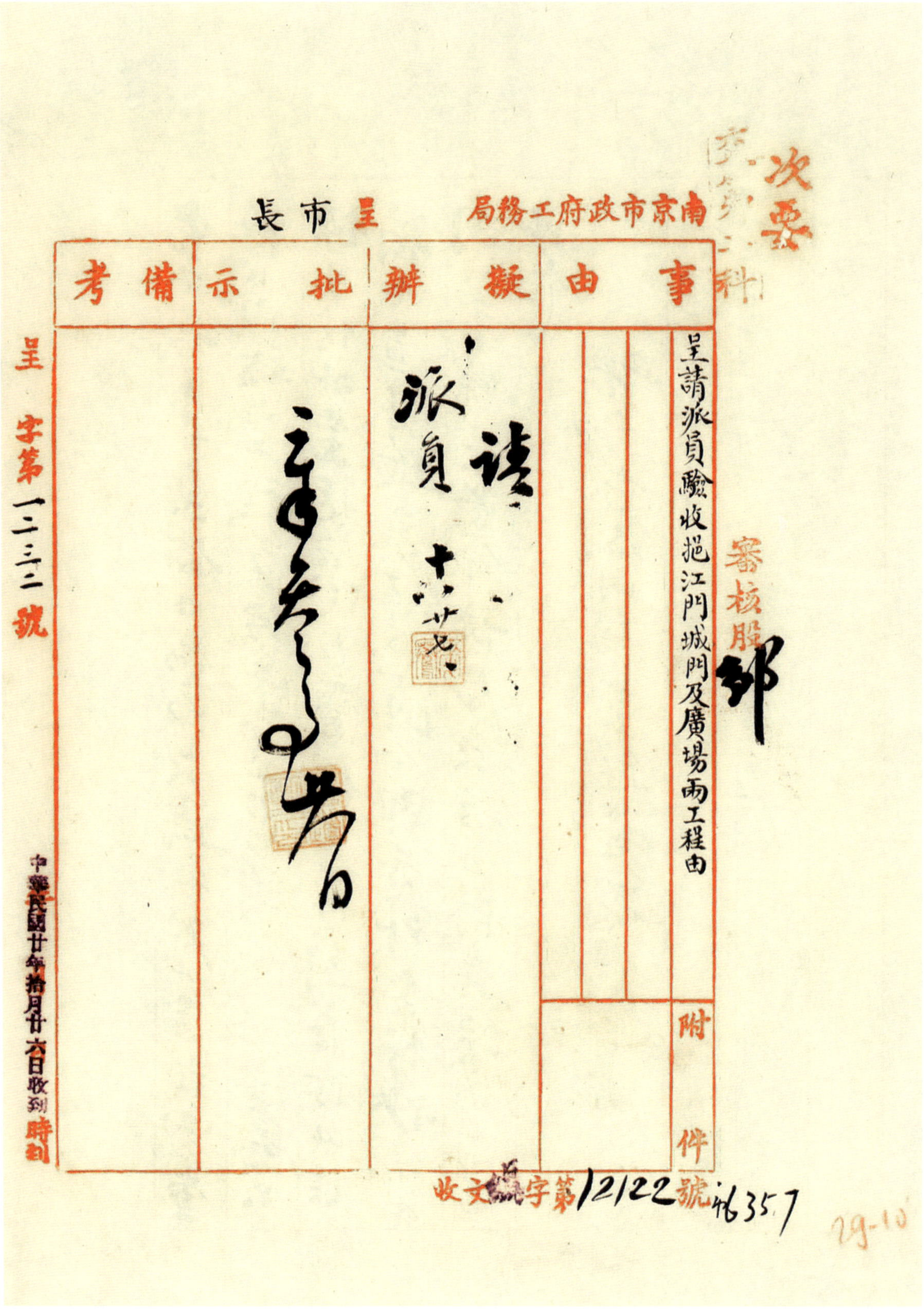
南京市政府工務局 呈 市長

事由	擬辦	批示	備考
呈請派員驗收挹江門城門及廣場兩工程由	請派員 十七	[illegible]	

附件

審核股 郎

次要 科

呈 字第一二三二號

中華民國廿年拾月廿六日收到 時刻

收文 字第12122號 46357

29-10

為呈請事竊查挹江門城門城樓及廣場等工程前經本局分別招工建築在案現查城門及廣場兩工程均已先後完工除城樓之零星工程因軍事暫行停止外所有城門及廣場兩項竣工報告並決算書等俟城樓完竣後一併造送理合先行具文呈請

鑒核俯賜即速派員先將城門廣場兩項先予驗收以昭慎重實

為公便謹呈

市長魏

暫代工務局局長馬軼羣

中華民國二十年十月廿六日

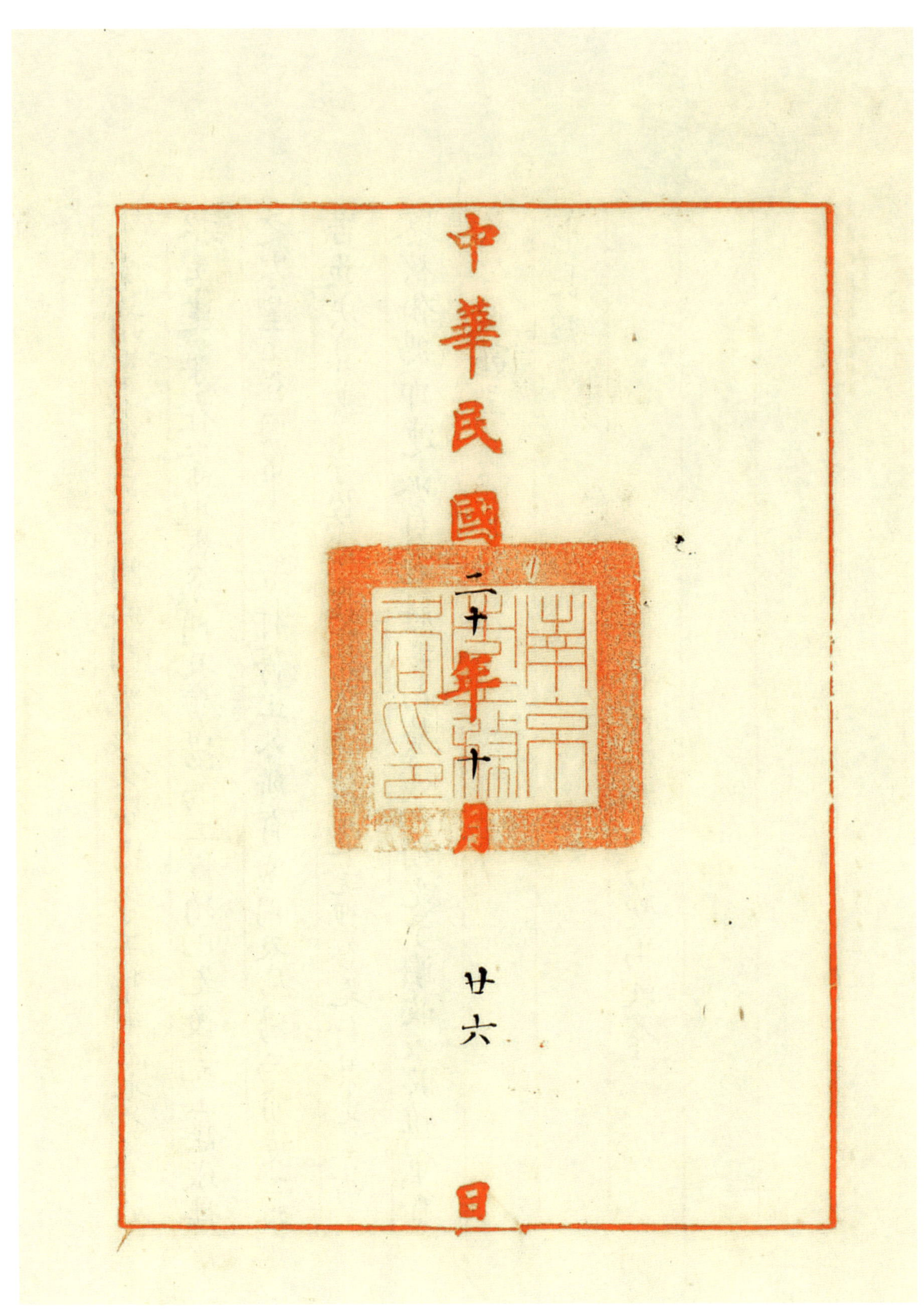

報告于市政府
十二月五日

事由 案奉

鈞長交下工務局呈報建築挹江門城門及廣場兩工程完竣

請派員驗收一案奉

批派章參事驗收等因奉此遵于本月三日會同該局前往

查驗查得挹江門城門工程尚屬妥善擬准驗收廣場工程兩

旁之人行道未將所填土方夯實且未待所填土方堅牢即行興築

致有崩裂及塌陷之現象此節查係該局因急于完成之關係並非

包工人工作不良之結果擬亦姑准驗收惟該人行道倒塌崩裂部

分擬請指令該局重行修築至城樓工程屋面及門窗上之玻璃等

零星未完工程擬請一併指令該局于全部工程完竣時再行呈報

以憑核奪奉派前因理合檢同原件報請

核示右報告

市長魏

計呈繳原呈一件

參事章 祓

閱 如擬 二，廿四

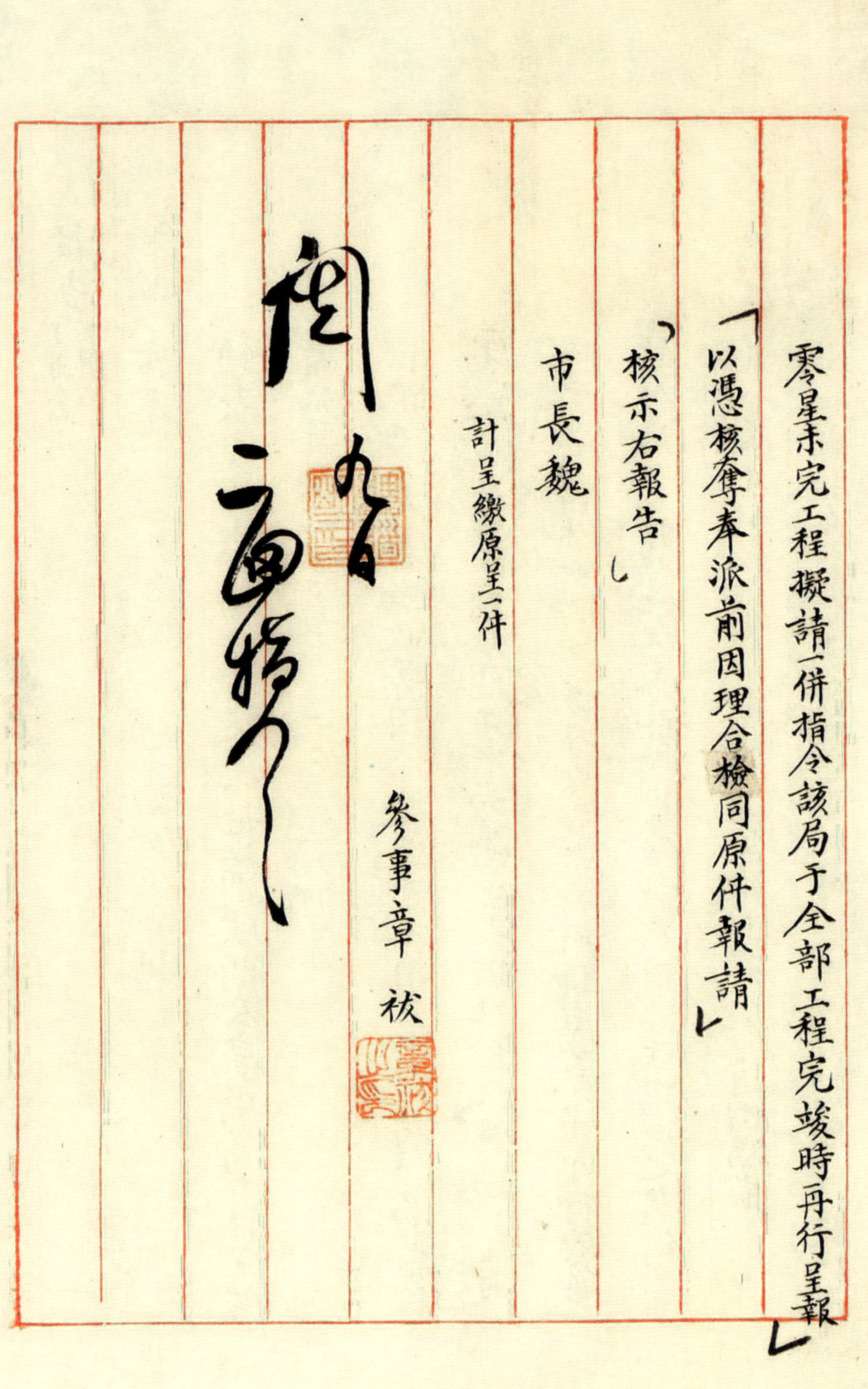

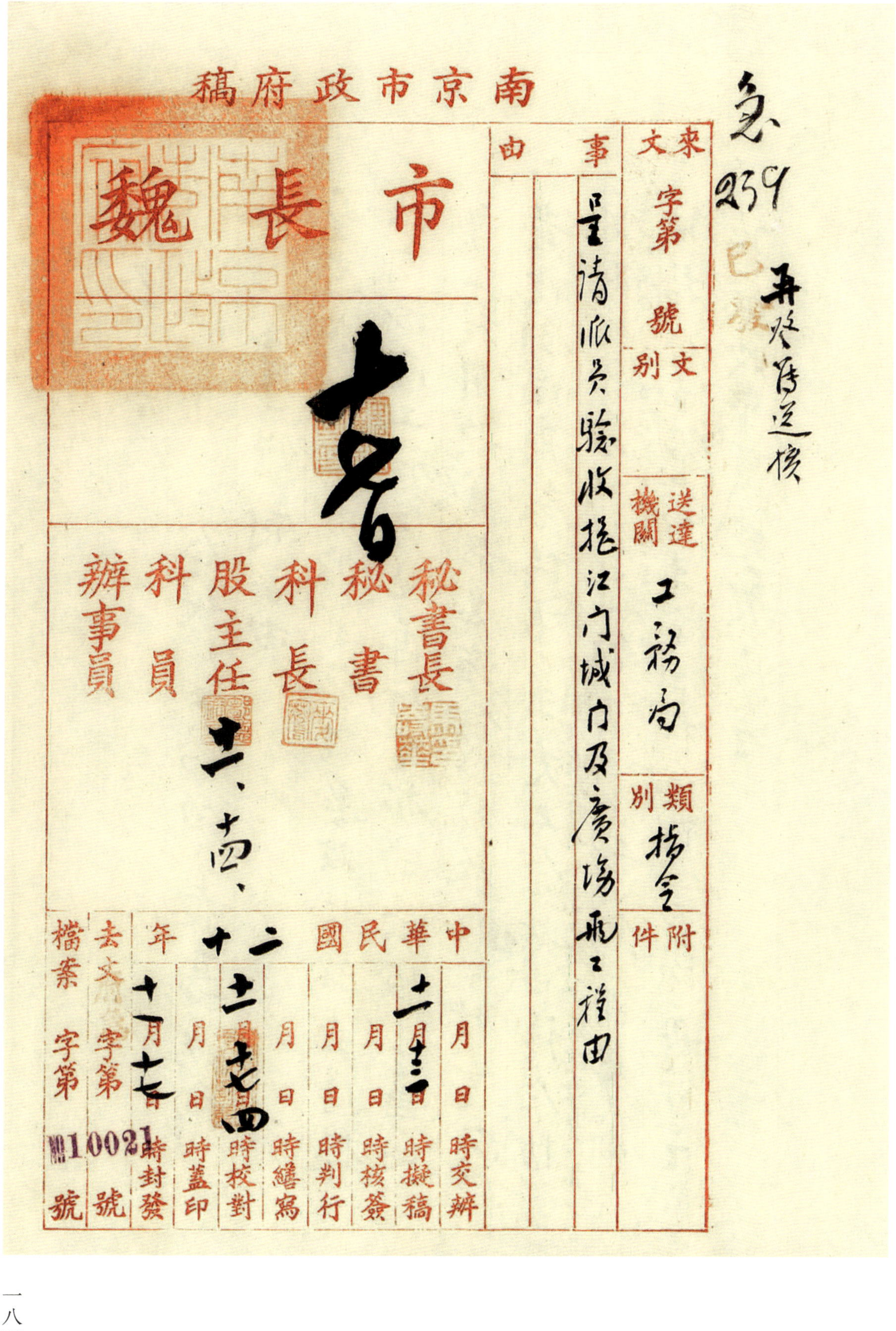

南京市政府稿

急
239
再交保送核

市長魏

十二、十四、

來文字第　號	
文別	
送達機關	工務局
類別	指令
附件	

事由：呈請派員驗收挹江門城门內及廣場兩工程由

秘書長
秘書
科長
股主任
科員
辦事員

中華民國二十　年

交辦	擬稿	核簽	判行	繕寫	校對	蓋印	封發
月　日　時	十二月十二日　時	月　日　時	月　日　時	月　日　時	十二月十四日　時	月　日　時	十二月十七日　時

去文字第　號

檔案字第　號

10021

指令

令代理工務局局長馬軼群

呈一件 同前由

呈悉。案經本府派員前往驗收，據稱查得挹江門城門工程云云，至再行呈報等情。據此，查此案工程用款（尚屬）數甚鉅，何以於驗收之時竟發現倒塌崩裂情事，未免不合理由。該局（嗣後該局對於此案工程務須隨時督察）按照所指各點分別飭令包工切實修築（不得再有此類情事發生，以重要政為要？）。（再將）城樓屋面及一切未完工程辦理完竣，再行呈請驗收，切切。此令。

中華民國二十年十一月十三日

繕寫
校對
監印

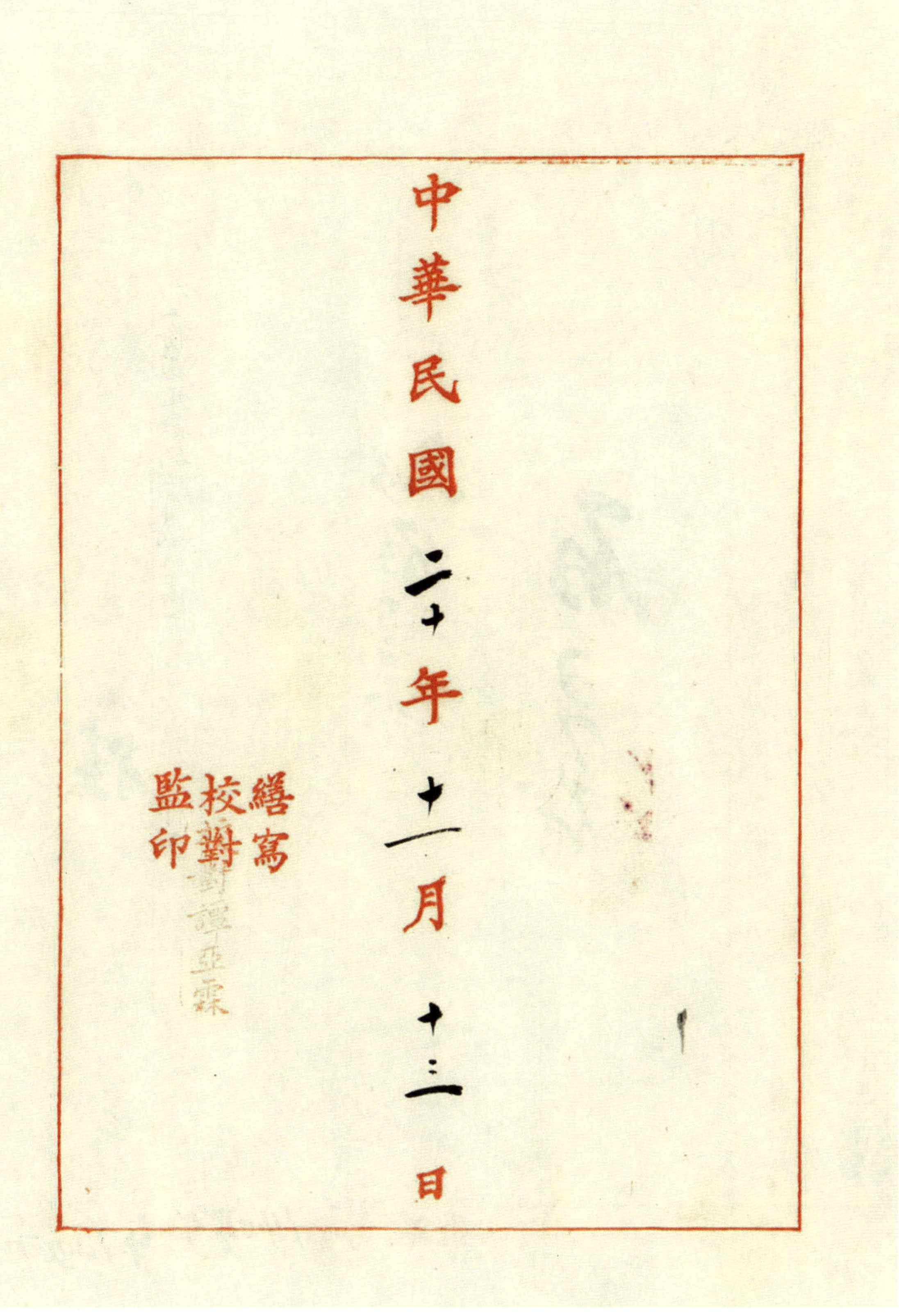

市財政局爲建築挹江門城門樓公款已遵令如數撥付致市政府的呈文（一九三一年十二月三十一日）

次要

交第二科

南京市財政局 呈 市政府

事由	擬辦	批示	備考
為工務局建築挹江門城門樓工款已遵令如數撥付由	擬存	存	
附件			

審核股 桂

呈 字第一〇九二號

年 月 日 時到

中華民國廿年十二月卅壹日收到

收文 字第14055號 市7027

呈為呈復事案奉
鈞府府急字第九二五九號訓令以據工務局長馬軼羣呈請撥發建築挹江門城門
樓工款計洋三萬五千八百元令遵照撥發等因奉此自應遵辦除已如數填發准支單交由
該局来員携回赴庫具領外理合具文呈復伏祈
鈞長鑒核謹呈
市　長　魏
財政局局長齊　敘

中華民國二十年十二月三十一日

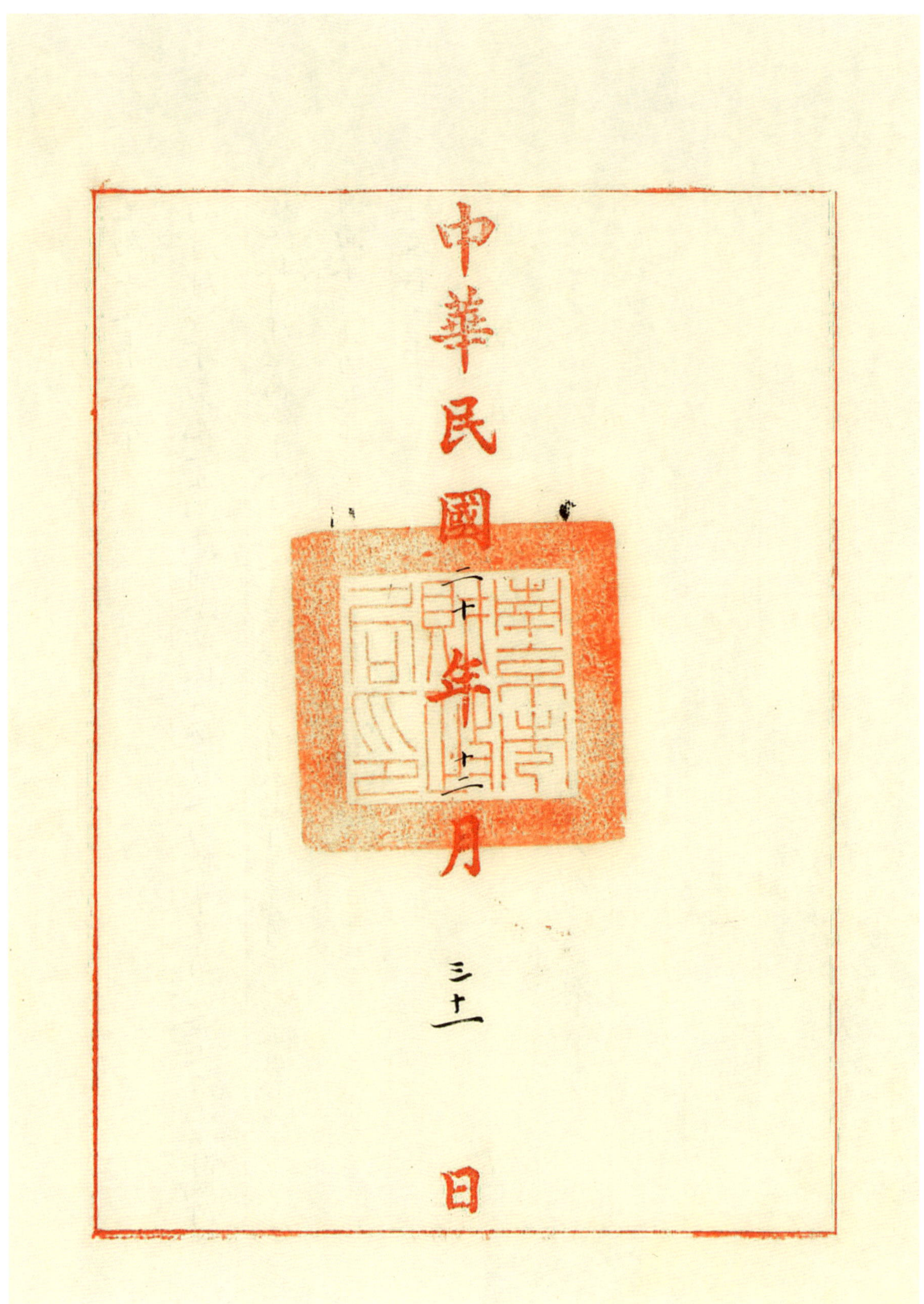

市工務局爲補送挹江門城門竣工報告及决算書祈鑒核備查致市長的呈文及市政府指令（一九三一年十二月三十一日）

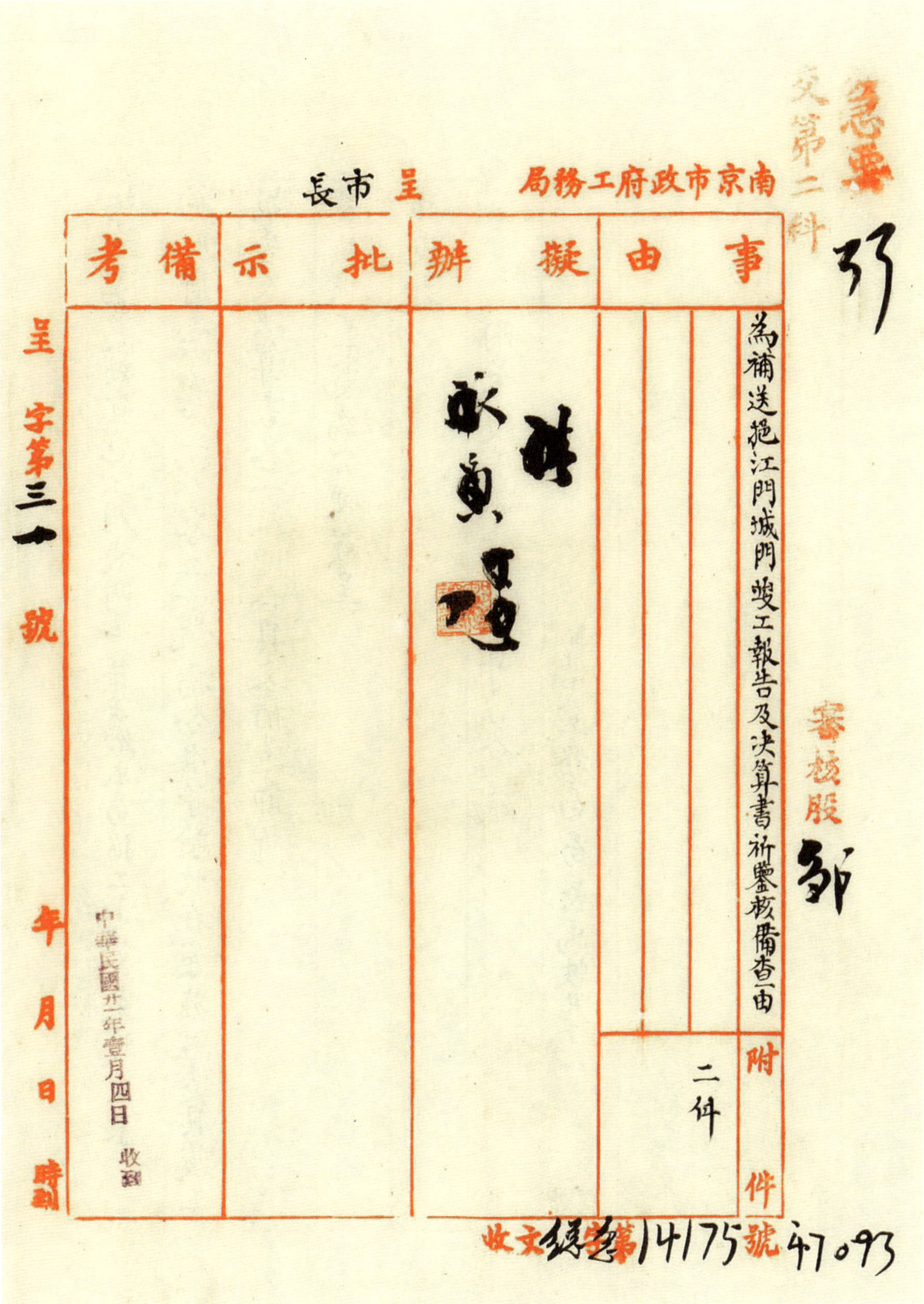

急要

文第二科

南京市政府工務局　呈　市長

事由	擬辦	批示	備考
為補送挹江門城門竣工報告及决算書祈鑒核備查由			
附件：二件			

呈　字第三一號

年　月　日　時刻

中華民國廿一年壹月四日收到

審核股

收文緣字第14175號　47093

為呈送事竊查挹江門城門工程業經本局招工建築完竣呈奉

鈞府府急字第一零零二一號指令准予驗收在案茲經造具竣工

報告及決算書各一紙理合具文補送仰祈

鑒核備查實為公便謹呈

市長魏

附呈竣工報告及決算書各一紙

暫代工務局局長馬軼羣

中華民國二十年十二月三十一日

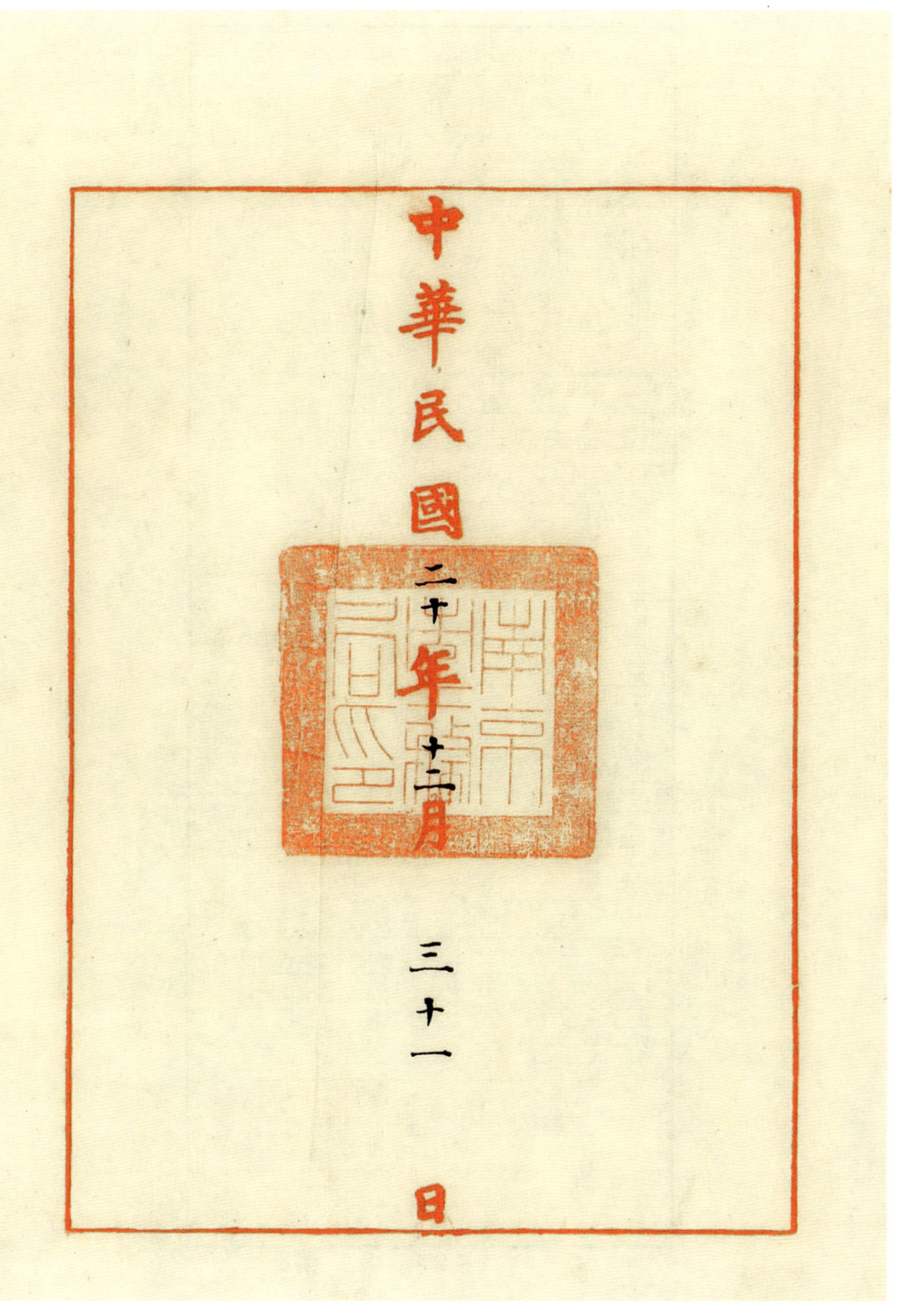

南京市政府工務局第二科工程決算書

工字第 47 號 城门 工程

地點	挹江门			附註
工程名稱				
工程數量				
預算總額				
決算總額	78160.70元			
計開 包工費	58000.00	應扣數	1,754.02	
零工費	21,914.72	逾限罰款		
本局工隊工金				
材料費				
總共	79,914.72	總共	1754.02	
合計 70160.70元				

細目如下

種類	形狀尺寸	單位	數量	單價(元)	總價(元)	備考
土方 挖土基		立公	7030			
挖门墩		"	825			
填土		"	445			
			9100	0.35	3185.00	
木樁	Φ0.20×5.00	根	128	14.00	1792.00	
砌墙工 1:2水泥砌		立公	2173	8.00	17384.00	
1:2灰浆砌		"	724	7.00	5068.00	
鋼骨水泥 拱脚		"	312.8	46.00	14388.80	
枕樑	(1:2:4)	"	94.1	53.00	4987.30	
水泥三合土	(1:3:6)	"	58.52	25.00	1463.00	
防水胶浆		平公	1284	0.50	642.00	
木法圈架		賠償損失40%			8000.00	圈架价20000元
蘇石		立公	4.15	30.00	124.50	
门匾		个	2	138.00	276.00	
鉄窗		堂	4	30.00	120.00	
木门		"	2	18.00	36.00	
防水管		公尺	34	4.50	153.00	
清頂		个	4	2.40	9.60	
水泥地	2(4.45×14.64) 7.70×17.20	平公	262.74	1.65	433.52	
				總計	58062.72元	
				簽訂數	58,000.00元	①
加帳：						
鋼骨水泥		立公	426.00	51.40	21896.40	
磚牆		"	151.57	8.00	1212.56	
洋灰三和土		"	123.77	27.50	3403.68	
			應添加工料費…		26512.64元	
減去未做磚牆		立公	574.74	8.00	4597.92元	
				應加帳	21914.72元	②
				兩共	79,914.72元	
未做之項：						
填土					445.00	
水泥地					433.52	
城垛拱脚					560.00	
避水胶					234.00	
蘇石匾					81.50	
				共減	1,754.02	③
				淨計	78,160.70	

中華民國 年 月 日

中華民國 年 月 日

中華民國 年 月 日

附言 平方公尺簡稱平公 立方公尺簡稱立公

計算者 周以錚 營造股主任 [signature]

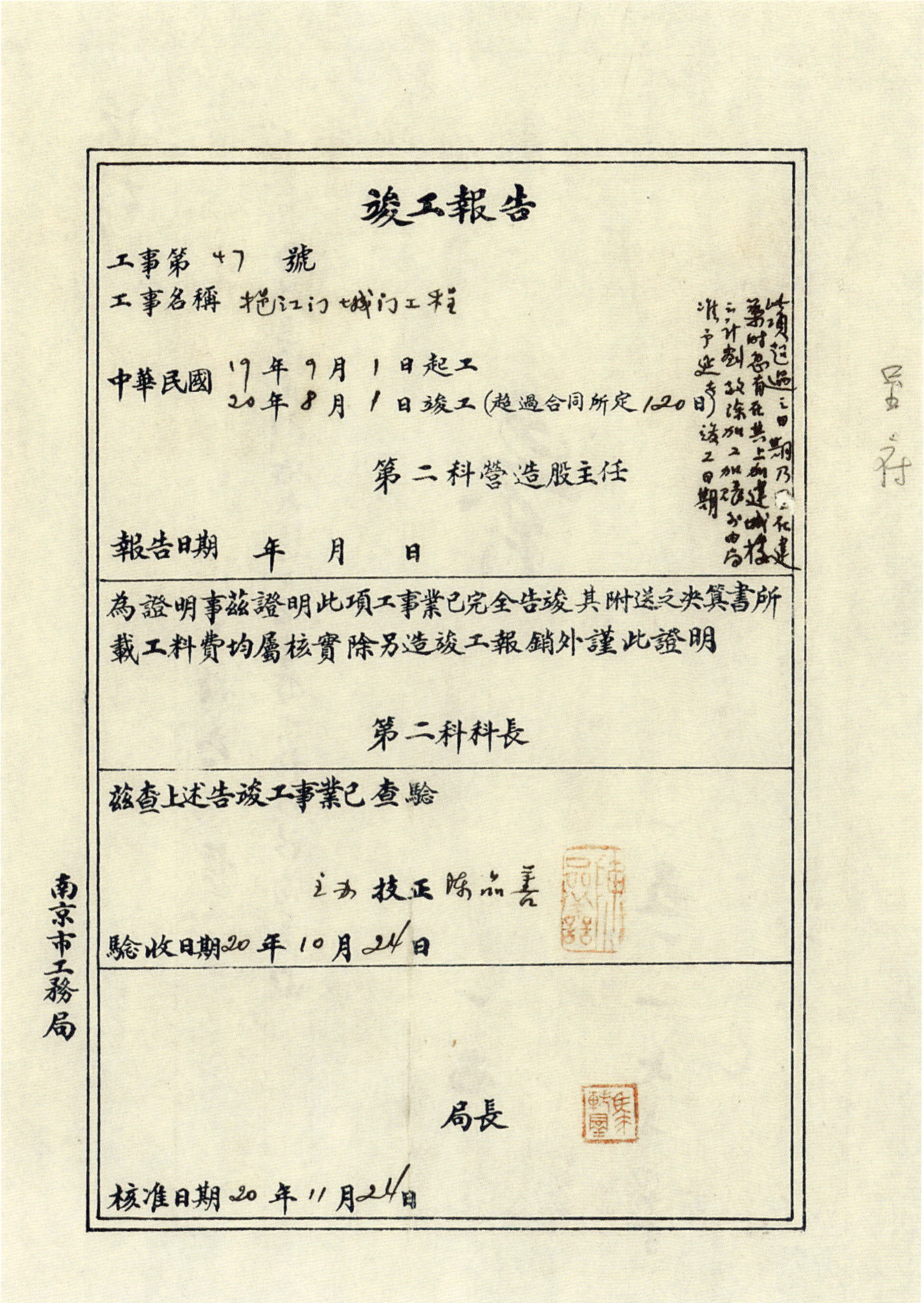

竣工報告

工事第 47 號

工事名稱 挹江门城门工程

中華民國 19 年 9 月 1 日起工
20 年 8 月 1 日竣工（超過合同所定120日）

此項超過之日期乃因在建築時忽有在其上加建城樓之計劃致添加工加强於由局准予延長日後之日期

第二科營造股主任

報告日期 年 月 日

為證明事茲證明此項工事業已完全告竣其附送之決算書所載工料費均屬核實除另造竣工報銷外謹此證明

第二科科長

茲查上述告竣工事業已查驗

主办 技正 陳品善

驗收日期 20 年 10 月 24 日

局長

核准日期 20 年 11 月 24 日

南京市工務局

呈府

照行

南京市政府稿

來文字第 號	
文別	
送達機關	工務局
類別	指令
附件	
事由	為補送挹江門城內路工報告及決算書祈備查由

市長魏 魏

秘書長
秘書
科長
股主任
科員
辦事員

中華民國廿一年

月日時交辦	月日時擬稿	一月十五日時核發	月日時判行	月日時繕寫	一月七日十時四十分	月日時蓋印	一月七日時封發

去文字第附11429號

檔案字第 號

指令

令工務局長馬軼羣

呈一件 同前由

呈件均悉准予備查仰即知照附件存此令

校對方其劭

中華民國　年　月　日

繕寫
校對
監印

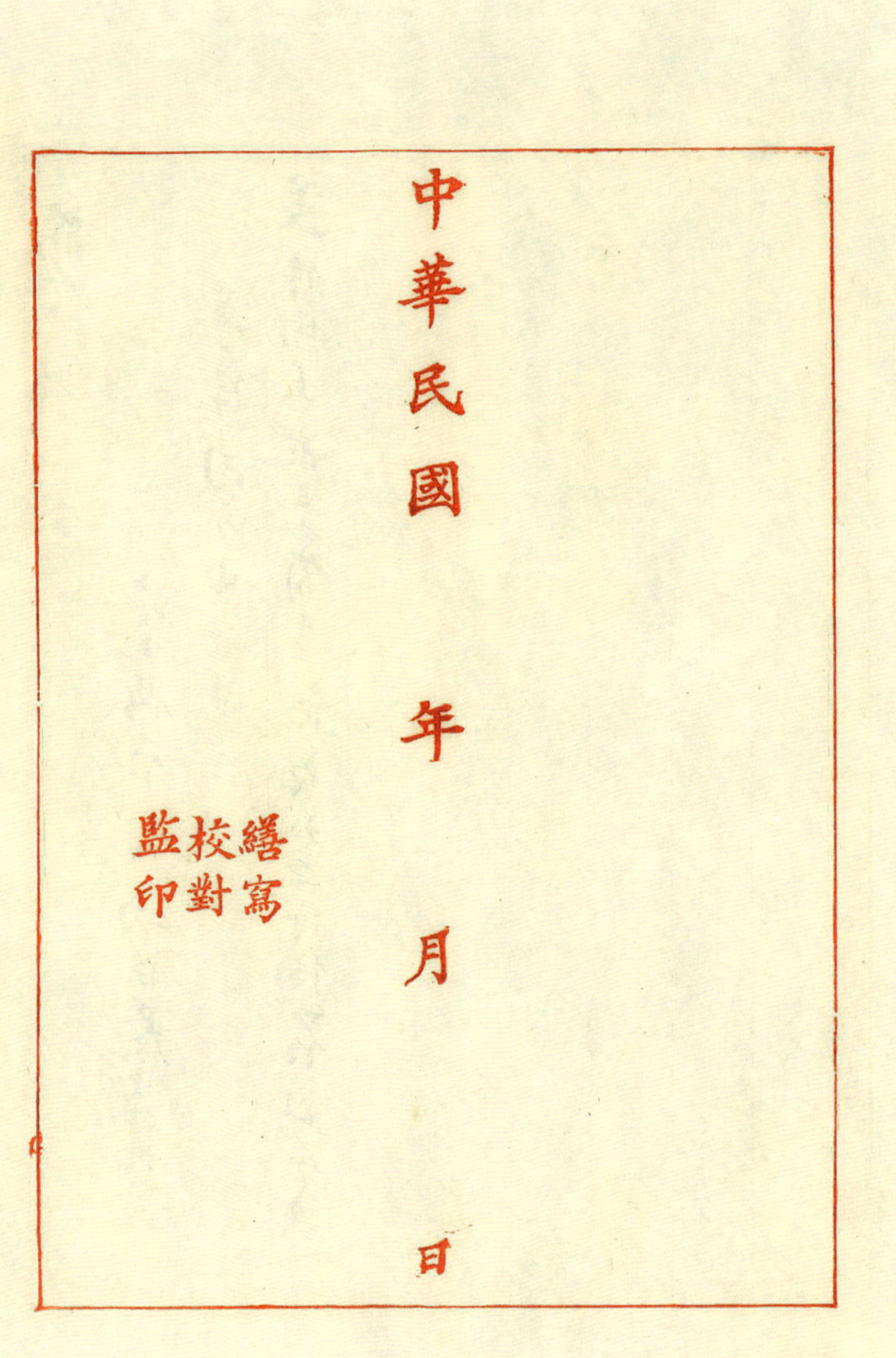

市財政局爲建挹江門工款已遵令如數撥付致市政府的呈文（一九三二年一月九日）

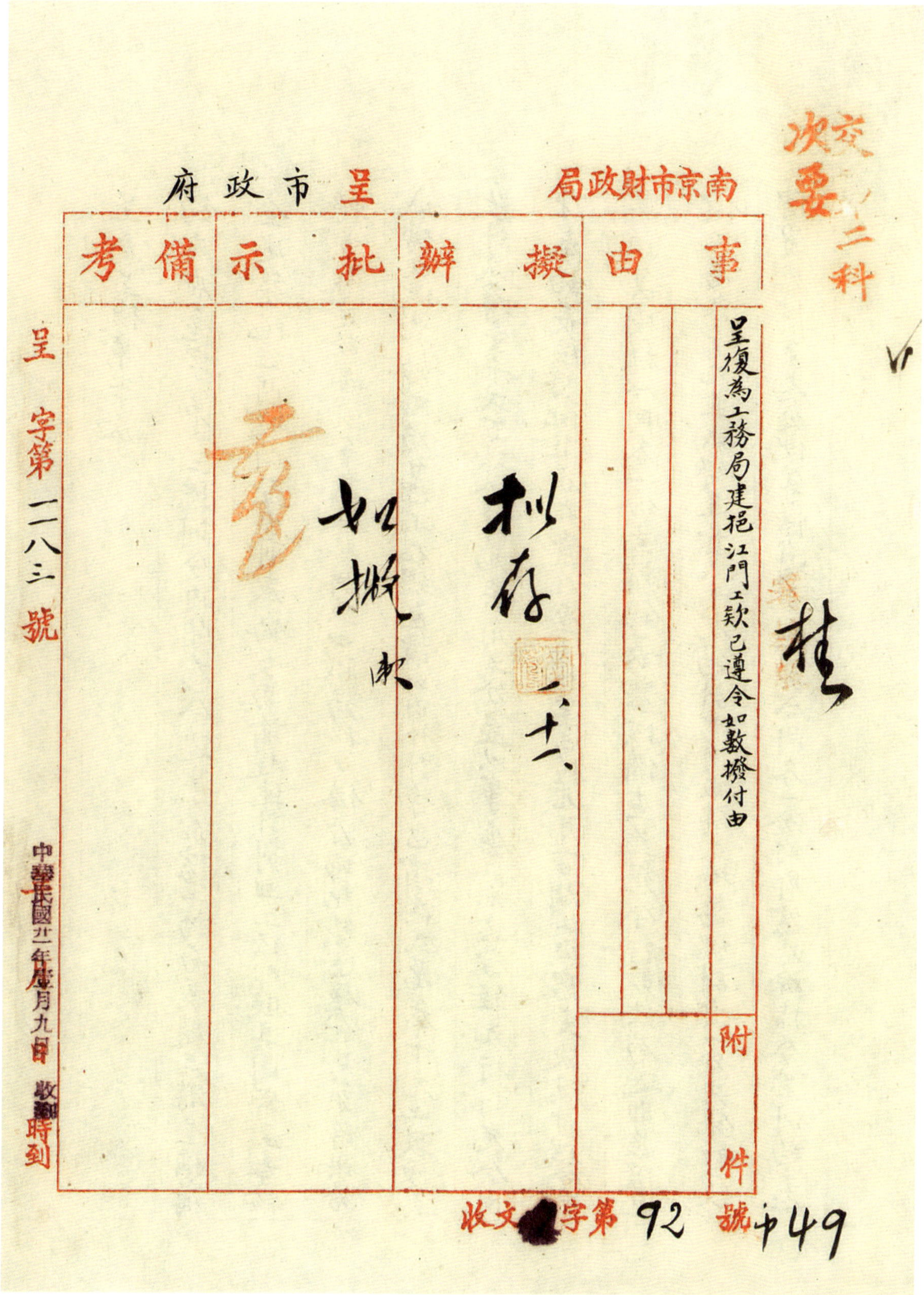
南京市財政局　呈　市政府

事由	擬辦	批示	備考
呈復為工務局建挹江門工款已遵令如數撥付由	抄存　一，十六	如擬	

附件

呈　字第一一八三號

中華民國廿一年壹月九日收到時

收文　字第92號　中49

交二科

呈為呈復事案奉

鈞府府急字第六二號訓令內開為令遵事案據工務局長趙志游呈稱竊查建築挹江門城門一案前奉鈞長面諭趕速計劃興工經即擬具圖案呈奉核轉首都建設委員會議決照辦並由職局招由椿源錦記營造廠包建築除供給城磚及運費歸職局自理不在總包價以內外計淨包價為弍萬叁千元比較預算數計減洋壹千弍百玖拾肆元柒角五分並以事屬緊急當經先行訂定合同陳奉鈞長核明批准各在案茲查工程業已於九月一日開工亟需支款應付理合檢具預算圖樣合同各一份呈請鈞長鑒核備查並懇令行財政局迅即照撥包價弍萬叁千元並城磚運費弍千元（約計需用城磚弍拾萬塊計費一分共銀如上數）俾資應付實為公便等情附呈圖算合同各一份到府據此除指令呈件均悉

所請應准照辦已令飭財政局在該局臨時事業費内照案籌撥仰即分期前往具領轉給可也附件存查此令合行抄發合同第十八條條文令仰該局長遵照分期籌款撥發具報查考此令各等因並抄發合同第十八條條文一紙下局奉此自應遵辦除已如數填發准支單交由該局來員領回赴庫具領外理合具文

呈復伏祈

鈞長鑒核謹呈

市長魏

財政局局長齊　敘　謹呈

中華民國二十一年一月九日

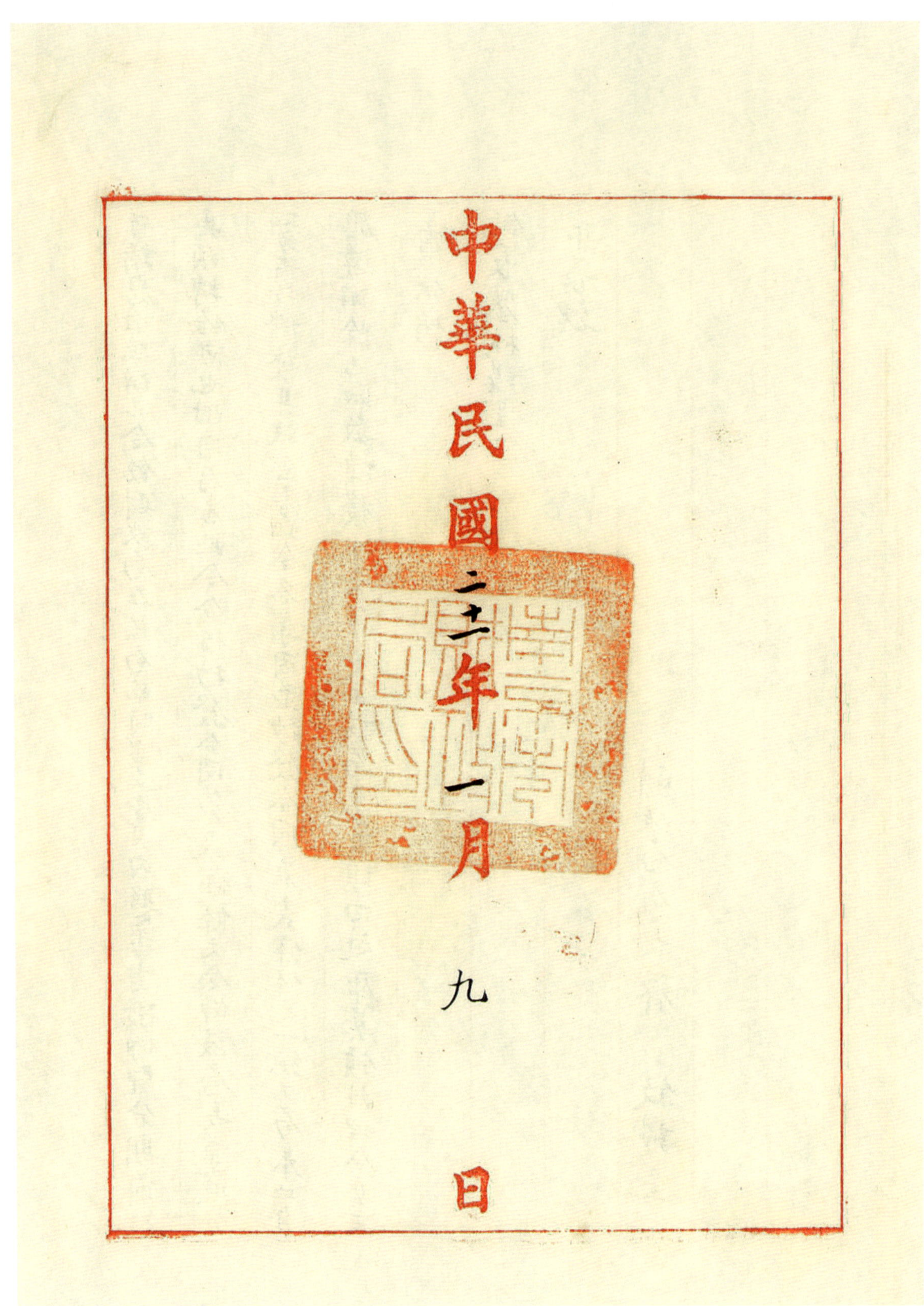

中國國民黨南京市執委會爲據呈請完成挹江門城樓致市工務局公函（一九三三年十一月二十二日）

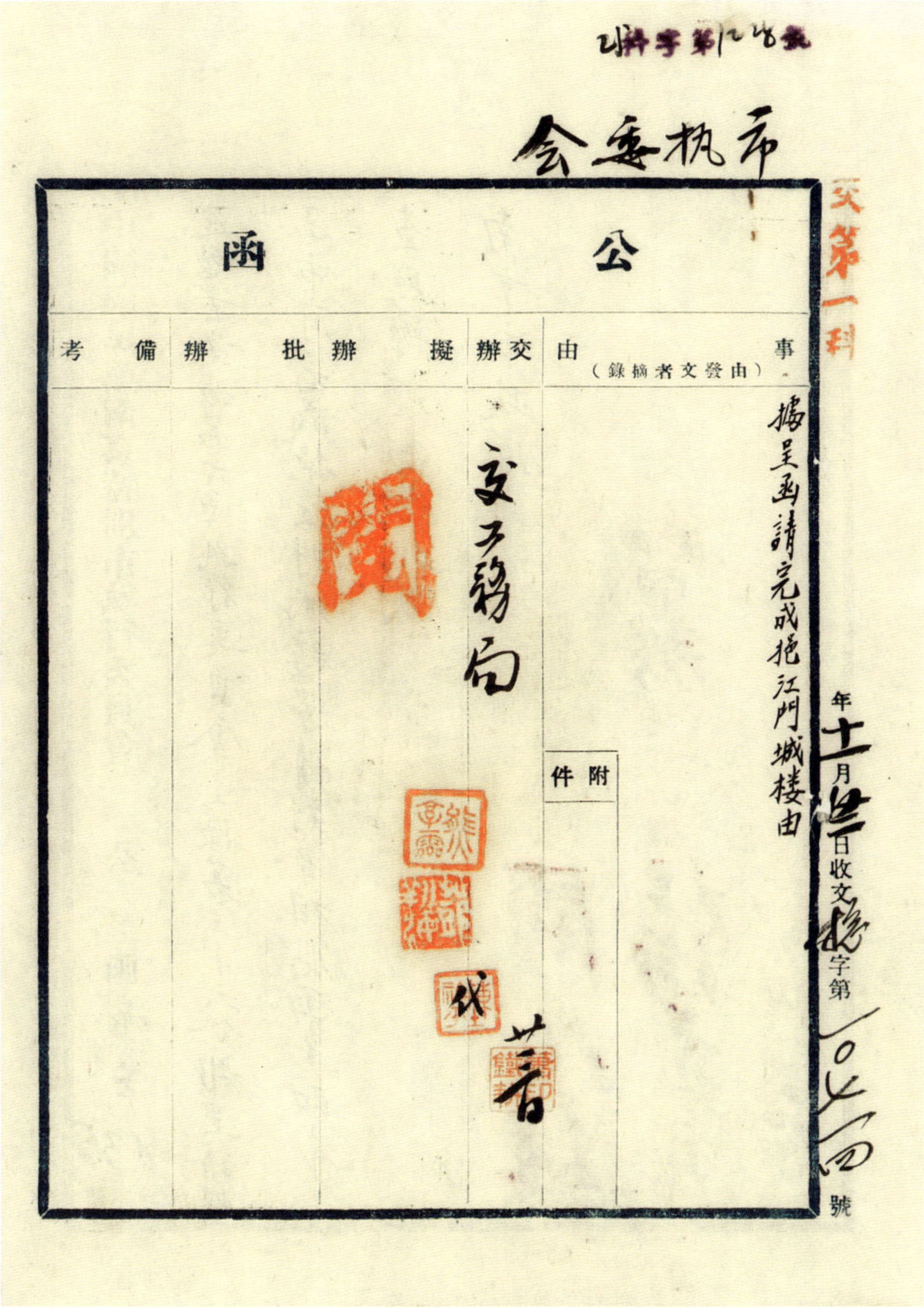
市执委会

公函

事由（由發文者摘錄）	交辦	擬辦	批辦	備考
據呈函請完成挹江門城樓由	交工務局			

附件

年十一月廿二日收文字第 號

中國國民黨南京特別市執行委員會　公函　執字第835號

逕啓者案據第六區執行委員會呈據第三十六分部呈請轉
函市府完成挹江門城樓等情到會相應函達即希
查照辦理爲荷此致
南京市政府

常務委員　周伯敏　張定璠　雷震

中華民國二十二年十一月二十二日

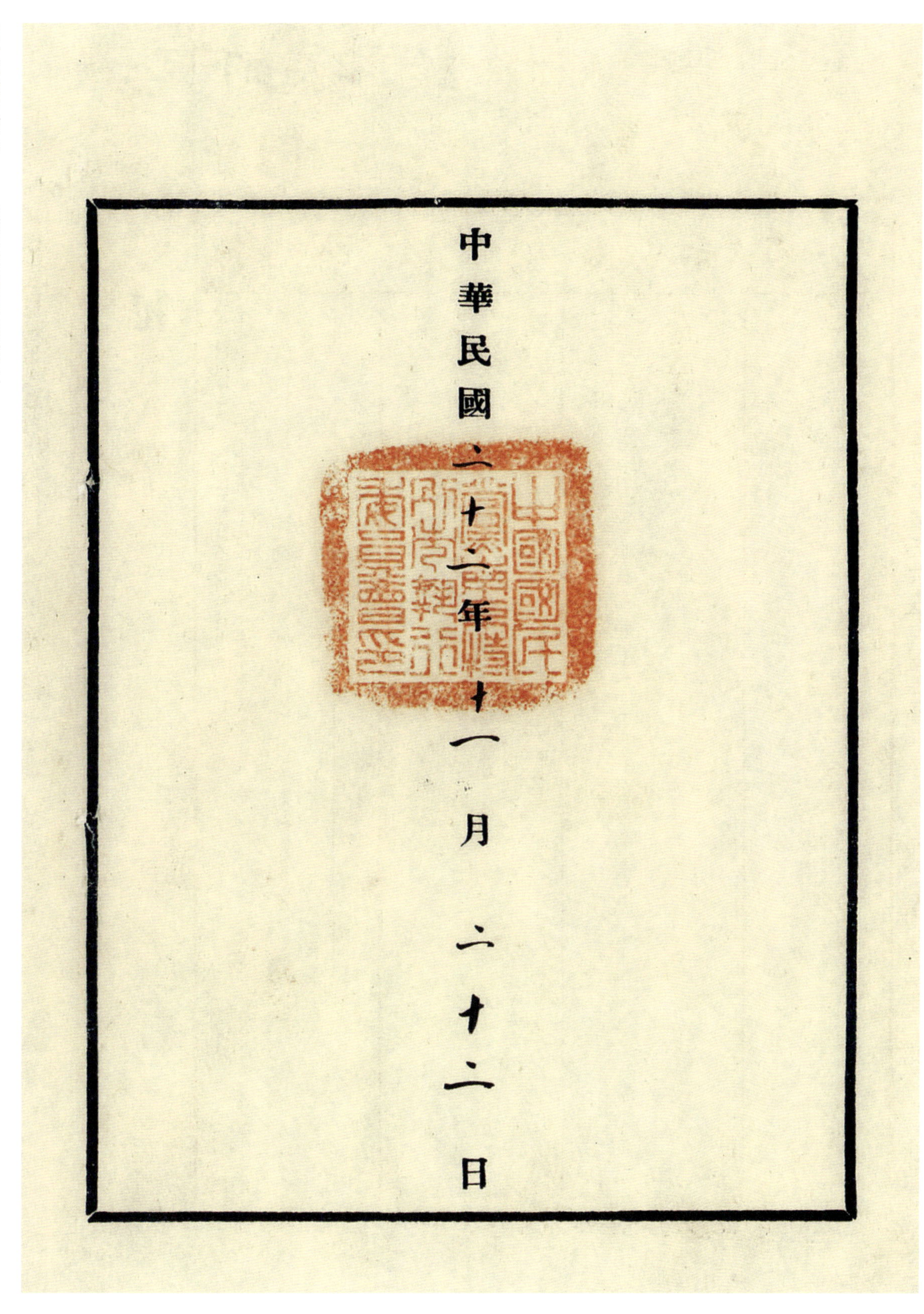

24科字第7017號

南京市政府工務局 呈 市政府

鈕

事由	擬辦	批示	備考
為挹江門城樓已飭原包工人繼續施工復祈核轉由			
附一件			

呈字第五四六五號

年 月 日 時到

收文 字第 號

案奉

鈞府交下市執委會函，請完成挹江門城樓工程由。奉

批交工務局等因。查是項工程，係馬前局長任內，招由椿源錦記營造廠承包，當發工時，適逢國難，

即由軍警在內駐防，以致內部地板牆壁油漆等項，未能竣工，茲奉前因，除飭原包工人繼續施工

外，理合檢同原函，呈復，祈

鑒核，轉函查照。

謹呈

市長石

計呈繳原函一件

工務局局長侯家源

中華民國二十二年十二月十五日

監印侯華貞
校對周伯愷

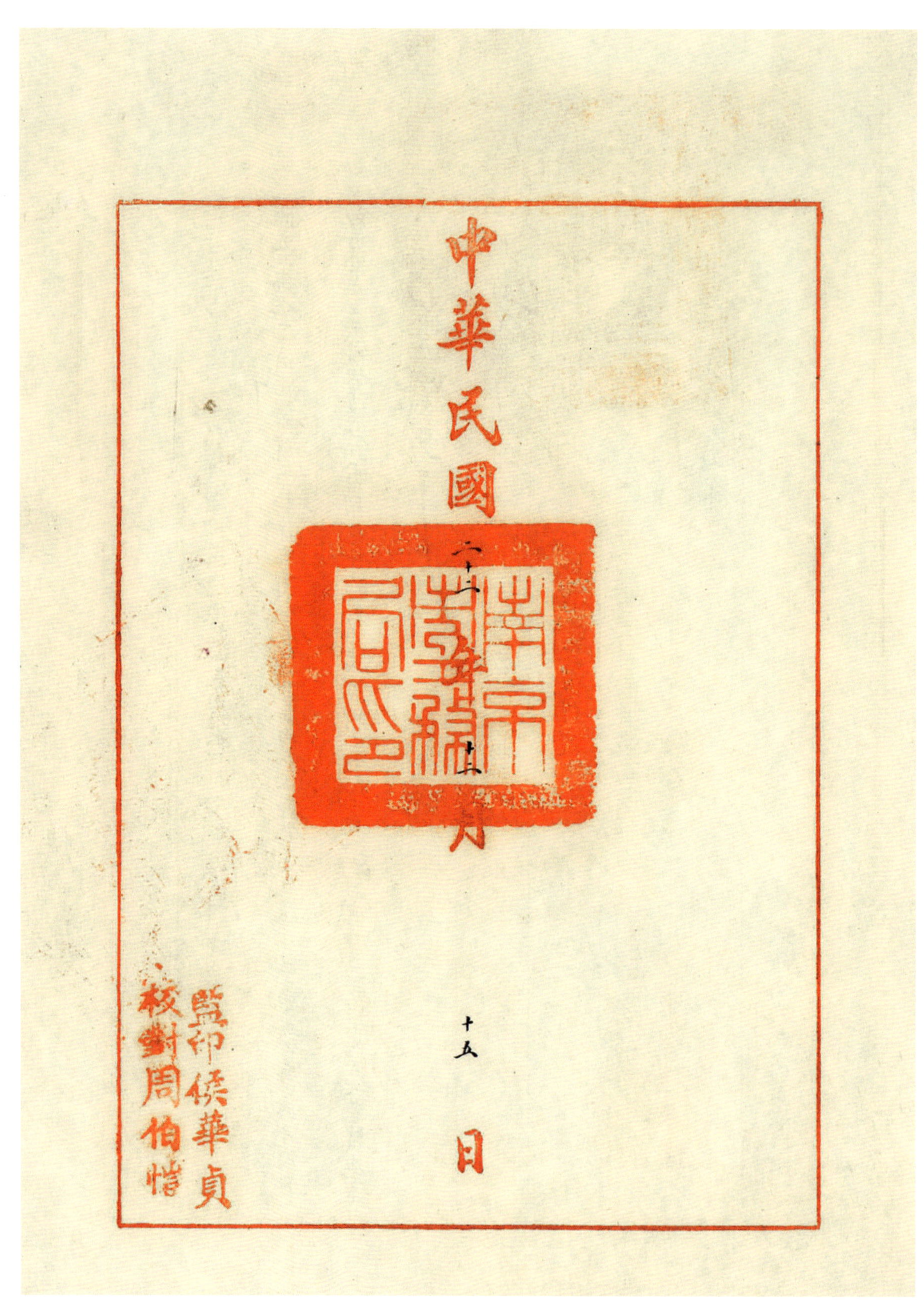

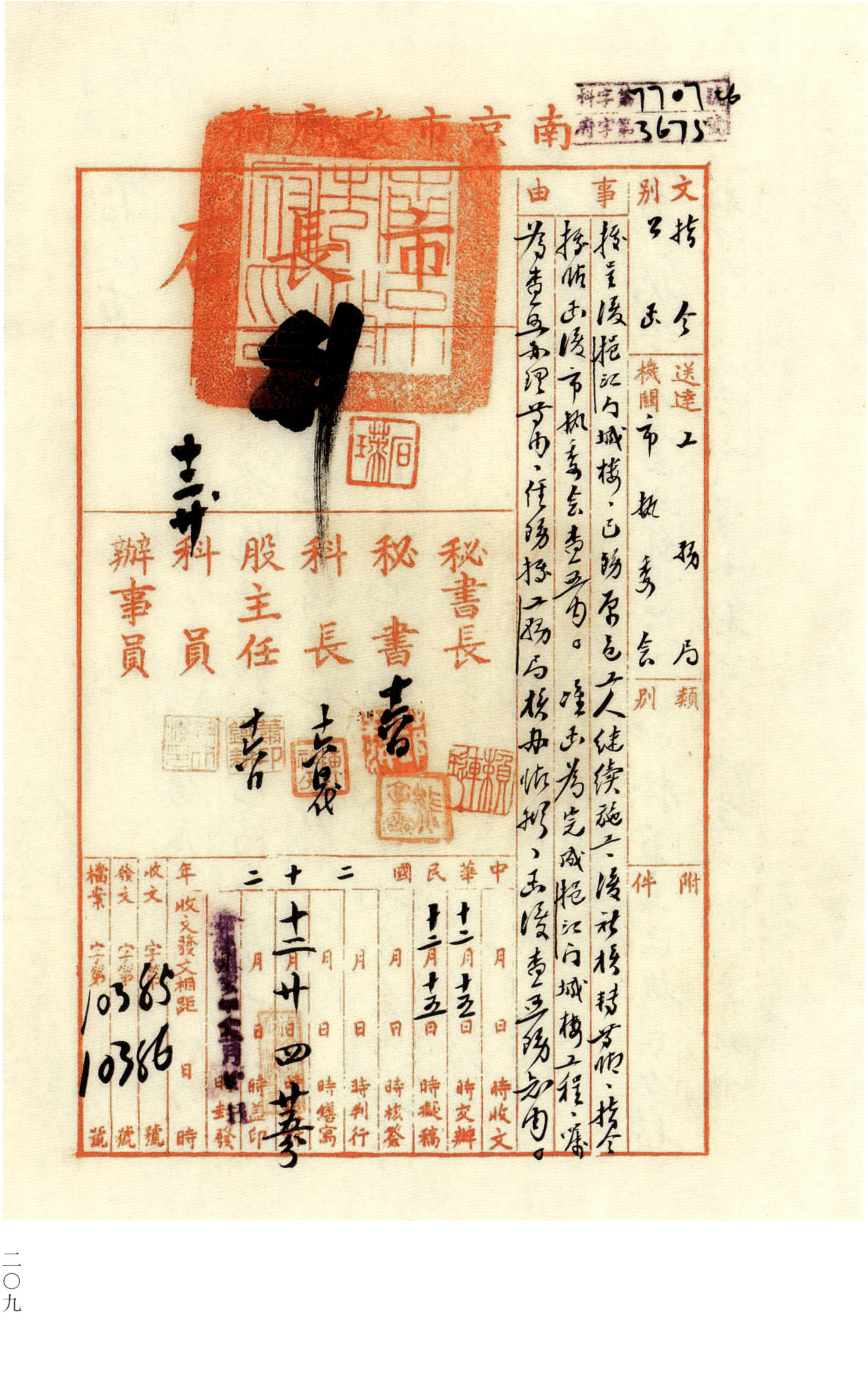

南京市政府稿

科字第7707號
府字第3675號

文別：指令、公函

送達機關：工務局、市執委會

事由：據呈復挹江門城樓、已飭營造人繼續施工、請核轉前情、指令
據情函復市執委會查照由。准函為完成挹江門城樓工程、希
為查照辦理等由、經飭據工務局核辦前情、函復查照為荷。

市長
秘書長
秘書
科長
股主任
科員
辦事員

中華民國二十二年十二月十三日交辦　十二月十五日擬稿　十二月廿四日封發

收文字第10385號
發文字第10386號

指令第　　號

令工務局

呈件，為挹江門城樓已飭原包工人繼續施工，請祈核轉由。

呈及繕件均悉。已據情函請市執委會查照矣。此令。繕件存。

10385

公函第　　號

逕啟者：案准

10386

貴會執字第八三五號公函，以據第六區執委會轉據第三十六分部呈請轉函本府完成挹江門城樓工程一案，請爲查照辦理，等由。准經飭據本市工務局核辦呈稱：「查是項工程，云云，理合呈復核轉」。等情。據此，除指令外，相應據情函復，即希查照轉知，爲荷！

此致

中國國民黨南京特別市執行委員會。

中華民國二十二年十二月　日

繕寫馮亜蘭

校對[illegible]閱

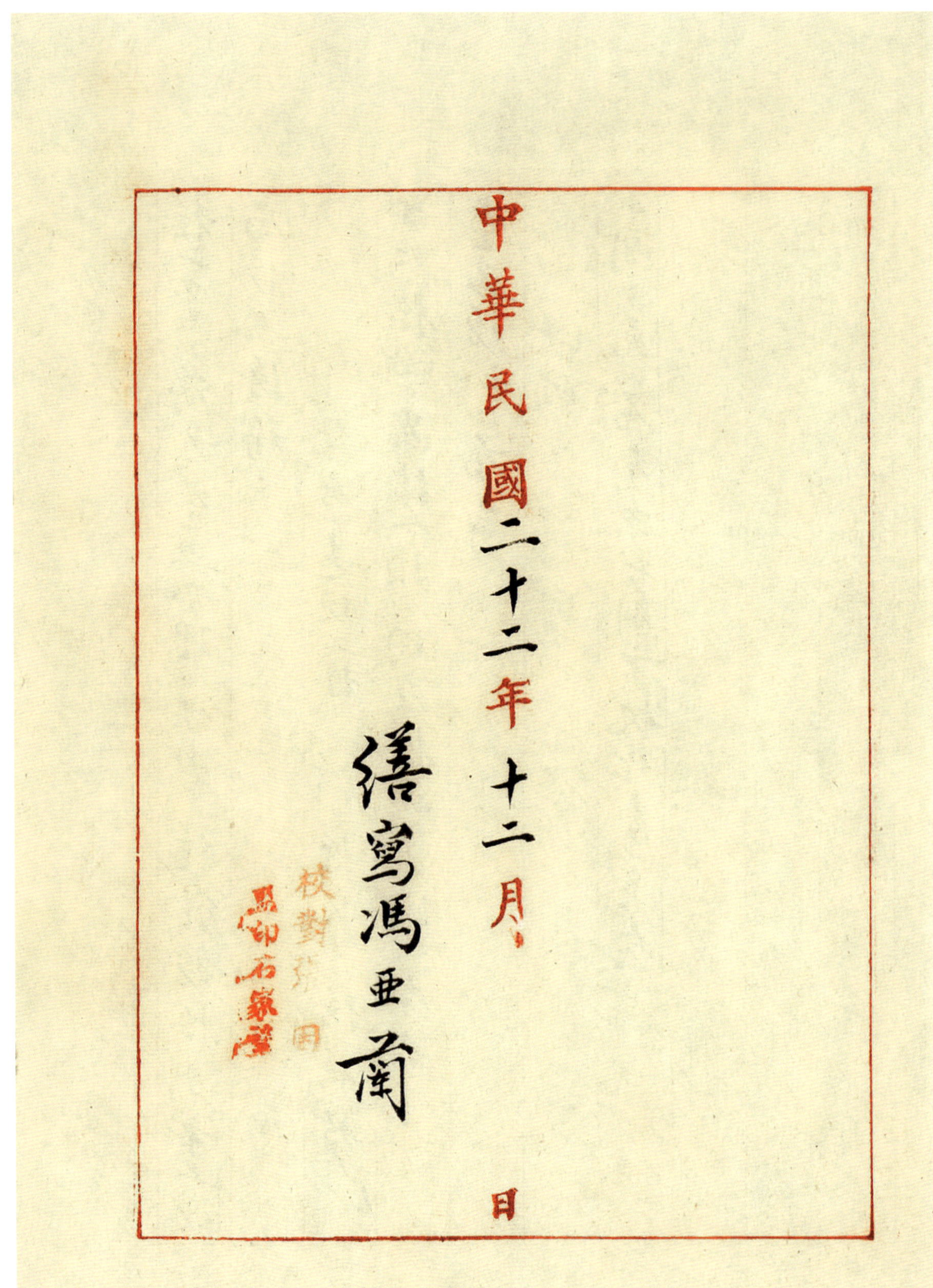

市工務局爲挹江門城門樓字匾填色竣事請發還前扣餘款致市政府呈文（一九三五年四月一日）

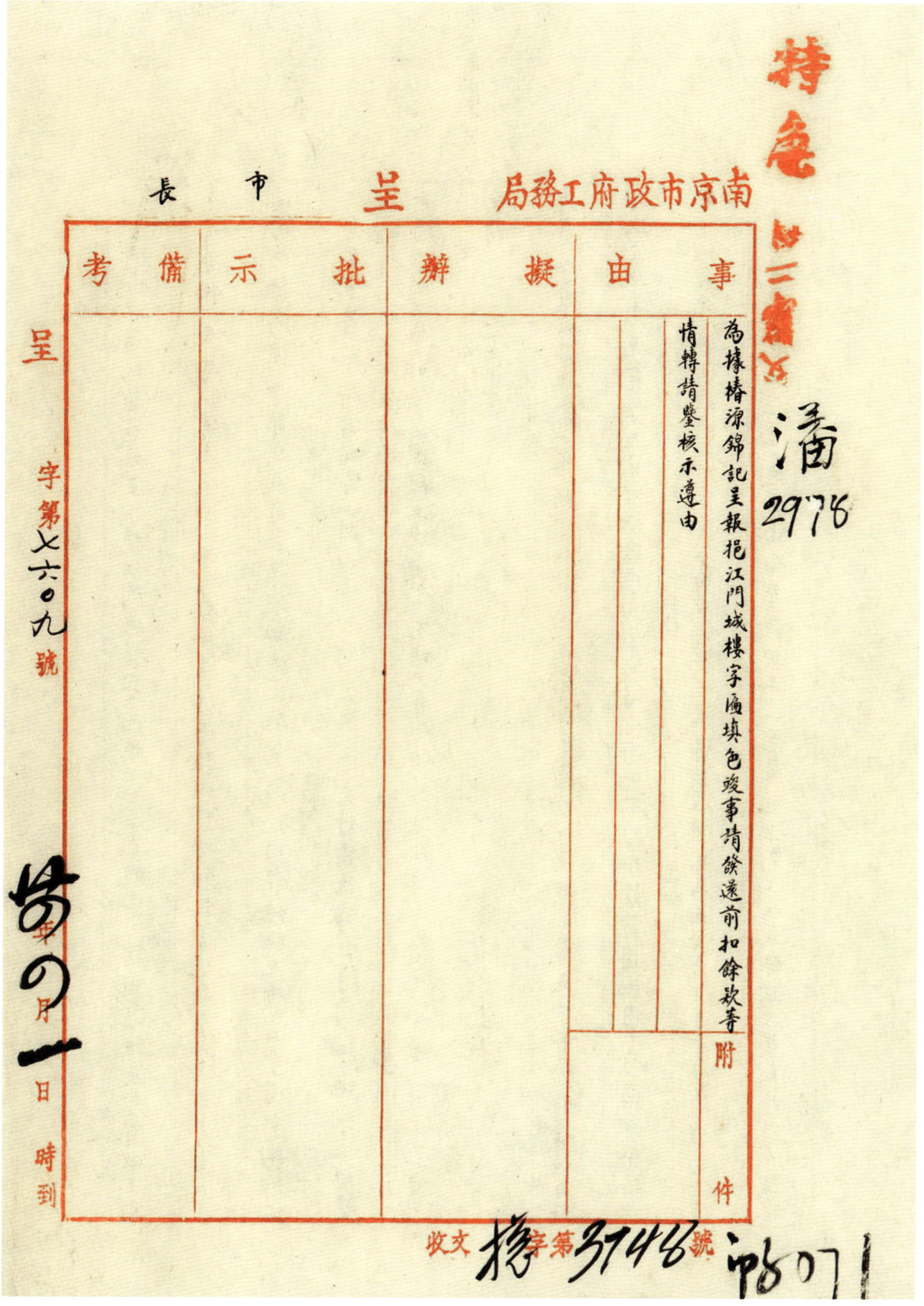

據椿源錦記營造廠呈報挹江門城樓字匾填色業已竣事，請發還餘款叁百伍十元壹角等情，查此案係本局馬前局長軼羣任内招由椿源錦記營造廠承造。二十年十月間因防務關係，首都衛戍司令部派兵遷入駐紮，以致内部地板及牆壁等項未能辦理，屋面亦未蓋瓦，所需瓦片，則已由局購買齊全，交付椿源錦記應用，除地板及牆壁等項，已經馬前局長扣存工款壹千元外，并一面編造決算，於二十年十二月三十一日，

呈請

鈞府派員驗收在案。惟該項扣款，由馬前局長挪付本工程加賬之一部份計洋陸百肆拾玖元玖角，現實餘存叁百伍拾元壹角。因屋面既不在扣款範圍以内，自應責令椿源錦記繼續鋪蓋，迭經通知原包工人椿源錦記及其保証人新元昌五金號迅速蓋瓦，乃延未遵辦，為謀迅速施工起見，擬先由局墊款興工，一面嚴追原包工人或保証人照數賠繳，經招

工開具賬單，又經呈報在案。旋據該椿源錦記呈報施工，并函准馬前局長函復，經轉飭該廠復行前約，尅日雇工修理完善等由過局，是以未經另行招工辦理，即批飭該椿源錦記積極施工，已於上年六月間補做竣事，所有屋面地板墻壁門窗油漆等項，經派員分別檢驗，尚無不合，惟該門城門工程決算書內列有門扁兩個一項，未曾建成，又經飭令補做去後，旋據該廠具報蕆事前來，驗得字扁，尚未填色，四周邊框未做，再經通知遵辦在案。茲據前情，經派員復驗，字扁確已將藍色填成，惟四周邊框仍未照做，但原設計圖樣，對邊框部份，並未列入，且現在實際上亦無從補做，除擬在扣存餘款內扣銀肆拾元外，尚餘洋叁百壹拾元壹角，似可准予發還，以資結束，是否有當，理合具文呈請　鑒核示遵。謹呈

市長石

工務局局長嚴宏溎

中華民國二十四　四月一日

監印程鼎如

校對周伯愷

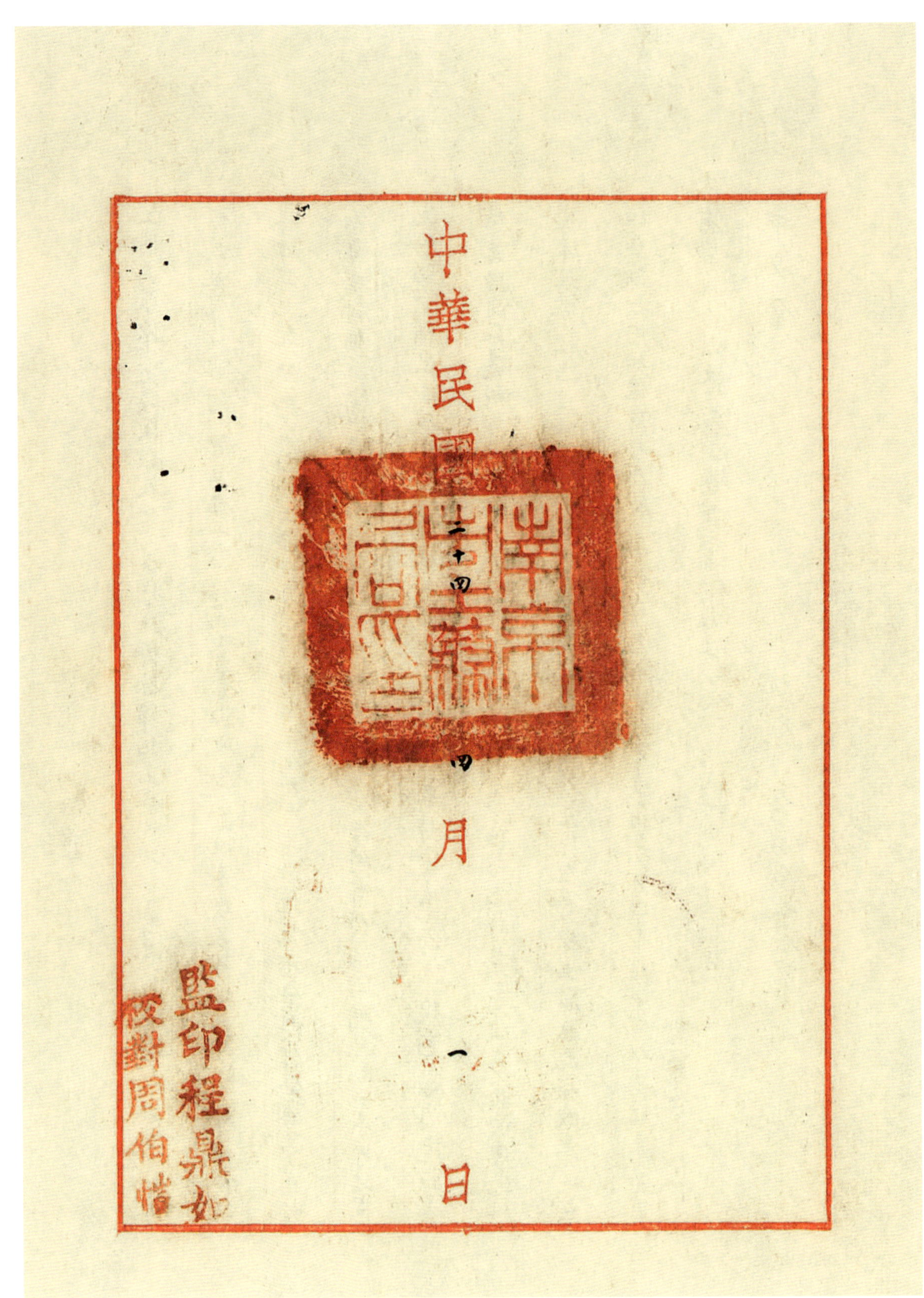

市第　號　特

急

急

29718

查建築挹江门城楼工程，於廿年九月间核准建築，计包价叁万五千八百元，经饬财政局如数拨讫，兴工後適逢國難，派有軍隊駐扎，以致工程未能全部如期完竣，確係实情，惟原呈所述已於廿年十二月廿一日呈请本府验收一節，本府並無案可稽，復经调阅该局档案，内有呈请验收原稿，及該工決算底稿，但決算内所列工程，除合同包价叁万伍千捌百元外（本府有案），另有雲石及電灯等工程加賬共銀四千陆百伍拾伍元伍角叁分，本府均無案可考，究竟當时指派何人驗收，已否遵辦，亦無從查考，

又查馬前局長任内五項工程超過預算，内列有

挹江门城楼工程在内，似与该案不甚牵涉，究应如何

指令之处？请

示。

职 四、三

关于加强部份，未据呈报有案，曾否

并入原呈，并未叙列，究竟牵涉

其属五项工程与否，拟交四区送该局

详查呈复。四、三

文翰 四

查本案前奉
交參考簽以馬路五項奉交徹查工程超過預算
案業經呈奉　批交市政會議決通
過呈院核辦在案本案似仍應俟馬案
呈奉　院令核定後再行核辦並擬先行
令工務局知照當否請
示

如擬

陸韓強
宋希尚
陳祖平
謹簽　三、八

南京市政府

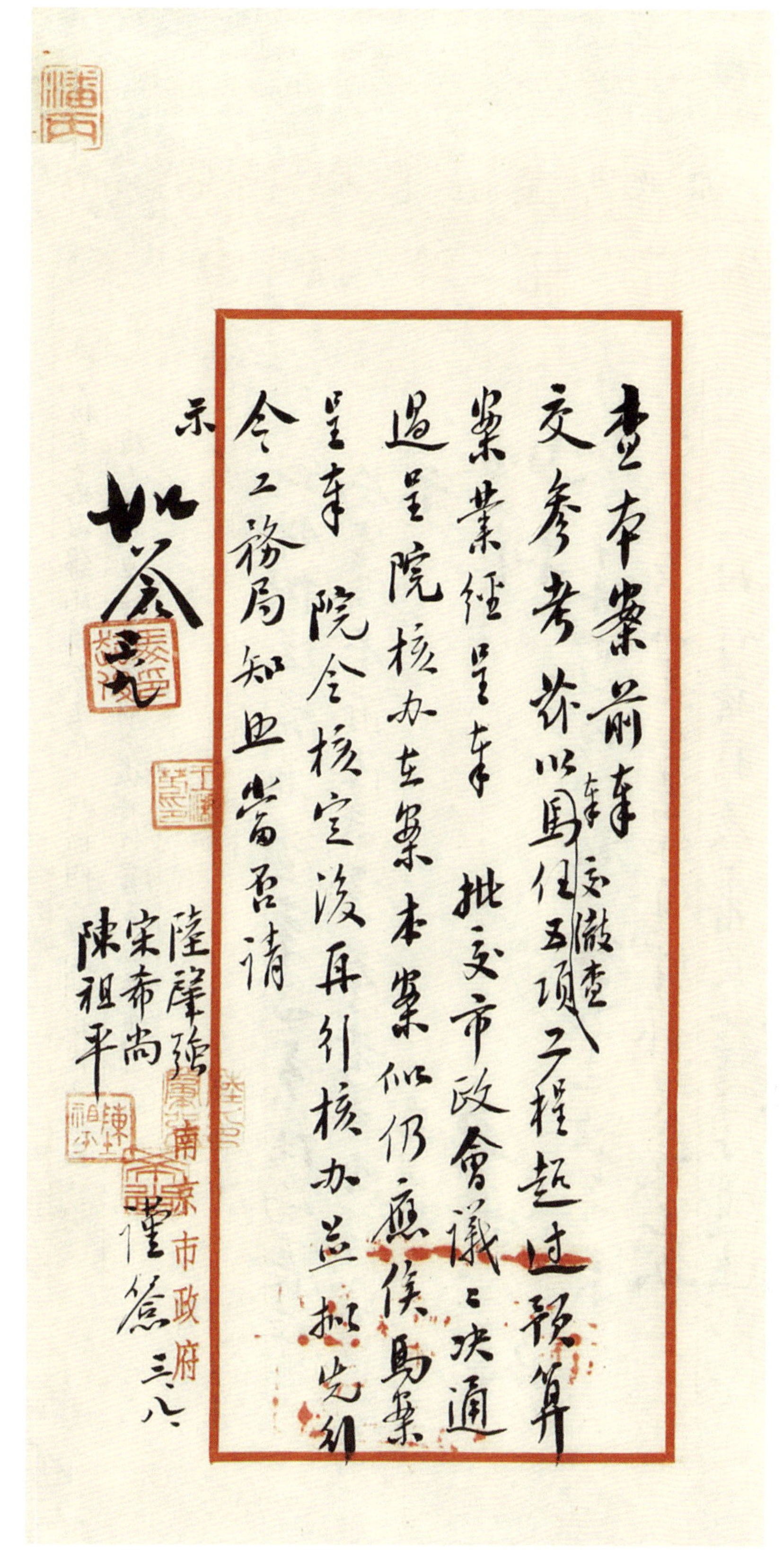

急

潘

218

南京市政府工務局　呈　市政府

事由	擬辦	批示	備考
為呈復包工椿源錦記請發還挹江門城門工程扣款擬俟馬住五項工程超過預算案解決後再行發還祈核示由	此件擬送前派查案專員張局長宗禹、本府陳專員參考可否請示。五、廿九。	如擬。五、卅。	再馬組五項工程超過預算案久未見查案專員呈報，究竟已到何種程度，著令查案專員速齊，倘未召集，著即由陳專員為負責召集，迅速辦理。五、卅。

附件　二件

呈　字第一三四八號　年　月　日　時到

收文　字第　號　市7293

陳專員

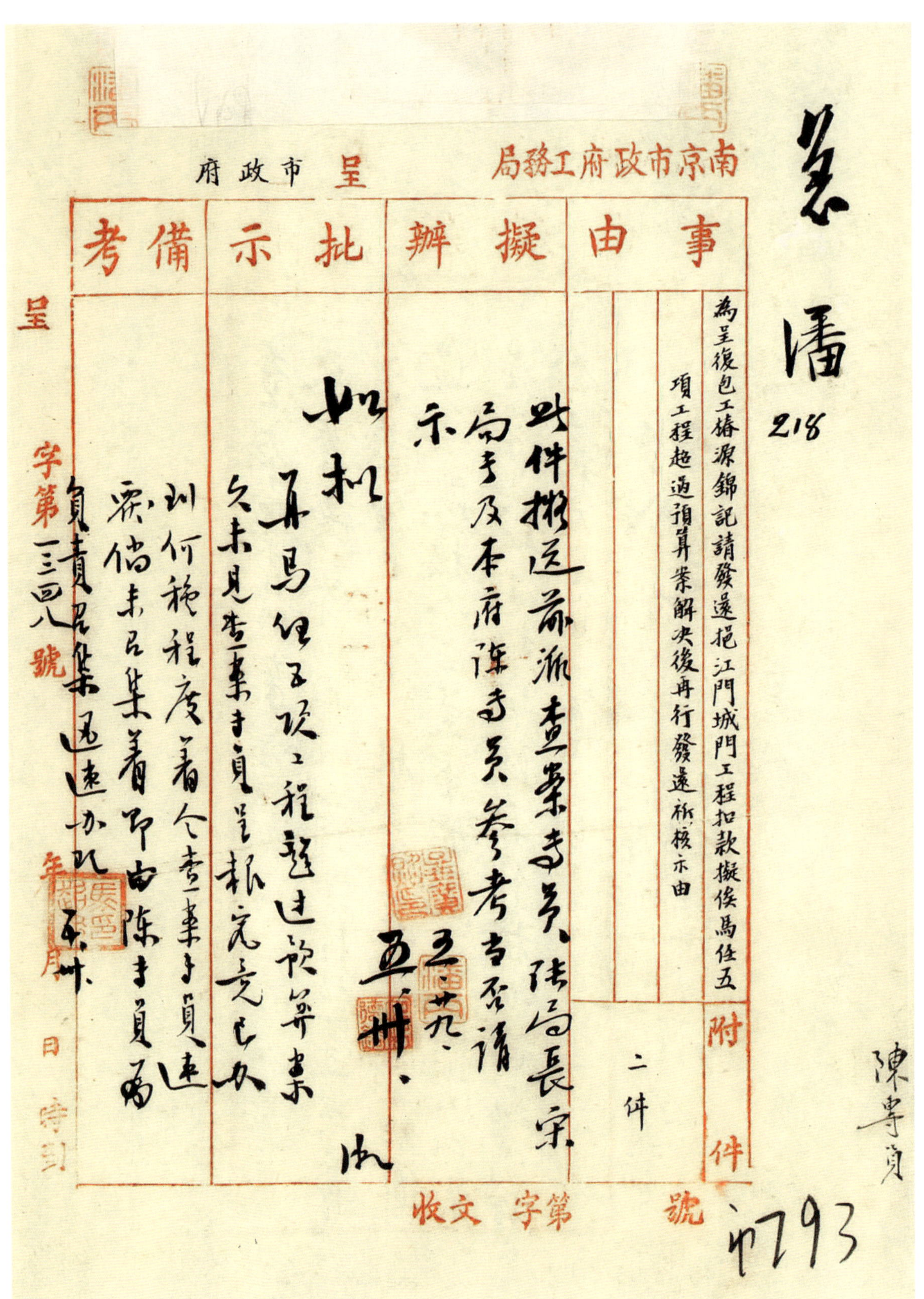

案奉

鈞府交下本局呈一件，為據包工椿源錦記呈報挹江門城樓字匾，填色工竣，請

發還扣款，轉請核示一案，奉

批「交局照審核股簽呈各點，詳查復奪」等因，計發原呈及簽呈各一件下局，

奉此，遵查

鈞府審核股簽呈內開：以建築挹江門城樓工程，合同包價，計銀叁萬伍仟捌佰元，

本府有案，至另外零工及電燈等加賬，共銀肆仟陸佰伍拾伍元伍角壹分，均無案可稽，關於加賬部份，曾否照付，原呈內並未叙列，究竟牽涉馬任五項工程與否，擬交局查復，等因，查此項工程，加賬部份，已由馬前局長軼群照付列報，其扣存之款，案照本局帳內，現尚實存銀叁佰伍拾元零壹角，茲據該包工

呈請發還，雖係扣款，但與該工程加賬似不無牽涉，且馮前任五項工程，超過預算案，尚未解決，擬俟將來全案解決後，再行發還，奉交前因，理合將查明情形，具文呈復，仰祈

鑒核示遵，謹呈

市長馬

計繳還原呈及發呈各一件

工務局局長宋希尚

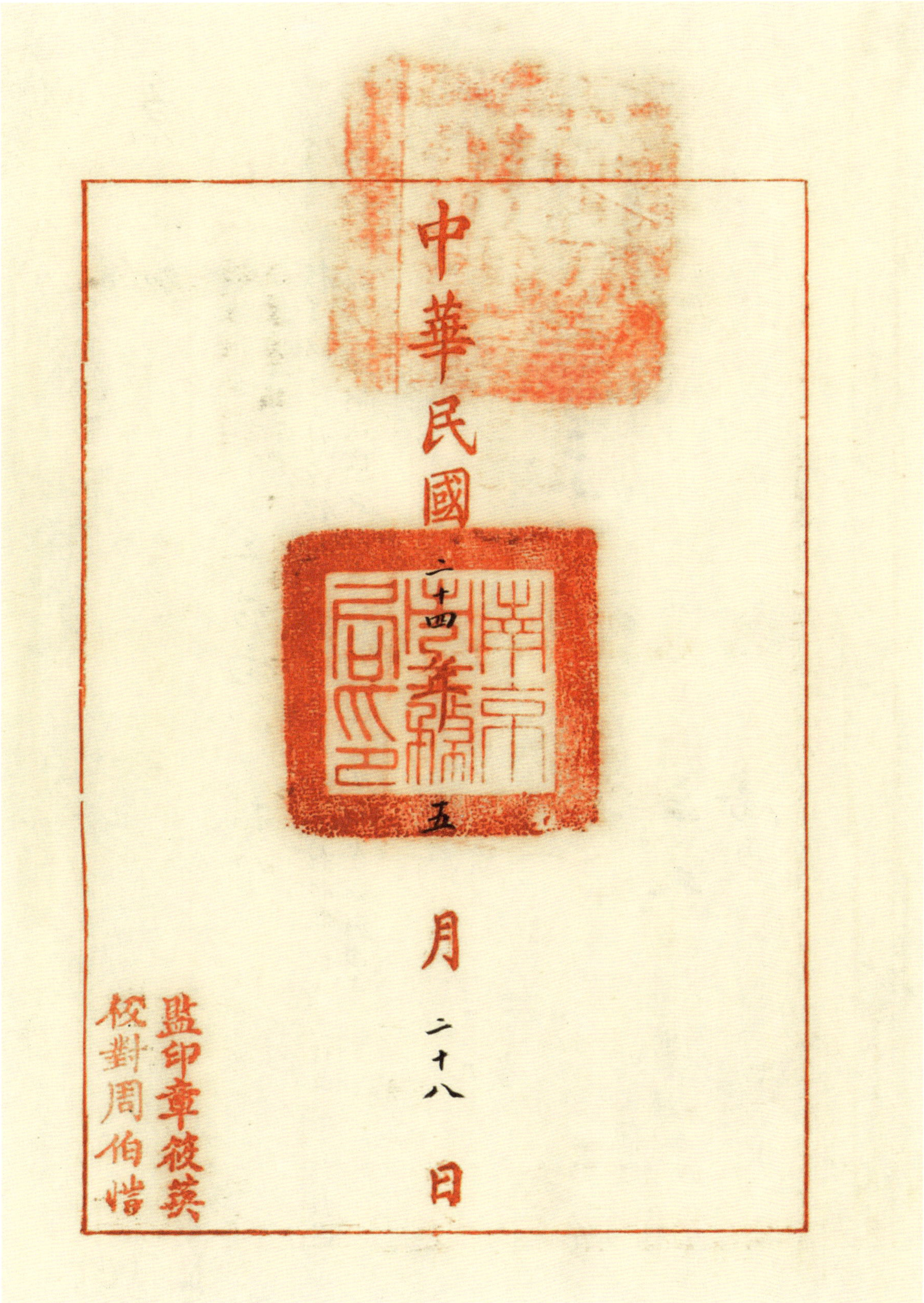
中華民國二十四年五月二十八日

監印章筱英
校對周伯愷

急

南京市政府

文別	工務局
送達機關	
類別	指令
附件	

事由：據呈復已工樣源錦記請發還挹江門城門工程押款，擬俟馬路五項工程超過預算案解決後，再行發還，祈核示一案，指令知照由。

2068

馬

三、十一、

秘書長

秘書

科長

股主任　三、九、

科員　潘

辦事員

中華民國　年
收文　月　日　時
交辦　三月九日　時
擬稿　月　日　時
核簽　月　日　時
判行　月　日　時
繕寫　月　日　時
蓋印　月　日　時
封發　月　日　時
收文發文相距　日　時
收文字第　號
發文字第　號　002193
檔案字第　號

來

411845

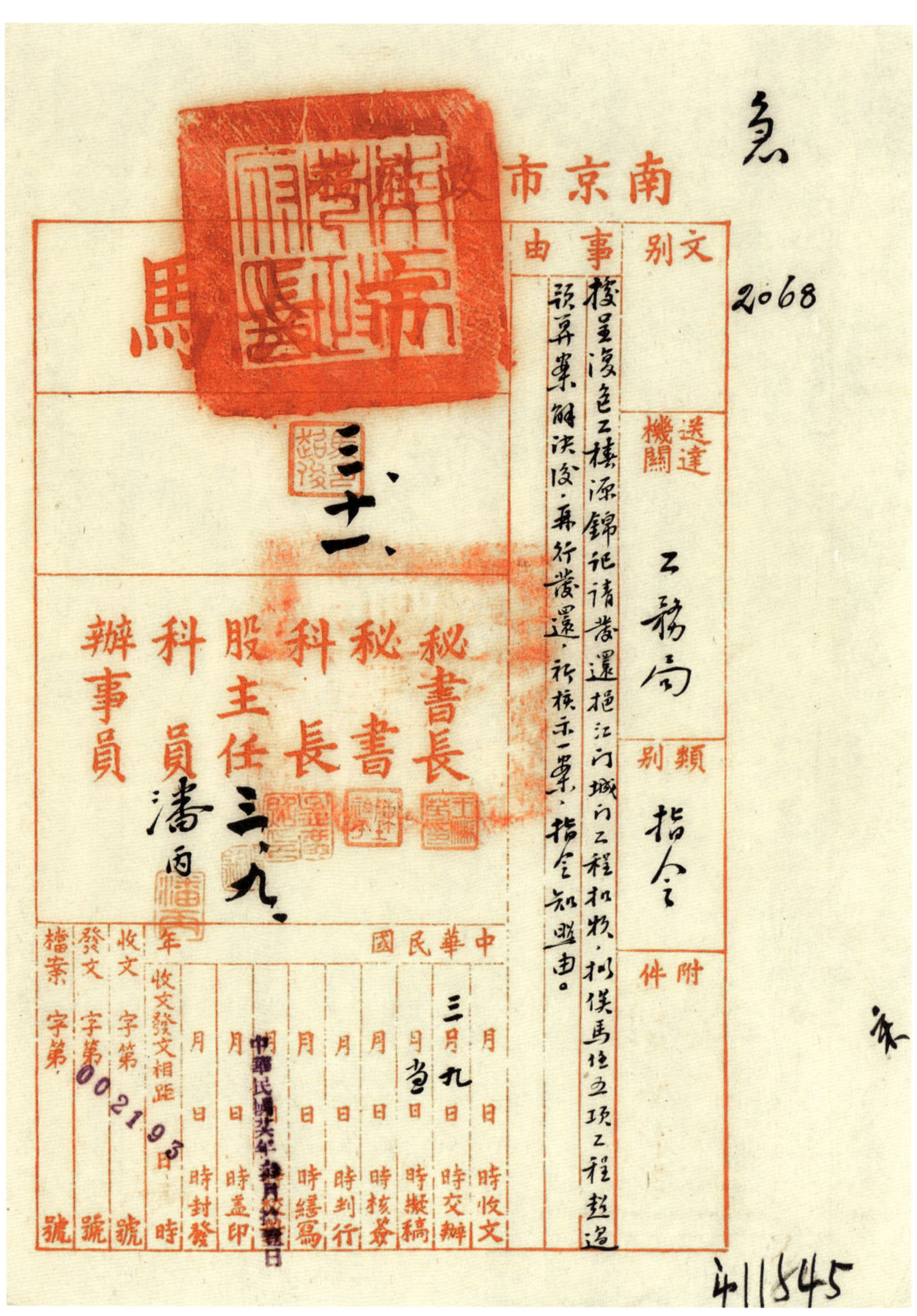

指令

令工務局

二十四年五月二十八日第一三四八號呈一件。為呈復色

工椿源錦記請發還挹江门城门工程扣款，擬俟馬住

五項工程超過預算案附決後，再行發還，祈核示由。

呈暨附件均悉。案經發交本府前派馬住五項工程

超過預算案查案專員張局長宋局長及本府陳專員參考

去後，茲據簽稱：

茲以奉交徵查馬住五項工程超過預算案，照

簽批云：先行令工務局知照。

002193

等情，附繳件，據此，應准如簽辦理，仰即知照，繳件存，

此令。

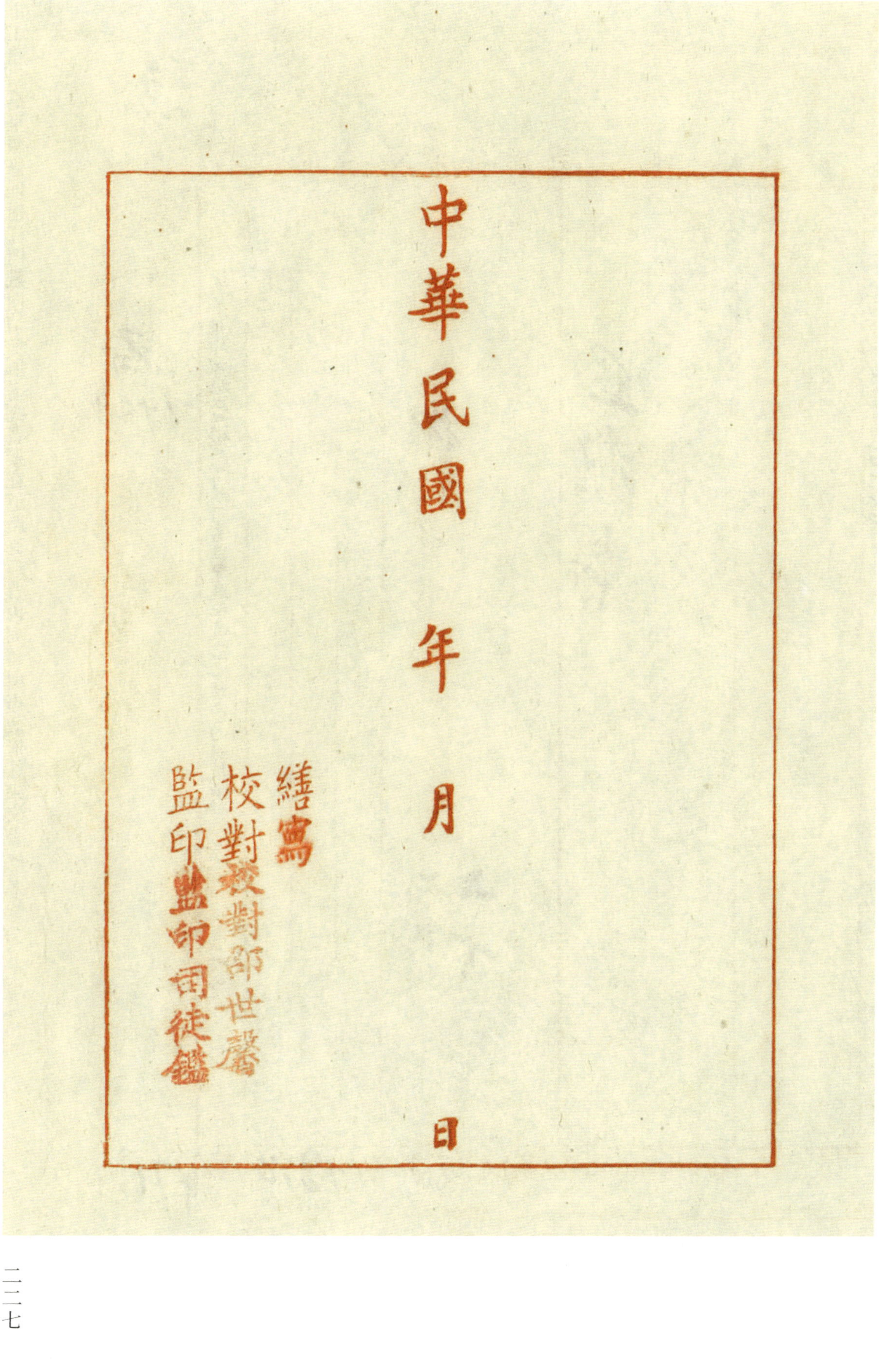

中華民國　年　月　日

繕寫

校對　校對邵世馨

監印　監印司徒鑑

急

交第二科

浩

1424

南京市工務局 呈 市政府

事由	擬辦	批示	備考
爲呈報修理挹江門鐵門情形所需經費擬在道路修理費内列報祈 核示由	擬請照准 七、十	照准	

附 一件

呈 字第一〇三七三號

中華民國廿五年七月九日收到

年 月 日 時到

收文撫字第1898號

47400

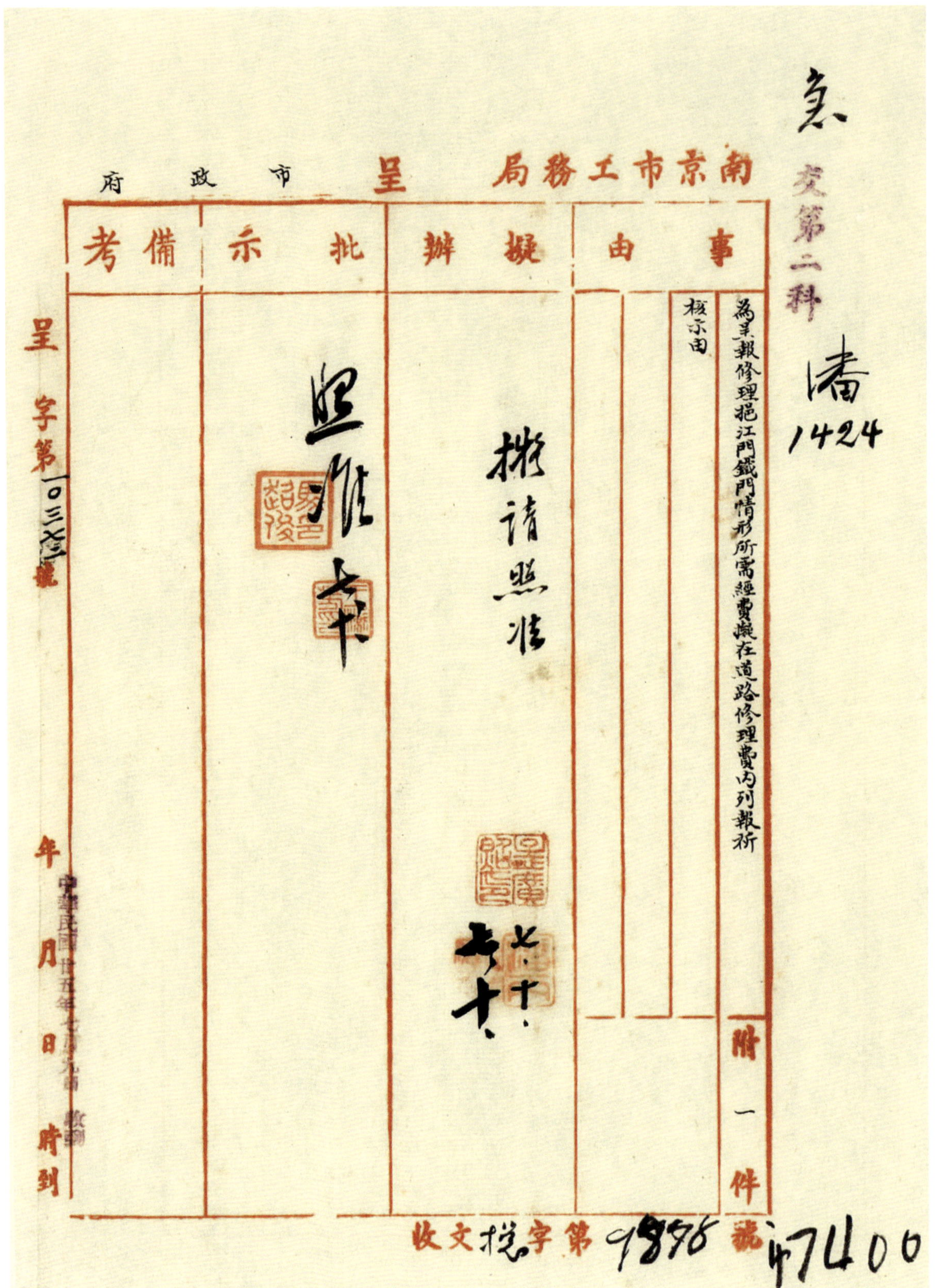

查挹江門鐵門因空警開啟時因未將鐵門拔出以致右扇鐵板損壞變成灣形啟關不靈本局為慎重城防起見經派員前往查勘並飭由公昌及永興兩機器廠分別開具估價單前來計公昌廠所開五百二十元永興廠所開三百二十元查核該商等所估之價均嫌過巨而照本局所估約需修理費二百五十元惟該處鐵門原由永興機器廠承包即經由局依照本局所估數折半給價計一百二十五元仍飭由原包工永興機器廠承修現已工竣並由局派員前往驗收完畢所需修理費一百二十五元亦經照數墊付但為數無多所有此項修理費擬即在本局道路修理費項下動支列報不另請款是否有當理合將修理挹江門鐵門經過情形並檢同單據一紙具文呈請仰祈

鑒核示遵

謹呈

市長馬

計呈送修理挹江門鐵門單據一紙　仍乞隨令發還

工務局局長冢希尚

中華民國二十五年七月八日

監印章筱益

校對周伯愷

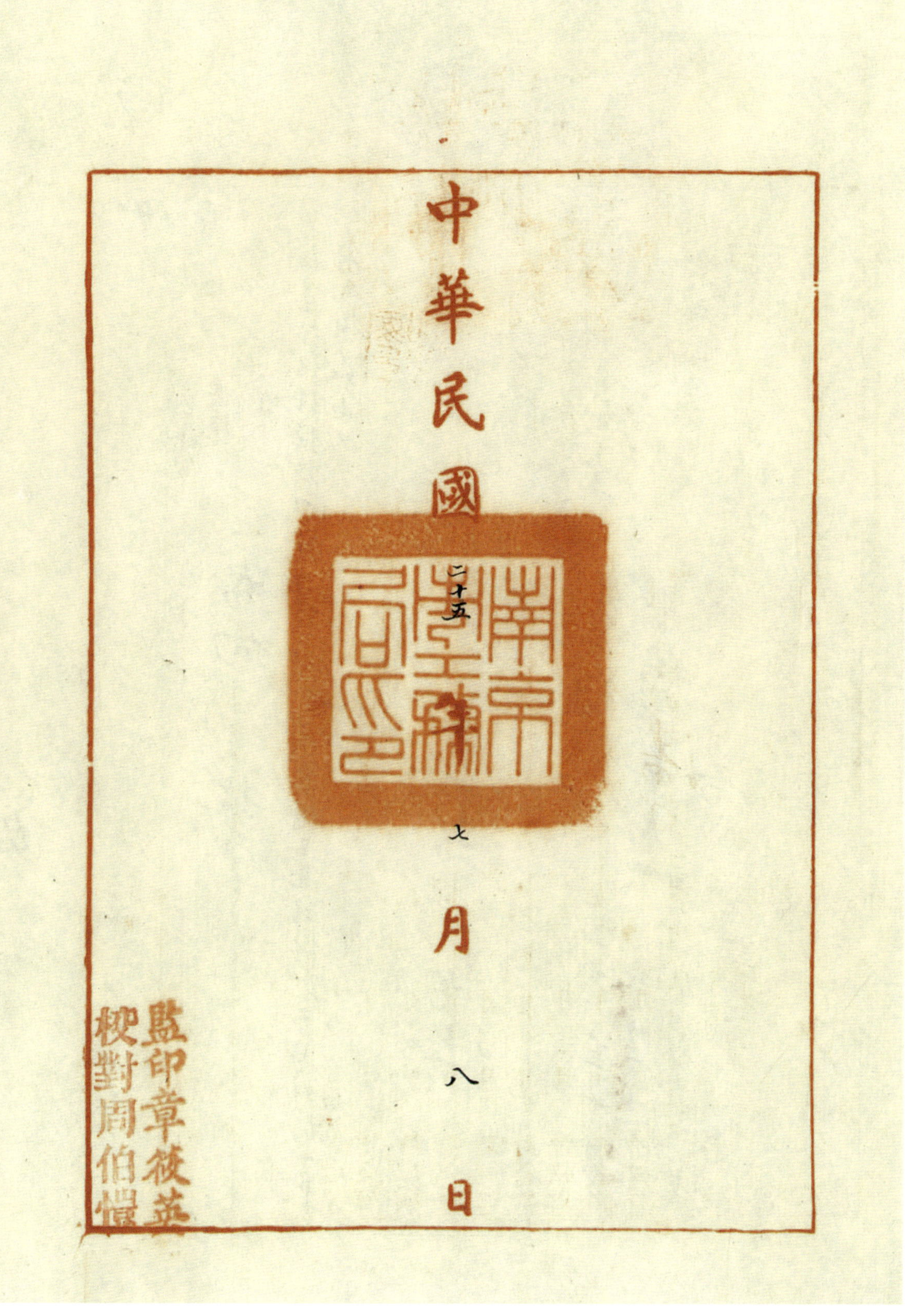

急

1424

南京市政府稿

文別	
事由	據呈報代理挹江门鉄门情形，所有用費擬在道路修理費内列報一案，准如擬办理由。
送達機關	工務局
類別	指令
附件	

市長馬

七、十一、

秘書長 七、十一
秘書
科長
股主任 七、十二
科員 濤丙
辦事員

中華民國	
月日時收文	
七月十一日時交辦	
月十四日時擬稿	
月日時核簽	
月日時判行	
七月十三日十時卅分繕寫	
七月十三日十一時校對	
月日時蓋印	中華民國廿五年七月十四日
月日時封發	

年月日時 收文發文相距 民國廿五年七月十三日

收文 字第 號

發文 字第 號

檔案 字第 號

07412

笙安

十三日收

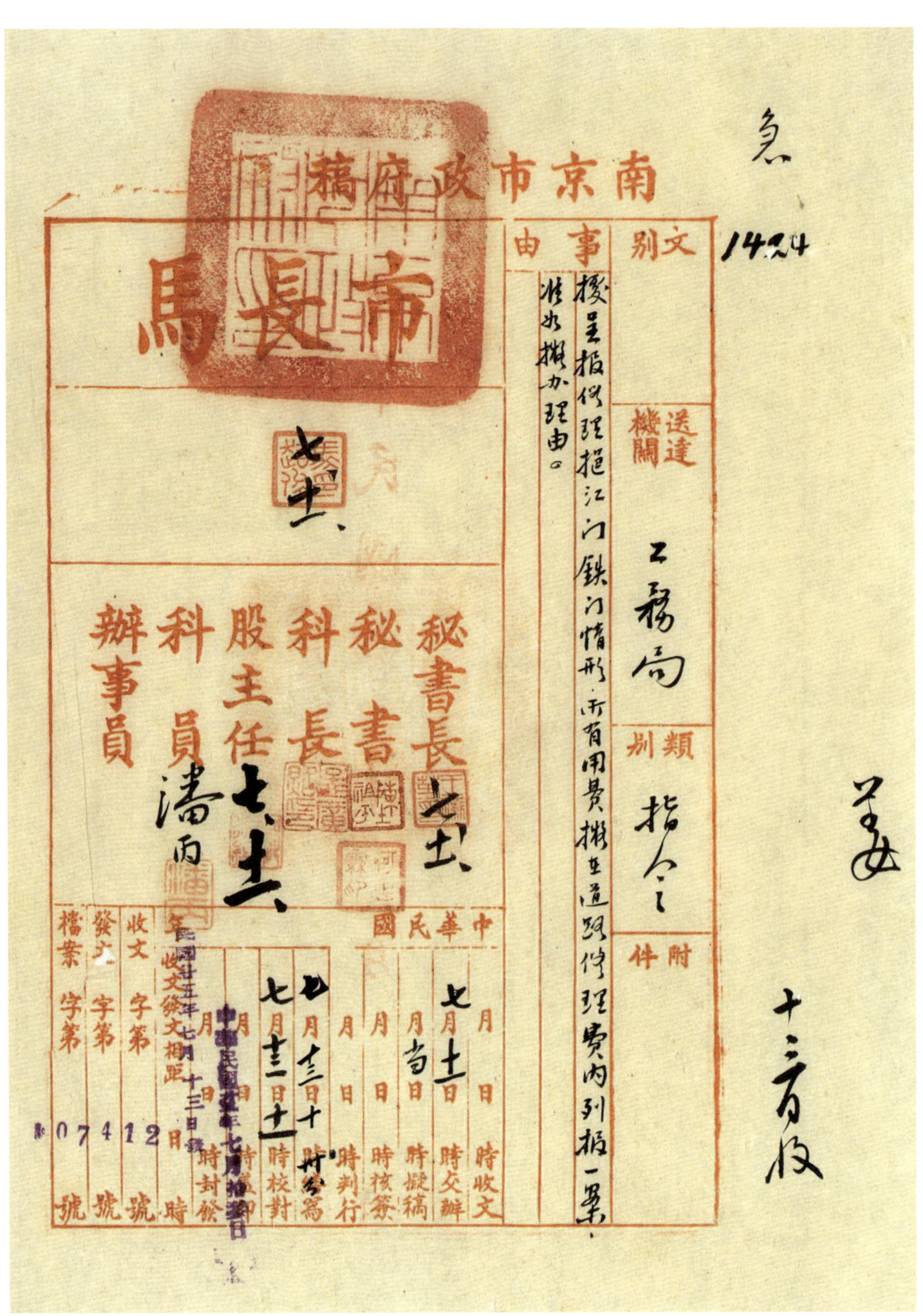

指令

令工務局

07412

本年七月八日第一零三七二號呈一件。為呈報修理

挹江门鉄门情形所需經費，擬在道路修理費內列

報，祈核示由。

呈件均悉。准如所擬辦理，仰即遵照，單據發還，

此令。

發還單據一紙

監印司鈔

校對張

南京城墻檔案

城門的增闢與建設

叁

添建挹江、中山、玄武三城門及裝修各城門工程

國民政府軍事委員會爲新修各城門及未裝門扇各門着補裝堅固門扇限期完成致市政府密令（一九三四年九月六日）

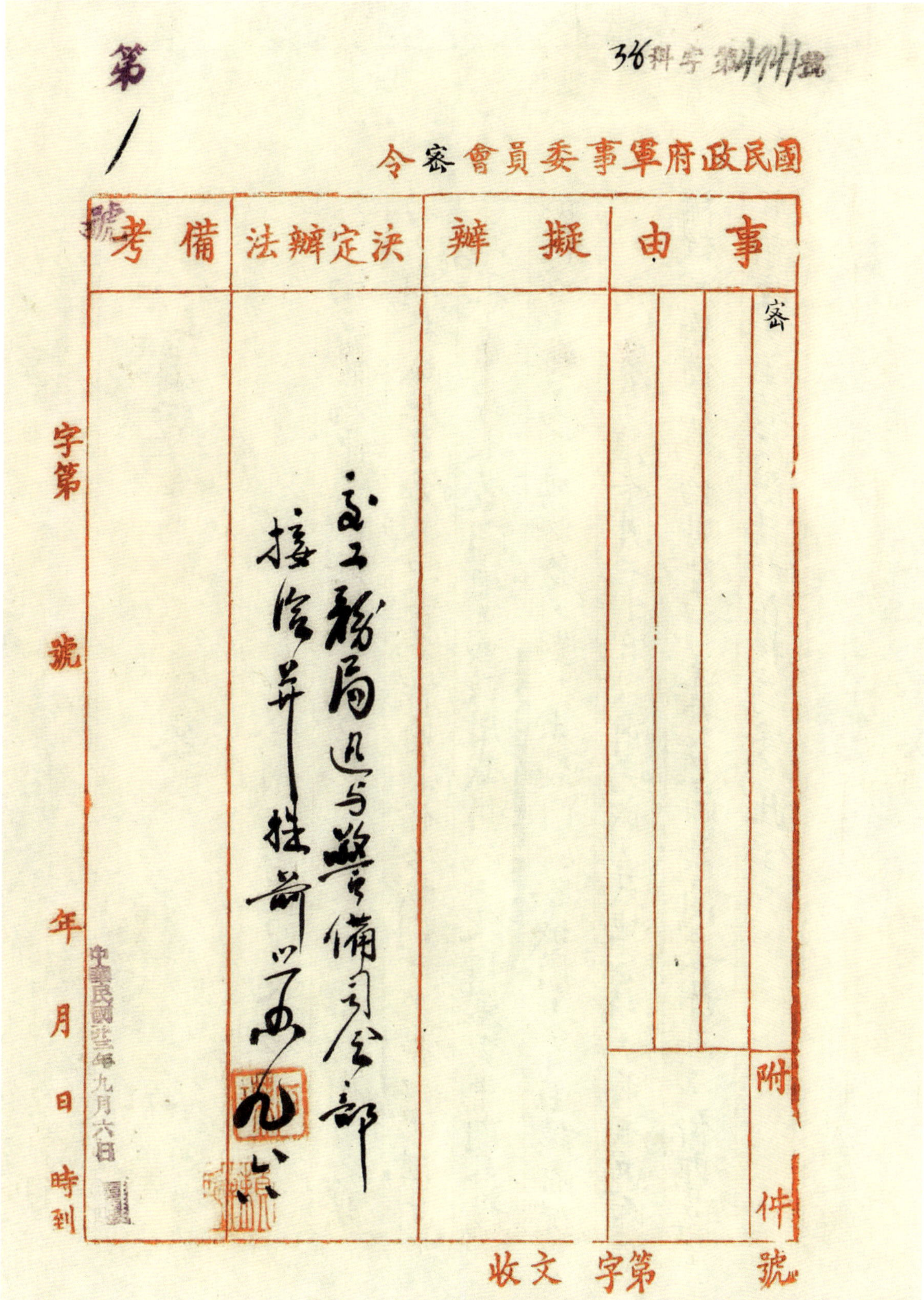
第 1 號

36科 字第 號

國民政府軍事委員會密令

事由	擬辦	決定辦法	備考
密		函工務局迅與警備司令部接洽并擬辦以函	
附件			

中華民國廿三年九月六日

字第 號 年 月 日 時到

收文 字第 號

國民政府軍事委員會密令　戰字第3750號

令南京市市長石瑛

南京市為中央政府所在，防衛亟應嚴密；惟防衛力之強弱，關於城垣者至大。茲查該府新修各城門，如挹江、漢中、武定等，或未裝門扇，或改用截斷式，及填塞與中門外護城河等，均屬有碍防務。對於未裝門扇各城門，着由該府補裝堅固門扇，限本月二十日以前完成，其他各項，並應迅即補救，除飭知警備司令部遵照外，仰即遵照辦理，並將經辦情形報核為要。此令。

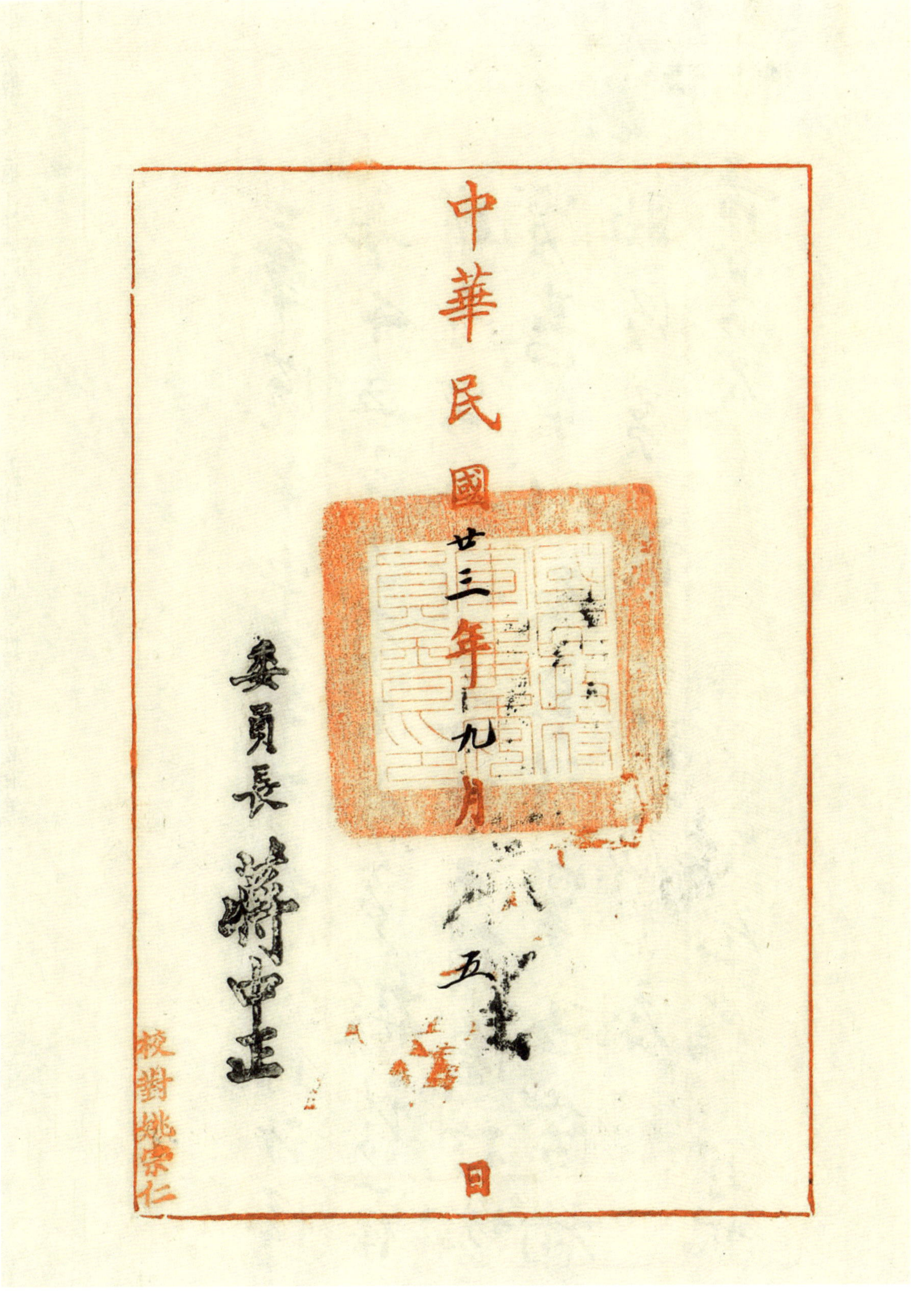

中華民國廿三年九月五日

委員長 蔣中正

校對姚宗仁

市工務局爲添建挹江等城門及各城門修理一案擬具圖算并賬單祈核示致市政府呈文（一九三四年九月十九日）

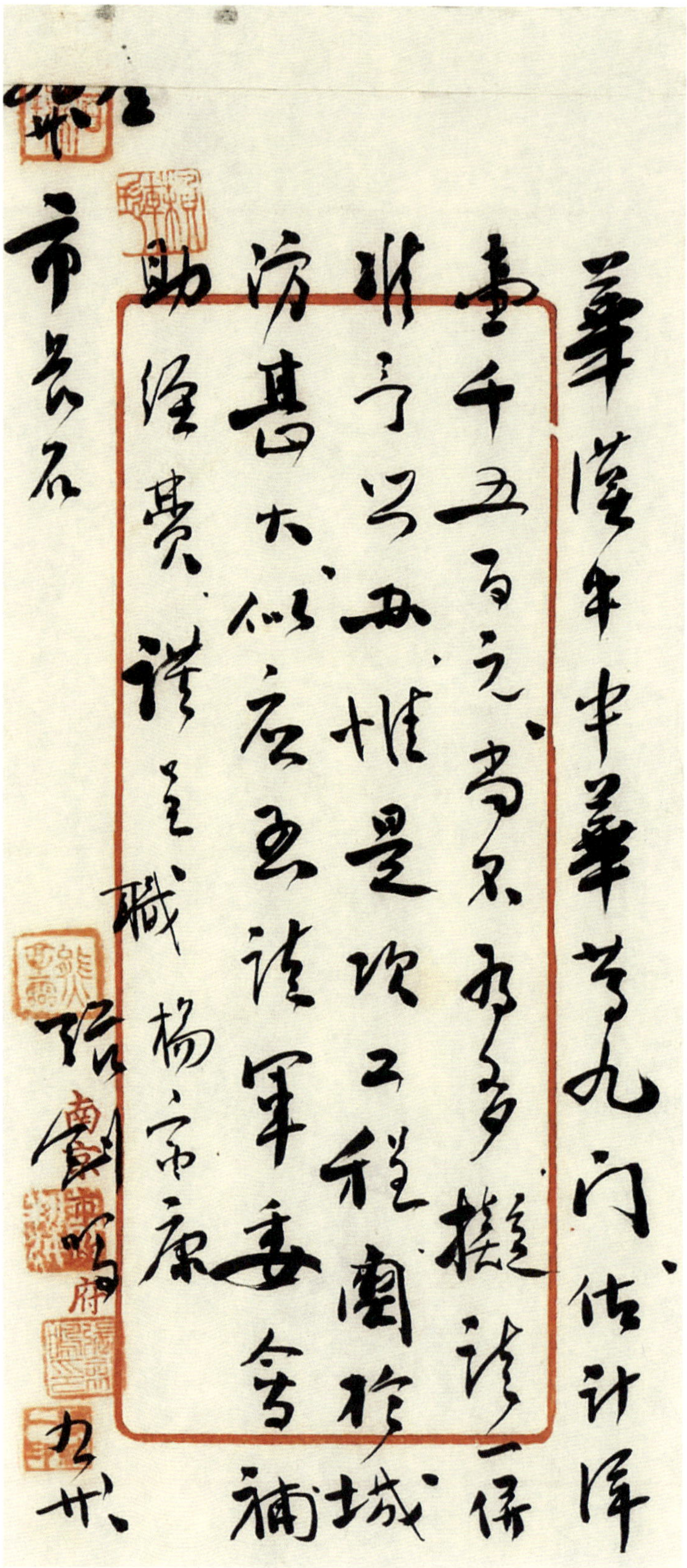
華僑中華等九門，估計洋壹千五百元，需用不多，擬請一併撥予以西。惟是項工程，於城防甚大，似應由該管委會補助經費。謹呈
市長石
職 楊宗康

檔46322

遵核工務局所擬挹江門、中山門及玄武門城門計劃書、圖可行，所呈送各項估單，雖超過原預算弍千餘元，但該局限期迫切，似可准予指示永興廠承包，其他修理中吳克

南京市政府

平4627

第　號

南京市政府工務局　呈

呈字第二八三九號

事由	擬辦	批示
為奉交添建挹江中山玄武等三城門及其他各城門修理一案擬具圖算連同賬單三份呈祈鑒核示遵由	呈閱 原令限期甚嚴，擬予令王宗張專負責，並擬令發國府呈請軍委會撥款歸墊，一面按據三處城門均係本府撥款與該處辦理，城門上之門本府墊用浮蓋，至該款擬請撥付，或請補助一部（連同修理九宗城門用費），俟工款許一併核示	市府交撥收支互有相差若干，應請軍委會特予補助

附　七　件

年　九月　廿九日　時到

收文　字第8632號

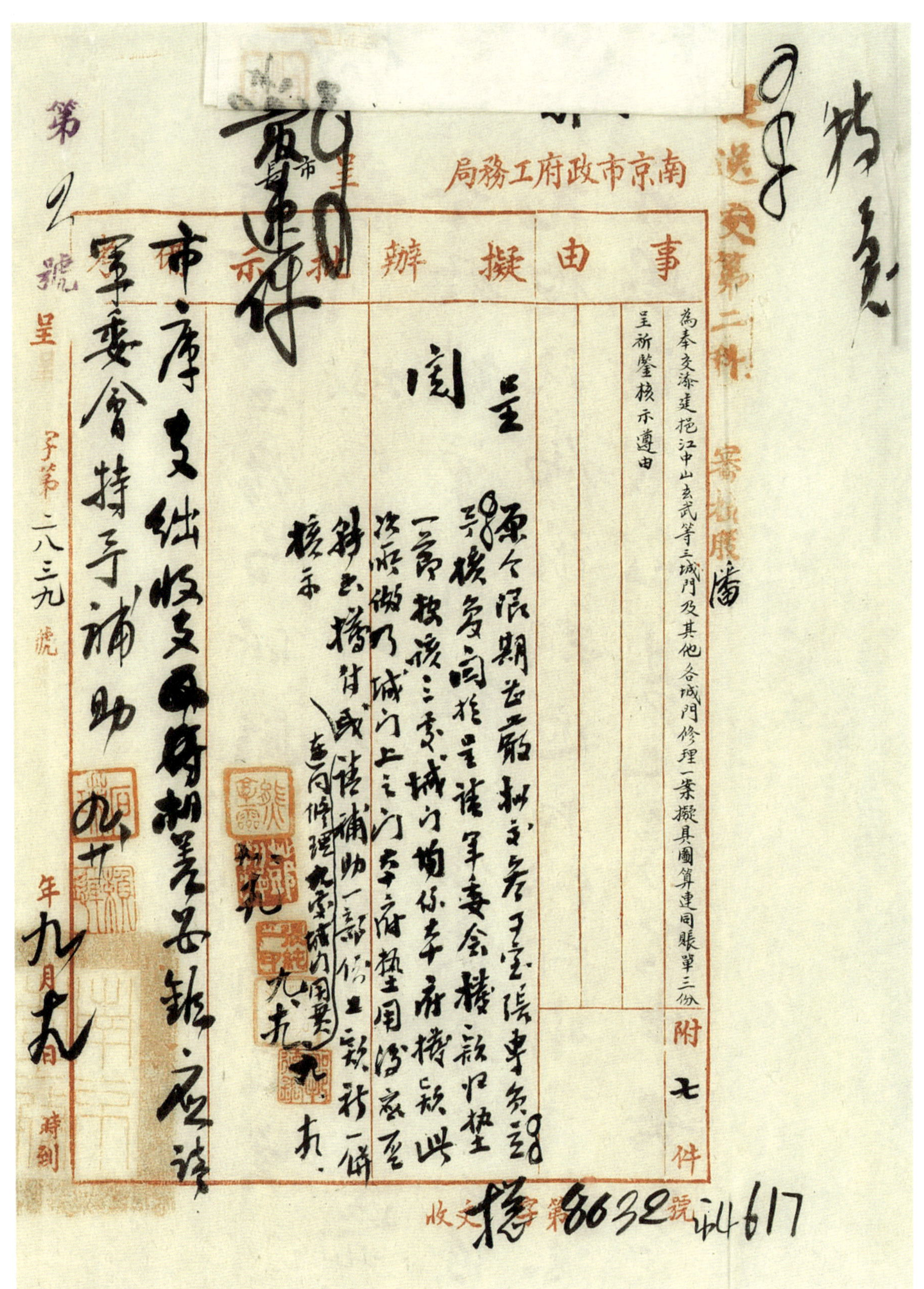

業奉
鈞府交下軍事委員會密令一件「爲挹江漢中武定等城門或未裝門扇應添裝堅固門扇以固
城防並限期完成」由奉
批「交工務局迅與警備司令部接洽并提前照辦」等因奉此遵經派員赴警備司令部接洽據該部張參
謀禹稱原令所指挹江漢中武定三門係該部報告軍委會請建挹江中山玄武三門時電話之誤當經張參
謀再電詢軍委會劉處長光亦言係添建挹江中山玄武三城門故即飭科分別計劃並對於其他應修
理之太平和平中央等九門一併估計完竣復經派本局技士周國璠會同警備司令部張參謀禹前往軍委
會接洽去後茲據報稱「遵經前往與軍委會劉處長面洽結果除興中門外挑後護城河事須從長計
議截段式城門墻磴即須改善外其他各城門之添建及應須加以修理者尤須迅速完竣至遲不得過十月十
日以後並經將本局所繪就添建中山挹江玄武等三城門圖樣留交劉處長轉送參謀部核閱後經已送還並無異議等

語前來查該項工程事關城防限期迫促為求迅速興工以免延誤起見除先已飭科將圖樣標單發交各廠商比賬去後茲
據永興機器廠和平鉄廠及甡泰鉄工廠等三家分別開送賬單前來查核所開賬單內永興機器廠所開總價
為弍萬弍千肆百零壹元其賬單所列單價鋼每公斤三角混凝土每立公捌拾元數量則根據本局
所開和平鉄廠所開總價為弍萬陸千肆百捌拾元其所列單價鋼每公斤三角混凝土每立公叁拾伍元惟數量
係該廠自估中山門上部用三分鋼板計算（本局原估中山門上部為二分鋼板且所估其他數量亦較本局增加是以總
價亦較鉅甡泰鉄工廠所開總價為弍萬陸千伍百伍拾伍元八角並未開列單價僅開各項總價其所
用鋼板據云中山門上部亦均依照三分厚鋼板計算且據各該廠聲稱以該項工程限期過迫工價不
能與普通相比應略為加大等語茲查以上三家所開賬單其鋼板單價永興與和平兩廠同混凝土單價
則和平廠較小其總價則以永興機器廠所開為最小而較之本局照平常市價所擬之預算壹萬玖
千伍百柒拾柒元八角仍超過甚多復經飭知永興廠將單價減低乃未允許現除添建三城門外其他

尚須修理之中央光華漢中中華等九門修理費約需壹千伍百元且又據各包商聲稱完工日期至少須四十五天萬難再予縮短等語查該項工程限期日促究應如何辦理之處理合檢附本局所擬圖樣暨預算連同賬單三份一併具文呈送

鈞府鑒核仰乞

迅予指令祇遵再上項經費是否先由本市暫墊應用俟日後呈請

軍事委員會分別核撥歸墊之處統祈

核示遵行謹呈

市長石

附呈圖算各一份繳還軍委會原令一件 又賬單三份（仍祈發還）

代理工務局局長嚴宏溎

中華民國二十三年九月十九日

監印經鼎彝

校對周伯階

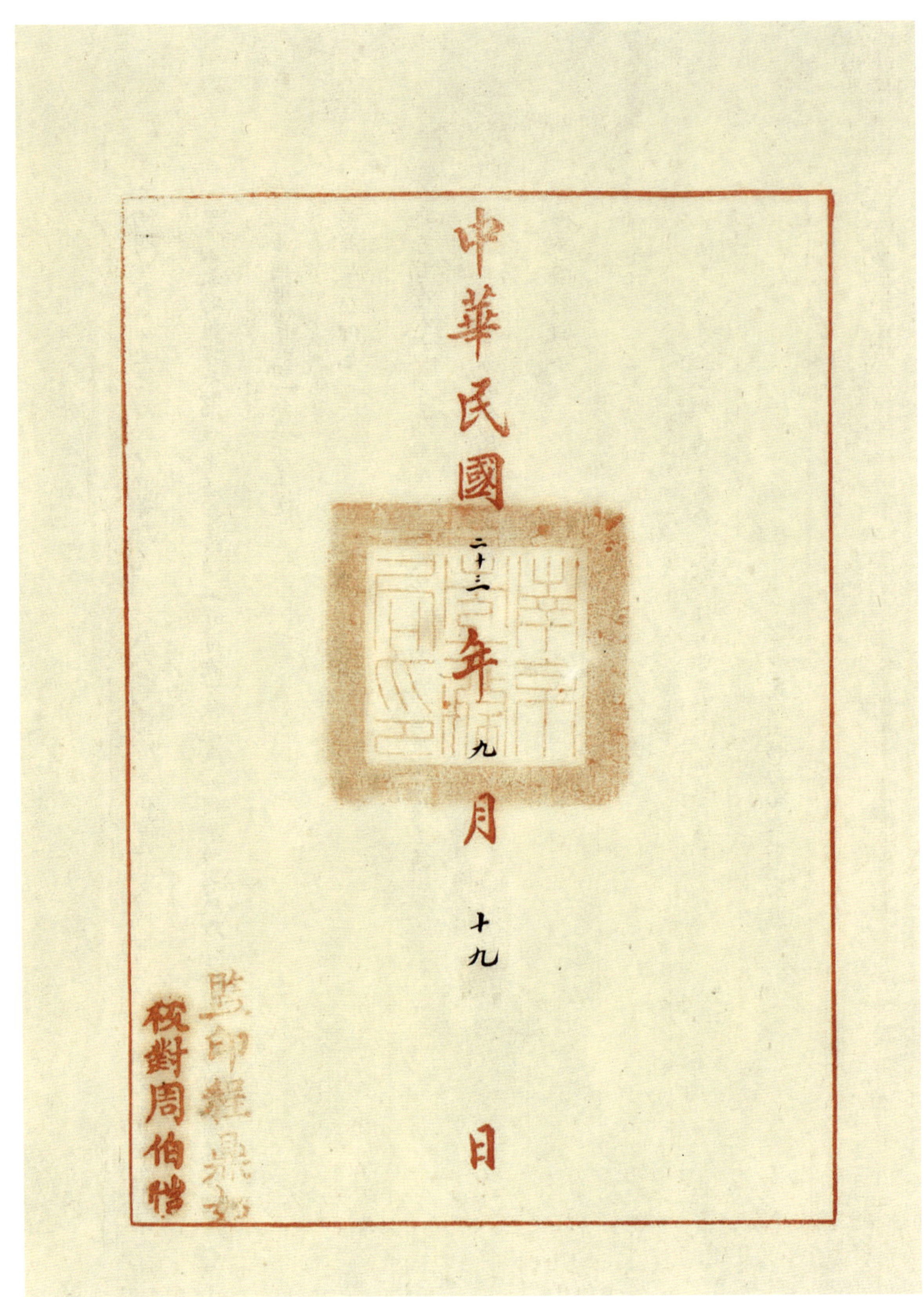

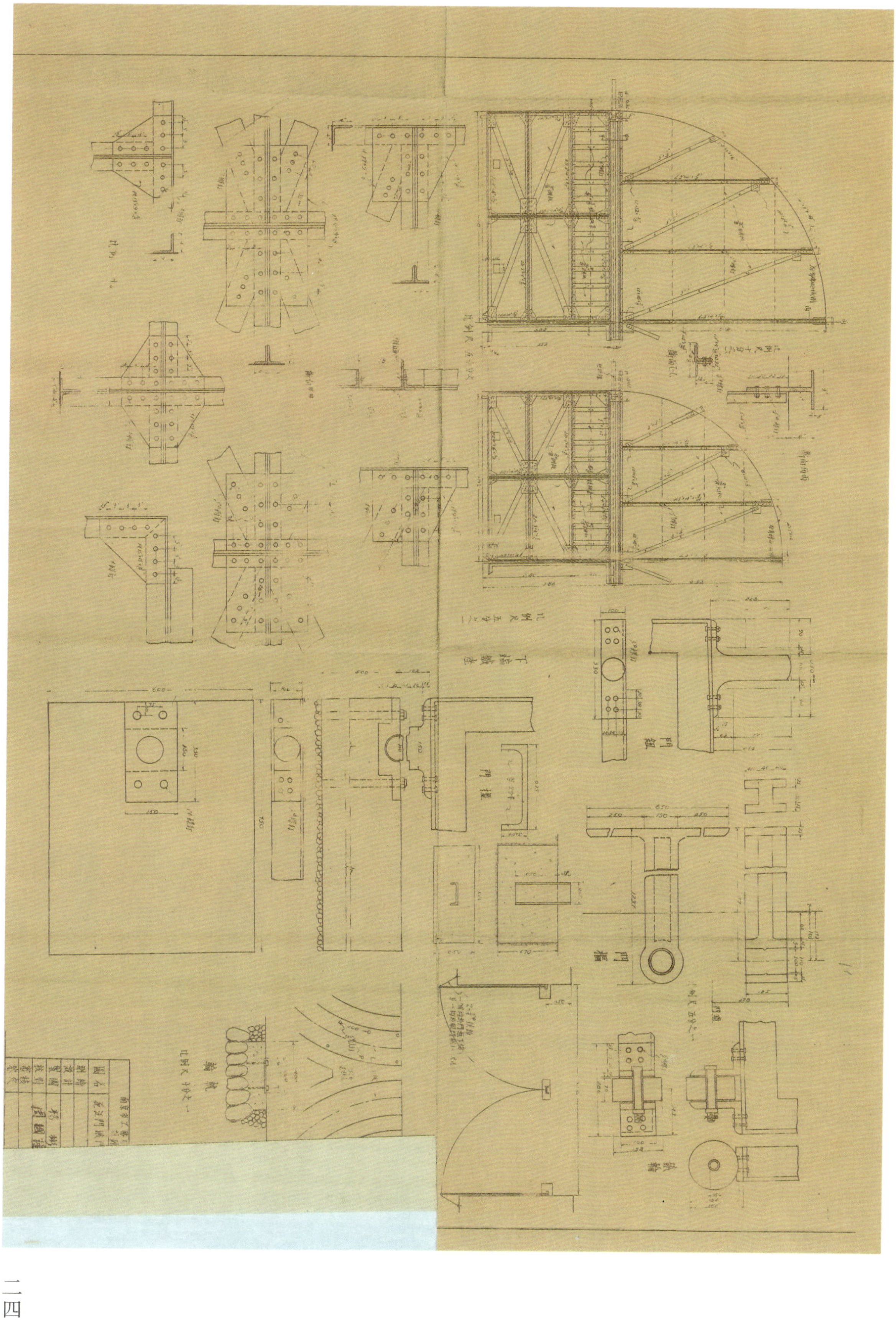

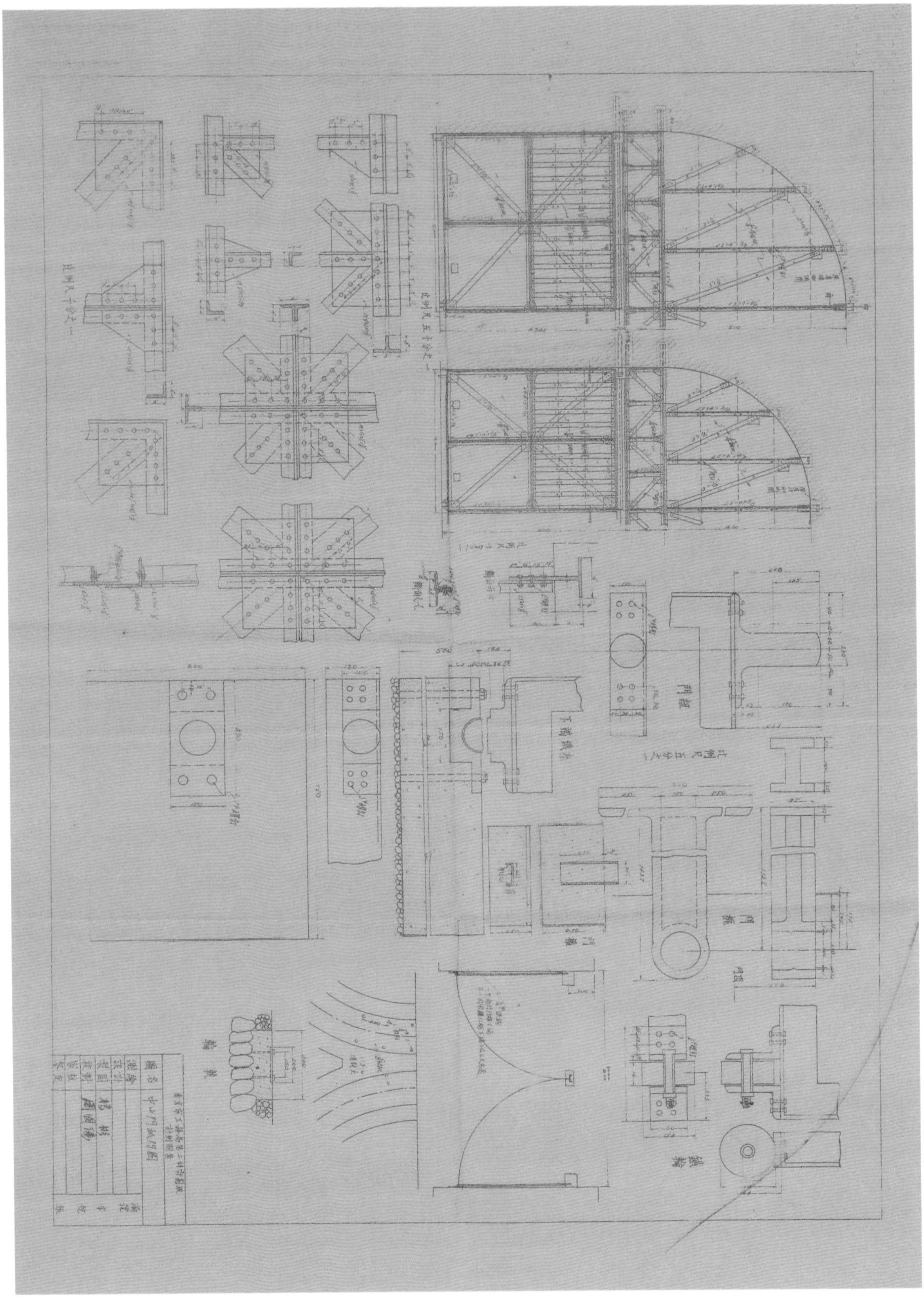

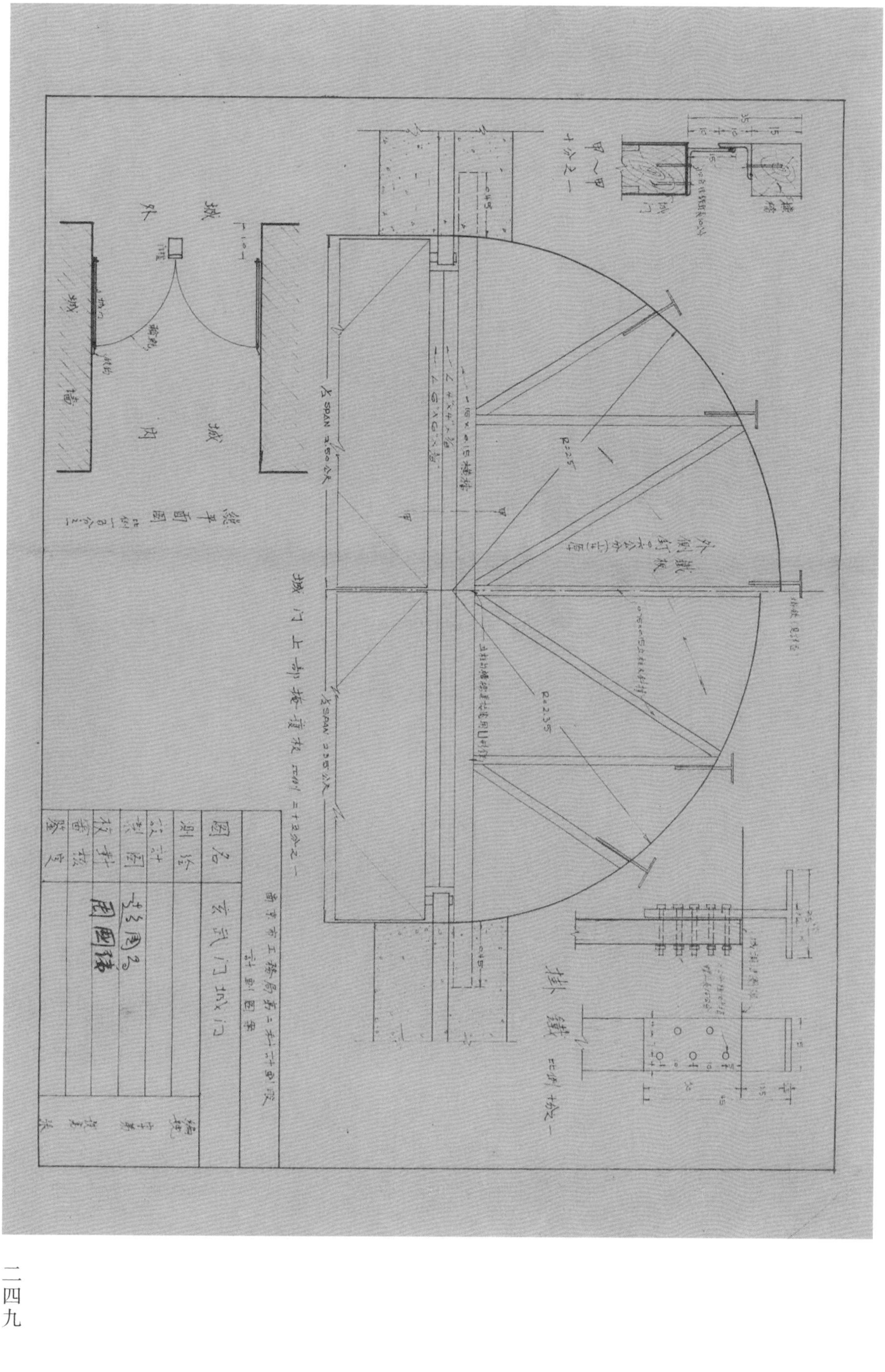
城门上部掩护板 比例二十五分之一
南京市工務局第二科設計股
計劃圖單
圖名 玄武门城门
SPAN 250公分
SPAN 235公分
R=225
R=235
城外
城内
平面圖
掛鐵

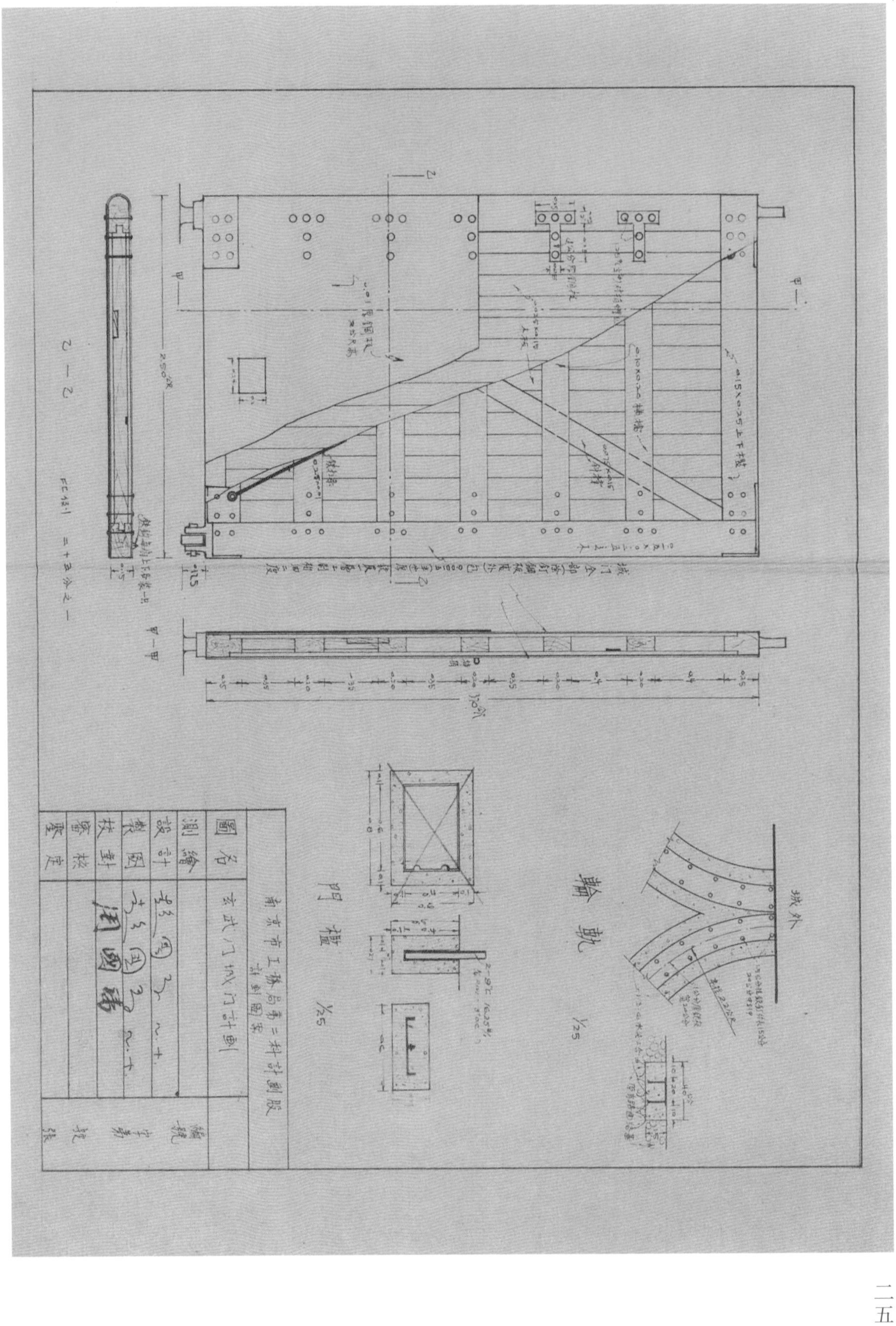
南京市工務局第三科計劃股
計劃圖案
玄武门城门計劃
圖名
測繪
設計
製圖
校對
審核
鑒定
編號
字第
號
張
城外
1/25
门框
1/25
二十五分之一

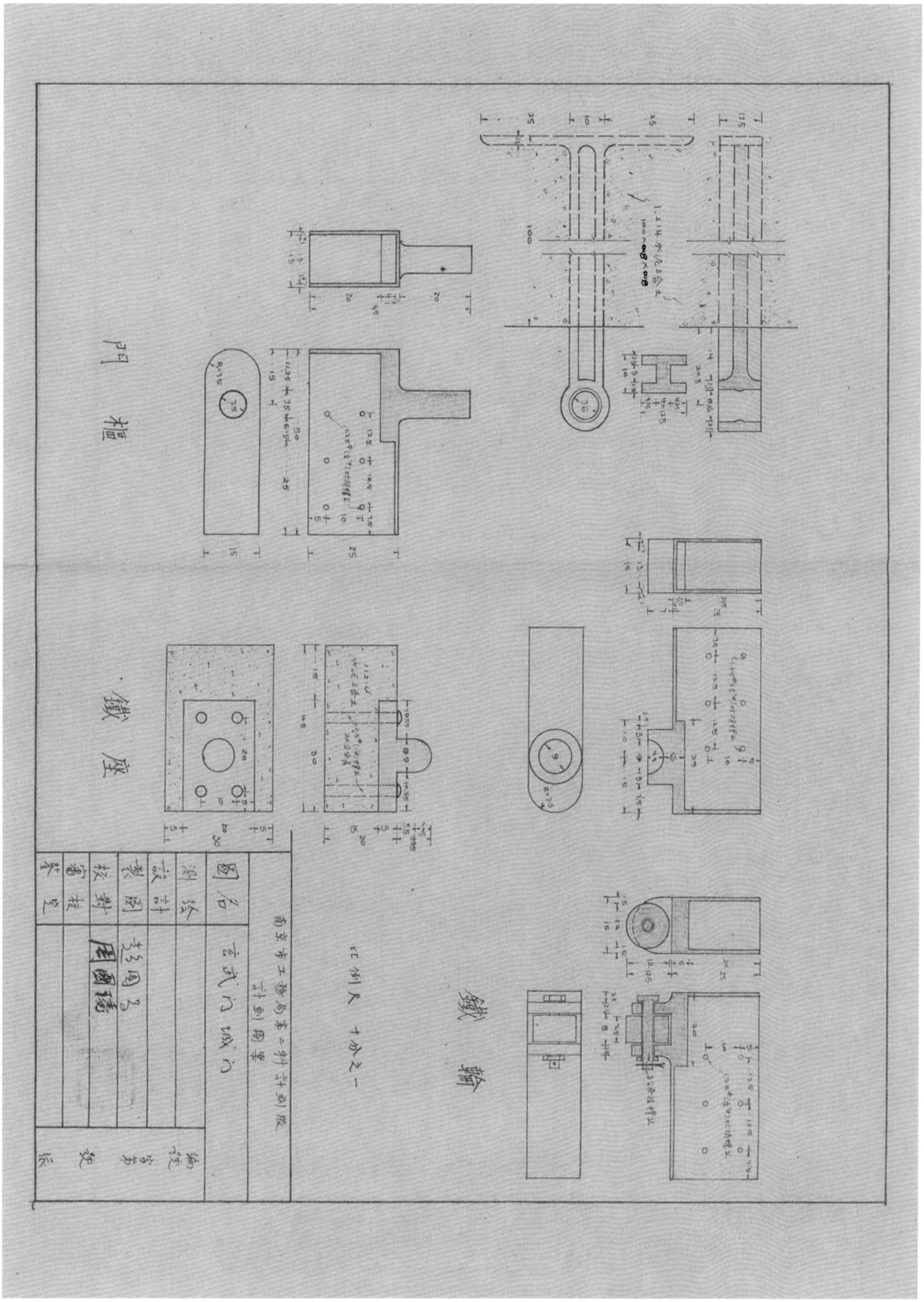
門 樞
鐵 座
鐵 輪
南京市工務局第二科計劃股
計劃圖案
比例尺 十分之一
圖名
玄武門城門
測繪
設計
製圖
校對
審核
監定

南京市工務局　　　　工計A-1(甲)

建築中山挹江玄武三城門及修理其他等城門工事預算書（共2頁）

字第　號　　　　第1頁

地點			
工程撮要	添建挹江中山玄武三城門及修理太平和平中央等門		
總價		平均單價	
起案原委及施工方法	奉市府轉軍委會令		
附件			

預算詳細表

種類	狀形	單位	數量	單價（元）	總價（元）	備考
1 挹江門						
①中門						
鋼門工料	連油漆	公斤	11500	28	3220 00	
開關等生鐵工料		公斤	820	28	229 60	
混凝土等工料	1:2:4	立公	25	40 00	100 00	
②邊門（兩座）						
鋼門工料	連油漆	公斤	9400	28	2632 00	
開關等生鐵工料		公斤	820	28	229 60	
混凝等工料	1:2:4	立公	25	40 00	100 00	
仝					2961 60	
					×2	
					5923 20	
				總計	9472 80	
2 中山門						
①中門						
鋼門工料	連油漆	公斤	9050	28	2534 00	
開關等生鐵工料		公斤	820	28	229 60	

年　月　日　　計算　　校對　　審核

南京市工務局　　工計A-1(乙)

續　字第　號預算詳細表

第 2 頁

種類	形狀	單位	數量	單價（元）	總價（元）	備考
混凝土等工料	1:2:4	立公	2.5	40.00	100.00	
②邊門(每座)						
鋼門工料	連油漆	公斤	7140	.28	1999.20	
閘閂等生鐵工料		公斤	820	.28	229.60	
混凝土等工料	1:2:4	立公	2.5	40.00	100.00	
					2328.80	
					×2	
					4657.60	
				統計	7521.20	
3.玄武門(3孔)						
門及擋護木架	連油漆	座	3	375.00	1125.00	
鋼板	" " "	公斤	3680	.28	1030.40	
閘閂設備		公斤	530	.28	148.40	
水泥		立公	7	40.00	280.00	
				統計	2583.80	
4.太平、和平、中央等門修理費概計					1500.00	應修各項見另單
		1,2,3,4四項總價			21,077.80元	

23年 9月　日　　計算 楊彬　趙國?　校對 周同?　審核

南京市工務局

工事計算書

（共1頁）

字第146號　　　　第1頁

1. 太平门　铁板已大行一部已脱落门不能开关门框应修理
2. 和平门(神策门)有内外二道平日启闭者为外门(月城门)惟门上铁皮多已腐朽
　　右扇门边已坏应连修门轴已毁
　　(内门扇门常开内完好城圈内水常有时候门下应修)
3. 金川门　门已轴与边墙中枝不能启闭该门木料尚新惟铁皮已
　　只门轴重新装钉改进门框即可
4. 兴中门　左扇下部铁板已坏门开不紧门框应改造
5. 中华门　门下部木料略有腐朽左扇门开不动应修门框
6. 通济门　门开不紧中有二寸大缝右扇门转轴应修门框
7. 草场门　右扇下脚柱已脱又加钉钉已坏
8. 汉中门　铁门应修
9. 中央门　门扇大风吹倒应大修及加固

以上9项总计约需1,500元

年　月　日　計算　校對　審核

市政府爲奉國民政府軍事委員會令飭修各城門情形仰慎重遵照辦理由給市工務局密令（一九三四年九月二十六日）

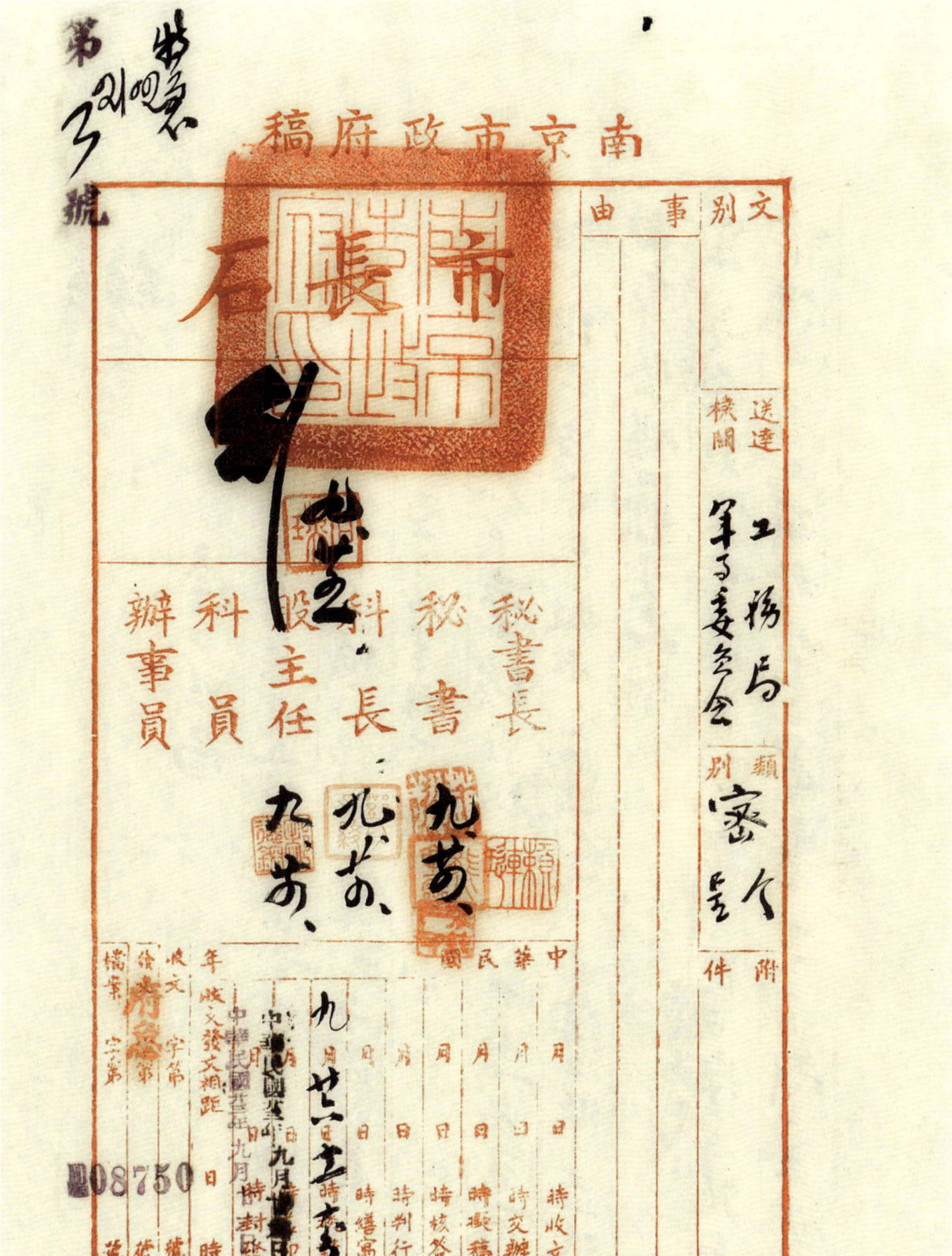
南京市政府稿

文別	事由
送達機關	
類別	
附件	

市長 秘書長 秘書 科長 股主任 科員 辦事員

中華民國 年 月 日 時收文 月 日 時文辦 月 日 時擬稿 月 日 時核發 月 日 時判行 月 日 時繕寫 月 日 時封發

收文發文相距 日 時

收文 字第 號 發文 字第 號 備案 字第 號

稿

令工務局

呈件為奉令飭建築中山、玄武、第三城門及其他各城門修理一案，擬具圖樣連同賬

並三份，呈祈鑒核示遵由

呈件均悉。案核所擬圖樣，大致尚屬可行。該子文永興廠承包建築，所需工款，並飭由章墊撥。惟完工期限，早經妥會就定去歲，該局呈報日期，距原限僅止百日。所稱包工薪標，交工日期，至少須

六月五日

008750

四十五天，需由該（會同首都衛戍司令部）局派員商辦

軍事委員會同意，並簽訂合同，連同支付

預算，呈候核撥。理合呈請

軍事委員會鑒核，補助工款，俾可分別遵照

核示祗遵，並補發原件存。此令

案奉

鈞會義字第三七四〇號密令內開：

「南京為中央政府所在（六二七之）為要，此令」

等因奉此，查經飭令工務局遷與衛戍司令部接洽，并提

為與工務局核擬呈稱

「前經派員赴粵前司令部接洽一切並叙述統希核

示遵」

等情。據此，查此項工程，因係本市城防，至為重要，亟有

修建計劃圖樣，業經工務局派員會同粵前司令部張參謀

商酌呈

鈞會核示[redacted]所有工款，業經據情函請由本府核轉

其發交工務限期一面並飭該局會同粵前司令部兼承

鈞會[redacted]辦理，並由本府經費支出，擬請核定，以憑

聞奉此案間係城防要需，應由府核發經費，鉅細由府核辦

鈞令酌予補助款項出自
鈞裁，除指令工務局遵照外，理合具文呈復，伏乞
核令祗遵，實為公便。謹呈
軍事委員會

中華民國廿二年九月廿六日

校對吳家龍

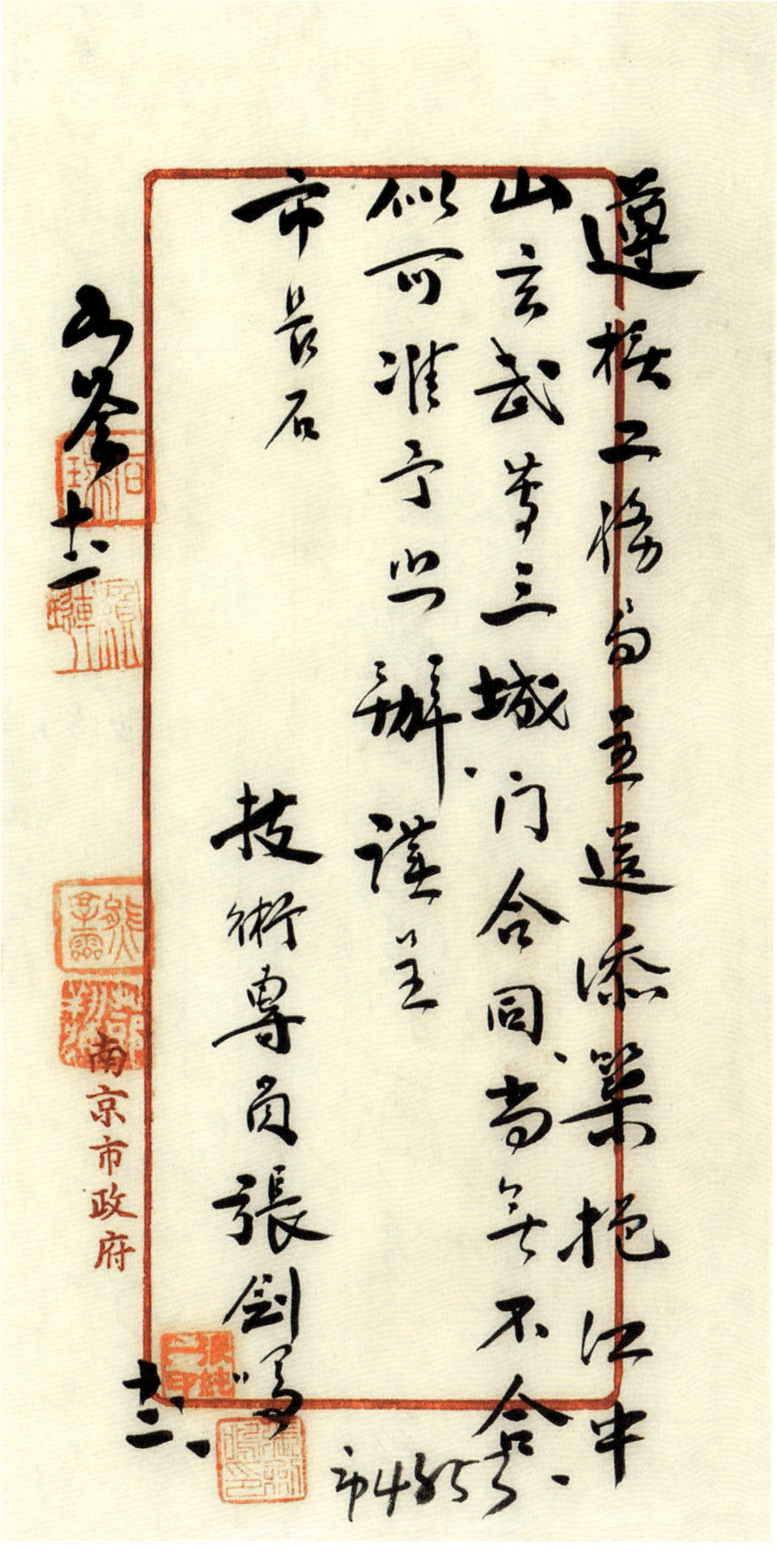
遵核工務局呈送添築挹江中山玄武等三城門合同、尚無不合、似可準予照辦、謹呈
市長石
技術專員張劍鳴

如擬

南京市政府

市工務局爲呈送添築挹江、中山、玄武三城門合同等件祈飭撥工款致市政府呈文（附件：合同、價目表、城門計劃藍圖、支付預算書）（一九三四年九月二十九日）

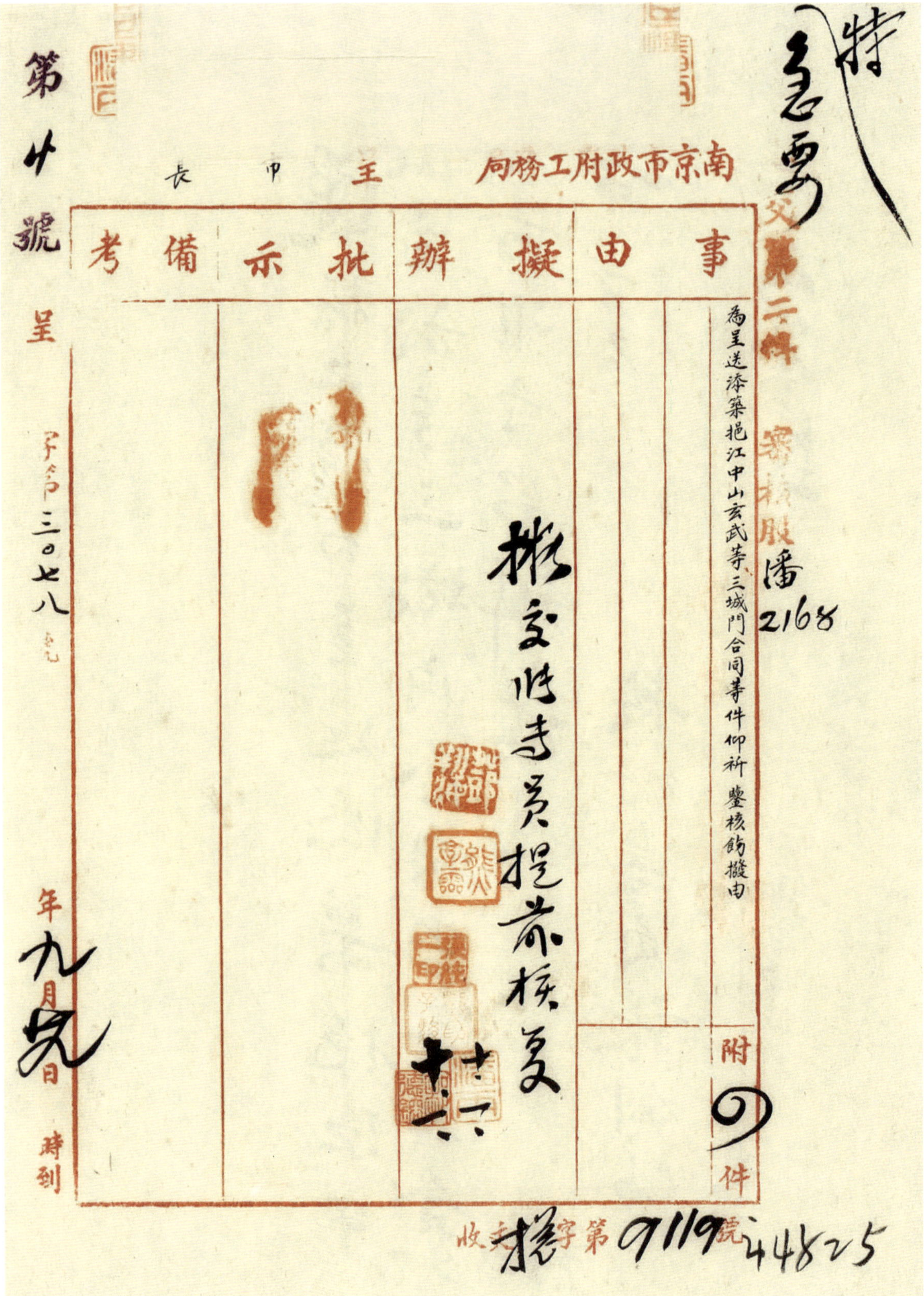
南京市政府工務局
呈
市長
第廿號
事由
爲呈送添築挹江中山玄武等三城門合同等件仰祈鑒核飭撥由
擬辦
批示
備考
附
件
年九月廿九日
收文字第9119號
44825

查添建挹江、中山、玄武等三城門及修理其他各城門一案，前經擬具圖算，并將比賬情形，呈請
鈞府核示在案，茲奉
府急字第八七五零號審令內開：
「呈件均悉。察核所擬圖算，大致尚屬可行，准予交永興厰承包建築，立即施工，所需工欵，並准由庫墊撥。惟完工期限，軍事委員會規定甚嚴，該局九月十九日呈府日期，距原限僅止一日。所稱包工聲稱，完工日期，至少須四十五天一節，應由該局會同警備司令部逕行商取軍事委員會同意，並簽訂合同，連同支付預算，呈候飭撥。除呈請軍事委員會特予補助工欵外，仰即分別遵照，慎重辦理，毋得疏忽」
等因，自應遵照辦理，除修理中央各城門，已另案辦理外，所有挹江、中山、玄武等三城門工程，已交由永興厰承包，并與簽訂合同，於本月二十四日提前開工。至完工日期，因事實需要，規定玄武門二十晴天，

其他兩城門縮短一月，改為四十四晴天，經商由警備司令部張參謀羽微得軍委會劉處長同意，合併陳明。除督促施工外，理合檢同合同一份，支付預算書三份，一併呈祈

鑒核，俯賜令飭財政局簽撥工款，以備墊付。並乞

指令祇遵。

謹呈

市長 石

附呈合同一份。支付預算三份。

代理工務局局長嚴宏溎

中華民國二十三年九月二十九日

監印程鼎如
校對周伯愷

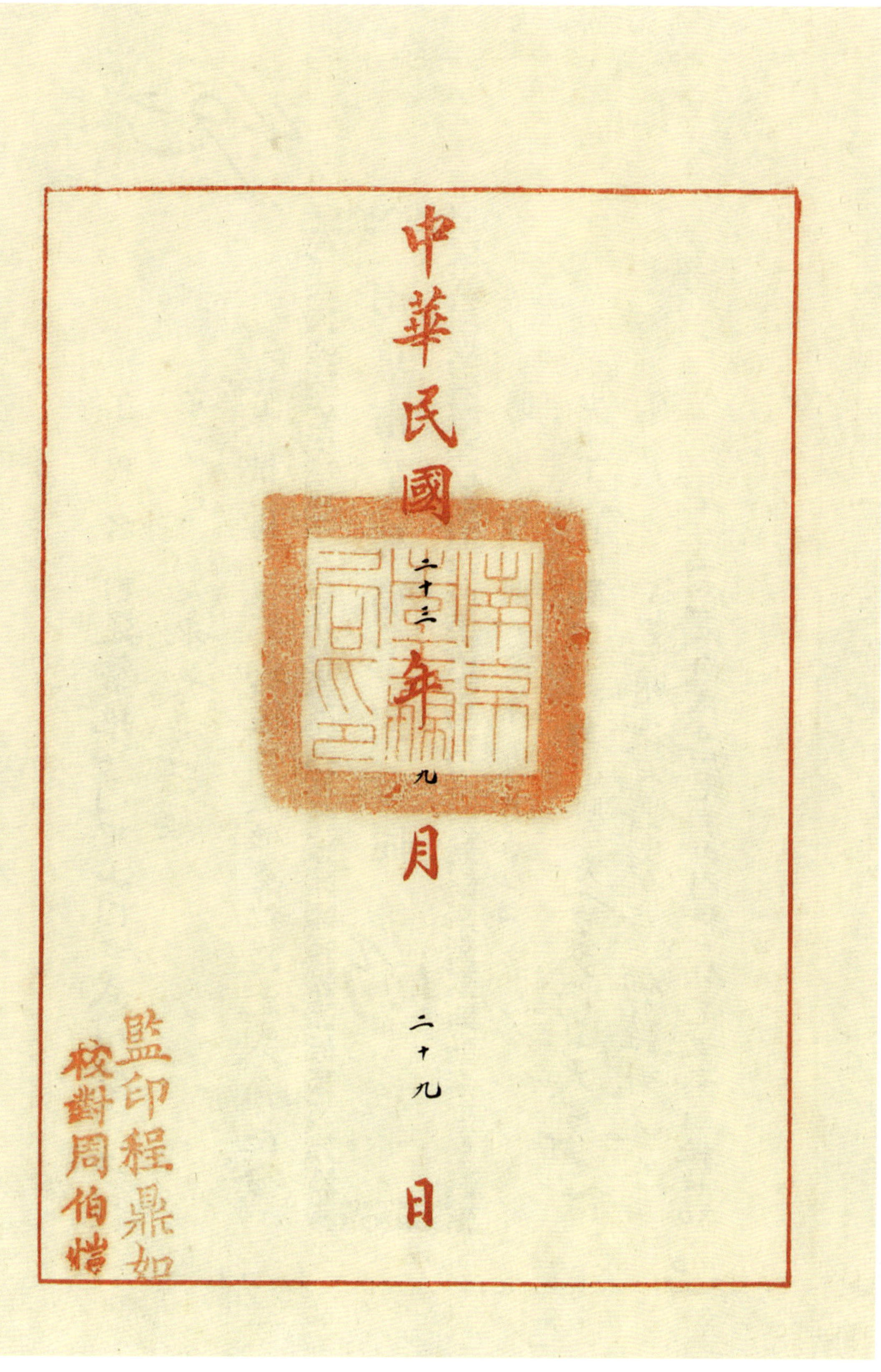

493

南京市工務局工程合同　字 1085 號

工程名稱　建築挹江门中山门玄武门鉄门工程

承包人　永興機器廠

工程總價　弍萬壹仟玖佰陸拾陸元弍角伍分

開工日期　廿三年九月廿四日

完工日數　肆拾肆晴天（玄武门廿天完工）

罰款　逾期按日四百陸拾壹佰陸拾元（挹江门按日70元中山门按日60元玄武门按日30元）

工程合同　　字第　　號

南京市工務局（以下簡稱工務局）爲建築挹江门中山门玄武门儀鳳门工程與永安機器廠（以下簡稱承包人）訂立合同如左

一　工程範圍　詳圖樣及單位價目表

二　承包人於投標時所繳之投標保證金　○　元應俟本合同正式標定並

由保證人蓋章後始得將該項保證金領回

三　本合同包括之工程所有設計圖樣及施工細則承包人均已明瞭願切實遵

照辦理並簽名蓋章以資信守

四　工務局根據設計圖樣及施工細則所繪製之放大詳圖承包人均願遵照辦

理如詳圖上所規定之工料承包人有認爲不包括於本合同之內者應在該

項工程未進行之先以書面向工務局磋商方爲有效

五　工務局對於本工程各部分得隨時更改之其因更改而致工料有所增減時

得依承包人所開單價計算之

六　本工程所有零瑣之處於如圖樣及施工細則未曾載明者承包人均應做全

不得推諉或另索造價

七 工務局有關工程之章程及建築規則承包人均應遵照辦理

八 承包人非得工務局之許可不得將工程轉讓或局部分包給他人

九 本工程自簽訂合同之日起應立即動工限定肆拾肆晴天完工倘逾期交工
按日罰洋壹佰陸拾元此項罰款工務局得於應付工款內扣除之所有
天雨冰凍或暴風確難工作時得經工務局核准扣除之

十 本工程所需之人工材料工具及一切設備統歸承包人担負工程進行中如

損及公私建築物亦應由承包人負責賠償

十一　本工程所需用各項材料承包人須先將樣品送請工務局查驗經認爲合格後方准運場使用在工作時如發現不合格之材料應立即搬運出場不得留境朦混

十二　工程進行時承包人須負工人或行人安全之責如設備不周以致發生任何意外事件均由承包人負責

十三　承包人對於工程各部須有適宜之設備以便監工員隨時查驗

十四　承包人須派富有經驗之監工人常川在場督察並須聽工務局監工員之指揮如工務局認該監工人不能稱職時得通知承包人立即撤換之

十五　本工程無論已成未成如經工務局發現有與圖樣或施工細則不符之處承包人須負拆卸重造之責其所有損失概歸承包人擔負

十六　凡遇不適宜工作之天氣承包人須遵從工務局監工員之指示將工程全

部或一部停止並須設法將已成之工程妥爲保護以免損壞除遇天災人禍不測事項外倘或保護不周工程上所受之損失統由承包人完全負責

十七　承包人不得無故停止工作或延期履行合同倘承包人遇意外事故不能工作時工務局得通知保證人另雇他人工作所有場內一切設備及材料概歸工務局使用承包人不得索償且工程續造之費用及延期所受之損失工務局得由工程造價內扣除之不足之數統由保證人負責賠償

十八　全部工程完竣經工務局驗收後承包人應立具保固切結保固叁年倘於保固期內本工程發現裂痕或傾陷等情工務局認爲係由物料不佳或工作不良所致者承包人應負責修理不得藉詞推諉或索價

十九　本工程造價定爲國幣弍萬壹仟玖佰陸拾陸元弍角伍分　分期交付

第一期於（訂立合同時付洋壹萬元　由承包人覓相當殷實舖保蓋章負責）付洋　元

第二期於（開工後三星期照工料八成估計　再扣第一期所付工款付款一次）付洋　元

第三期於完工後經本局派員驗收付足九成付洋　　元

第四期於市府及軍委会派員驗收後付清尾數付洋　　元

承包人於每期領款時須由監工員先行報告工程數量經局查驗屬實後發

給付款憑證遵填領款

二十　本合同及附件均繕就同樣四份一份呈　市政府備案二份存工務局一

份由承包人收執

二十一　本合同附件如左

設計圖樣壹份計伍張

施工細則〇份計〇張

單位價目表壹份計壹張

保證書　份計　張

二十二　附加條款

於付末期工款時扣存保固金洋壹仟元半年後查無損壞時發還另具保滿叁年保固切結存案

南京市工務局局長

科長

主辦人

承包人　店號　永興機器廠　負責人

住址　中山路大行宮

保證人　店號　南京　德大紙號啓　電話二三八一二號　負責人

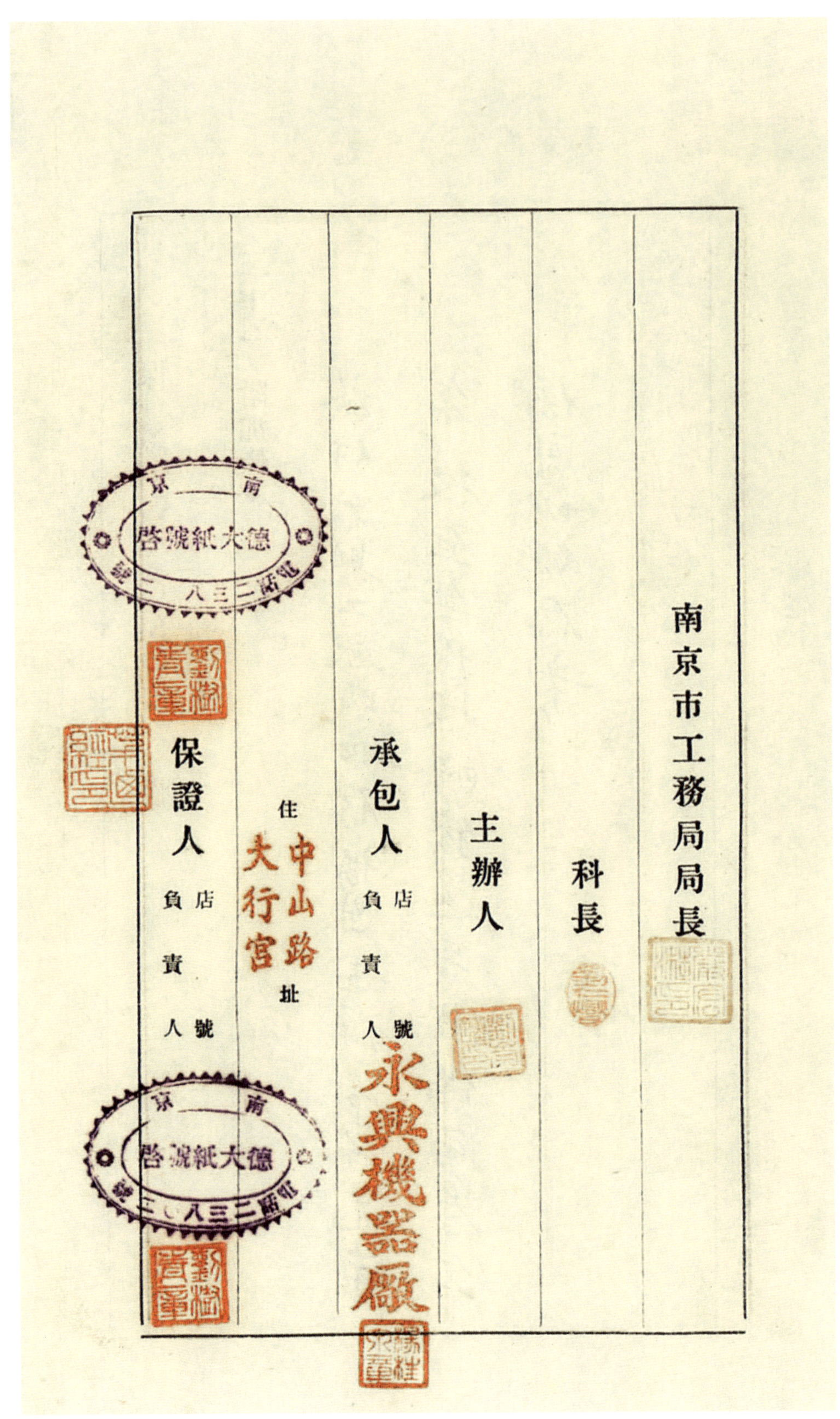

中華民國廿三年九月廿一日

住址

見證人

住址

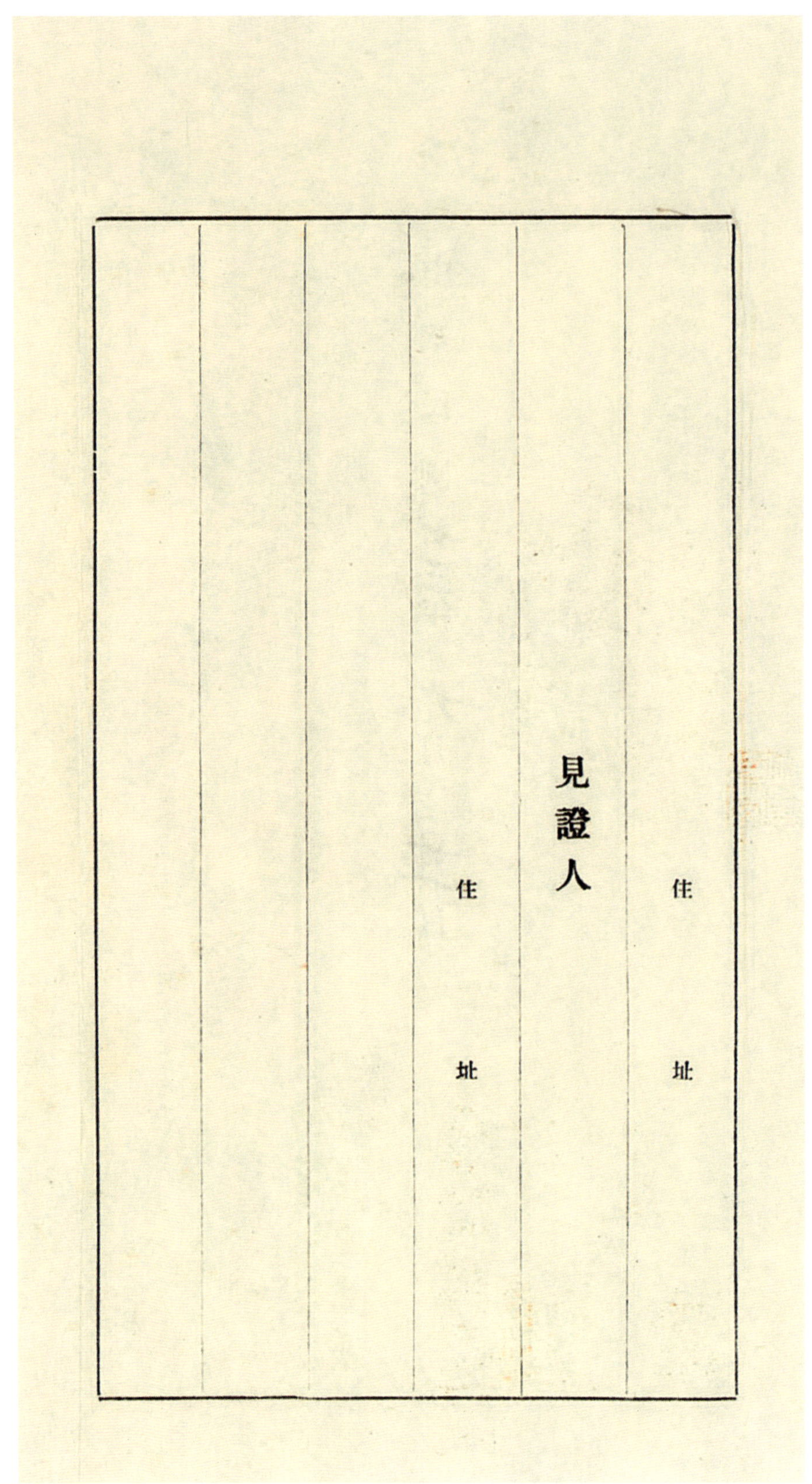

挹江門中山門玄武門鉄門單位價目表

南京市工務局

續　字第　號　詳細表

第　頁

種類	形狀	單位	數量	單價 元	總價 元	備考
①挹江門						完工時照實做重量計算之款
1.中門						
鋼門工料	連油漆	公斤	11500	295	3392 50	
開關等生鉄工料		〃	820	295	241 90	
混凝土等工料	1:2:4	公方	2.5	80 00	200 00	
				每座共	3834 40	元
2.邊門	(每座)					
鋼門工料	連油漆	公斤	9410	295	2775 00	
開關等生鉄工料		〃	820	295	241 90	
混凝土等工料	1:2:4	公方	2.5	80 00	200 00	
				每座共	3214 10	
				兩座共	6429 80	元
②中山門						
1.中門						
鋼門工料	連油漆	公斤	9050	295	2669 75	
開關等生鉄工料		〃	820	295	241 90	
混凝土等工料	1:2:4	公方	2.5	80 00	200 00	
				每座共	3111 65	
2.邊門	(每座)					
鋼門工料	連油漆	公斤	7140	295	2106 30	
開關等生鉄工料		〃	820	295	241 90	
混凝土等工料	1:2:4	公方	2.5	80 00	200 00	
				每座共	2548 20	
				兩座共	5096 40	元
③玄武門						
門座機積木架	連油漆	座	3	320 00	960 00	
鋼板	〃	公斤	5400	235	1269 00	
開關等生鉄工料	〃	〃	3000	235	705 00	
混凝土等工料	1:2:4	公方	7	80 00	560 00	
				每座共	3494 00	元
				三門合計	21966 25	元

年　月　日　計算　校對　審核

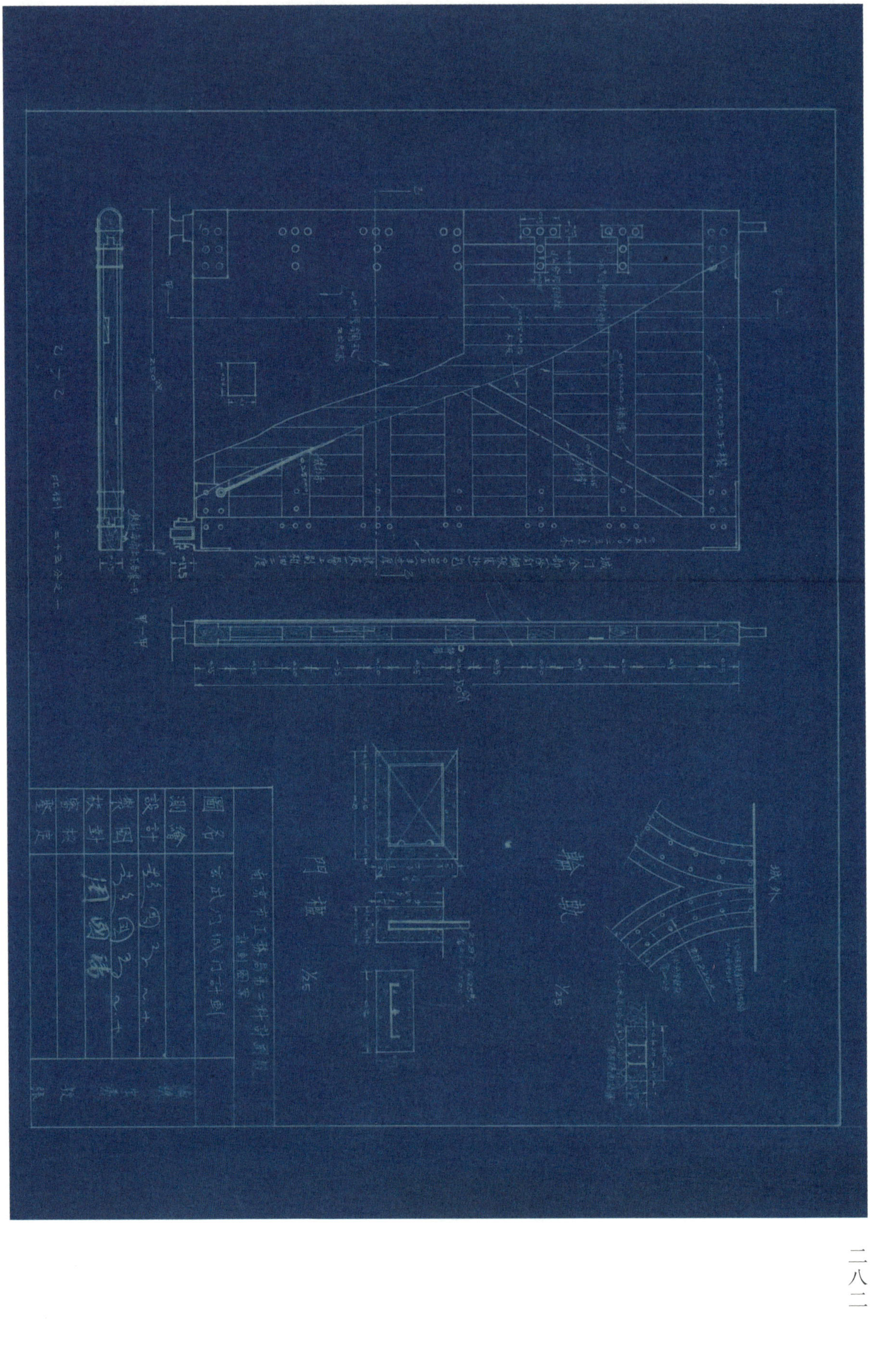

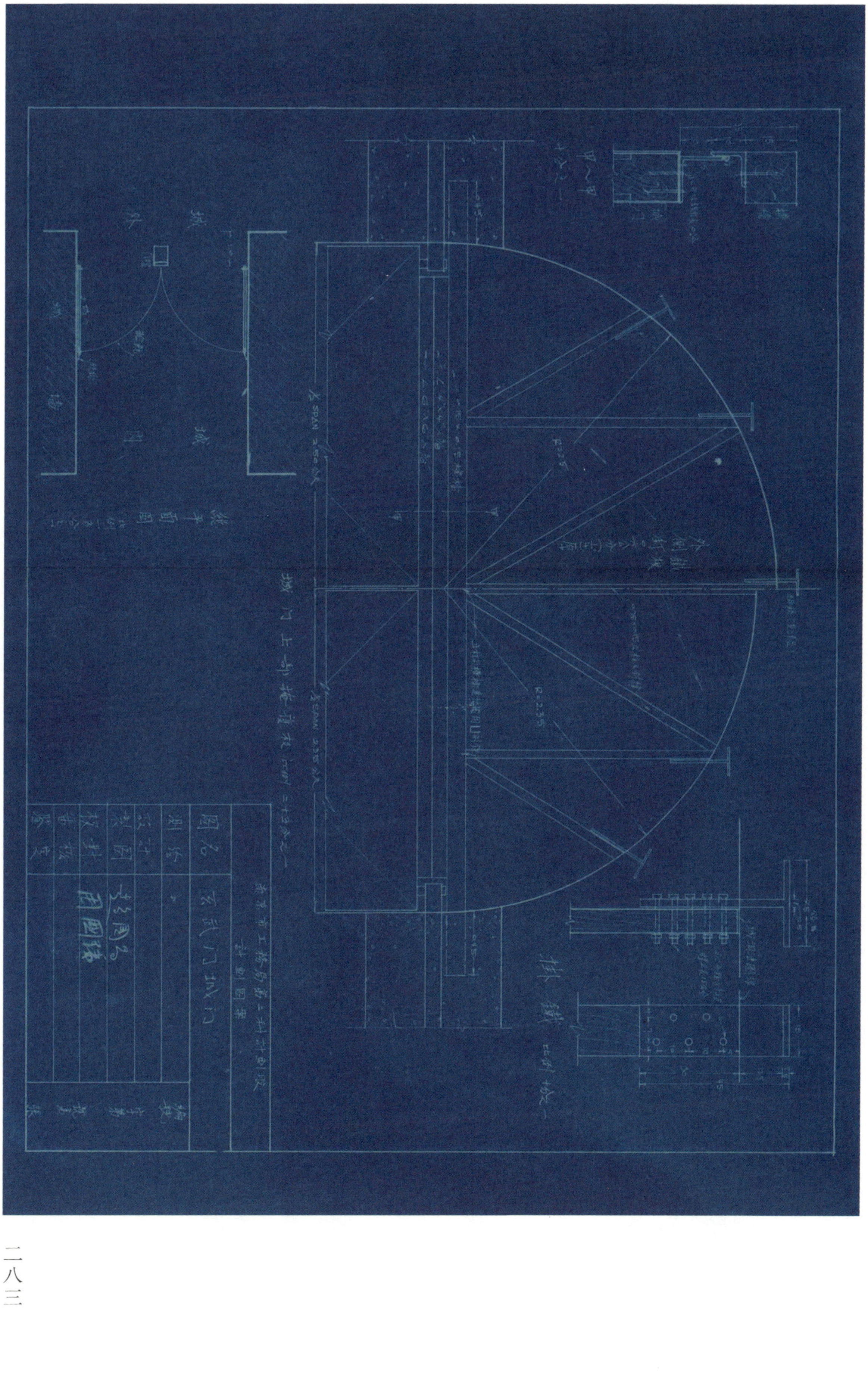

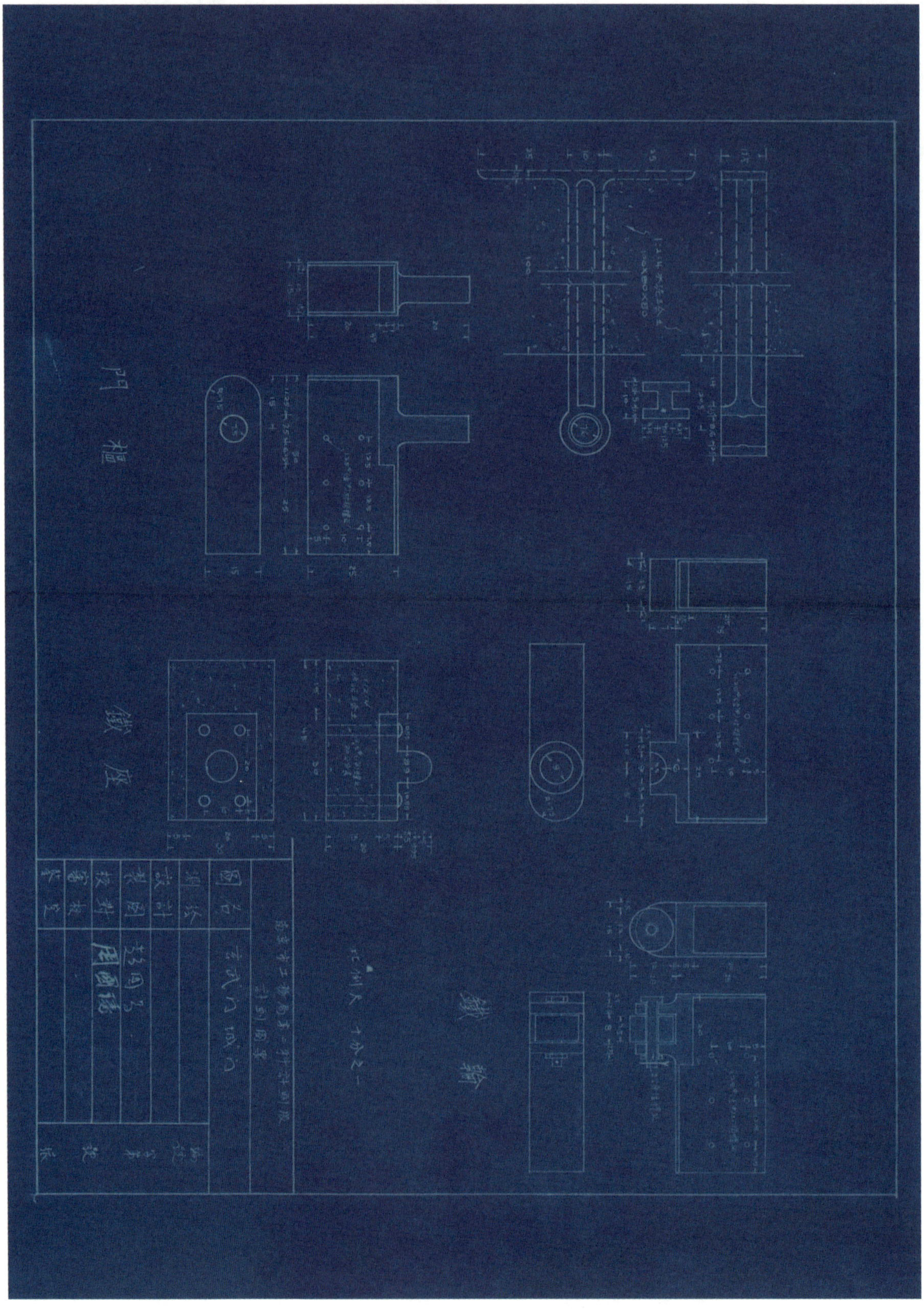
門樞
鐵座
比例尺 十分之一
圖名
測繪
設計
製圖
校對
審核
核定

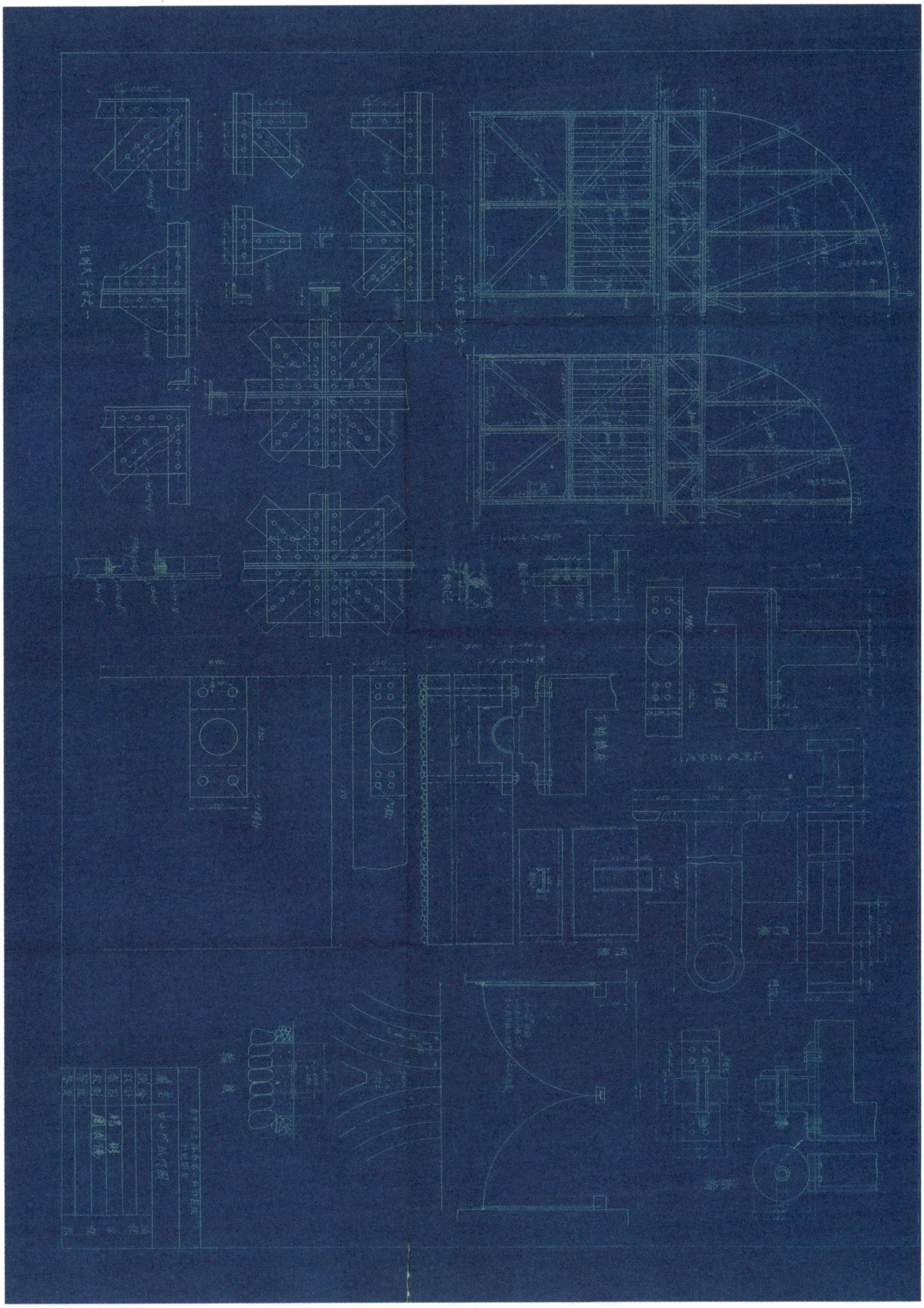

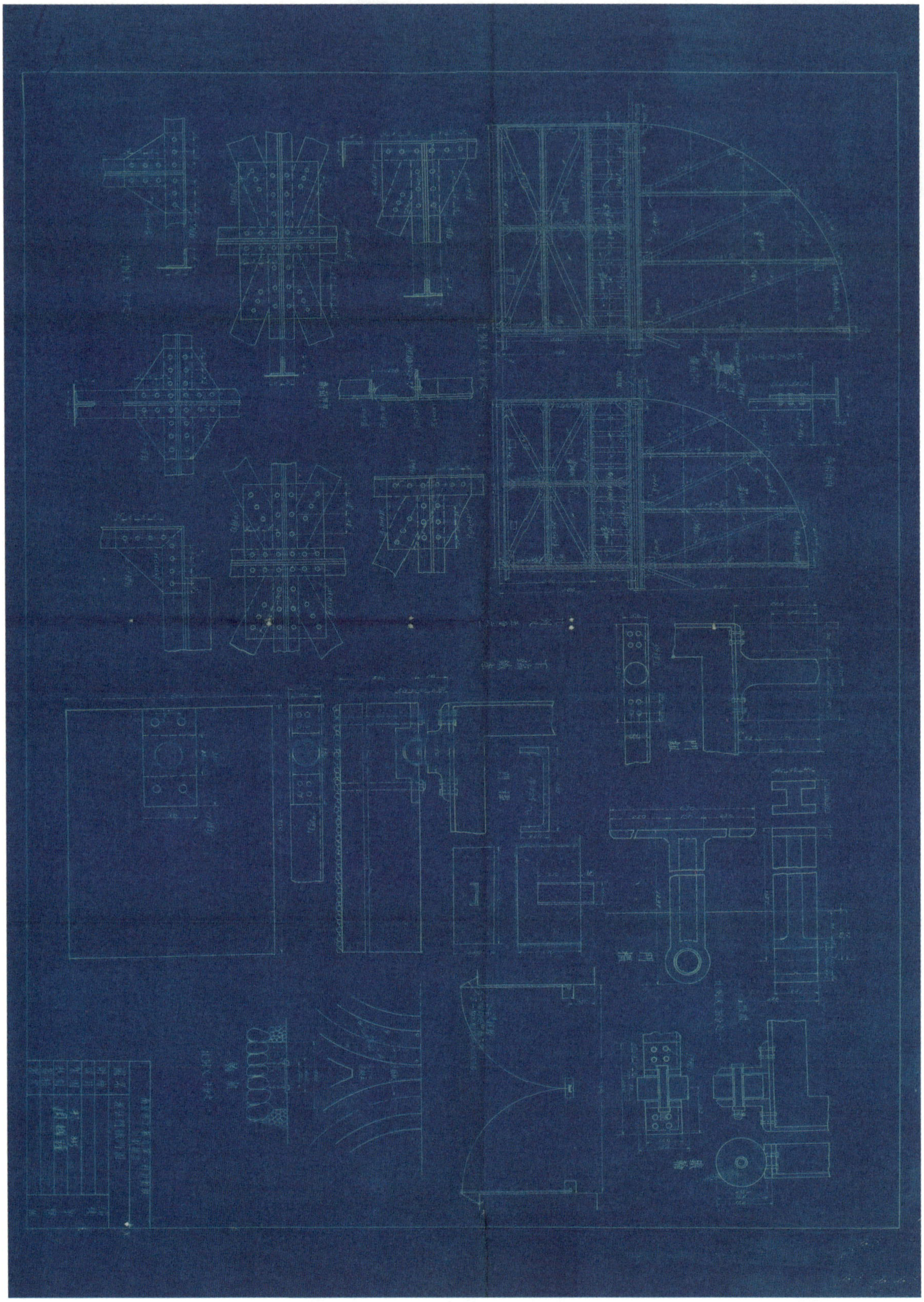

南京市政府工務局
支付預算書

支出臨時門

截至上月止預算未支數

中華民國二三年九月分

科目	全年度預算數 節	全年度預算數 目	全年度預算數 項	本月分預算數 節	本月分預算數 目	本月分預算數 項	備考
第一款 本局臨時費							
第一項 營造費			126712000			2196625	
第一目 營造費		126712000			2196625		
第一節 工程費	126712000			2196625			建築挹江中山玄武三城門鐵門工料費計如左數
合計	126712000	126712000	126712000	2196625	2196625	2196625	

局長嚴宏桂　科長陳[illegible]　總務股主任劉蔭曾　編造員高[illegible]　代

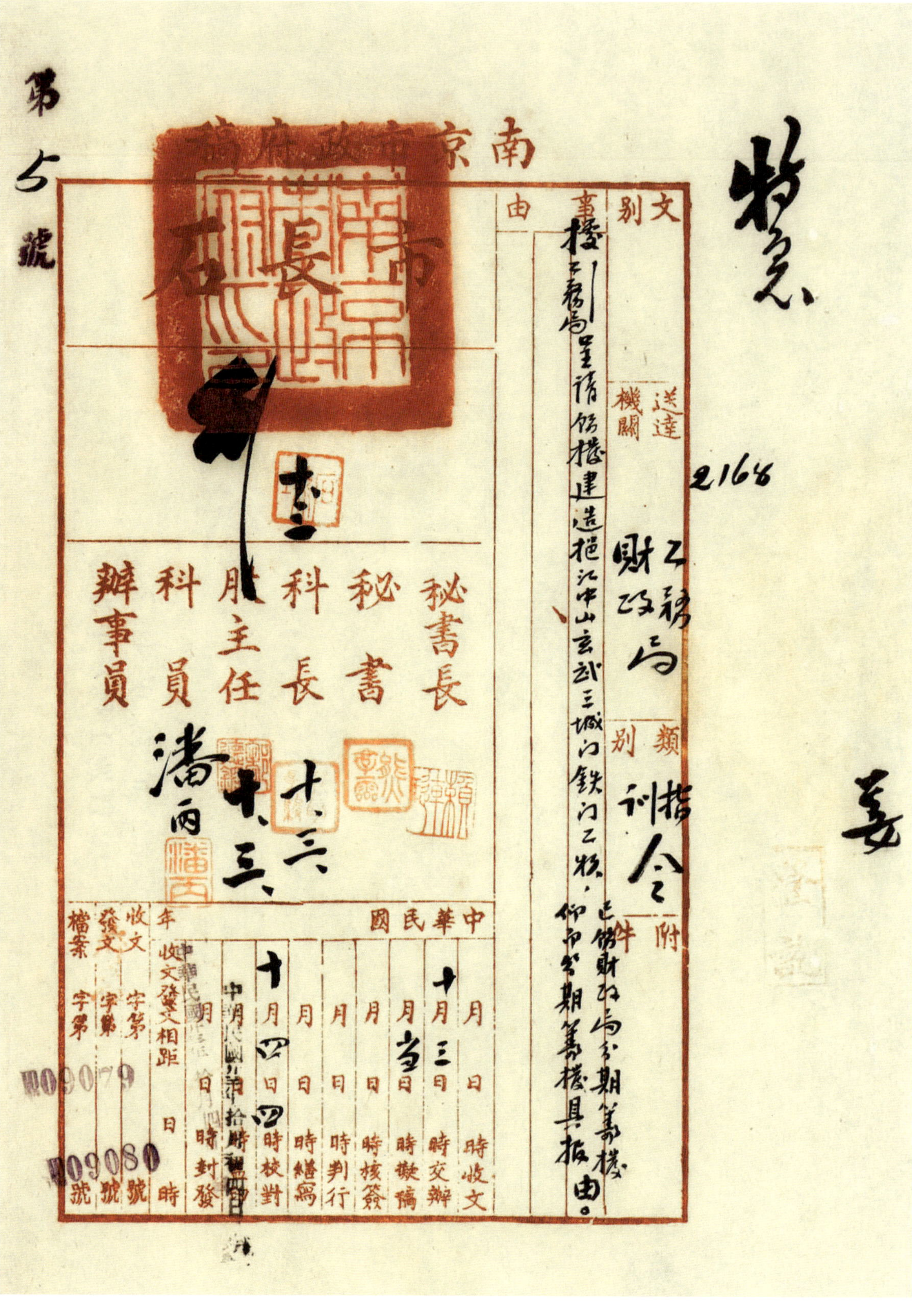
南京市政府稿

第5號

文別	訓指令
送達機關	工務局、財政局
事由	據工務局呈請飭撥建造挹江中山玄武三城門鐵門工款，已飭財政局分期籌撥；仰市分期籌撥具報由。

市長 石

秘書長
秘書
科長
股主任
科員
辦事員 潘丙

中華民國 年 月 日 時收文
十月三日 時交辦
十月三日 時擬稿
月 日 時核簽
月 日 時判行
月 日 時繕寫
十月四日四時校對
月 日 時封發

收文發文相距 日 時

收文 字第 號
發文 字第 號
檔案 字第 號

2168

H09079

H09080

市政府爲挹江、中山、玄武三城門鐵門工款已飭分期籌撥給市工務局、財政局訓指令（一九三四年十月四日）

指令

令工務局

呈一件。呈送添造挹江中山玄武三城門鐵門合同及支付預算共件，祈鑒核飭撥由。

呈件均悉。據呈合同共件，察核尚屬可行，准予照辦。所需包價，已飭財政局分期籌撥，仰即前往接洽具領，事竣，呈請驗收，并送來造報，件存發，此令。

W09079

W09080

訓令

令財政局

案據工務局呈請飭撥添造挹江中山玄武三城門鐵

門工程銀貳萬壹千玖百陸拾陸元貳角伍分，以應急需等情，附呈
合同及支付預算書件到府。據此，查此項工程，前奉
軍事委員會密令，限於九月二十日以前完成，當經飭據
工務局擬具預算前來，需款貳萬餘元，復經轉呈
軍事委員會酌予補助工款，暨令工務局迅速辦理各在案。
茲據前情，除指令外，合行檢發原預算二份，抄發合同
第十九條條文一紙，令仰該局分期籌撥具報，並將預算存
轉，並請
軍事委員會補助之款，俟撥到後，再行專案解庫。此令。
計檢發預算二份，抄發合同第十九條條文一紙

中華民國廿二年十月　日

繕寫姜炎秋
校對　校對吳家龍
監印

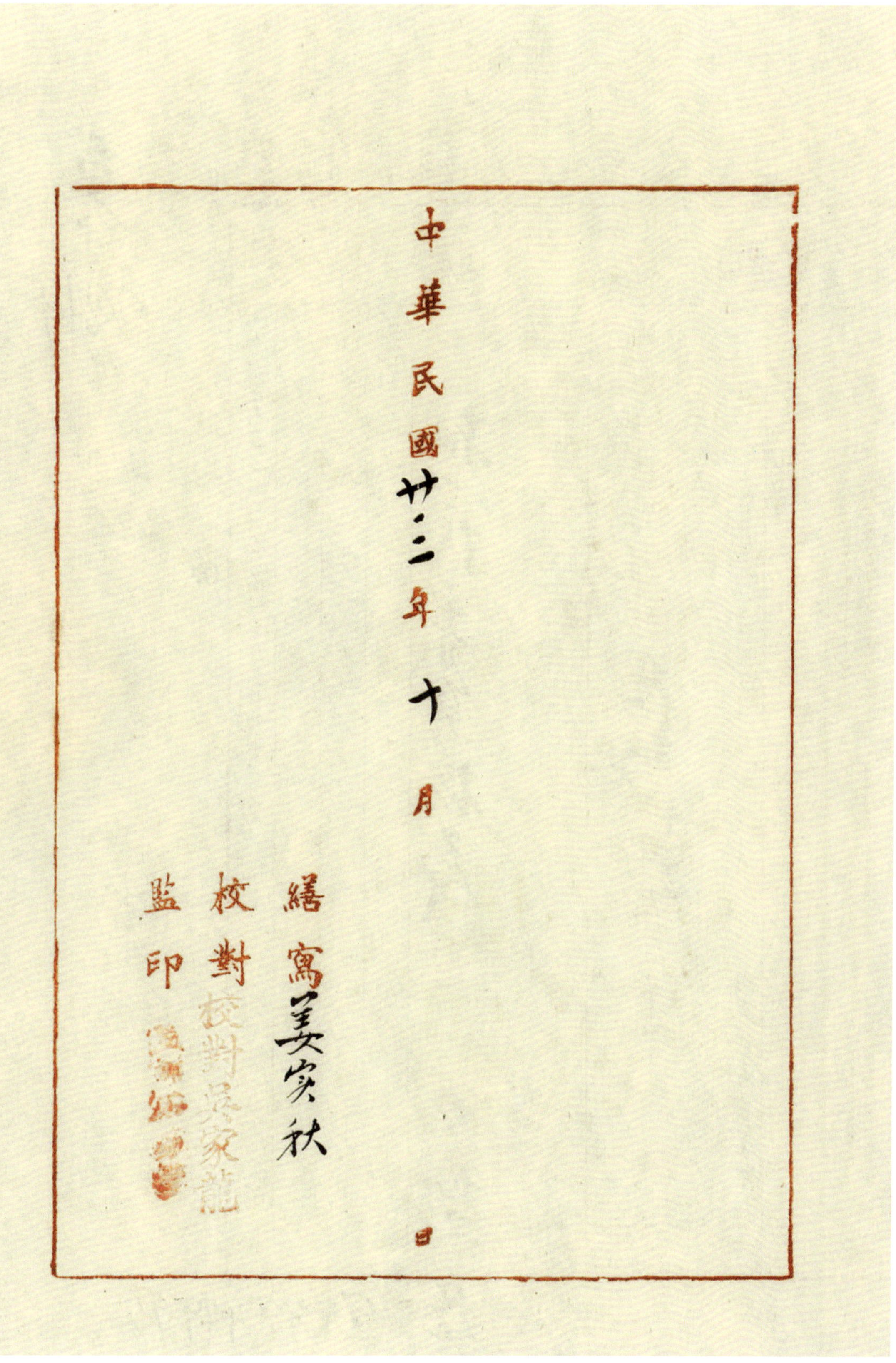

市工務局爲送修理太平門等各城門合同等件祈鑒核飭撥工款致市政府呈文（附件：合同、價目表、城門計劃藍圖）（一九三四年十月九日）

急

南京市政府工務局 呈 市政府

第6號

事由	擬辦	批示	備考
為呈送修理太平門等各城門合同等件仰祈鑒核飭撥由	擬交張秘書貞核復 十九	閱 如擬 十	

附七件

呈 字第三二九七號 年十月九日 時到

收文 字第9484號

急 2214

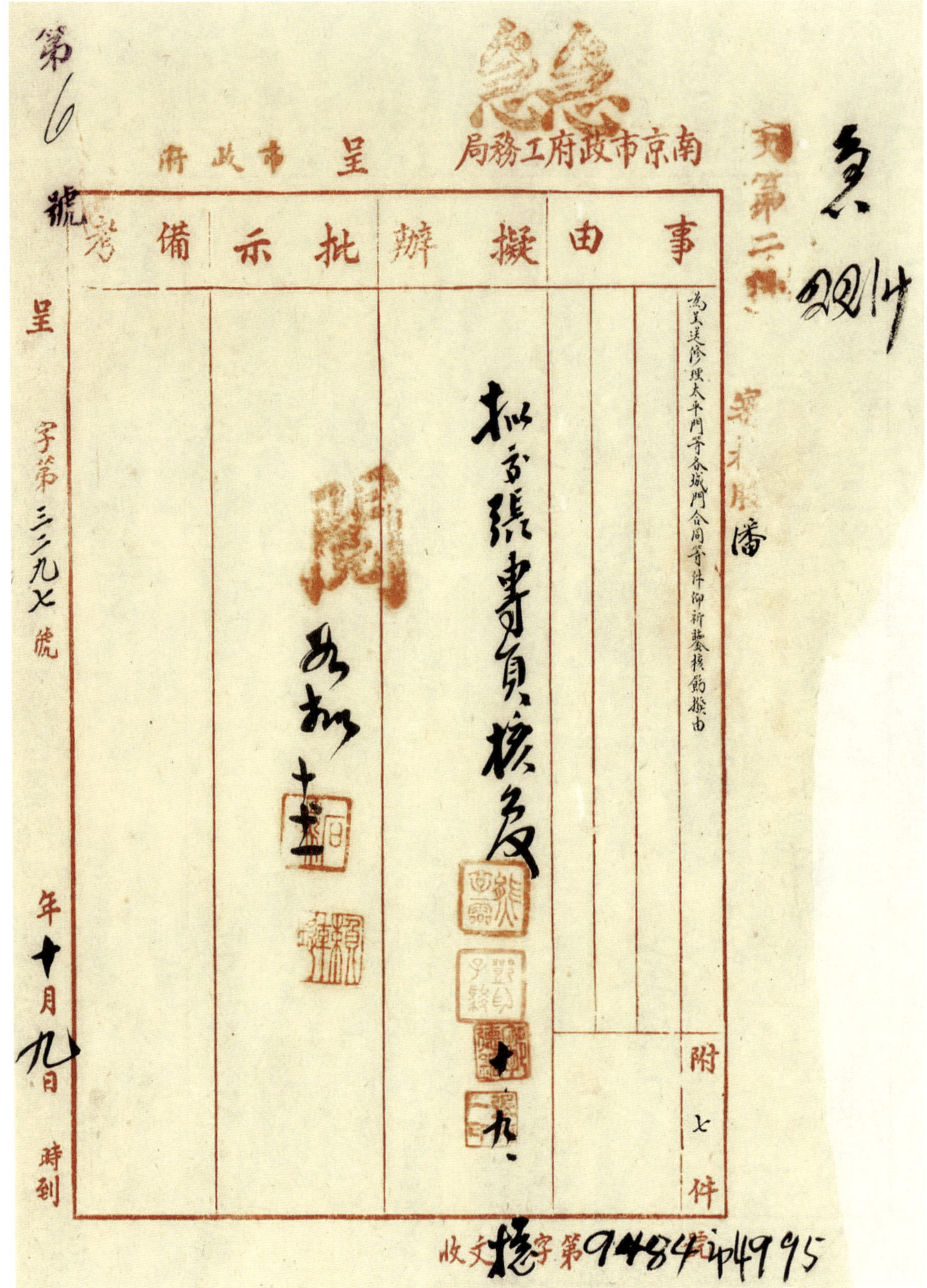

查添建挹江、中山、玄武等三城門及修理各城門一案，曾經擬具圖算，呈奉鈞府府急字第八七五零號指令核准在案。除添建城門工程，已交由永興廠承辦外，所有太平、漢中、和平、興中、通濟、中華、光華、金川等八門修理工程，經飭據牲泰鐵工廠第一次開賬為壹千零玖拾叁元，當以價格太高，飭其另開賬單前來，計需總價玖百零玖元，再與磋商核減為捌百柒拾元。又修理中央門工程，係另案招工比賬，亦以牲泰廠開賬伍百零貳元為最低，并經核減為伍百元。又新建各城門須裝置鐵質鉤鏈一案，前准首都警察廳函請過句，茲擬併案辦理，計有武定、中華、漢中、新民等四門，經估計約需裝置費用壹百元，牲泰廠亦願照辦，計修理九城門核減後總價壹千叁百柒拾元，連同四城門裝置鐵質鉤鏈費壹百元，共計總數壹千肆百柒拾元，並未超過修理預算總額，經交由牲泰廠併案承包，已於本月五日開工，除與簽訂合同分別存執督促施工外，理合檢同合同一份，賬單六份，一併呈祈

鑒核俯賜令飭財政局照合同所列包價簽撥下局，以備墊付，並乞

指令祇遵。

謹呈

市長 石

計呈賬單六份，仍乞發還合同一份

代理工務局局長嚴宏溎

中華民國二十二年十月九日

監印經鼎如
校對周伯愷

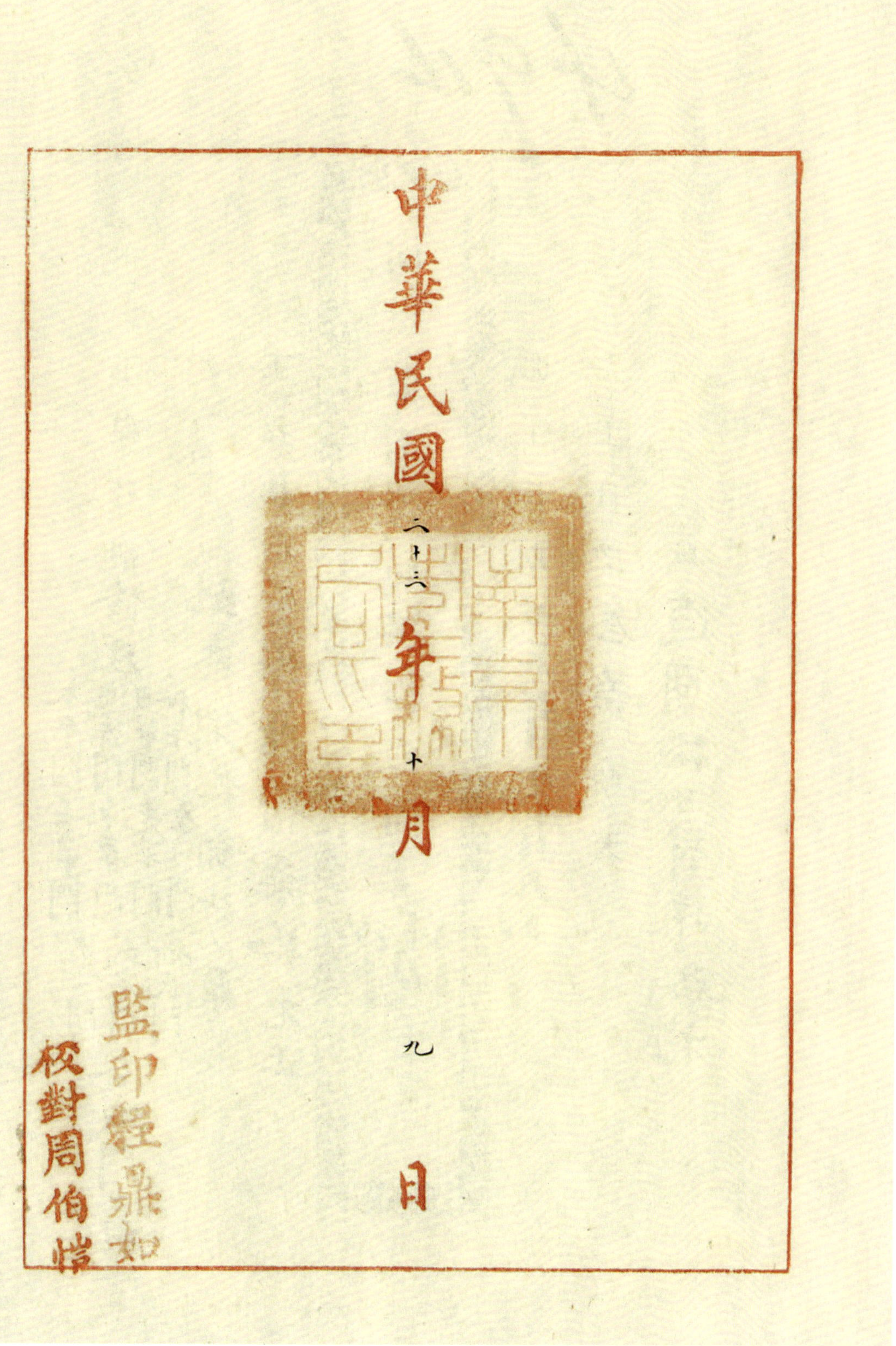

494

南京市工務局工程合同

字184號

工程名稱　修理太平門漢中門中央門通濟門中華門武定門興中門光華門新民門和平門金川門各城門工程

承包人　甡泰銅鐵翻砂廠

工程總價　壹仟肆佰柒拾元正

開工日期　廿三年十月五日

完工日數　叁拾晴天

罰款　逾期按日罰洋柒元

工程合同　　字第　　號

南京市工務局（以下簡稱工務局）爲修理太平门　漢中门　中央门　通济门　中華门　興中门　光華门　武定门　和平门　金川门　新民门　各城门工程

與姓泰銅鐵翻砂廠（以下簡稱承包人）訂立合同如左

一　工程範圍　詳圖樣及單位價目表

二　承包人於投標時所繳之投標保證金　◯　元應俟本合同正式標定並
由保證人蓋章後始得將該項保證金領回
三　本合同包括之工程所有設計圖樣及施工細則承包人均已明瞭願切實遵
照辦理並簽名蓋章以資信守
四　工務局根據設計圖樣及施工細則所繪製之放大詳圖承包人均願遵照辦

理如詳圖上所規定之工料承包人有認爲不包括於本合同之內者應在該項工程未進行之先以書面向工務局磋商方爲有效

五　工務局對於本工程各部分得隨時更改之其因更改而致工料有所增減時得依承包人所開單價計算之

六　本工程所有零瑣之處於如圖樣及施工細則未曾載明者承包人均應做全不得推諉或另索造價

七 工務局有關工程之章程及建築規則承包人均應遵照辦理

八 承包人非得工務局之許可不得將工程轉讓或局部分包給他人

九 本工程自簽訂合同之日起應立卽動工限定卅晴天完工倘逾期交工
按日罰洋柒元此項罰款工務局得於應付工款內扣除之所有
天雨冰凍或暴風確難工作時得經工務局核准扣除之

十 本工程所需之人工材料工具及一切設備統歸承包人担負工程進行中如

損及公私建築物亦應由承包人負責賠償

十一 本工程所需用各項材料承包人須先將樣品送請工務局查驗經認爲合格後方准運場使用在工作時如發現不合格之材料應立即搬運出場不得留境朦混

十二 工程進行時承包人須負工人或行人安全之責如設備不周以致發生任何意外事件均由承包人負責

十三　承包人對於工程各部須有適宜之設備以便監工員隨時查驗

十四　承包人須派富有經驗之監工人常川在場督察並須聽工務局監工員之指揮如工務局認該監工人不能稱職時得通知承包人立即撤換之

十五　本工程無論已成未成如經工務局發現有與圖樣或施工細則不符之處承包人須負拆卸重造之責其所有損失概歸承包人擔負

十六　凡遇不適宜工作之天氣承包人須遵從工務局監工員之指示將工程全

部或一部停止並須設法將已成之工程妥爲保護以免損壞除遇天災人禍
不測事項外倘或保護不周工程上所受之損失統由承包人完全負責

十七　承包人不得無故停止工作或延期履行合同倘承包人遇意外事故不能
工作時工務局得通知保證人另雇他人工作所有場內一切設備及材料概
歸工務局使用承包人不得索償且工程續造之費用及延期所受之損失工
務局得由工程造價內扣除之不足之數統由保證人負責賠償

十八　全部工程完竣經工務局驗收後承包人應立具保固切結保固叁年倘於保固期內本工程發現裂痕或傾陷等情工務局認爲係由物料不佳或工作不良所致者承包人應負責修理不得藉詞推諉或索價

十九　本工程造價定爲國幣一四七〇元〇角〇分　分期交付

第一期於開工後兩星期照工料八成估計付款一次付洋　　元

第二期於完工後經本局派員驗收付足九成付洋　　元

第三期於市府及軍委會派員、驗收後付清尾數付洋　元

第四期於　付洋　元

承包人於每期領款時須由監工員先行報告工程數量經局查驗屬實後發

給付款憑證遵填領款

二十　本合同及附件均繕就同樣四份一份呈　市政府備案二份存工務局一
份由承包人收執

二十一　本合同附件如左

設計圖樣乙份計兩張

施工細則〇份計〇張

單位價目表乙份計乙張

保證書●份計○張

二十二　附加條款

於付末期工款時扣存保固金洋壹拾

元壹年後查無損壞時發還另具保

固滿叁年保固切結存案

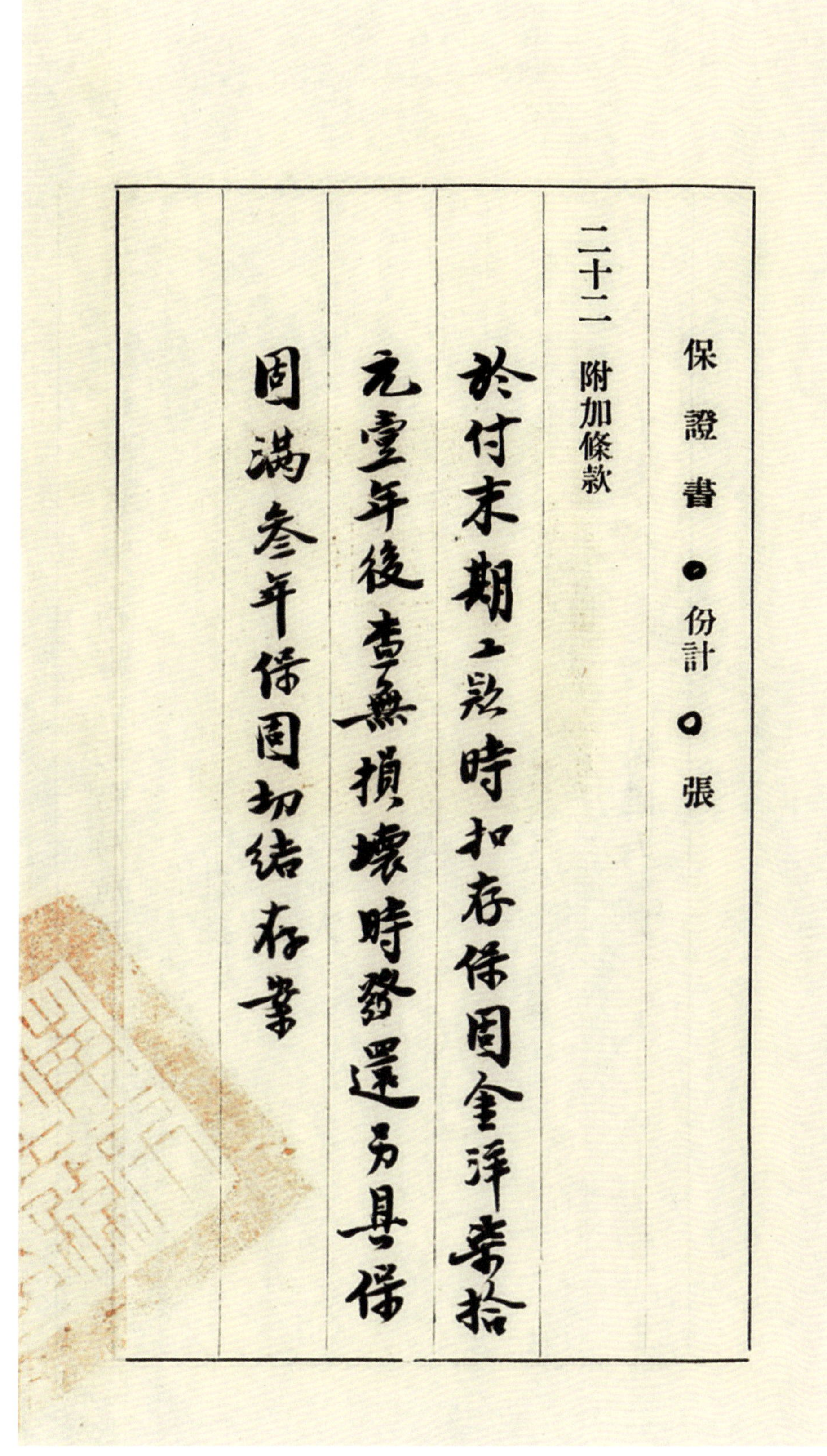

南京市工務局局長

科長

主辦人

承包人
店號
負責人

首都[illegible]泰銅鐵翻砂廠
電話二八四五

住址
中華門外西街來賓橋下

泰昌鐵工廠

保證人
店號
負責人

泰昌鐵工廠

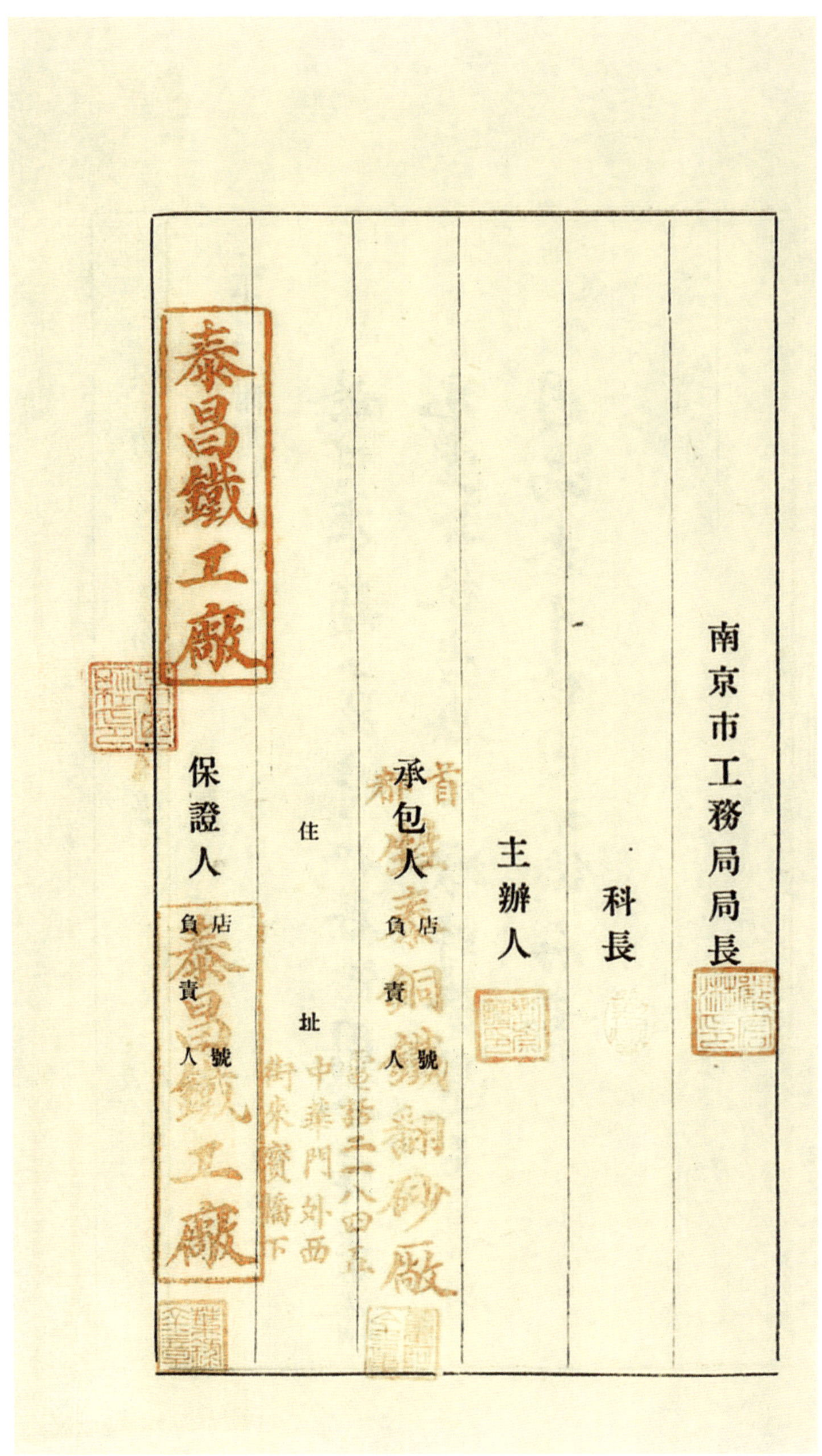

住址 新街口北 糖坊橋中

見證人

住址

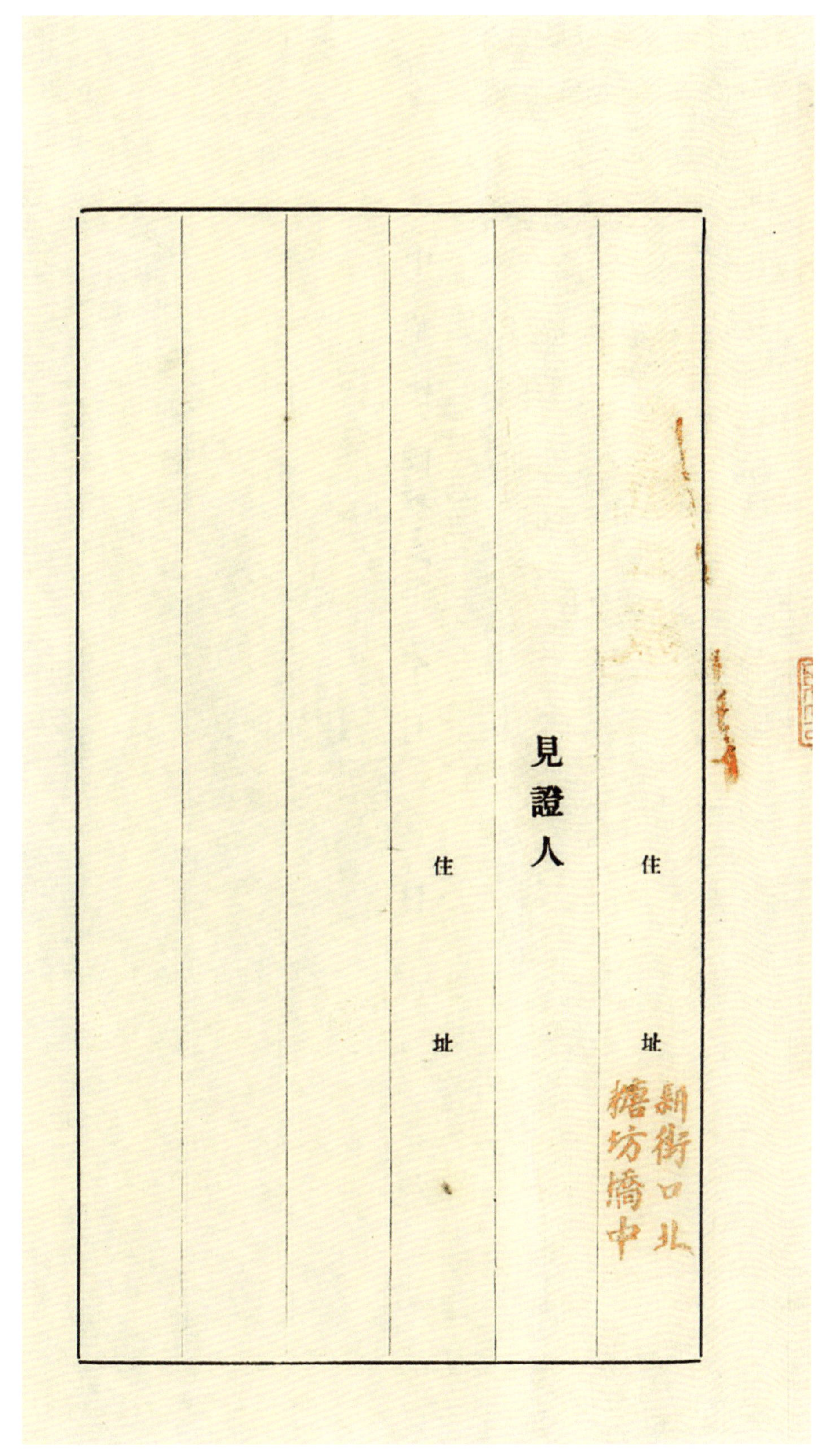

中華民國廿二年十月　日

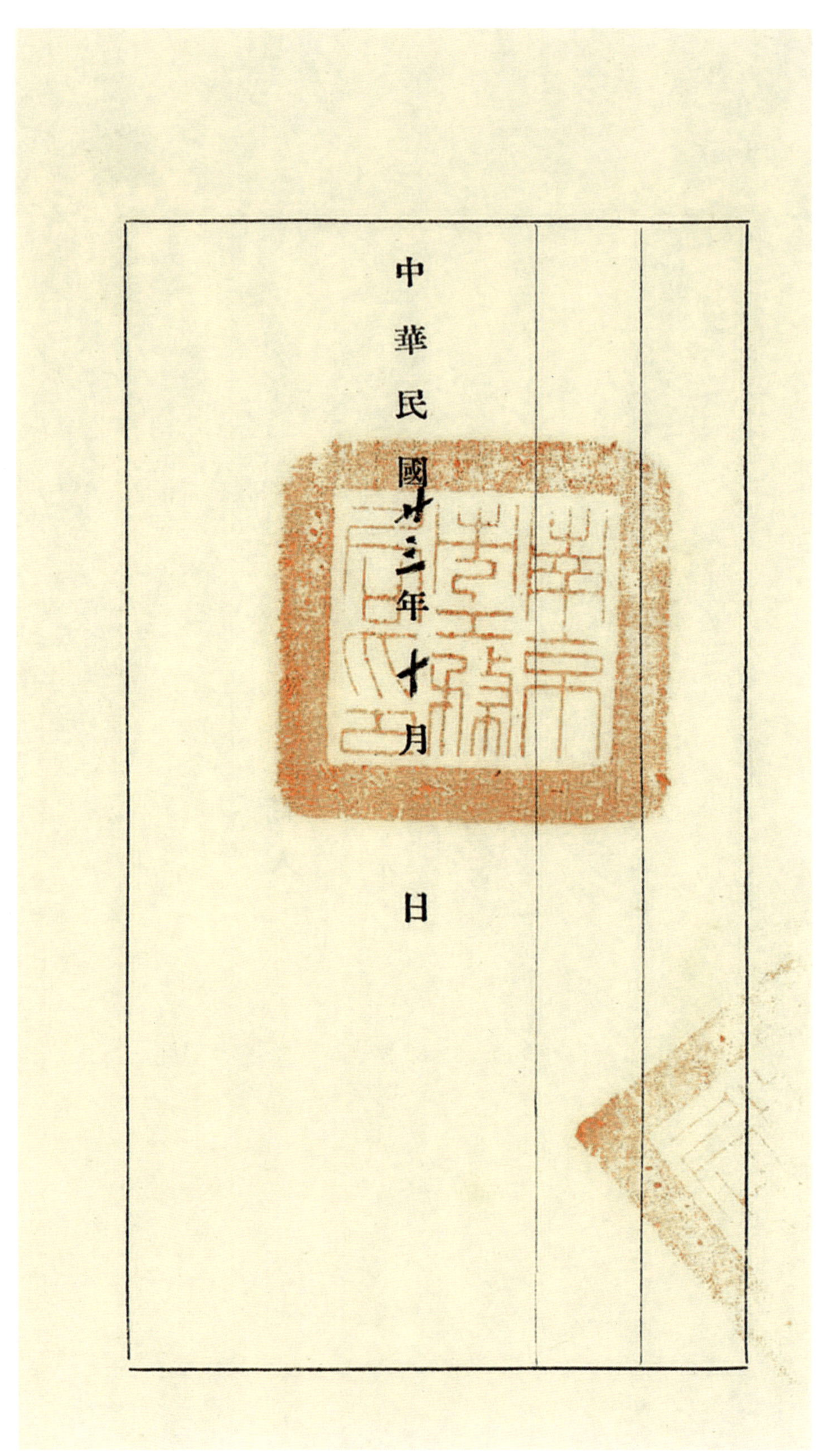

修理各城門單位價目表

南京市工務局

續　字第　號　詳細表

第　頁

種類	形狀	單位	數量	單價（元）	總價（元）	備考
①太平門		座	1	100.00	100.00	元，門上加釘帽釘，頂上門檻，墨柏油兩度。
②和平門		座	1	120.00	120.00	元，門上修換鐵片，添換門檔，加帽釘，塗柏油兩度。
③光華門		座	1	60.00	60.00	元，改換左邊門檻，修理門檔等，塗柏油兩度。
④通濟門		座	1	90.00	90.00	元，改做門檔，[illegible]備，塗柏油兩度。
⑤金川門		座	1	90.00	90.00	元，修理鐵插銷，檔，改換上下門檻，塗柏油兩度。
⑥興中門		座	1	170.00	170.00	元，二[illegible]加釘鐵板約120方尺，修理木料，改裝門檻，塗柏油兩度。
⑦中央門		座	1	500.00	500.00	元，施工方法，詳圖樣內。
⑧漢中門	鐵鉤鐵鏈詳圖樣	座	1	100.00	100.00	元，改做鐵門，門內牽上下做收檔，加鐵鉤鐵鏈，塗柏油兩度。
舊⑨中華門	鐵鉤鐵鏈詳圖樣	座	1	180.00	180.00	元，下部加釘鐵板約120方尺，加帽釘，改做上下門檻，加鐵鉤鐵鏈，塗柏油兩度。（新城門用）
⑩新民門	鐵鉤鐵鏈詳圖樣	座	1	20.00	20.00	元，加鐵鉤鐵鏈。
⑪武定門	鐵鉤鐵鏈詳圖樣	座	1	40.00	40.00	元，加鐵鉤鐵鏈。
				總共	1470.00	元

年　月　日　　計算　　校對　　審核

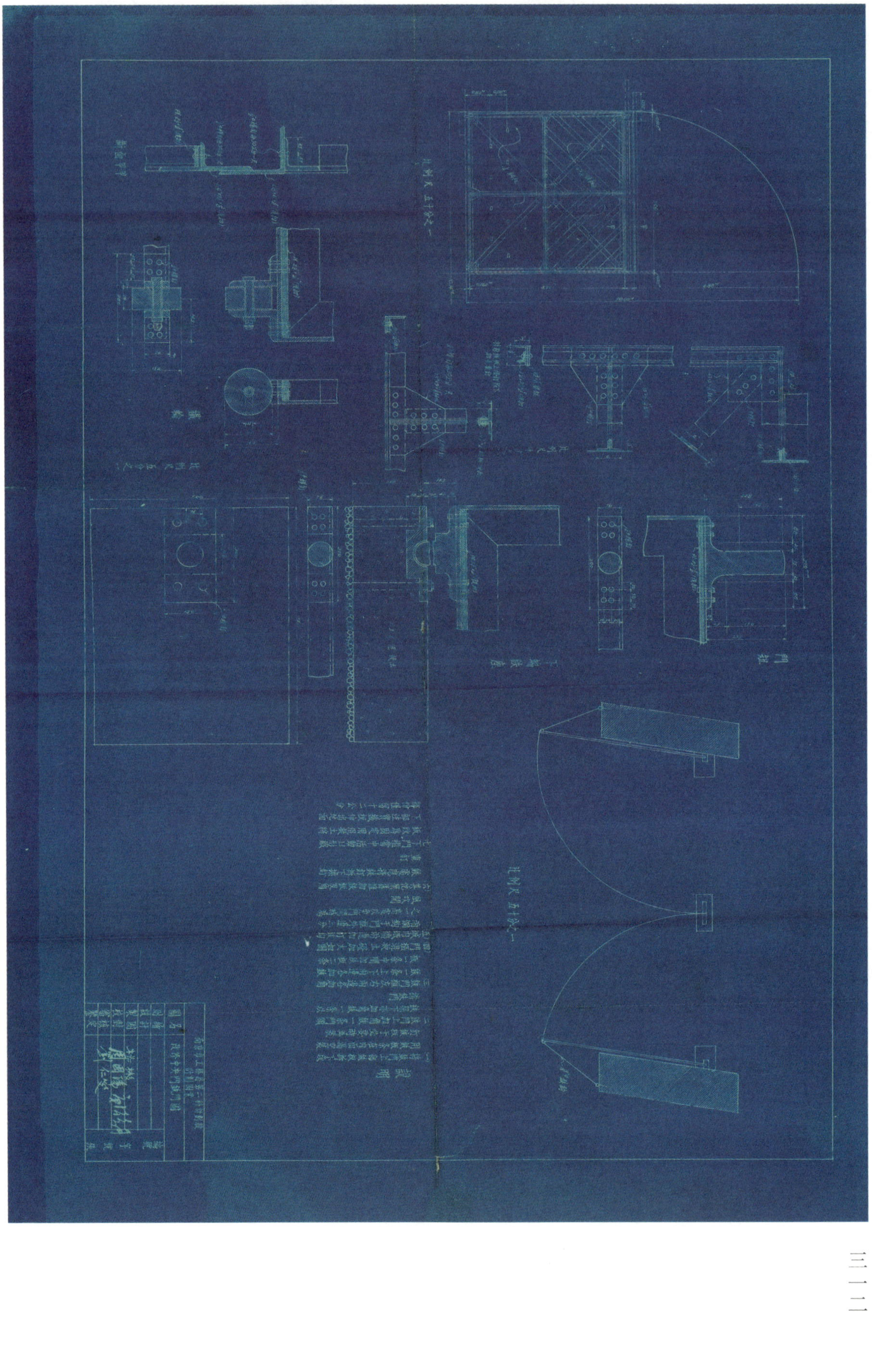

比例尺 五十分之一
說明
改修中央門鐵門圖
圖名
測繪
設計
製圖
校對
審核
鑒定

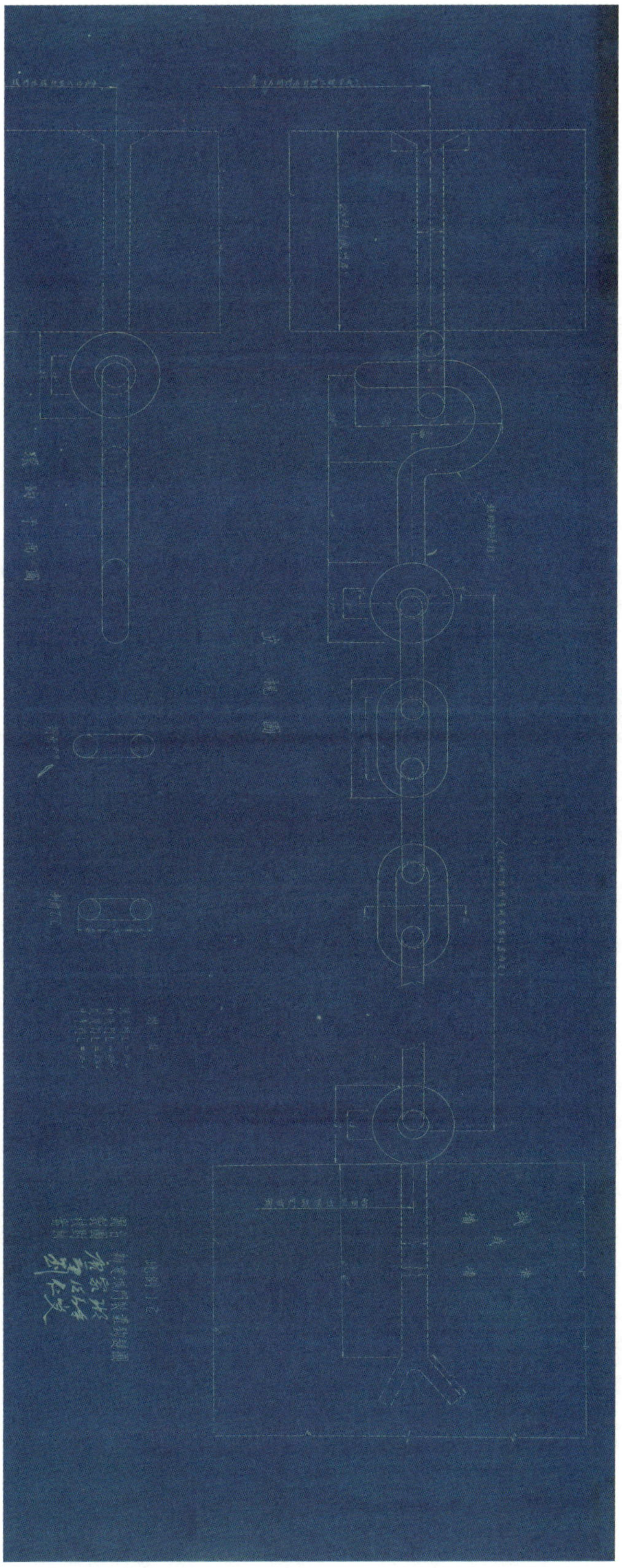

市政府爲送修理太平門等各城門合同等件準予照辦給市工務局指令（一九三四年十月二十三日）

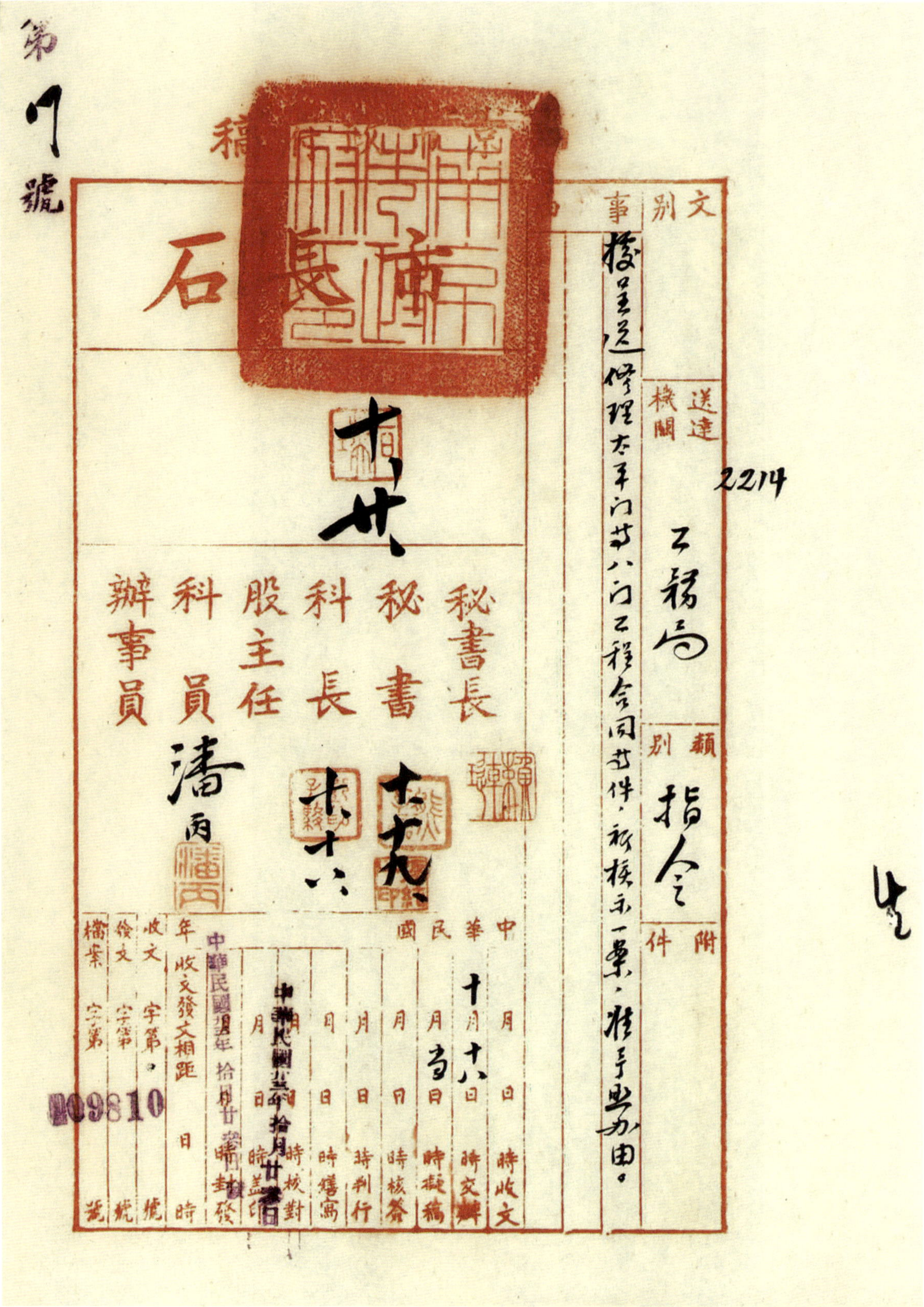

第 號

稿

石

文別	指令
事由	據呈送修理太平門等八門工程合同等件，祈核示一案，准予照辦由。
送達機關	工務局
附件	

秘書長 秘書 科長 股主任 科員 辦事員 潘丙

2214

指令

令工務局

呈一件。爲呈送修理太平門等各城門合同等件，仰祈鑒核飭撥由。

呈件均悉。據呈合同等件。大致尚屬可行，應准照辦，所需工料，仰即編造支付預算，呈候核撥，賬單發還，餘件存，此令。

發還賬單六份

監印石家瑩

校對吳家龍

擬送文第一科

第12號

國民政府軍事委員會訓令（密）

事由	擬辦	決定辦法	備考
密	交工務局办理簽復		

附件

字第 號

年 十一月廿九日 時到

收文字第11672號

國民政府軍事委員會爲修改武定、漢中、新民三城門及催辦興中門外護城河致市政府密令（一九三四年十一月二十八日）

國民政府軍事委員會訓令

戰字第4356號

令南京市市長石瑛

案查本會戰字第三七五零號密令對於各城門補裝堅固門扇一案，茲據南京警備司令谷正倫呈復節稱：遵亟派員赴市府工務局商洽，先行裝修挹江、中山及玄武三城門門扇事宜。茲查該三城門新裝門扇已於本月十七日先後裝修完成，節經與工務局派員會同赴各該城門處實際勘驗，查與圖式均屬相符。除武定、漢中、新民三城門均為截斷式，尚未修改，又與中門外護城

河迄今亦未見設法補救應請催令從速辦理等情
前來除指令仍仰迅與該府洽商妥辦外所有未完
工程仍仰速办具報為要此令

中華民國二十三年十一月二十八日

委員長 蔣中正

校對姚宗仁

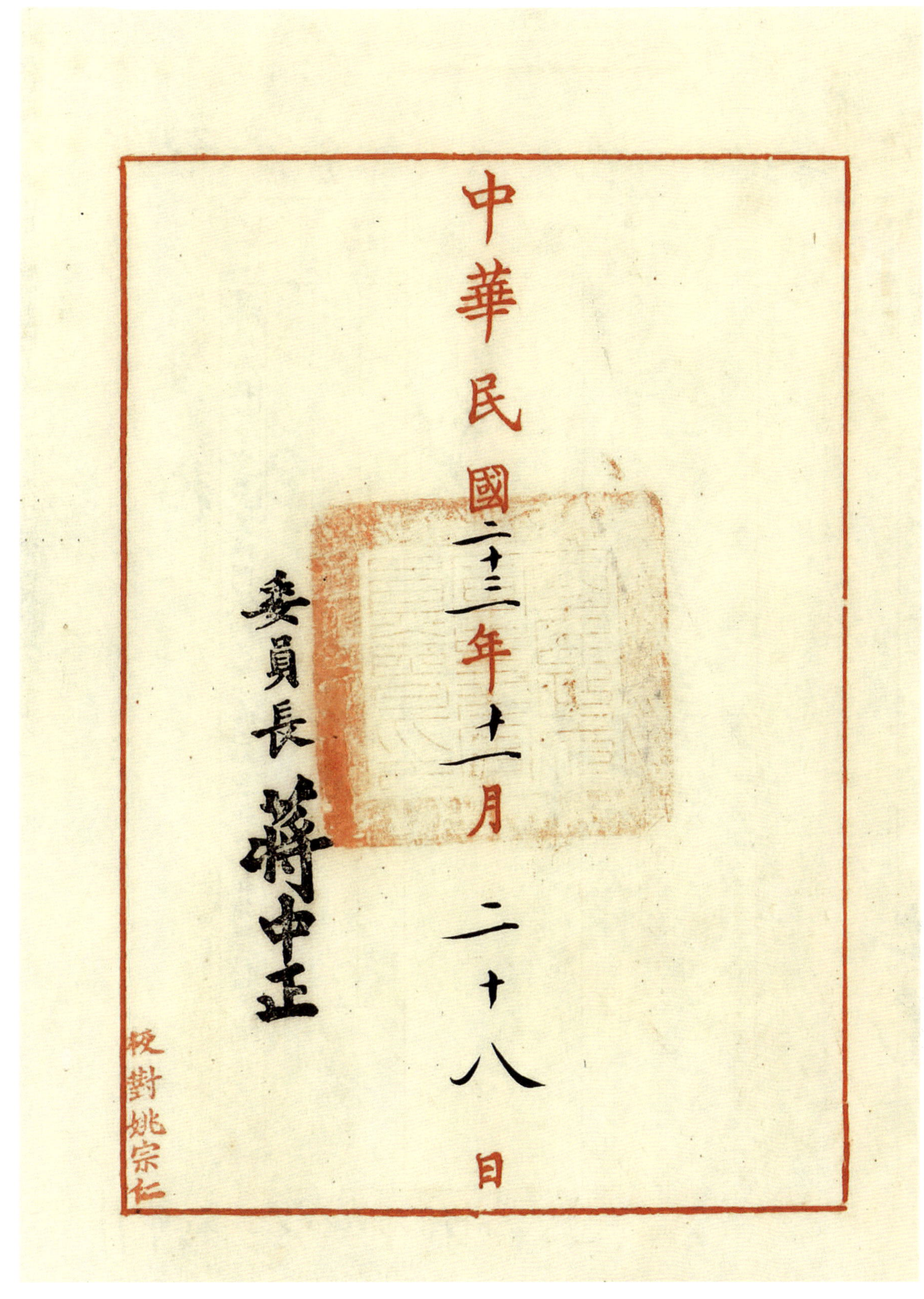

第10號

2340

南京市財政局 呈 市政府

交第二科

桂

事由	擬辦	批示	備考
爲建造挹江中山玄武三城門鐵門工款，遵已如數撥付，報請鑒核由。	擬存	十一、卅 十二、一 代辛	
附件			

呈 字第一六二八號

年 十一月廿九日 時 刻

收文 樣字第11699號 45971

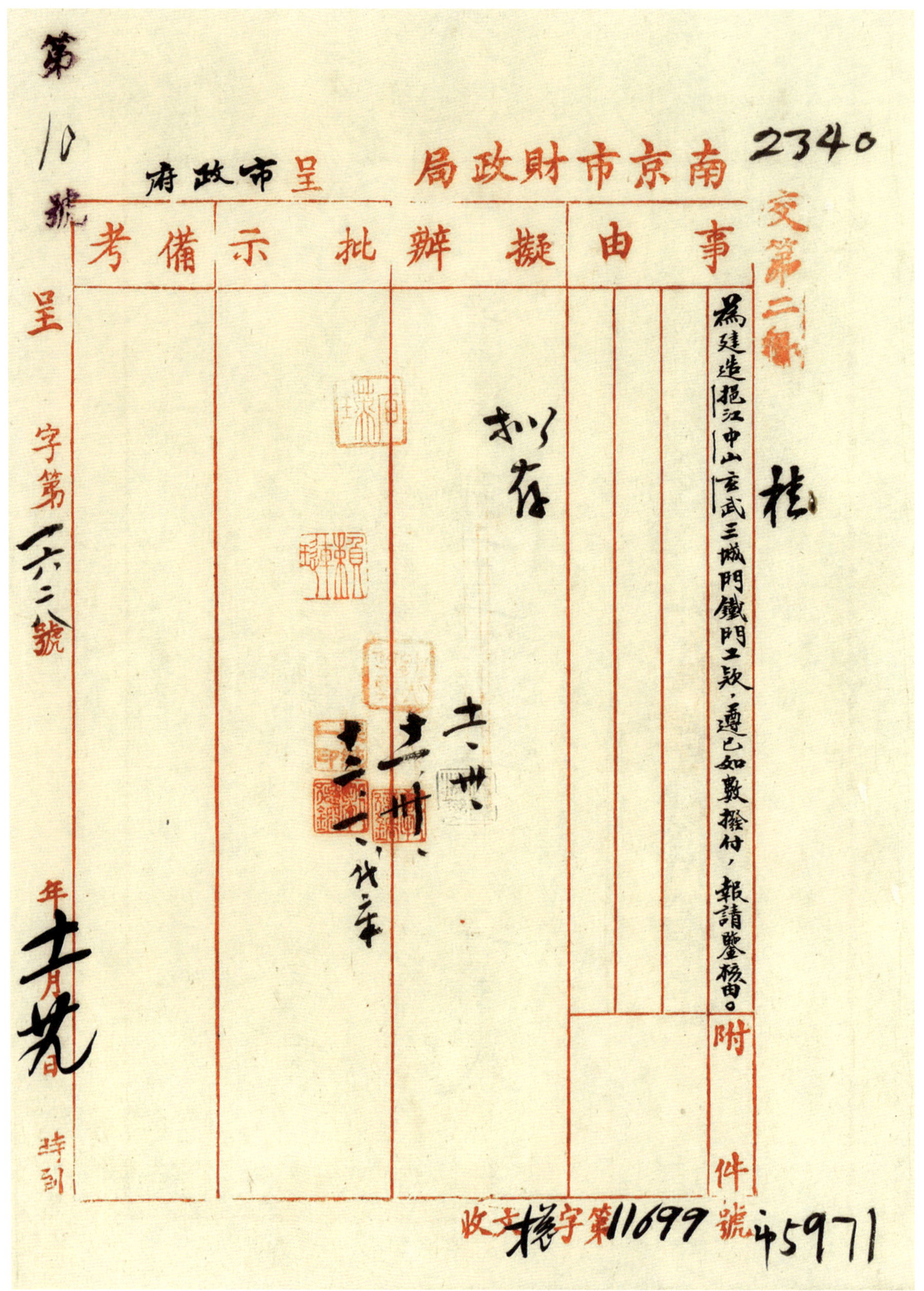

案奉

鈞府第九零八零號訓令檢發建造挹江中山玄武三城門鐵門工款支付預算書二份，飭即分别存轉，并撥發具報。等因，奉此。自應遵辦。除已按照預算數弍萬壹千玖百陸拾陸元弍角伍分，填製準支單一紙，交由工務局赴庫具領應用外。理合具文呈報，仰祈

鑒核。謹呈

市長石。

兼代財政局局長石瑛

中華民國二十三年十一月二十九日

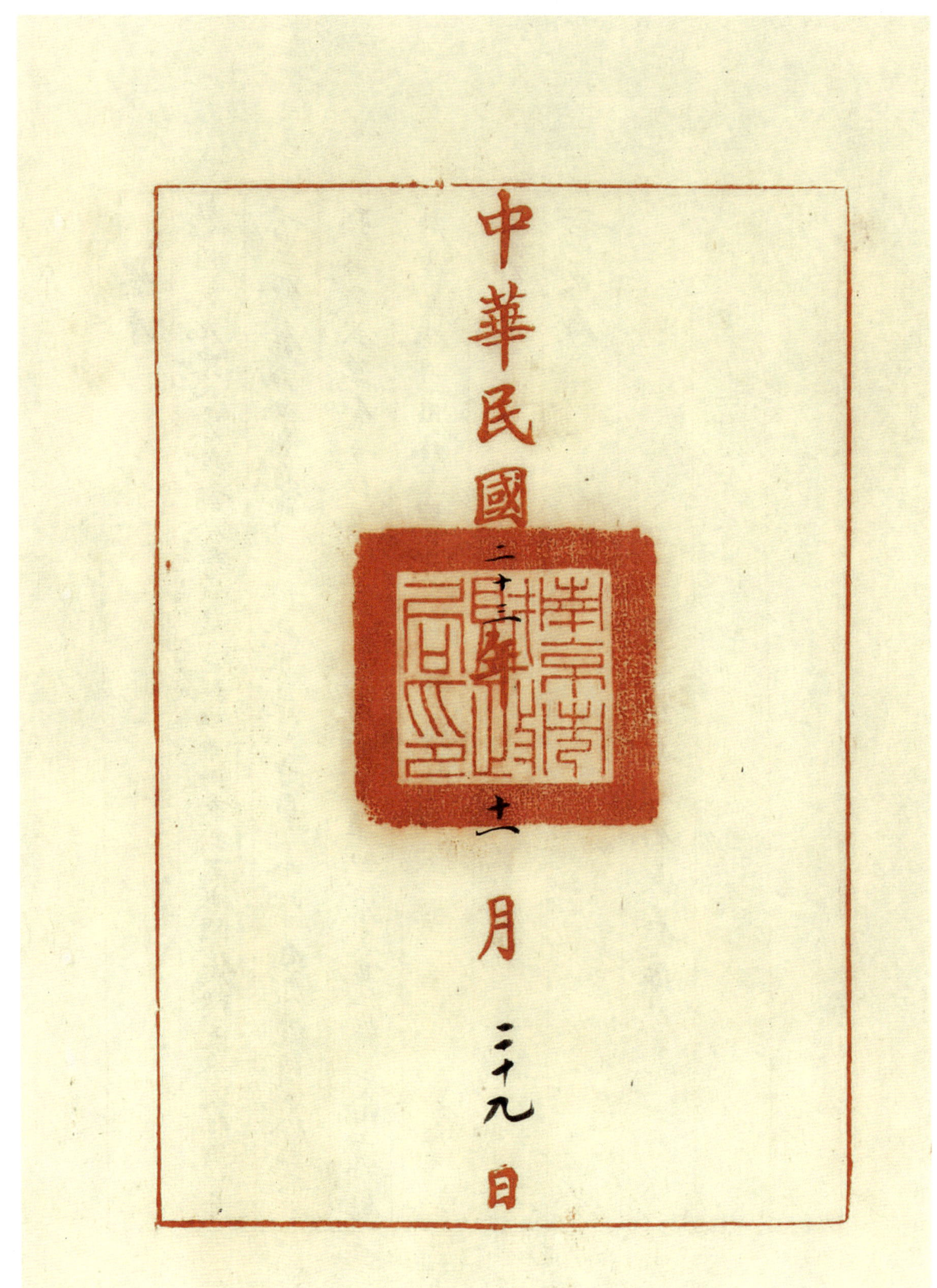

市政府爲據武定、漢中、新民三城門及興中門外護城河工程經費支出據情呈復祈鑒核致軍事委員會密呈和給市工務局指令

（一九三五年一月八日）

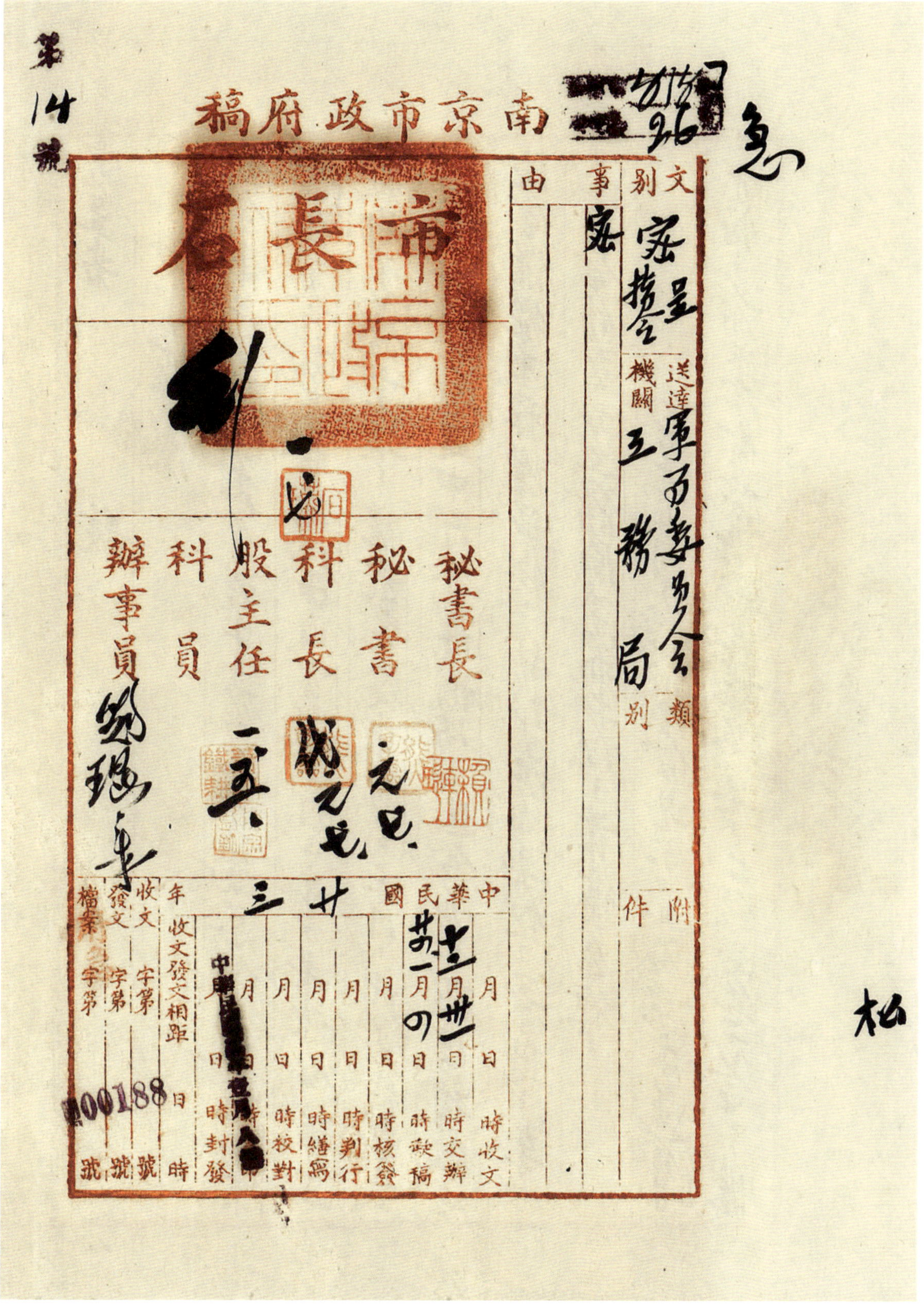
第14號

南京市政府稿

急

文別 密呈 密指令

事由 密

送達機關 軍事委員會 工務局

類別

附件

市長 石

秘書長

秘書

科長

股主任

科員

辦事員

中華民國廿三年

收文 月 日 時

交辦 十二月卅一日

擬稿 廿一月四日

核發 月 日 時

判行 月 日 時

繕寫 月 日 時

校對 月 日 時

封發 月 日 時

收文發文相距 日 時

收文 字第 號

發文 字第 號

檔案 字第 號

松

密呈第　　號

案奉

鈞令廿二年十一月二十八日，戰字第四三五六號密令，以據南京警備司令部呈報挹江、中山、玄武三門之扇，業經本市工務局裝修完竣，惟武定、漢中、新民三門，均為截斷式，尚未修竣，又興中門外護城河，迄今尚未設法補救，應請令催從速辦理，等語，飭即遵辦具報，等因；奉此，遵經令飭本市工務局遵辦去後，茲據呈稱：「正在遵辦間，竊　理合具文呈請核示等因。」等語，前來，查核所擬工程概要，大致尚無不合，惟約需款四十餘萬，為數非細，且在軍事上尚無絕對需要，似可暫緩興辦。且本府現在經費支絀，亦實無此財力。奉令前因，究應如何辦理之處，理合據情呈覆，仰祈

鑒核示遵！

謹呈

軍事委員會委員長蔣。

（全銜）石〇

指令第　號

000188

令工務局

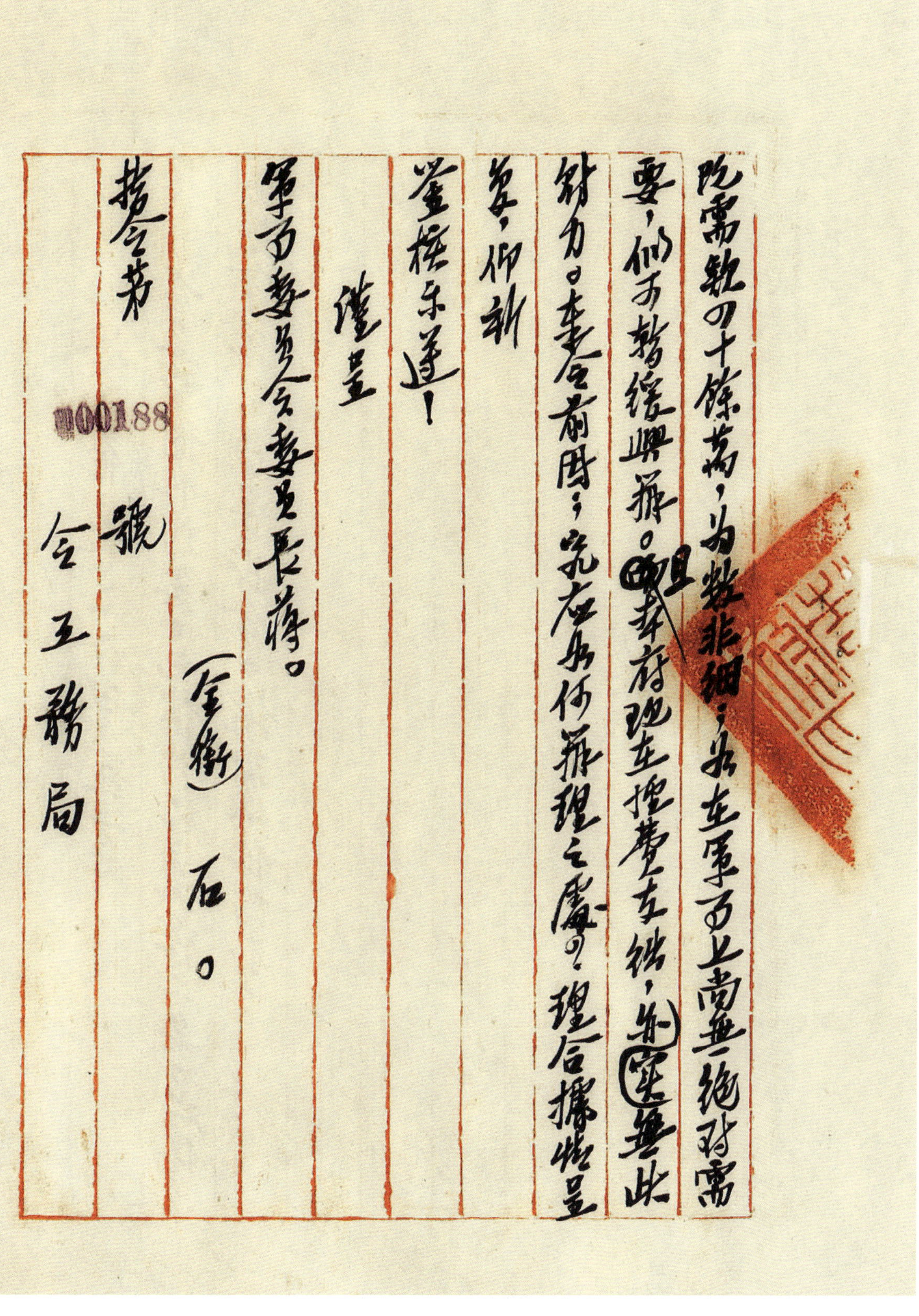

簽呈存件：密不發由。（五三〇一）

簽呈暨擬附名件均悉。已據情轉呈核示矣。右俟奉到指令，再行飭遵。此令。擬附名件均存。

校對吳家龍

市工務局爲建築挹江、中山、玄武三城門及修理太平門等各城門工程完工祈鑒核派員驗收并請轉軍事委員會加撥工款致市政府呈文（一九三五年一月十四日）

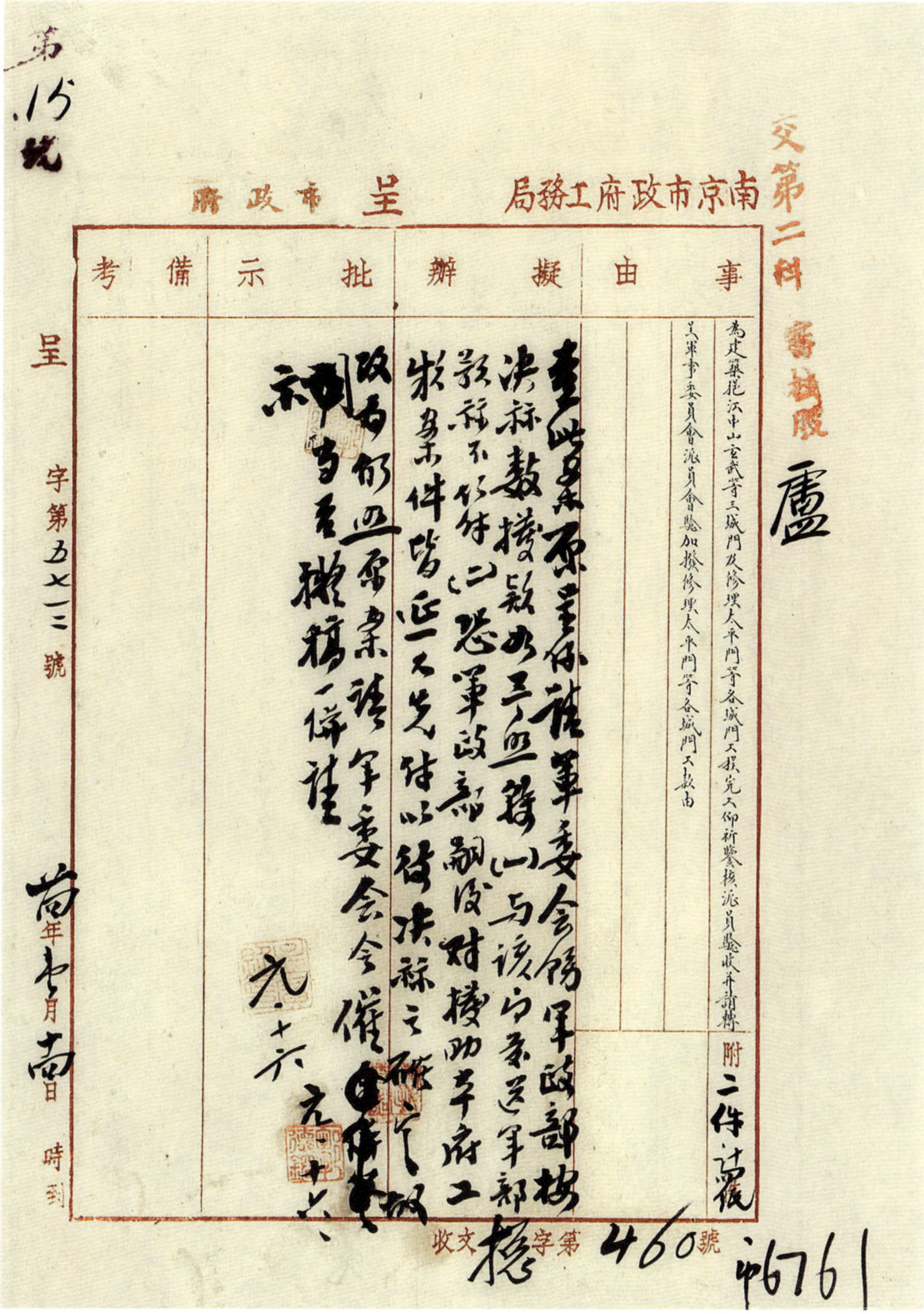

查建築挹江、中山、玄武等三城門，及修理太平門等各城門工程，前經分交永興機器廠牲泰銅鐵翻砂廠承包，並與分別簽訂合同，先後呈奉
鈞府第九零七九號及九八一零號指令核准各在案。茲查上項工程已先後完工，經派員檢驗大致相符，計建築挹江、中山、玄武等三城門，實應支工款貳萬壹千捌百捌拾柒元陸角伍分，較原包價貳萬壹千玖百陸拾陸元貳角伍分，減少洋柒拾捌元陸角，應俟驗收完畢，再將餘款解庫；至修理太平門等各城門，因中央門加做撐頭鐵門，加洋叁拾元，計應實支工款壹千伍百元，較原包價壹千肆百柒拾元增多叁拾元，應請
鈞府令飭加撥，以備支付，理合檢同決算書二份，呈祈
鑒核，俯賜派員驗收，並請轉呈
軍事委員會派員會驗，用昭核實。再此項工程，前奉

軍事委員會令飭軍政部補助三分之一工款，即經由局依照原包價數目貳萬叁千肆百叁拾陸元貳角伍分，編具三分之一直式預算，代府擬稿函請核撥，迄尚未准撥到，現在工程既經完成，數目亦略有增減，應請

鈞府轉呈

軍事委員會令飭軍政部依照實需數目貳萬叁千叁百捌拾柒元陸角伍分補助三分之一，計銀柒千柒百玖拾伍元捌角捌分叁厘，以資歸墊。一俟奉到軍會指令後，再向軍政部接洽請領，以省手續，合併陳明。

謹呈

市長 石

計附呈決算書二份

工務局局長嚴宏溎

中華民國二十四一月十四日

監印程鼎如
校對周伯愷

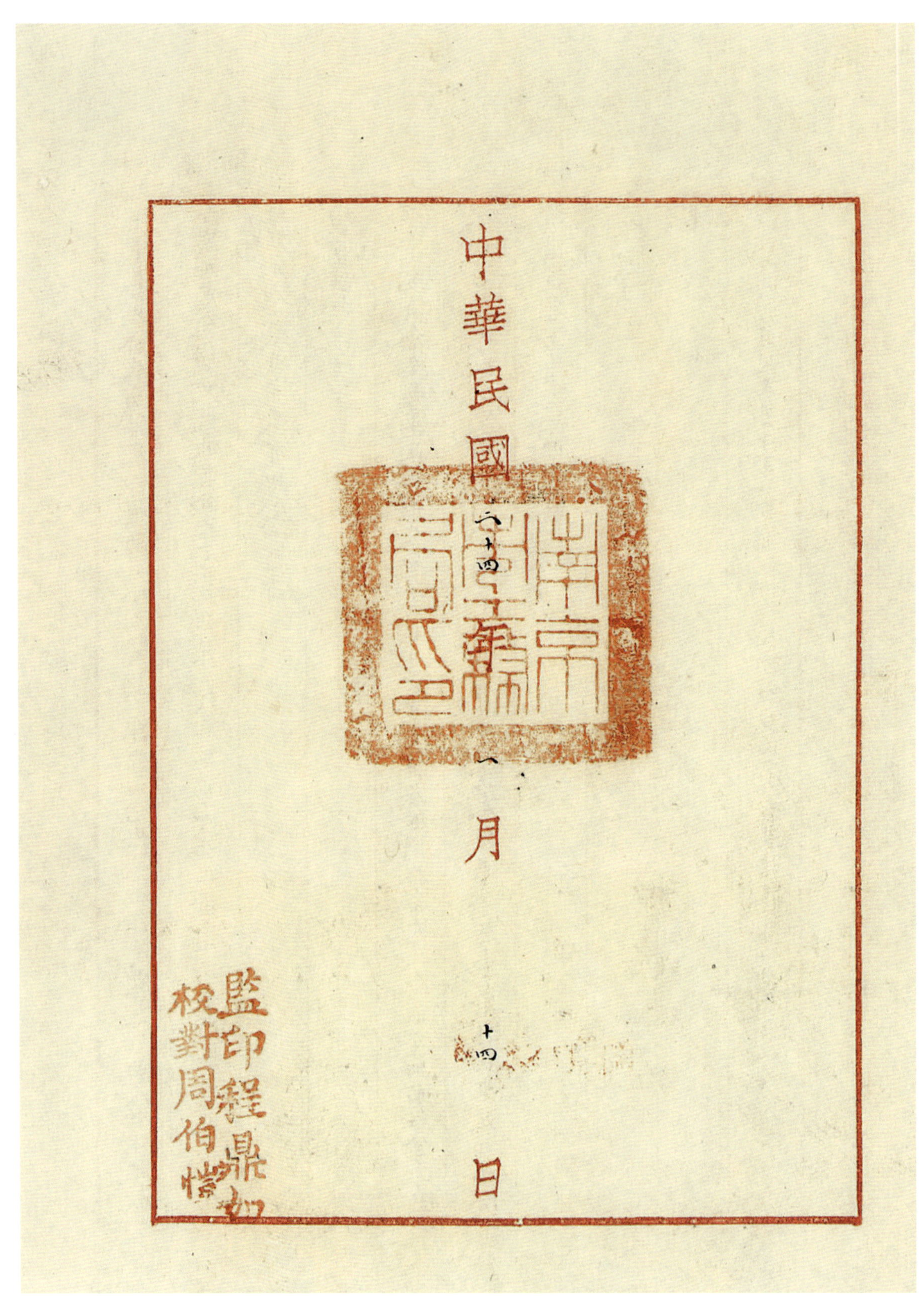

南京市工務局

建築挹江門中山門玄武門鐵門 工程決算書 (共2頁)

字第　號　　　　第1頁

合同號數	183號	規定限期	20鐵門44挹江門中山門 天
承包人	永興機器廠	雨雪冰凍	5，7 天
開工日期	23年9月24日	核准延期	— 天
全部分/一部分 工竣日期	23年10月18日 玄武門；23年11月9日 挹江門中山門	逾期日數	— 天

預算		決算	
原來預算或原合同所訂 總價	21966.25元	承包人實做工程費額	21887.65元
第一次追加			
第二次追加			
共計	21966.25元	淨付承包人	21887.65元

附註

實做工程詳細表

種類	形狀	單位	數量	單價(元)	總價(元)	備考
①挹江門						
1.中門						
鋼門工料	連油漆	公斤	12020	.295	3545.90	
開關等生鉄工料		〃	820	.295	241.90	
插捎		付	1	20.00	20.00	
撑頭		對	1	20.00	20.00	
混凝土等工料	1:2:4	立公	2.5	80.00	200.00	
				每座共	4027.80	元
2.邊門	(每座)					
鋼門工料	連油漆	公斤	9835	.295	2901.32	
開關等生鉄工料		〃	820	.295	241.90	
插捎		付	1	20.00	20.00	
撑頭		對	1	20.00	20.00	
混凝土等工料	1:2:4	立公	2.5	80.00	200.00	
				每座共	3383.22	
				兩座共	6766.44	元
3.雜項						
拆舊城門木板		工			20.00	

23年12月31日　　計算　　主任　　科長/技正　　局長

南京市工務局

3建築挹江門中山門玄武門鐵門工程詳細表

字第　號　　　　　　　　第 2 頁

種類	形狀	單位	數量	單價（元）	總價（元）	備考
土方		立公	500	30	150 00	
					170 00	元
②中山門						
1.中門						
鋼門工料	連油漆	公斤	9162	295	2702 79	
門閂等生鉄工料		〃	820	295	241 90	
插捎		付	1	20 00	20 00	
擋頭		對	1	20 00	20 00	
混凝土等工料	1:2:4	立公	2.5	80 00	200 00	
				每座共	3184 69	元
2.邊門	(每座)					
鋼門工料	連油漆	公斤	7230	295	2132 85	
閘閂等生鉄工料		〃	820	295	241 90	
插捎		付	1	20 00	20 00	
混凝土等工料	1:2:4	立公	2.5	80 00	200 00	
				每座共	2594 75	
				兩座共	5189 50	元
③玄武門						
門及掩護木架	連油漆	座	2	320 00	640 00	
鋼板	〃	公斤	4322	235	1015 67	
閘閂等生鉄工料		〃	2170	235	509 95	
混凝土等工料	1:2:4	立公	4.67	80 00	373 60	
修理舊門檻		付	1	10 00	10 00	
					2549 22	元
		挹江門 中山門 玄武門		三門總計	21887 65	元

南京市工務局

□中門 光華門 中央門
□門，金川門，武定門，新民門的工程決算書　（共2頁）

□號　　第1頁

□號數	184號	規定限期	30天
□包人	姓泰銅鐵翻砂廠	雨雪冰凍	1天
□工日期	23年10月5日	核准延期	天
全部分/一部分 工竣日期	23年10月26日	逾期日數	天

預算		決算	
原來預算或原合同所訂總價	1470.00元	承包人實做工程費額	1500.00元
第一次追加			
第二次追加			
共計	1470.00元	淨付承包人	1500.00元

附註

實做工程詳細表

種類	形狀	單位	數量	單價（元）	總價（元）	備考
①太平門		座	1	100.00	100.00	門上加釘帽釘，頂上門樞，塗黑柏油兩度。
②和平門		座	1	120.00	120.00	門上修理鉄片環換、門槓，加帽釘，塗柏油兩度。
③光華門		座	1	60.00	60.00	改換台迹門檔指，修理門樞等，塗柏油兩度。
④通濟門		座	1	90.00	90.00	改換門樞兩個，塗柏油兩度。
⑤金川門		座	1	90.00	90.00	修理鉄搭檔梢，改換上下門樞，塗柏油兩度。
⑥興中門		座	1	170.00	170.00	上加了鉄板約120方尺，修理木料，改裝門樞，塗柏油兩度。

23年12月31日　計算　主任　科長/技正　局長

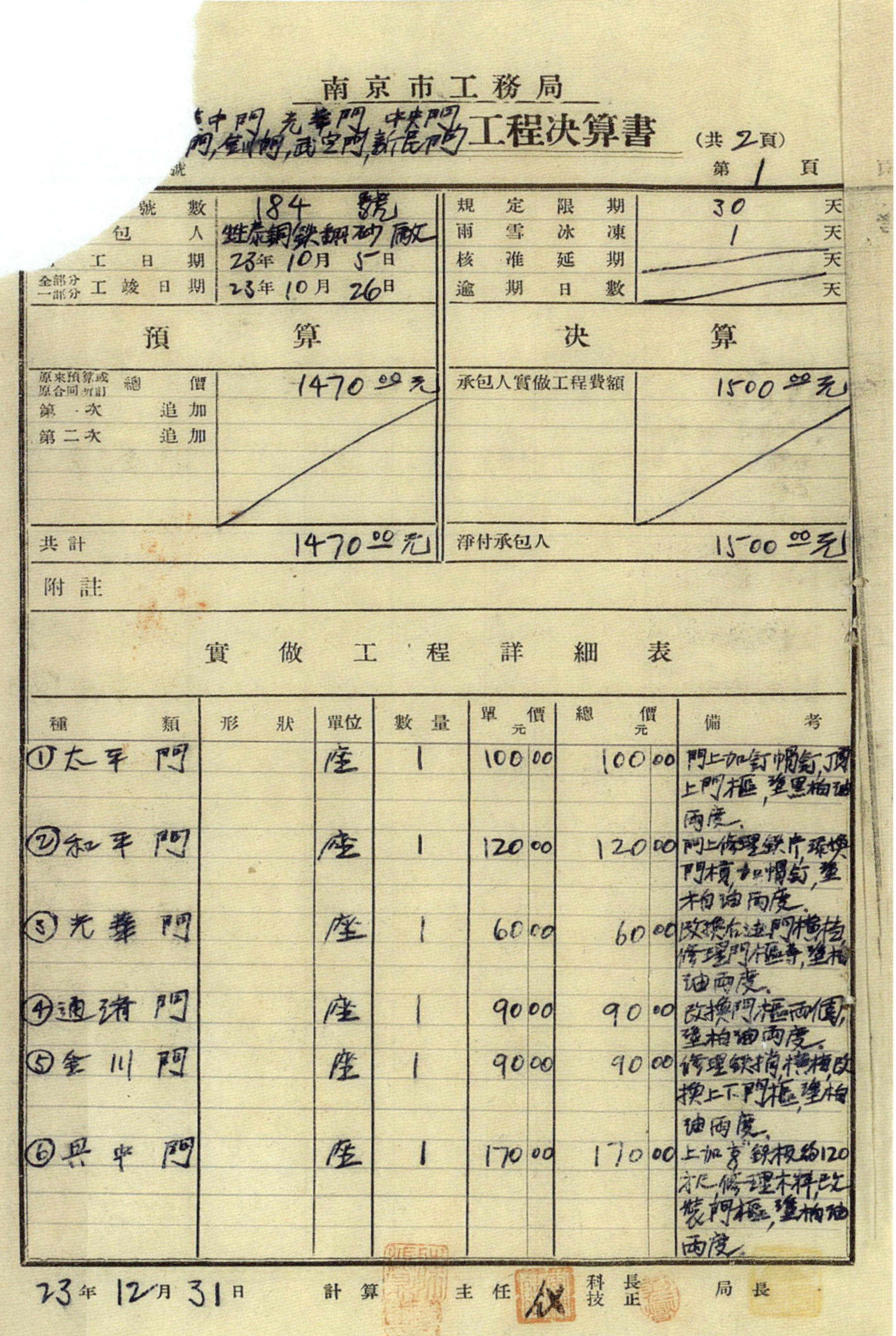

南京市工務局

修理太平門等十一城門　**工程詳細表**

字第　號　　　　　　　　　　第 2 頁

種類	形狀	單位	數量	單價（元）	總價（元）	備考
⑦中央門		座	1	500.00	500.00	施工方法,詳圖樣內
〃	加插鐵門 加鉄門	根 個	2 2	10.00 5.00	30.00	此零件另加.
					530.00	元
⑧漢中門	鉄鈎鉄鏈 詳圖樣	座	1	100.00	100.00	改做鉄門,門檻平上下做水泥,加鉄鈎鉄鏈,塗柏油兩度
⑨舊中華門	〃	座	1	180.00	180.00	下部加釘鉄板約120方尺,加帽釘,改做上下門檻(加鉄鈎鉄鏈,係在該城門用)塗柏油兩度.
⑩新民門	〃	座	1	20.00	20.00	加鉄鈎鉄鏈
⑪武定門	〃	座	1	40.00	40.00	加鉄鈎鉄鏈
					總共1500.00	元

市政府爲驗收建築挹江、中山、玄武三城門及修理太平門等各城門工程一案已轉呈軍事委員會派員會同驗收給市工務局指令
（一九三五年一月二十一日）

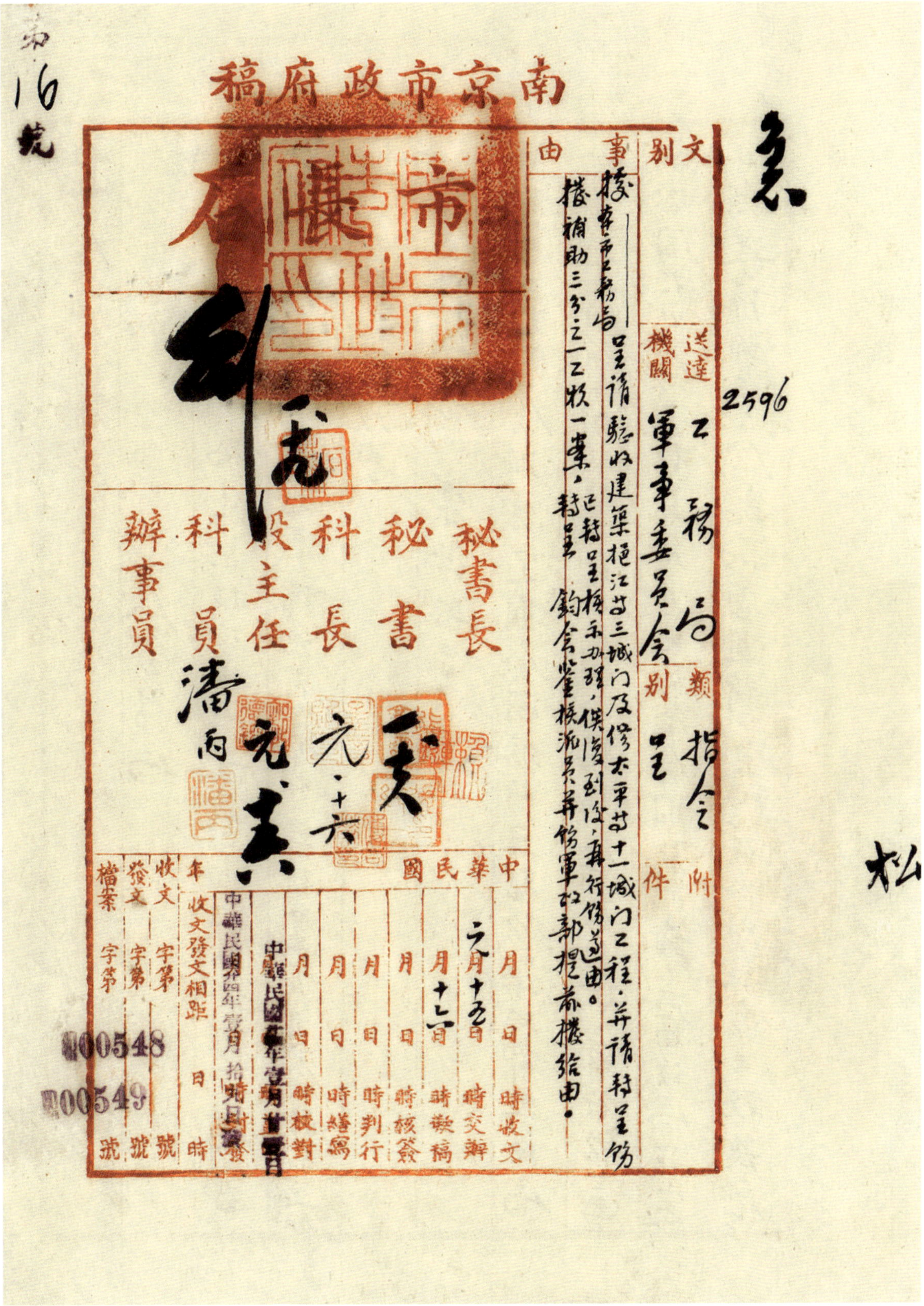
南京市政府稿

文別：指令
送達機關：工務局　軍事委員會
類別：呈
附件

事由：據市工務局呈請驗收建築挹江等三城門及修理太平等十一城門工程，並請轉呈飭撥補助三分之二工款一案，已轉呈核示辦理，俟復到後，再行飭遵由。轉呈鈞會鑒核派員并飭軍政部提前撥給由。

秘書長　秘書　科長　股主任　科員　辦事員

中華民國　年　月　日　時收文

指令

令工務局

呈一件。為建築挹江、中山、玄武三城門及修理太平門等城門工程完工，請派員驗收，並轉呈派員會驗暨加撥工款由。

呈件均悉。案經轉呈軍事委員會派員定期會同驗收，並請轉飭軍政部並該局前呈領尾款柒千捌百拾貳元零捌分撥給，俟復到後，再行飭遵。嗣後關於此類工程，如須其他機關會同驗收者，應由該局預定日期，逕請派員會驗，以省週折。至修理城門趕造工款叁拾

減

元，應俟驗收後，繳還餘款，及減少之款，由局分別附編造支付預算呈候核辦，

仰即分別遵照。件存。此令。

副呈參

案據本市工務局呈略稱：

00549

查建築挹江、中山、玄武三城門，及修理太平門

等十一處城門工程，業已先後完工，經派員核驗

相符，請派員驗收，並請轉呈

軍事委員會派員會驗，以昭核實。惟查此項工

程，前奉

軍事委員會令飭軍政部照撥價式萬叁千四百叁

捨除之貳角五分，補助三分之一工款，並經編造預算，
呈請轉函核撥在案，迄未准撥，現在工程既經完成，
欠付工款，無法清付，應請轉呈
軍事委員會令飭軍政部迅速簽撥，以應急
需。
等情，據此，查此項工程，前奉
鈞會上年九月五日戰字第三七五零號密令限期辦理，當經
轉飭遵辦，并呈奉
鈞會十月二十五日戰字第四一四九號指令，飭由軍政部補助三
分之一工款，當即遵令飭編預算轉函軍政部照色係貳萬

叁千四百叁拾六元弍角伍分，補助三分之一工款，柒千捌百拾弍元零捌分在案。為時已久，迄未准復，惟工程因限期緊迫，未能稍延，所需工款，已由其他用費項下，挪付一部，仍[illegible]樓前情，除指令外，理合備文呈請

鈞會鑒核，派員定期會同前往驗收，轉飭軍政部將補助工款柒千捌百拾弍元零捌分，即日匯撥過府，以便轉發，并乞指令祇遵。

謹呈

軍事委員會委員長 蔣

中華民國　年　月　日

繕寫

校對　校對吳家龍

監印　監印石家璽

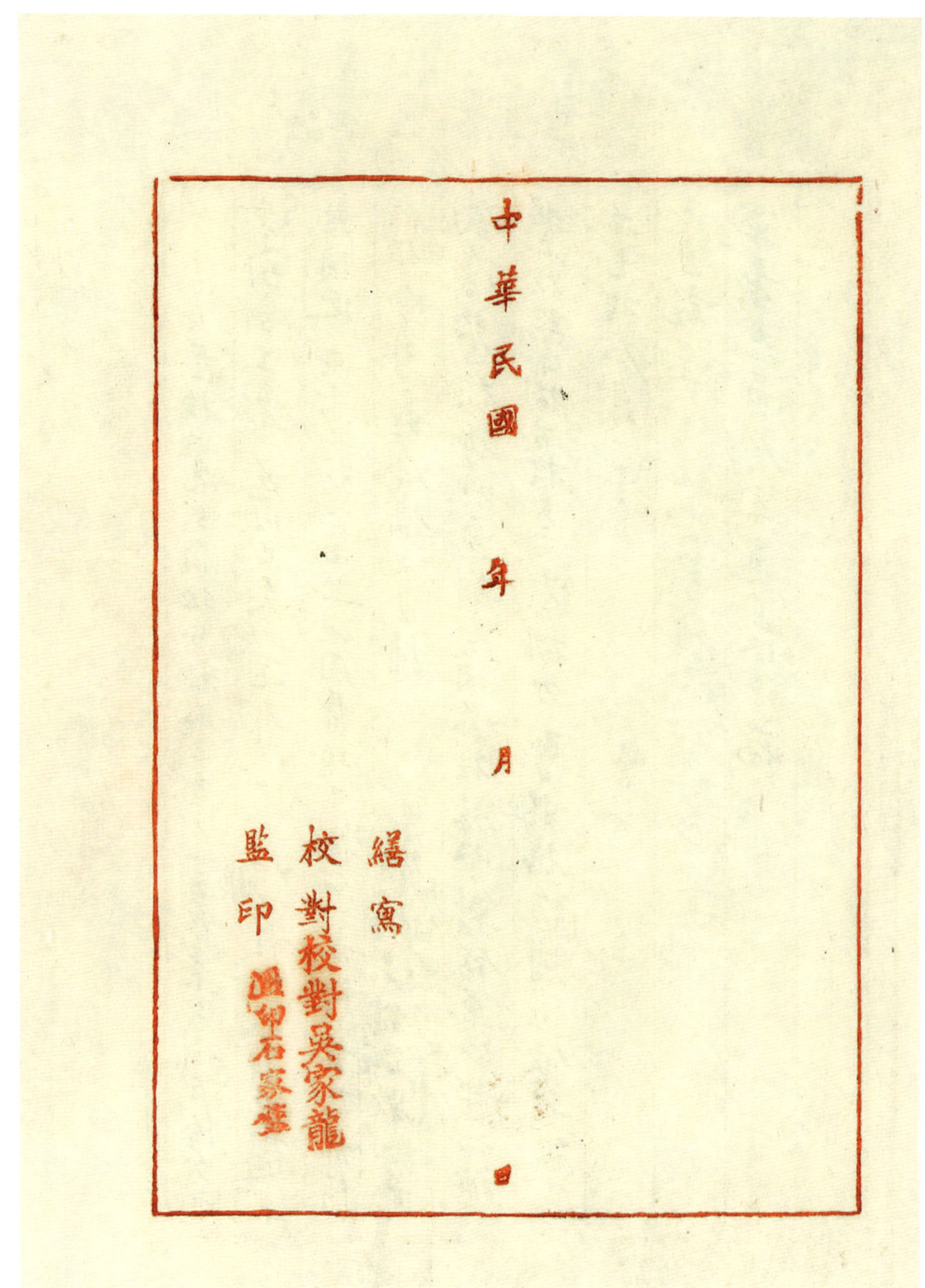

國民政府軍事委員會爲裝修城門補助費已轉令核發并定期派員驗收仰知照給市政府指令（一九三五年一月二十五日）

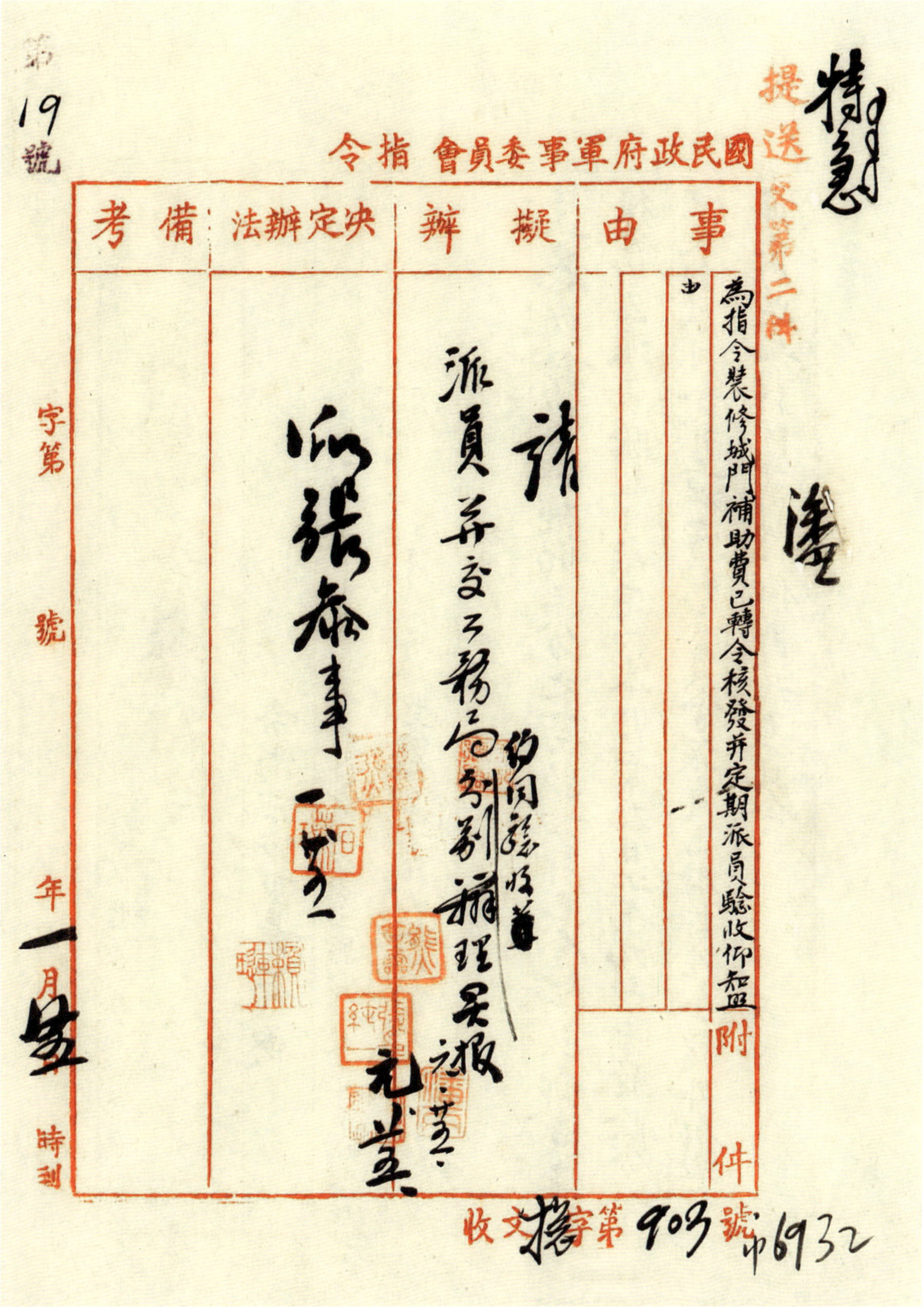
特急

提送 文第二件

第19號

國民政府軍事委員會指令

事由	擬辦	決定辦法	備考
爲指令裝修城門補助費已轉令核發并定期派員驗收仰知照由	請派員并交工務局會同劉□辦理呈報	派張參事	

附件

字第 號

年 一月 廿五 時到

收文 字第903號

國民政府軍事委員會指令

總一字第4695號

令南京市市長石瑛

呈一件　據本市工務局呈請驗收建築挹江等三城門及修太平等十一城門工程並請轉呈飭撥補助三分之一工款一案轉呈鑒核派員並飭軍政部提前發給由

呈悉。所請撥給補助三分之一工款一節，已令軍政部查案核撥。至派員驗收日期定於本月二十九日上午九時會驗。除分令軍政部、谷司令并工料審核委員會派員屆時前往會驗外，仍由該市府遵知，飭同前往。仰即知照。此令。

工料審核委員會設在太平巷
軍委會第三廳內便是

國民政府軍事委員會第一廳第一處便用箋

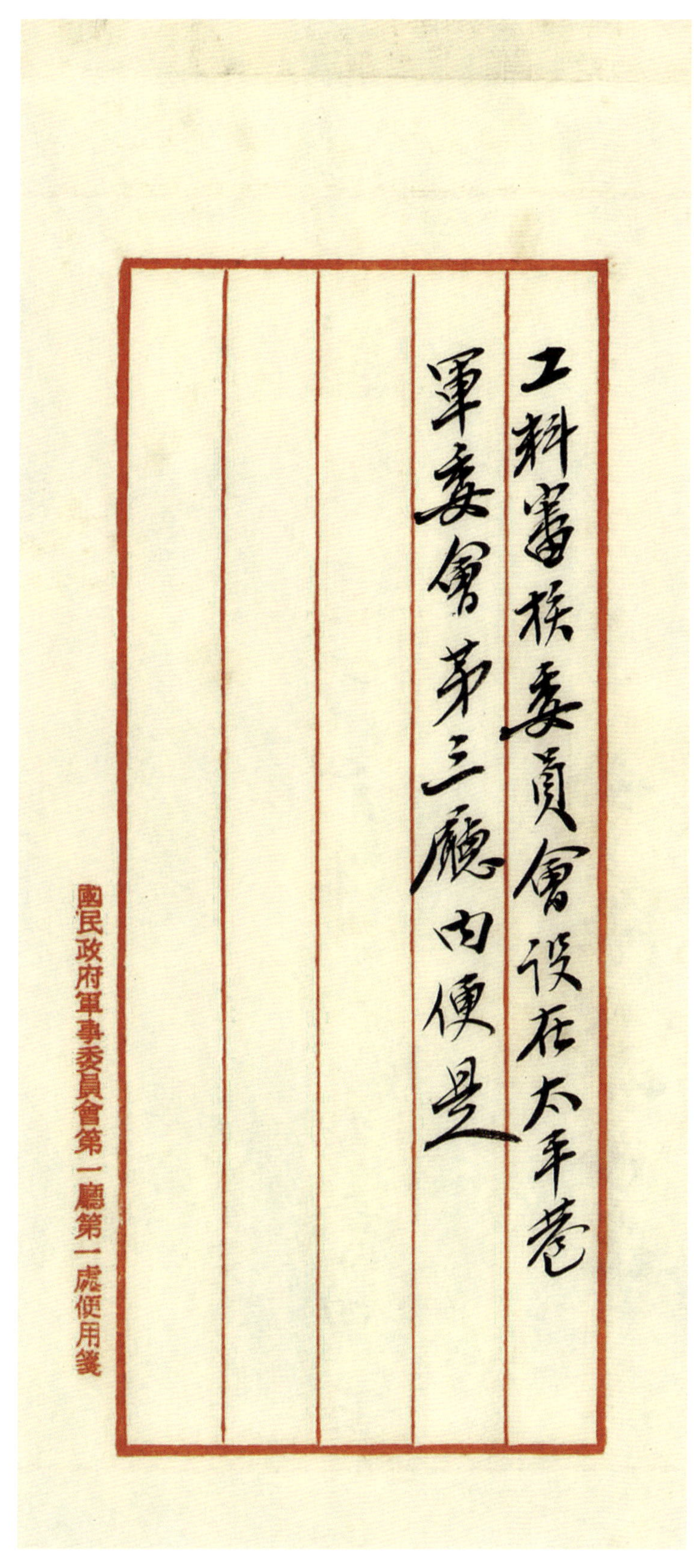

中華民國二十四年一月二十四日

委員長蔣中正

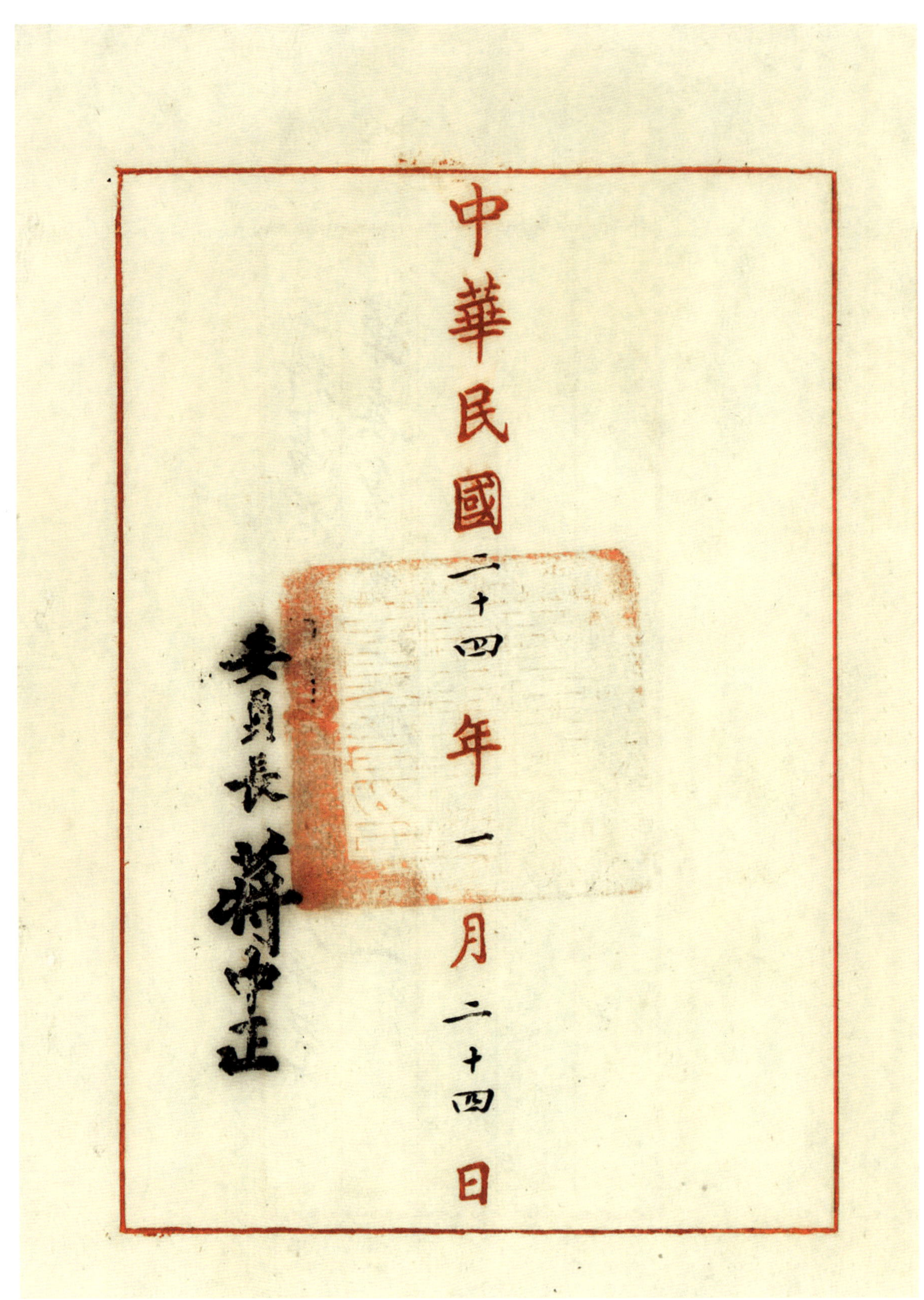

簽呈第1902號

二十四年一月三十日

案由：詳文內

簽擬辦法

案奉

鈞長交下軍事委員會指令一件，為指令整修城門補助費已轉令核發並定期派員驗收，仰即知照由，奉

批「派張參事」等因，遵經轉派趙科員瑞於本月二十九日會同警衛材料審核委員會代表王旭棻、軍政部代表傅方衡、憲兵司令部代表張羽，工務局周技士國璠、陳技士鴻鼎等前往各城門勘驗完畢，據查修建挹江等三城門工程大致尚合，惟挹江門鋼門上面漏做鉚釘數處，應由工務局督促原包工補齊外，其餘材料做法，因事實需要，雖照原擬畧有增改

47010

簽擬辦法　　批示

之處，亦尚合用，查核決算書所列總數並未超出原來預算，又修理太平門等十一城門工程，經會同勘驗，均認尚無不合，似可予以驗收，是否有當，理合檢同原件，簽請

鑒核，謹呈

市長石

職張劍鳴

准予驗收

一卅

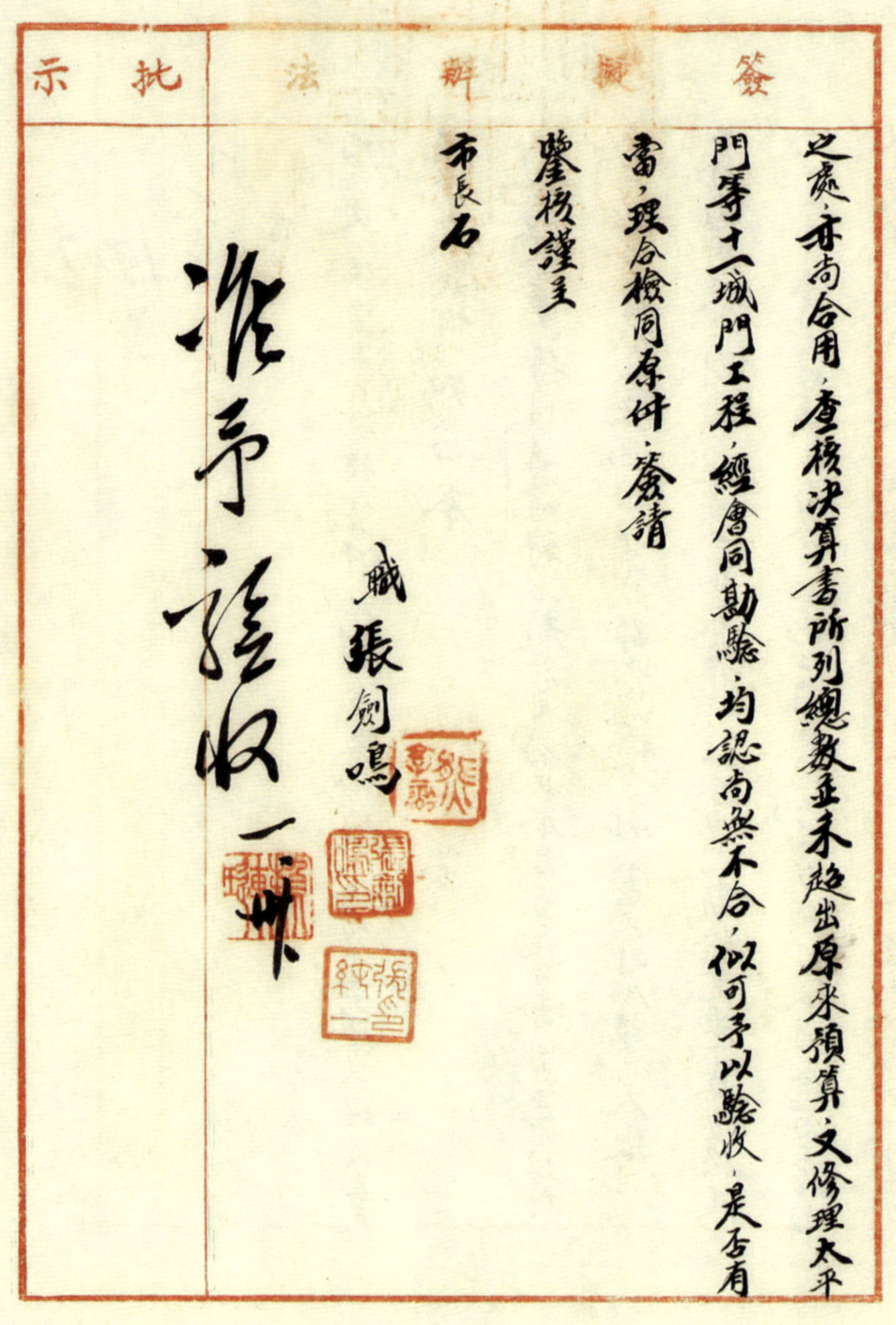

市工務局送修建挹江等城門超過工款支付預算書請鑒核飭撥致市政府呈文（一九三五年二月一日）

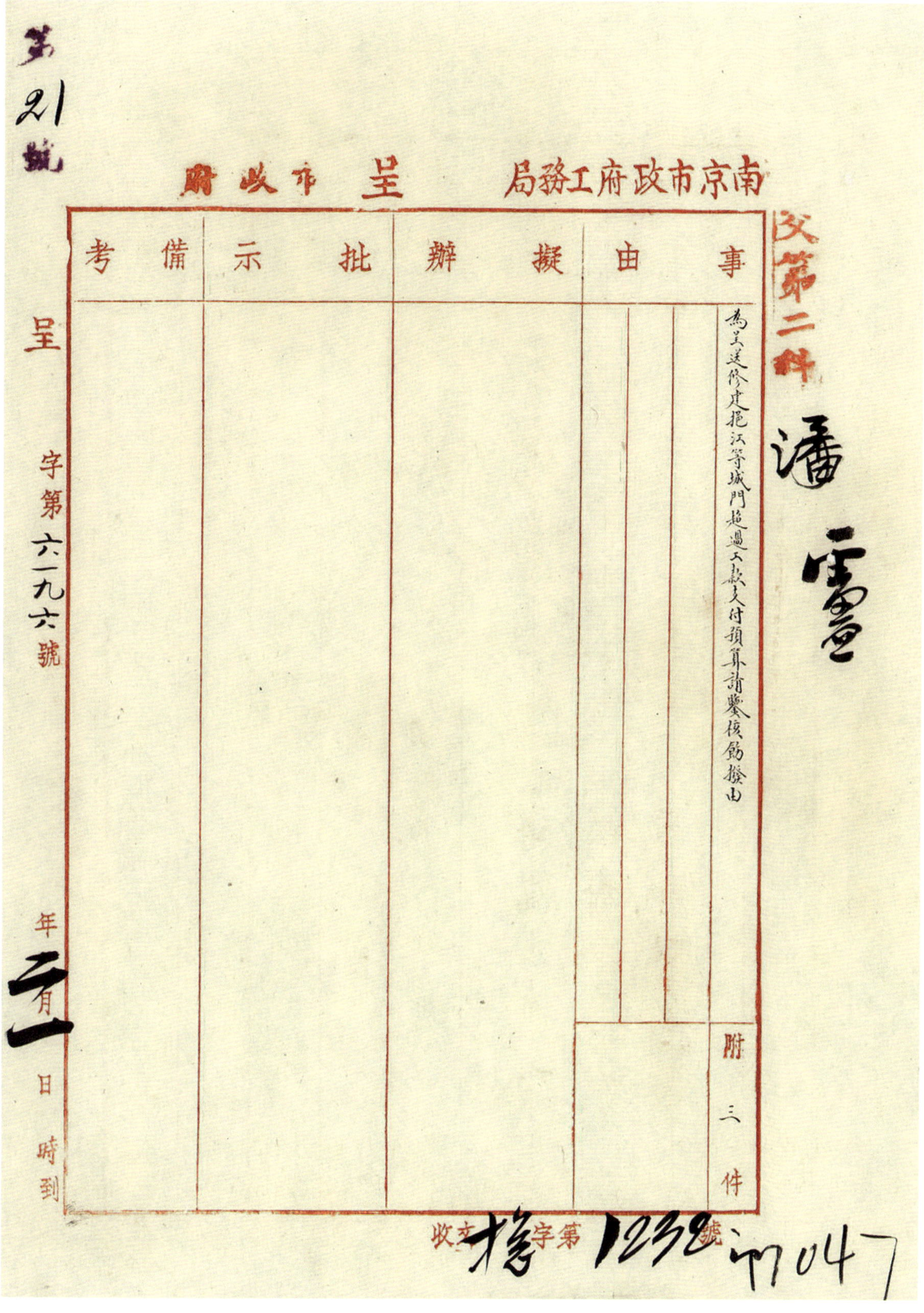

第21號

南京市政府工務局 呈 市政府

事由	擬辦	批示	備考
為呈送修建挹江等城門超過工款支付預算請鑒核飭撥由			
附 三 件			

呈 字第六一九六號

年二月一日 時到

文第二科

潘

收文 穆字第1232號

17047

工務句句長嚴宏雅

案奉

鈞府第五四八號指令略開：據本局呈請驗收建設挹江等城門，及修理太平等十一城門工程，並請轉呈飭撥補助費一案，已轉呈核示，俟奉復後，再行飭遵，至超過及減少之款，應俟驗收後，由局分別繳還，暨編造支付預算，呈候核辦，等因。奉此，查此項工程，現已驗收，除減少之款，應另案解還外，所有修理城門超過之款，計銀叁拾元，自應照數請領，以清款目，理合造具支付預算書，具文呈送，仰祈

鑒核飭撥。

謹呈

市長 石

計呈送支付預算書三份

中華民國六十四

二月

日

監印程鼎如

校對周伯愷

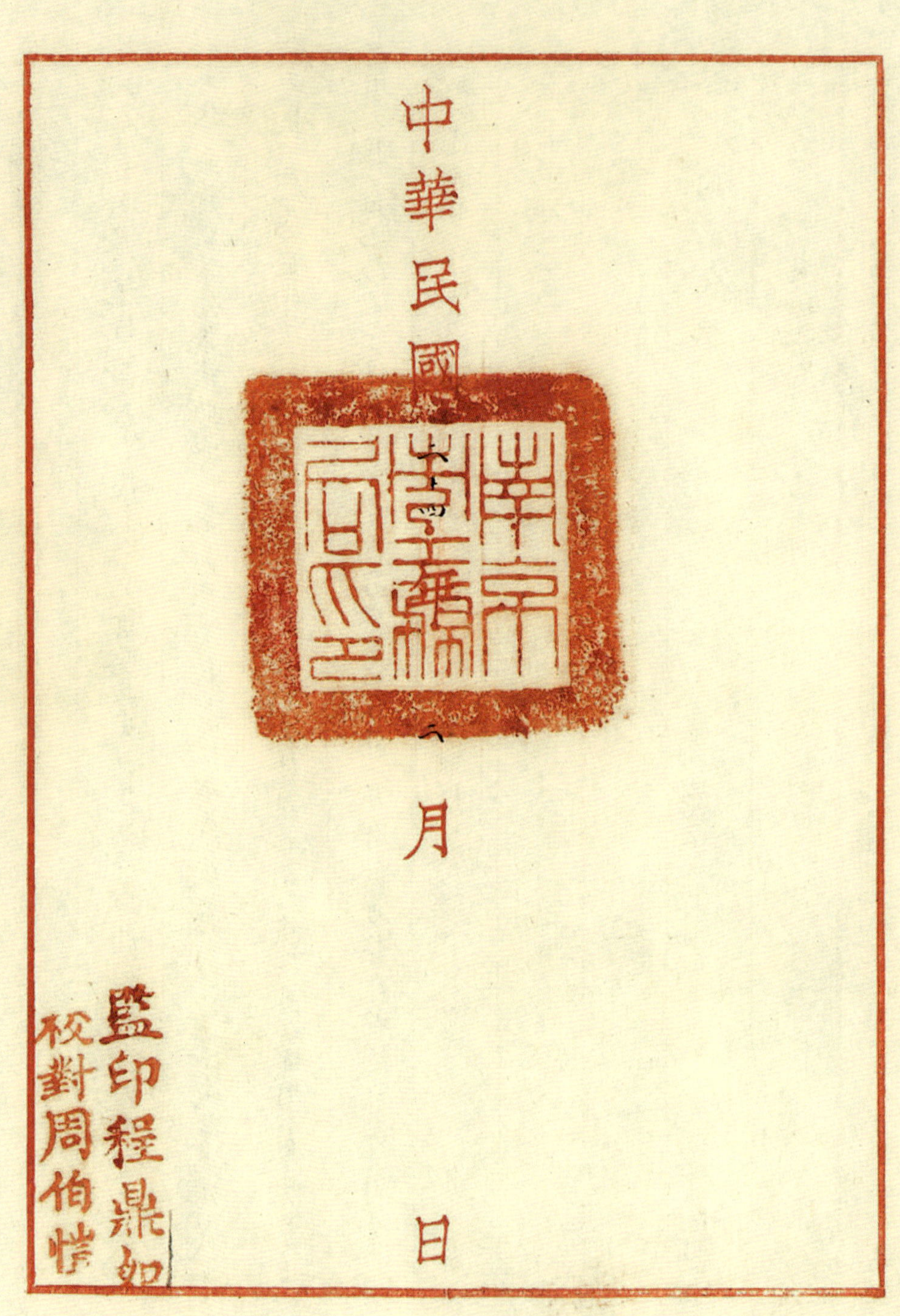

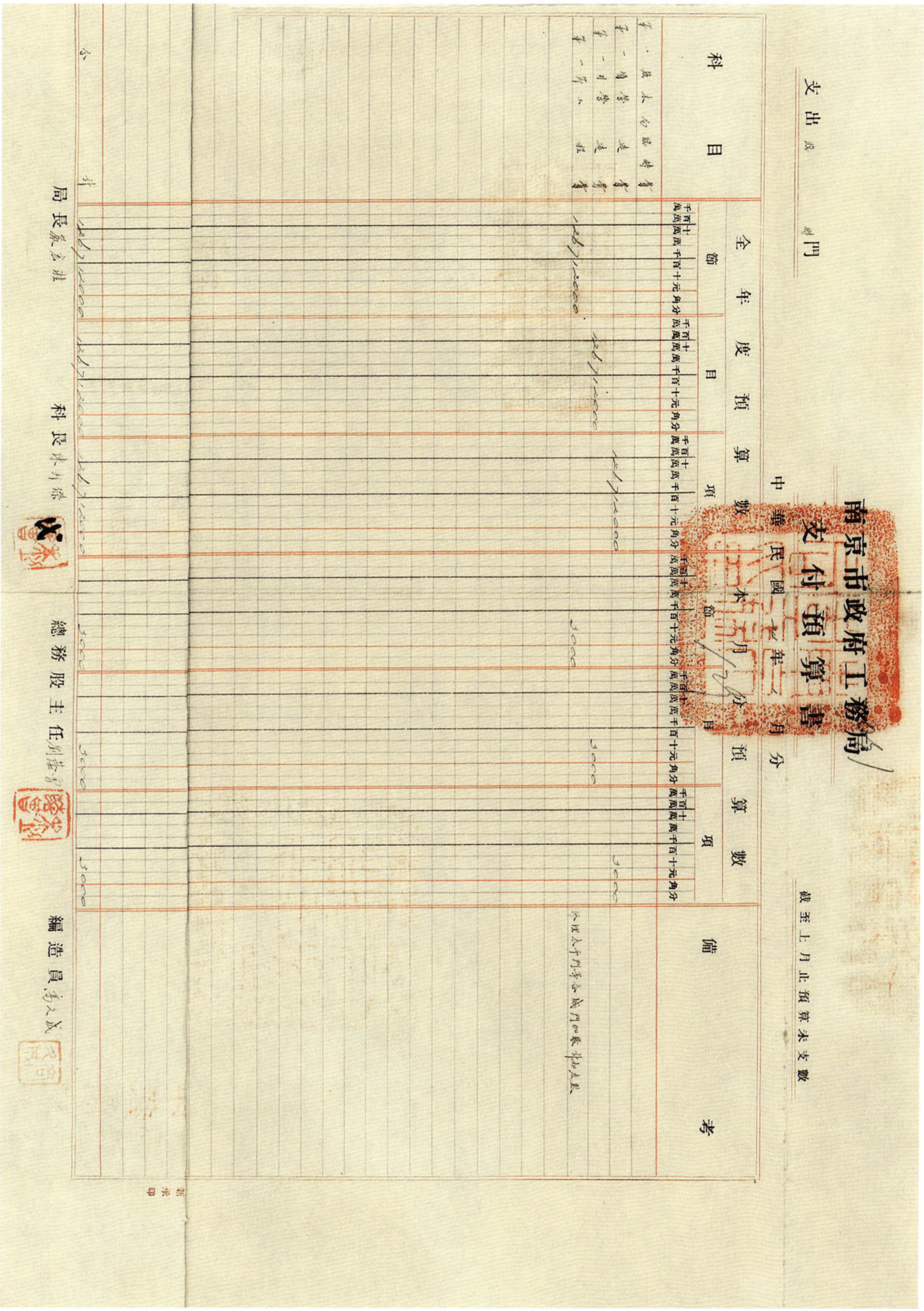

南京市政府工務局
支付預算書

支出臨時門　　中華民國二十年一月分　　截至上月止預算未支數

科目	全年度預算數 節	全年度預算數 目	全年度預算數 項	本月分預算數 節	本月分預算數 目	本月分預算數 項	備考
第一款本府臨時費							
第一項營造費			126712000			3000	
第一目營造費		126712000			3000		
第一節工程費	126712000			3000			修理太平門等各城門加裝鐵柵大栓
合計	126712000	126712000	126712000	3000	3000	3000	

局長蔡宏姓　科長陳升條　總務股主任劉蔭曾　編造員高之成

南京市政府工務局 支付預算書

支出臨時門　　　　截至上月止預算未支數

中華民國廿年一月分

科目	全年度預算數 節	全年度預算數 目	全年度預算數 項	本月分預算數 節	本月分預算數 目	本月分預算數 項	備考
第一款 本局臨時費							
第一項 營造費			126712000			3000	
第一目 營造費		126712000			3000		
第一節 工程費	126712000			3000			修理太平門等各城門加[illegible]款
合計	126712000	126712000	126712000	3000	3000	3000	

局長[illegible]　　科長[illegible]　　總務股主任[illegible]　　編造員[illegible]

新永印

市政府爲裝修城門補助費已轉令核發并驗收完畢令仰分別遵辦具報給市工務局訓令（一九三五年二月四日）

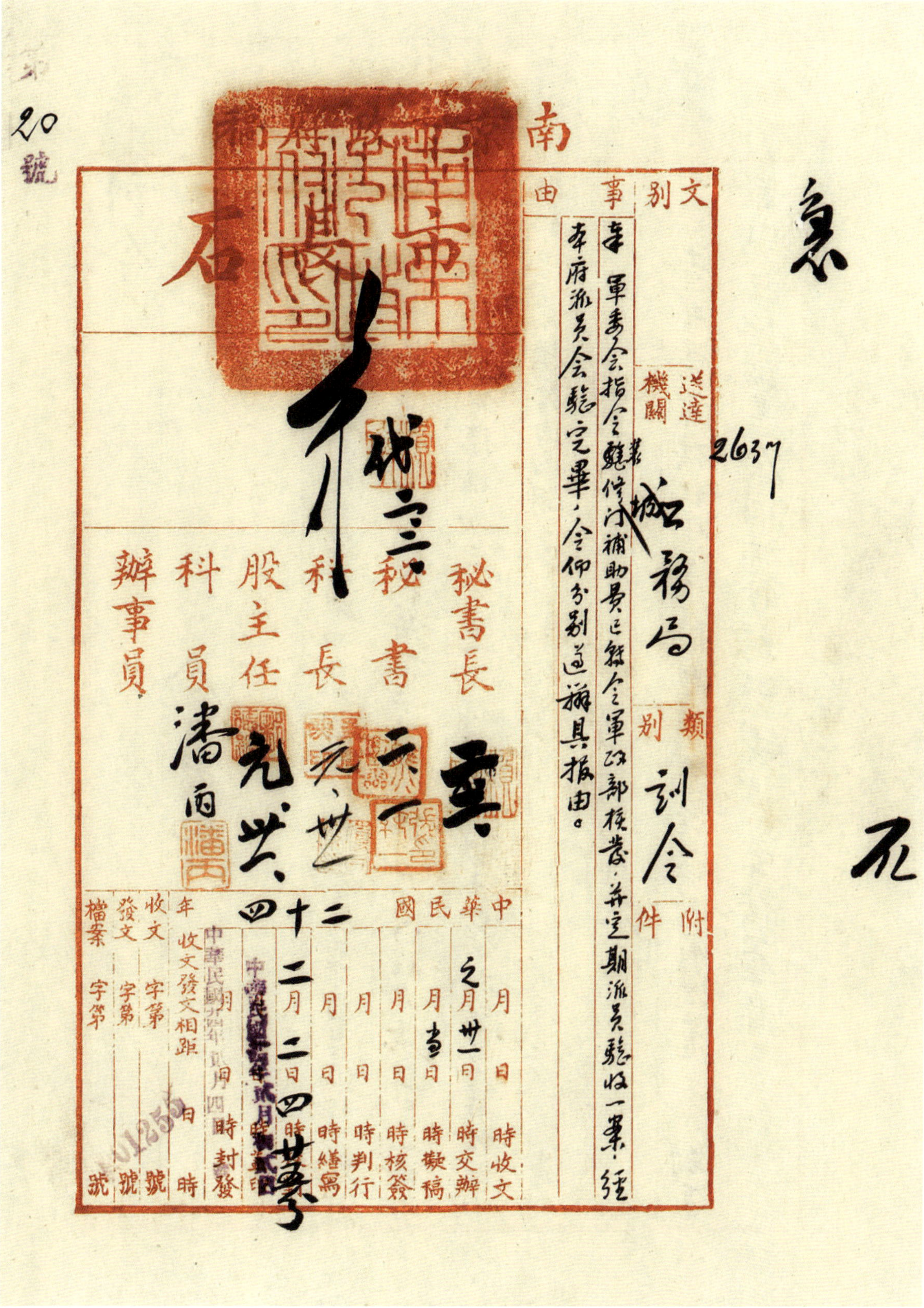
20號

南京市政府稿

急

文別：訓令

送達機關：工務局 2637

類別：訓令

事由：奉軍委會指令驗修城門補助費已發令軍政部核發，并定期派員驗收一案，經本府派員会驗完畢，令仰分別遵辦具報由。

附件

秘書長
秘書
科長
股主任
科員
辦事員

中華民國二十四年二月

月 日 時	
收文	
交辦	元月卅一日
擬稿	二月二日
核簽	
判行	
繕寫	
封發	二月四日

收文發文相距 日 時

收文字第 號

發文字第 號

檔案字第 號

訓令

令工務局

案奉

軍事委員會總一字第四六九五號指令：奉府呈一件，為據本市工務局呈請驗收建築挹江等三城門及修理太平等十一城門工程，並請轉呈飭撥補助三分之一工款一案，轉呈鑒核派員并飭軍政部提前撥給由內開：

「呈悉。所請撥給並原令抄發。此令。」

查此案前據該局呈請到府，當經據情轉呈在案，嗣奉前因，復經派員會同前往驗收，去後，茲據簽稱：

遵於本月二十九日會同警衛材料審核委員會
代表（照原簽抄呈）簽請鑒核。
等情，並繳還原件，據此，合行令仰該局遵照，剋日派員運
赴軍政部洽領，并轉飭迅予將漏做工程補做完好，呈報查
核，此令。
修振[illegible]收。

中華民國廿四年二月日

繕寫石忍安

校對

監印

市政府爲據請修建挹江等城門超過工款一案已飭市財政局轉賬核撥給市工務局、財政局訓令（一九三五年二月六日）

第22號

急

220

南京市政府稿

文別	訓令
送達機關	工務局、財政局
事由	據工務局呈請修建挹江等城門超過工款已飭財政如數撥付仰知照由（局呈指由 具指由）

市長 石

廿 二、五

秘書長	
秘書	二、六
科長	二、二
股主任	二、二、
科員	
辦事員	

中華民國二十四年

收文	月 日 時
交辦	月 日 時
擬稿	二月二日 時
核簽	月 日 時
判行	月 日 時
繕寫	月 日 時
校對	二月六日三時
蓋印	月 日 時
封發	月 日 時

收文發文相距 貳月六日時

收文 字第 號

發文 字第 01347 號

檔案 字第 01348 號

石

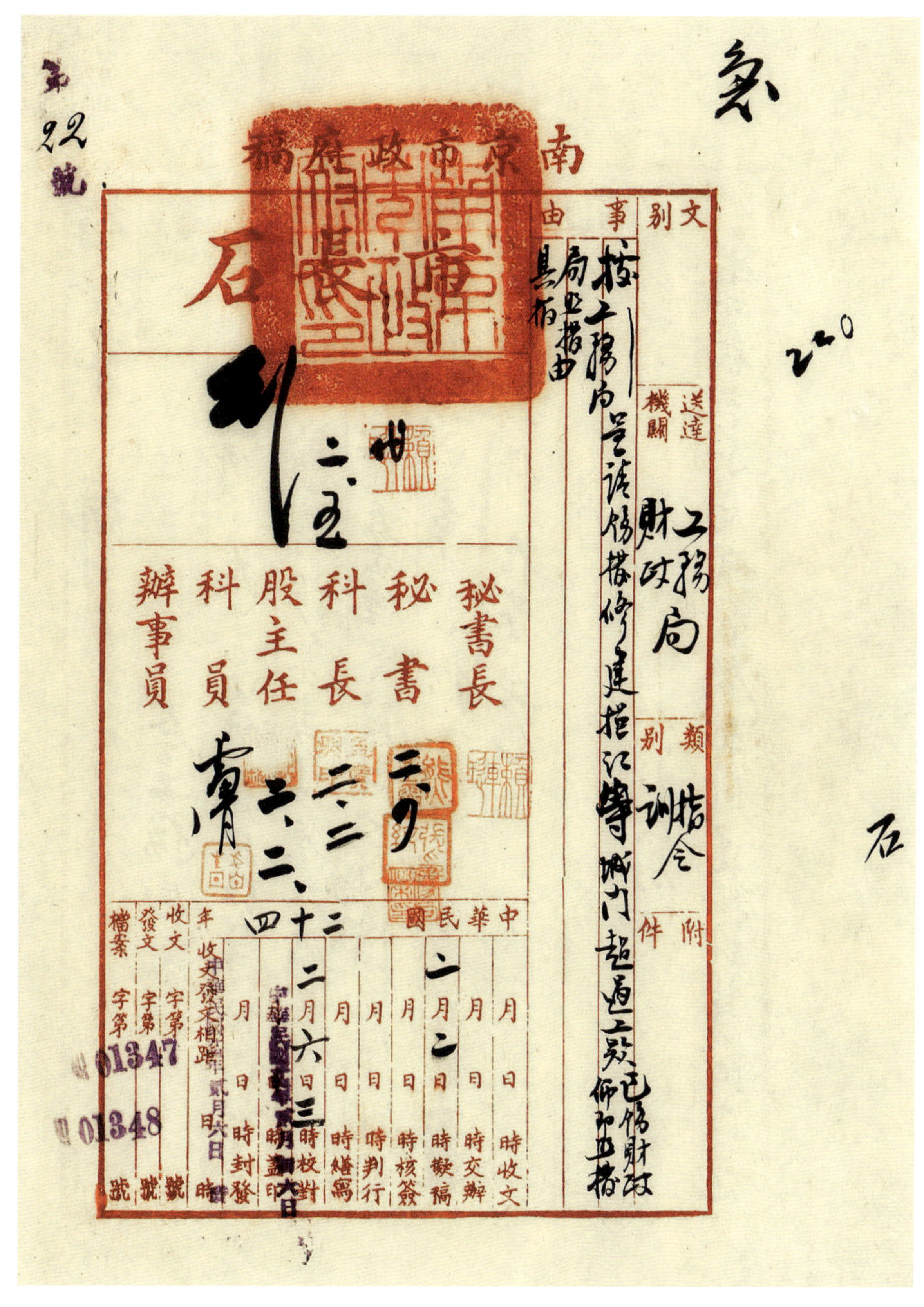

指令第　號

令工務局

呈一件、為呈送修建挹江等城門超過工

款支付預算書請鑒核飭撥由、

呈件均悉、案經令飭財政局核撥、仰即前

解領、并補造詳細預算

程具預算、送達章造據、（減少之款解）

仍清款具、件存查、此令、

訓令第　號

令財政局

案據工務局呈請飭撥修建挹江等城門超

過工款銀叁拾元，以資應付等情，並附支付
預算到府。查此項工程，既經驗收，所超過
工款，應准照撥，除指令外，（壹件均由秘書照令印發）合行檢發預算
二份，令仰該府分別存轉，並照撥具報。此令。
計檢發預算二份

[illegible]

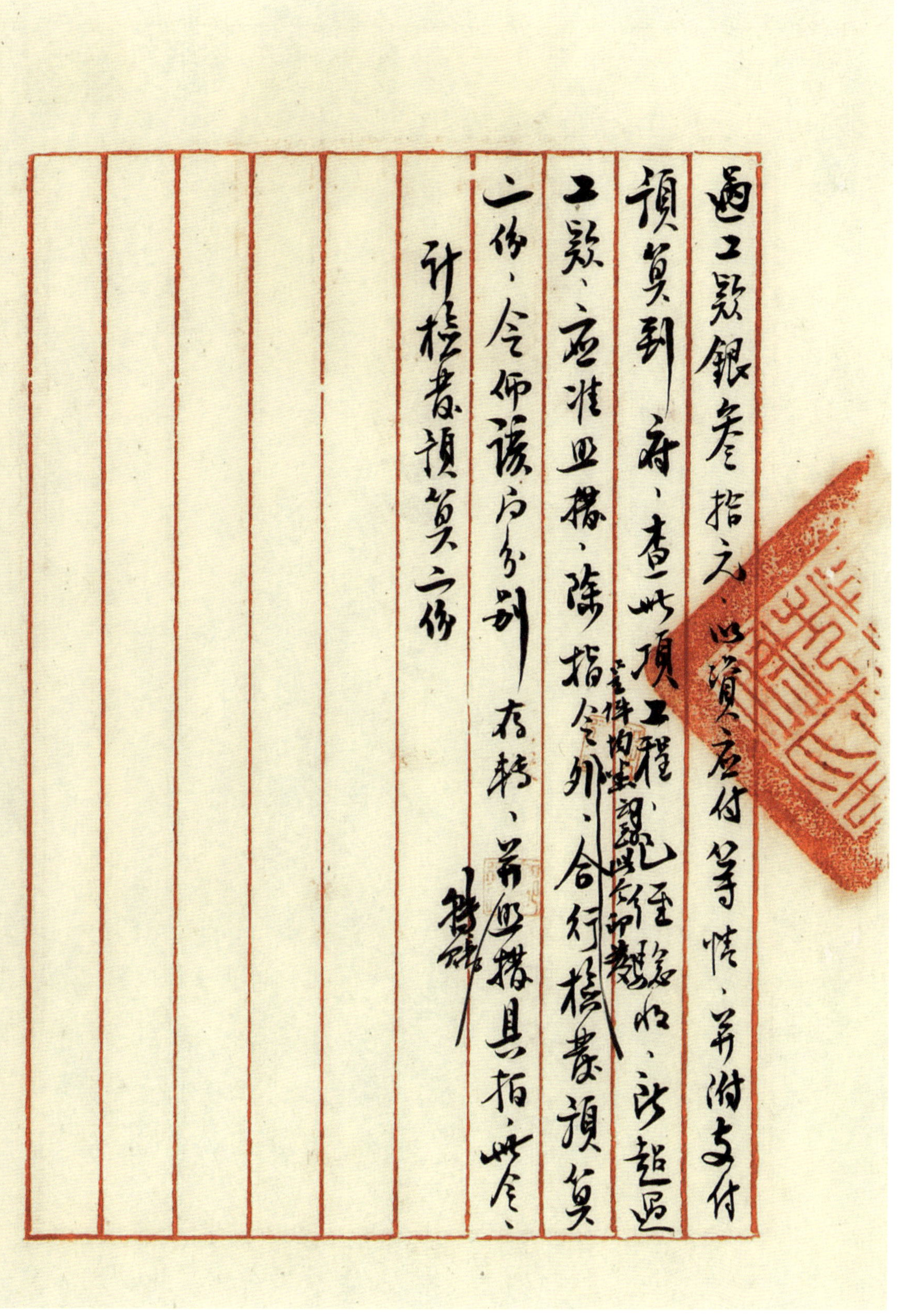

中華民國廿四年二月　日

繕寫石君安

校對

監印

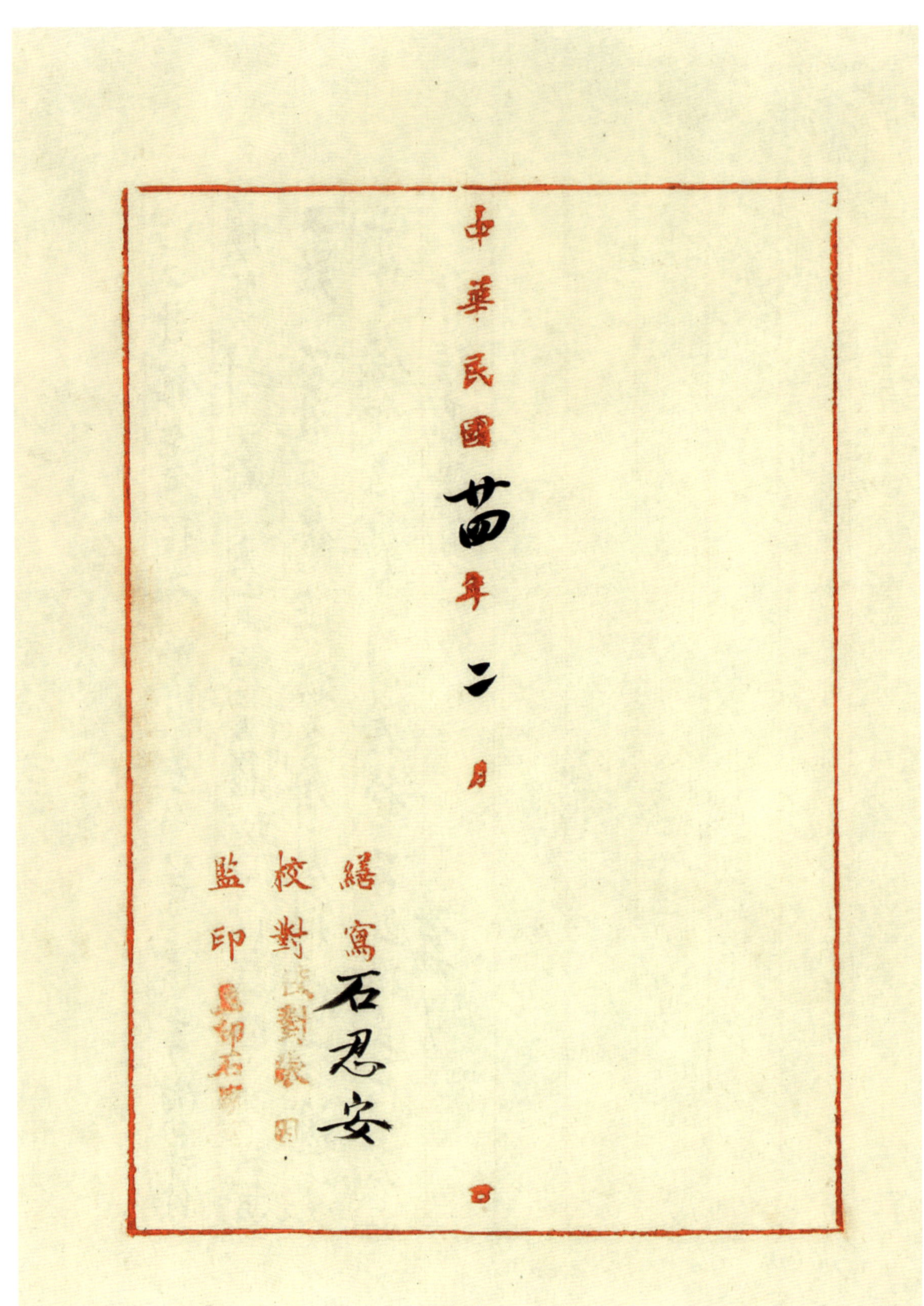

國民政府軍事委員會據軍政部呈復裝修城門補助費俟核准預算即可照發仰轉飭知照給市政府訓令（一九三五年二月九日）

國民政府軍事委員會訓令

文第二科

潘

事由	擬辦	決定辦法	備考
為令轉軍政部呈復裝修城門補助費俟核准預算即可照發仰轉飭知照由			

附件

字第 號

廿四年二月九日時到

收文總字第1509號

國民政府軍事委員會訓令

總一字第4772號

令南京市市長石瑛

案查前據呈據本市工務局呈請驗收建築挹江等三城門及修太平等十一門工程並請轉呈飭撥補助費三分之一一案曾經總一字第四六九五號指令並分令軍政部查案核發在案茲據軍政部呈復內稱已遵派營造司技正傅方衡前往驗收所有此項補助費洋柒千捌百壹拾貳元零捌分俟核准預算支文到達即可照發等情據此合行

令仰轉飭知照此令

138

中華民國二十四年二月八日

委員長蔣中正

市政府爲奉軍政部訓令復裝修城門補助費俟核准預算復文到達即可照發轉飭知照給市工務局訓令（一九三五年二月十三日）

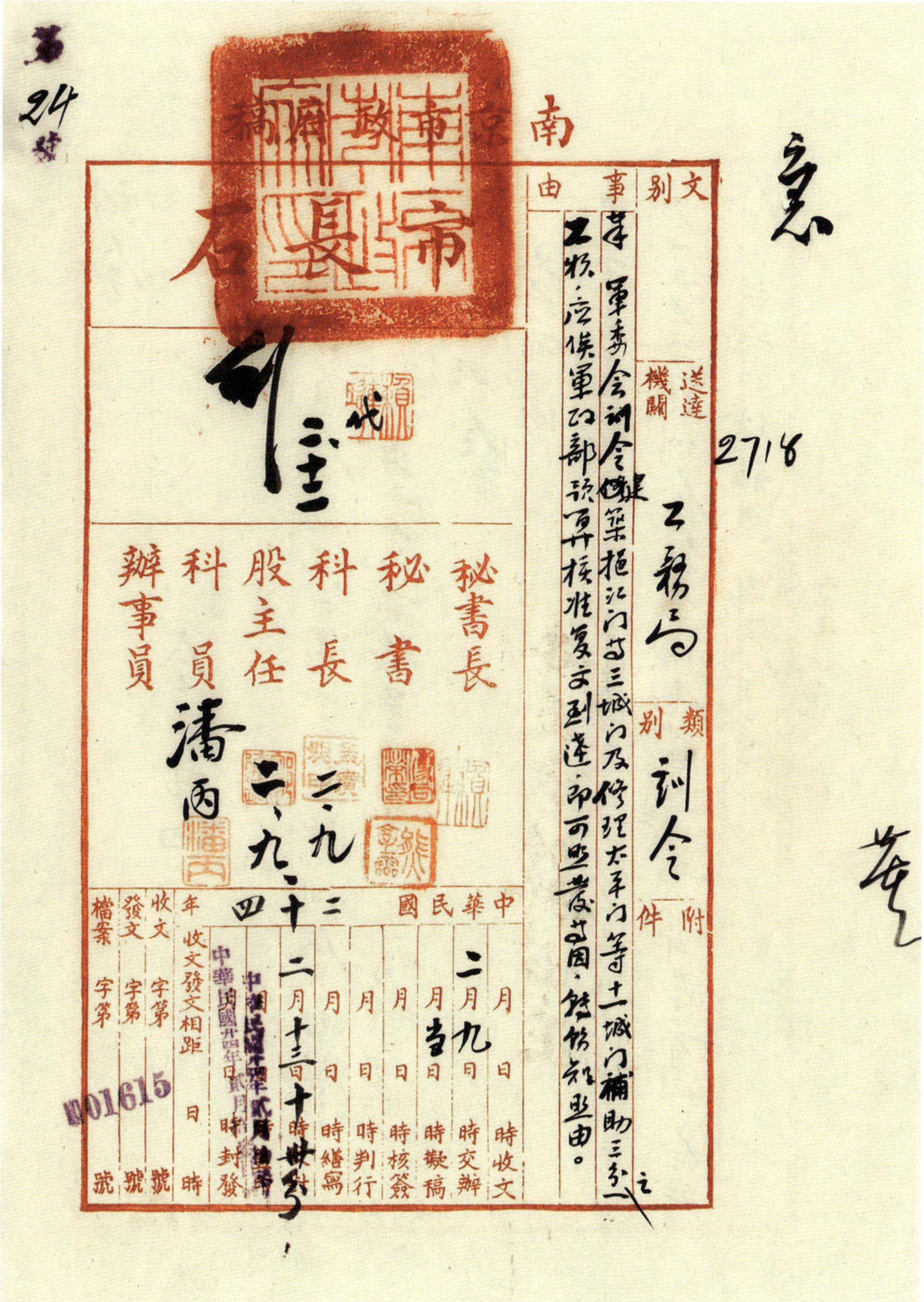

訓令

令工務局

案奉

軍事委員會總一字第四七七二號訓令內開：

案查前據呈據本市工務局（此原令抄至）

此令。

查前奉

軍事委員會總一字第四六九五號指令，業經本府以第一二五五號訓令飭該局遵照在案。茲奉前因，合行令仰該局即便知照。此令。

01615

中華民國廿四年二月　日

繕寫　董敬公

校對　校對張[illegible]

監印　監印石家[illegible]

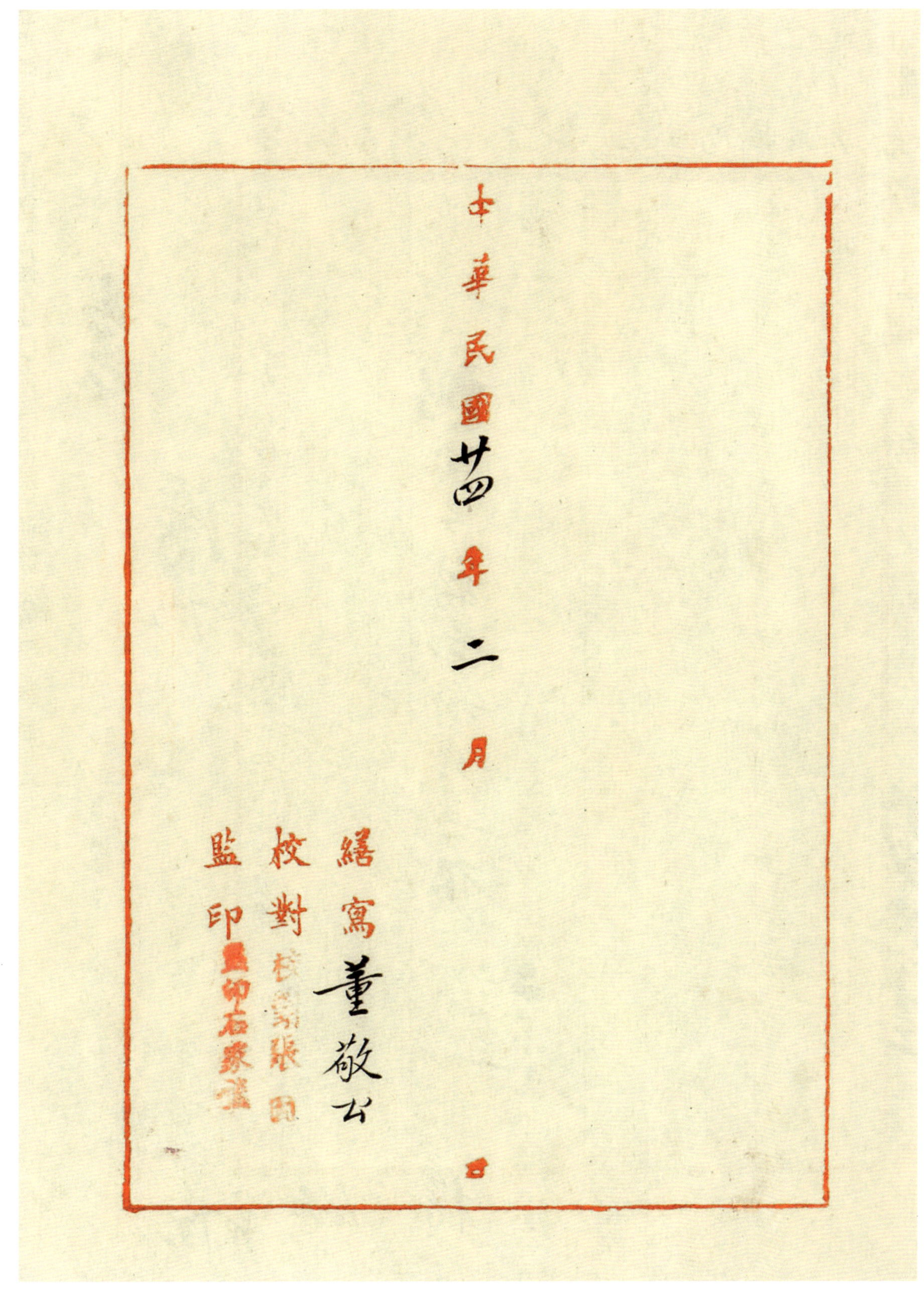

軍政部爲奉令派員會驗裝修各城門工程函達查照給市政府公函（一九三五年二月十三日）

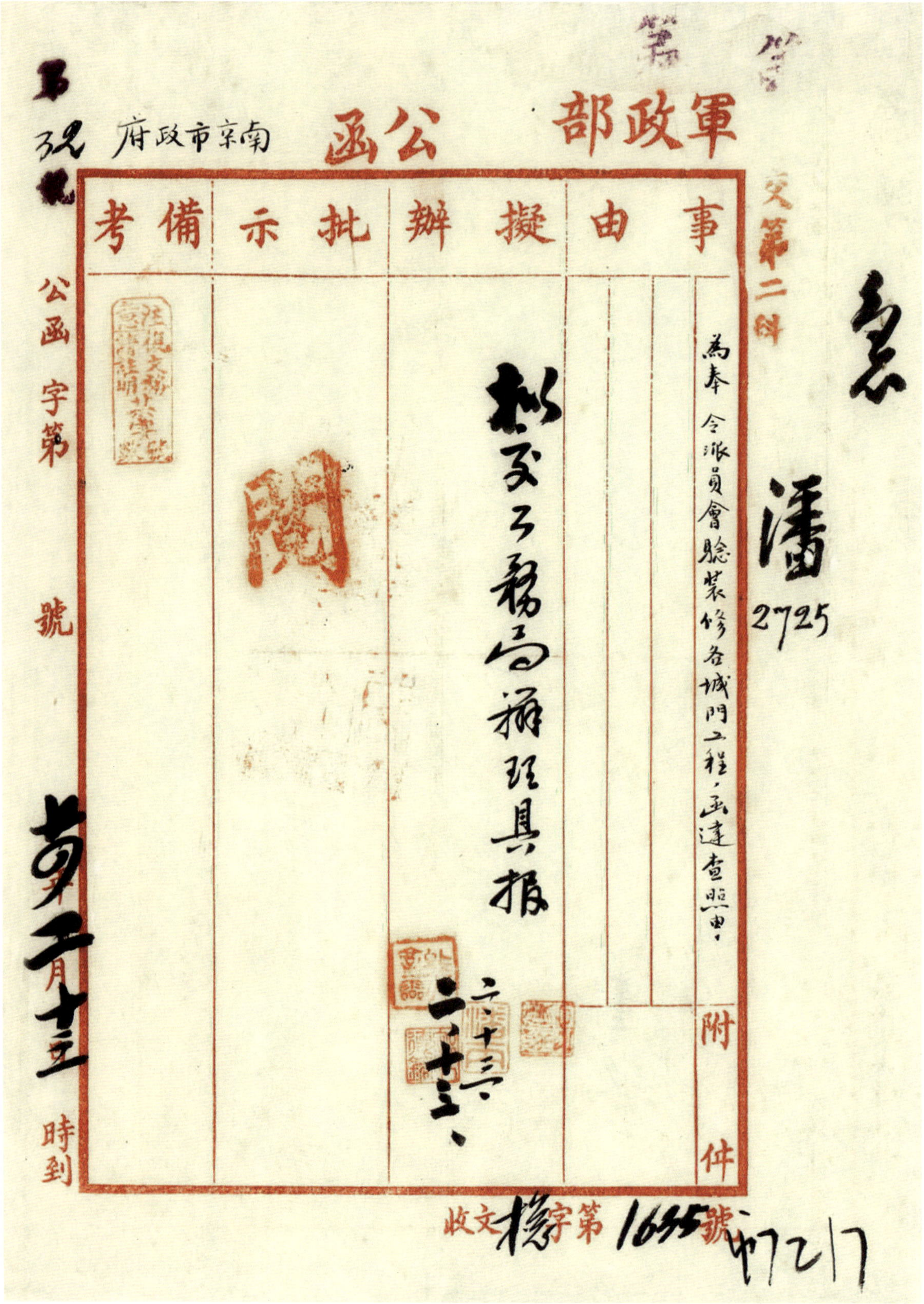

軍政部公函

盛（丁）字第 401 號

案查本部前奉

軍事委員會令飭派員會驗裝修各城門工程一案，遵已派員在案，茲據轉

報略稱：

「查太平門、和平門、光華門、通濟門、金川門、興中門、漢中門、舊中華門、新民門、武定門等各城門裝修工程，照市府原擬計劃尚屬相符。挹江、中山、玄武、中央等門增減工程，按照實際需要情形，亦無不合，價格比包商原價，可減去四十八元八角，惟挹江門中門上部工程斜撐蹺蹺不平，螺絲及撬釘數量不足，鐵板離縫亦大，應由市府飭商修整，經會

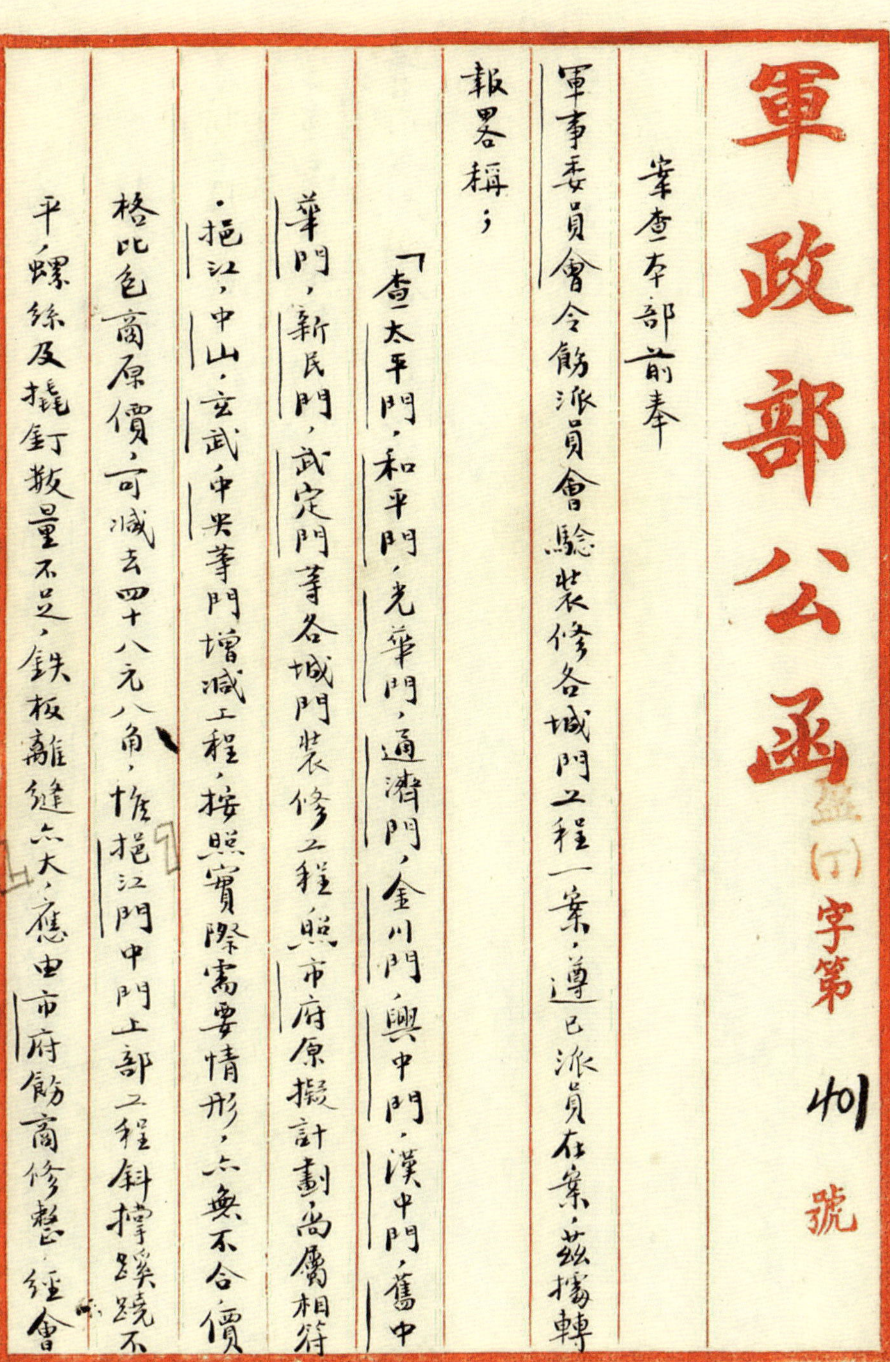

商號准驗收，但在挹江門工程未經市府証明修整以前，所有工款尾數，暫緩發給」。

等情，據此，除呈復

軍事委員會外，相應函請

貴府查照轉飭工務局飭商更正爲荷。

此致

南京市政府

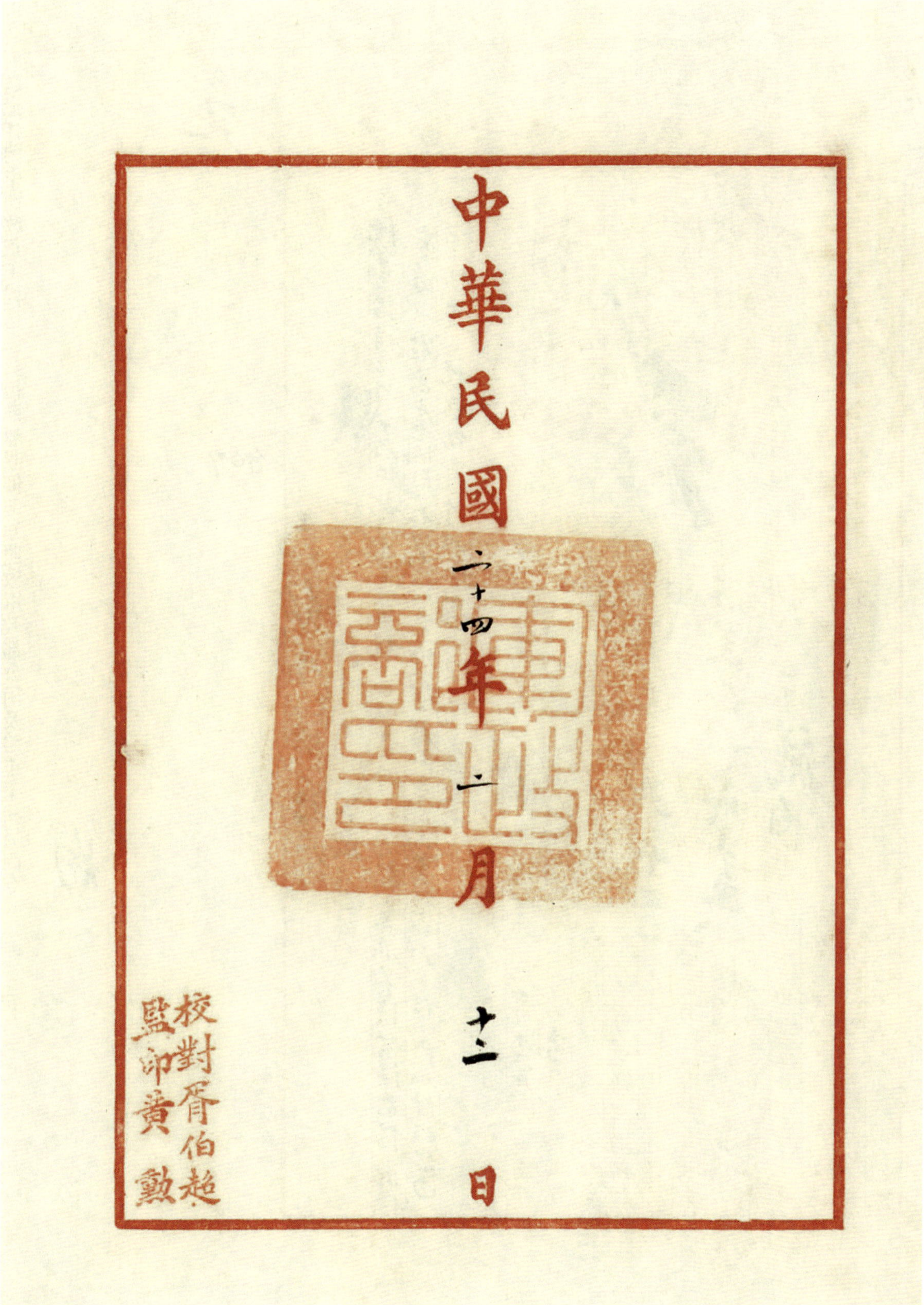

中華民國二十四年二月十二日

校對胥伯超
監印黃勳

市政府爲挹江門中門改正工程已派員復勘無誤仰即知照致軍政部公函及給市工務局訓令（一九三五年三月六日）

第35號

急

南京市政府稿

市長 石

文別	指令 公函
送達機關	工務局 軍政部
類別	
附件	

事由：據呈報挹江門中門上部未竟工程，已飭遵修改完竣，并派員復勘無誤情，准備查由。准函會同驗收裝修各城門工程一案，內有挹江門工程，應加修改等由，經飭據工務局呈修改完畢，復請查照由。

2807

秘書長　秘書　科長　股主任　科員　辦事員

潘丙

中華民國　年　三月　日

月日時	
收文	
交辦	三月五日
擬稿	三月五日
核簽	
判行	
繕寫	
校對	
封發	中華民國廿四年叁月陸日

收文發文相距　日　時

收文　字第　號

發文　字第02870號

檔案　字第02871號

物

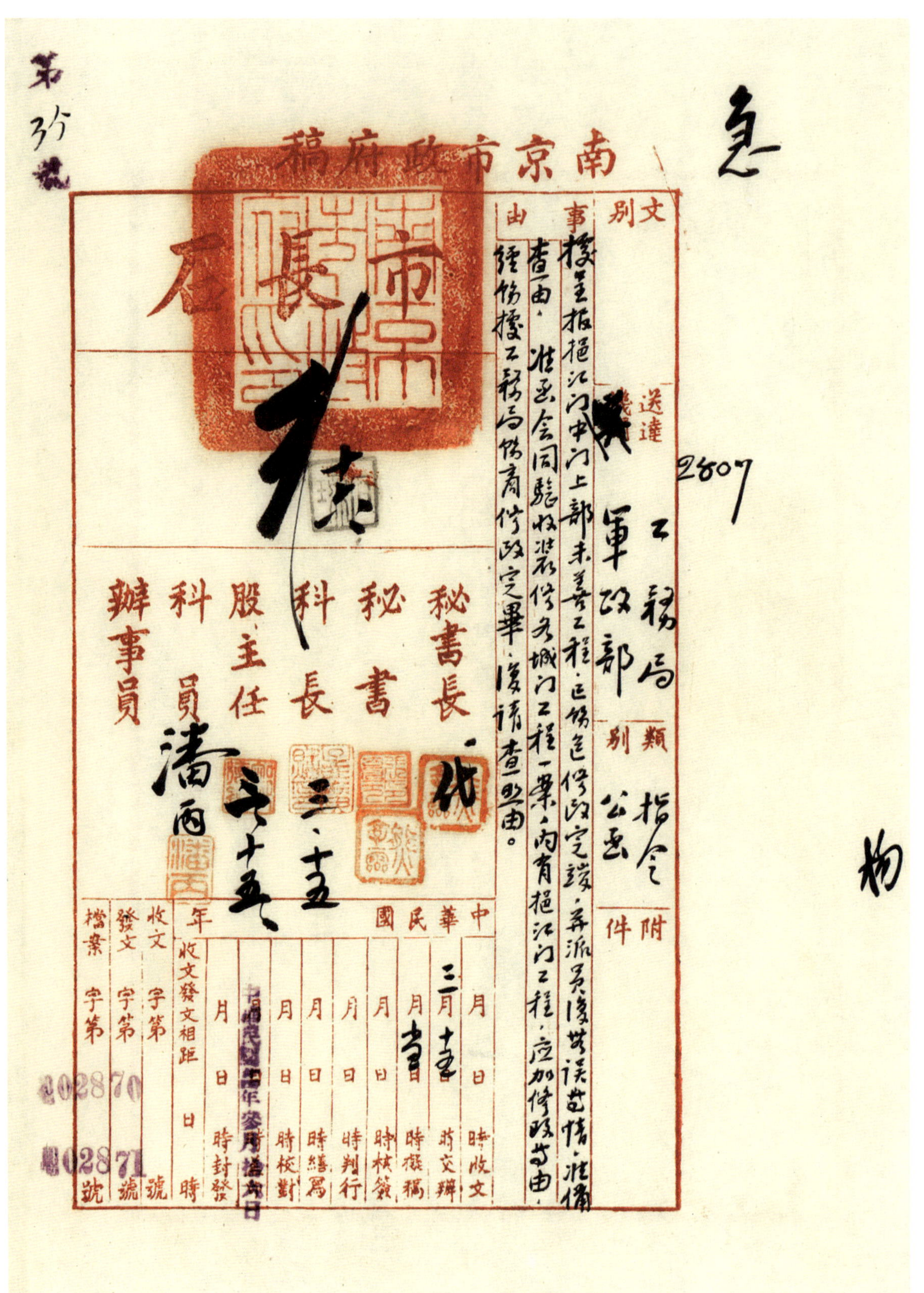

指令

令工務局

簽呈一件。為挹江門中門改正完竣，已派員復驗

無誤，請鑒核由。

簽呈暨繳件均悉。既據派員復驗無誤，准予

備查。除函復軍政部查照外，仰即知照。繳件存。此

令。

公函

案准

貴部盈丁字第四零一號公函，以奉派會驗裝修各

城門工程業、經派員會同驗收完畢、惟內中有挹江門
中門上部工程斜撐蹀蹺不平、螺絲及撬釘數量不足、鐵
板離縫亦大、囑轉飭工務局飭商更正等由、准此、當經飭
交工務局辦理、去後、茲據呈報、已飭包商永興機器廠
修整完竣、並經派員覆驗無誤、檢同交件、請核示前
來、除指令外、相應覆請
貴部查照為荷、此致
軍政部

中華民國　　年　　月　　日

繕寫

校對

監印

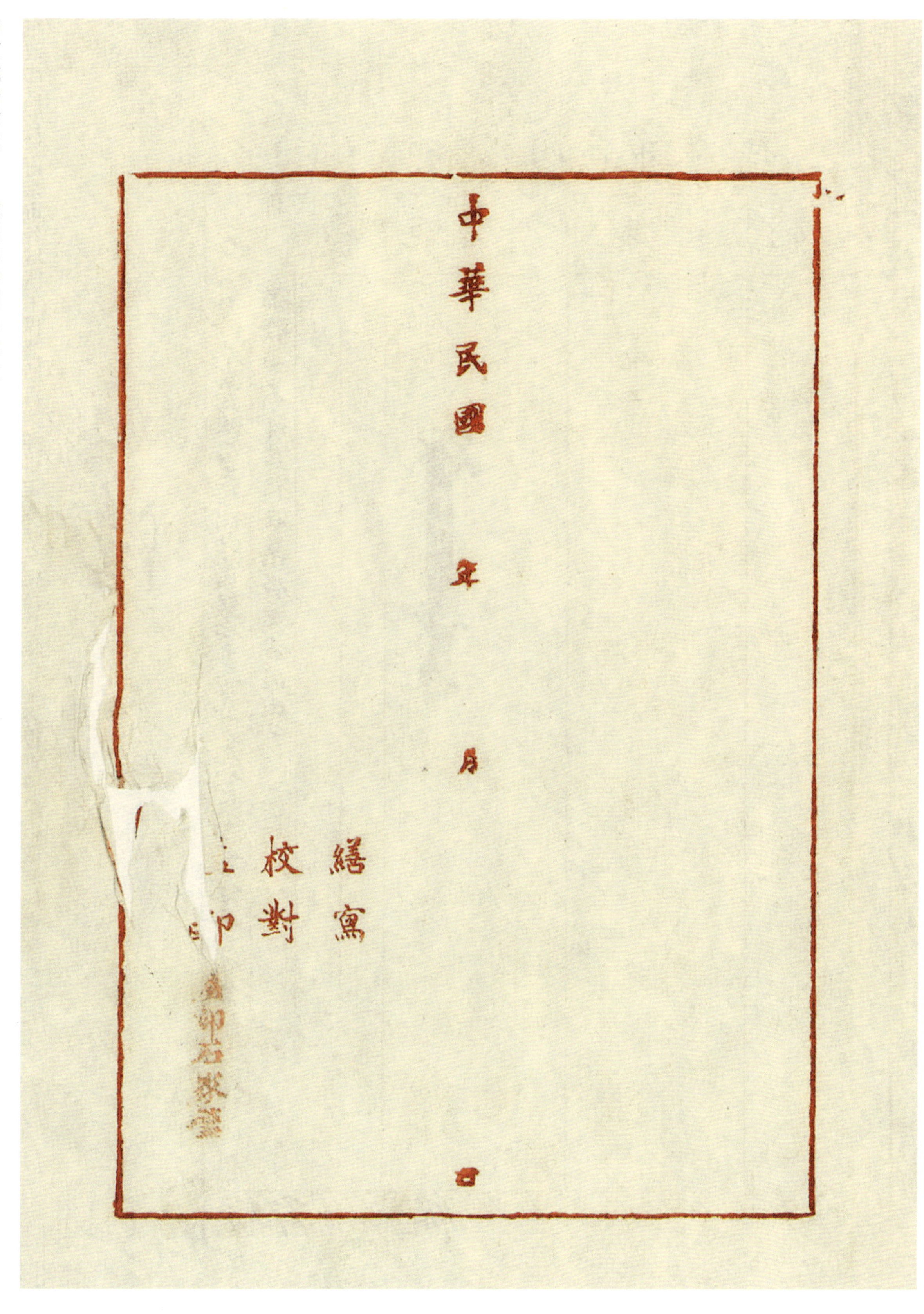

軍政部爲裝修南京市各城門工程補助費業經軍需署發交來員具領在案咨復查照給市政府的咨文（一九三五年六月六日）

交第二科

軍政部咨　南京市政府

事由	擬辦	批示	備考
裝修本京各城门工程補助費銀七千七百九十五元八角八分業经本部軍需署發交来員具領在案咨復查照由。	[redacted]		
附件			

咨　字第　號

廿四年六月六日　時到

收文 循字第2790號

4954

此數係根據決算數三分之一撥與本府根據包價三分之一數目請撥各數略有出入

軍政部咨

會綜字第10356號

案據

貴府工字第三三一號咨開：

「為裝修本京各城門工程補助費，貴部按照工款銀弍萬叁千叁百捌拾柒元陸角五分又三分之一計祘，應請補助銀柒千柒百玖拾五元捌角捌分，茲飭工務局科員壽平攜同領據前來具領，煩查照如數撥交該員攜回，以清款目，而資結束。」為荷

等由，准此，查該項補助工程費，業經本部軍需署於五月六日發交來員具領在案。相應咨復，即請

查照，爲荷。此咨

南京市政府。

部長何應欽

常務次長曹浩森代行

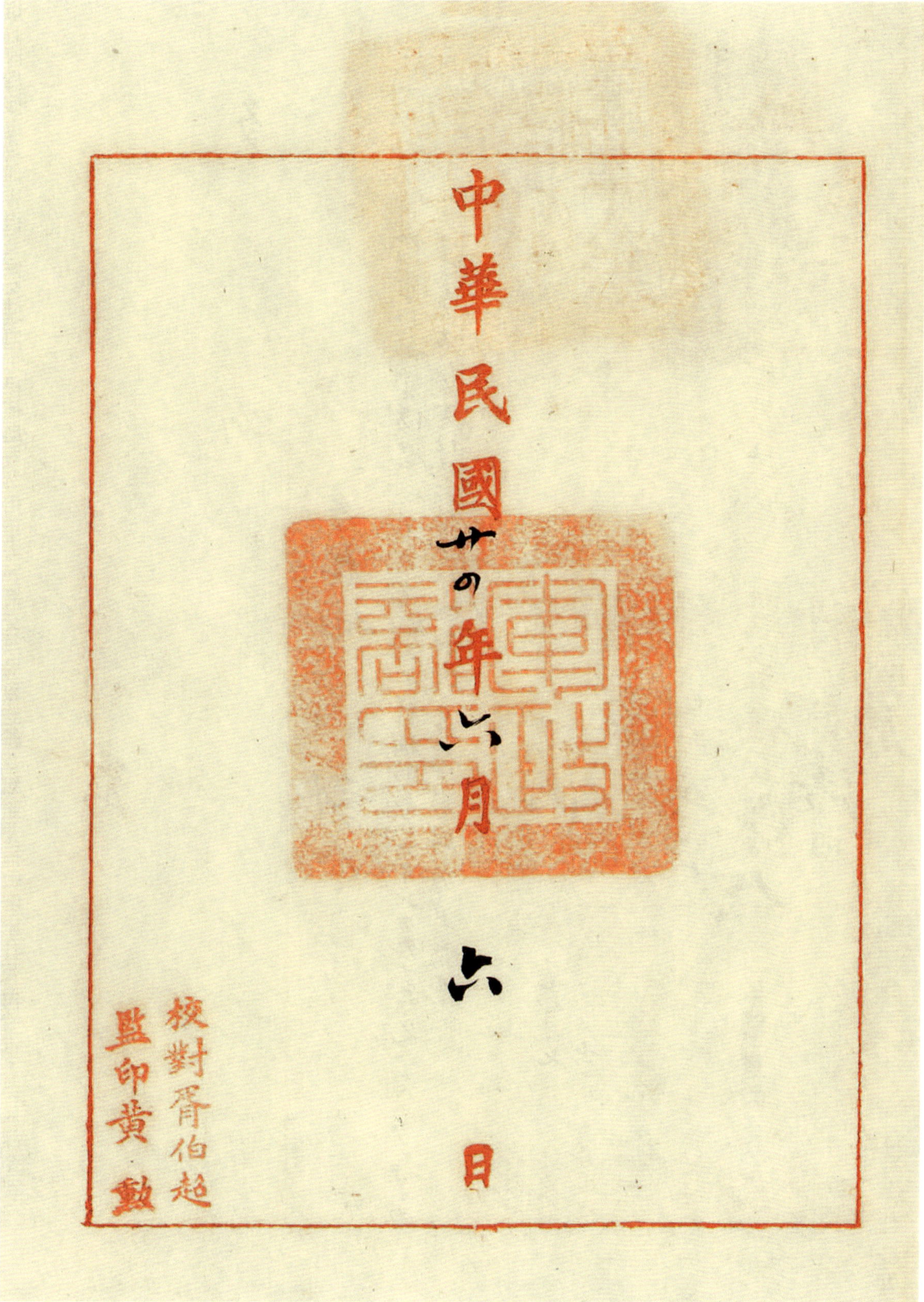
中華民國廿四年六月六日

校對胥伯超
監印黃勳

市政府爲據軍政部咨復裝修各城門工程補助費業由軍需署撥交該局領訖轉令知照并掃數解庫具報由給市工務局訓令

（一九三五年六月十日）

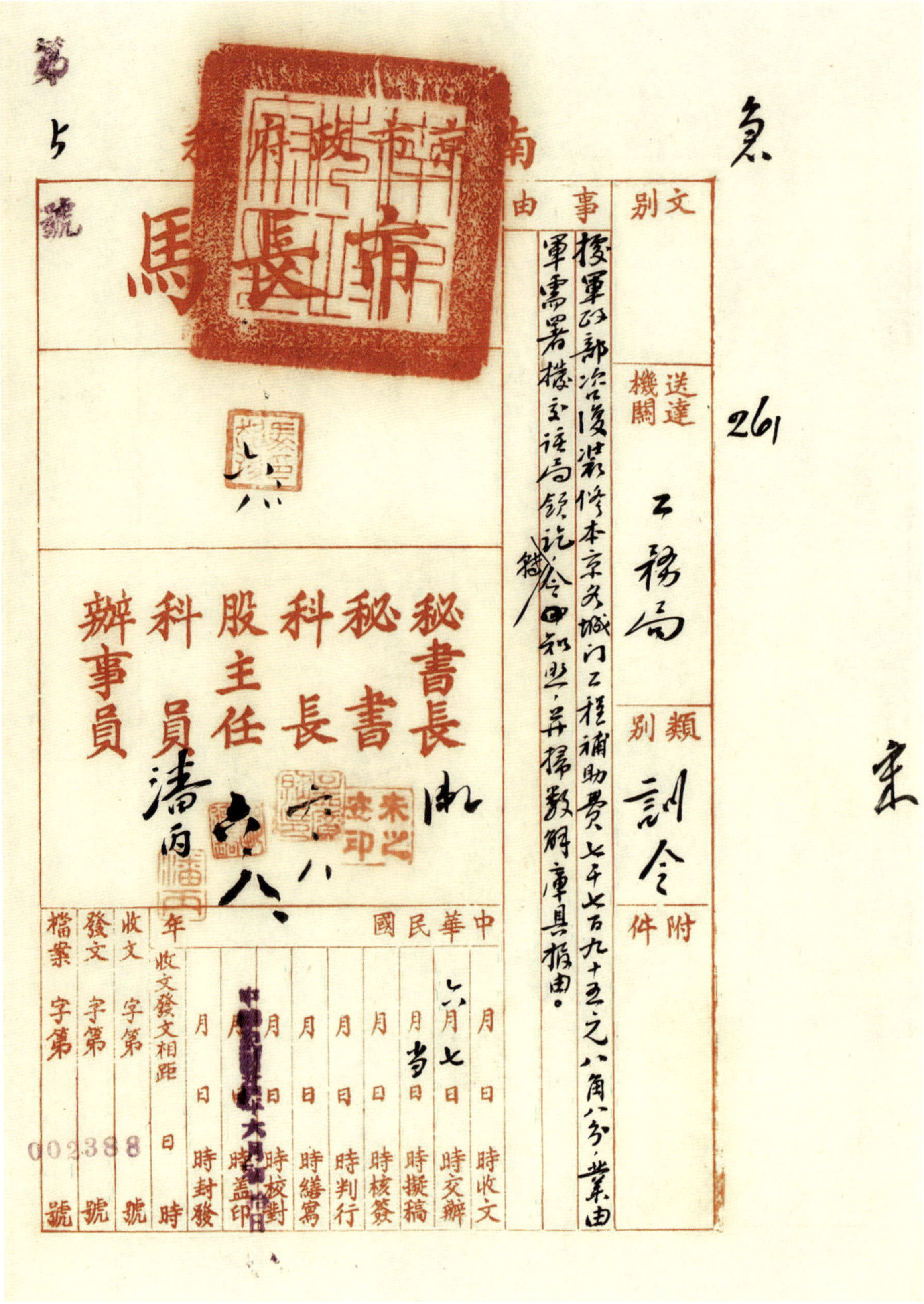

訓
指令

令工務局

案准軍政部令綜字第一零三五六號咨開：

「案據貴府工字（照原咨抄送）爲荷」。

等由。准此。合行令仰該局知照，並將所領款項掃數解

庫具報。

此令。

南京城墻檔案

城門的增闢與建設

肆

改建武定門城門工程

市工務局關于武定門改建城門工程承攬書、工程計劃圖、價目表（一九三六年九月十八日）

南京市工務局建築武定門改建城門工程承攬 C字第一一四四號

立承攬人銳聲建築廠（以下簡稱乙方）今攬到

南京市工務局（以下簡稱甲方）武定門改建城門工程茲願訂定承攬如下

（一）本工程範圍詳圖樣及單位價目表（附後）以及附件

（二）本工程造價共計洋壹仟貳佰六十二元八角〇分共分貳期付款其規定如下

第一期 全部完工經本局查驗無誤後照實做工程以九成計算付款

第二期 市府驗收合格後掃數付清

（三）乙方於簽訂承攬時須向甲方繳納工程保證金陸拾元領取收據俟本工程全部完竣經市政府驗收合格後陸個月另具自核准驗收之日起至十二個月保固切結一紙乙方得憑收據向甲方領還倘乙方不履行承攬或已成工作發現裂縫傾陷等損壞情形經甲方通知後乙方仍不遵辦者甲方得將該項工程保證金全部沒收或扣抵之

（四）本工程自通知日起限廿晴天完工如逾限期乙方願按日罰洋拾元甲方得在應付工款內扣除之但遇風雨冰雪天災地變實在不能工作之日經甲方證明者不在此限

（五）承攬人之責任（一）凡本市各項工程章則及建築規程乙方均應遵守之（二）凡工程上之必要部份而未載明於圖樣及施工細則中者乙方亦應照辦（三）圖樣及施工細則上所註之尺寸及建築方法倘乙方發現有不相符合之處應及向甲方請示辦理不得藉詞推諉（四）工程開工以後市府驗收以前所有已成工程應由乙方負責保護倘有損壞概歸乙方賠償

中華民國二十五年九月十八日立承攬人銳聲建築廠

負責人陳兆昌

住址 市府路廿六號

CHUI SUNG CONTRACTORS 上海 銳聲建築廠 SHANGHAI

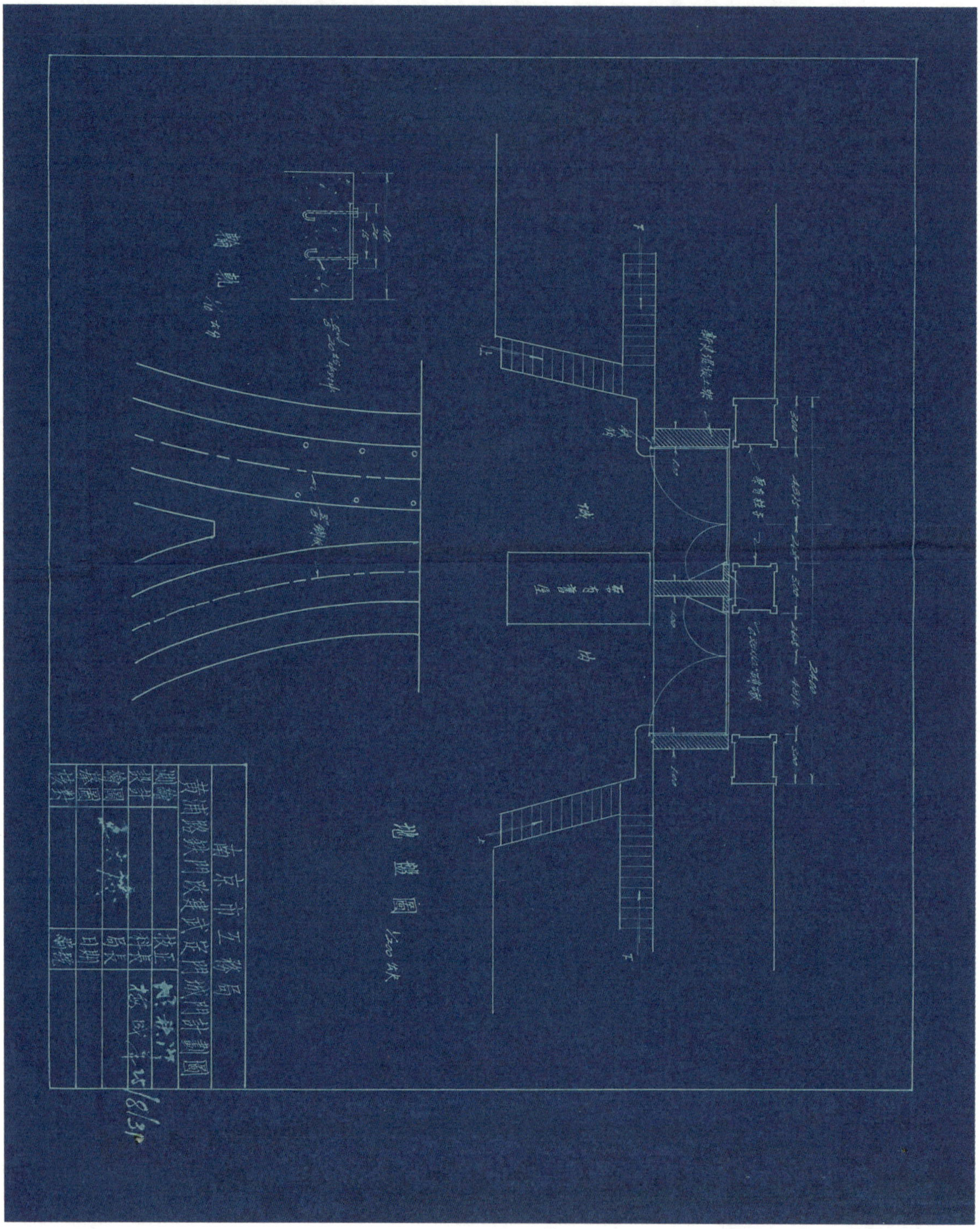
地盤圖
城
内
輪軌
南京市工務局
黃浦路鉄門改建武定門城門計劃圖
測繪
設計
繪圖
摹圖
核對
校正
科長
局長
日期
檔號
2400
300
500

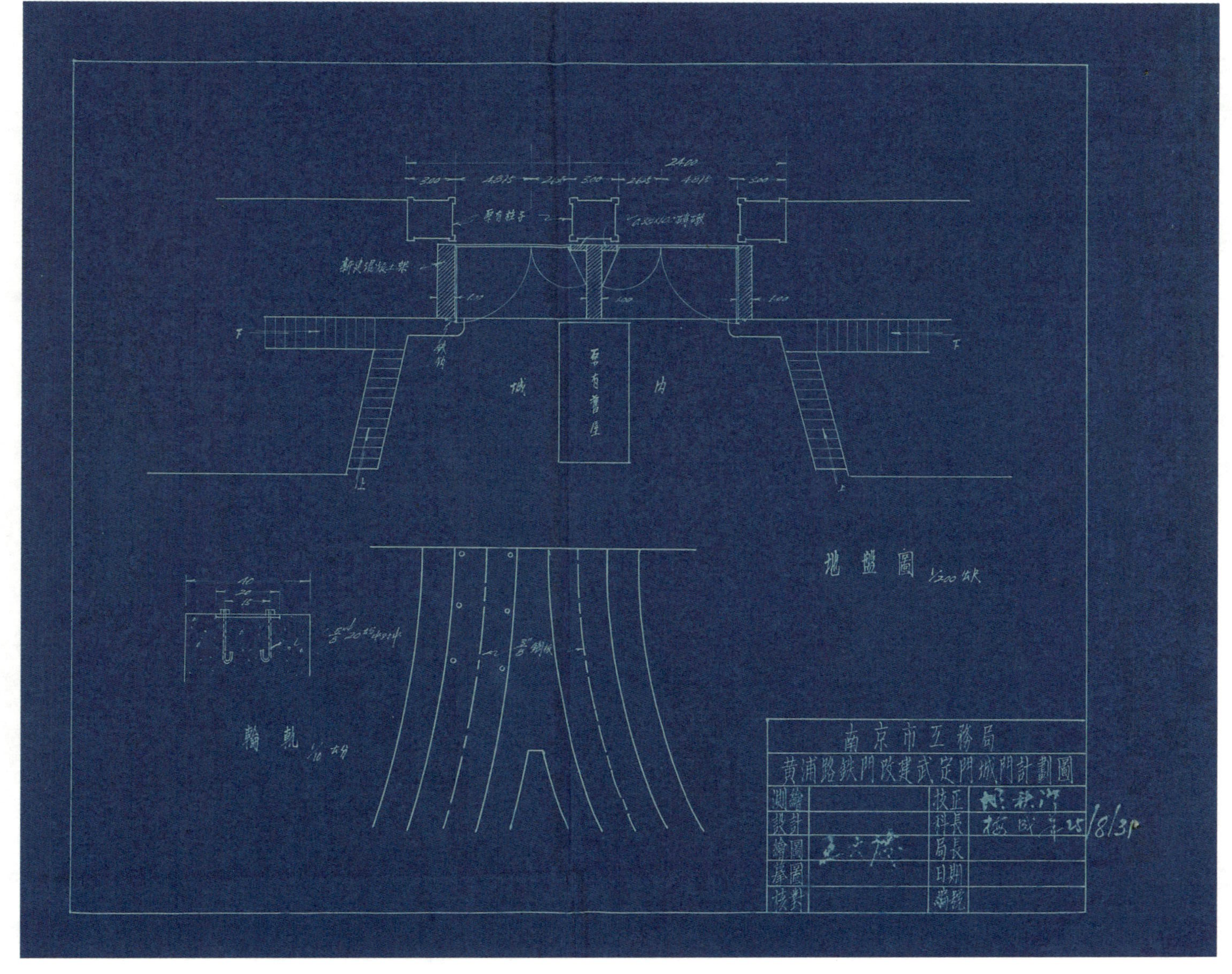

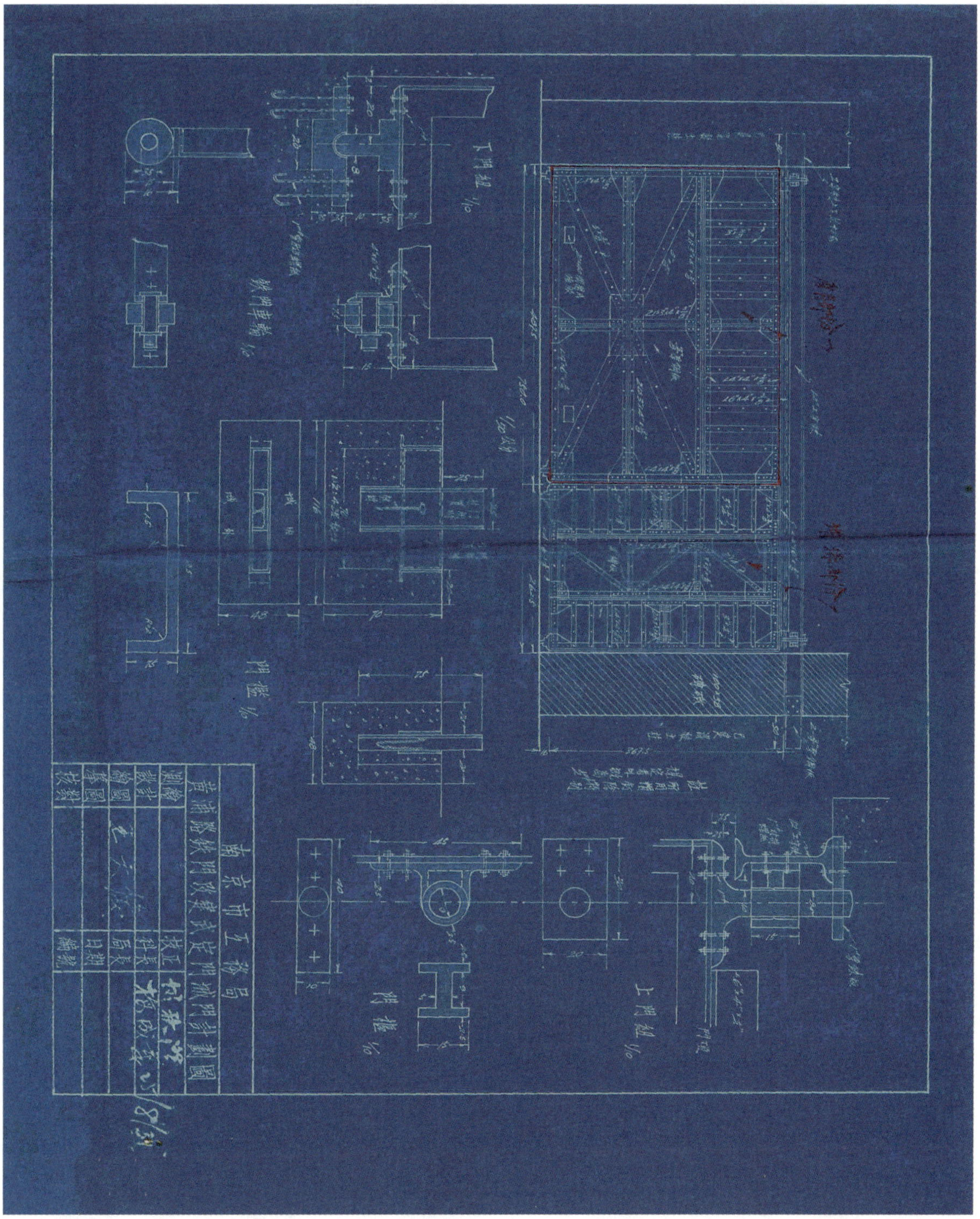
南京市工務局
測繪
設計
繪圖
覆圖
校對
技正
科長
局長
日期
編號

單位價目表

種類	形狀	單位	數量	單價（元）	總價（元）	備考
應添鋼鐵料		公斤	2920	.34	992.80	
.38厚水泥漿砌磚礅		平公	12	5.00	60.00	
磚礅外粉假石		〃	15	2.00	30.00	
運費					200.00	
共計					1282.80	

註：利用黃埔路已建未裝之甲種大鐵門移建

經辦人　　　　主任　　　　科長　　　　局長

市工務局關于武定門城門過橋工程加賬請派員向市政府合領轉撥過局給市財政局密函（一九三六年十一月十六日）

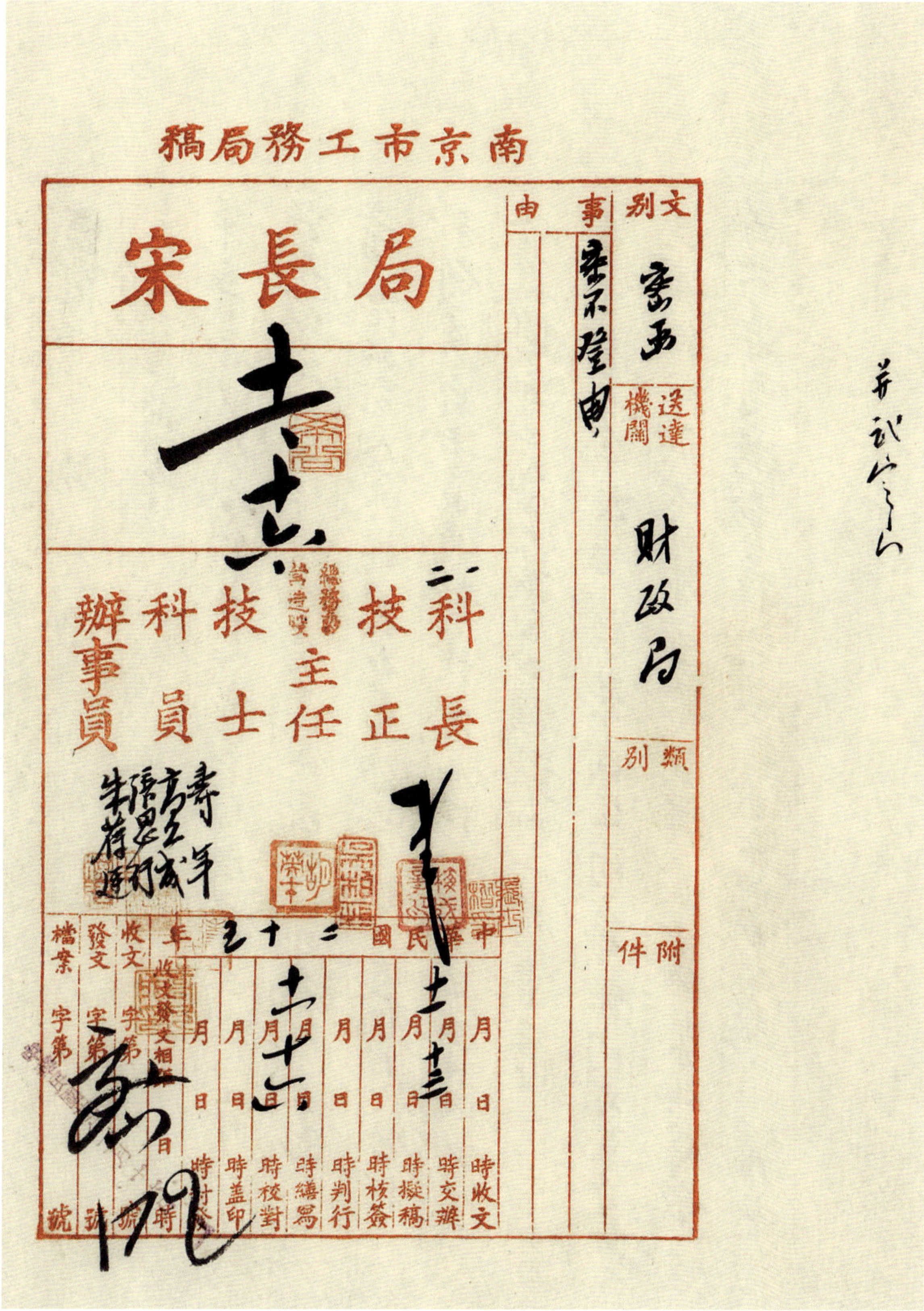
南京市工務局稿

文別：密函

送達機關：財政局

事由：密不登載

類別

附件

局長宋　十六

科長　技正　主任　技士　科員　辦事員

中華民國二十五年十一月十六日

月日時收文　月日時交辦　月日時擬稿　月日時核簽　月日時判行　月日時繕寫　月日時校對　月日時蓋印　月日時封發

收文字第　號　發文字第　號　檔案字第　號

密函第　　號

案查前奉

軍事委員會令飭改善武定門城樓過橋工程，曾經本府交由張裕泰營造廠承包，計包價三萬七千三百零九元八角，旋因加裝踏步、鉛管、欄桿、砌柱、粉刷及門旁翼牆，計需加帳四千八百弍十弍元八角，又黃埔路已裝未裝之甲種鐵門一樘，曾奉

軍事委員會核准移裝武定門，除鐵門本身工款前經列報不計外，應添鋼料及水泥漆砌磚磁等項，連同運費，核定包價乙千弍百八十弍元八角，交

由原包商鏡聲廠承建，列入該門城樓過橋
工程加賬，先後呈奉
市政府核准，並將兩次加賬情形，代
府擬稿，呈報
軍事委員會，轉飭軍政部，依照建築武定門城樓
過橋原案補助三分之一工款，計洋貳千零三十五元，並
函在案，茲奉
市政府令下，
軍事委員會本年十二月五日執一字第三八五二號密指
令一件，為據呈請轉飭加撥移裝武定門鐵門及

添装栏杆砖墩并彩刷扶砌踏步等工款，准饬
军政部照原案补助三分之一，仰即迳洽具领由，奉
批，丁震东工程师遵办，代稿呈复，并通知财政厅向
军政部领款，等因，奉此，除代拟府稿呈复
军事委员会外，惟查此项工程业经工竣，并已
编造决算书，呈经
市政府核转
军事委员会派员订期会验，除武定门城楼过桥
工程本身工款已准军政部按照合价拨付三分之
一计洋乙万贰千四百三十七元六角，并经解库具报有

案外，所有兩次加賑，應領三分之一補助費，計洋貳千零六十五元貳角，應請貴局如數送由軍政部給領，以資應付。相應函達，即希

查照辦理見復為荷。

此致

財政局

局長宋

劃撥過局

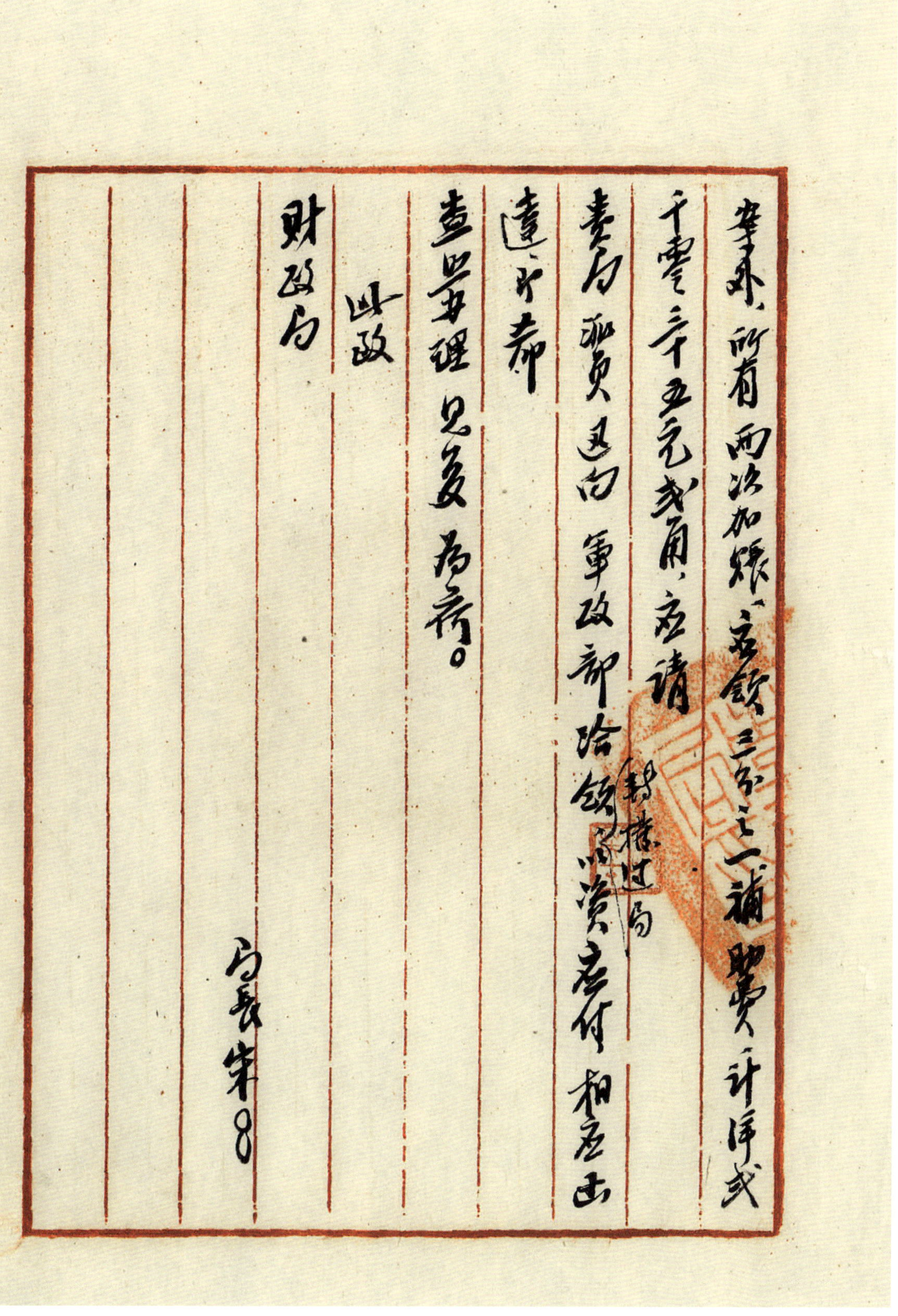

中華民國

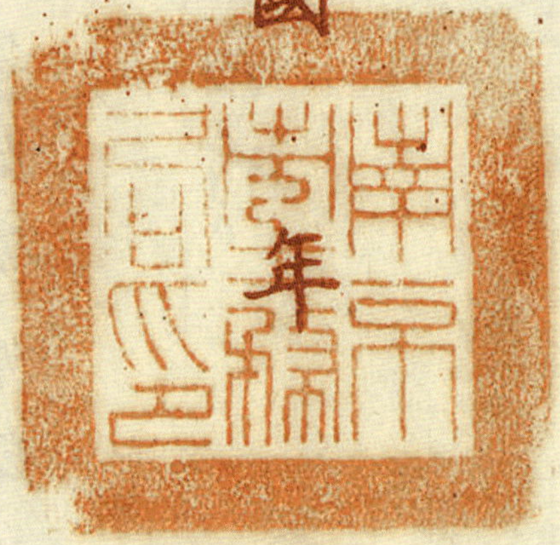

年

月

日

監印章筱英

校對周伯[illegible]

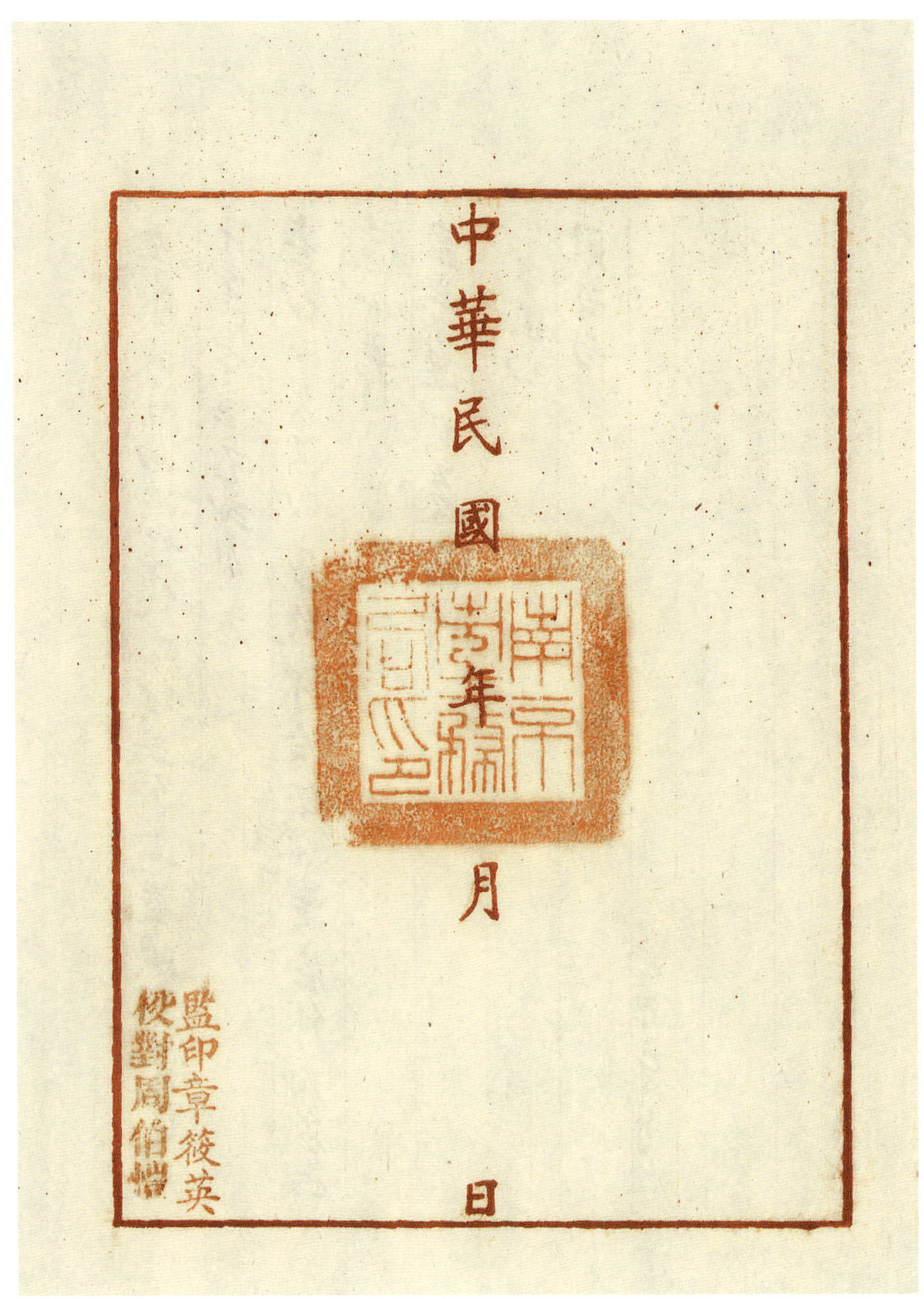

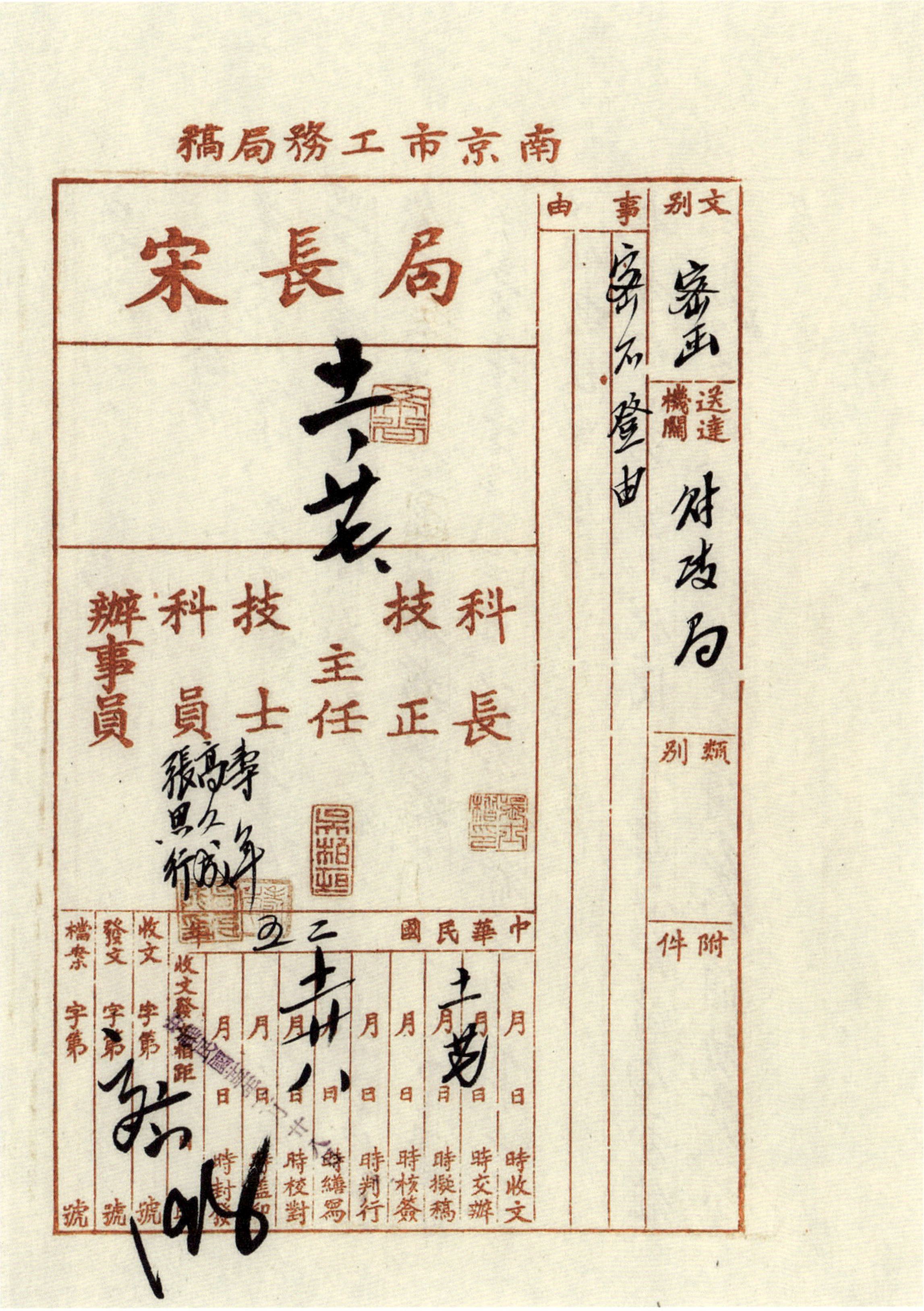

南京市工務局稿

文別	簽函
送達機關	財政局
類別	
附件	
事由	

局長宋

科長 技正 主任技士 技士 科員 辦事員

中華民國 二五 年 月 日

收文 月 日 時

交辦 月 日 時

擬稿 月 日 時

核簽 月 日 時

判行 月 日 時

繕寫 月 日 時

校對 月 日 時

蓋印 月 日 時

封發 月 日 時

收文簽稿距離

收文 字第 號

發文 字第 號

檔案 字第 號

蘇西萬 鈞

案奉

市政府令下、財政部本年十月廿日豐丁字第

四〇九號蘇西山件、為奉令飭撥發裝武定門

鐵門、及改善該門城樓通橋等工事、二分之一補助

費貳千零三十五元二角、請查照補送預算書來府、

以便撥款由、奉

批、可否即速遵辦、代復、并通知財政局暨社

領款、并因、奉此、查此項應領補助費、暨

奉

市政府交下、軍事委員會本年十月五日機一字第三八五二號簽擬指令下局、即經遵照並轉函貴局派員向部具領、在案、茲奉前因、除由局迭具補助費支付預算書、並抄同承攬及價格核減表、代府擬稿、函復軍政部查照核撥外、相應函達貴局、即希查照、迅速派員向部具領、轉撥過局、以資應付、為荷。此致

財政局

局長宋〇〇

中華民國

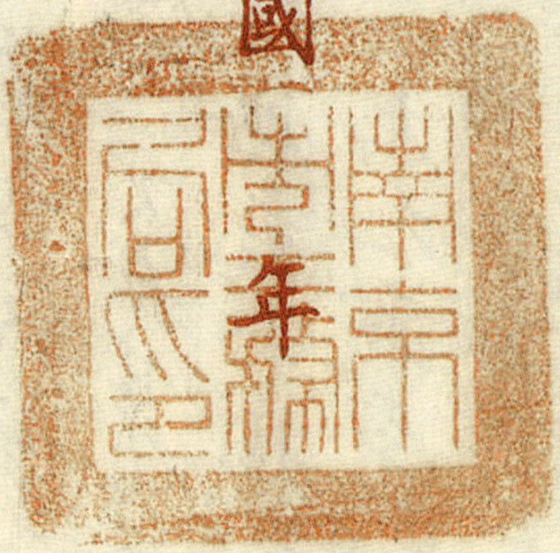

年

月

日

監印章筱英

校對周伯愷

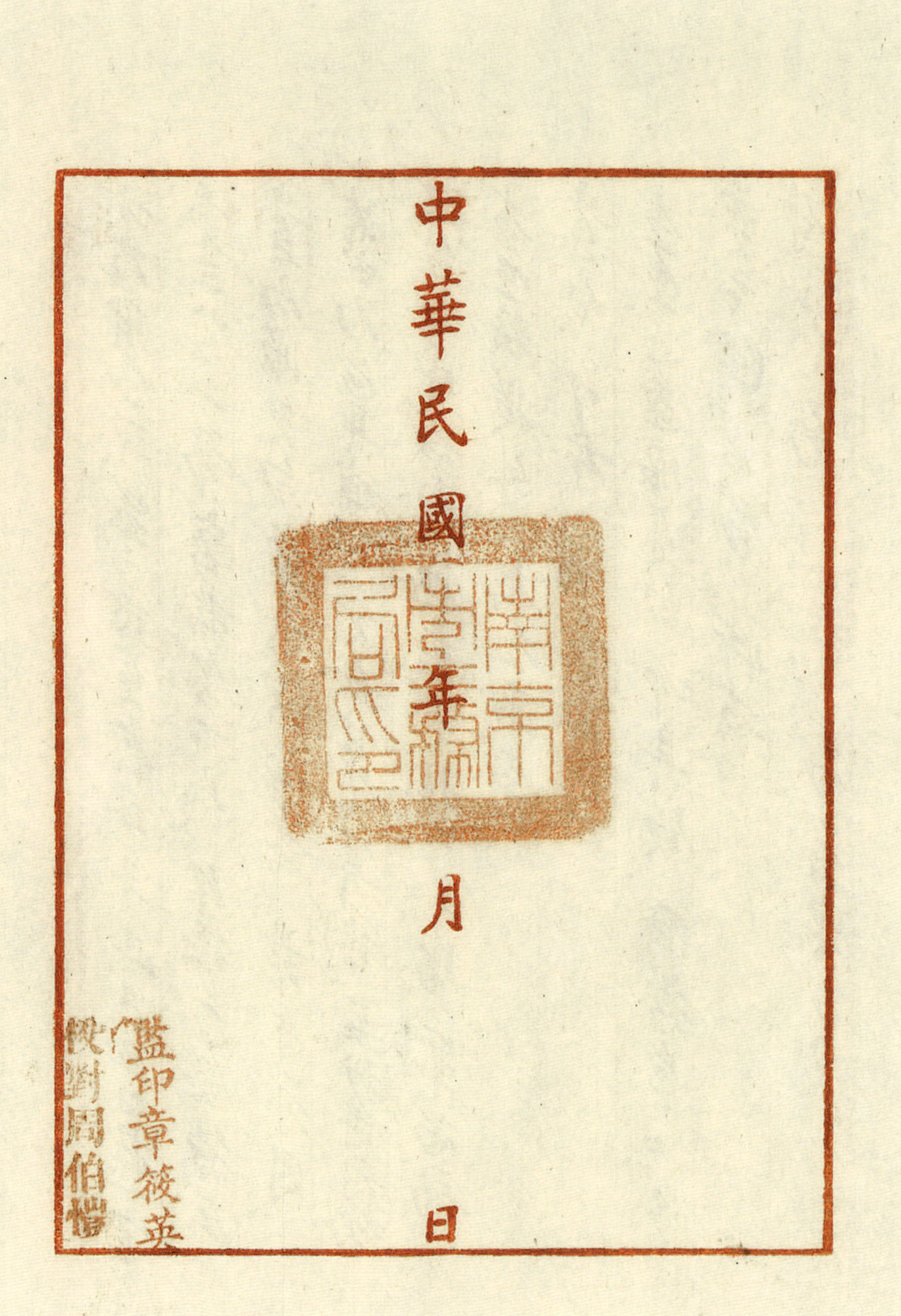

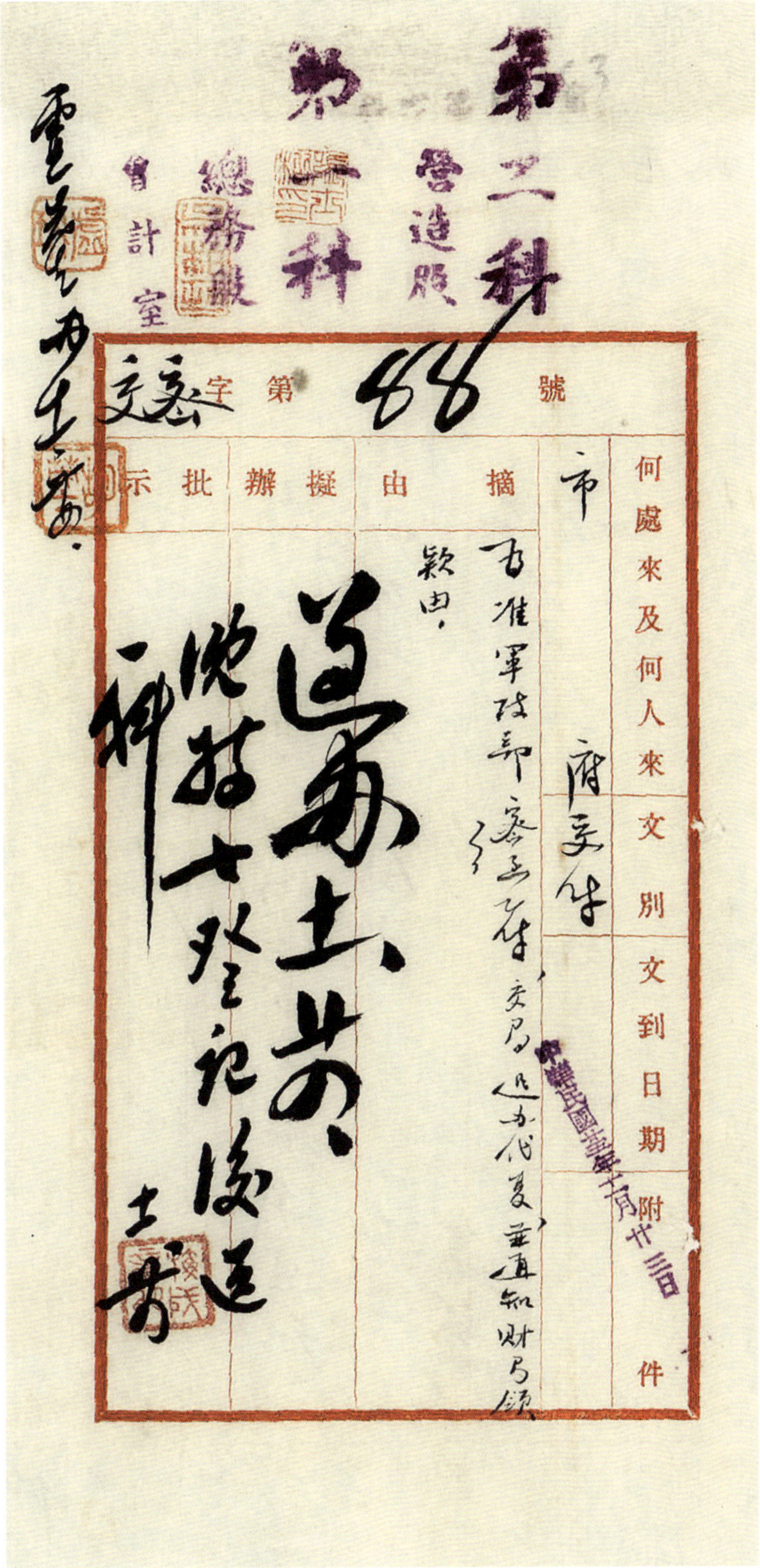
第二科
營造股
第一科
總務股
會計室
字第 88 號
何處來及何人來
市府交件
文別
文到日期
附件
摘由
擬辦
批示

密

特急

1820

軍政部公函南京市政府

事由	擬辦	批示	備考
密 潘	擬密交工務局迅予照辦並通知財政局前往領收 十二、廿二	如擬 十二、廿二	注復文務 請説明 黃

代復

附件

公函 字第 號 年 月 日 時到

收文 字第 號 印9307

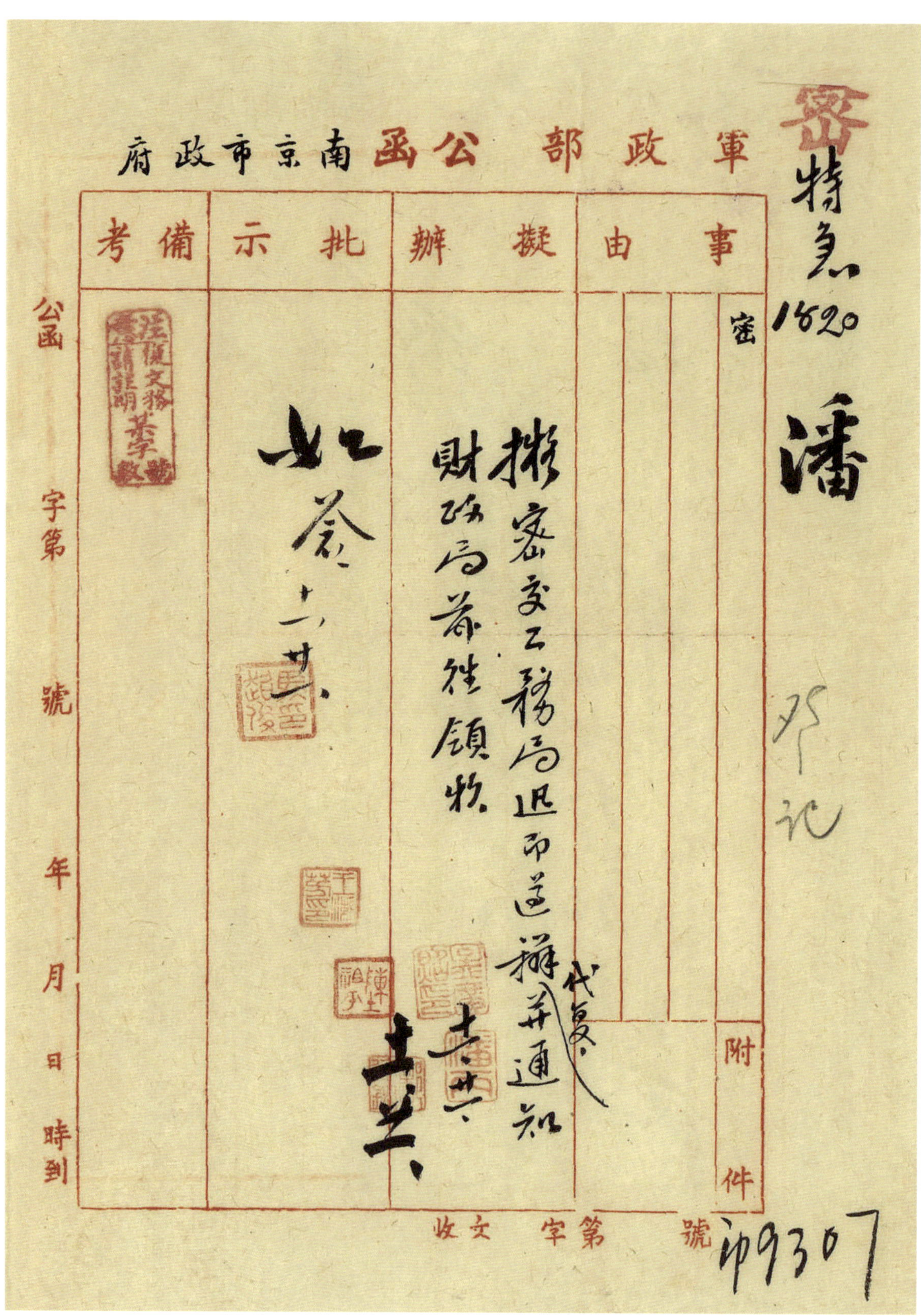

軍政部公函

豐(丁)字第4129號

業奉

軍事委員會執一字第三八五二號密令內開：

「業據南京市市長馬超俊呈稱：『業奉鈞會本年八月二十四日執一字第三零一四號密令略以軍政部轉呈營造司技正周俊德驗收京郊附近鐵門工程情形，飭局改善各點并負責辦理等因，奉此，除改善三點已飭由工務局轉飭包商遵照修理竣事外，關於令開第四項（甲）所有黃埔路已成未裝之乙種鐵門一樘，原擬移裝於倉波門者，業已遵令函准參謀本部城塞組派員於九月十四日上午會同該局點收在案。（乙）

武定門修理工程自應照案辦理所有黃埔路已成未裝之甲種鐵門一樘移裝武定門除鐵門本身工款前經列報在卷不計外應添鋼鐵料照原有鐵門重量比例計算及三十八公分厚水泥漿砌磚礅并磚礅外粉假石連同運費經該局核交承辦鐵門原包商銳聲建築厰承辦計包價洋壹千弍百捌拾弍元捌角並與簽訂承攬擬列入武定門城樓過橋工程案內作為加賬報請鑒核備案前來又查奉令改善武定門城樓過橋一案前經交由張裕泰營造厰承辦現將次完成惟尚有應行增加及實施數量超過合同所列者(一)加裝鋁管欄杆(二)加砌磚柱(三)增加外粉刷(四)拆砌城磚踏步及城門兩旁翼牆數量增多共需追加工款肆千捌百弍拾弍元捌角為應事實需要當由該局轉飭照辦實地丈

量填具價格增減表呈請本府備案，各在案。以上兩項加賬共需增加工欵陸千壹百零伍元陸角，理合具文呈報，仰祈鑒核備案，并請轉飭軍政部照原案三分之一加撥洋貳千零叁拾伍元貳角，過府以應支付，實為公便。等情。據此，除指令准飭軍政部照原案補助三分之一，仰即遵洽具領外，合行令仰該部轉飭軍需署遵照加撥國幣貳千零叁拾伍元貳角，遵文具領並報為要。此令。

等因，奉此，相應函達

查照，造具預算書單各六分，函送過部，以便核轉發款，除呈復

軍事委員會外，即請

查照為荷。

此致

南京市政府

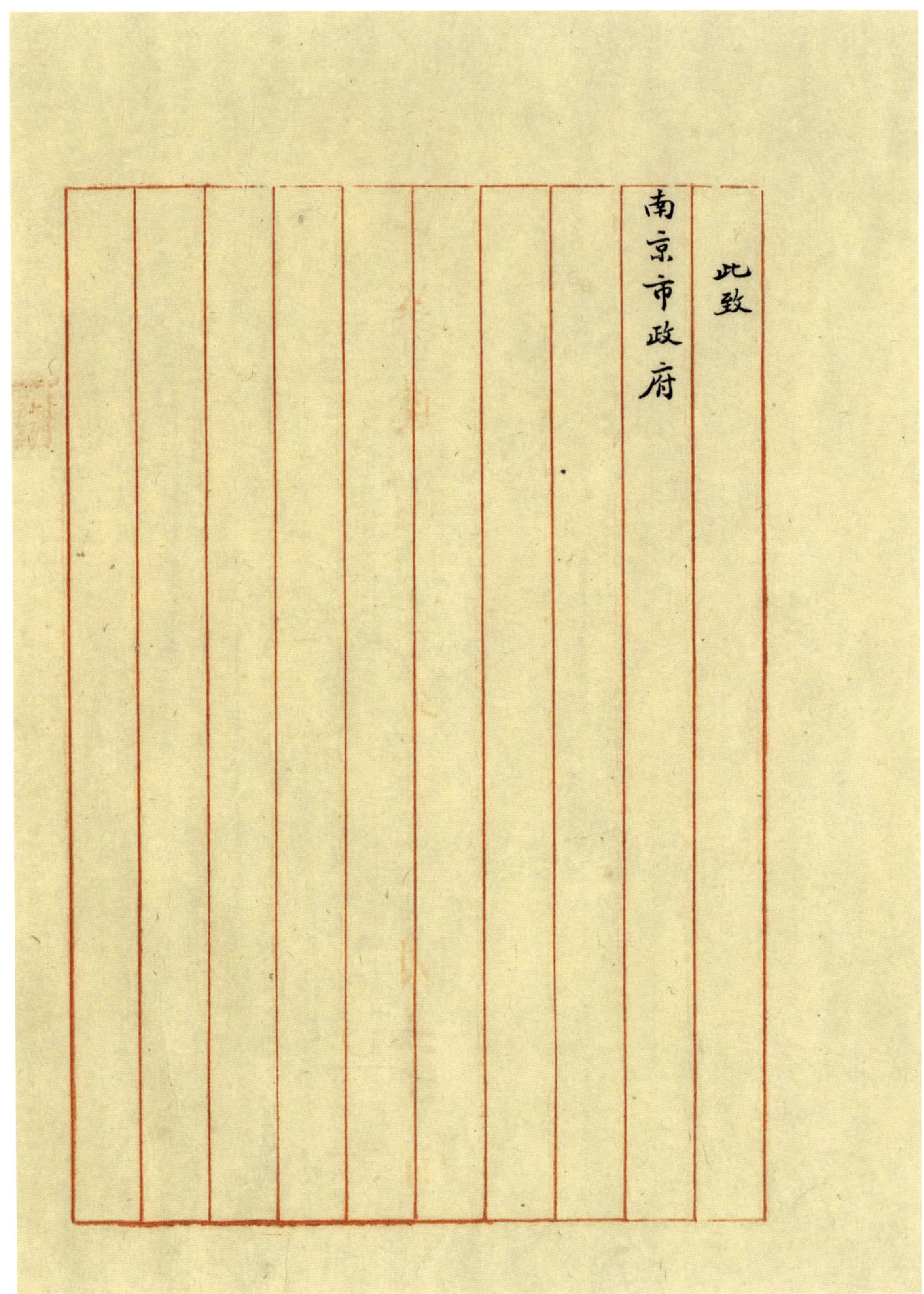

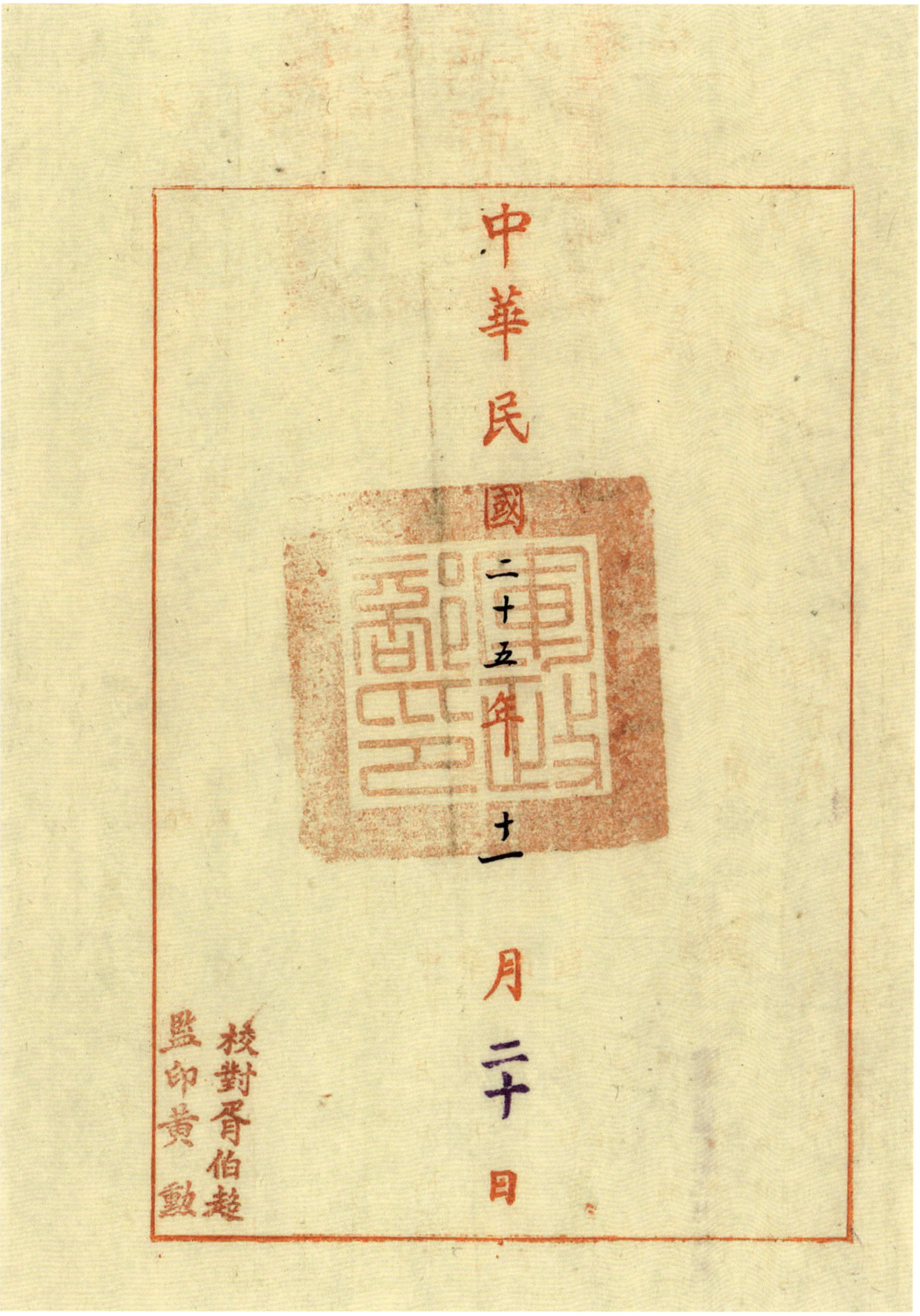
中華民國二十五年十一月二十日

校對胥伯超
監印黃勳

市政府關于武定門城門過橋工程加賬請速補工款以資結束致軍政部密函（一九三六年十一月三十日）

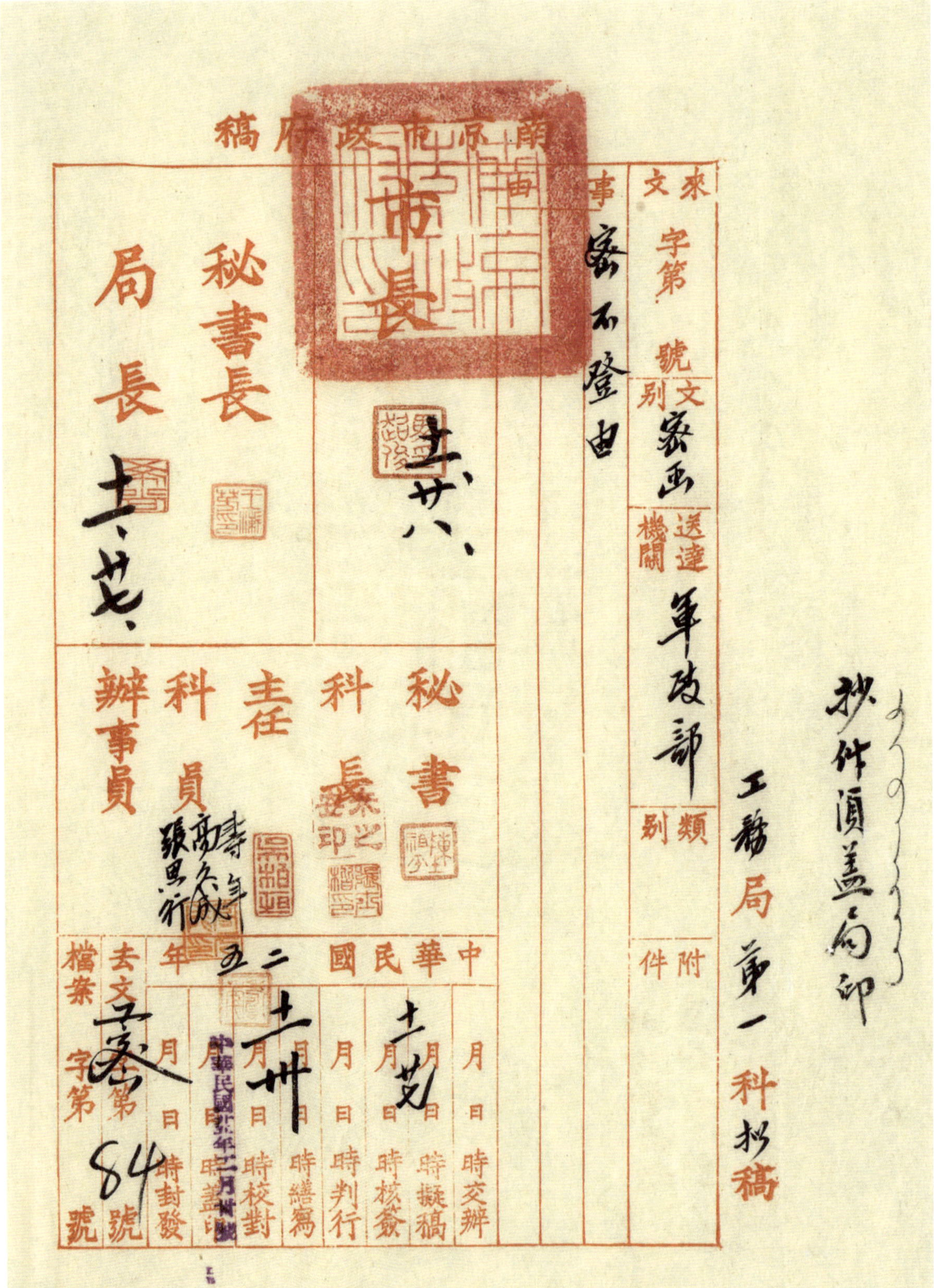

南京市政府稿

市長

來文字第　號

文別　密函

送達機關　軍政部

類別

附件

事由　密不登由

工務局第一科擬稿

抄件須蓋局印

秘書長　十一、廿八、

局長　十一、廿七、

秘書

科長

主任科員

科員

辦事員

中華民國二十五年　月　日

交辦　月　日　時

擬稿　月　日　時

核簽　月　日　時

判行　月　日　時

繕寫　月　日　時

校對　月　日　時

蓋印　月　日　時

封發　月　日　時

去文　字第 84 號

檔案　字第　號

密函　第　　號

案准

貴部本年十一月二十一日豐丁字第四一二九號密函略開：：「案奉　軍事委員會執一字第三八五二號密令、以據南京市長馬超俊呈稱、移裝武定門鐵門工事、業經交由包商銳聲廠承辦、計包價洋二百八十二元八角、又奉令改善武定門城樓通橋一案、亦經交由張祐泰廠承包计需工款四千八百六十二元八角、以上两项共需六千山百零五元六角、作为武定门城楼道楼工程加价、理合填具价格增减表、仰祈鉴核备案、并请转饬筹政部照原案三分之一加拨六千零二十五元二角、以资应付、等情、据此、除指令、准饬筹政部照原案补助三分之一、仰即遵照具领外、合行令仰该部、转饬筹需署遵照加拨二千零二十五元二角、遵令具领、并报。等因相應函請查照，造具預算書草各六份，函送過部，以便核轉撥款。」等由。准經轉飭工務局遵辦去後，茲據該局簽復稱：

「案奉批飭，補造稍裝武定門鐵門及改善該門城樓過橋加强補助費支付預算書，自應遵辦。惟應附送之估單、投標須工圖、修房加張、並無估單、與原訂承攬、及價格增減表，亦僅二份，一份存局，一份交由包工收执、簽经拨还存查、承揽及保格墙减表、照抄同样六份、加盖用印、以资证明，并检同书表等件、呈请核鉴、等情。计附呈预算书、及承揽、保格墙减表各六份。

据此，查此项工程、早经工竣、已呈奉会同派员验收、所需补助费、亟待请拨，以资结束。除饬财政局派员垂询贵部具领外、相应检同原呈书表等件、函请贵部查照核拨。为荷。此致

军政部

计附送补助费支付预算书六份、承揽六份、保格墙减表六份。

市长 马〇〇

中華民國　年　月　日

監印司徒鑑

校對周伯楷

南京市政府民國二十五年度十二月份修築武定門城樓迄橋追加工程軍政部補助費支付預算書

支出臨時費國幣貳千零叁拾五元弍角正

科目	追加預算數	三分之一補助費預算數	備考
第一款 武定門城樓迄橋追加工程費	六、一〇五．六〇	二、〇三五．二〇	
第一項 武定門城樓迄橋追加工程費	六、一〇五．六〇	二、〇三五．二〇	
第一目 武定門城樓迄橋追加工程費	六、一〇五．六〇	二、〇三五．二〇	

南京市市長馬超俊

工務局局長宋希尚

編造員高文盛 [illegible]

市政府關于武定門城樓過橋及城門工程先後完工請派員會同驗收并派隊駐守致軍事委員會密呈（一九三六年十二月一日）

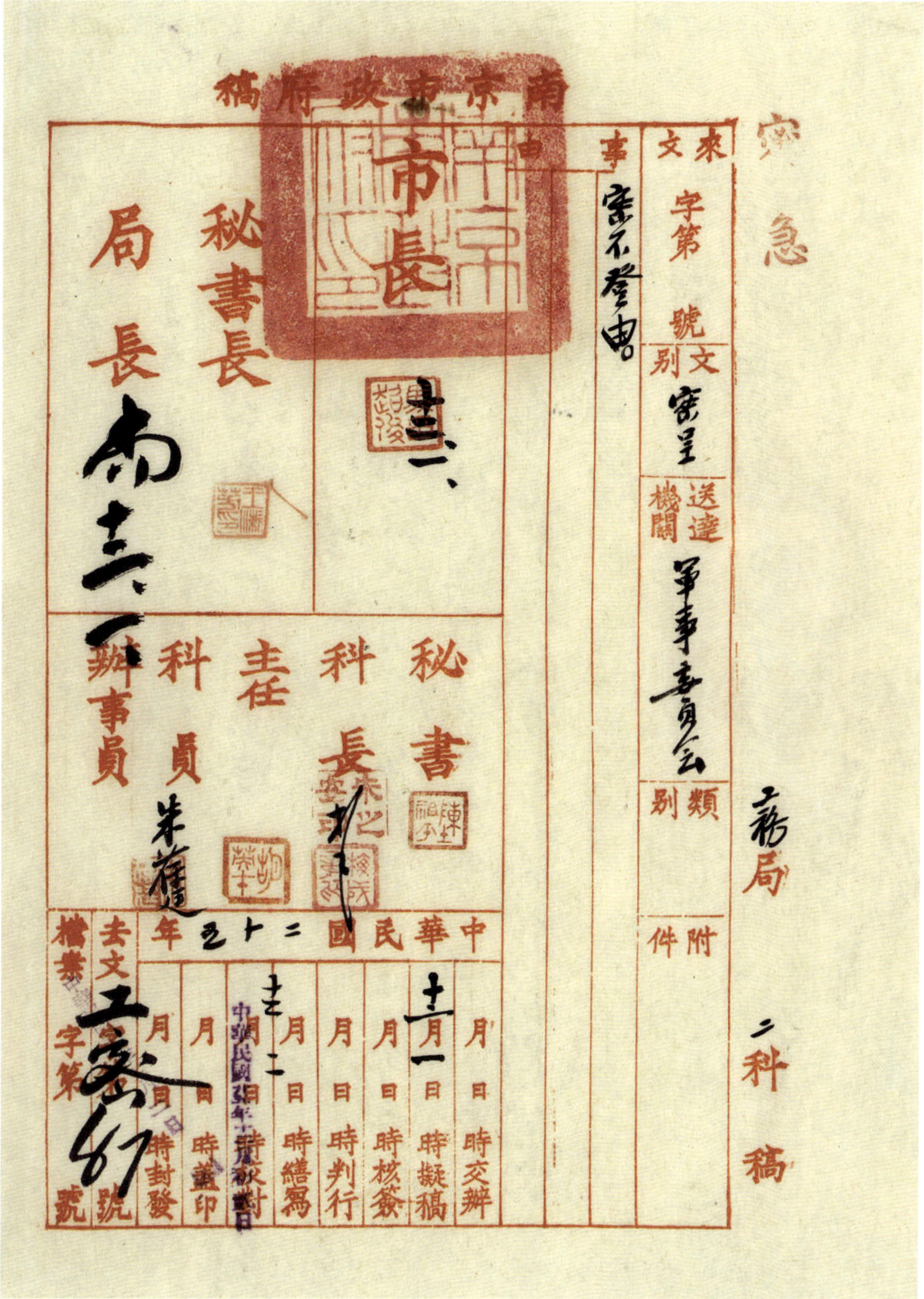

密呈第　號

案查建築武定門城樓過橋及該門城門工程，業已先後完工，並經編造決算書，連同該工區標，呈請鈞會派員，業于十二月一日会同驗收在案，茲查上列工程，急待派隊駐守，以重城防，理合具文呈請鑒核，俯賜迅予指派軍事機關派隊接管，以重防務。

謹呈

軍事委員會委員長蔣

全銜

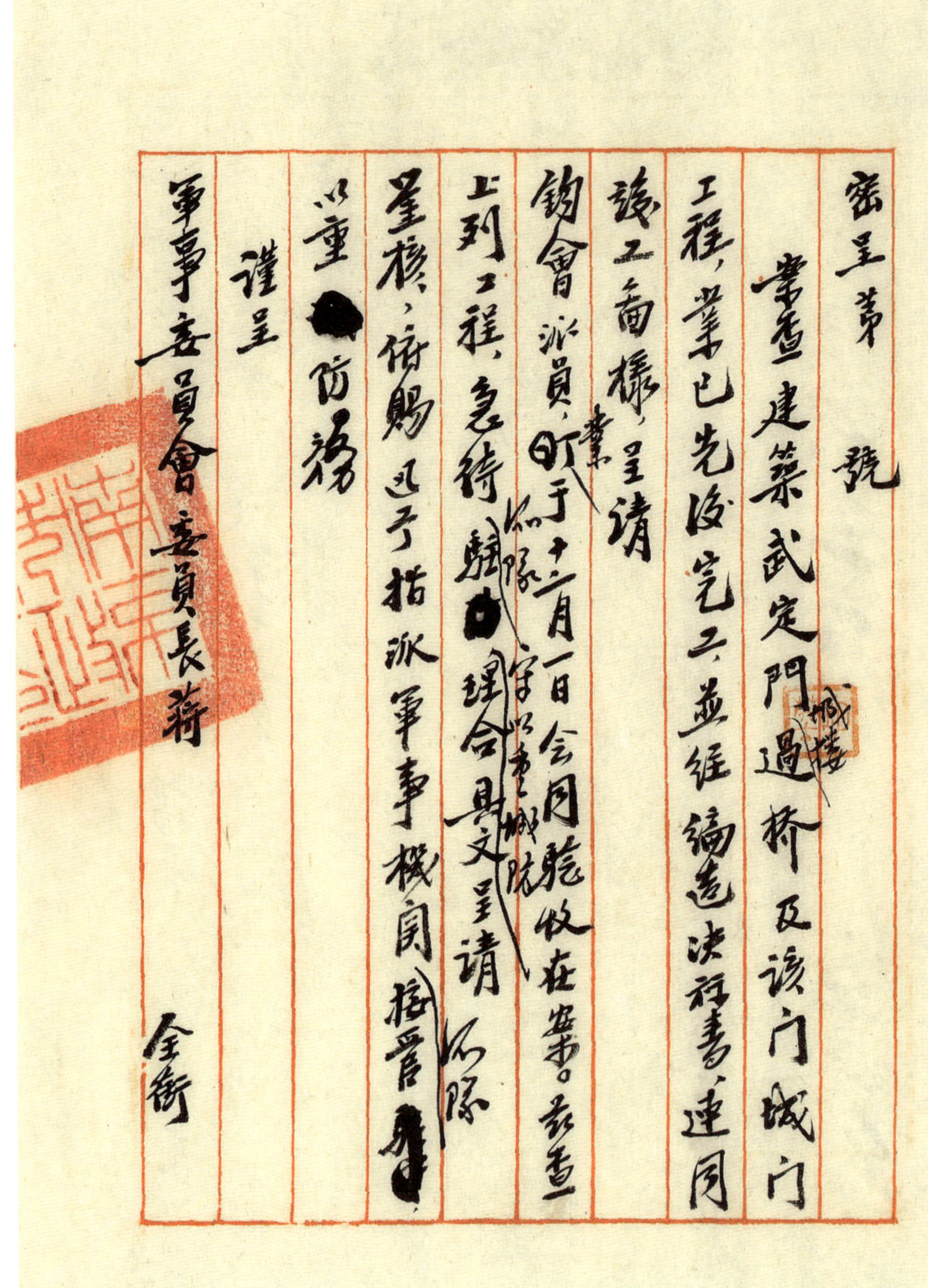

代電稿 呈軍事委員會

武定門城樓過橋業於十月一日由

鈞會派員會同驗收請迅賜指

派軍事機關接管駐守以重城防

朱科長

十二八

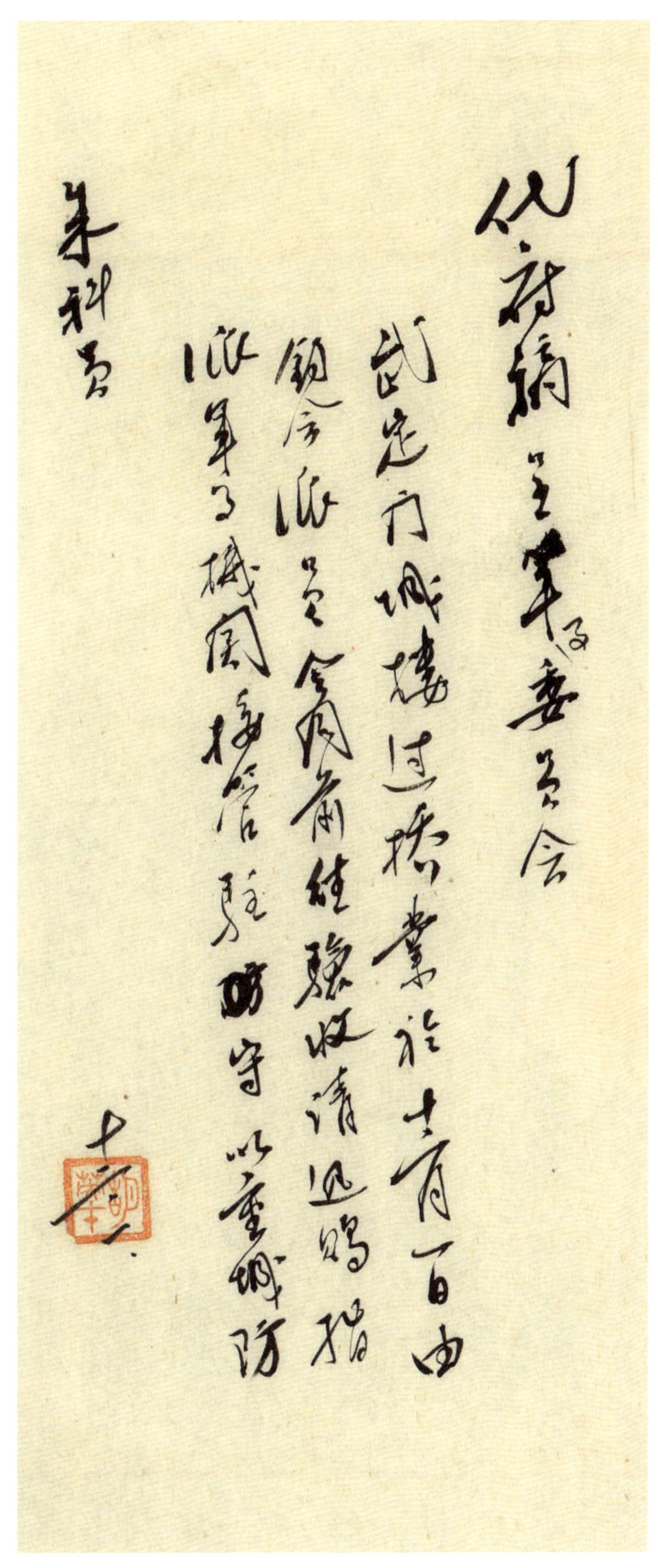

中華民國　年　月　日

監印司徒鑑

校對周伯愷

南京城墙檔案

城門的增闢與建設

伍

移裝通濟門城門工程

僞首都警察總監署東區警察局爲請移裝通濟門之城門致僞市工務局函（一九四四年九月一日）

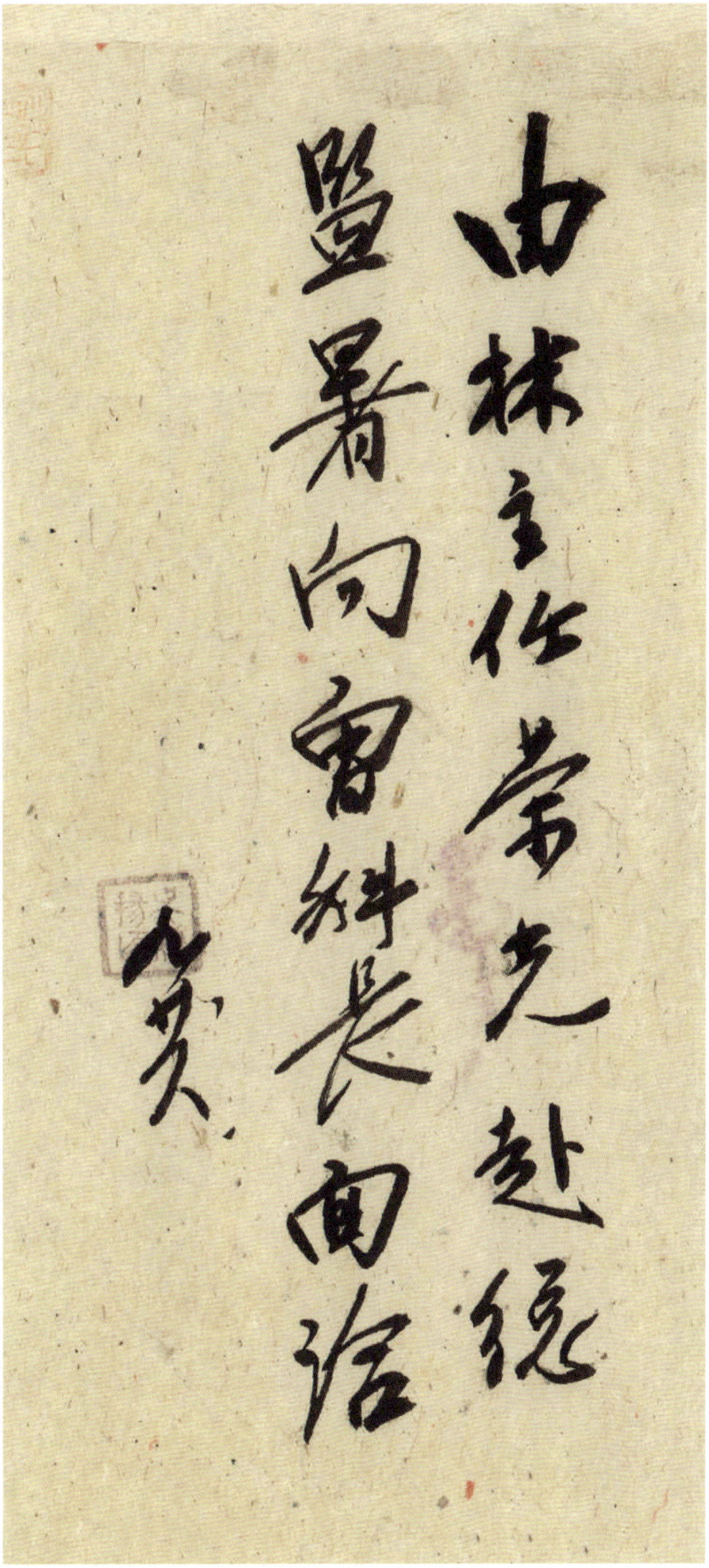
由林主任帶去赴總監署向曾科長面洽

工務局收文第 1020 號

中華民國 33 年 9 月 4 日 11 時　分

文別	事由	擬辦	批示
箋函	為通濟門第三道城門可否移裝於第一道城圈請查照辦理見復		交建築股簽核 九.四

來文機關	東區營築局
附件	
來文字號	

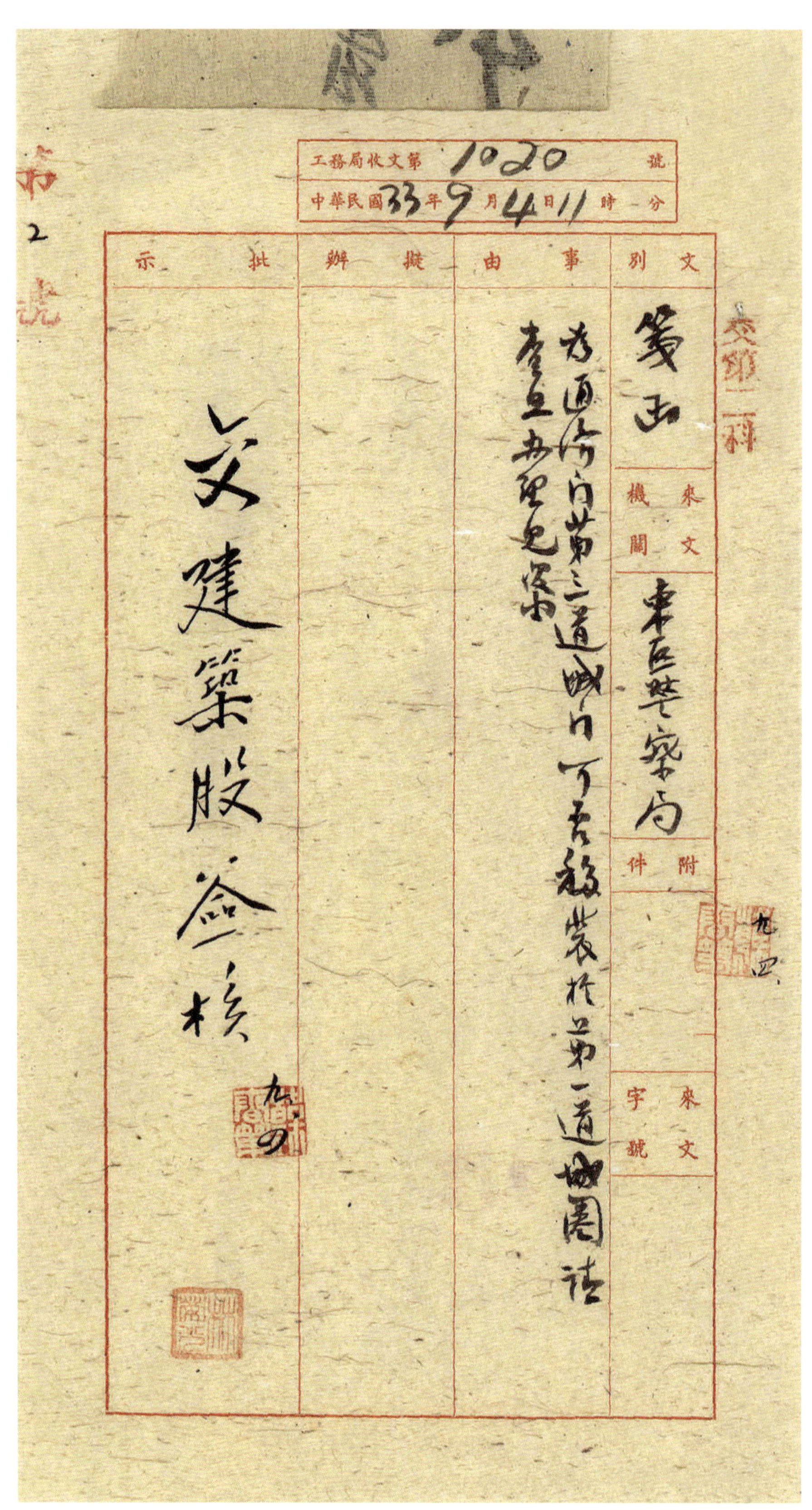

工務（丙）

首都警察總監署東區警察局用箋

案據通濟門分所巡官張懷卿呈稱通濟門城闕第一道城圈內原有城門早已失踪於京市治安頗有關礙現有工務局林榮光主任於來所搬運城樓倒塌材料之時曾經順便實地查勘擬將該城圈第三道城門移裝於第一道城圈同時並將第二道原有城門修復趁各工人拆除城樓之際即由各工人担任移裝工作報請鑒核等情前來查通濟門第三道城門可否移裝於第一道

四 2901

首都警察總監署東區警察局用箋

城圈以因城防之處相應據情函達即請
查照酌度辦理見復為荷此致
工務局
啓
九月一日

僞市工務局移裝通濟門城門工程費領款收據（一九四四年十月）

今領到

南京特別市政府發給移裝通濟門城門工程

費國幣壹拾柒萬叁仟壹百捌拾弍元正此據

工務局局長韓春第

中華民國三十三年十月　日

底

南京特別市市政府工務局用箋

第3號

報告

奉

派勘估東區警察局函請商修理移裝通濟門第二道三道城門職遵

即前往丈量估算前因理合報請

鑒核示遵

謹呈

主任 林 轉呈

科長 吳 轉呈

局長 韓

附呈：概算修理移裝通濟門城書三份

原卷全份

職 李千里 謹呈

九月廿二日

南京特別市政府工務局

第 4 號

南京市政府工務局概算書

字第 33 號
第 1 頁

工程名稱	裝修通濟門城門	施工地點	通濟門
起案原委	東區警察局函請辦理		
施工範圍	擬將原有第二道城門移裝於第一道城洞，將第二道原有城門鉄損部分修補完整		
工程總價	貳拾叁萬肆仟零捌拾元整　234080.00		

工料種類	說明	單位	數量	單價(元)	複價(元)	備註
木料；						
第一道城門補边	6″×6″×10′	板尺	30.00	180.00	5400.00	
〃〃中部横料	10-3″×4″×3′	〃	30.00	180.00	5400.00	
〃〃上部横木	10″×20″×26′	〃	433.50	180.00	78030.00	
第二道城門補边	6″×12″×7′	〃	42.00	180.00	7560.00	
鉄；						
第一道門鉄摑	8-¼″×2″×4′ 5.35×7.5	市斤	40.50	120.00	4860.00	
補護門鉄	¼″×8′×2′ 16×7.5	〃	120.00	120.00	14400.00	
補鉄摑	¼″×2″×10′ 1.07×7.5	〃	13.00	120.00	1560.00	
加裝鉄摑	3-¼″×2″×4′ 2×7.5	〃	15.00	120.00	1800.00	
大帽門釘	400只-4″長	〃	70.00	120.00	8400.00	
下部門軸鉄	4-5″φ×3″.1×408	〃	41.00	150.00	6150.00	拟用鑄鉄
上部門軸鉄	4-¼″×1.5′×.5 3×7.5	〃	22.50	120.00	2700.00	
門閂鉄	2-1″φ×4′0″	〃	50.00	120.00	6000.00	
油漆	塗水柏油二度	听	8.00	2600.00	20800.00	
人工						
第一道城門移裝及鉄木油工		工	150.00	240.00	36000.00	
第二道城門鉄木油工		〃	70.00	240.00	16800.00	
合計						

鑒定　　審核　　校對　　計算

中華民國　　年　　月　　日

第5號

南京市政府工務局預概算書

建字第33號
第2頁

工料種類	說明	單位	數量	單價（元）	複價（元）	備註
門軸墓石	打1:2:4混凝土。4-2'x2'x1'					
水泥		袋	200			擬取用材料庫存之配給水泥。
黄砂		方	10	450000	45000	
石子		〃	20	430000	43000	
雜項		8%			1734000	包括監工費運輸材料等費用。
總計					23408000	
總計						

鑒定　　審核　　校對　　計算

中華民國33年9月22日

第8號

273

簽呈 十月三日

奉

派赴總監署行政科接洽通濟門移裝一案遵即前往向

曾科長處面洽據稱現因冬防在即該處第一道城門尚付

缺如為防止宵小起見似應早日修復以免發生意外等

情理合將通濟門移裝城門概算書附呈仰祈

鑒核

謹呈

科長吳 轉呈

局長韓

職林荣光 謹呈

擬簽呈市座核示祇遵

呂擬 十、三

南京特別市政府工務局

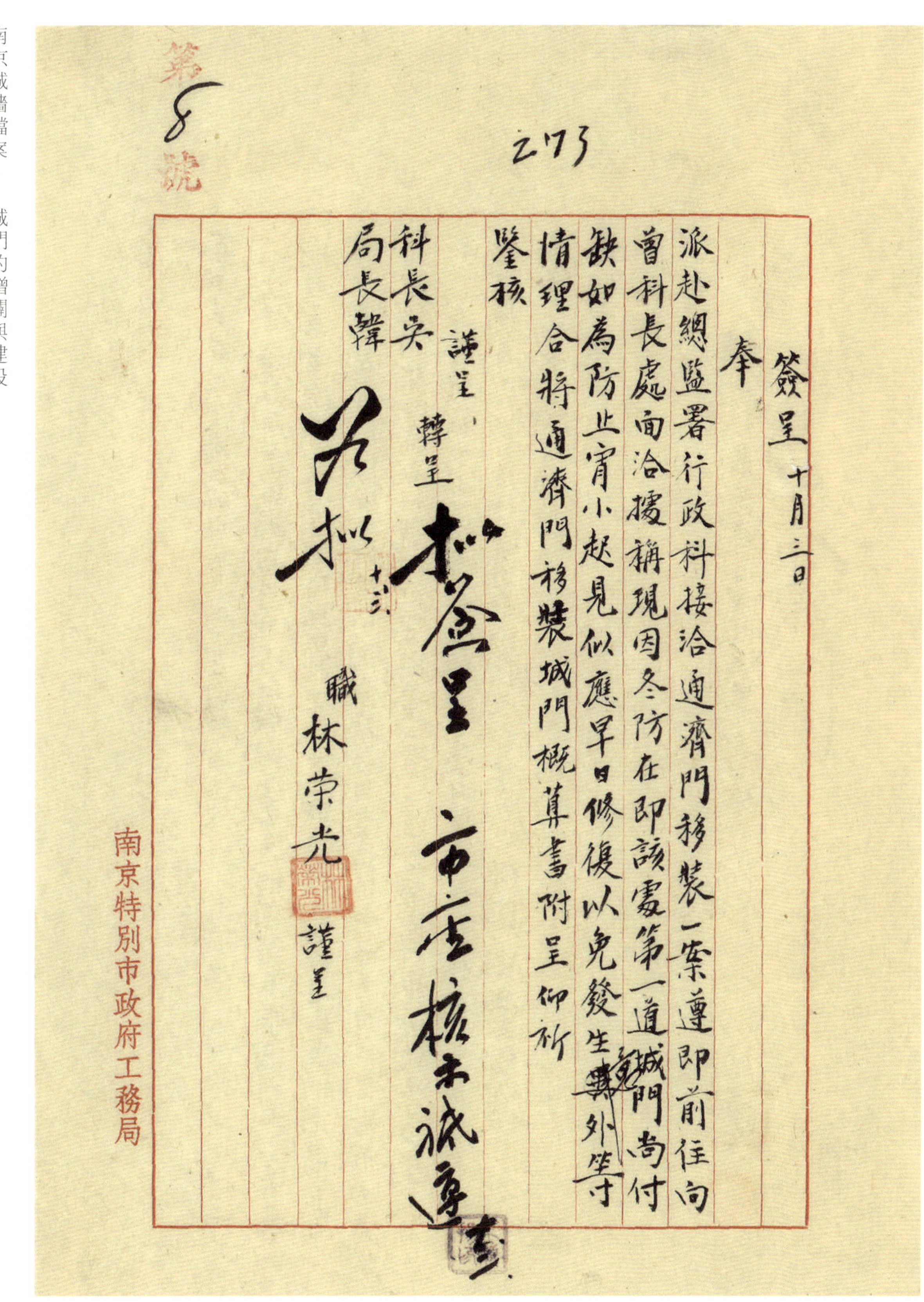

第9號

工務局發文第326號
中華民國33年10月4日15時

簽呈為移裝通濟門城門檢具概算簽請 核示由

案准東區警察局函以通濟門城闕第一道城圈內原有城門早已失蹤

闕於京市治安頗有關礙請將第三道城門移裝於第一道城圈並將

第二道原有城門派工修復以固城防等由當經飭科派員前往查得該處第

一道城門確已無存似與城防有關共第二第三道原有城門護門鐵及鐵箍等多有

損壞自應修補完整惟第三道城門無甚緊要移裝於第一道城圈事尚可

行經估算工程費用計需國幣貳拾叁萬肆千零捌拾元究應如何辦理之處理

合檢同概算簽請

鑒核示遵

謹呈

市長周

附呈移裝通濟門城門概算書一份

十三

南京特別市政府工務局

第10號

收文 第2426號 33年10月4日

工務

工字第三二六

簽一 呈為移裝通濟門城門檢具概算簽請 核示由 十月四日

案准東區警察局函以通濟門城闉第一道城圈內原有城門早已失踪關於京市治安頗有關礙請將第三道城門移裝於第一道城圈並將第二道原有城門派工修復以固城防等由當經飭科派員前往查得該處第一道城門確已無存似與城防有關其第二第三道原有城門護門鐵及鐵釘等多有損落自應修補完整惟第三道城門無甚緊要移裝於第一道城圈事尚可行經估算工程費用計需國幣貳拾叁萬肆千零捌拾元究應如何辦理之處理合檢同概算簽請

鑒核示遵

謹呈

市長周

附呈移裝通濟門城門概算書乙份

代理工務局局長韓春第

如擬

估簽

南京特別市政府工務局

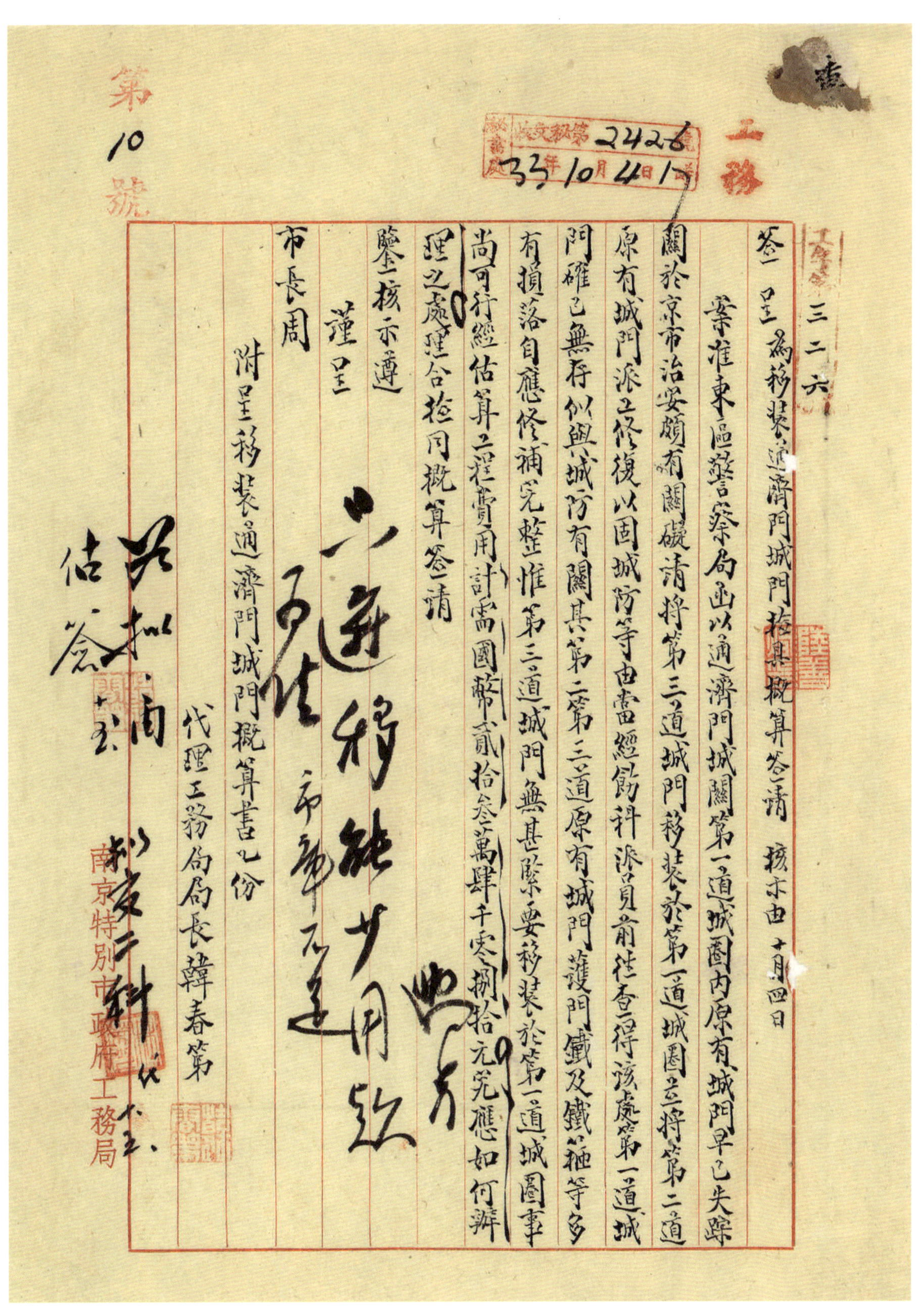

第11號

工務局發文第337號
中華民國33年10月9日15時

呈

呈為奉 批重估移裝通濟門城門工款簽請 核示由

查移裝修理通濟門城門、需款貳拾叁萬柒千零捌拾元、業經擬具概算表

簽奉

鈞長批示「只遷移然少用款為佳，市庫不足」等因，奉此，查該處第三道城門、係

第一道城圈計狹小一尺有餘，自須添購木料、鐵料、拼鑲四週，方得緊密堅固，以符

實用，經派員詳勘後，估除水泥利用庫存配給水泥不計價外，核減為拾柒萬叁千

壹百捌拾元、此據准警監署行政科曹科長來電話，以該城第一道城圈無門

關閉，城內治安殊堪顧慮，值冬防將屆，併請趕速動工移裝，以固城防等語，究應如

何辦理之處，理合重擬概算，隨文簽送，仰祈

鑒核示遵。謹呈

市長周

附呈移裝通濟門城門新概算表一份

銜名

南京特別市政府工務局

原簽已批回在卷 [illegible]

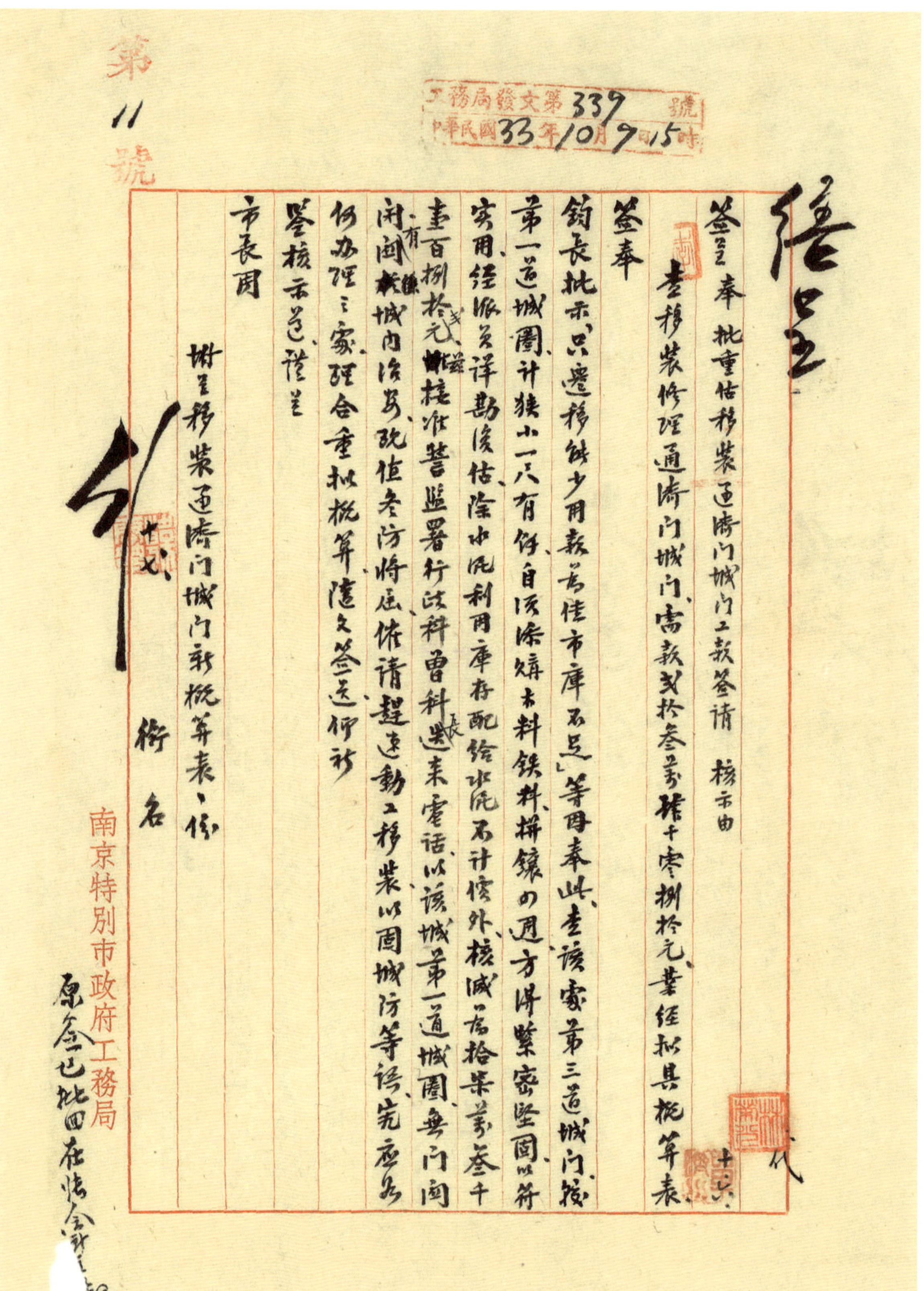

南京市政府工務局概算書

建字第33號
第1頁

工程名稱	裝修通濟門城門	施工地點	通濟門
起案原委	東區警察局函請辦理		
施工範圍	擬將原有第二道城門移裝於第一道城洞，將第二道原有城門缺損部分修補完整		
工程總價	貳拾叁萬肆仟零捌拾元整　234080.00		

工料種類	說明	單位	數量	單價（元）	複價（元）	備註
木料：						
第一道城門補邊	6"×6"×10'	板尺	30.00	180.00	5400.00	
〃〃中部橫料	10-3"×4"×3'	〃	30.00	180.00	5400.00	
〃〃上部橫木	10"×20"×26'	〃	433.50	180.00	78030.00	
第二道城門補邊	6"×12"×7'	〃	42.00	180.00	7560.00	
鐵：						
第一道門鐵箍	8-½"×2"×4' 5.25×7.5	市斤	40.50	120.00	4860.00	
補鑲門鐵	½"×8"×2' 16×7.5	〃	120.00	120.00	14400.00	
補鐵箍	½"×2"×10' 1.67×7.5	〃	13.00	120.00	1560.00	
加裝鐵箍	3-½"×2"×4' 2×7.5	〃	15.00	120.00	1800.00	
大帽門釘	400只-4"長	〃	70.00	120.00	8400.00	
下部門軸鐵	4-5"φ×3".1×4.08	〃	41.00	150.00	6150.00	擬用鑄鐵
上部門軸鐵	4-½"×1.5"×5' 3×7.5	〃	22.50	120.00	2700.00	
門閂鐵	2-1"φ×4'2"	〃	50.00	120.00	6000.00	
油漆	塗水柏油二度	听	8.00	2600.00	20800.00	
人工						
第一道城門補裝及鐵木油工		工	150.00	240.00	36000.00	
第二道城門鐵木油工		〃	70.00	240.00	16800.00	
合計						

鑒定　　審核　　校對　　計算

中華民國　年　月　日

南京市政府工務局預概算書

建字第33號
第2頁

工料種類	說明	單位	數量	單價（元）	複價（元）	備註
門軸基石	打1:2:4混凝土。4-2'×2'×1'					
水泥		袋	2.00			擬取用材料庫存之配給水泥。
黃砂		方	.10	4500.00	450.00	
石子		〃	.20	4300.00	430.00	
雜項		8%			1734.00	包括員工費運輸材料等費用。
總計					2340.00	
總計						

第10號

鑒定　　審核　　校對　　計算

中華民國33年9月22日

僞市工務局爲移裝通濟門城門工程擬交恒泰記承辦致僞市政府呈文（附件：工程估價單、承攬書）（一九四四年十月二十四日）

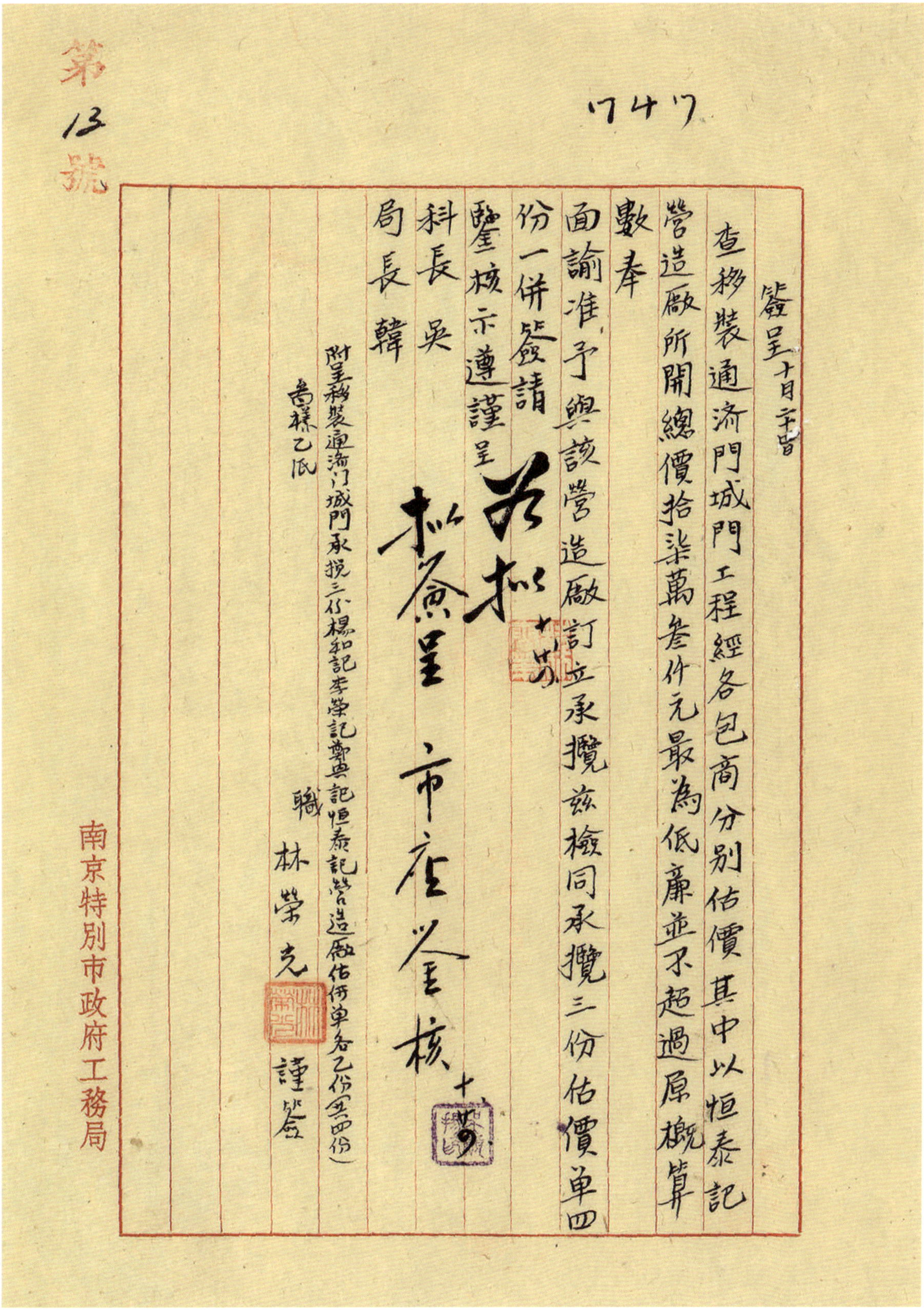
第13號

1747

簽呈 十月二十四日

查移裝通濟門城門工程經各包商分別估價其中以恒泰記營造廠所開總價拾柒萬叁仟元最為低廉並不超過原概算數奉面諭准予與該營造廠訂立承攬茲檢同承攬三份估價單四份一併簽請鑒核示遵謹呈

科長 吳

局長 韓

附呈移裝通濟门城門承攬三份、楊和記李榮記尊興記恒泰記營造廠估價单各乙份（共四份）

圖樣乙紙

職 林榮光 謹簽

如擬 十、廿六

擬簽呈 市座 核 十、廿六

南京特別市政府工務局

第14號

工務局發文第367號
中華民國33年10月24日16時

签呈　为移装通济门城门工程拟交恒泰记承办签请　核示由　十、廿四

查移装通济门城门工程业经拟具概算签奉
钧座批准招商估价承做在案兹经招到恒泰记李荣记郑兴记
杨和记四家营造厂估价比较以恒泰记营造厂所开价单除水
泥由本局供给不计外计工程费拾柒万叁千元为最低廉并不超
出原概算数拟请交由该恒泰记承做是否可行理合检具原估
价单连同承揽签请
鉴核示遵
谨呈
市长周
附呈估价单四份承揽一份

行　十、廿四

衔名

南京特别市政府工务局

通济门城门卷　林荣光编

第15號

南京特別市工務局移裝通濟門城門工程承攬及施工說明

立承攬人**恒泰記營造廠**今攬到

南京特別市工務局移裝通濟門城門工程總包價壹拾柒萬叁仟元正並願遵照下列各條辦理倘有貽誤或違背左列各條時承攬人應受罰款處分如中途退攬或其他意外事件發生概由保證人負責清算賠償並完成本承攬書所訂承攬人之責任

一、本工程為將第三道城圈之城門移裝於第一道城圈城門空隙處用木料添補嚴密加横腰木及釘箍釘緊門後面裝鐵門一道門前裝石質門擋壹座門軸下部裝鑄鐵門轉須與原有門窩吻合上部鑄鐵門轉用1:2:4混凝土打實再以對銷螺絲連接堅固原門失落之鐵皮應鑲補完整並將全門刷水柏油一度

一、本工程所用之水泥由　鈞局供給惟由承攬人運抵工地中途如有缺少蓋由承攬人負責

一、本工程所用之黄砂石子鐵料木料須經監工員驗收後方准使用

南京特別市政府工務局

一、本工程限拾伍個晴天完工逾期一天罰款貳千元正

一、付款辦法

1. 訂立承攬時付拾萬元正

2. 全部工程完成后時付肆萬元正

3. 全部工竣後付叁萬元正

4. 全部工程經市政府派員驗收後付尾款叁仟元正

立承攬人 恒泰記營造廠 地址户部街五十一號

住址

保證人 新利石灰紙筋號

住址 近戲巷十七号

對保人 新利石灰紙筋號

中華民國三十三年十一月廿日訂立

南京特別市政府工務局

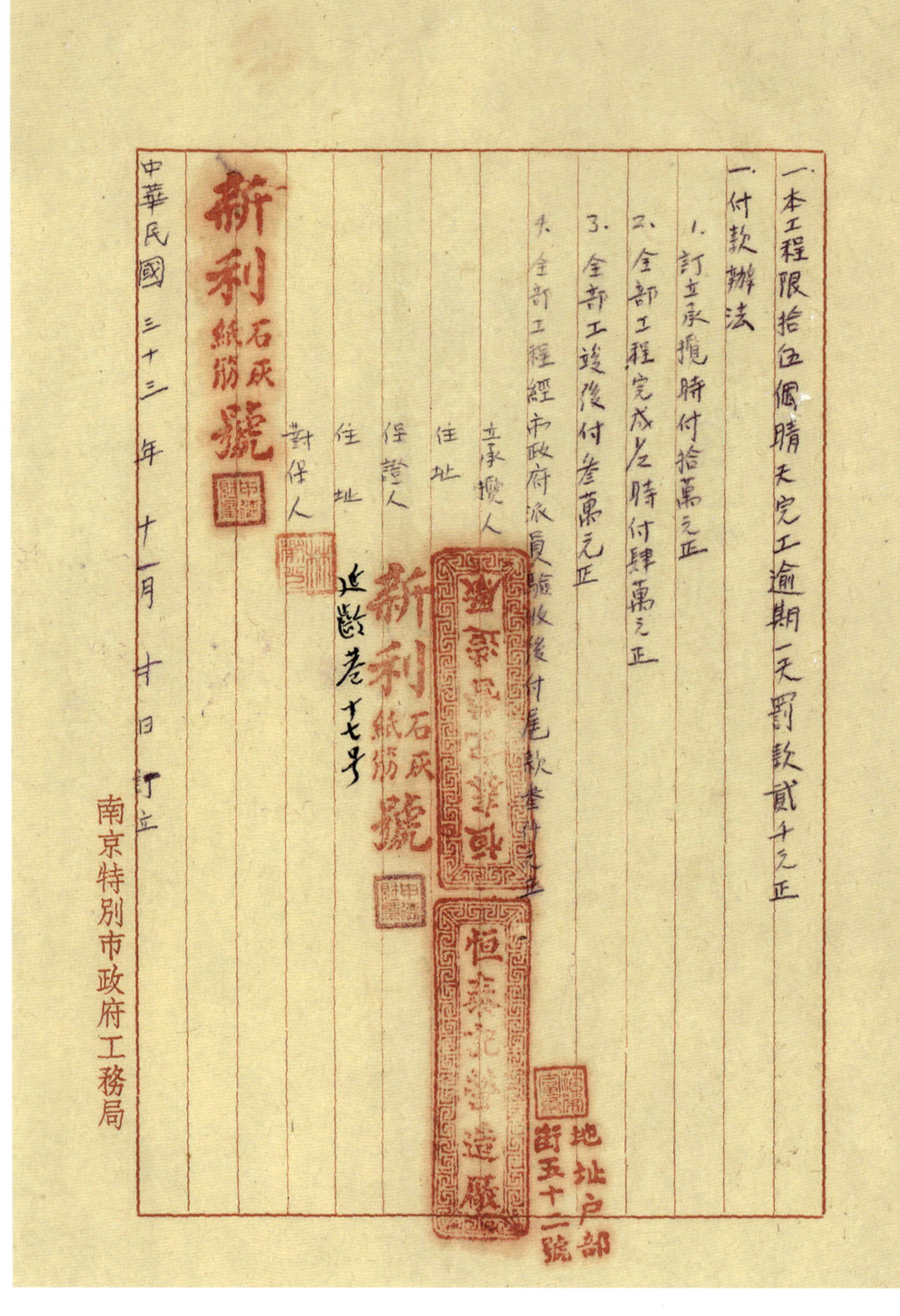

第16號

南京特別市工務局移裝通濟門城門工程承攬及施工說明

立承攬人 **恒泰記營造廠** 今攬到

南京特別市工務局移裝通濟門城門工程總包價壹拾柒萬叁仟元正并願遵照下列各条辦理倘有貽誤或違背左列各条時承攬人應受罰款處分如中途退攬或其他意外事件發生概由保證人負責清算賠償並完成本承攬書所訂承攬人之責任

一、本工程為將第三道城圈之城門移裝於第一道城圈城門空隙處用木料添補嚴密加橫膠木及釘箍釘緊門後面裝鉄門閂一道門前裝石質門檔壹座門軸下部裝鑄鉄門轉須與原有門窩吻合上部鑄鉄門轉用一：二：四混凝土打實再以對銷螺絲連接堅固原門失落之鉄皮應鑲補完整並將全門刷水柏油一度

一、本工程所用之水泥由 鈞局供給惟由承攬人運抵工地中途如有缺少蓋由承攬人負責

一、本工程所用之黃砂石子鉄料木料須經監工員驗收後方准使用

南京特別市政府工務局

一本工程限拾伍個晴天完工逾期一天罰款貳千元正

一付款辦法

1. 訂立承攬時付拾萬元正

2. 全部工程完成½時付肆萬元正

3. 全部工竣後付叁萬元正

4. 全部工程經市政府派員驗收後付尾款叁仟元正

立承攬人 恒泰記營造廠

住址 地址户部街五十二號

保證人 新利石灰紙筋號

住址 延齡巷十七号

對保人

新利石灰紙筋號

中華民國三十三年十一月十日訂立

南京特別市政府工務局

改裝舊有儀門第二層城門外第一層裝修圖
城門六節鏍紋門軸圖
比例尺 ½":1'-0"
平面圖
底層立面圖
剖面立面圖
剖面圖
城門上節鏍紋鏍活詳圖
市政府工務局繪製 三十三年十月

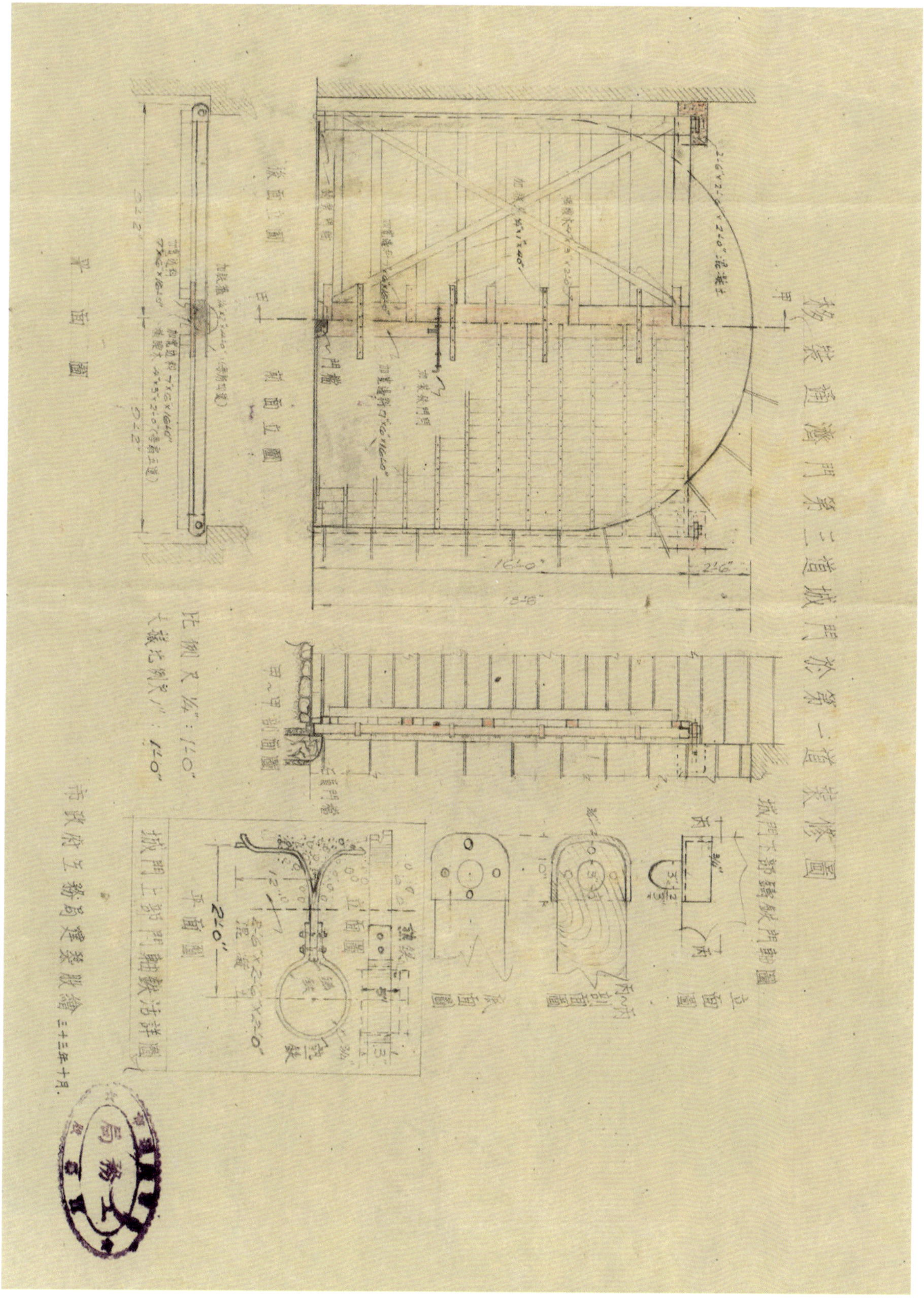

第18號

工字第三六七號

工務

秘書處收文秘第30號
33年10月25日11時

簽呈 為移裝通濟門城門工程擬交恒泰記承辦簽請核示由 十月二十四日

查移裝通濟門城門工程業經擬具概算簽奉
鈞座批准招商估價承做在案茲經招到恒泰記李榮記鄭興記楊和記四家
營造廠估價比賬以恒泰記營造廠所開價單除水泥由本局供給不計外計工
程費拾柒萬叁千元為最低廉並不超出原概算數擬請交由該恒泰記承做是
否可行理合檢具原估價單連同承攬簽請
鑒核示遵
謹呈
市長周
附呈估價單四份承攬一份
代理工務局局長韓春第

可照准
擬交二科遵辦
照擬速辦

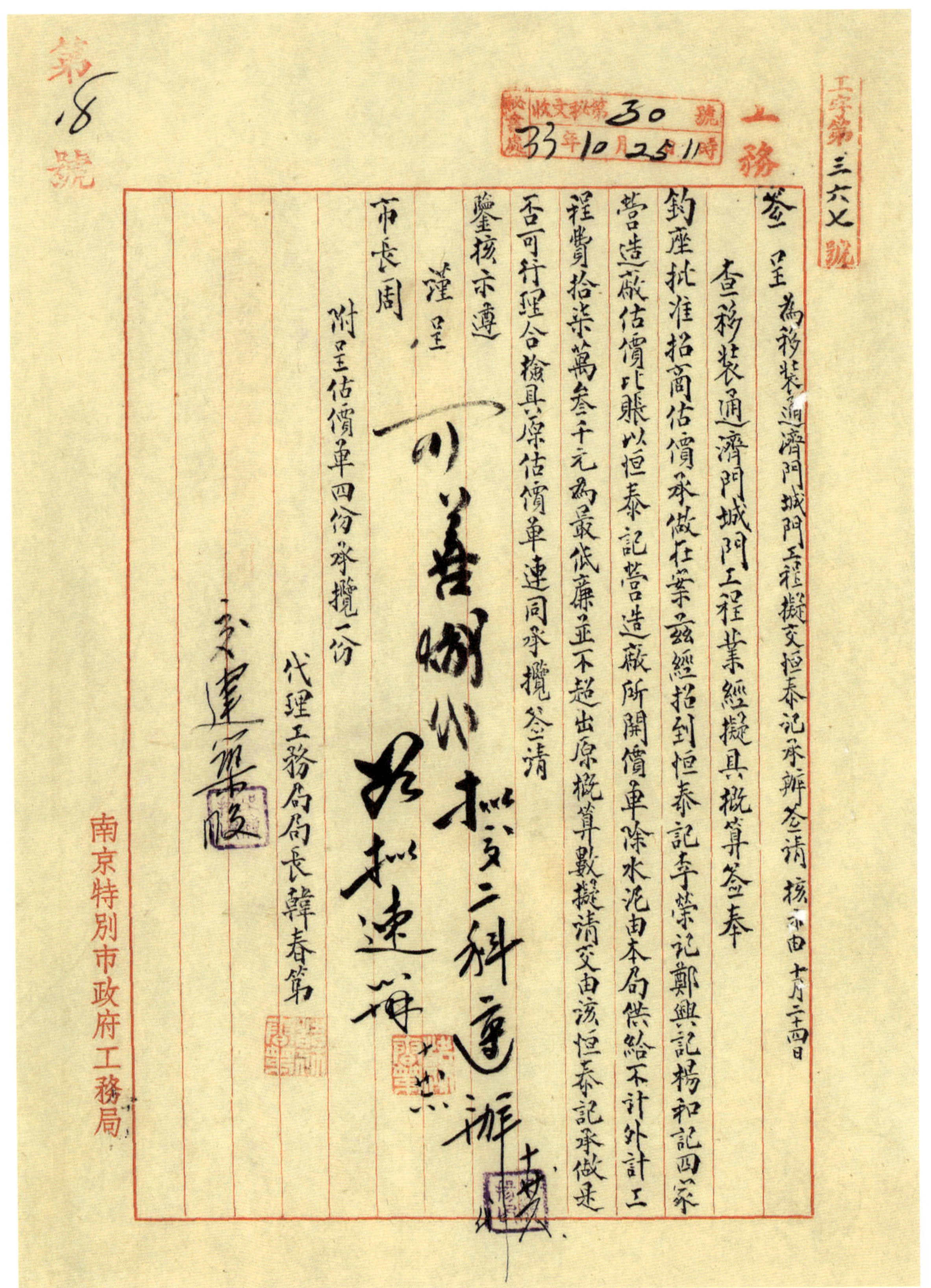

第19號

估價單

173,000

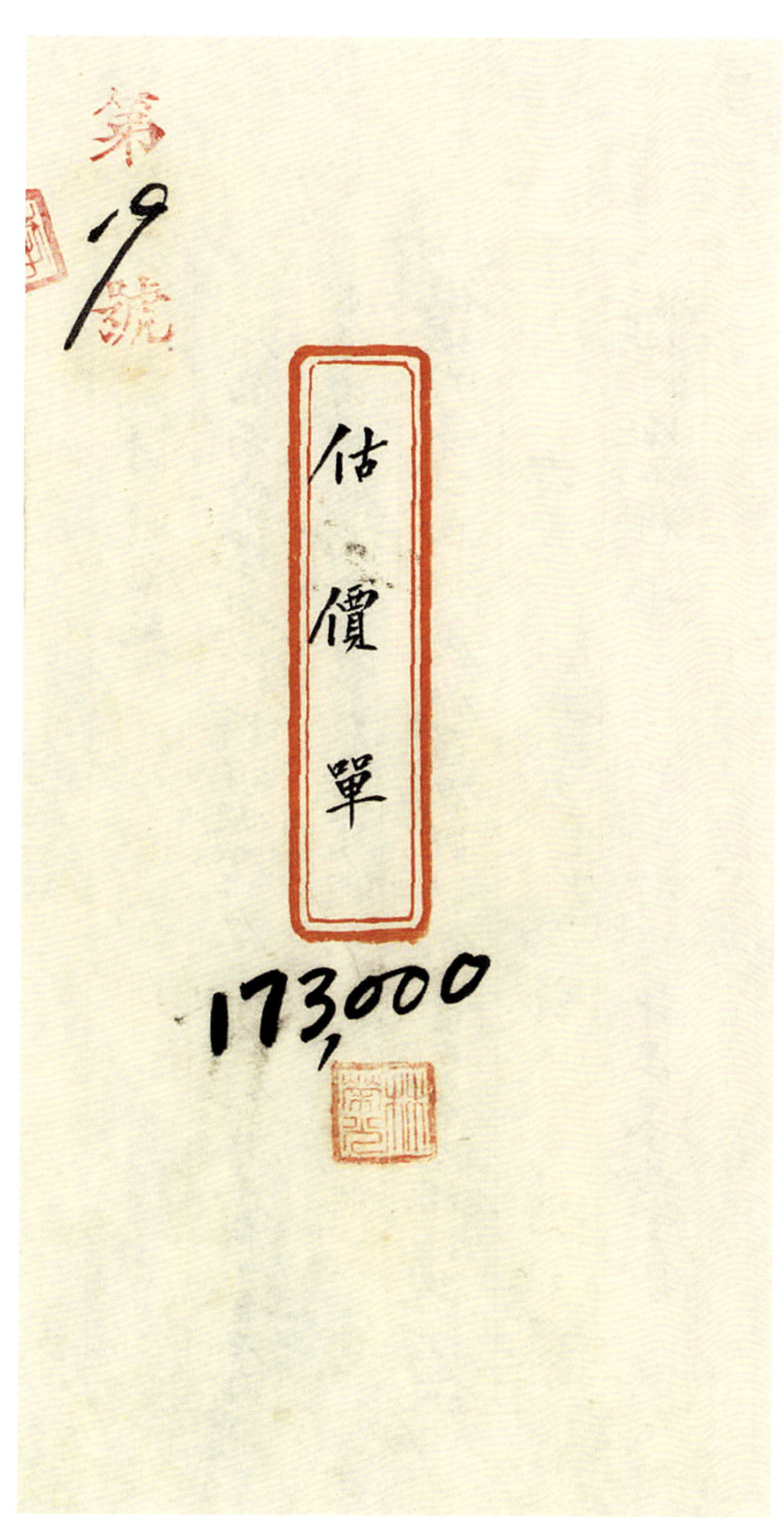

地址户部街五十二號

計開估單

謹將鈞局脩理適濟門拆做還原添配釘鉄木料工食在内

水泥均歸鈞局自理以及各項開列于左

（一）做城门第三道拆下脩做還原搬動第一道裝齐全部拆做裝全

共　計洋叁萬伍仟元

（一）做城门添木料　計洋弍萬壹仟元

(一)做裝门瓦工拆鍋卡做全　計洋壹萬伍仟元

(一)用石子　計洋叁仟元

(一)用黄砂　計洋壹仟伍百元

(一)门用鉄釘　計洋肆仟元

(一)门用洋釘　計洋叁仟叁百元

(一)门下鍋用鉄器　計洋叁萬壹仟伍百元

（一）鉄门栅子　計洋肆仟柒百元

（一）门上鍋用鉄器　計洋弍萬捌仟元

（一）大门上用鉄鈀子捌道　計洋壹萬陸仟元

（一）门上刷里油之食料　計洋壹萬元

總共計國幣拾柒萬叁仟元正

謹呈

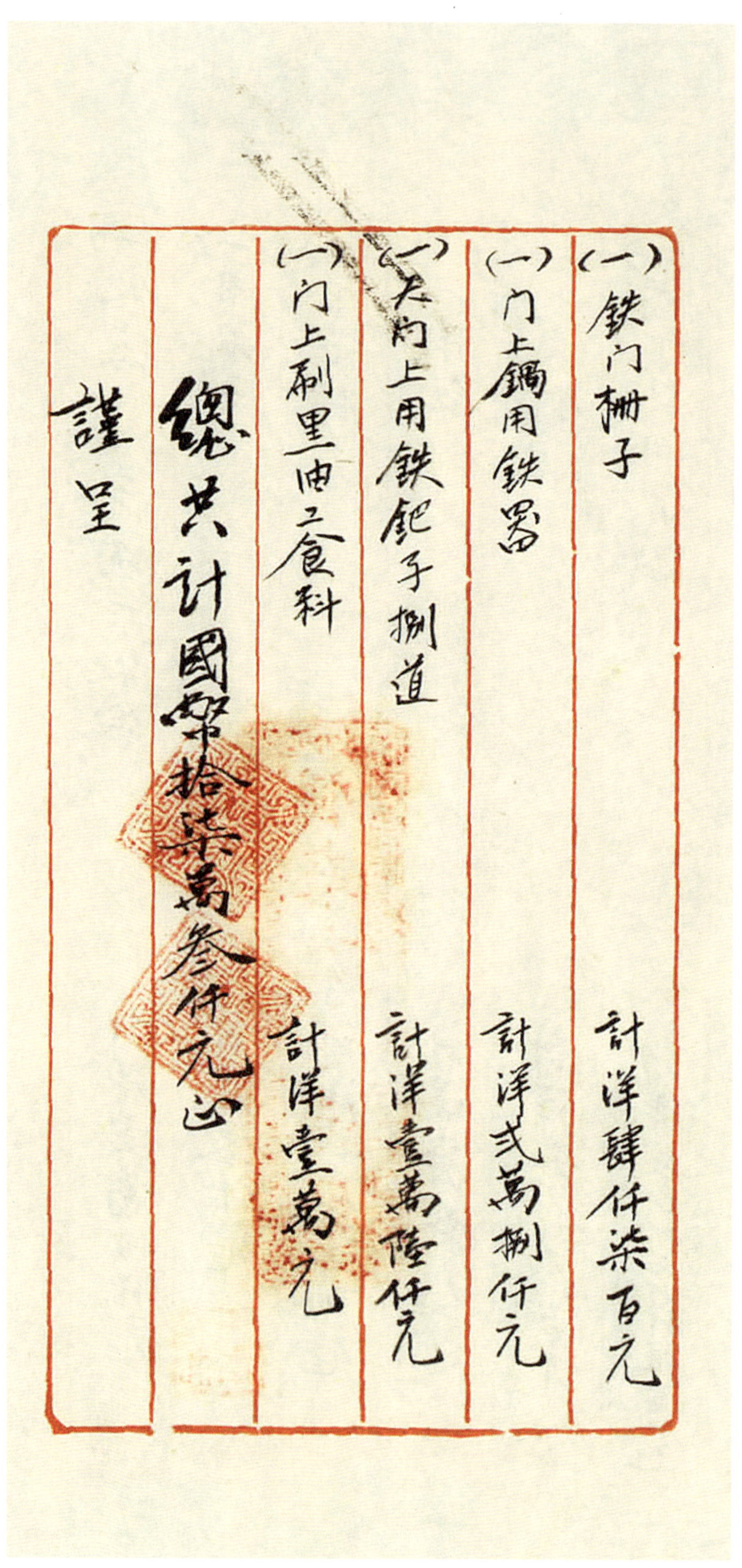

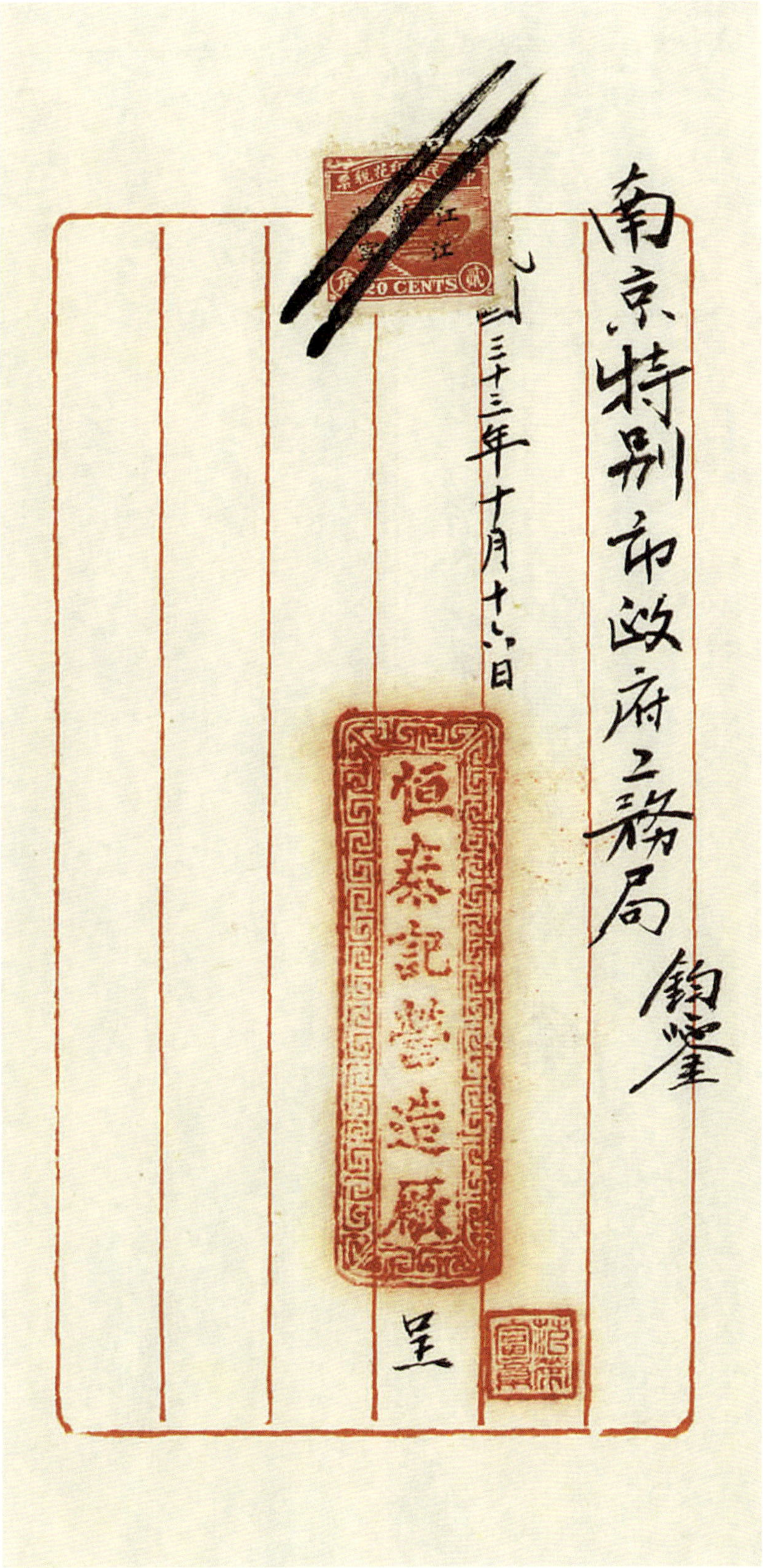
南京特別市政府工務局 鈞鑒

三十三年十月十六日

恒泰記營造廠 呈

估價單

191,800

計開

謹將貴局修通濟門城門全部添用木料

還原鋼子鐵及耳釘在內水泥由貴局出

理及各項開列於後

一 用木料添配

計洋弍万弍仟六百元

[撥還第三道]

一 做城門第三道拆下修理還原裝動

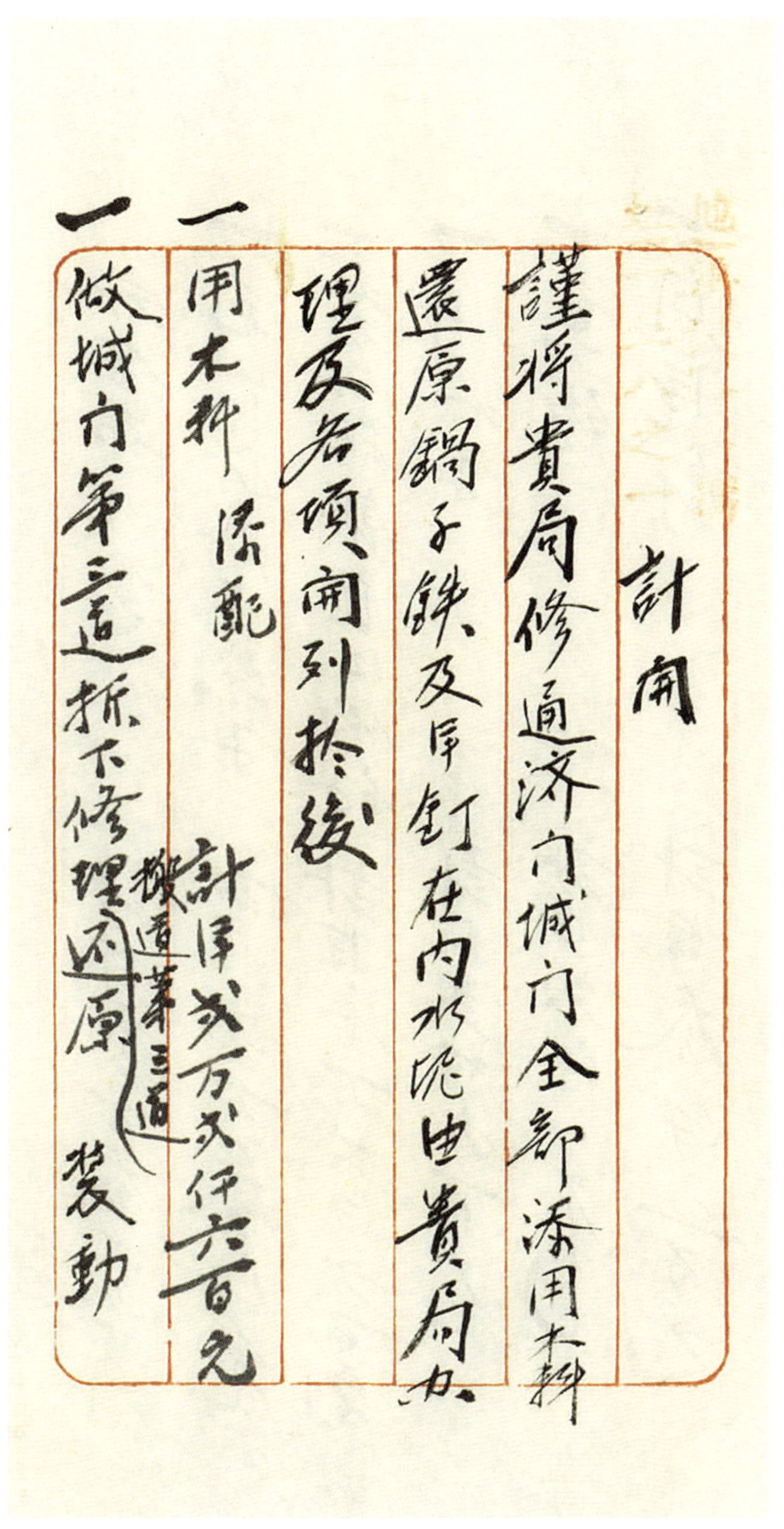

齐全部做装　　　計洋叁万叁仟五百元

一　毛竹搭脚手架子　　　計洋壹万叁仟元

一　装门拆鍋瓦工做好　　　計洋壹万贰仟六百元

一　用石子　　　計洋贰仟九百元

一　黄砂　　　計洋贰仟元

一　用洋釘　　　計洋叁仟五百元

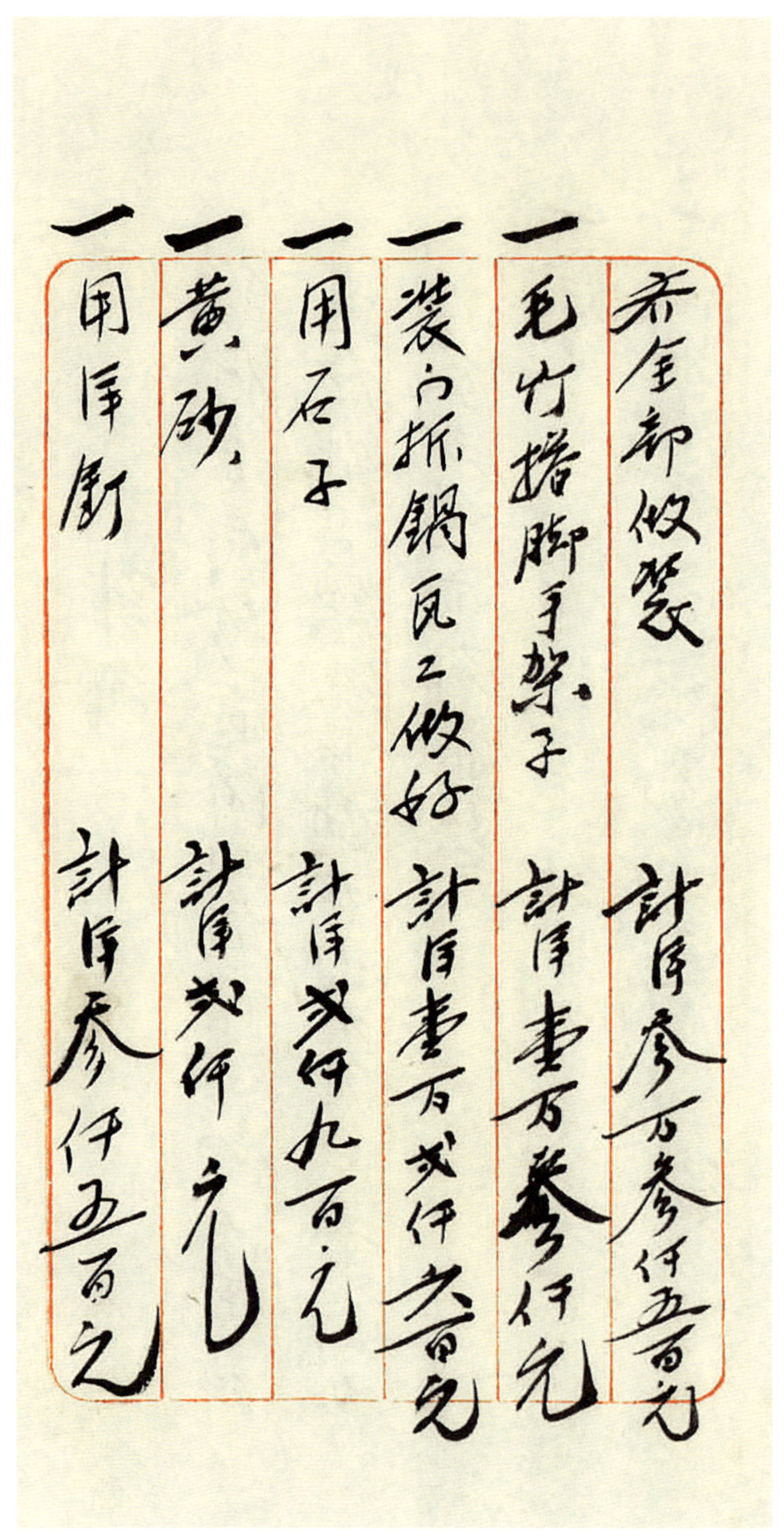

一用鉄釘　計洋弍仟捌百元

下
一门鍋鉄器　計洋柒万九仟八百元

上
一门鍋鉄器　計洋叁万七仟八百元

一门闩子　計洋伍仟弍百元

一门上用巴子　計洋壹万壹仟五百元

一门上刷黑油工食料　計洋壹万四仟六百元

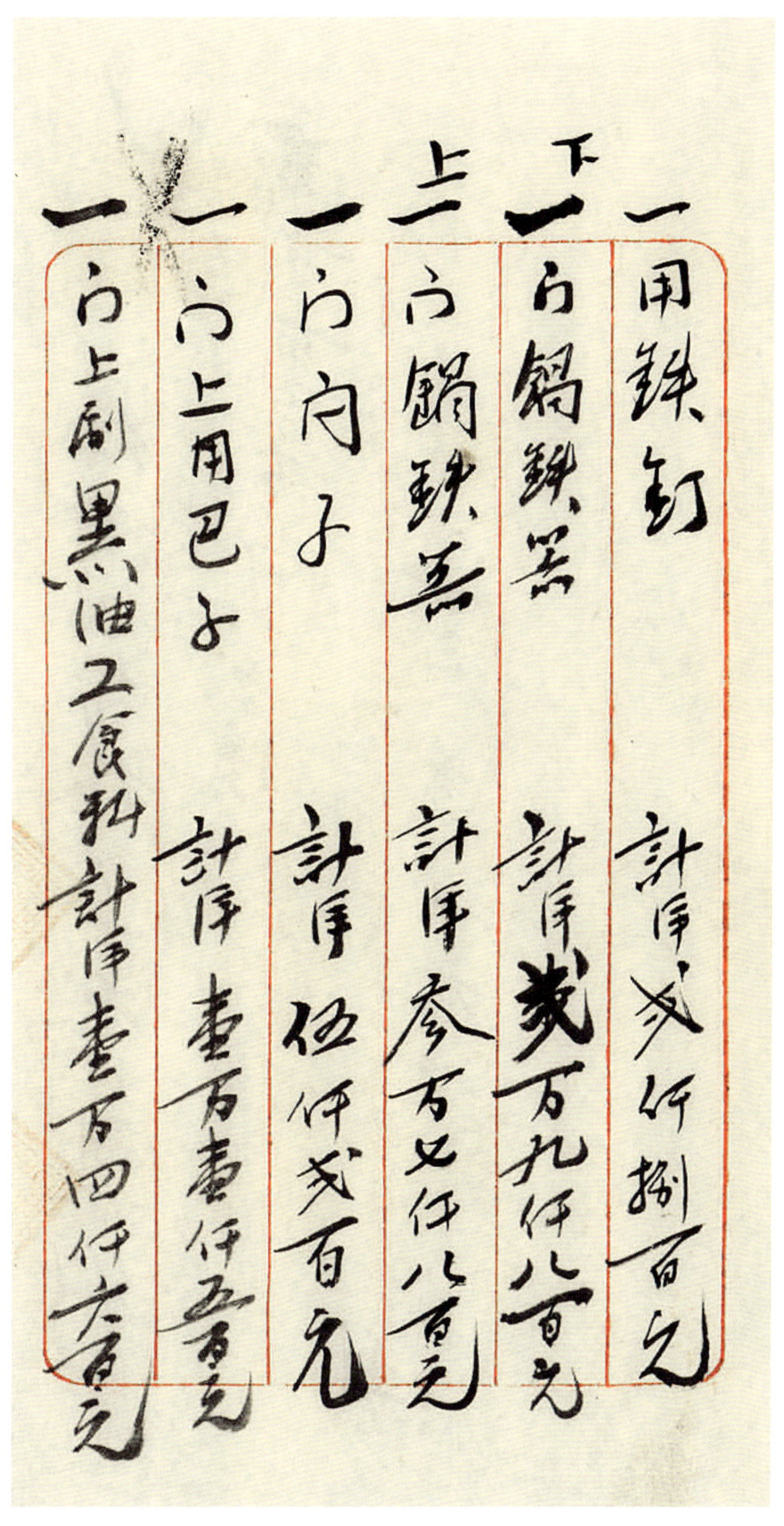

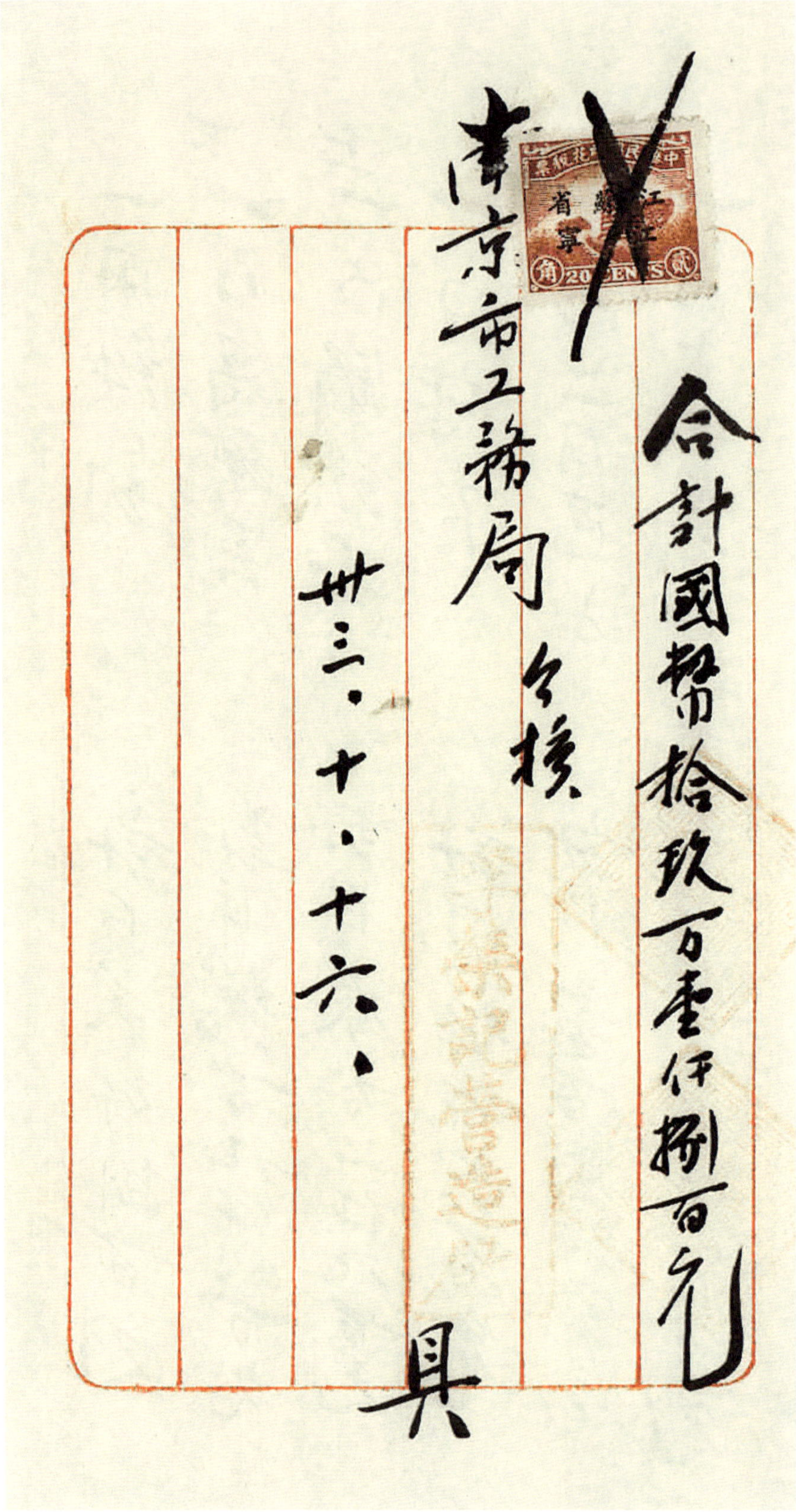

合計國幣拾玖万壹仟捌百元

南京市工務局 台核

卅三、十、十六、

具

謹呈

18,000

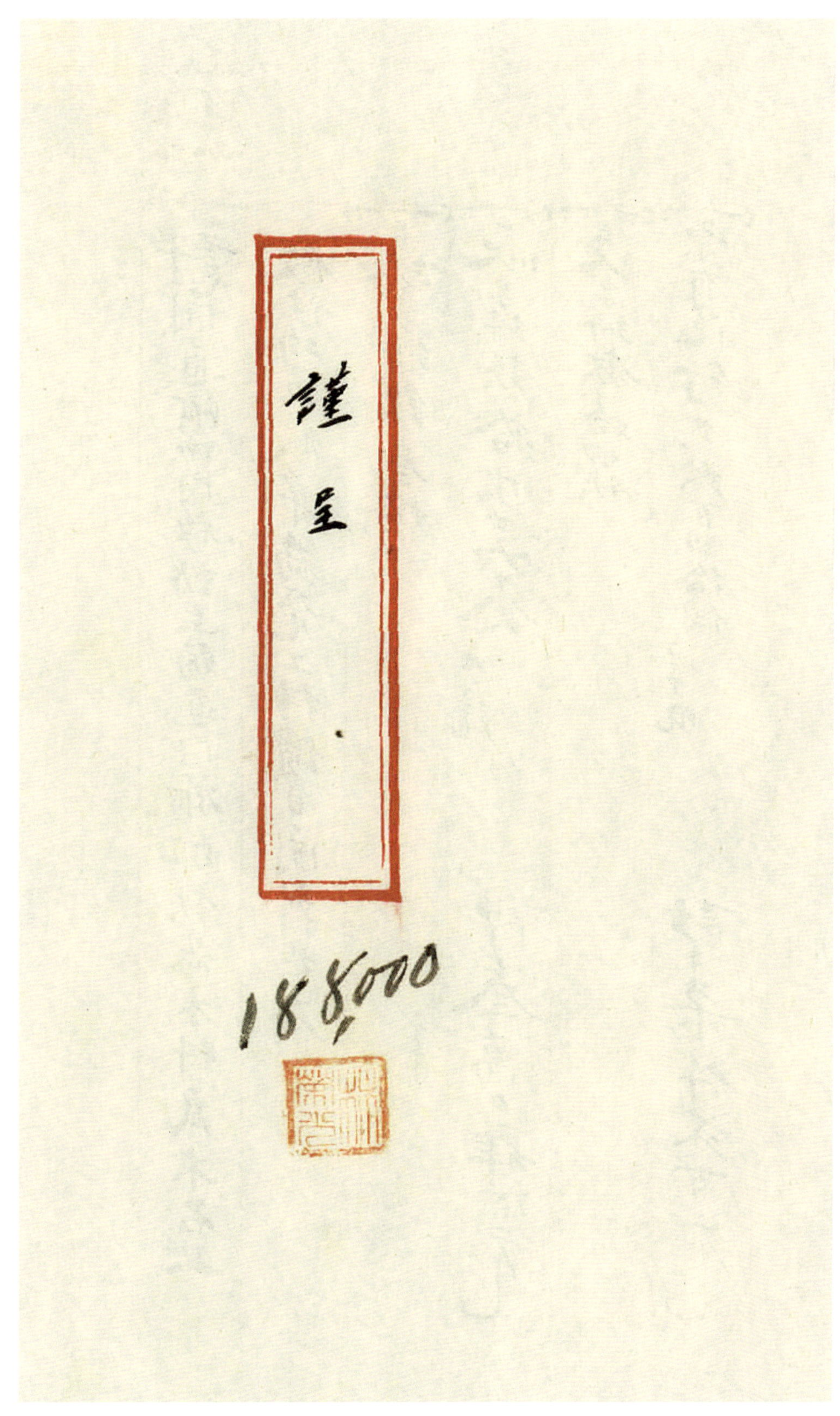

計開通濟城門移動至頭道門添配鉄器木料瓦木石工

倣法均匀賬單為覔工料價目開列於左

去尺〣厚鉡鉄叁塊

去尺〢厚鉡鉄拾塊廿、六十八尺 每尺毫

計庫叁萬〇肆百元

去尺〡厚鉡鉄拾四塊

原有泡釘廿、貳百四拾個 每个毫

計庫柒仟貳百元

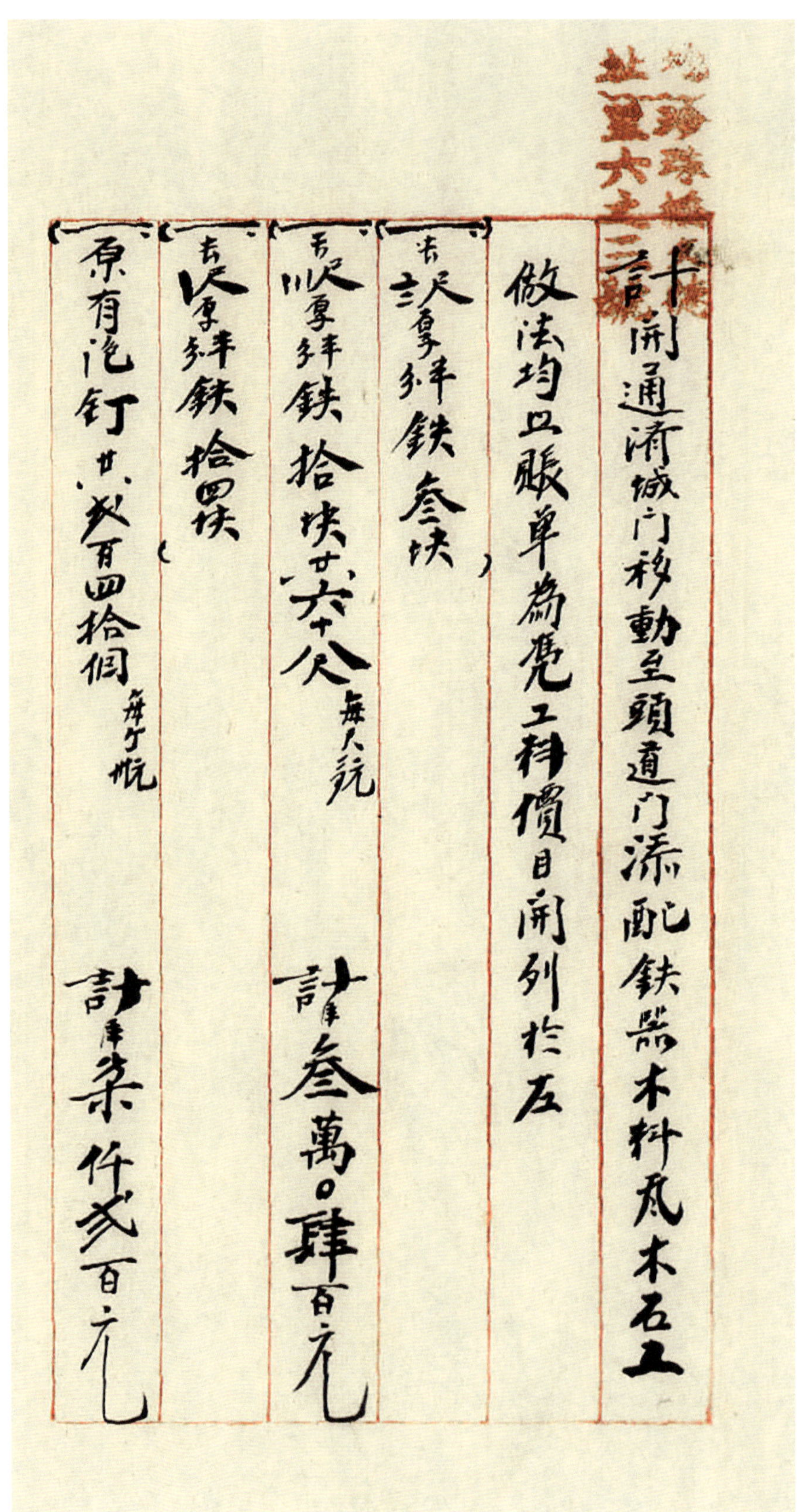

去付嶺川寸灣把釘五拾個　每个[illegible]元　計洋叁仟元

上下門鐵鉄窩子共叁百四拾斤　每斤[illegible]元　計洋捌仟肆百元

去尺洋灰內螺絲捌根　每根[illegible]元　計洋叁仟捌百元

長[illegible]白鉄叁張　每張[illegible]元　計洋捌仟元

添配城門邊料　計洋叁萬捌仟元

瓦木鉄石工　計洋叁萬捌仟元

一、搭架工料 計洋叁萬陸仟元

一、原有门稜至頭道门工 計洋叁萬肆仟元

一、瓦木鉄挨工 計洋叁萬元

一、砂石子 計洋肆仟元

共計洋拾柒萬捌仟捌百元

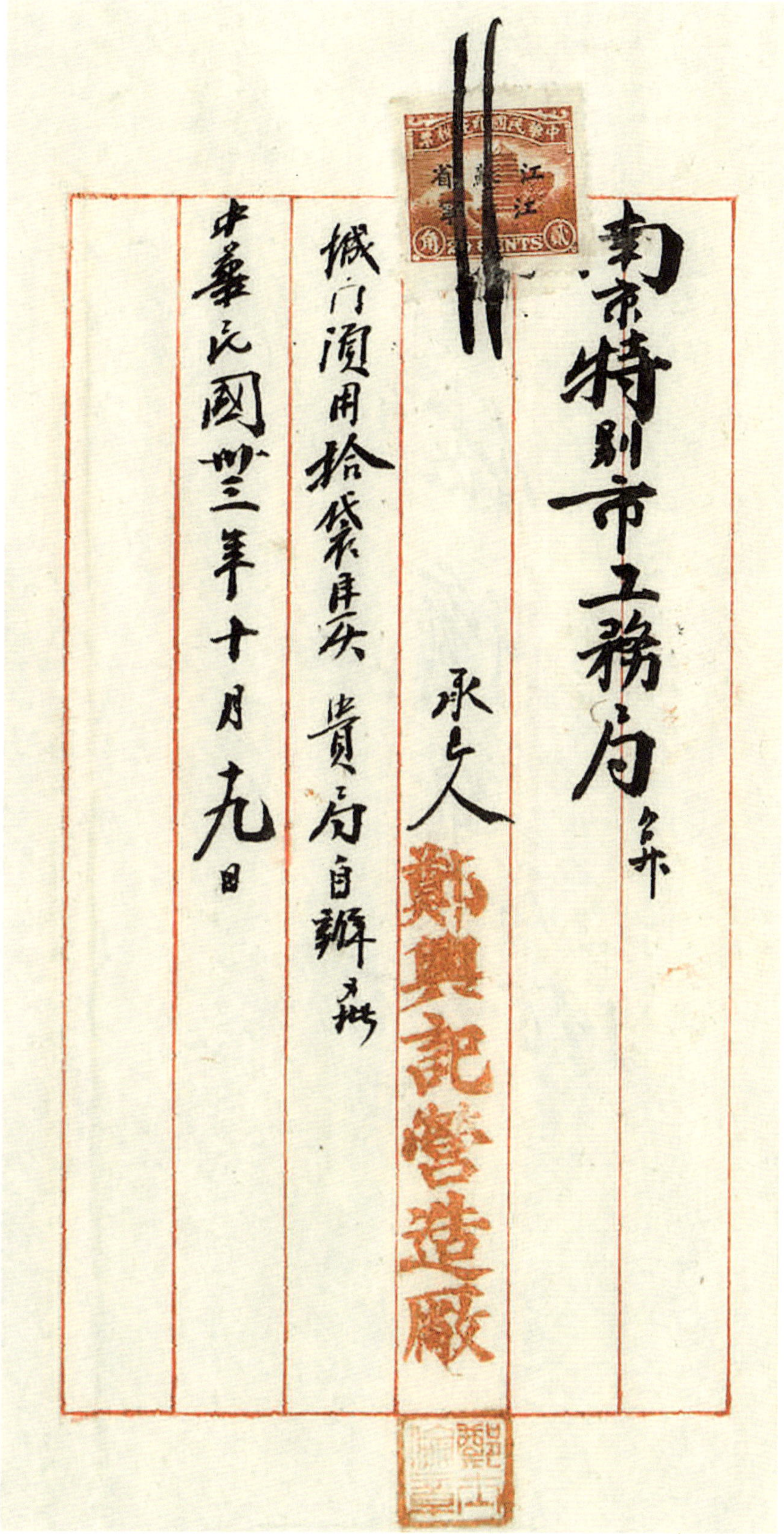
南京特別市工務局局　公鑒

承攬人　鄭興記營造廠

纖門須用拾袋洋灰　貴局自辦[illegible]

中華民國卅三年十月九日

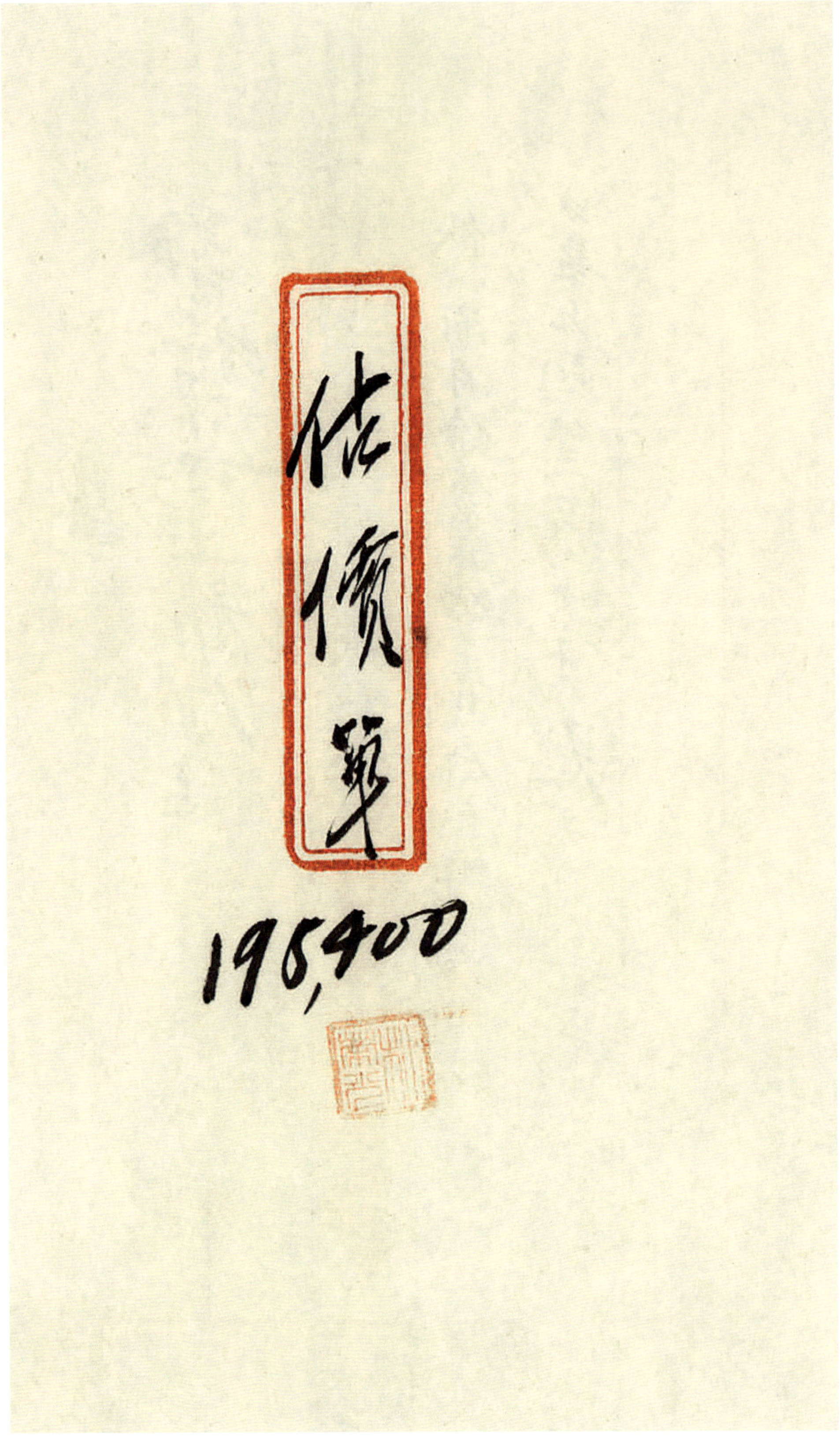
估價單
195,400

地址洪武路二三一號

計開

謹將鈞局備做通濟門城門拆修照原添配木料用上下銷及釘工程在內水泥由鈞局辦理茲將各項列左

一、添木料筆廿一根拆換大料 計洋弍万肆仟伍百元

一、搭做脚手架子 計洋一万弍仟元

一、做城門第三道拆下修理還原第一道搬動裝

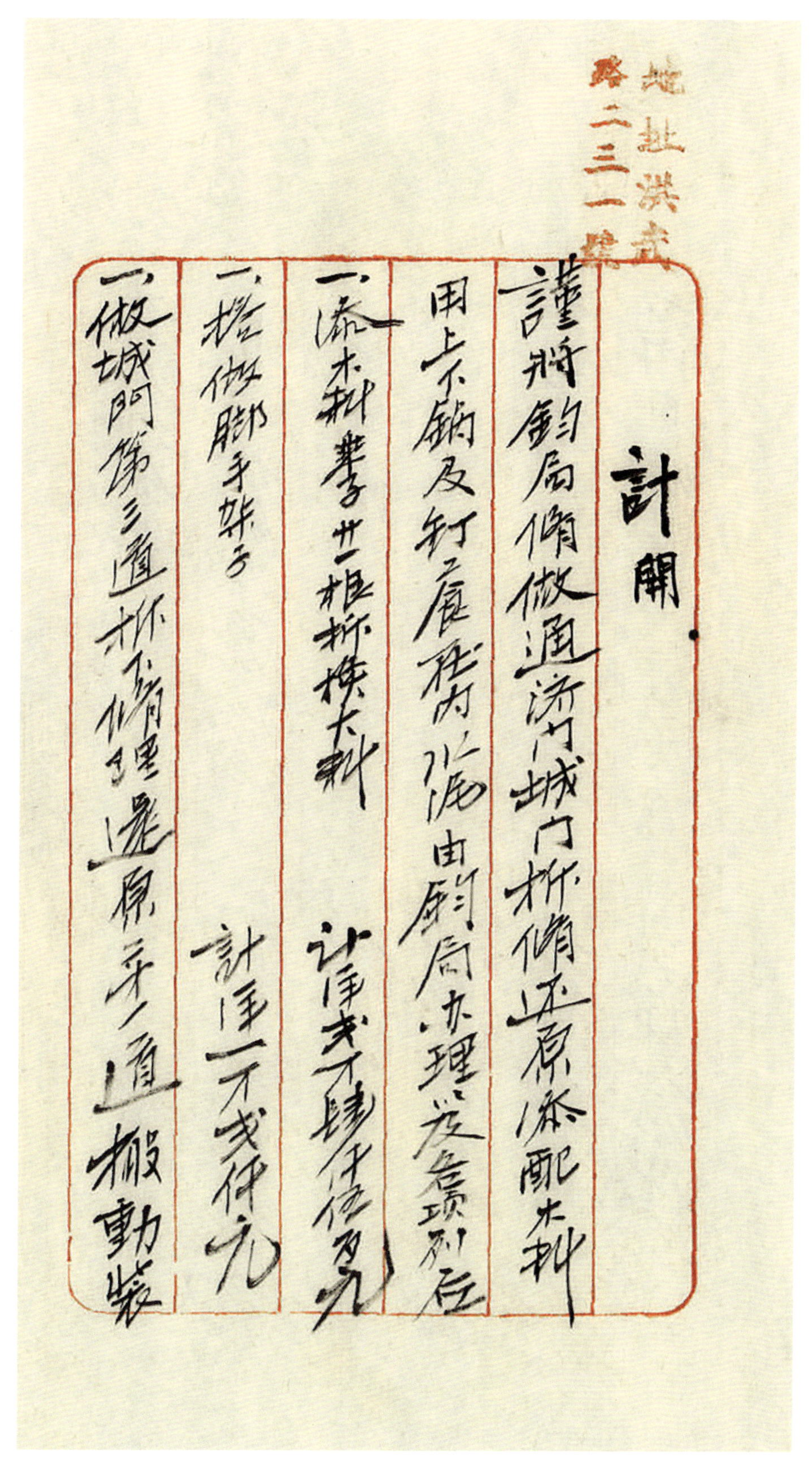

裱作部份裝　計洋叁万乙仟伍百元

一、裱門拆舊上下花堂做全　計洋乙万陸仟貳百元

一、用黃砂　計洋貳仟貳百元

一、用石子　計洋叁仟捌百元

一、門用洋元釘　計洋叁仟捌百元

一、門用鐵釘　計洋叁仟陸百元

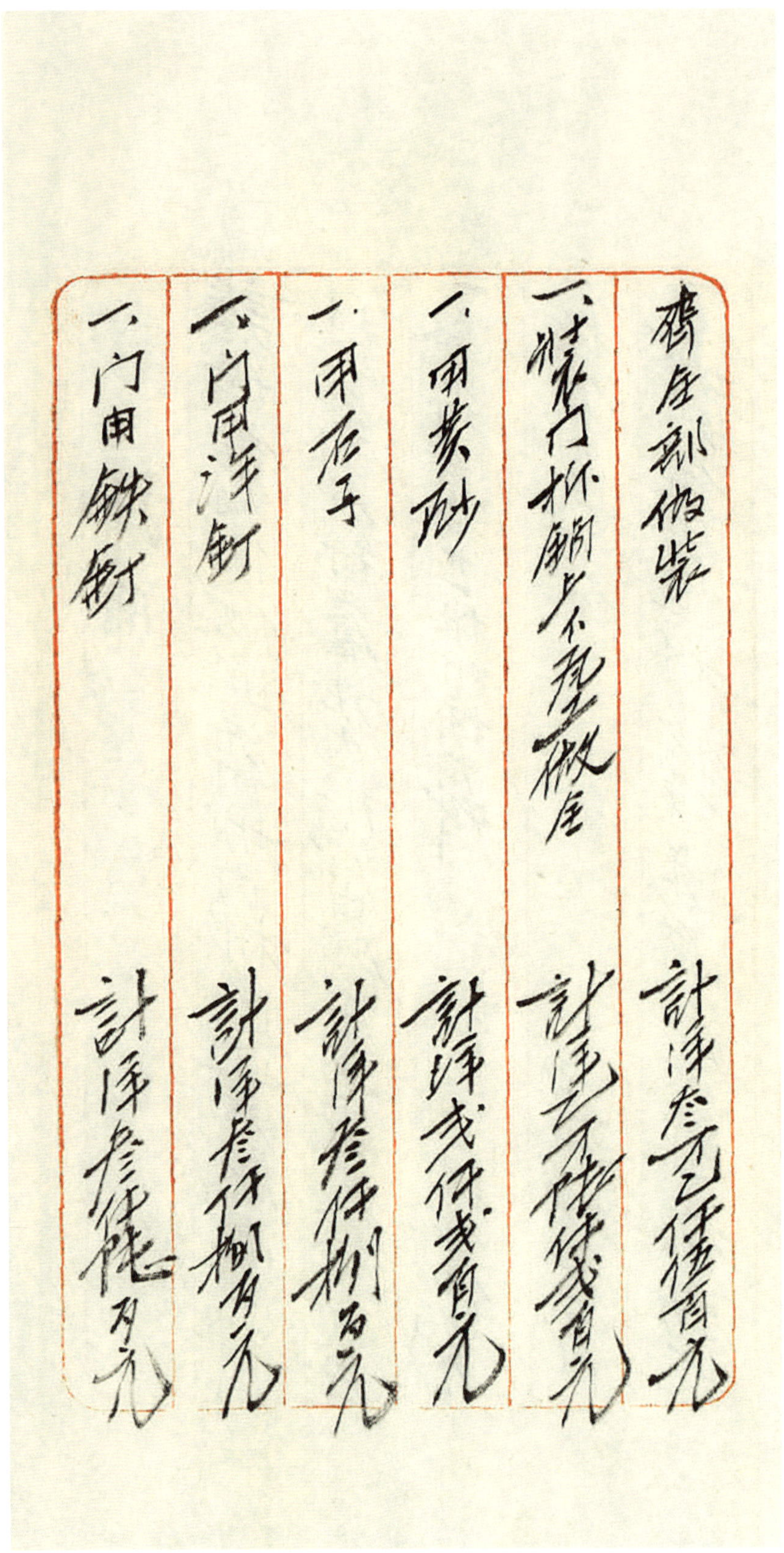

一、門下銅甲鐵器　計洋叁千叁佰貳拾元

一、門上銅甲鐵花　計洋叁千伍佰伍拾元

一、門裝柵子　計洋陸千柒佰元

一、門上甬鐵釘子　計洋乙千叁佰伍拾元

一、門上副里閘工價料　計洋乙千叁佰伍元

總共計國幣壹萬柒千捌佰伍拾元

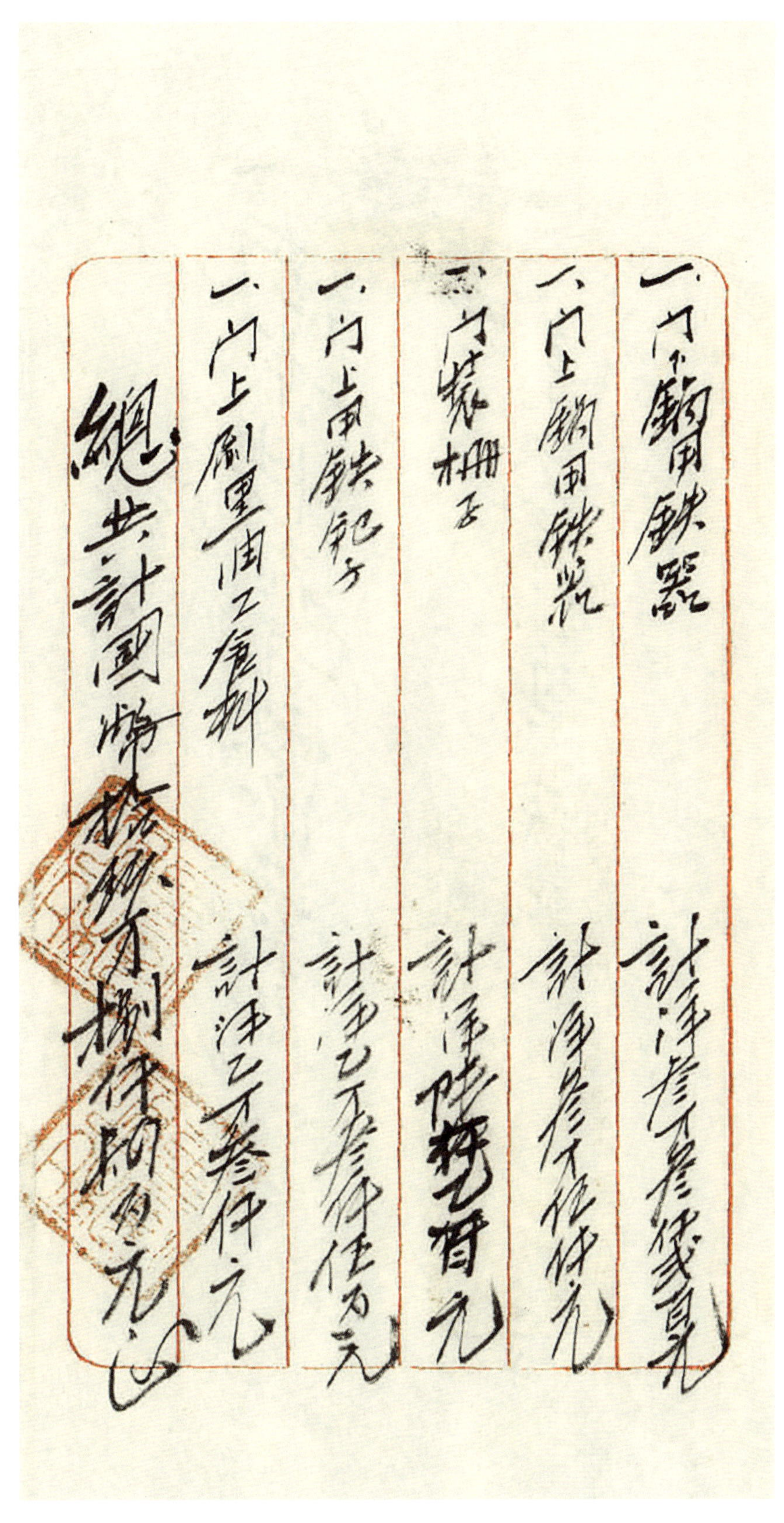

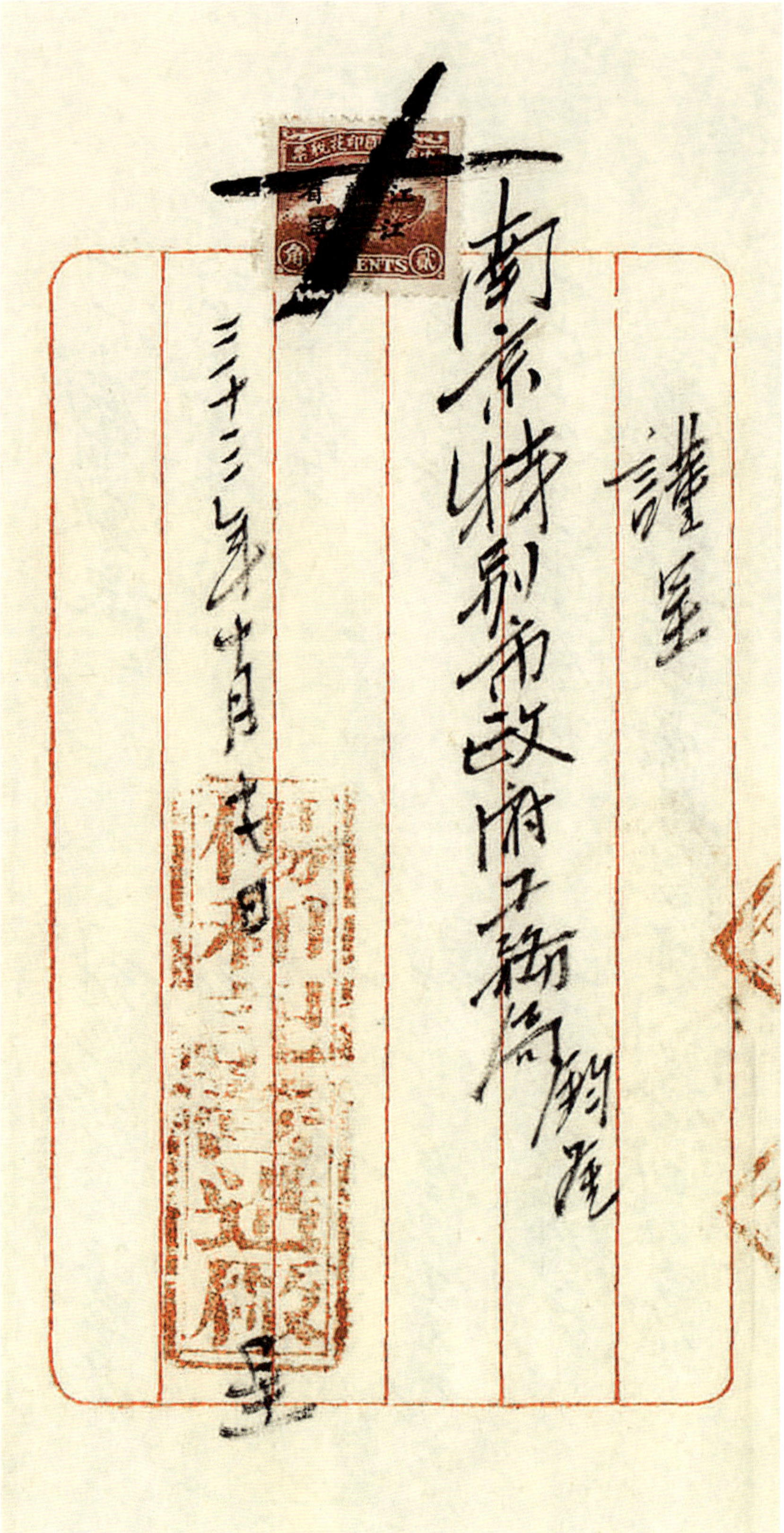

謹呈

南京特別市政府工務局 鈞鑒

三十二年十月廿日 呈

第20號

南京特別市工務局移裝通濟門城門工程承攬及施工說明

立承攬人恒泰記營造廠今攬到

南京特別市工務局移裝通濟門城門工程總包價壹拾柒萬叁仟元正并願遵照下列各条辦理倘有貽誤或違背左列各条時承攬人應受罰款處分如中途退攬或其他意外事件發生概由保證人負責清算賠償並完成本承攬書所訂承攬人之責任

一、本工程為將第三道城圈之城門移裝於第一道城圈城門空隙處用木料添補嚴密加橫腰木及釘撘釘緊門後面裝鉄門門一道門前裝石質門檔壹座門軸下部裝鑄鉄門轉須與原有門窩吻合上部鑄鉄門轉用1:2:4混凝土打實再以對銷螺絲連接堅固厚門失落之鉄皮应鑲補完整並將全門刷水柏油一度

一、本工程所用之水泥由　鈞局供給惟由承攬人運抵工地中途如有缺少蓋由承攬人負責

一、本工程所用之黃砂石子鉄料木料須經監工員驗收後方准使用

南京特別市政府工務局

一本工程限拾伍個晴天完工逾期一天罰款貳千元正

一付款辦法

1. 訂立承攬時付拾萬元正

2. 全部工程完成后時付肆萬元正

3. 全部工竣後付叁萬元正

4. 全部工程經市政府派員驗收後付尾款叁仟元正

立承攬人 恒泰記營造廠 地址户部街五十二號

住址

保證人 新利石灰紙筋號

住址 延齡巷十七号

對保人 新利石灰紙筋號

中華民國三十三年十一月十日訂立

南京特別市政府工務局

僞市工務局職員李千裏關于移裝通濟門城門工程的竣工報告（一九四四年十一月二十四日）

872

報告 十一月二十四日

奉

派監督移裝通濟門城門工程經交恒泰記營造廠承修職遵經每日督

飭工作已於十一月廿三日全部完竣理合具文呈報仰祈

鈞長鑒核派員驗收謹呈

主任 林

科長 吳

局長 韓

職 李千里 謹呈

擬簽呈 市座派員驗收

并將稿函警總隨置看管

如擬辦理

南京特別市政府工務局

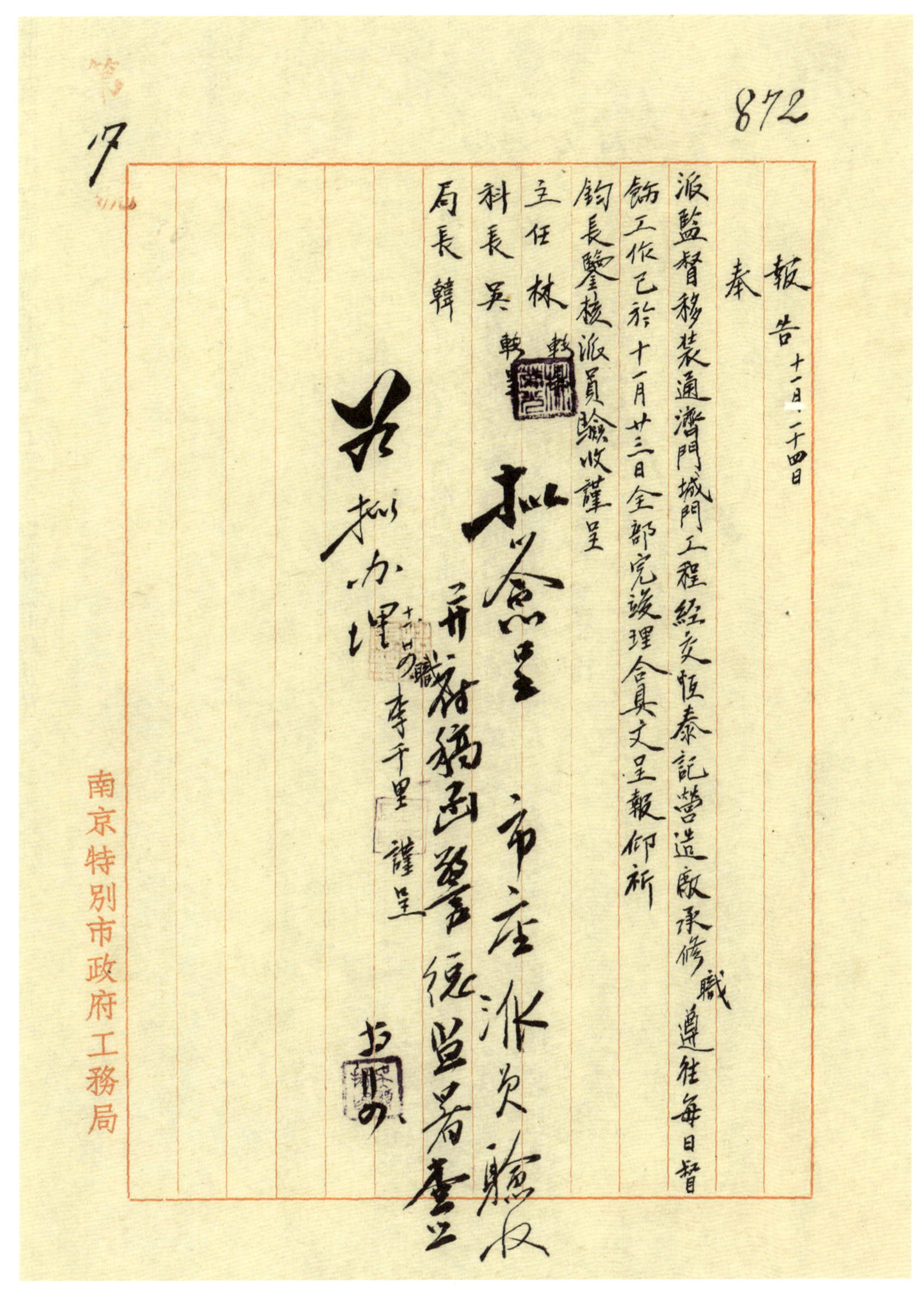

僞市工務局爲移裝通濟門城門工程業已完工請派員驗收致僞市政府的呈文（一九四四年十一月二十七日）

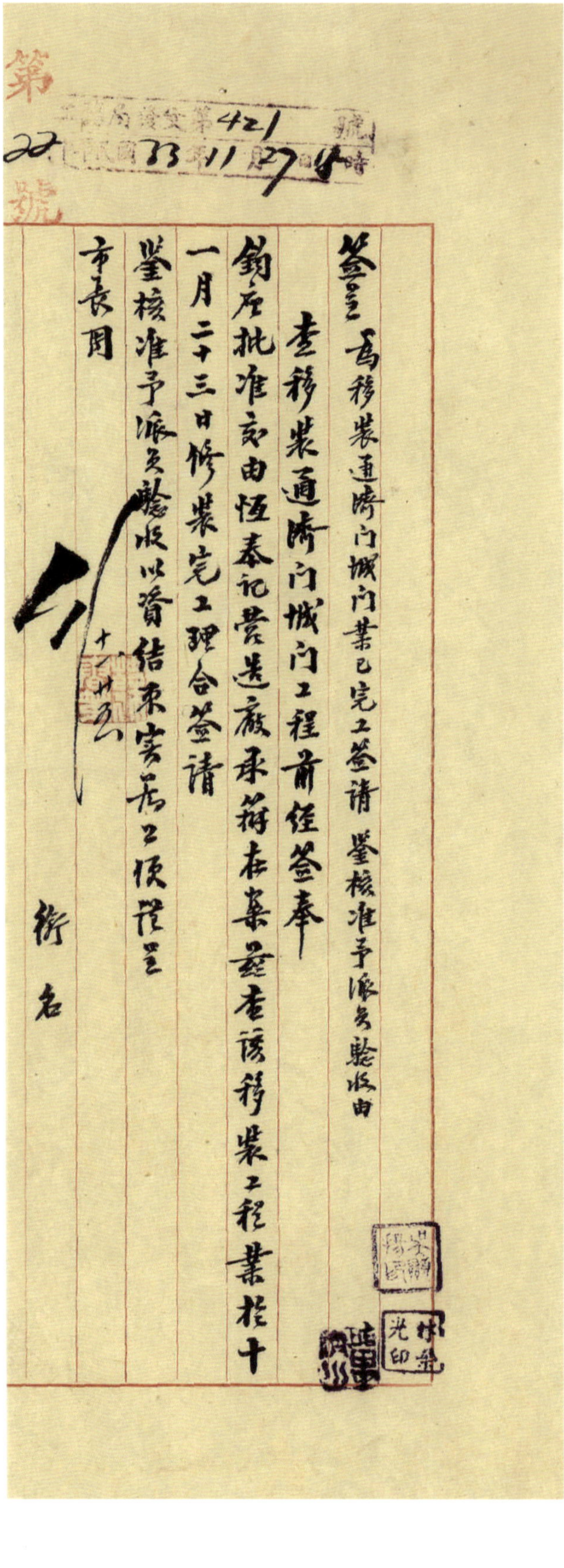

第22號

第421號 33 11 27

簽呈 爲移裝通濟門城門業已完工簽請 鑒核准予派員驗收由

查移裝通濟門城門工程前經簽奉

鈞座批准交由恆泰記營造廠承辦在案茲查該移裝工程業於十一月二十三日修裝完工理合簽請

鑒核准予派員驗收以資結束實爲公便謹呈

市長周

銜名

十一月廿五

僞市政府爲中山門、通濟門城門修理工程完工給僞首都警察總監署函（一九四四年十一月二十九日）

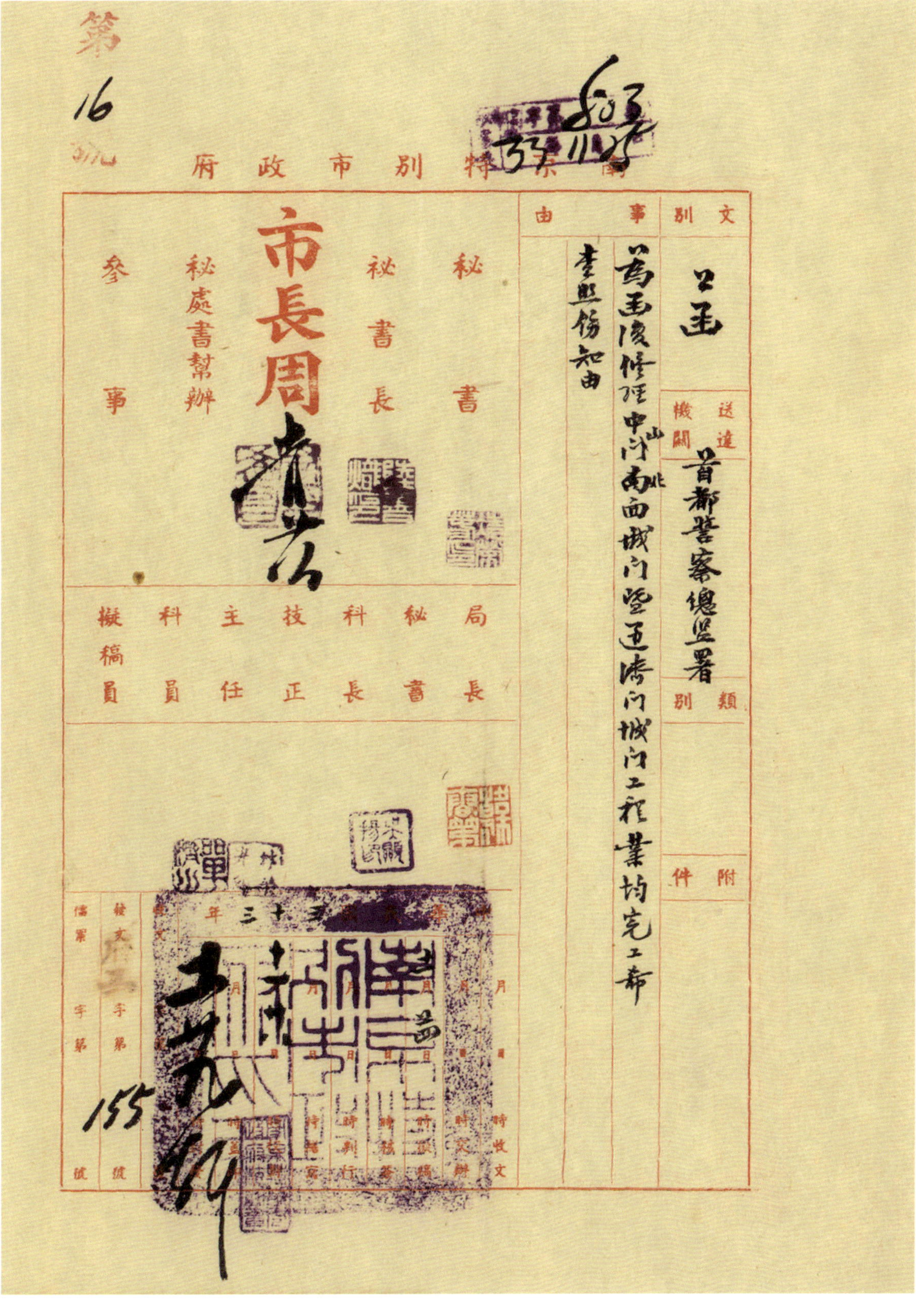
第16號

南京特別市政府

文別	函
送達機關	首都警察總監署
類別	
附件	
事由	爲函復修理中山門南北面城門暨通濟門城門工程業均完工希查照飭知由

市長周

秘書長

秘書

秘書處幫辦

參事

局長　秘書　科長　技正　主任　科員　擬稿員

三十三年　月　日

府衔公函　第　　號

案准

贵署改一字第一〇二八號公函略以据报中山门南北面城门暨通济

门城门均告损坏开闭不便函嘱饬局修理以固城防等由准经

饬工务局分别派工修理业已先后竣工相应函复即希

查照转饬知照为荷

此致

首都警察总监署

僞參事蘇榮軒爲驗收通濟門城門移裝工程事給僞市政府的呈文（一九四五年一月十八日）

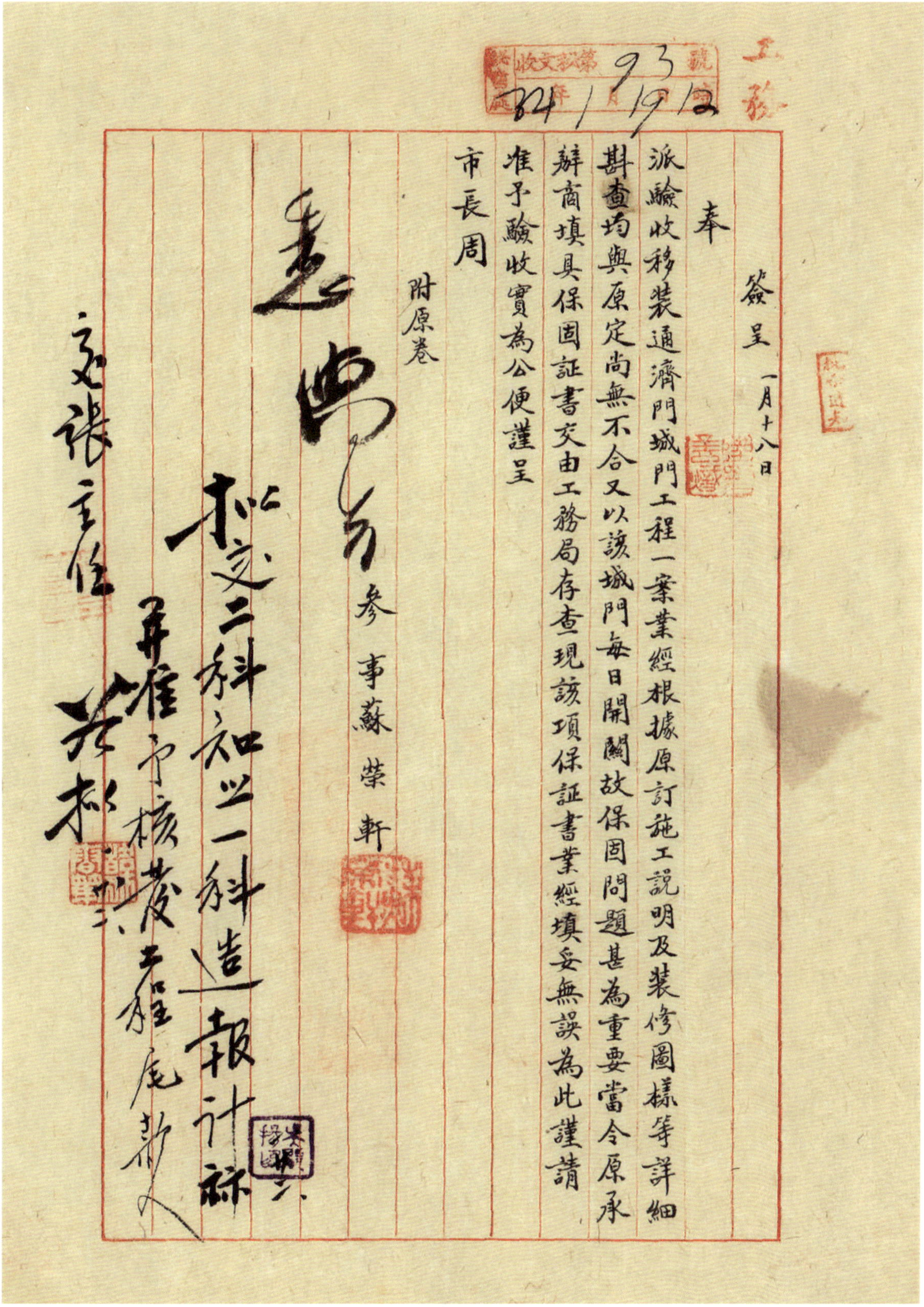
收文第93號 34/1/19 12

工務

簽呈 一月十八日

奉

派驗收移裝通濟門城門工程一案業經根據原訂施工說明及裝修圖樣等詳細勘查均與原定尚無不合又以該城門每日開關故保固問題甚為重要當令原承辦商填具保固証書交由工務局存查現該項保証書業經填妥無誤為此謹請

准予驗收實為公便謹呈

市長周

附原卷

參事蘇榮軒

擬交二科知照一科造報計核

保固保證書

前由 鈞廠 承包

南京特別市政府工務局主辦之 移裝通濟門第三道

城圈城門至第一道城圈之工程業於卅三年十一月廿三日完工一切遵照

工務局所發之圖樣及施工說明承辦並經 市政府派員

驗收合格俟後 陸 個月中因工料欠佳

以致損壞損漏者均由 鈞廠 負責修理賠償之不另計值

但因天災人禍所發生之意外損失不在此限

承包廠商 恒泰記營造廠

法定代理人

住址 戶部街五十三號

保證人 基昌建築公司

法定代理人

住址 上江考棚十八號

中華民國卅三年十二月十五日 立

工務

秘書處收文第13號 33年10月12日12時

工字第三三九八

簽呈 奉 批重估移裝通濟門城門工款簽請 核示由 十月九日

查移裝修理通濟門城門需款貳拾叁萬肆千零捌拾元業經擬具概算表簽奉

鈞長批示「只還移能少用款為佳，市庫不足」等因，奉此，查該處第三道城門較第一道城

圈計狹小一尺有餘，自須添購木料鐵料拼鑲，四週方得緊密堅固，以符實用，經派員詳

勘後估除水泥利用庫存配給水泥不計價外，核減為拾柒萬叁千壹百捌拾貳元，茲接准

警監署行政科曾科長送來電話，以該城第一道城圈無門關閉，有關城內治安，現值

冬防將屆，催請趕速動工移裝，以固城防等語，究應如何辦理之處，理合重擬概算，隨文簽送，仰祈

鑒核示遵

謹呈

市長周

附呈移裝通濟門城門概算書一份

代理工務局局長韓春第

羅 如擬

擬以 如擬 十一、十六

擬交一科領款交二科查[illegible]辦 [illegible]

南京特別市政府工務局

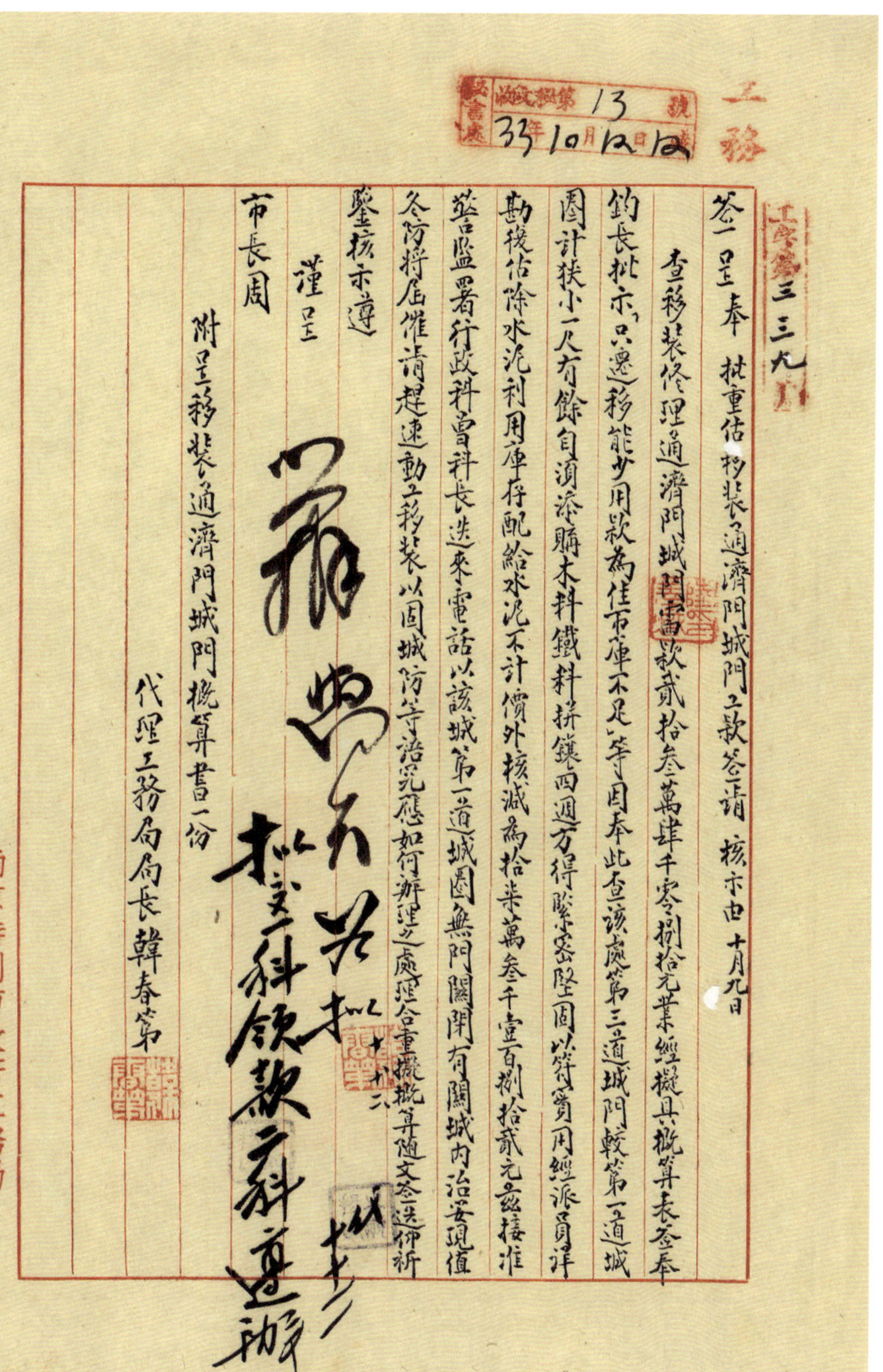

南京市政府工務局概算書

建字第 33 號
第 全 頁

工程名稱	裝修通濟門城門	施工地點	本市通濟門
起案原委	警察局函請辦理		
施工範圍	擬將原有第三道城門移裝於第一道城洞.		
工程總價	拾柒萬叁仟壹佰捌拾貳元正. 173,182.00		

工料種類	說明	單位	數量	單價（元）	複價（元）	備註
木料;						
城門補邊	3-6"×6"×10'	板尺	90.00	220.00	19800.00	
中部横料	8-3"×4"×3'	"	24.00	220.00	5280.00	
鐵器;						
門邊加鉄箍	8-¼"×2"×4'	市斤	40.50	200.00	8100.00	
鑲補門邊鉄	5.35×7.5 ¼"×6"×2'	"	120.00	200.00	24000.00	
大帽門釘	16×7.5 1"圓 4"長	"	40.00	200.00	8000.00	
下部門軸鉄	2-5"φ×3"	"	52.50	300.00	15750.00	用鑄鉄
上部門軸鉄	2-¼"×3"	"	60.00	200.00	12000.00	
加裝鉄門閂		"	25.00	200.00	5000.00	
門軸上部打築1:2:4混凝土 2-2'-6"×2'-0"						
水泥		袋	6.00			擬取用本局材料庫存.
黄砂		英方	.20	4500.00	900.00	
石子		"	.40	4300.00	1720.00	
油漆;	塗水柏油一度	听	3.80	3500.00	13300.00	
人工;						
移裝鉄木油工		工	170.00	300.00	51000.00	
雜項		5%			8332.00	
合計					173182.00	

鑒定　　審核 [印]　　校對 [印]　　計算 李千里

中華民國 33 年 10 月 6 日

僞市政府爲通濟門城門工程費支出計算書準予存轉事與僞市工務局往來文件（一九四五年二月九日）

260
34 2 9 15

事由：為據呈送移裝通濟門城門工程費支出計算書據核數尚符准予存轉由

擬辦：擬交會計股知照存查

決定辦法：如擬

附件

南京特別市政府

文別：指令

府秘字第184號

中華民國三十四年二月九日

令工務局

呈乙件　為呈送移裝通濟門城門工程支出計算書據仰祈鑒核存轉由

呈件均悉據送移裝通濟門城門工程費支出計算書據核數尚符

收文　字第　號

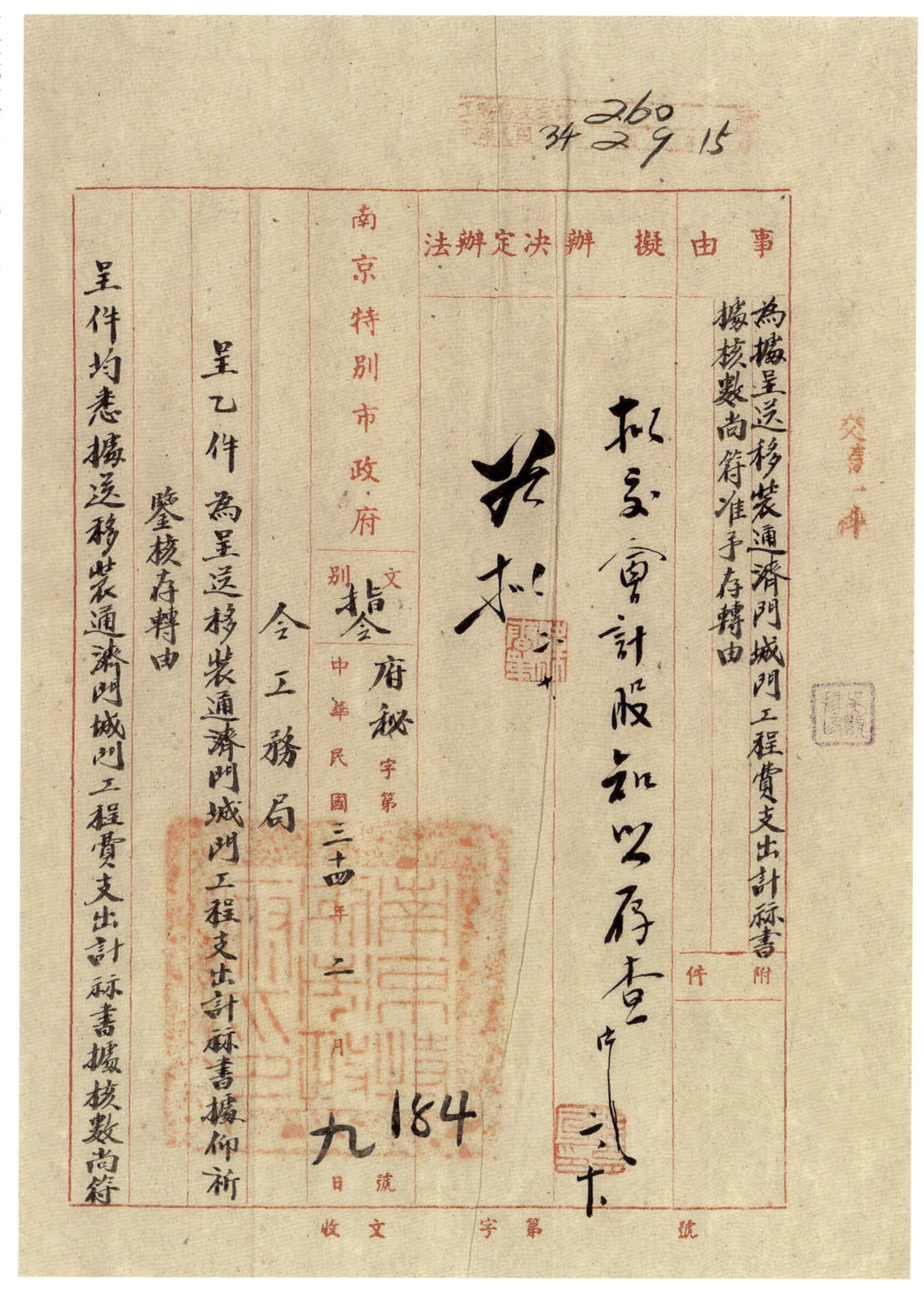

准予存轉仰即知照 件存

此令

市長 [illegible]

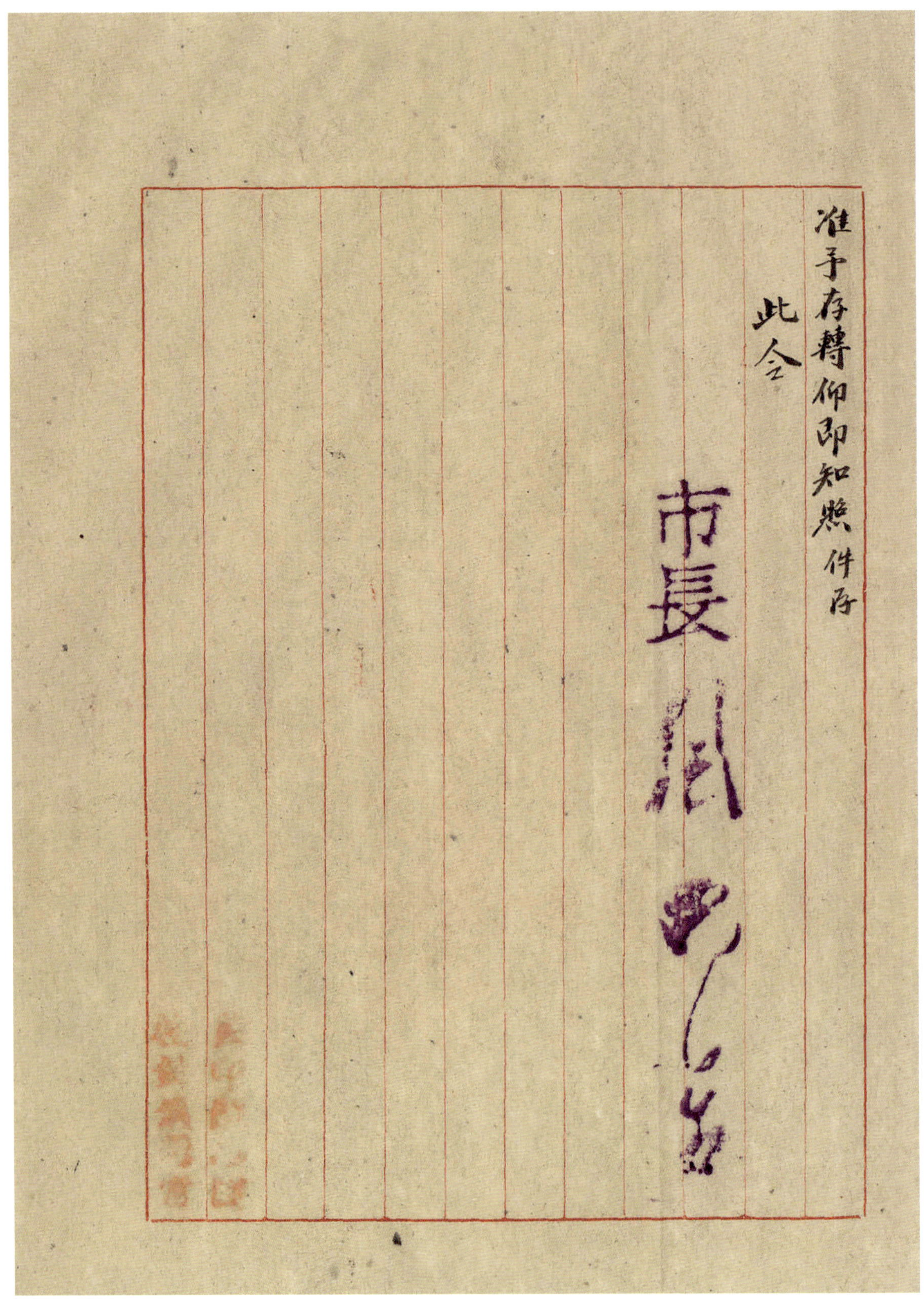

第23號

中華民國三十四年一月二十九日發文　工字第四一一號

事由：為呈送移裝通濟門城門工程支出計算書祈鑒核存轉由

局長

秘書　科長　擬稿員

中華民國三十四年一月廿六日擬稿　年月日校對
三十四年一月廿九日用印　年月日校簽
三十四年一月廿九日封發　年月日繕寫

南京特別市工務局　呈　南京特別市政府

查移裝通濟門城門工程業已交由恒泰記營造廠修裝完工，所有工款支出計算書據既經飭科編造竣事，理合隨文呈送，仰祈

鑒核分別存轉，實為公便。

謹呈

市長周

附呈移裝通濟門城門工程支出計算書三份、單據黏存簿一本

銜名

校對　繕寫

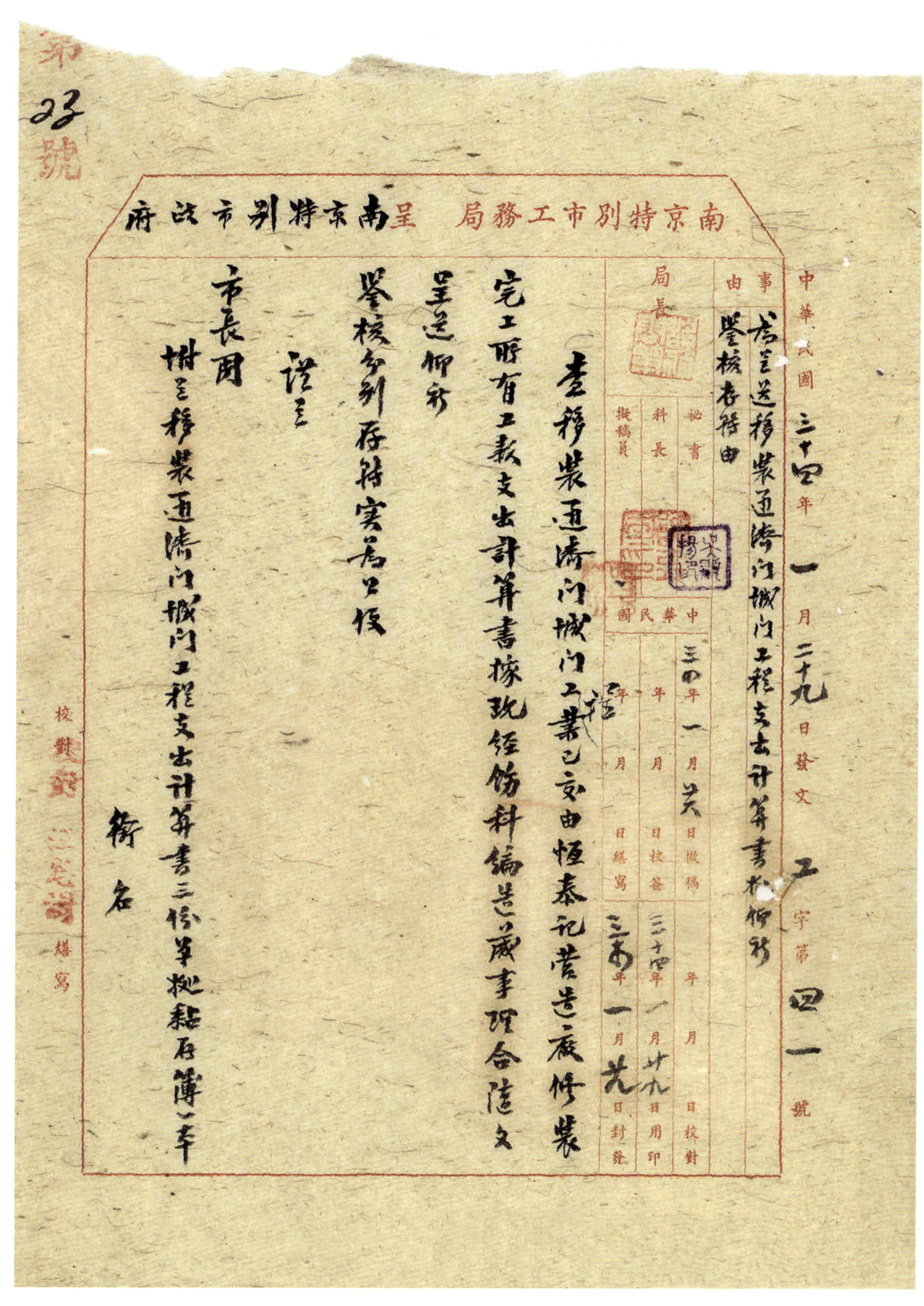

（底）

南京特别市政府工务局修理通济门城门工程费支出计算书

第24號

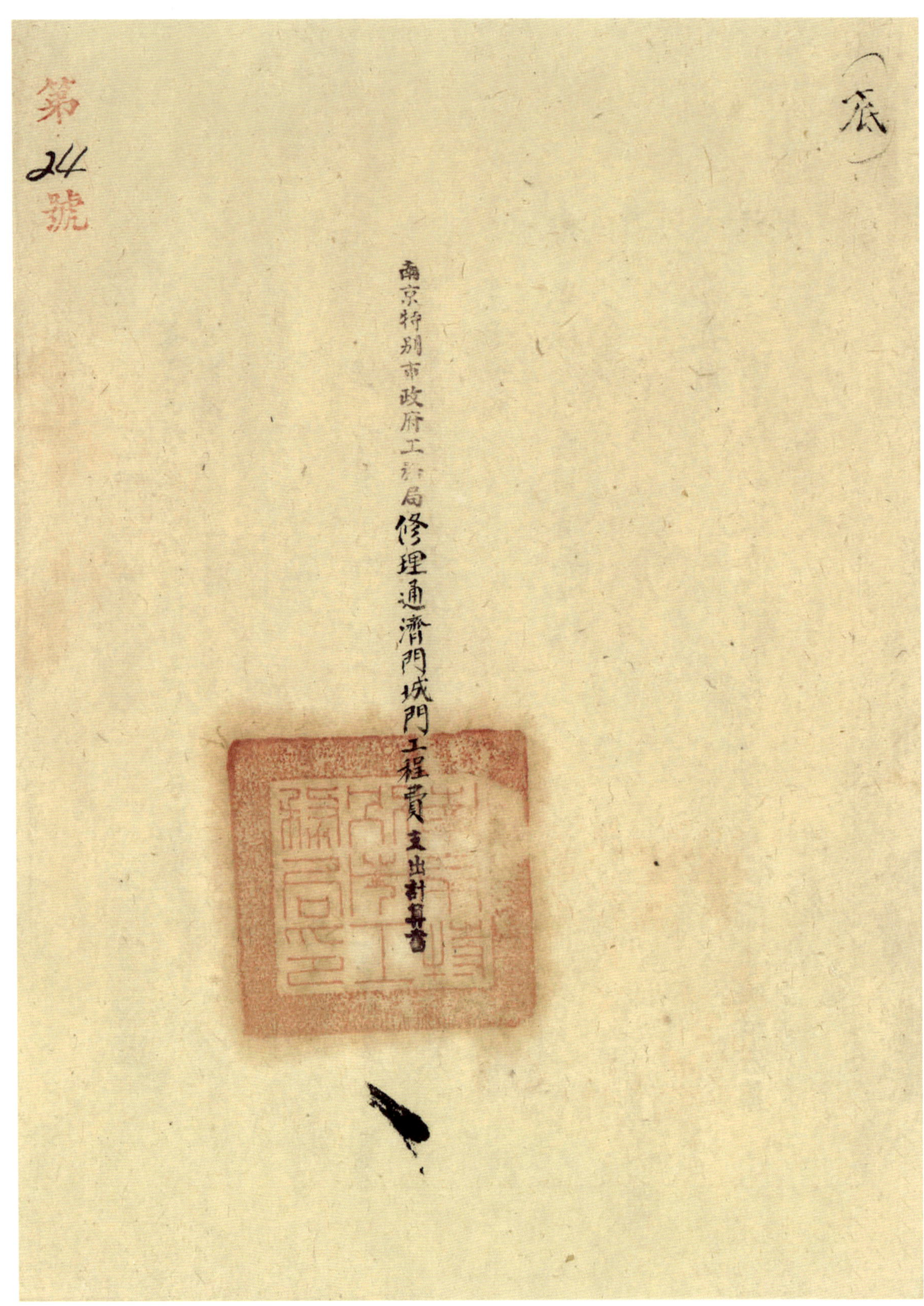

南京特别市工務局

收支對照表

中華民國 33 年 10 月份

收項（百十萬千百十元角分）	科目	付項（百十萬千百十元角分）
	收入之部	
17318200	修葺通濟門城門工程費	
	支出之部	
	第一期工程費	10000000
	第二期工程費	4000000
	第三期工程費	3000000
	第尾期工程費	300000
	結餘	18200
17318200	合計	17318200

局長　科長　會計主任　出納員　製表員

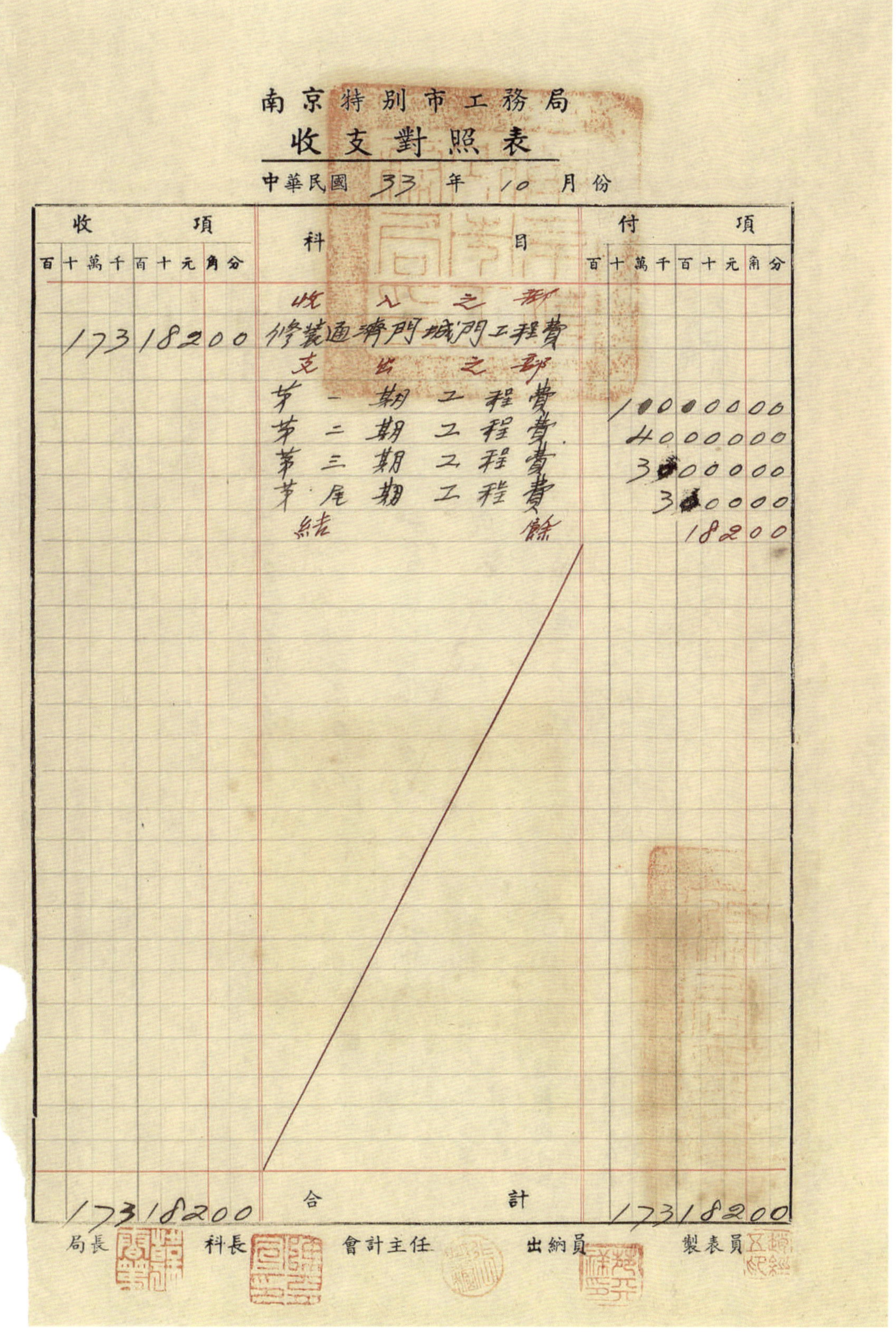

南京特別市工務局修通濟城門工程費十月份支出計算書

中華民國　年　月　日

科目	本月份概算數	本月份計算數	比較 增	比較 減	備考
第一款 修裝通濟門城門工程費	一七三,一八二 〇〇	一七三,〇〇〇 〇〇		一八二 〇〇	
第一項 修裝通濟門城門工程費	一七三,一八二 〇〇	一七三,〇〇〇 〇〇		一八二 〇〇	
第一目 工程費	一七三,一八二 〇〇	一七三,〇〇〇 〇〇		一八二 〇〇	
第一節 第一期工程費	一〇〇,〇〇〇 〇〇	一〇〇,〇〇〇 〇〇			由恒泰記營造廠承包 第一期款如上數 單據自第1號起至第　號止
第二節 第二期工程費	四〇,〇〇〇 〇〇	四〇,〇〇〇 〇〇			第二期款如上數 單據自第2號起至第　號止
第三節 第三期工程費	三〇,〇〇〇 〇〇	三〇,〇〇〇 〇〇			第三期款如上數 單據自第3號起至第　號止
第四節 第尾期工程費	三,一八二 〇〇	三,〇〇〇 〇〇		一八二 〇〇	第尾期款如上數 單據自第4號起至第　號止

工務局局長　韓春第

第一科科長　陳育宣

會計股主任　張崇楓

中華民國三十三年十月　日

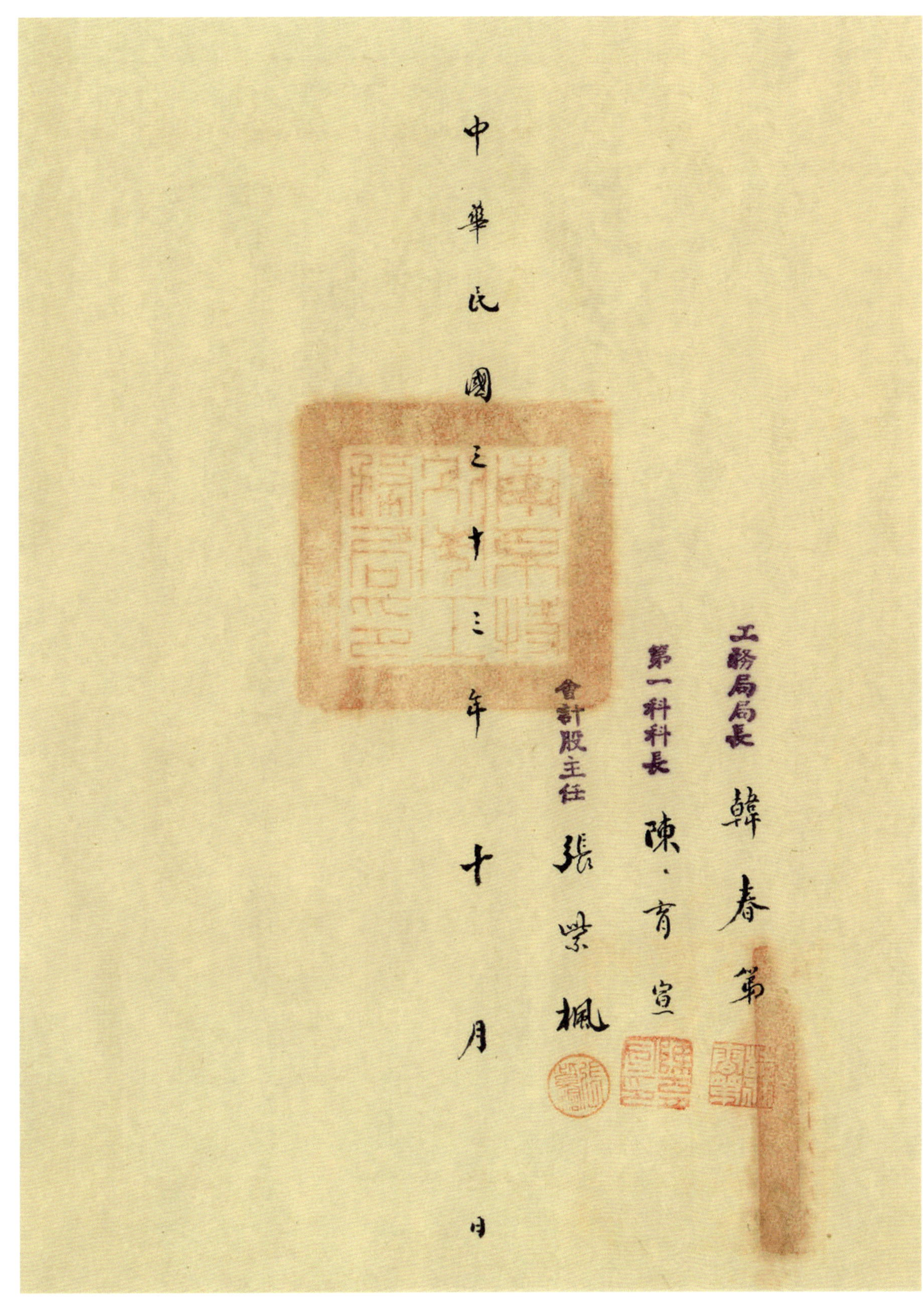

市政府收文 2723號 新年11月28日

工字第四二一號

簽呈 爲移裝通濟門城門業已完工簽請 鑒核准予派員驗收由 十一月二十七日

查移裝通濟門城門工程前經簽奉
鈞座批准交由恒泰記營造廠承辦在案茲查該移裝工程業於十一月
二十三日修裝完工理合簽請
鑒核准予派員驗收以資結束實爲公便
謹呈
市長周

工務局局長韓春第

[illegible]

南京特別市政府工務局

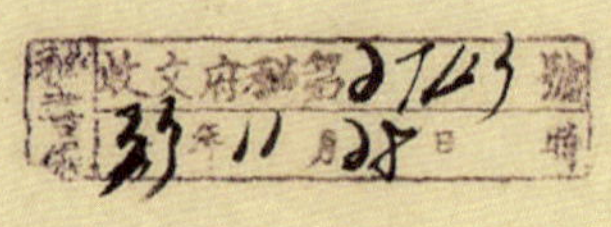

南京城墻檔案

城門的增闢與建設

陸
修建光華門城門工程

東區警察局爲請新裝光華門城門門扇以利城防給市工務局公函及市工務局復函（一九四六年七月十日）

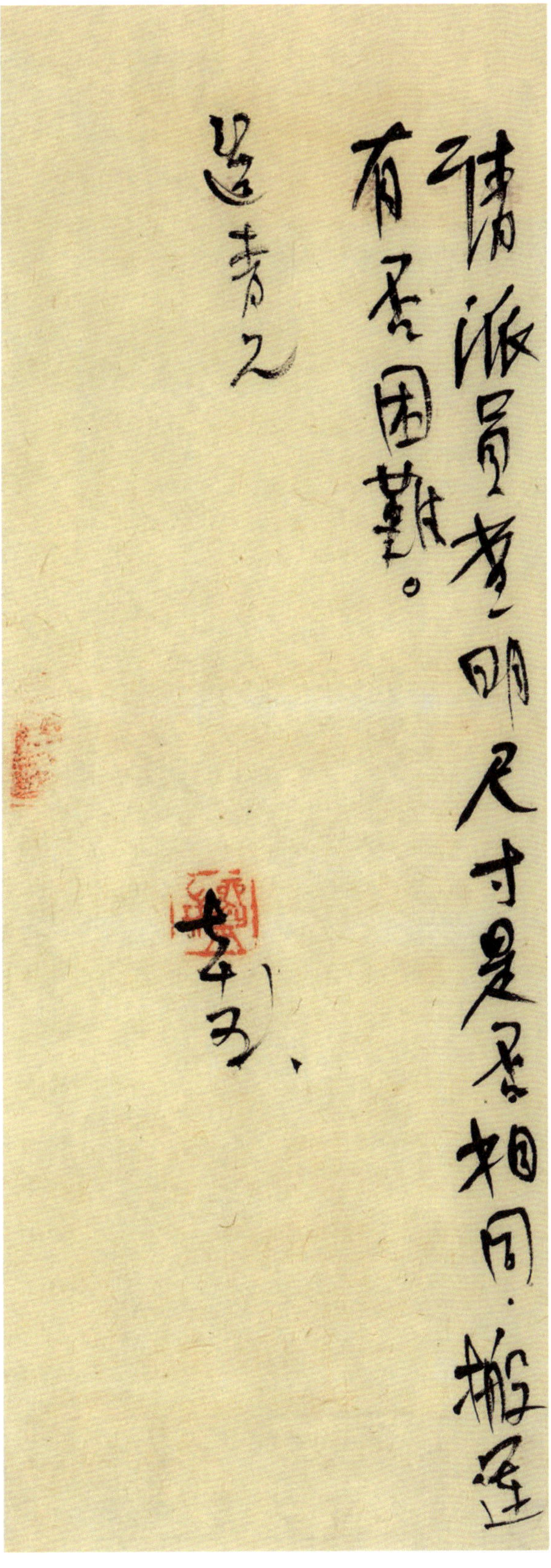
請派員查明尺寸是否相同·搬運有否困難。
送青之
七、十

南京

來文機關	事由	擬辦	批示	備考
來 函 工務局	函請移裝光華门城门以利城防由	修繕股 七.十六		
類別 公函 一件	附件			
時期號數 年 月 日 時 分到 第 字 號				

局收文工字第6111號 35年7月10日

科收文 字第 號

首都警察廳東區警察局公函

東警字第一八九六號

卅五年七月八日

逕啓者：案據光華門警察所所長何修貴七月五日簽稱：竊查職所管區界內光華門城門，其門扇之裝設，對於夜間關閉城門及斷絶交通時，職不能達成任務，致於新設此項城門扇，殊公家浪費尤大，可惜。擬請鈞局函請工務局將通濟門第二道城門門扇現存該處，傾斜其用，可否移裝光華門使用，以重防務，而達城門關閉之功。今是否有當，理合具文簽請鑒核祇遵等情。據此，查該所長所簽屬實，相應備文函請

貴局查照，惠予辦理，并希見復為荷。

此致

工務局

局長

副局長

南京市工務局簽呈紙

簽呈 於卅五年七月十六日

奉

派調查通濟門甲二道城門內內扇移裝光華門內

事職遵即前往查通濟門內扇每片高四·八五

公尺寬二·五五公尺光華門內高六·寬六·一五

公尺光華門內較寬一·〇五公尺請派木工將城

門加高及寬移往裝置是否之處謹請

鈞裁謹呈

技士趙

主任劉

科長陳

局長張

查該城門尺寸既不相符加添尺寸

似嫌困難而且光華門汽車出入頻繁必須用

木質扉遮蔽

諸感困難

擬請無庸移裝

職 唐重常 呈

擬 七、十七

該局查照另製新門

七、十七

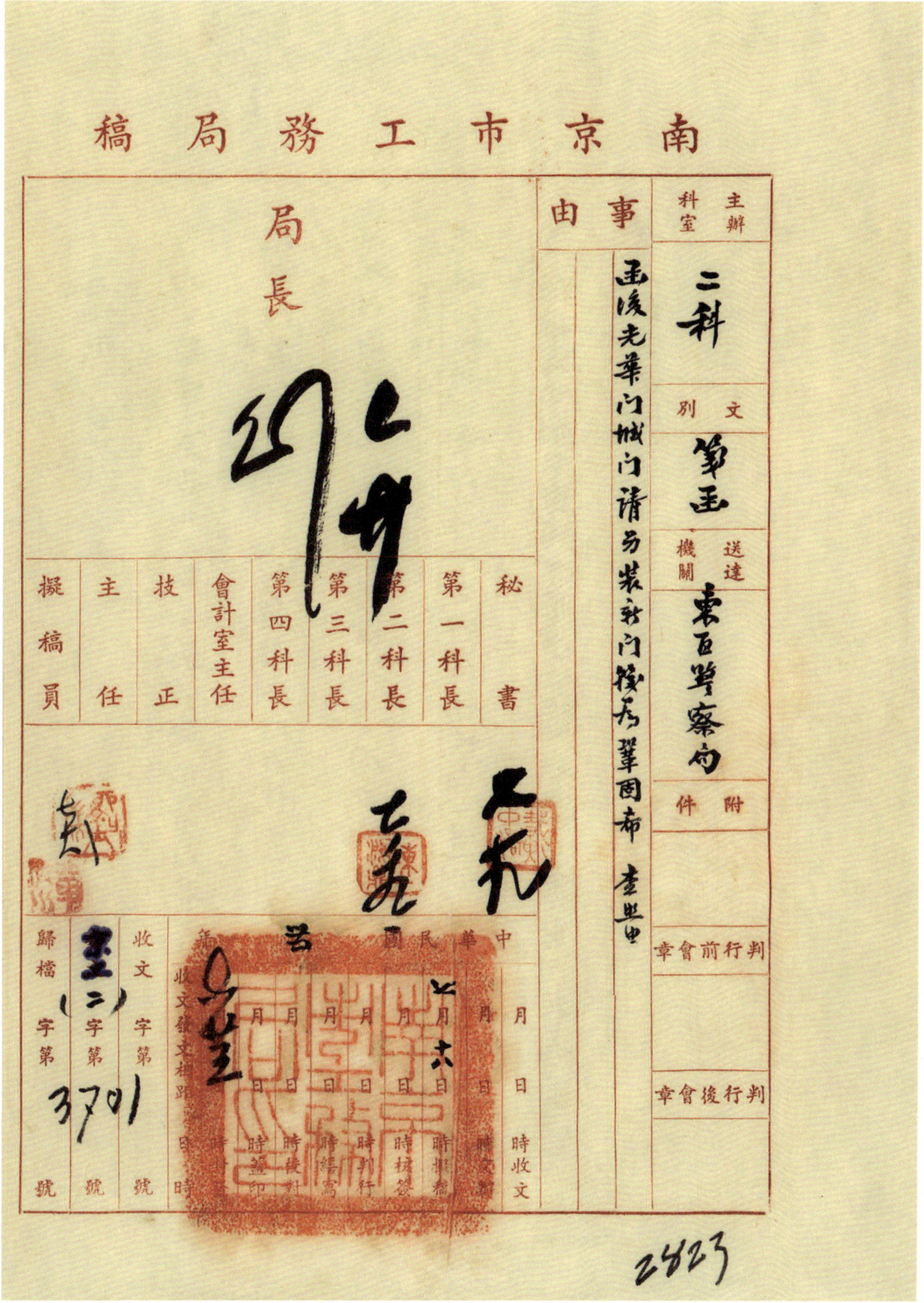

南京市工務局稿

主辦科室	二科
文別	箋函
送達機關	東區警察局
附件	
判行前會章	
判行後會章	

事由：函復光華門城門請另裝新門俾為鞏固希 查照由

局長

秘書	第一科長	第二科長	第三科長	第四科長	會計室主任	技正	主任	擬稿員

中華民國　年七月六日

收文字第　號　（二）字第3701號　歸檔字第　號

2823

是不信
向山子

案准

貴局東警字第一八九六號公函、以據光華門警察所簽稱光華門城門無門扇裝設備、對於夜間開閉城門、斷絕交通、不能達成任務、若新裝此項門扇、公家需費浩大、擬請移函工務局將通濟門二道城門移裝光華門使用、以重防務等情、函請查照辦理見復等由、准查通濟門二道城門、係光華門狹小多也不、係拼八寸、似欠堅固、不合實用[illegible]請另裝新門扇[illegible]、准函前由、相應函復、即希

查照爲荷。此致

此致

東區警察局

局戳

校對賈文傑

南京市工務局工程預算表

工程地點：本京

工程名稱：新建光華門城門工程預算　中華民國35年8月11日　第　頁共　頁

項目	工程種類	說明	單位	數量	單價	複價	備考
1	洋松	12"×12"×23	尺	280	1,200	336,000	
2	本松		〃	2800	200	2,680,000	
3	白鐵	#24	M²	48	12,000	576,000	
4	3/8"φ螺絲	3/8"φ=30長	磅	80	1400	112,000	
5	生鐵		〃	800	1500	1,200,000	上下鉄门座
6	熟鐵			500	1400	700,000	輪軌鉄板
7	1:2:4水泥		M³	2	100,000	200,000	
8	柏油		磅	60	300	18,000	
9	蘇石	2×1.80×.20	塊	1	200,000	200,000	
10	紮工		工	50	10,000	500,000	
11	鉄工		〃	30	10,000	300,000	
12	鐵鎖		個	1	80,000	80,000	
13	1"φ鉄門閂		磅	40	1,400	56,000	
14	補洞工		工	20	10,000	200,000	
15	1"×6"企口板		M²	18	8,000	144,000	
					總	6,302,000	
總價	陸佰叁拾萬零弍仟圓正						

局長　科長　校對　製表

南京市工務局工程預算表

工程地點：南京

工程名稱：新建光華門城門工程預算　中華民國35年8月11日　第　頁共　頁

項目	工程種類	說明	單位	數量	單價	複價	備考
1	洋松	12"×12"×23'	尺	280	1.200	336,000	
2	本松		〃	2800	400	1,120,000	
3	白鐵	#24	M²	48	12,000	576,000	
4	[illegible]螺絲	3/8"⌀×30長	磅	80	1.400	112,000	
5	生鐵		〃	800	1.500	[illegible]00,000	上下鐵門座
6	熟鐵			500	1.400	[illegible]00,000	輪軌、鐵板
7	1:2:4水泥		M³	2	100,000	200,000	
8	桐油		磅	60	300	18,000	
9	蘇石	2.×1.80×.20	塊	1	200,000	200,000	
10	[illegible]工		工	50	10,000	500,000	
11	鐵工		〃	30	10,000	300,000	
12	[illegible]鎖		個	1	80,000	80,000	
13	7"×[illegible]鐵門閂		磅	40	1.400	56,000	
14	補洞工		[illegible]	20	10,000	200,000	
15	1"×6"企口板		M²	18	8,000	144,000	
					總	6,302,000	
總價		陸佰叁拾萬零貳仟圓正					

局長　　科長　　校對　　製表

修建光華門城門施工說明

查光華門原有城門兩扇因戰爭被燬現擬在原有城圈內新建木門一道一切做法如詳圖：

(1)、城門—除大料一根採用洋松外餘均選用乾燥上好本松門板用15公分厚20公分寬五公尺一長企雌雄縫直拼做成內加15公分見方三公尺長橫檔上中下三根以3/8吋鐵螺絲門拴緊外面再包24號白鐵一層以洋釘釘緊以紅丹一度黑油二度門裏面木料僅度黑油二度

(2)、城圈—上部半圓形部份用本松做成凸凹形荀鑲嵌而成以3/8吋鐵螺絲拴緊外釘1"×6"本松企口板一層再加釘24号白鐵一層塗以紅丹一度黑油二度所有裏面斜撐直柱牆筋均採用本松一切做法如圖塗黑

油二度

(3)鉄器—本工程全部鉄製部份均按圖樣尺寸施工除熟鉄打成部份外均以特製翻沙承造表面均用鉋牀鉋光受摩擦部份尤應光滑不得含有沙眼空隙及缺口等弊該項另件應事先呈本局工程師驗收後再行裝配鉄器均須塗以紅丹後再油黑油

(4)石扁—採用上等蘇石二公尺長八十公分寬二十公分厚細鑿雕成「光華門」陰文三字塗以金色字樣由本局寫成供給

(5)水泥三合土—門上下鉄座及樞洋松大料用一二四水泥三合土澆成黃沙石子均需選用潔淨者混合均勻澆搗結實不得有蜂眼空隙之弊

(6)修補—新做城門之外圈左右小方洞二個長条縫洞二個與支持用青磚

補砌完整再粉以一寸厚黃沙水泥一層，城圈子內破坏處暫不修補

南京市工務局第三科計劃股

榮生印刷紙號

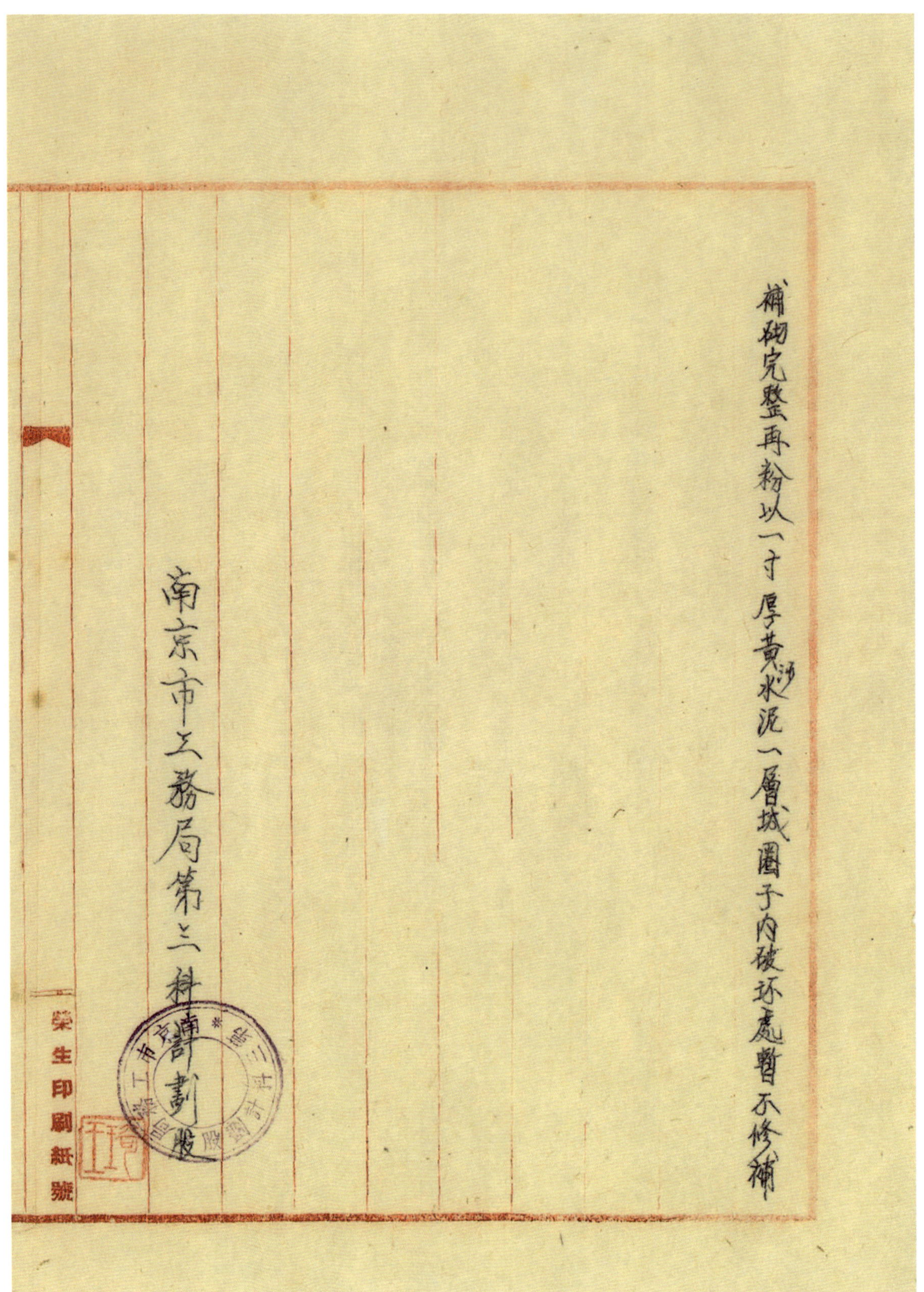

修建光華門城門施工說明

查光華門原有城門兩扇因戰爭被燬現擬在原有城圈內新建木門一道一切做法如詳圖：

(1)城門—除大料一根採用洋松外餘均選用乾燥上好木松門板用15公分厚20公分寬五公尺一長企雌雄縫直拼做成內加15公分見方三公尺長橫擋上中下三根以3/8"φ鉄螺絲門拴緊外面再包24號白鉄一層以洋釘釘牢又以紅丹一度黑油二度門裏面木料僅度黑油二度

(2)城圈—上部半圓形部份用本松做成凸凹形筍鑲嵌而成以3/8"φ螺絲門拴緊外釘1"×6"木松企口板一層再加釘24号白鉄一層塗上以紅丹一度黑油二度所有裏面斜撑直柱墻筋均採用木松一切做法如圖塗黑

榮生印刷紙號

油二度

(3)鉄器—本工程全部鉄製部份均按圖樣尺寸施工除熟鉄打成部份外均以特製翻沙承造表面均用鉋牀鉋光受摩擦部份尤應光滑不得含有沙眼空隙及缺口等弊該項另件應事先呈本局工程師驗收後再行裝配鉄器均須塗以紅丹後再油黑油

(4)石扁—採用上等蘇石二八公尺長八十八公分寬六十公分厚細斲並雕成「光華門」陰文三字塗以金色字樣由本局寫成供給

(5)水泥三合土—門上下鉄座及掏洋松大料用一二四水泥三合土澆成黃沙石子均需選用潔淨者混合均勻澆搗結實不得有蜂眼空隙之弊

(6)修補—新做城門之外圈左右小方洞二個長条縫洞二個與工時用青磚

補砌完整再粉以一寸厚黄沙水泥一層城圈子內破坏處暫不修補

南京市工務局第一科計劃股

榮生印刷紙號

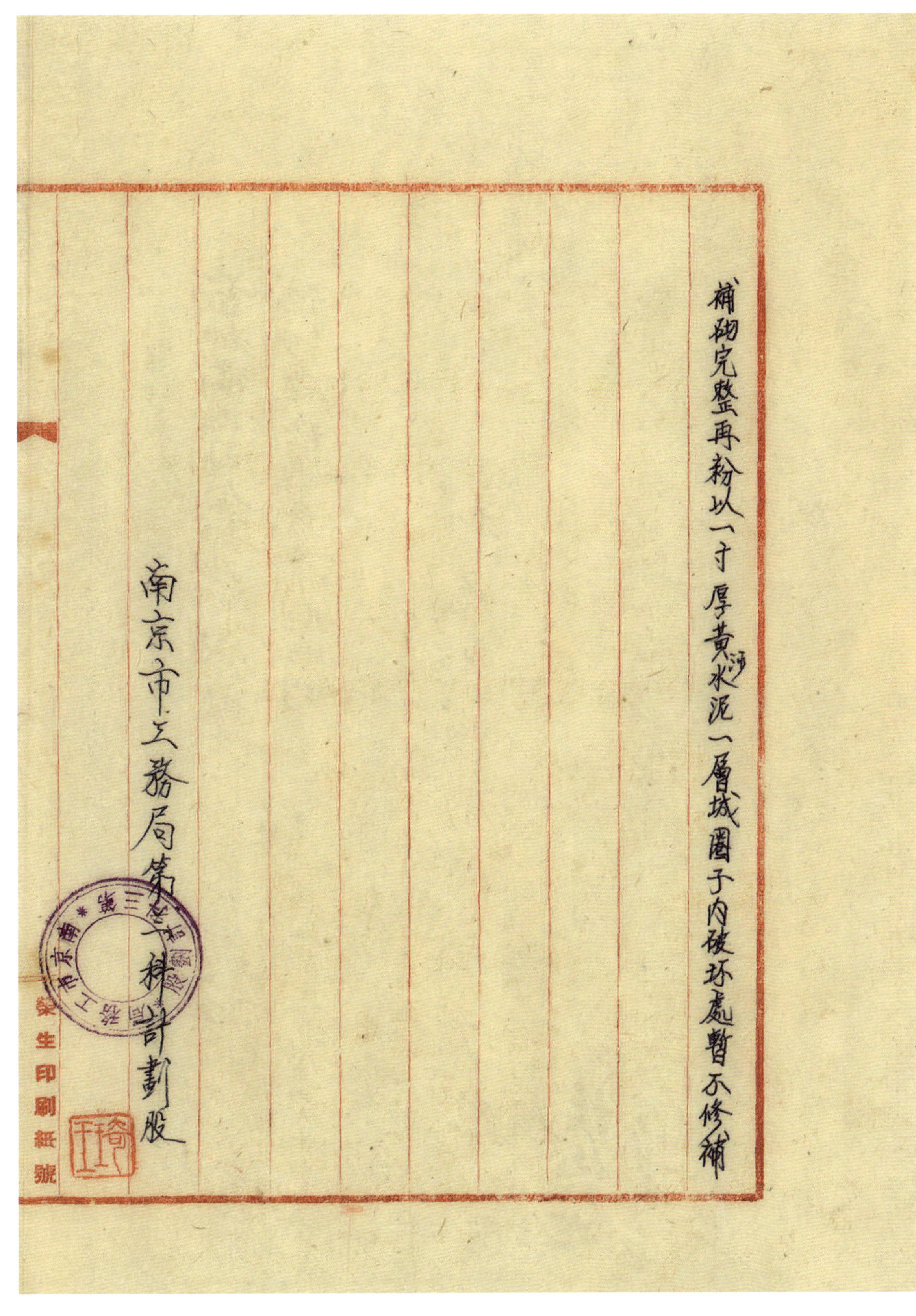

南京市政府摘由紙

姓名或機關	首都衛戍司令部
文別	代電
附件	
收文	卅五年八月廿一日 時
摘由	請飭增修光華門城門
擬辦	擬飭工務局照予增修
批示	照擬 元啟
摘由者姓名	
府機字第	640號

張劢 八、廿一

祖年 八、廿六

府機（卅五）

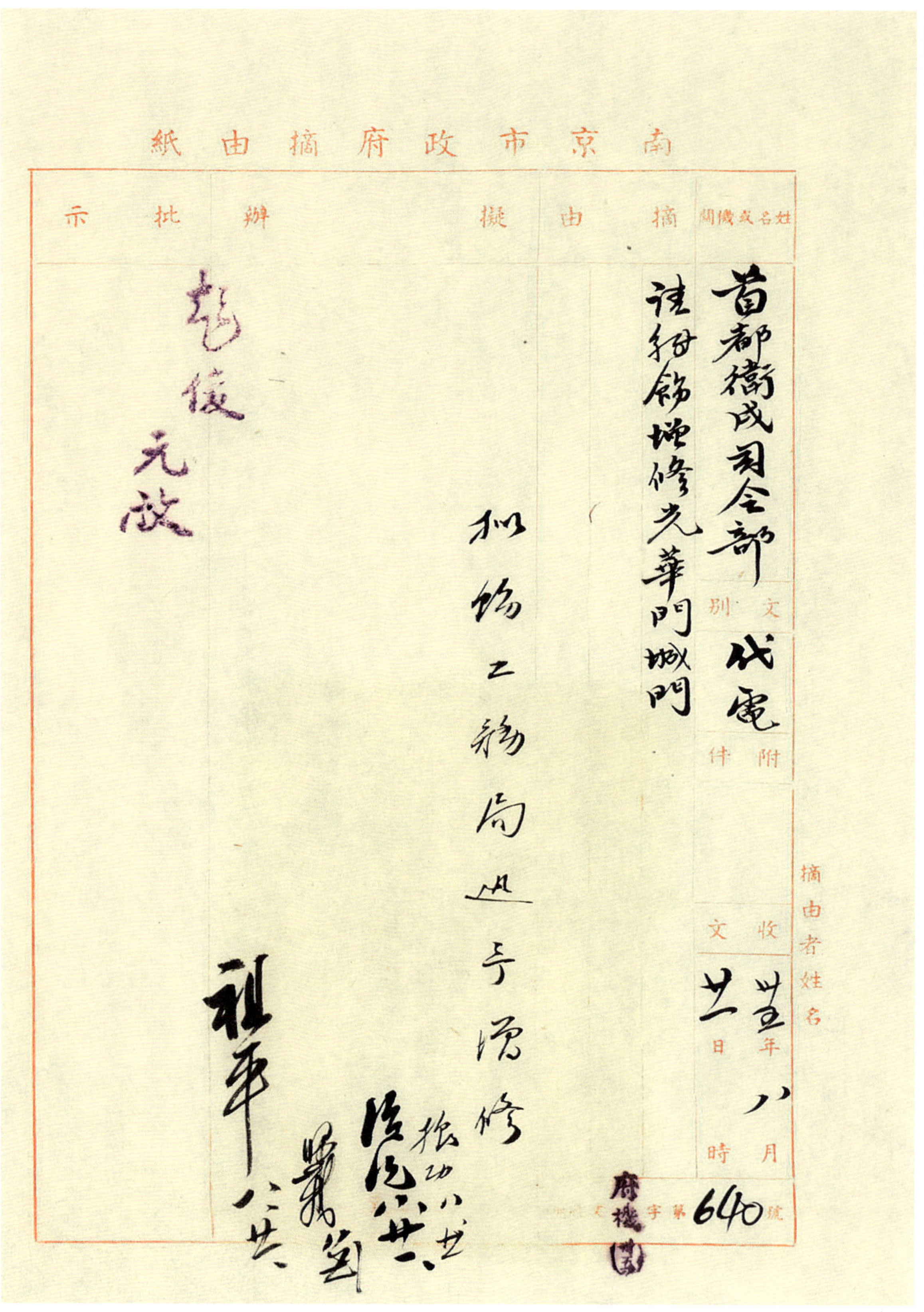

事由	批示

首都衛戍司令部代電 達 卅五 八

南京市政府馬市長勛鑒：查光華門現無城門，為警戒嚴密起見，請轉飭增修為荷。湯恩伯未

皓三擢

附件

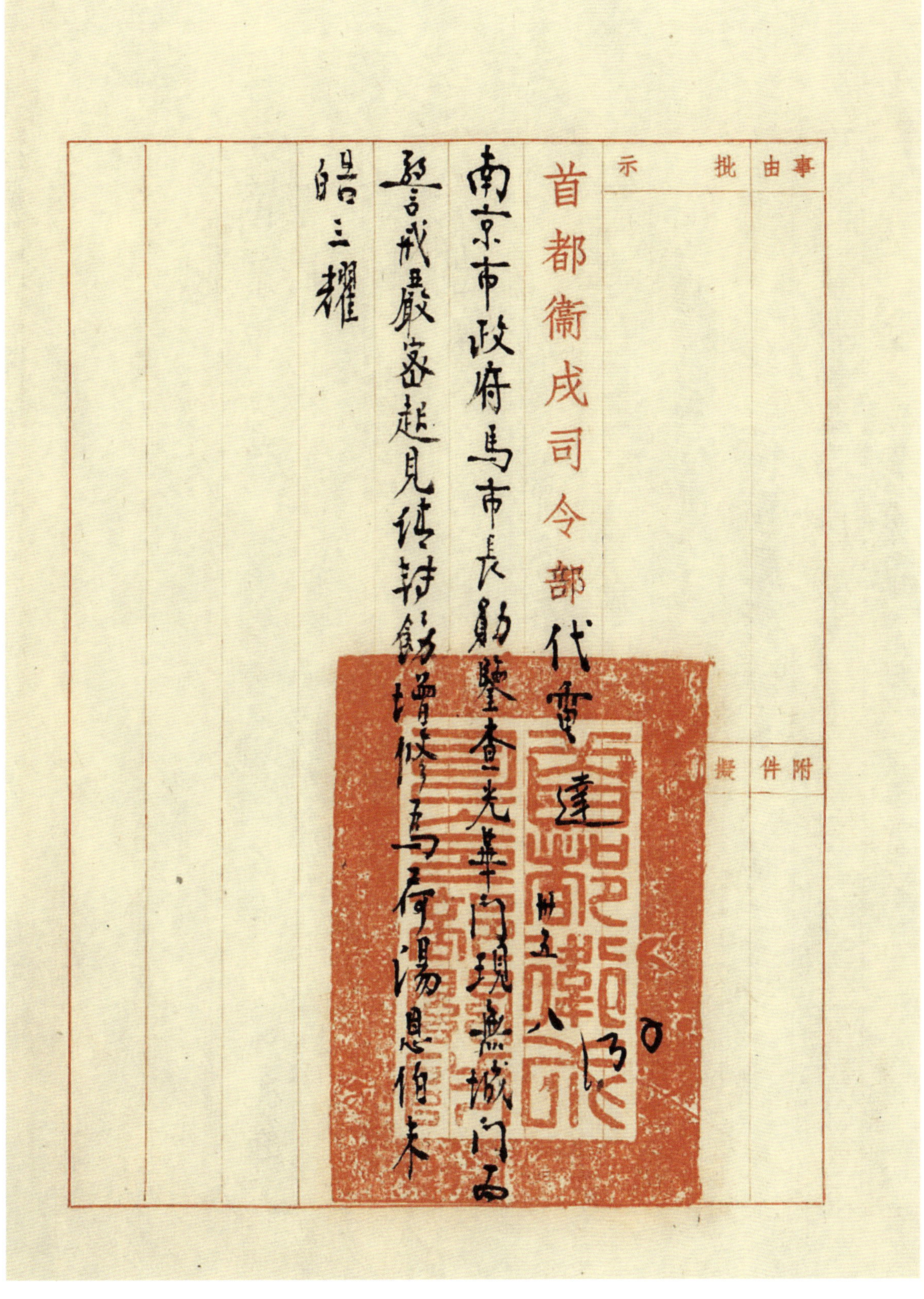

南京市工務局新建光華門城門工程決標紀錄

日期 三十五年十月廿一日上午九時

地點 工務局

出席人 審計部代表 市政府代表 會計處 工務局

開標紀錄：

新務記營造廠總價為888,788,000－

永固營造廠總價為889,150,000－

益森營造廠總價為889,350,000－

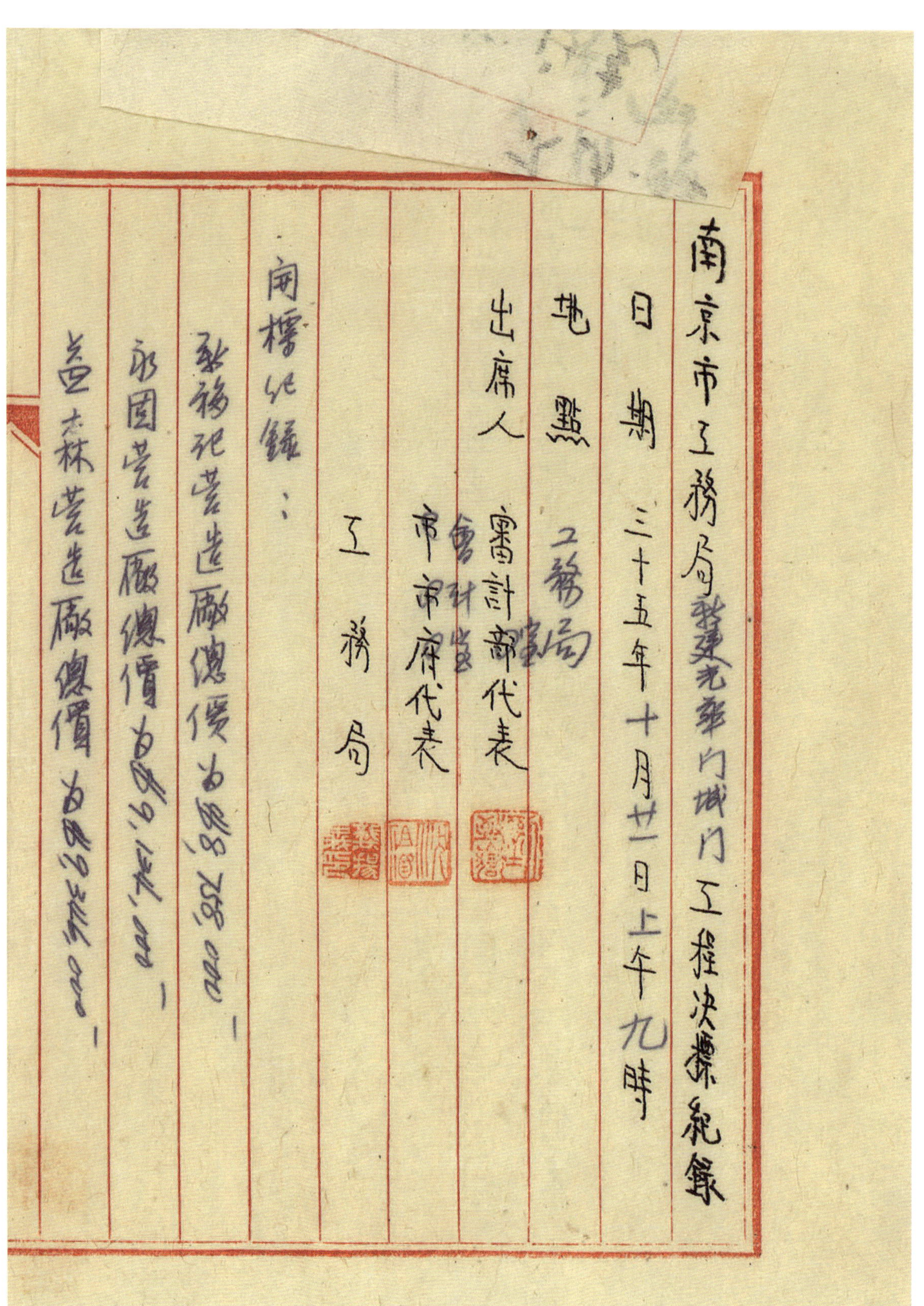

昌華營造廠總價為國幣16,080,000—

公輝記營造廠總價為國幣12,445,000—

決標結果：

交最低標新裕記營造廠承做，並將總價減低

為捌佰萬元正

南京市工務局新建光華門城門

立承攬人 新裕記營造廠

南京市工務局新建光華門城門 國幣捌佰萬元正 86号

元正茲願按照左列之各條訂定承攬如

一、工程總價 國幣捌佰萬元正

二、完工日期 自訂定承攬之日起期限廿個晴天竣工

三、逾期罰款 每逾一天按總價百分之二罰款計每天壹拾陸萬元正

四、領款辦法 分三期付款

第一期 經承攬訂立並經對保無誤後得發工款65%

第二期 工程完工時得再發工款15%

第三期 經審計部驗收無誤後發清

第四期

五、承攬責任 本承攬自訂定之日起如有貽誤及違背一切規章之處均由保證人負賠償之責任。

承攬商號 新裕記營造廠

經理

保證人 華昌五金商行

經理

對保人

市政府

中華民國三十五年十月廿一日

白下路28号

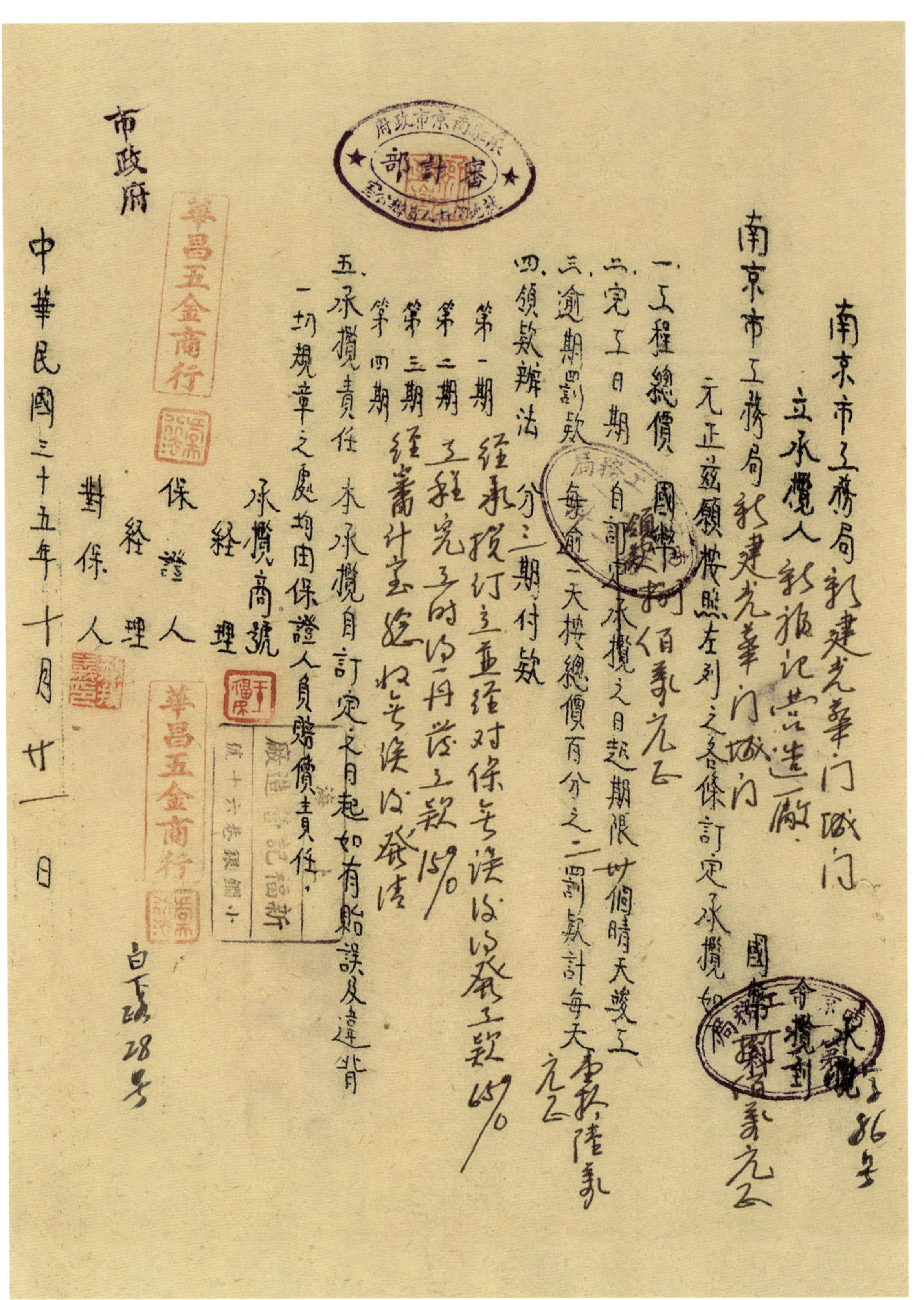

南京市工務局工程標單

工程地點 本京

工程名稱 新建光華門城門工程　　35年10月21日

項目	工程種類	款式	單位	數量	單價	總價	備考
1	洋松		尺	280	1.400	392.000	全部包括工料在內
2	本松		〃	2800	900	2.520.000	
3	白鐵	No 24	M²	48	25.000	1.200.000	
4	3/8″φ螺絲	3/8″φ=30長	磅	80	2.000	160.000	
5	生鐵		〃	800	1.600	1.280.000	上下鐵門座輪軌鐵板
6	熟鐵		〃	500	2.000	1.000.000	
7	1:2:4水泥		M³	2	180.000	360.000	
8	柏油		磅	60	500	30.000	
9	蘇(水泥做)石	2.×.8×.20.	塊	1	150.000	150.000	搗水泥仿蘇石及字樣
10	鐵鎖		只	1	90.000	90.000	
11	1″φ鐵門閂		磅	40	2.000	80.000	
12	補洞工		工	20	10.000	200.000	
13	1″×6″企口板		M²	18	12.000	216.000	
	搭架子及運費				322.000	322.000	
	總價 國幣捌佰萬元正						

⊞8,000,000元

有效期限七天

完工天數三十晴天

承包廠商

經理 [seal]

住港　上

新福記營造廠

小銅銀巷十六號

修建光華門城門施工說明

查光華門原有城門兩扇因戰事被燬現擬在原有城圈內新建木門一道一切做法如詳圖：

1.城門——除大料一根採用洋松外餘均選用乾燥上好本山松門板用15公分厚20公分寬五公尺長企雌雄縫直拼做成內加15公分見方三公尺長橫檔上中下三根以3/4"曲頭螺絲螺栓接緊外面再包24號白鐵一層以洋釘釘牢縱橫以紅丹一度黑油二度門裏面木料僅塗黑油二度

2.城圈——上部半圓形部份用本松做成凸凹形榫鑲嵌而成以3/4"曲頭螺絲螺栓接緊外釘1×6"本松企口板一層再加釘24號白鐵一層塗以紅丹一度黑油二度所有裏面斜撐直柱擋額均採用本松一切做法如圖塗黑油二度

(3) 鐵器——本工程全部鐵製部份均按圖樣尺寸施工，除熟鐵打成部份外，均以特製翻沙承造，表面均用鉋床鉋光，受摩擦部份尤應光滑，不得含有砂眼空隙及缺口等弊。該項另件應事先呈本局工程師驗收後，再行裝配。鐵器均須塗以紅丹，後再油黑漆。

(4) 石匾——採用上等蘇石二公尺長，八十公分寬，六十公分厚，細鏨金雕成「光華門」陰文三字，塗以金色，字樣由本局寫成供給。

(5) 水泥三合土——門上下鐵座及檀洋松大料用一、二、四水泥三合土澆成，黃沙石子均需選用潔淨者，混合均勻，澆搗結實，不得有蜂眼空隙之弊。

(6) 修補——新做城門之外圈左右小方洞二個，長条縫洞二個，興工時用青磚補砌完整，再敷以一寸厚黃沙水泥一層，城圈子內破壞處暫不修補。

市工務局爲新建光華門城門工程業已竣工請派員驗收致審計室的箋函（附件：工程決算暨驗收證明書、工程請示單）（一九四六年十二月三十一日）

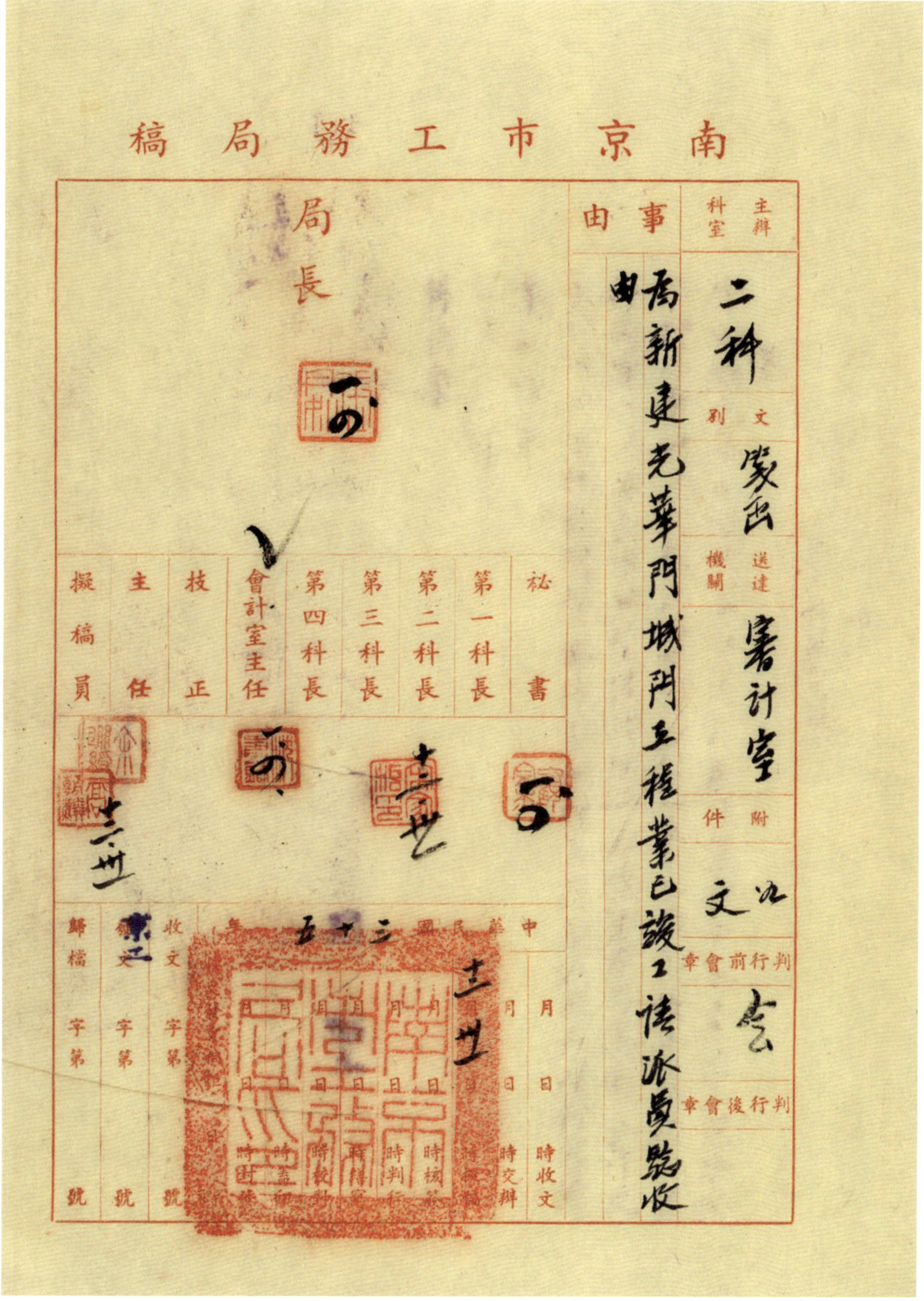
南京市工務局稿

主辦科室	二科
文別	箋函
送達機關	審計室
附件	文
判行前會章	
判行後會章	

事由：爲新建光華門城門工程業已竣工請派員驗收由

局長

秘書　第一科長　第二科長　第三科長　第四科長　會計室主任　技正　主任　擬稿員

中華民國三十五年　月　日

收文　字第　號
繕文　字第　號
歸檔　字第　號

查本局新建光華門城門工程現
已竣工除派本局高翔麟前往驗收外相
應懇檢附工事決算書即希派員監驗以資結
束為荷
此致
審計室

監印宗寄蓀

存卷

南京市工務局[illegible]城門工程決算暨驗收證明書

35年[illegible]月19日第1頁共1頁

承攬號數	[illegible]	規定期限	30晴天
承包人	[illegible]	雨雪冰凍	6天
開工日期	3[illegible]年[illegible]月1日	核准延期	10天
完工日期	35年[illegible]月[illegible]日	逾期日期	/
預算		決算	
承攬總價	8,000,000.—	承包人實做工程數	8,000,000.—
第一次追加	/		
第二次追加			
共計	8,000,000.—	淨付承包人	8,000,000.—
附註			

實做工程數量銀額表及驗收單

工程種類	單位	數量	單價	複價	驗收數量	驗收複價	驗收意見	備考
洋松	尺	280	1,400	392,000	280	392,000	尚屬符合 擬准予驗收	全部包括工料
[illegible]松	〃	2800	900	2,520,000	2800	2,520,000		
白鉄	M^2	48	25,000	1,200,000	48	1,200,000		No.24
3/4"螺絲	磅	80	2,000	160,000	80	160,000		
生鉄	〃	800	1,600	1,280,000	800	1,280,000		上下鉄門座
熟鉄	〃	500	2,000	1,000,000	500	1,000,000		輪軌鉄板
1:2:4水泥	M^3	2	180,000	360,000	2	360,000		
柏油	磅	60	500	30,000	60	30,000		
水泥假蘇石	塊	1	150,000	150,000	1	150,000		21.80×.20
鉄鎖	个	1	90,000	90,000	1	90,000		
1/2"鉄門閂	磅	40	2,000	80,000	40	80,000		
補洞工	工	20	10,000	200,000	20	200,000		
1"×6"企口板	M^2	18	12,000	216,000	18	216,000		
搭架手及運費				322,000		322,000		
				8,000,000		8,000,000		

局長　會計主任　科長　主任　代　經手

審計監驗委員　工務局驗收員

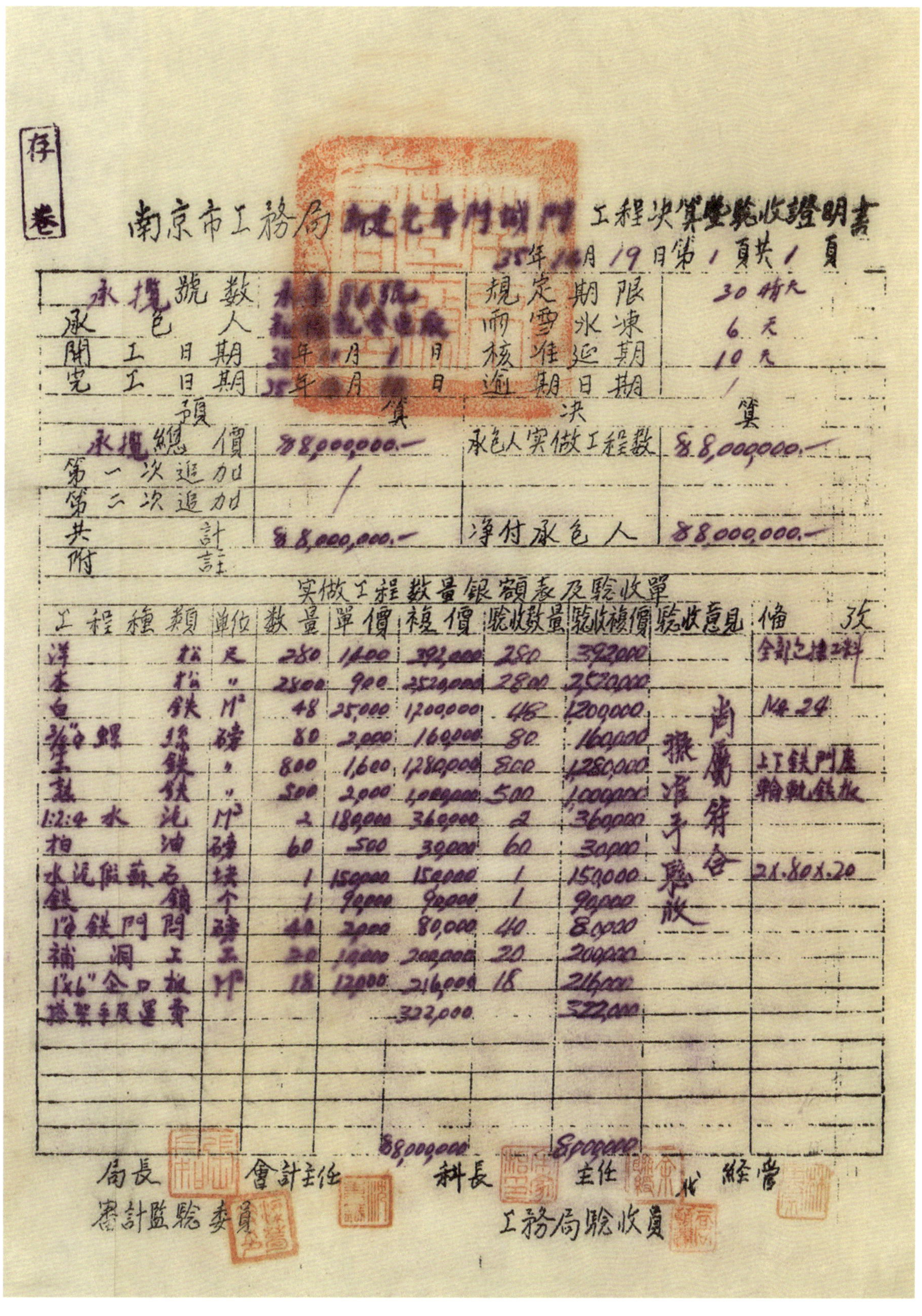

南京市工務局

工程請示單

工程編號	臨703	請示單編號	
會計科目			
工程名稱	修理光華门城门二处城墙及二道砖圈工程	工程地點	光華门
請示原因	奉 [illegible]办理		
施工說明	將光華门城门二处城墙之孔洞（長80" 寬45" 磚圈內）以机磚及[illegible]補砌[illegible]。二道城圈内[illegible]紙筋石灰[illegible]		
核算總價	33,285,000	預定 36年11月5日開工 年11月30日完工	
請示部份	城區工程[illegible]	主任	填單 年11月1日
附件			
附註			

局長批示	會計室核	主管科核
〔批示〕	在雜項工程費內開支 超出預算	經核尚符擬由工區指(商)修築
	會計主任 月 日	第7科長 11月4日
	股 十一.四.	股
	股	股

年 月 日局收文 字第 號	36.11.1. 五科收文第208號
年 月 日局發文 字第 號	(二)4161

說明

（一）請示單填寫四聯批准後一聯發還一聯存主管科一聯存會計室一聯存卷

（二）工程編號由主管科編填會計科目由會計室填列請示單編號由請示部份編填

（三）請示單經批准後有關文件表報報銷等應將工程編號及工程名稱并列

5705 十一月四

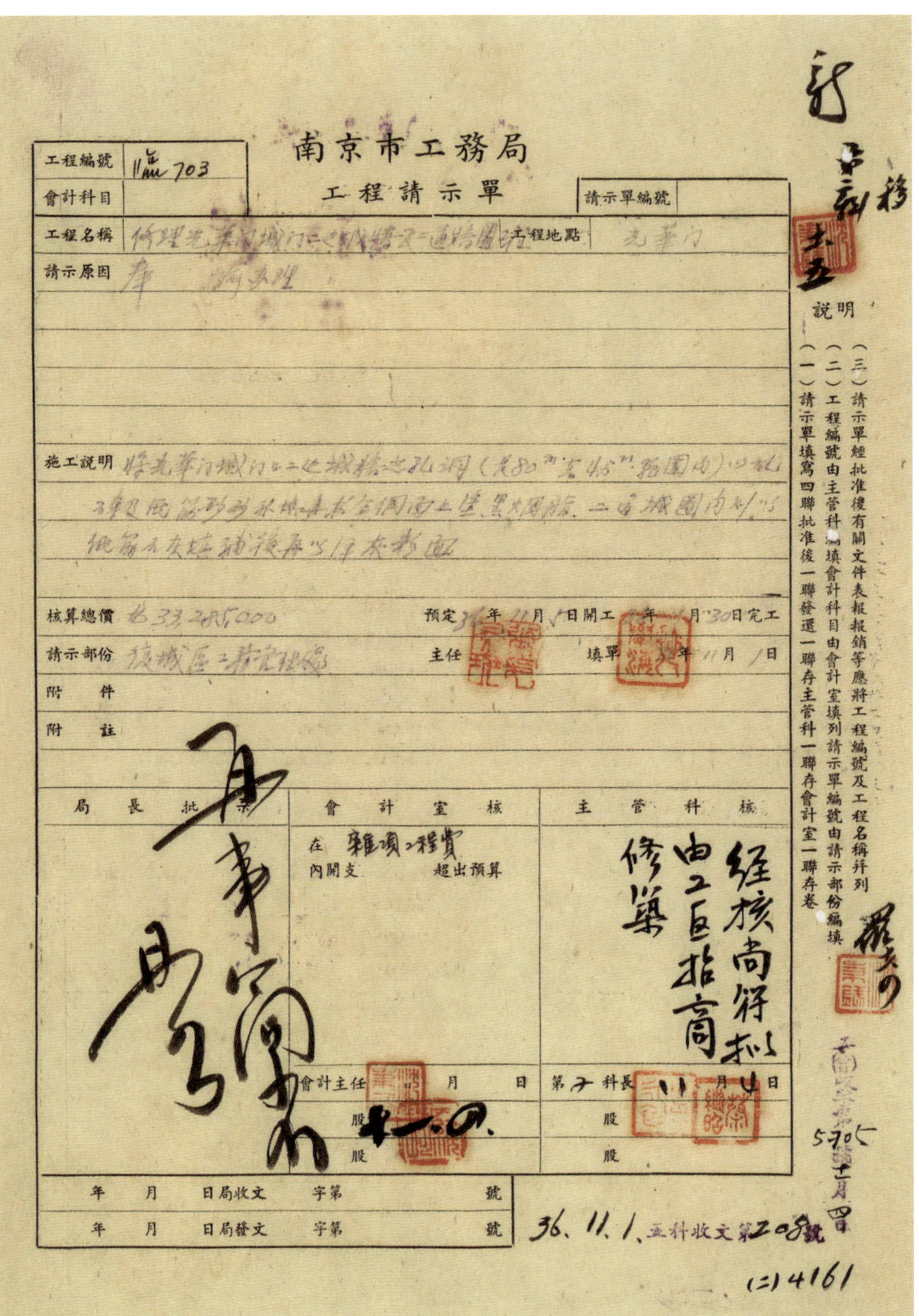

預算細目

共 / 頁第 / 頁

項次	項目	單位	數量	單價	共價	備註
	石灰	百斤	72	70,000	5,040,000	
	鋼筋	百斤	8	200,000	1,600,000	
	乱磚	M^3	40	120,000	4,800,000	
	砂泥	M^3	20	60,000	1,200,000	
	木板	斤	15	50,000	750,000	
	黑烟脂	斤	60	40,000	2,400,000	
	瓦工	工	200	58,000	11,600,000	
	修理城墻面	M^2	655	9,000	5,895,000	[illegible]
共計					[illegible]33,285,000	

核對　　　　計算

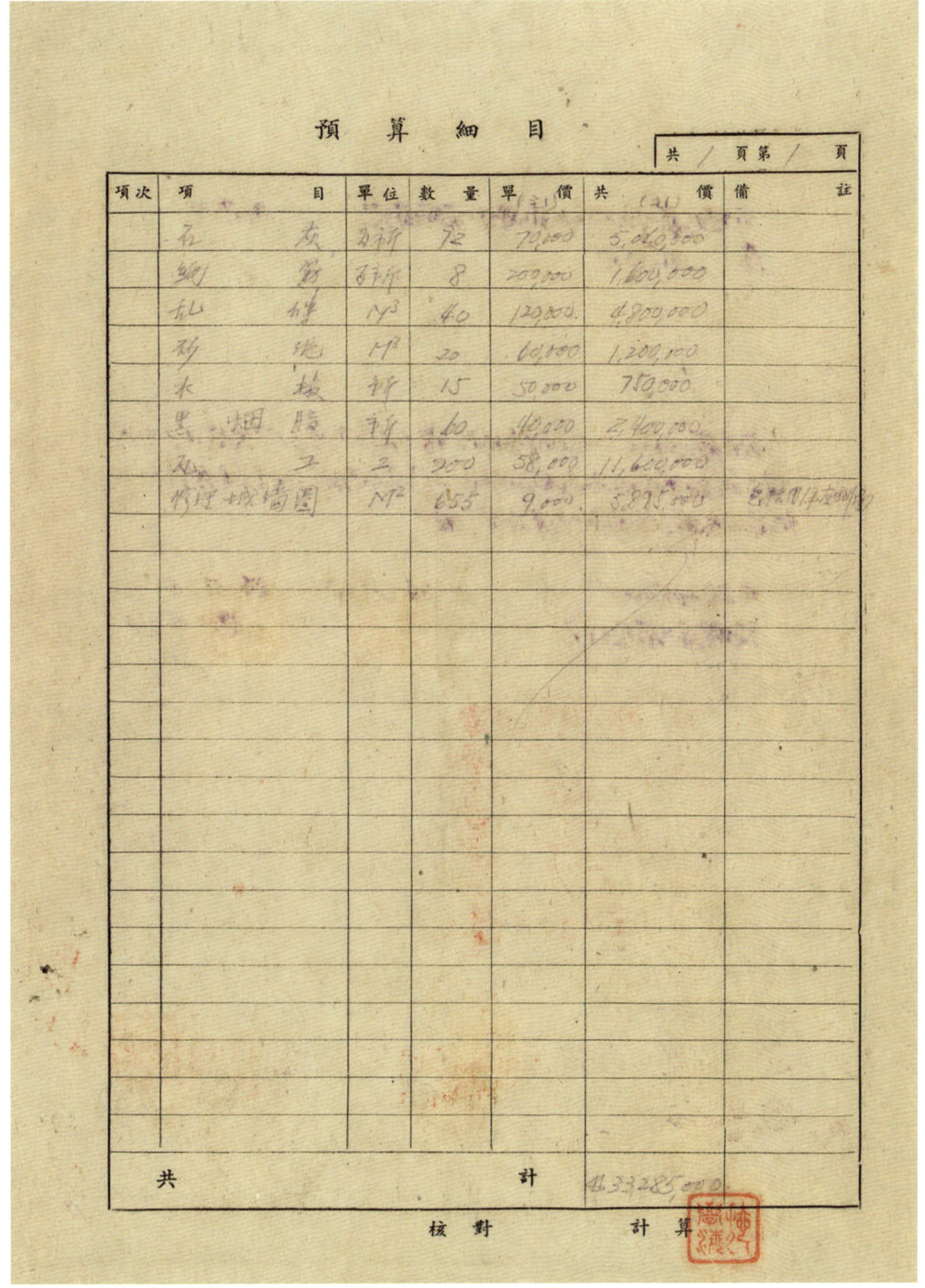

南京市工務局
工程請示單

工程編號	11處703	請示單編號	
會計科目			
工程名稱	修理光華門城門二處城牆及一道[illegible]工程	工程地點	光華門
請示原因	摩[illegible]坍塌		
施工說明	將光華門城門以上二處城牆之孔洞（寬80公尺高4.5公尺範圍內）以[illegible]填補[illegible]		
核算總價	¥33,285,000	預定	36年11月5日開工　36年11月30日完工
請示部份	復城區工務[illegible]	主任	填單 36年11月1日
附件			
附註			

局長批示	會計室核	主管科核
	在雜項工程費內開支　超出預算 會計主任　月　日 股　十一.四. 股	經核尚符擬由工區招商修築 第2科長 11月4日 股 股

年	月	日局收文	字第	號
年	月	日局發文	字第	號

說明
（一）請示單填寫四聯批准後一聯發還一聯存主管科一聯存會計室一聯存卷
（二）工程編號由主管科編填會計科目由會計室填列請示單編號由請示部份編填
（三）請示單經批准後有關文件表報報銷等應將工程編號及工程名稱並列

5705
十一月四日
五科收文第208號
(2)4161

預算細目

共 1 頁第 1 頁

項次	項目	單位	數量	單(元)價	共(元)價	備註
	石灰	市斤	72	70,000	5,040,000	
	鋼筋	市斤	8	200,000	1,600,000	
	乱石	M^3	40	120,000	4,800,000	
	砂泥	M^3	20	60,000	1,200,000	
	水板	斤	15	50,000	750,000	
	黑烟脂	斤	60	40,000	2,400,000	
	瓦工	工	200	58,000	11,600,000	
	修理城牆面	M^2	655	9,000	5,895,000	包括用石灰刷面
共計					33285,000	

核對　　　計算

南京市工務局

工程請示單

工程編號	11 臨 703	請示單編號	
會計科目			
工程名稱	修理光華门城门二边城墙及二道墙圍墙	工程地點	光華门
請示原因	奉 諭办理		
施工說明	將光華门城门口二边城墙之孔洞（大80公尺高4.5公尺範圍內）以机砖及纸筋石灰砌补并于各洞面上垒黑烟煤，二道城圍内外以纸筋石灰填補後再以1:3灰粉面		
核算總價	¥33,285,000	預定 36 年 11 月 5 日開工 36 年 11 月 30 日完工	
請示部份	復城區工務管理處	主任	填單 36 年 11 月 1 日
附件			
附註			

局長批示	會計室核	主管科核
	在 雜項工程費 內開支 超出預算	經核尚需擬工區招商修築
	會計主任 月 日	第 2 科長 11 月 4 日
	股 十一月	股
	股	股

年 月 日局收文 字第 號
年 月 日局發文 字第 號

說明

（一）請示單填寫四聯批准後一聯發還一聯存主管科一聯存會計室一聯存卷

（二）工程編號由主管科編填會計科目由會計室填列請示單編號由請示部份編填

（三）請示單經批准後有關文件表報報銷等應將工程編號及工程名稱并列

五科收文第 208 號

(二)4161

預算細目

共 1 頁第 1 頁

項次	項目	單位	數量	單價（元）	共價（元）	備註
	石灰	百斤	72	70,000	5,040,000	
	鋼筋	百斤	8	200,000	1,600,000	
	乱砖	M3	40	120,000	4,800,000	
	砂泥	M3	20	60,000	1,200,000	
	水胶	斤	15	50,000	750,000	
	黑烟脂	斤	60	40,000	2,400,000	
	瓦工	工	200	58,000	11,600,000	
	修理城墙圈	M2	655	9,000	5,895,000	包括用洋灰刷面
共				計	¥33,285,000	

核對　　計算

南京市工務局

工程請示單

工程編號	臨703	請示單編號	
會計科目			
工程名稱	修理光華门城门二边城墙及二道城圈工程	工程地點	光華门
請示原因	奉 谕办理		
施工說明	将光華门城门以二边城墙之孔洞（长80公尺高4.5公尺范围内）以机砖及纸筋石灰砂浆嵌补并全部洞面上铲除野树杂草，二道城圈内孔洞以纸筋石灰填補後再以1:3灰粉刷		
核算總價	$33,285,000	預定36年11月5日開工 36年11月30日完工	
請示部份	復城區工務管理處	主任	填單36年11月1日
附件			
附註			

局長批示	會計室核	主管科核
	在雜項工程費內開支 超出預算	經核尚符 擬工區推商修築
	會計主任 月 日	第2科長 11月4日
	股	股
	股	股

年 月 日局收文 字第	號
年 月 日局發文 字第	號

說明

（一）請示單填寫四聯批准後一聯發還一聯存主管科一聯存會計室一聯存卷

（二）工程編號由主管科編填會計科目由會計室填列請示單編號由請示部份編填

（三）請示單經批准後有關文件表報報銷等應將工程編號及工程名稱并列

五科收文第208號

(二)4161

預算細目

共 1 頁第 1 頁

項次	項目	單位	數量	單價（元）	共價（元）	備註
	石灰	百斤	72	70,000	5,040,000	
	紙筋	百斤	8	200,000	1,600,000	
	亂磚	M^3	40	120,000	4,800,000	
	粉泥	M^3	20	60,000	1,200,000	
	水膠	斤	15	50,000	750,000	
	黑烟脂	斤	60	40,000	2,400,000	
	瓦工	工	200	58,000	11,600,000	
	修理城墻圈	M^2	655	9,000	5,895,000	包括[illegible]
共計					¥33,285,000	

核對　　　　計算

南京城墻檔案

城門的增闢與建設

柒

修建中華門及金川門城門工程

市政府關于添做金川門城門一扇請賜核撥經費等情況給市工務局的指令（一九四六年十月二十六日）

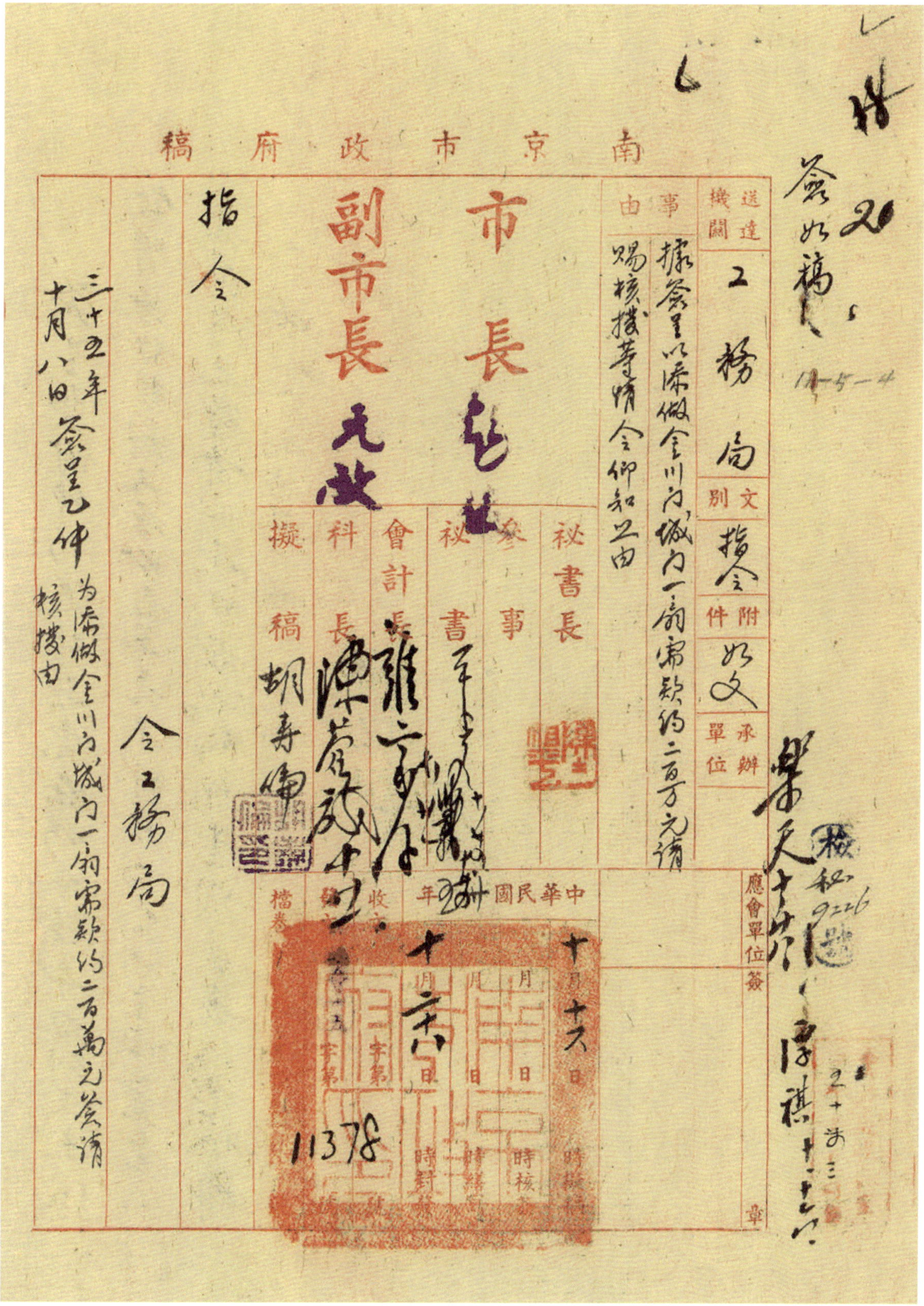
南京市政府稿

送達機關：工務局
文別：指令
附件：如文
事由：據簽呈以添做金川門城門一扇需款約二百万元請賜核撥等情令仰知照由

市長
副市長
秘書長
參事
秘書
會計長
科長
擬稿 胡壽

指令
令工務局
三十五年十月八日簽呈乙件為添做金川門城門一扇需款約二百萬元簽請核撥由

中華民國 年 月 日
11378

簽呈暨附件均悉該款究在何項預算內列支未據
敘明無從核辦又原附預算表未經該局會計主任蓋章
手續亦有未符茲將原件發還仰即查明具復以憑核辦
此令　附發還原預算及說明書各一份

市長　馬

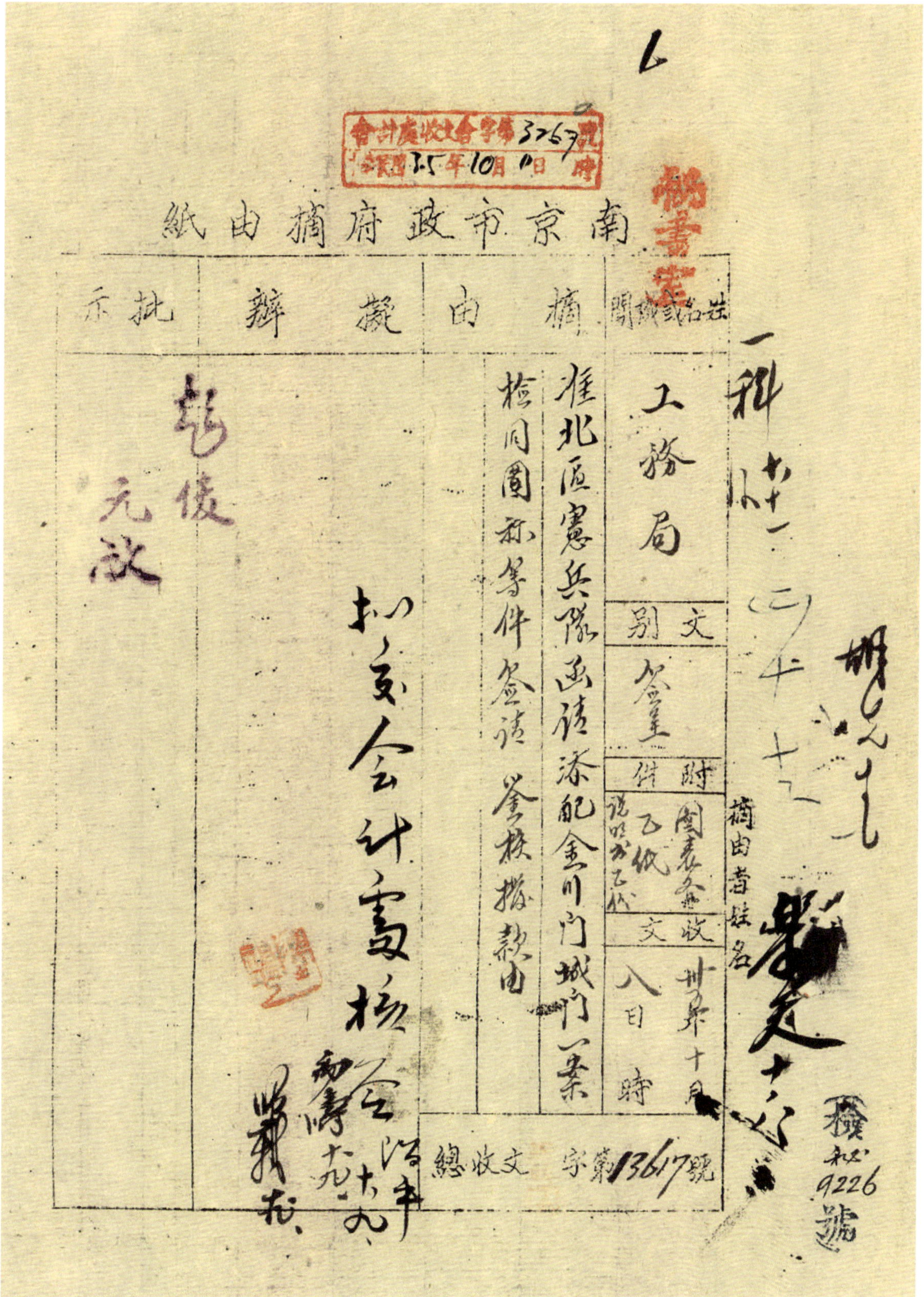

會計處收文會字第3267號
35年10月11日

南京市政府摘由紙

姓名或機關	摘由	擬辦	批示
工務局	准北區憲兵隊函請添配金川门城门一案 檢同圖示等件签請鑒核撥款由	拟交会计处核签	
文別：签呈			
附件：圖表各乙紙 說明書乙份			
收文：卅五年十月八日 時			

總收文 字第13617號

南京市工務局簽呈紙

簽呈 於三十五年十月八日

為准北區憲兵隊函請添配金川門城門一案檢同圖算等件簽請鑒核撥款由

案准北區憲兵隊函請添做金川門城門，以固城防。等由；准經派員勘查該城門因在抗戰時期被毀，現擬仍照原樣用洋松重行添配一扇，計需工程費國幣貳百萬零零五千元正，理合檢同設計圖預算表暨施工說明書等，具文簽請鑒核，迅賜撥款，以利進行。

謹呈

市長馬

副市長馬

附呈設計圖預算表暨施工說明書各一份

職張劍鳴（印）謹簽

京工(三)字第4840號

市工務局爲復金川門城門擬請暫從緩辦請鑒核致市政府呈文（一九四六年十一月十二日）

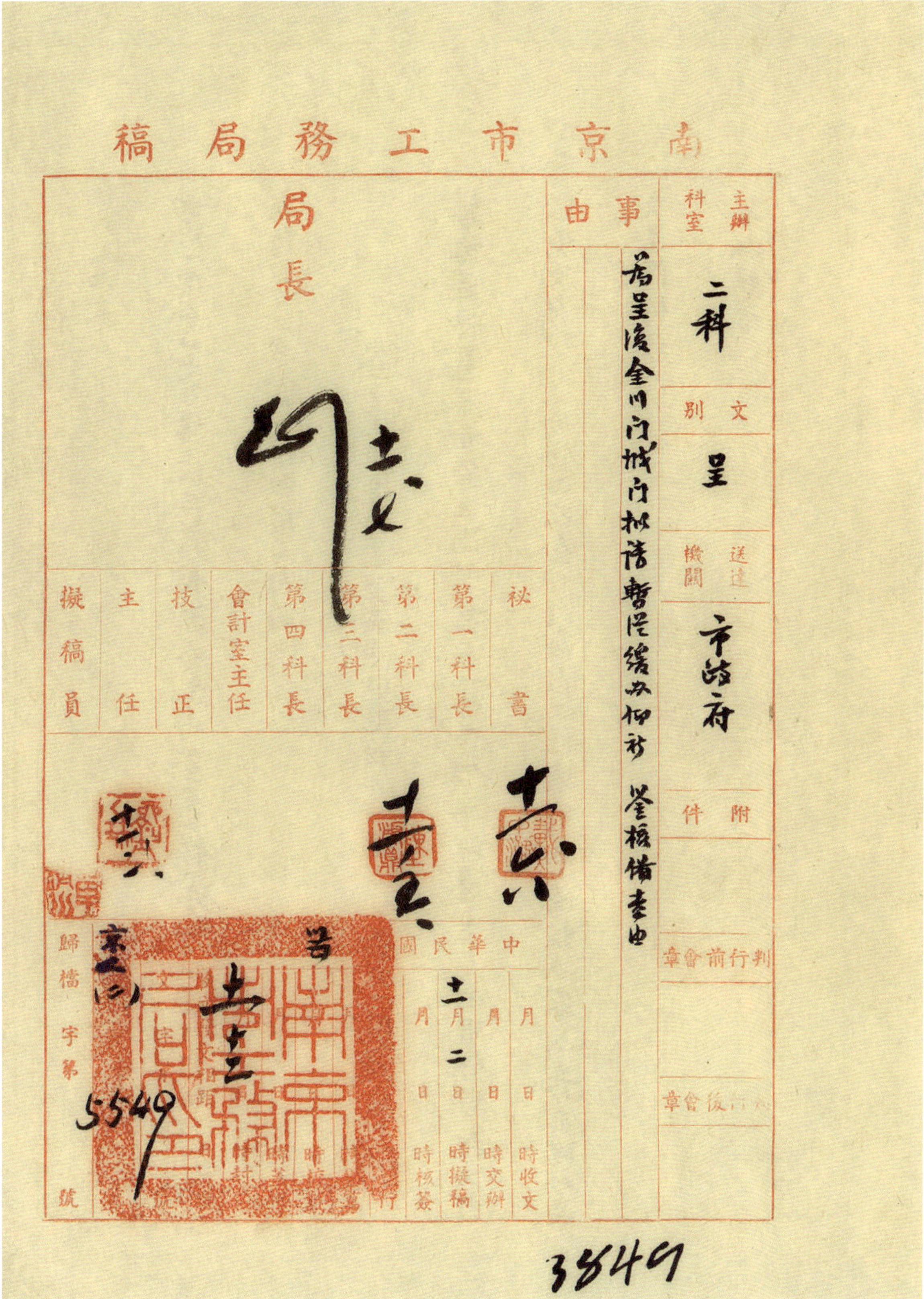

南京市工務局稿

主辦科室	二科
文別	呈
送達機關	市政府
附件	
判行前會章	
判行後會章	

事由：爲呈復金川門城門擬請暫從緩辦仰祈 鑒核備查由

局長

秘書　第一科長　第二科長　第三科長　第四科長　會計室主任　技正　主任　擬稿員

中華民國　月　日收文　月　日交辦　十一月十二日擬稿　月　日核發

歸檔　字第　號

5549

3849

呈奉

鈞府總會（芸）字第一一三七八號指令本局簽呈一件為修做金川門城門一扇需

款約四百元先簽請核撥由內開：

「簽呈及附件均悉（照叙悉）以憑核辦此令」

等因，並發還原估算及說明書各一份下局。奉此，遵查本局所領特種工程

經費現已移用無餘，上項金川門城門工程擬請暫從緩辦。奉令前因，理合具

文呈復，仰祈

鑒核備查。

謹呈

南京市市長馬

副市長馬

銜名

監印王大聆

校對賈文傑

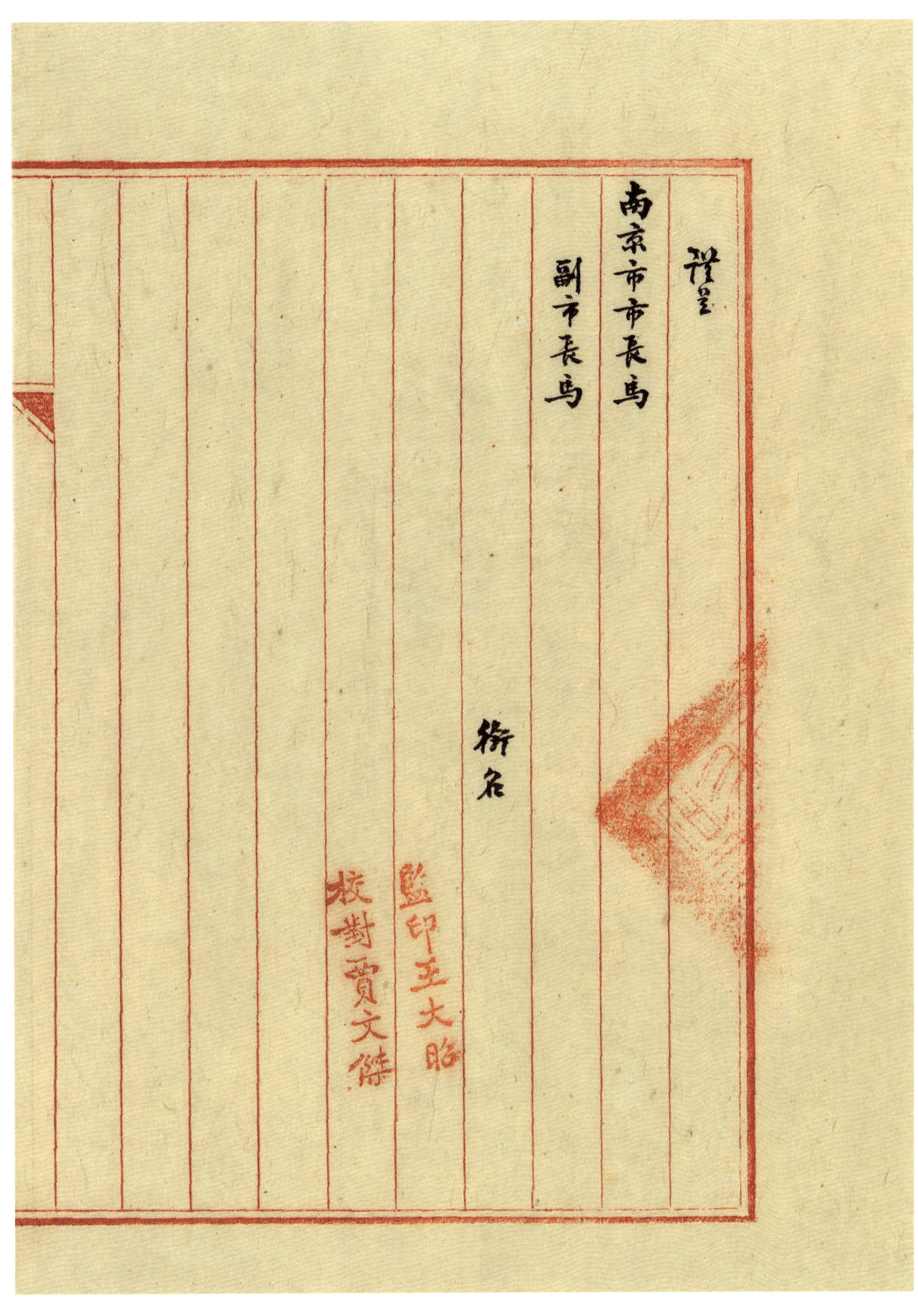

趙祕書

事由：為修建中華門及金川門城門工程訂期開標比賬呈請鑒核准賜派員會同監標由

擬辦

批示

南京市工務局呈

查本局修建中華門東西兩門及金川門城門工程，以比賬方式招商承辦，並經分別通知成泰營造廠等九家參加投標比價，茲訂於本月七日（星期一）下午三時在本局會議室當衆開標，除函請審計部派員監標外，理合呈請鑒核准賜派員屆期蒞臨本局會同監視，以昭鄭重，實為公便！

中華民國三十七年六月四日

（卅七）京工三字第三六八七號

附件

收文府總字第6299號

謹呈

市長沈

副市長馬

工務局局長原素欣

市工務局爲請成泰營造廠來局領取修建中華門及金川門城門工程圖則等參加投標比賬的箋函（一九四八年六月四日）

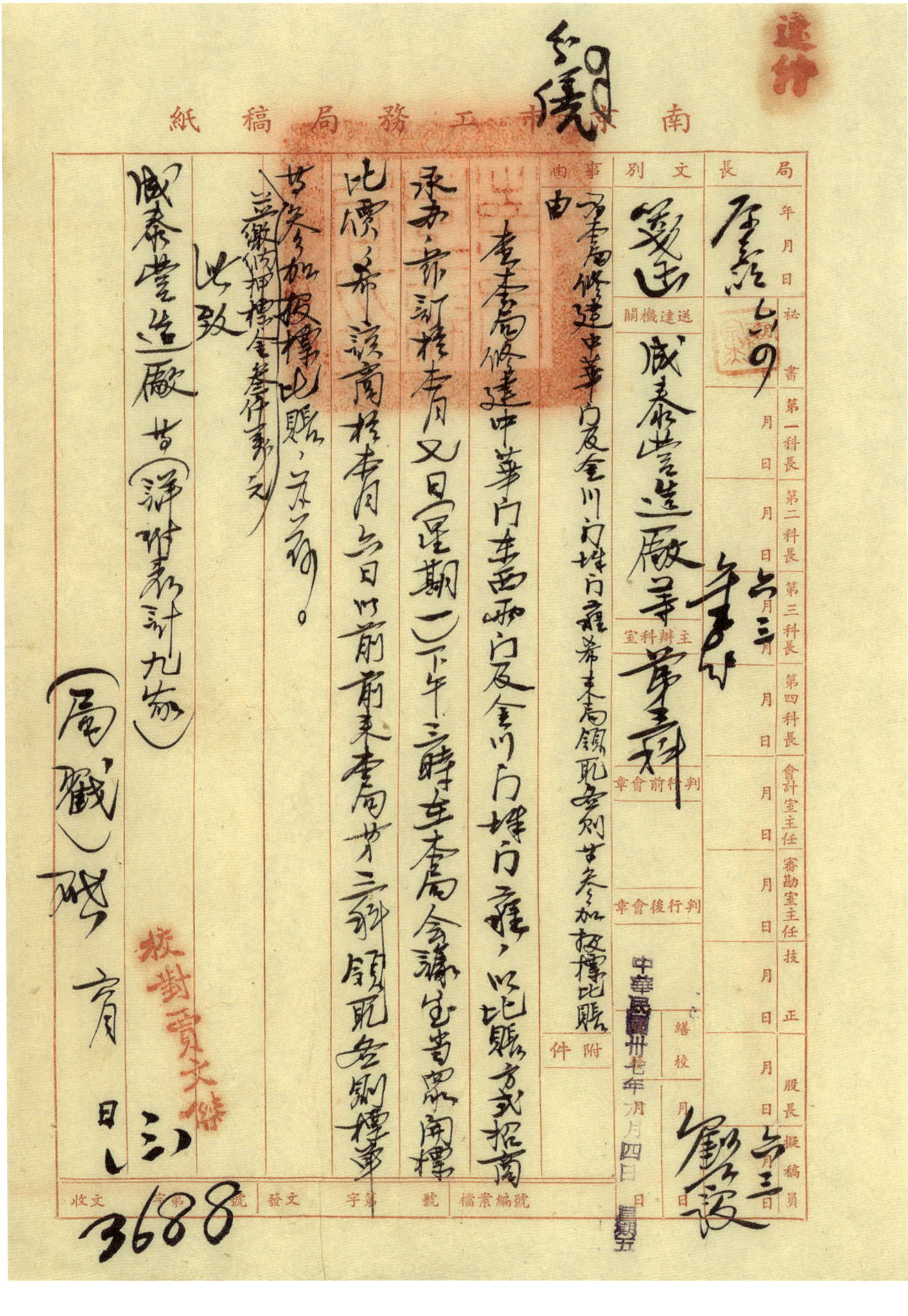
南京市工務局稿紙

速件

箋函

事由：爲本局修建中華門及金川門城門，希來局領取圖則，并參加投標比賬

送達機關：成泰營造廠等

主辦科室：第三科

查本局修建中華門東西兩門及金川門城門，以比賬方式招商承辦，茲訂於本月八日（星期二）下午三時在本局會議室當衆開標比價。希該商於本月六日以前前來本局第三科領取圖則標單，并參加投標比賬，並繳納押標金叁仟萬元，爲要。

此致

成泰營造廠等（詳附表計九家）

（局）劉〇啟 六月 日

中華民國卅七年六月四日

校對 賈文傑

3688

修建中華门及金川门城门程通知參加投標比賬廠商名單

廠號	經理	地址
成泰營造廠	陳成德	高府橋30号
談海營造廠	朱維山	中山北路121号
大興林記營造廠	席德林	石鼓路29号
褚掄記營造廠	褚文彬	中山東路23号
東南仁記營造廠	夏行時	紅廟41号
鳴基建築公司	王壯飛	新民门26号
搖興土木建築公司	萬遷之	中山路跑馬巷25号
陶記營造廠	陶伯育	國府路田吉營36号

新亭营造厂

徐锦亭

保太街34号

南京市工务局

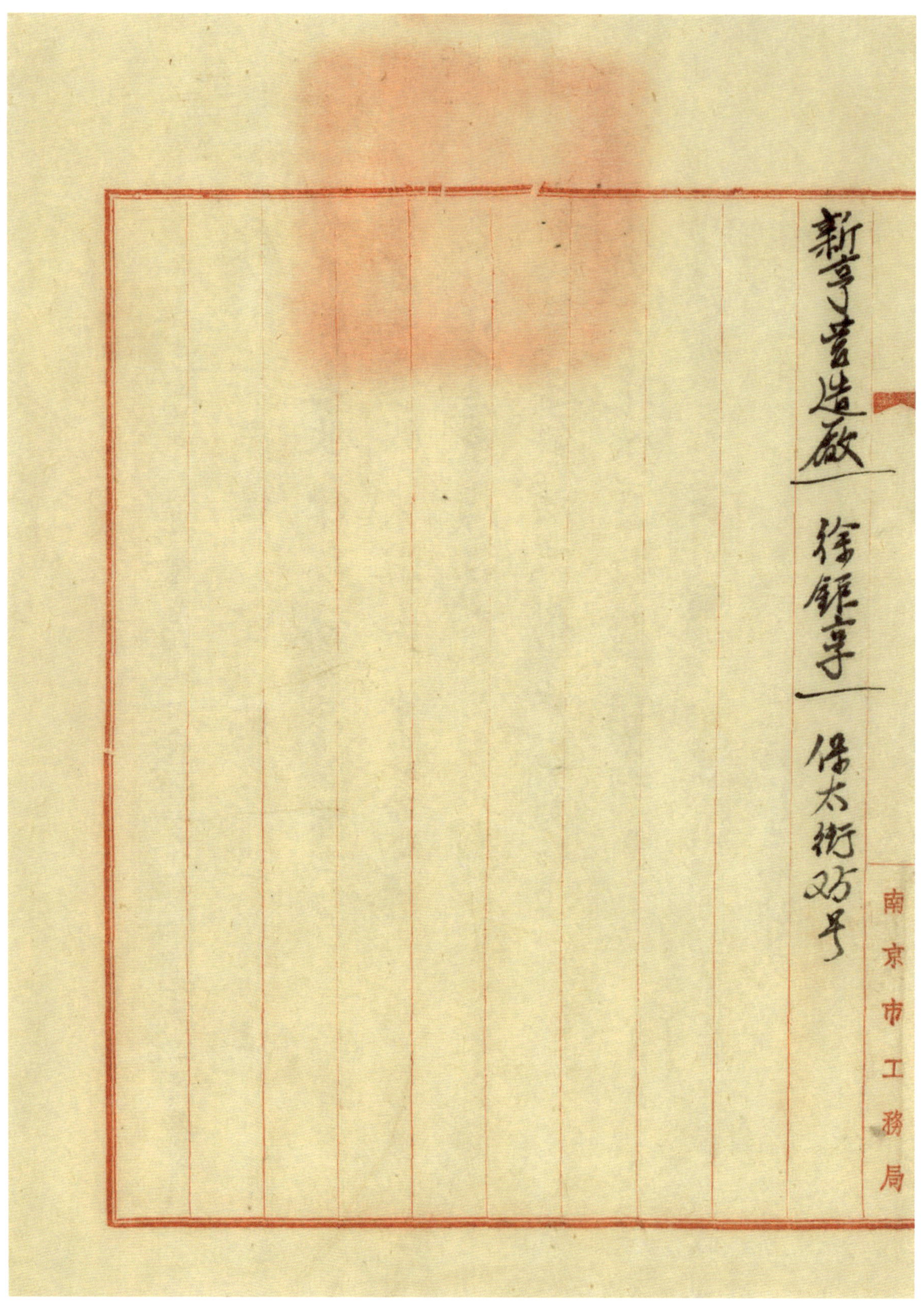

市工務局爲修建中華門及金川門城門工程訂期開標比賬請派員監標給市政府、審計部第三廳的呈文、公函（一九四八年六月四日）

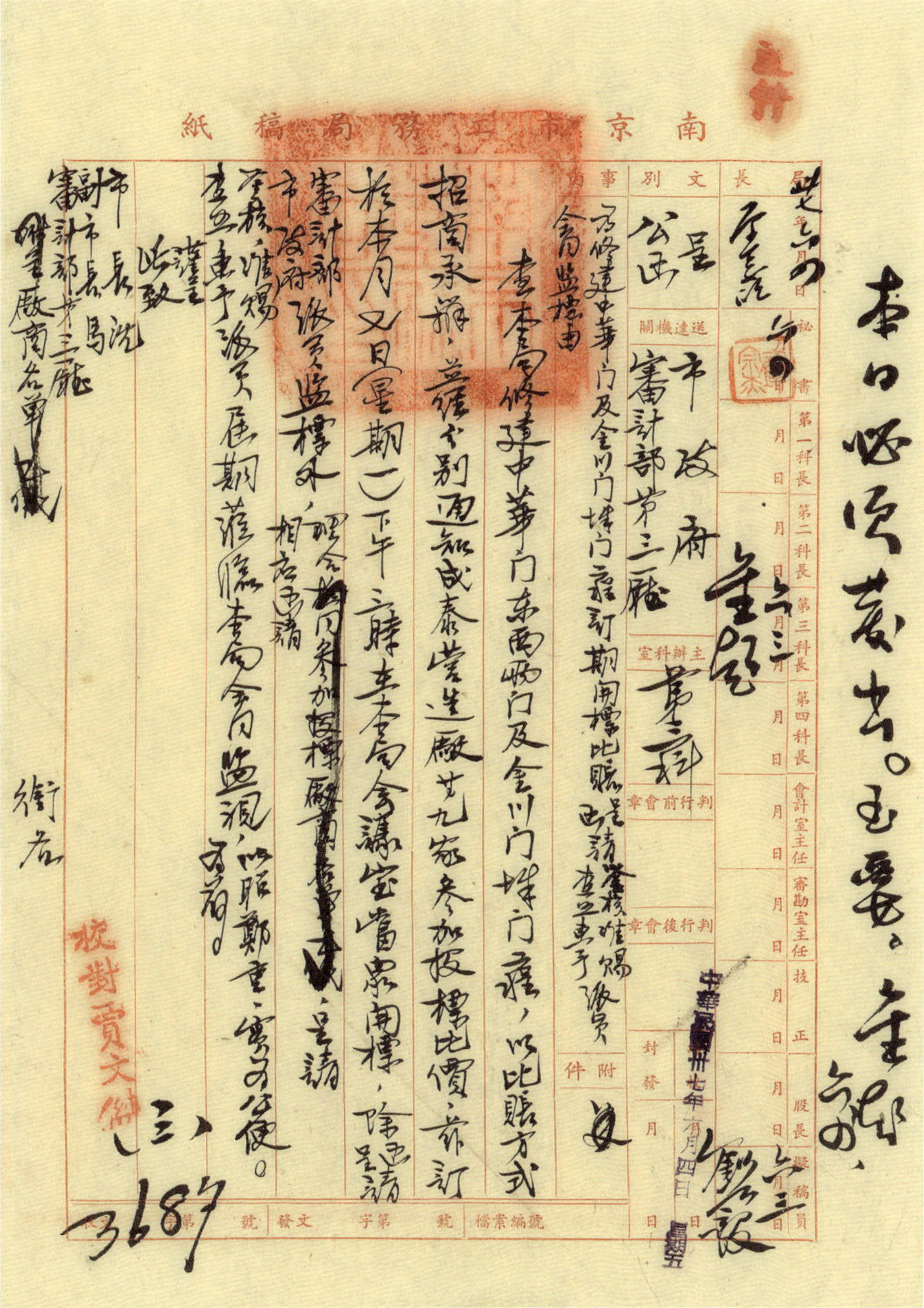
本日必須發出。至要。金 六.四

南京市工務局稿紙

局長：[簽名] 六.四

文別：呈 公函

送達機關：市政府 審計部第三廳

事由：爲修建中華門及金川門城門工程訂期開標比賬，呈請鑒核准賜/函請查照惠予派員會同監標由

附件：無

查本局修建中華門東西兩門及金川門城門工程，以比賬方式招商承辦，並經分別通知成泰營造廠等九家參加投標比價，兹訂於本月八日（星期二）下午三時在本局會議室當衆開標，除呈請市政府/函請審計部派員監標外，理合呈請/相應函請鑒核，准賜派員/查照，惠予派員屆期蒞臨本局會同監視，以昭鄭重，實爲公便。

謹呈
市長沈
此致
審計部第三廳

銜名

校對 賈文錦

三八 3687

中華民國卅七年六月四日

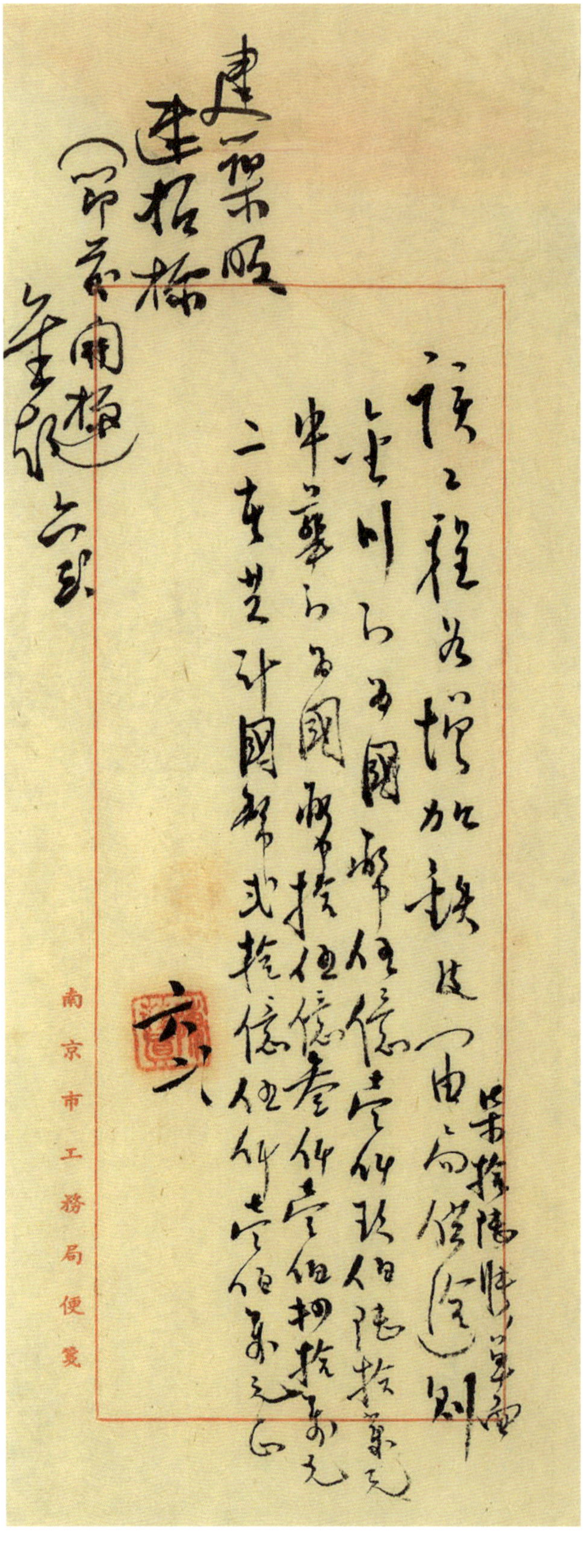

建築股
速招標
（即前開標）
金[illegible] 六、七

該工程為增加鐵皮（由局備價）則
金川門西國幣[illegible]
中華門西國幣[illegible]
二者共計國幣[illegible]

南京市工務局便箋

查修建金川門及中華門二城門工程

經費業已重新調整，計金川門國

幣伍佰億陸仟伍佰叁拾伍萬元，中華

門國幣拾柒億伍仟伍佰陸拾萬元，

二者合計國幣貳拾億陸仟陸佰九十

五萬元正，並附送預算書一份二

份，簽請

鑒核

照撥拾億 [illegible]

中華門東西兩門及金川門原配城門一扇，按已

改為二扇，經調整共需貳拾億陸佰九十五萬元、

均不用白鐵皮，擬原概算共需貳拾億陸佰九十五萬元

擬即招標承做，在本年度城牆修費項下列支。

南京市長 [illegible]

簽(三)字第59號

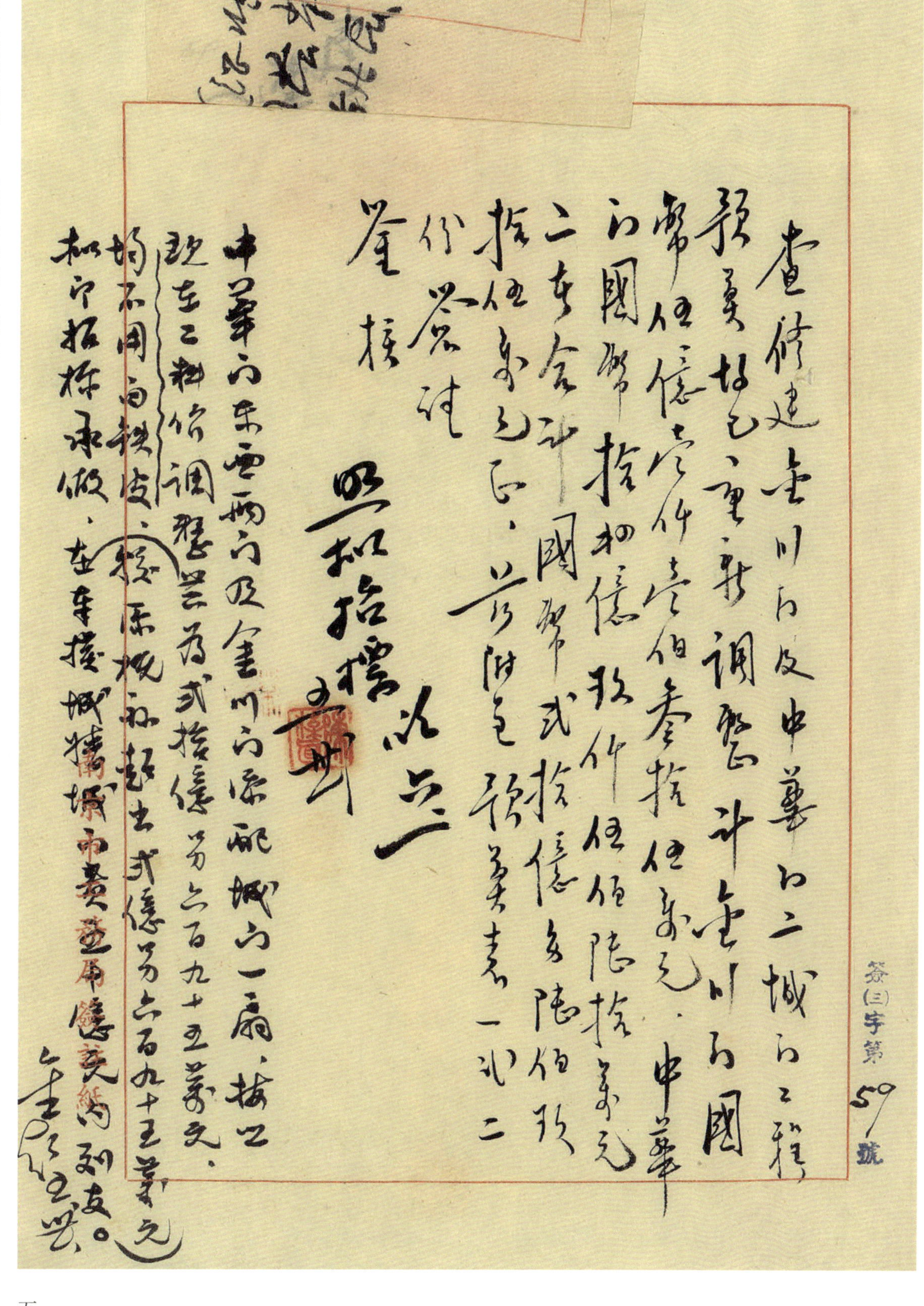

南京市工務局工程預算表

工程地點 下関金川门　　37年 6 月 7 日

工程名稱 新建金川门城门工程　　共 1 頁 第 1 頁

工程種類	工程說明	單位	數量	單價	複價	備考
洋松		板尺	1316	310,000	407,960,000	
〃		〃	144	310,000	43,400,000	
铁门柚		磅	300	150,000	45,000,000	
铁钉		〃	200	150,000	30,000,000	
桐油		〃	100	80,000	8,000,000	
水泥三合土		M^3	1.00	15,000,000	15,000,000	
铁皮		M^2	27.5	300,000	8,250,000	包括铁钉等铁皮由局供给
木工		工	80	470,000	37,600,000	
铁工		〃	120	470,000	56,400,000	
小工		〃	15	250,000	3,750,000	
總價	#655,400,000.00					

局長　　科長　　校對　　製表　　第三科計劃股

南京市工務局工程預算表

工程地點 中華门　　37年 6 月 7 日

工程名稱 加建中華门东西二门工程　　共 2 頁 第 1 頁

工程種類	工程說明	單位	數量	單價	複價	備考
甲鉄上座		磅	150	150,000	22,500,000	
乙〃〃〃		〃	200	150,000	30,000,000	
甲鉄下座		〃	200	150,000	30,000,000	
乙〃〃〃		〃	80	150,000	12,000,000	
鉄輪		〃	200	150,000	30,000,000	
角鉄板		〃	680	150,000	102,000,000	
鉄輪軌		〃	700	150,000	105,000,000	
鉄螺丝		〃	60	150,000	9,000,000	
鉄釘		〃	40	150,000	6,000,000	
洋松大料	0.3×0.3×13	呎	520	310,000	161,200,000	
本松横档	0.2×0.3×6	〃	640	120,000	76,800,000	
〃	0.15×0.3×5.5	〃	1,100	120,000	132,000,000	
本松立柱	0.2×0.2×5	〃	540	100,000	54,000,000	
本松斜撑	0.15×0.2×5.2	〃	280	80,000	22,400,000	
本松搭柱	0.2×0.2×5.6	〃	99	100,000	9,900,000	
〃	0.15×0.15×4.2	〃	435	80,000	34,600,000	
本松搭撑	0.25×0.25×19	〃	530	120,000	63,600,000	
1"×6本松企口板		M²	180	360,000	64,800,000	
水泥三合土	1:3:6	M³	85	15,000,000	127,500,000	
鉄拉条	12M長	根	2	1,400,000	2,800,000	
蘇石门槛		个	1	1,800,000	1,800,000	
柏油		磅	250	80,000	20,000,000	
鉄皮		M²	60	300,000	18,000,000	包括鉄釘等鉄皮由局供給
木工		个	50	470,000	23,500,000	
鉄工		〃	40	470,000	18,800,000	
總價						

局長　　科長　　校對　　製表　　第三科計劃股

南京市工務局工程預算表

工程地點 中華門　　37年6月1日

工程名稱 中華門東西二門工程　　共2頁第2頁

工程種類	工程說明	單位	數量	單價	複價	備考
裱工		工	20	470,000	9,400,000	
土方		M^3	5	200,000	1,000,000	
小工		工	10	250,000	2,500,000	
					$1,191,100,000	

東西二門合計總價為$2,382,200,000.00

總價	$2,382,200,000.00

局長　　科長　　校對　　製表　　第三科計劃股

南京市工務局工程預算表

工程地點 下关金川门　　　　37年 5 月 31 日

工程名稱 新建金川门城门工程　　　　共 1 頁第 1 頁

工程種類	工程說明	單位	數量	單價	複價	備考
洋松		板尺	1,316	240,000	316,000,000	
〃		〃	144	240,000	34,560,000	
铁门柚		磅	300	80,000	24,000,000	
铁钉		〃	200	80,000	16,000,000	
柏油		磅	100	80,000	8,000,000	
水泥三合土	1:3:6	M^3	1.00	15,000,000	15,000,000	
木工		个	80	470,000	37,600,000	
铁工		〃	130	470,000	16,440,000	
小工		〃	15	250,000	3,750,000	
總價	$ 471,350,000.00					

局長　　科長　　校對　　製表　　第三科計劃股

南京市工務局工程預算表

工程地點 中華门　　　　37年 5 月 31 日

工程名稱 加建中華门東西二门　　　　共 2 頁 第 1 頁

工程種類	工程說明	單位	數量	單價	複價	備考
甲鉄上座		磅	150	80,000	12,000,000	
乙鉄上座		"	200	80,000	16,000,000	
甲鉄下座		"	200	80,000	16,000,000	
乙鉄下座		"	80	80,000	6,400,000	
鉄輪		"	200	80,000	16,000,000	
角鉄板		"	680	80,000	54,400,000	
鉄輪軌		"	700	80,000	56,000,000	
鉄螺絲		"	60	80,000	4,800,000	
鉄釘		"	40	80,000	3,200,000	
洋松大料	0.3×0.3×13	呎	520	240,000	124,800,000	
本松横檔	0.2×0.3×6	"	660	50,000	32,000,000	
"	0.15×0.3×5.5	"	1,100	50,000	55,000,000	
本松主柱	0.2×0.2×5	"	540	50,000	27,000,000	
本松斜撑	0.15×0.2×5.2	"	280	50,000	14,000,000	
本松拱柱	0.2×0.2×5.6	"	99	50,000	4,950,000	
"	0.15×.15×44.2	"	435	50,000	21,750,000	
本松拱撑	0.25×.25×19	"	530	50,000	26,500,000	
1"×6"本松企口板		M^2	180	280,000	50,500,000	
水泥三合土	1:3:6	M^3	8.5	15,000,000	127,500,000	
鉄拉条	12"長	根	2	1,000,000	2,000,000	
蘇石门檻		个	1	1,800,000	1,800,000	
桕油		磅	250	80,000	20,000,000	
木工		个	50	470,000	23,500,000	
鉄工		"	40	470,000	18,800,000	
裝工		"	20	470,000	9,400,000	
總價						

局長　　科長　　校對　　製表　　第三科計劃股

南京市工務局工程預算表

工程地點　　　　　　　　　　　　37年 5 月 31 日

工程名稱　儀前　　　　　　　　　共 1 頁第 1 頁

工程種類	工程説明	單位	數量	單價	複價	備考
土方		M.³	5	200,000	1,000,000	
小工		个	10	250,000	2,500,000	
					$747,800,000.—	
	東西二门合計總价為 $1,495,600,000.—					
總價	$1,495,600,000.00					

局長　　科長　　校對　　製表　　第三科計劃股

南京市工務局工程預算表

工程地點 下関金川门　　57年 6 月 2 日

工程名稱 新建金川门城门工程　　共 1 頁第 1 頁

工程種類	工程說明	單位	數量	單價	複價	備考
洋松		板尺	1316	240,000	316,000,000	
〃		〃	144	240,000	34,560,000	
鉄门柚		磅	300	80,000	24,000,000	
鉄釘		〃	200	80,000	16,000,000	
柏油		〃	100	80,000	8,000,000	
水泥三合土		M^3	1.00	15,000,000	15,000,000	
鉄皮		M^2	27.5	300,000	8,250,000	包括铁钉等。铁皮由局供给
木工		工	80	470,000	37,600,000	
鉄工		〃	120	470,000	56,400,000	
小工		〃	15	250,000	3,750,000	

總價 ＄519,600,000 ＝

局長　　科長　　校對　　製表　　第三科計劃股

南京市工務局工程預算表

工程地點 中華门　　　　37年 6 月 2 日

工程名稱 加建中華门东西二门　　　　共 2 頁 第 1 頁

工程種類	工程說明	單位	數量	單價	複價	備考
甲鉄上座		磅	150	80,000	12,000,000	
乙鉄上座		〃	200	80,000	16,000,000	
甲鉄下座		〃	200	80,000	16,000,000	
乙鉄下座		〃	80	80,000	6,400,000	
鉄輪		〃	200	80,000	16,000,000	
角鉄板		〃	680	80,000	54,400,000	
鉄輪軌		〃	700	80,000	56,000,000	
鉄螺絲		〃	60	80,000	4,800,000	
鉄釘		〃	40	80,000	3,200,000	
洋松大料	0.3×0.3×13	呎	520	240,000	124,800,000	
本松檔梢	0.2×0.3×6	〃	640	50,000	32,000,000	
〃	0.15×0.3×5.5	〃	1,100	50,000	55,000,000	
本松立柱	0.2×0.2×5	〃	540	50,000	27,000,000	
本松斜撑	0.15×0.2×5.2	〃	280	50,000	14,000,000	
本松拱柱	0.2×0.2×5.6	〃	99	50,000	4,950,000	
〃	0.15×0.15×4.42	〃	435	50,000	21,750,000	
本松拱撑	0.25×0.25×19	〃	530	50,000	26,500,000	
1"×6"本松企口板		M²	180	280,000	50,400,000	
水泥三合土	1:3:6	M³	8.5	15,000,000	127,500,000	
鉄拉条	12M長	根	2	1,000,000	2,000,000	
蘇石门檻		个	1	1,800,000	1,800,000	
柏油		磅	250	80,000	20,000,000	
鉄皮		M²	60	300,000	18,000,000	包括鉄釘等鉄皮由局供給
木工		个	50	470,000	23,500,000	
鉄工		个	40	470,000	18,800,000	
總價						

局長　　科長　　校對　　製表　　第三科計劃股

南京市工務局工程預算表

工程地點

工程名稱 償前

37年 6 月 2 日

共 2 頁第 2 頁

工程種類	工程説明	單位	數量	單價	複價	備考
裝工		丁	20	470,000	9,400,000	
土方		M^3	5	200,000	1,000,000	
小工		丁	10	250,000	2,500,000	
					¥765,700,000	

東西二门合計總價為¥1,531,400,000^{00}

總價	¥1,531,400,000^{00}

局長 科長 校對 製表 第三科計劃股

南京市工務局加建中華门東西二门工程標單

工程地點：中華门　　　　　　　　37年6月7日

工程項目	工程説明	單位	數量	单價	複價	備註
甲鉄上座		磅	150	#150,000,-	22,500,000,-	
乙鉄上座		〃	200	150,000,-	30,000,000,-	
甲鉄下座		〃	200	150,000,-	30,000,000,-	
乙鉄下座		〃	80	150,000,-	12,000,000,-	
鉄輪		〃	200	150,000,-	30,000,000,-	
角鉄板		〃	680	150,000,-	102,000,000,-	
鉄輪軌		〃	700	150,000,-	105,000,000,-	
鉄螺絲		〃	60	150,000,-	9,000,000,-	
鉄釘		〃	40	150,000,-	6,000,000,-	
洋松大料	0.3×0.3×13	板尺	520	300,000,-	156,000,000,-	
本松横檔	0.2×0.3×6	〃	640	70,000,-	44,800,000,-	
〃　〃	0.15×0.3×5.5	〃	1,100	70,000,-	77,000,000,-	
本松立柱	0.2×0.2×5	〃	540	70,000,-	37,800,000,-	
本松斜撑	0.15×0.2×5.2	〃	280	70,000,-	19,600,000,-	
本松欄杆	0.2×0.2×5.6	〃	99	70,000,-	6,930,000,-	
〃　〃	0.15×0.15×4.42	〃	435	70,000,-	30,450,000,-	
本松拱撑	0.25×0.25×19	〃	530	70,000,-	37,100,000,-	
本松企口板	1"×6"	M^2	180	70,000,-	12,600,000,-	
水泥三合土		M^3	8.5	4,000,000,-	34,000,000,-	
鉄拉桿		根	2	7,000,000,-	14,000,000,-	
青石门檻		个	1	2,800,000,-	2,800,000,-	
桐油		磅	250	70,000,-	17,500,000,-	
鉄皮		M^2	60	400,000,-	24,000,000,-	包括鉄釘等 鉄皮由局供給
木工		工	120	620,000,-	74,400,000,-	
鉄工		工	60	650,000,-	39,000,000,-	
漆工		工	30	620,000,-	18,600,000,-	
土方		M^3	5	200,000,-	1,000,000,-	
小工		工	25	300,000,-	7,500,000,-	
東西门每一门價格#1,114,980,000,—　1,114,980,000,-						
東西二门結構尺寸完全相同總計#2,229,960,000,00（此数為上開價格之二倍）						

有效日期　三天
完工期限　三十天

審計部代表
市政府代表
工務局代表

投標廠商　成泰營造廠
經理
地址

張劍蓮

南京市工務局兴建金川门城门工程標準

工程地點：下関金川门　　　　37年6月7日

工程項目	工程說明	單位	數量	單價	複價	備註
洋松		板尺	1316	300,000.-	394,800,000.-	
〃		〃	144	300,000.-	43,200,000.-	
鉄门柚		磅	300	150,000.-	45,000,000.-	
鉄釘		〃	200	150,000.-	30,000,000.-	
柏油		〃	100	70,000.-	7,000,000.-	
水泥三合土		M^3	1.00	4,000,000	4,000,000.-	
鉄皮		M^2	27.5	400,000.-	11,000,000.-	包括鉄釘等 鉄皮由局供給
木工		工	100	620,000.-	62,000,000.-	
鉄工		〃	40	650,000.-	26,000,000.-	
小工		〃	20	300,000.-	6,000,000.-	
總計 國幣陸億貳仟玖佰萬元正					8629,000,000.-	

有效日期 三天　　審計部代表　　投標廠商

完工期限 25天　　市政府代表　　經理

　　　　　　　　工務局代表　　地址

南京市工務局加建中華門東西二門工程標單

工程地點：中華門　　　　37年6月7日

工程項目	工程說明	單位	數量	單價	複價	備註
甲鐵上座		磅	150	200,000	91,800,000	30,000,000.
乙鐵上座		〃	200	200,000	47,600,000	40,000,000
甲鐵下座		〃	200	200,000	16,830,000	40,000,000
乙鐵下座		〃	80	200,000	73,950,000	16,000,000
鐵輪		〃	200	200,000	90,100,000	40,000,000
角鐵板		〃	680	200,000	360,000,000	136,000,000
鐵輪軌		〃	700	200,000	144,500,000	140,000,000
鐵螺絲		〃	60	200,000	72,000,000	12,000,000
鐵釘		〃	40	200,000	5,000,000	8,000,000
洋松大料	0.3X0.3X13	板尺	520	320,000	37,500,000	166,400,000
本松橫檔	0.2X0.3X6	〃	640	170,000	42,000,000	108,800,000
〃 〃	0.15X0.3X5.5	〃	1,100	170,000	187,000,000	
本松立柱	0.2X0.2X5	〃	540	170,000	91,800,000	
本松斜撑	0.15X0.2X5.2	〃	280	170,000	47,600,000	
本松欄柵	0.2X0.2X5.6	〃	99	170,000	16,830,000	
〃 〃	0.15X0.15X4.42	〃	435	170,000	73,950,000	
本松拱撑	0.25X0.25X19	〃	530	170,000	90,100,000	
本松企口板	1"×6"	M^2	180	2,000,000	360,000,000	
水泥三合土		M^3	8.5	17,000,000	144,500,000	
鐵拉條		根	2	36,000,000	72,000,000	
蘇石門檻		个	1	5,000,000	5,000,000	
桐油		磅	250	150,000	37,500,000	
鐵皮		M^2	60	700,000	42,000,000	包括鐵釘等 鐵皮由局供給
木工		工	240	520,000	124,800,000	
鐵工		工	150	520,000	78,000,000	
泥工		工	70	520,000	36,400,000	
土方		M^3	5	700,000	3,500,000	
小工		工	200	330,000	66,000,000	
東西門每一門價格 $2,214,180,000.						
東西二門結構尺寸完全相同總計 $4,428,360,000.— （此數為上開價格之二倍）						

有效日期 3天　　審計部代表
完工期限 40天　　市政府代表
　　　　　　　　工務局代表

投標廠商
經理
地址 紅廟四十一號

張[illegible]

南京市工務局兴建金川门城门工程標準

工程地點：下関金川门　　　　37年6月7日

工程項目	工程說明	單位	數量	單價	複價	備註
洋松		板尺	1316	320.000	421.120.000	
〃		〃	144	320.000	46.080.000	
鉄门柚		磅	300	200.000	60.000.000	
鉄釘		〃	200	200.000	40.000.000	
柏油		〃	100	150.000	15.000.000	
水泥三合土		M^3	1.00	17.000.000	17.000.000	
鉄皮		M^2	27.5	700.000	19.250.000	包括鉄釘等 鉄皮由局供給
木工		工	120	520.000	62.400.000	
鉄工		〃	70	520.000	36.400.000	
小工		〃	120	330.000	39.600.000	
總計					756.850.000	

有效日期 3天　　審計部代表　　投標廠商

完工期限 40天　　市政府代表　　經理

工務局代表　　地址 红布四十一號

張[illegible]

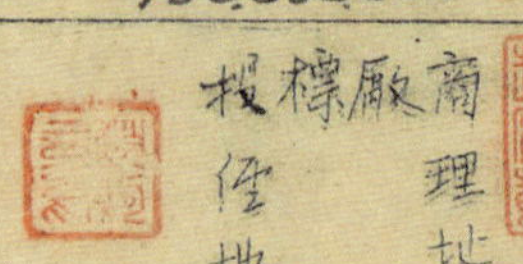

南京市工務局加建中華门東西二门工程標單

工程地點：中華门　　　　　37年6月7日

工程項目	工程説明	單位	數量	單價（万元）	複價（万元）	備註
甲鉄上座		磅	150	24.	3.600.	
乙鉄上座		〃	200	24.	4.800.	
甲鉄下座		〃	200	24.	4.800.	
乙鉄下座		〃	80	24.	1.920.	
鉄輪		〃	200	24.	4.800.	
角鉄板		〃	680	24.	16.320.	
鉄輪軌		〃	700	24.	16.800.	
鉄螺絲		〃	60	24.	1.440.	
鉄釘		〃	40	18.	720.	
洋松大料	0.3×0.3×13	板尺	520	30.	15.600.	
本松横檔	0.2×0.3×6	〃	640	22.	14.080.	
〃〃	0.15×0.3×5.5	〃	1,100	18.	19.800.	
本松立柱	0.2×0.2×5	〃	540	18.	9.720.	
本松斜撑	0.15×0.2×5.2	〃	280	18.	5.040.	
本松檔料	0.2×0.2×5.6	〃	99	20.	1.980.	
〃〃	0.15×0.15×4.42	〃	435	15.	6.525.	
本松拱撑	0.25×0.25×19	〃	530	20.	10.600.	
本松企口板	1″×6″	M^2	180	100.	18.000.	
水泥三合土		M^3	8.5	700.	5.950.	
鉄拉条		根	2	100.	200.	
麻石门檻		[illegible]	1	200.	200.	
柏油		磅	250	8.	2.000.	
鉄皮		M^2	60	40.	2.400.	包括鉄釘等 鉄皮由局供給
木工		[illegible]工	70	65.	4.550.	
鉄工		工	60	80.	4.800.	
[illegible]工		工	30	65.	1.950.	
土方		M^3	5	40.	200.	
小工		工	10	30.	300.	
東西门每一门價格￥					1.790.950.000.00	
東西二门結構尺寸完全相同總計￥					3.581.900.000.00	（此数為上开價格之二倍）

有效日期　叁天　　審計部代表
完工期限　伍拾天　市政府代表
　　　　　　　　　工務局代表

投標廠商　鴻基建築公司
經理　王壯飛
地址

張[illegible]

南京市工務局興建金川門城門工程標單

工程地點：下關金川門　　　　37年6月7日

工程項目	工程說明	單位	數量	單價（万元）	複價（万元）	備註
洋松		板尺	1316	30.	39.480.	
〃		〃	144	30.	4.320.	
鉄門柏		磅	300	24.	7.200.	
鉄釘		〃	200	18.	3.600.	
柏油		〃	100	8.	800.	
水泥三合土		M^3	1.00	700.	700.	
鉄皮		M^2	27.5	40.	1.100	包括鉄釘等 鉄皮由局供給
木工		工	40	65	2.600.	
鉄工		〃	10	80.	800.	
小工		〃	40	30.	1.200.	
總計	國幣陸億壹仟捌佰元正				$ 618.000.000.00	

有效日期　叁天　　審計部代表
完工期限　肆拾天　市政府代表
　　　　　　　　　工務局代表

投標廠商　鴻基建築公司
經理　王壯允
地址

張敬莊

南京市工務局加建中華门東西二门工程標單

工程地點：中華门　　　　37年6月7日

工程項目	工程説明	單位	數量	單價	複價	備註
甲鉄上座		磅	150	240,000	36,000,000	
乙鉄上座		〃	200	240,000	48,000,000	
甲鉄下座		〃	200	240,000	48,000,000	
乙鉄下座		〃	80	240,000	19,200,000	
鉄輪		〃	200	240,000	48,000,000	
角鉄板		〃	680	240,000	163,200,000	
鉄輪軌		〃	700	240,000	168,000,000	
鉄螺絲		〃	60	400,000	24,000,000	
鉄釘		〃	40	400,000	16,000,000	
洋松大料	0.3×0.3×13	板尺	520	360,000	187,200,000	
本松横檔	0.2×0.3×6	〃	640	100,000	64,000,000	
〃　〃	0.15×0.3×5.5	〃	1,100	100,000	110,000,000	
本松立柱	0.2×0.2×5	〃	540	100,000	54,000,000	
本松斜撐	0.15×0.2×5.2	〃	280	100,000	28,000,000	
本松横料	0.2×0.2×5.6	〃	99	100,000	9,900,000	
〃　〃	0.15×0.15×4.42	〃	435	100,000	43,500,000	
本松搭撐	0.25×0.25×19	〃	530	100,000	53,000,000	
本松企口板	1"×6"	M^2	180	1,100,000	198,000,000	
水泥三合土		M^3	8.5	21,000,000	178,500,000	
鉄拉条		根	2	3,000,000	6,000,000	
蘇石门檻		个	1	4,000,000	4,000,000	
桐油		磅	250	52,000	13,000,000	
鉄皮		M^2	60	2,000,000	120,000,000	包括鉄釘壽鉄皮由局供给#24白鉄由局方供给本局
木工		工	100	620,000	62,000,000	
鉄工		工	40	740,000	29,600,000	
裝工		工	40	620,000	24,800,000	
土方		M^3	5	150,000	750,000	
小工		小工	40	400,000	16,000,000	
東西门每一门價格 ¥1,772,650,000						
東西二门結構尺寸完全相同 總計 ¥3,545,300,000 （此数為上開價格之二倍）						

開工日期 3天
完工期限 50天

審計部代表
市政府代表
工務局代表

投標廠商 裕興建築公司
經理 葛遐之
地址 兒馬巷25号

張敘彦

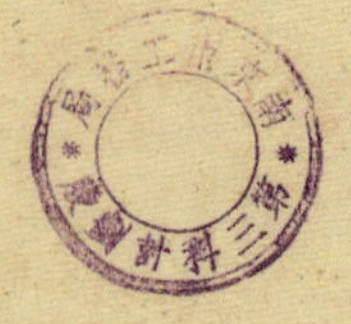

南京市工務局兴建金川门城门工程標準

工程地點：下關金川门　　37年6月7日

工程項目	工程說明	單位	數量	單價	複價	備註
洋松		板尺	1316	360,000	473,760,000	
〃		〃	144	360,000	51,840,000	
鉄门柚		磅	300	240,000	72,000,000	
鉄釘		〃	200	400,000	80,000,000	
柏油		〃	100	52,000	5,200,000	
水泥三合土		M^3	1.00	21,000,000	21,000,000	
鉄皮		M^2	27.5	2,000,000	55,000,000	包括鉄釘等 鉄皮由局供給 9寸24號鉄由局供給應用
木工		工	60	620,000	37,200,000	
鉄工		〃	26	740,000	19,240,000	
小工		〃	40	400,000	16,000,000	
總計捌億叁仟壹佰貳拾肆萬元正						

有效日期叁天　　審計部代表　　投標廠商 裕興建築公司

完工期限50天　　市政府代表　　經理 蔚樂之

工務局代表　　地址 乾馬巷25號

張敬蓭

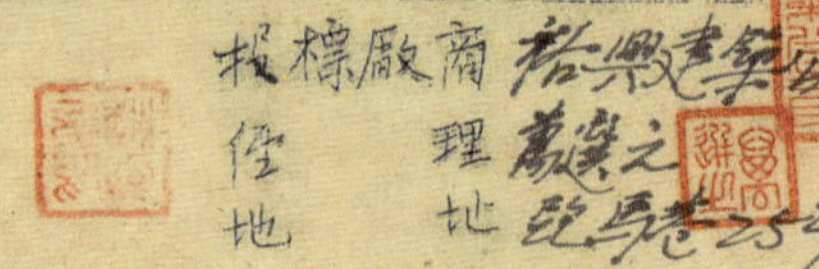

南京市工務局加建中華门東西二门工程標單

工程地點：中華门　　　　37年6月7日

工程項目	工程説明	單位	數量	单價	複價	備註
甲鉄上座		磅	150	18,000	27,000,000	
乙鉄上座		〃	200	18,000	36,000,000	
甲鉄下座		〃	200	18,000	36,000,000	
乙鉄下座		〃	80	18,000	144,000,000	
鉄輪		〃	200	18,000	36,000,000	
角鉄板		〃	680	18,000	122,400,000	
鉄輪軌		〃	700	18,000	126,000,000	
鉄螺絲		〃	60	18,000	108,000,000	
鉄釘		〃	40	18,000	72,000,000	
洋松大料	0.3×0.3×13	板尺	520	35,000	182,000,000	
本松横檔	0.2×0.3×6	〃	640	18,000	115,200,000	
〃 〃	0.15×0.3×5.5	〃	1,100	18,000	198,000,000	
本松立柱	0.2×0.2×5	〃	540	18,000	9,720,000	
本松斜撑	0.15×0.2×5.2	〃	280	18,000	5,040,000	
本松欄柵	0.3×0.2×5.6	〃	99	18,000	1,782,000	
〃 〃	0.15×0.15×4.42	〃	435	18,000	7,830,000	
本松拱撑	0.25×0.25×19	〃	530	20,000	10,660,000	
本松企口板	1″×6″	M^2	180	18,000	3,240,000	
水泥三合土		M^3	8.5	22,000,000	187,000,000	
鉄拉条		根	2	108,000,000	216,000,000	
蘇石门檻		个	1		95,000,000	
桐油		磅	250	95,000	23,750,000	
鉄皮		M^2	60	850,000	51,000,000	包括鉄釘等鉄皮由局供给
木工		工	[illegible]	700,000	56,000,000	
鉄工		工	[illegible]	850,000	34,000,000	
裝工		工	[illegible]	850,000	42,500,000	
土方		M^3	5	400,000	2,000,000	
小工		工	10	500,000	5,000,000	
東西门每一门價格 ￥172,007,000.00						
東西二门结構尺寸完全相同總計 ￥344,014,000.00						（此數為上间價格之二倍）

有效日期　3天　　審計部代表
完工期限　35天　　市政府代表
　　　　　　　　　工務局代表

投標廠商　誠海營造廠
經理　朱維山
地址　中山北路121號

張劍莊

南京 誠海營造廠 地址中山北路一二一

南京市工務局第三科計劃股

南京市工務局興建金川门城门工程標準

工程地點：下関金川门　　　　37年6月7日

工程項目	工程說明	單位	數量	單價	複價	備註
洋松		板尺	1316	35,000	46,060,000	
〃		〃	144	35,000	5,040,000	
鉄门柚		磅	300	18,000	5,400,000	
鉄釘		〃	200	18,000	3,600,000	
柏油		〃	100	95,000	9,500,000	
水泥三合土		M^3	1.00	22,000,000	22,000,000	
鉄皮		M^2	27.5	850,000	23,375,000	包括鉄釘等 鉄皮由局供給
木工		工	45	70,000	3,150,000	
鉄工		〃	25	85,000	2,125,000	
小工		〃	8工	50,000	400,000	
總計					$71,262,500.00	

有效日期　3天　審計部代表

　　　　　　　市政府代表

完工期限　30天　工務局代表

投標廠商　錟海營造廠

經　理　朱維山

地　址　中山北路121号

南京 錟海營造廠 地址中山北路一二一號

張[illegible]

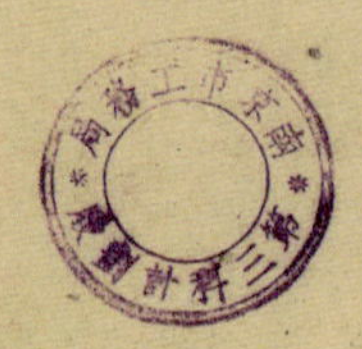

南京市工務局加建中華门東西二门工程標單

工程地點：中華门　　　　37年6月7日

工程項目	工程説明	單位	數量	单價	複價	備註
甲鉄上座		磅	150	90,000	13,500,000	
乙鉄上座		〃	200	90,000	18,000,000	
甲鉄下座		〃	200	90,000	18,000,000	
乙鉄下座		〃	80	90,000	7,200,000	
鉄輪		〃	200	90,000	18,000,000	
角鉄板		〃	680	180,000	122,400,000	
鉄輪軌		〃	700	180,000	126,000,000	
鉄螺絲		〃	60	200,000	12,000,000	
鉄釘		〃	40	180,000	7,200,000	
洋松大料	0.3×0.3×13	板尺	520	310,000	161,200,000	
本松横檔	0.2×0.3×6	〃	640	200,000	128,000,000	
〃　〃	0.15×0.3×5.5	〃	1,100	200,000	220,000,000	
本松立柱	0.2×0.2×5	〃	540	200,000	108,000,000	
本松斜撑	[illegible]	〃	[illegible]	[illegible]	[illegible]	
本松欄杆	0.2×0.2×5.6	〃	99	200,000	19,800,000	
〃　〃	0.15×0.15×44.2	〃	435	200,000	87,000,000	
本松拱撑	0.25×0.25×19	〃	530	200,000	106,000,000	
本松企口板	1″×6″	M^2	180	550,000	99,000,000	
水泥三合土		M^3	8.5	14,500,000	123,250,000	
鉄拉条		根	2	27,000,000	54,000,000	
蘇石门檻		个	1		30,000,000	
桐油		磅	250	70,000	17,500,000	
鉄皮		M^2	60	480,000	28,800,000	包括鉄釘等 鉄皮由局供给
木工		工	[illegible]	600,000	30,000,000	
鉄工		工	[illegible]	600,000	24,000,000	
裝工		工	20		10,000,000	
土方		M^3	5	200,000	1,000,000	
小工		工	[illegible]		15,000,000	
東西门每一门價格 $1,660,850,000元						
東西二门結構尺寸完全相同總計 $3,321,700,000元（此数爲上開價格之二倍）						

有效日期　五天
完工期限　四十晴天

審計部代表
市政府代表
工務局代表

投標廠商
經理
地址

南京市工務局興建金川門城門工程標單

工程地點：下關金川門　　　　37年6月7日

工程項目	工程說明	單位	數量	單價	複價	備註
洋松		板尺	1316	310,000	407,960,000	
〃		〃	144	310,000	44,640,000	
鉄門柚		磅	300	90,000	27,000,000	
鉄釘		〃	200	180,000	36,000,000	
柏油		〃	100	70,000	7,000,000	
水泥三合土		M^3	1.00	14,500,000	14,500,000	
鉄皮		M^2	27.5	480,000	13,200,000	包括鉄釘等鉄皮由局供給
木工		工	20	600,000	12,000,000	
鉄工		〃	15	600,000	9,000,000	
小工		〃	10	400,000	4,000,000	
總計 $575,300,000元						

有效日期　五天

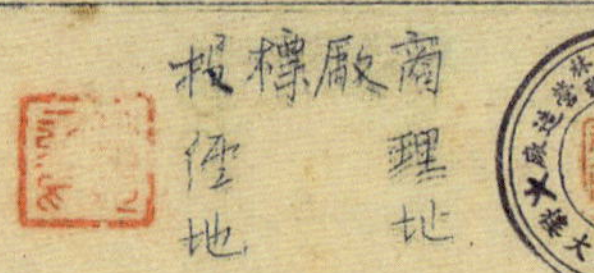

完工期限　四十晴天

審計部代表

市政府代表

工務局代表

投標廠商

經理

地址

南京市工務局中華門金川門城門工程開標記錄

時間：三十七年八月七日下午三時

地點：本局會議室

出席者：審計部代表 張敬一清

市政府代表

工務局

開標結果：出席廠商計有成泰、德昌、大興、東南仁記

鴻基及裕興等七家營造廠，各廠商所開總價詳

見本工程標價比較表，其中以成泰營造廠之總價

南京市工務局

二八五八、九六〇、〇〇〇元為最低經決議以最低標成
泰營造廠為得標人

南京市工務局

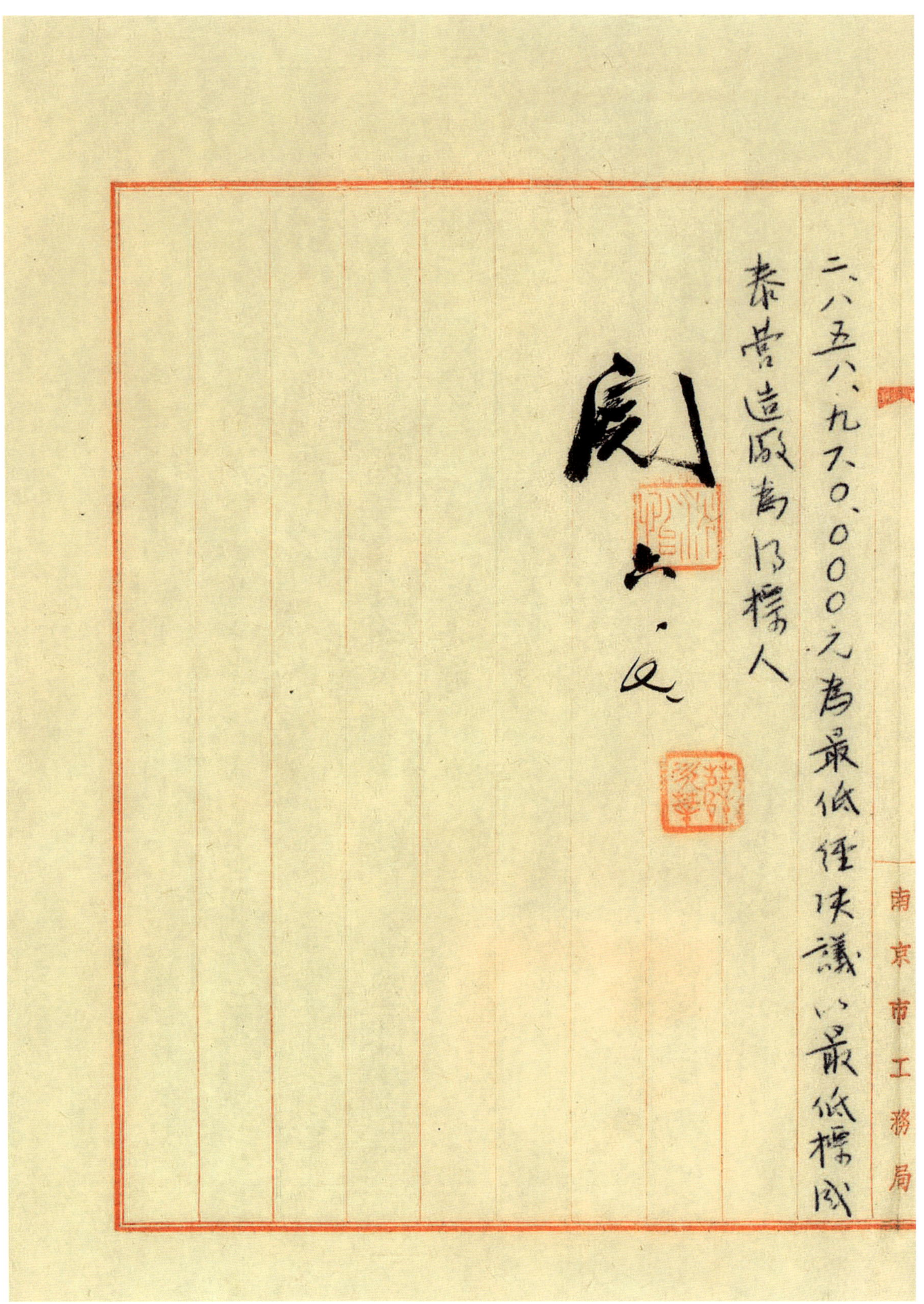

南京市工務局

標價比價表　　37年　月　日

廠商	總價	
成泰營造廠[illegible]	2,858,960,000	30晴天
談海營造廠	4,152,765,000	35〃〃
大興〃〃〃	3,897,000,000	40〃〃
東南仁記營造廠	5,185,210,000	40〃〃
鴻基建築公司	4,199,900,000	50〃〃
裕興土木建築公司	4,376,540,000	50〃〃
	張[illegible]	

查本局修建中華门及金川门城门工程業於本月五日下午三時在本局開標當經過詳見本工程開標記錄結果以成泰營造廠標價二、八五八、九六〇、〇〇〇元為最低查本局原預計為二、〇五一、〇〇〇、〇〇〇元實以近數日来洋松本松及鉄器價格激漲致該工程之最低標亦超出本局原預計甚鉅當經決議以最低標成泰營造廠為得標人茲檢附該工程標單、開標記錄標價比價表各一份及原案壹件簽請

鑒核 又該項工程合同業經訂就并祈

鑒核用印

照办 [illegible]

戟 六、七、

金[illegible] 六、七、

市工務局關于修建中華門及金川門城門工程合同祈鑒核致市政府呈文（附件：合同）（一九四八年六月十日）

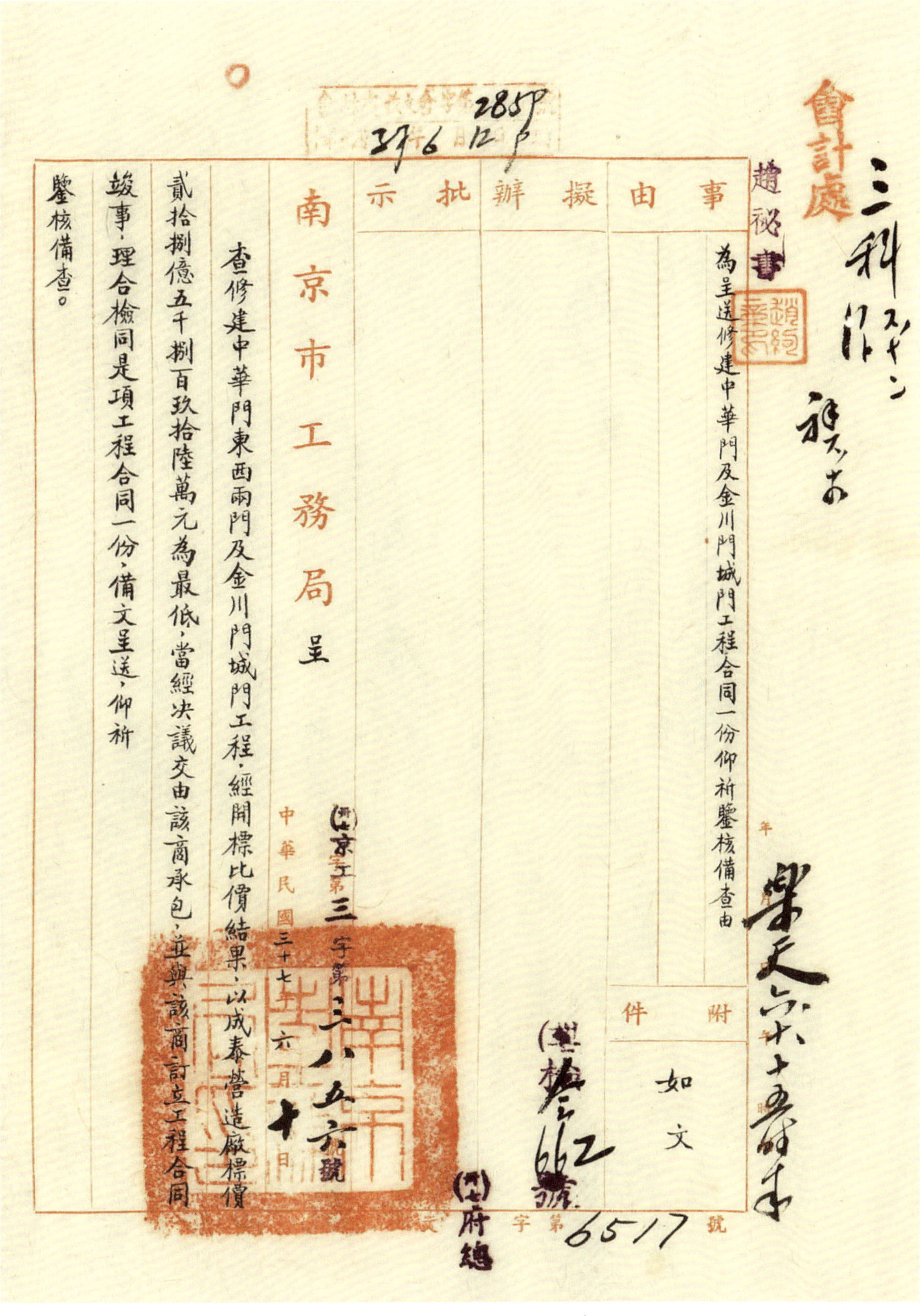

事由：為呈送修建中華門及金川門城門工程合同一份仰祈鑒核備查由

擬辦

批示

附件：如文

南京市工務局呈

（卅七）京工三字第二八五六號

中華民國三十七年六月十日

查修建中華門東西兩門及金川門城門工程，經開標比價結果，以成泰營造廠標價貳拾捌億五千捌百玖拾陸萬元為最低，當經決議交由該商承包，並與該商訂立工程合同竣事，理合檢同是項工程合同一份，備文呈送，仰祈鑒核備查。

（卅七）府總字第6517號

謹呈

市長沈

副市長馬

附呈修建中華門及金川門城門工程合同一份

工務局局長原素欣

副本

南京市政府

承包廠商 成泰營造廠

工程名稱 修建中華门及金川门城门工程

科（三）字第柒號

南京市工務局工程合同

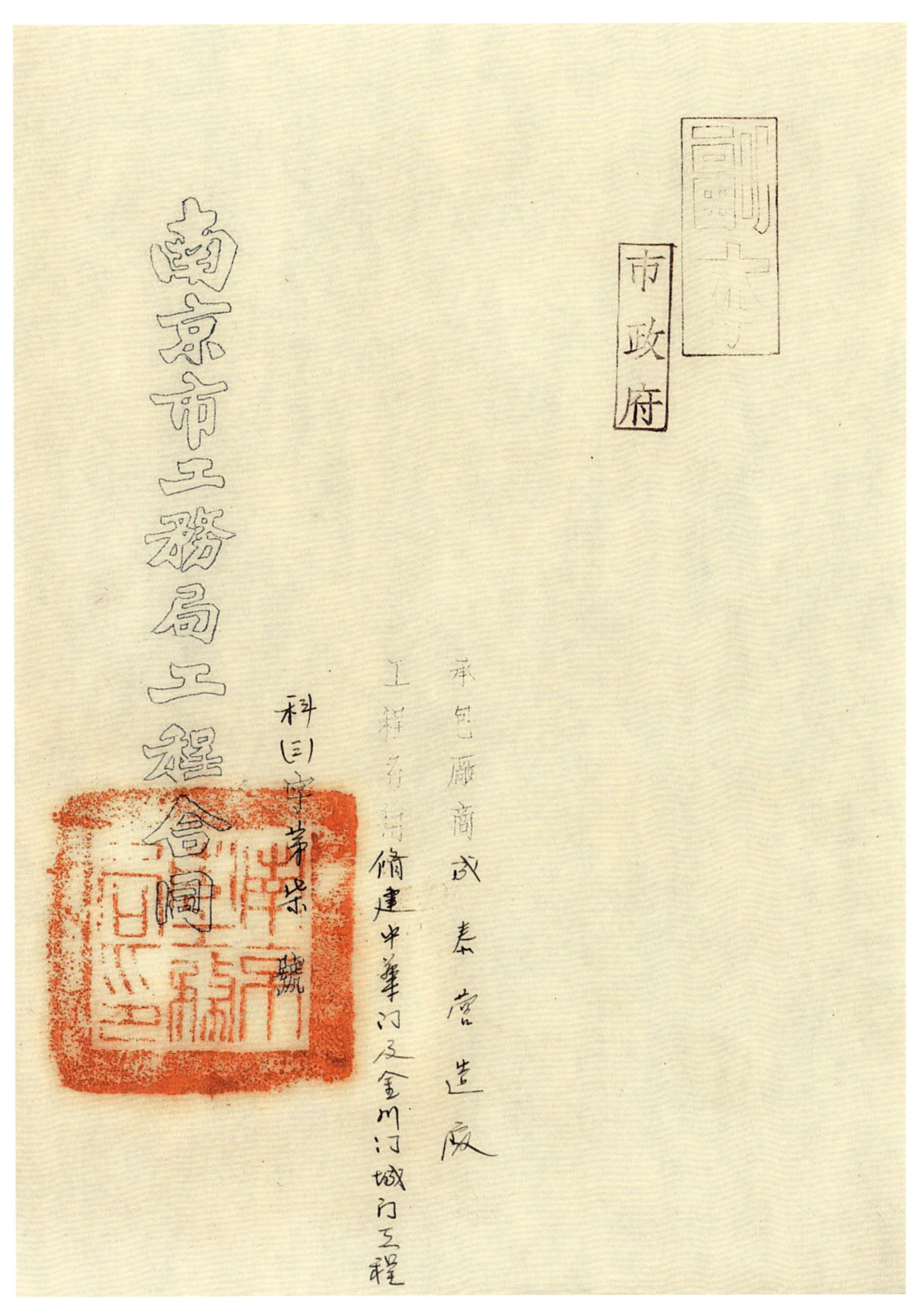

南京市工務局修建中華门及金川门城门 工程合同

南京市工務局（以下簡稱甲方）與承包廠商成泰營造廠（以下簡稱乙方）

茲為修建中華门及金川门城门 工程經雙方同意訂立合同於左

第一條 工程範圍

詳圖及施工說明書

第二條 本工程進行期間所需人工材料機器工具一切設備及應納捐稅並運費等項均包括於總價內除——另有規定者外均由乙方供給之

第三條 本工程之各項圖樣施工細則價目表等條屬本合同之一部份乙方均應瞭解並願切實遵照辦理不得藉端推諉或請求加價

第四條 乙方於簽訂合同時須向甲方繳納工程保証金叁仟萬元俟照合同所規定之工程全部完竣毫無貽誤並經市政府審計部驗收如式後乙方即憑

正式收據向甲方將該項工程保證金如數領回

第五條　本工程進行期中所有詳細施工圖樣均由甲方按小樣隨時補充乙方應遵照辦理

第六條　本合同一經簽訂工程進行期中所有材料部份之價格不隨市價漲落而有所增減工資部份得按照社會局核准調整工資比例增減之本工程如經甲方認為應設計或工作上必須變更設計圖樣或施工細則時得隨時通知乙方遵照辦理凡因變更設計圖樣施工細則以致工料數量有所增減時其增減之工料價格應按工程價目表所開之單價計算於承包總價內分別增減之

第七條　本工程所有細微之處未能盡載明於圖樣或施工細則中而為工程上所應有或必需者乙方均應遵照甲方監工人員之指示做全不得推諉或要求加價

第八條　乙方非得甲方之書面許可不得以本工程之任何部份轉包於他人

第九條　本市之各種有關工程章程及建築規則乙方均應切實遵照辦理

第十條　乙方須遣派富有工程經驗之監工人員常川在工地督察並須服從甲方
監工人員之指示如乙方監工人員有不稱職時甲方得通知乙方即時撤換之

第十一條　本工程所用各項材料應先由乙方將樣品送呈甲方經甲方審驗認為
合格後方得採用所有乙方運到工場之材料倘經甲方查出與呈驗合
格之樣品材料不符時乙方即須全數運出工地另辦合格新料呈驗應用

第十二條　本工程在進行期間如經甲方查出工料與設計圖樣或施工細則不相
符合時乙方應立即拆卸並依照圖樣或施工細則重行建造所有時間
及金錢之損失概歸乙方負担之

第十三條　本工程施工期間如需斷絕交通或借用公地堆積材料時乙方應
先期以書面請求甲方核准

第十四條　乙方在工作地點晝間應設置紅旗夜間應懸掛紅燈以保行人安全
倘因疏忽以致發生任意外之事均由乙方負責處理之

第十五條　本工程進行期中倘有損及人畜或公私建築物時均由乙方負責賠償

第十六條　凡遇不適宜工作之天氣時乙方應遵照甲方監工人員之指示將工程全部或一部暫停工作並須設法保護已成之工程以免損壞

第十七條　本工程在開工後未經審計部市政府驗收以前所有一切已完成之工程均由乙方負責保護如因疏忽致工程之一部或全部發生損壞時乙方應負修理或重新建造之責

第十八條　所有乙方之工匠人等之宿舍及衛生等項均由乙方自行處理乙方並應約束工人不得有軌外行動倘發生滋擾事故應由乙方自行處理之

第十九條　本工程自簽訂合同之日起乙方即須將工人材料工具運至工地並訂六月十二日開工限卅晴天內完工不得逾期如逾期限應按日罰款叁佰萬元甲方得由應付之款或工程保証金內扣除之但因特殊情形不能工作經乙方監工人員書面請求由甲方批准展期者不在此限

第二十條　本工程工料承包總價計國幣貳拾捌億伍仟捌佰玖拾陸萬元正

第二十一條　本工程付款辦法規定如左

第一期　於合同訂立並經對保無誤後付總價85%計國幣貳拾肆億叁仟壹拾壹萬陸仟元

第二期　全部材料運到工地付總價百分之十計國幣貳億捌仟伍佰捌拾玖萬陸仟元正

第三（末）期　全部完工後並經驗收無誤後付5%計國幣壹億肆仟貳佰玖拾肆萬捌仟元正

第四期　（內應扣除保固金1.5%三個月後發還）

第二十二條　每次領款時乙方須向甲方報告工程進度及已完成若干經甲方查驗合格後備具正式領條載明第幾期款持向甲方領取之

第二十三條　全部工程經市政府審計部驗收如式後乙方應出具保固切結保固壹年倘於保固期內本工程發現裂縫或傾陷倒塌等情事經甲方查明係由材料不佳工作不良所致者乙方應負責修理不得藉詞推諉

第二十四條　本工程進行期間乙方無故停止工作或不履行合同時經甲方通知後三日內仍不遵照工作者得由甲方一面通知保人一面另雇他人工作所有場內之材料工具及一切設備均歸甲方使用所有甲方因僱工續

三

造工程之費用及延期之損失等仍歸乙方負責担負由甲方於工程造價及保証金內扣除之不足之數均由保人負担賠償

第二十五條　乙方遇有意外事故不負責完工時本合同之責任應由保証人負担所有甲方另僱他人續造之工價及一切損失均由保証人負責賠償

第二十六條　本合同及附件備同樣七份呈送　市政府一份送審計部備案一份甲乙双方各執一份余計審計處存卷及第三科各一份為憑

第二十七條　本合同附件計開

設計圖樣　二份計二張

施工細則　二份計二張

工程價目表　二份計二張

監訂人

審計部

南京市工務局

南京市工務局

承包廠商

經理

廠址

成泰營造廠

保証商號

負責人

地址

保証商號

負責人

地址

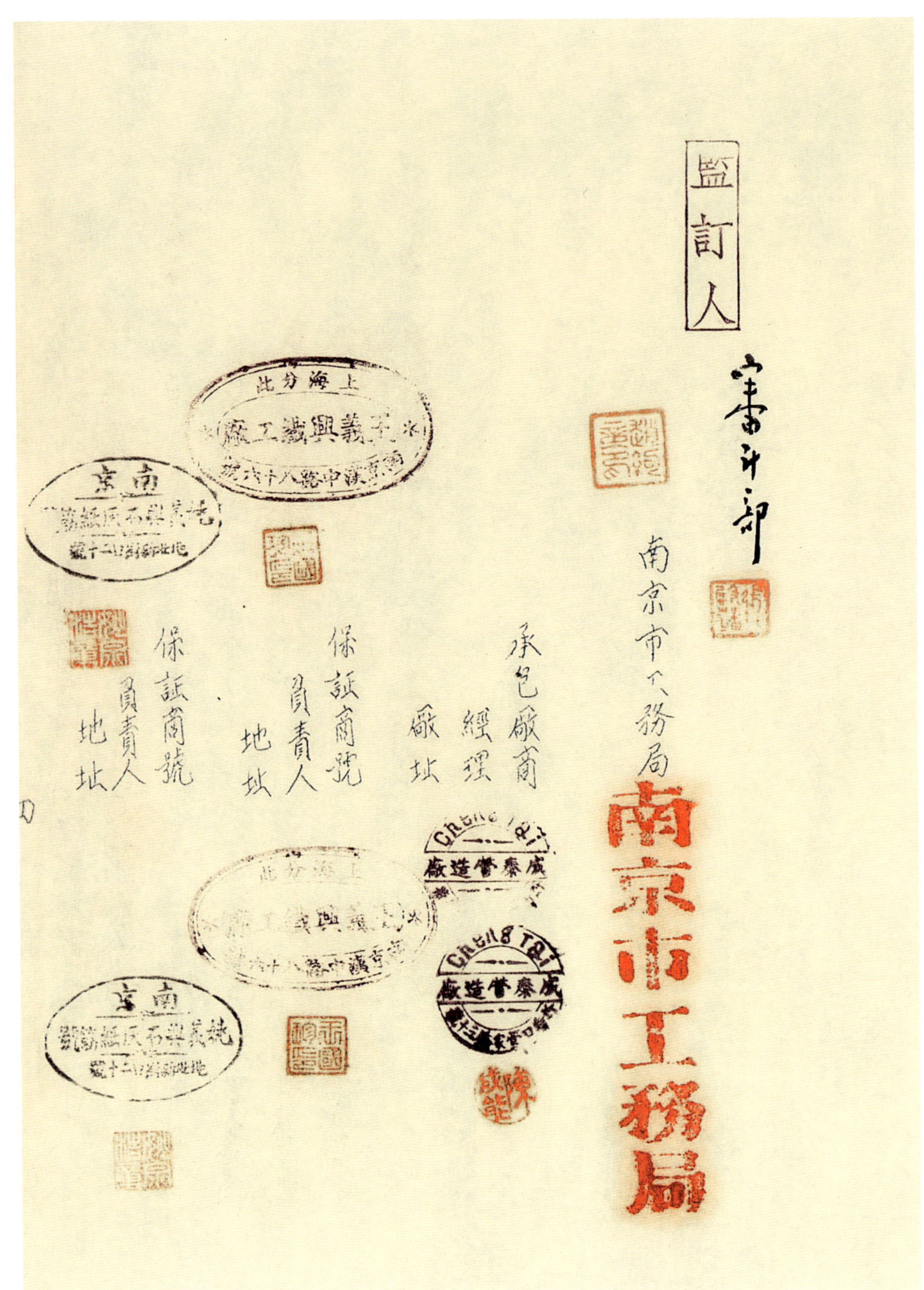

對保人

中華民國三十~~六~~七年 六月 日立

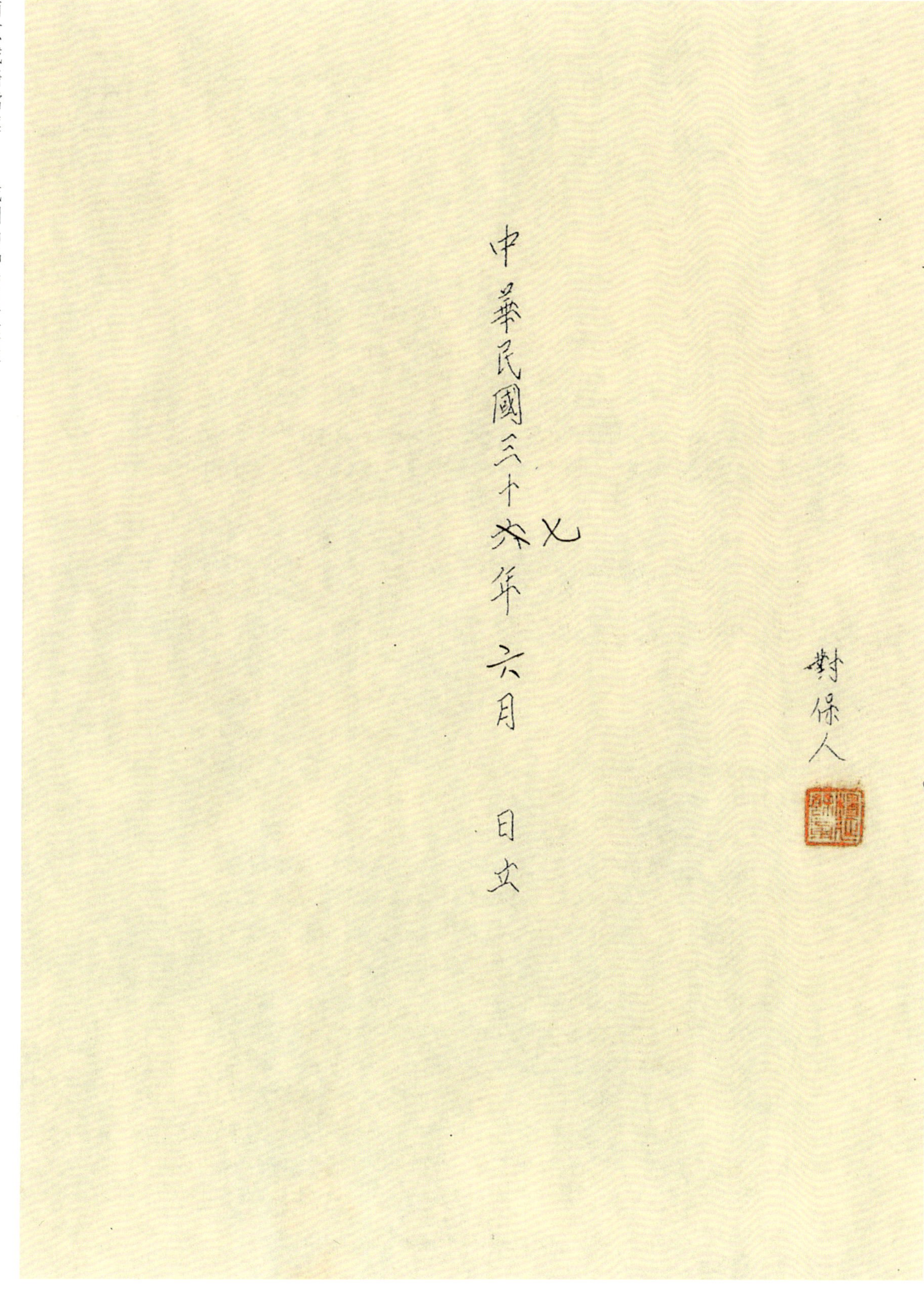

南京市工務局修建中華門城門施工說明書

中華門東西兩城門原有城門四扇因戰爭被毀現除新做該四扇城門外再行加做圓拱其做法如下：

一、材料：除大料一根用洋松外餘均選用乾燥上好本松

二、城門：門板外面用上好本松1"×6"企口嵌縫進直拼做成內加上五公分三十公分橫檔五根上下橫檔用二十公分三十公分二根每個角均用一公分厚鉄板用5/8"螺釘釘牢外再加鉄抹角兩根1"×6"企口板外包24號鉄皮一層以洋釘釘牢本縣以紅丹一度黑漆兩度門裏面木料均漆桐油二度

三、城圈：上部半圓形部份用本松做成凹凸形筍鑲嵌以3/8"圓螺絲門栓拉緊外釘1"×6"本松企口一層再包釘鉄皮一層漆以紅丹一度黑漆二度所有黑面斜撐直柱牆筋均採用本松一切做法如圖漆黑油二度

四、鉄器：本工程全部鉄製部份均按圖樣尺寸施工除熟鉄打成部份外均將翻砂承做表面均用鉋床鉋光受摩擦部份尤應光滑不得有砂眼空隙及鉄皮等弊該項另件應事先呈事局建築股核驗後再行裝配前均須先漆一道紅丹一度再用黑漆二度

五、水泥三合土：門上下鉄座及欄杆大樁用一：四水泥三合土澆成黄砂石子均須選用潔淨者混合均勻澆搗緊密不得有蜂眼空隙之弊

六、鉄質部份：除鉄座由本局供給外其餘鉄釘等項均由承包人負責供給按圖辦理

七、其他：除外面鉄皮塗黑漆一底二度外餘均塗桐油一度一切均按照工程慣例施工尺寸按照圖樣。

本說明書如有遺漏或不明瞭處可向本局詢問清楚否則凡在該工程範圍內之應有或必須事宜均包括在內承包人不得藉口推諉或要求加價。

南京市工務局第三科計劃股

南京市工務局修建金川門城門工程施工說明書

原有洋松城門兩扇因抗戰均被燬，照圖新做二扇，其做法說明如後：

1、洋松城門：用4"×8"洋松併成，加用4"×6"洋松橫檔上下共四根，再用1/4"Φ鉄螺絲釘牢，外釘24號白鉄一層，加油漆兩度，內加做1公尺長1"□鉄門閂乙根。

2、上下軸：上軸利用原門軸，下軸係新做，鉄座做法如詳圖，查原有門下端之石軸已不轉動，拆去換做鉄座，如圖。

3、鉄皮部份：城門外部釘鉄皮一道，鉄皮由局供給，式拾四張，其他鉄釘等均由承包人負責供給，釘就後外塗紅丹油一度，再加黑漆二度，按圖辦理。

本說明書如有遺漏或不明瞭處，可向本局詢問清楚，否則凡在該工程範圍內之應有或必須事宜，均包括在內，承包人不得藉口推諉或要求加價。

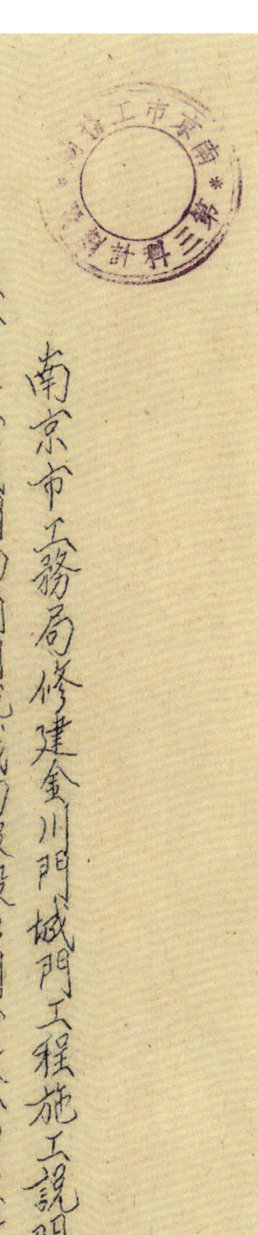

南京市工務局加建中華门東西二门工程標單

工程地點：中華门　　　　37年6月7日

工程項目	工程説明	單位	數量	單價	複價	備註
甲鉄上座		磅	150	150,000	22,500,000	
乙鉄上座		〃	200	150,000	30,000,000	
甲鉄下座		〃	200	150,000	30,000,000	
乙鉄下座		〃	80	150,000	12,000,000	
鉄輪		〃	200	150,000	30,000,000	
面鉄板		〃	680	150,000	102,000,000	
鉄輪軌		〃	700	150,000	105,000,000	
鉄螺絲		〃	60	150,000	9,000,000	
鉄釘		〃	40	150,000	6,000,000	
洋松大料	0.3×0.3×13	板尺	520	300,000	156,000,000	
本松横檔	0.2×0.3×6	〃	640	70,000	44,800,000	
〃 〃	0.15×0.3×5.5	〃	1,100	70,000	77,000,000	
本松立柱	0.2×0.2×5	〃	540	70,000	37,800,000	
本松斜撑	0.15×0.2×5.2	〃	280	70,000	19,600,000	
本松栏柱	0.2×0.2×5.6	〃	99	70,000	6,930,000	
〃 〃	0.15×0.15×4.42	〃	435	70,000	30,450,000	
本松拱撑	0.25×0.25×1.9	〃	530	70,000	37,100,000	
本松企口板	1"×6"	M^2	180	700,000	126,000,000	
水泥三合土		M^3	8.5	4,000,000	34,000,000	
鉄拴条		根	2	7,000,000	14,000,000	
蘇石门檻		个	1	2,800,000	2,800,000	
桐油		磅	250	70,000	17,500,000	
鉄皮		M^2	60	400,000	24,000,000	包括鉄釘等 鉄皮由局供給
木工		工	120	620,000	74,400,000	
鉄工		工	60	650,000	39,000,000	
泥工		工	30	620,000	18,600,000	
土方		M^3	5	200,000	1,000,000	
小工		工	25	300,000	7,500,000	
東西门每一门價格 ¥ 1,114,980,000						
東西二门结構尺寸完全相同總計 ¥ 2,229,960,000 （此数為上開價格之二倍）						

有效日期　三天　　審計部代表　　　投標廠商　成泰

完工期限三十天　　市政府代表　　　經理

工務局代表　　　地址

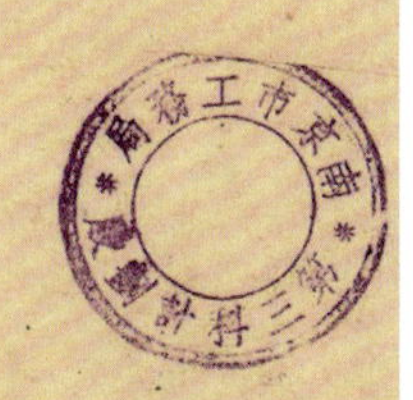

南京市工務局興建金川门城门工程標準

工程地點：下関金川门　　　　37年6月7日

工程項目	工程說明	單位	數量	單價	複價	備註
洋松		板尺	1316	300,000	394,000,000	
〃		〃	144	300,000	43,200,000	
鉄门柚		磅	300	150,000	45,000,000	
鉄釘		〃	200	150,000	30,000,000	
柏油		〃	100	70,000	7,000,000	
水泥三合土		M^3	1.00	4,000,000	4,000,000	
鉄皮		M^2	27.5	400,000	11,000,000	包括鉄釘等鉄皮由局供給
木工		工	100	620,000	62,000,000	
鉄工		〃	40	650,000	26,000,000	
小工		〃	20	300,000	6,000,000	
總計				629,000,000		

有效日期　三天　　審計部代表　　投標廠商　成泰

完工期限　三十天　市政府代表　　經理

　　　　　　　　　工務局代表　　地址

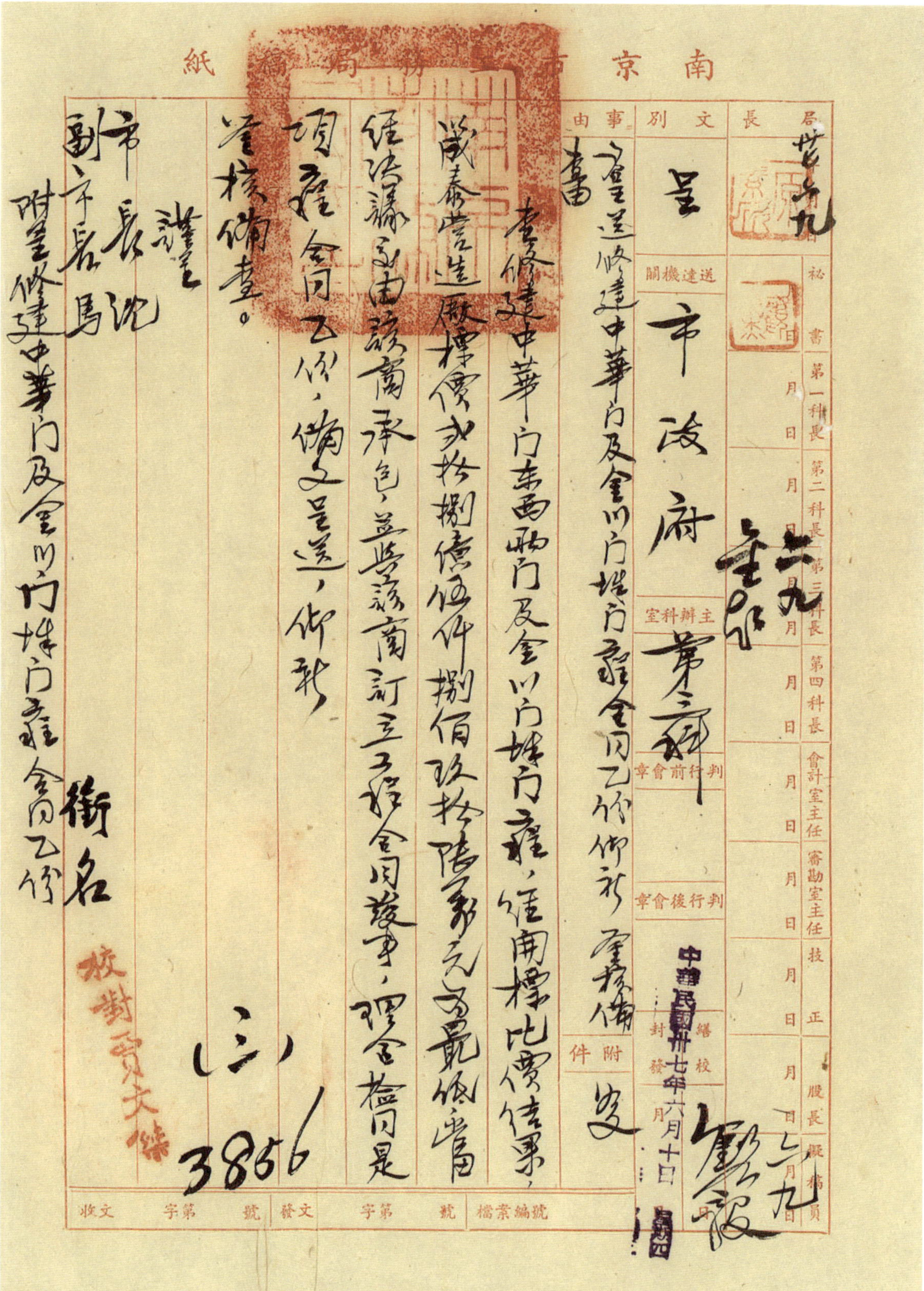
南京市工務局稿紙

局長 六九

文別：呈

送達機關：市政府

主辦科室：第三科

事由：呈送修建中華門及金川門城門工程合同乙份，仰祈 鑒核備案由

附件：照發

查修建中華門東西兩門及金川門城門工程，經開標比價結果，成泰營造廠標價貳拾捌億伍仟捌佰玖拾陸萬元為最低，當經決議交由該商承包，並與該商訂立工程合同在案，理合檢同是項工程合同乙份，備文呈送，仰祈

鑒核備查。

謹呈

市長沈

副市長馬

附呈修建中華門及金川門城門工程合同乙份

銜名

（三）

3856

校對 賈文傑

中華民國卅七年六月十日

副本

監工人員

監工人員

存卷

承包廠商 成泰营造廠

工程名稱 脩建中華门及金川门城门工程

南京市工務局工程合同

科(三)字第柒號

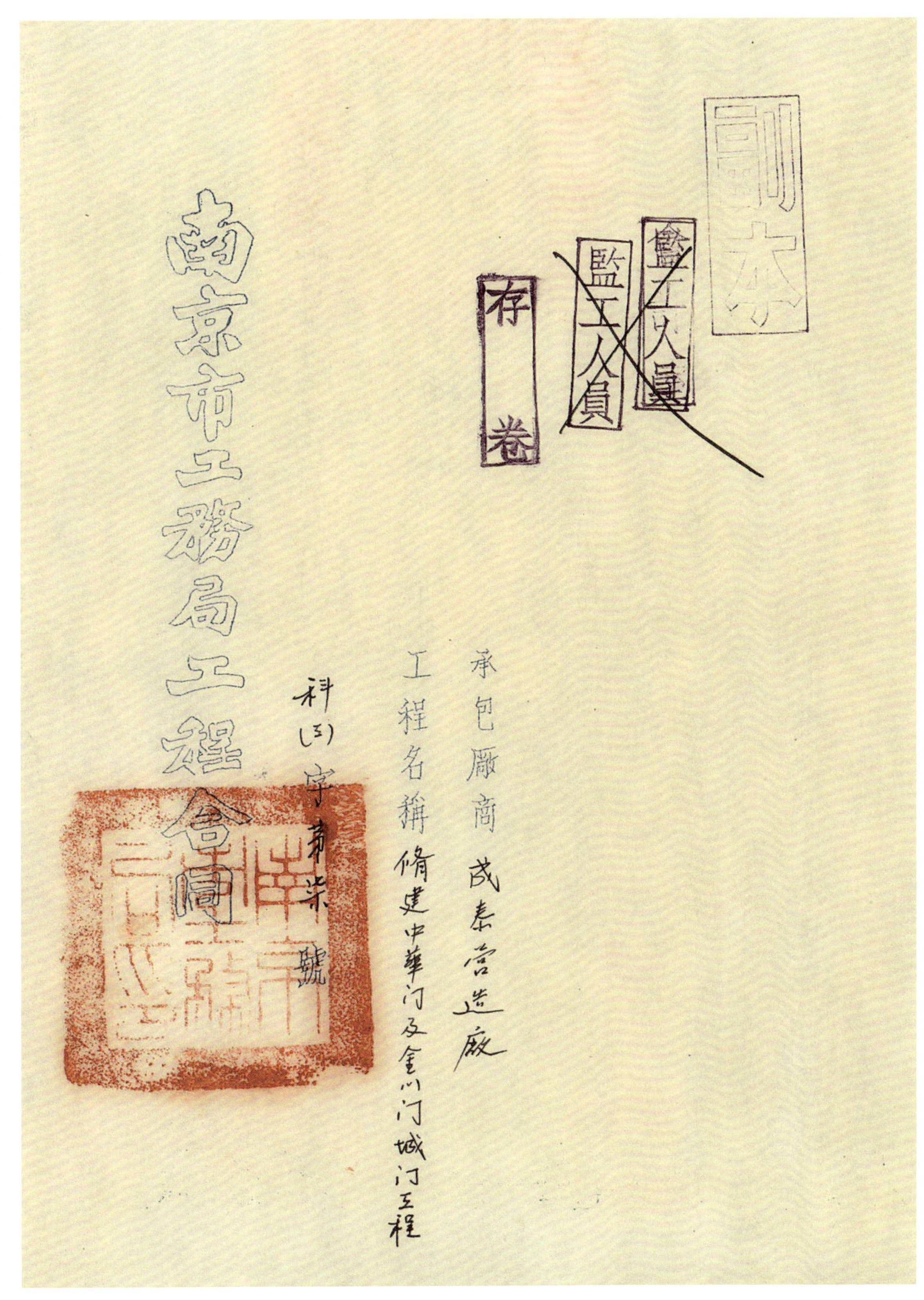

南京市工務局中華門及金川門城門 工程合同

南京市工務局（以下簡稱甲方）與承包廠商或為營造廠（以下簡稱乙方）

茲為修建中華門及金川門城門 工程經雙方同意訂立合同於左

第一條 工程範圍

詳圖及施工說明書

第二條 本工程進行期間所需人工材料機器（其一切設備及應納捐稅

並運費等項均包括於總價內除 另

有規定者外均由乙方供給之

第三條 本工程之各項圖樣施工細則價目表等係屬本合同之一部份乙

方均應瞭解並願切實遵照辦理不得藉端推諉或請求加價

第四條 乙方於簽訂合同時須向甲方繳納工程保証金叁仟叁元俟照合同所

規定之工程全部完竣毫無貽誤並經市政府審計部驗收如式後乙方即憑

正式收據向甲方將該項工程保證金如數領回

第五條　本工程進行期中所有詳細施工圖樣均由甲方按小樣隨時補充乙方應遵照辦理

第六條　本合同一經簽訂工程進行期中所有材料部份之價格不隨市價漲落而有所增減工資部份得按照社會局核准調整工資比例增減之本工程如經甲方認為在設計或工作上必須變更設計圖樣或施工細則時得隨時通知乙方遵照辦理凡因變更設計圖樣施工細則以致工料數量有所增減時其增減之工料價格應按工程價目表所開之單價計算於承包總價內分別增減之

第七條　本工程所有細微之處不能盡載明於圖樣或施工細則中而為工程上所應有或必需者乙方均應遵照甲方監工人員之指示做全不得推諉或要求加價

第八條　乙方非得甲方之書面許可不得以本工程之任何部份轉包於他人

第九條　本市之各種有關工程章程及建築規則乙方均應切實遵照辦理

第十條　乙方須遣派富有工程經驗之監工人員常川在工地督察並須服從甲方監工人員之指示如乙方監工人員有不稱職時甲方得通知乙方即時撤換之

第十一條　本工程所用各項材料應先由乙方將樣品送呈甲方經甲方審驗認為合格後方得採用所有乙方運到工場之材料倘經甲方查出與呈驗合格之樣品材料不符時乙方即須全數運出工地另辦合格新料呈驗應用

第十二條　本工程在進行期間如經甲方查出工料與設計圖樣或施工細則不相符合時乙方應立即拆卸並依照圖樣或施工細則重行建造所有時間及金錢之損失概歸乙方負担之

第十三條　本工程施工期間如需斷絕交通或借用公地堆積材料時乙方應先期以書面請求甲方核准

第十四條　乙方在工作地點晝間應設置紅旗夜間應懸掛紅燈以保行人安全倘因疏忽以致發生任何意外之事均由乙方負責處理之

第十五條　本工程進行期中倘有損及人畜或公私建築物時均由乙方負責賠償

第十六條 凡遇不適宜工作之天氣時乙方應遵照甲方監工人員之指示將工程全部或一部暫停工作並須設法保護已成之工程以免損壞

第十七條 本工程在開工後未經市政府審計部驗收以前所有一切已完成之工程均由乙方負責保護如因疏忽致工程之一部或全部發生損壞時乙方應負修理或重新建造之責

第十八條 所有乙方之工匠人等之宿舍及衛生等項均由乙方自行處理乙方並應約束工人不得有軌外行動倘發生滋擾事故應由乙方自行處理之

第十九條 本工程自簽訂合同之日起乙方即須將工人材料工具運至工地訂六月十二日開工限卅晴天內完工不得逾期如逾期限應按日罰款叁佰萬元甲方得由應付之款或工程保証金內扣除之但因特殊情形不能工作經乙方監工人員書面請求由甲方批准展期者不在此限

第二十條 本工程工料承包總價計國幣貳拾捌億伍仟捌佰玖拾陸萬元正

第二十一條　本工程付款辦法規定如左

第一期於合同訂立並經對保無誤後付總价85%計國幣貳拾肆億叁仟零拾壹萬陸仟元正

第二期全部材料運到工地付總价10%計國幣貳億肆仟伍佰捌拾玖萬陸仟元正

捌

第叁（末）期全部完工後並經驗收無誤後付5%計國幣壹億肆仟貳佰玖拾肆萬捌仟元正

第四期

（內應扣除保固金15%三个月後發還）

第二十二條　每次領款時乙方須向甲方報告工程進度及已完成若干經甲方查驗合格後備具正式領條載明第幾期款持向甲方領取之

第二十三條　全部工程經市政府審計部驗收如式後乙方應立具保固切結保固壹年備於保固期內本工程發現裂縫或傾陷倒坍等情事經甲方查明係由材料不佳工作不良所致者乙方應負責修理不得藉詞推諉

第二十四條　本工程進行期間乙方無故停止工作或不履行合同時經甲方通知後三日內仍不遵照工作者得由甲方一面通知保人一面另僱他人工作所有場內之材料工具及一切設備均歸甲方使用所有甲方因僱工續

造工程之費用及延期之損失等仍歸乙方負責担負由甲方於工程造價及保証金内扣除之不足之数均由保人負担賠償

第二十五條　乙方遇有意外事故不負責完工時本合同之責任應由保証人負担將有甲方另僱他人續造之工價及一切損失均由保証人負責賠償

第二十六條　本合同及附件係同樣七份呈送　市政府一份送審計部備案一份甲乙双方各執一份會計處審計處存卷及第三科各一份為憑

第二十七條　本合同附件計開

設計圖樣　二　份計　二　張

施工細則　二　份計　二　張

工程價目表　二　份計　二　張

六[illegible]二八六

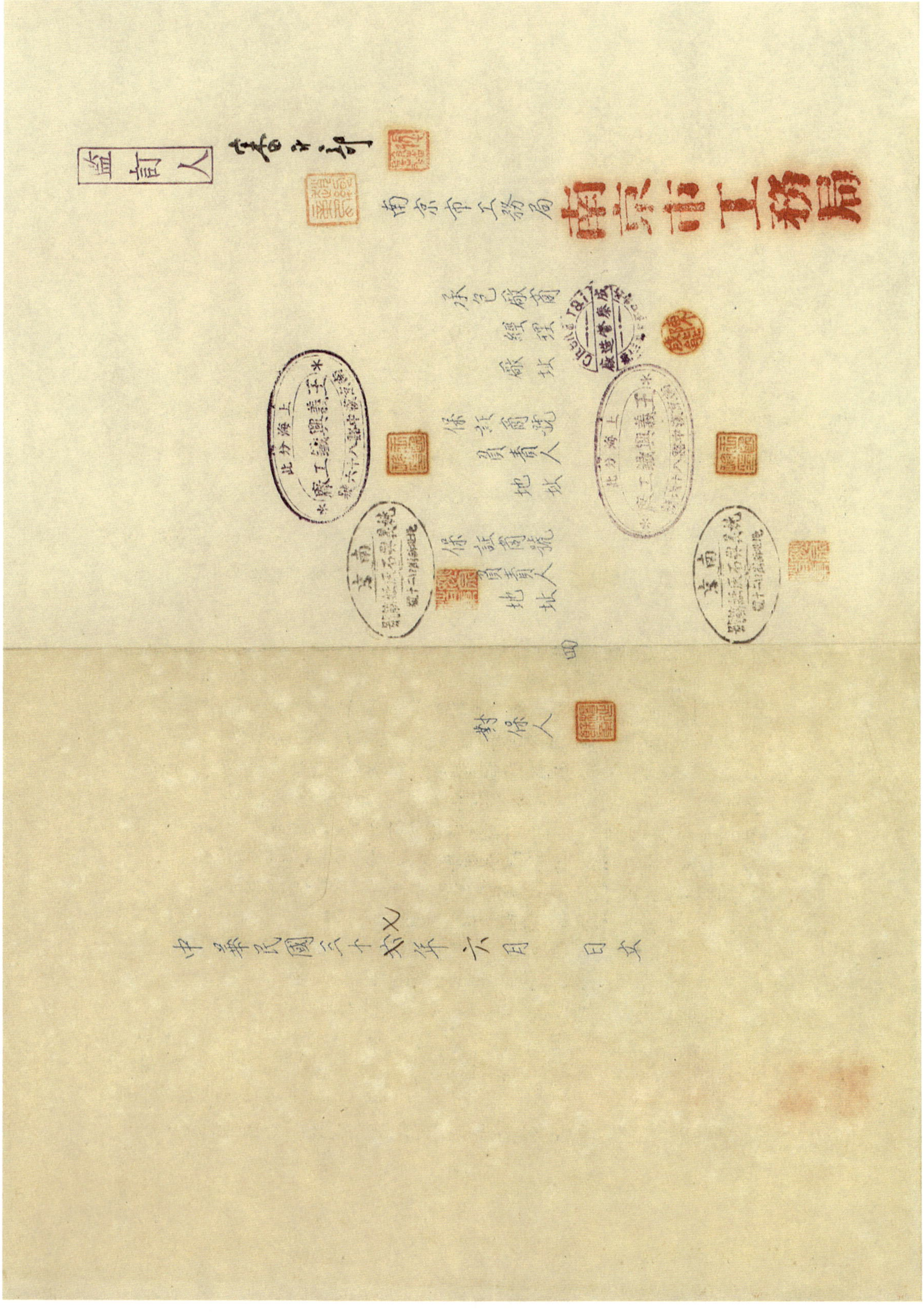
監訂人

南京市工務局

南京市工務局

承包廠商

經理

廠址

保証商號

負責人

地址

保証商號

負責人

地址

對保人

中華民國三十八年六月　日立

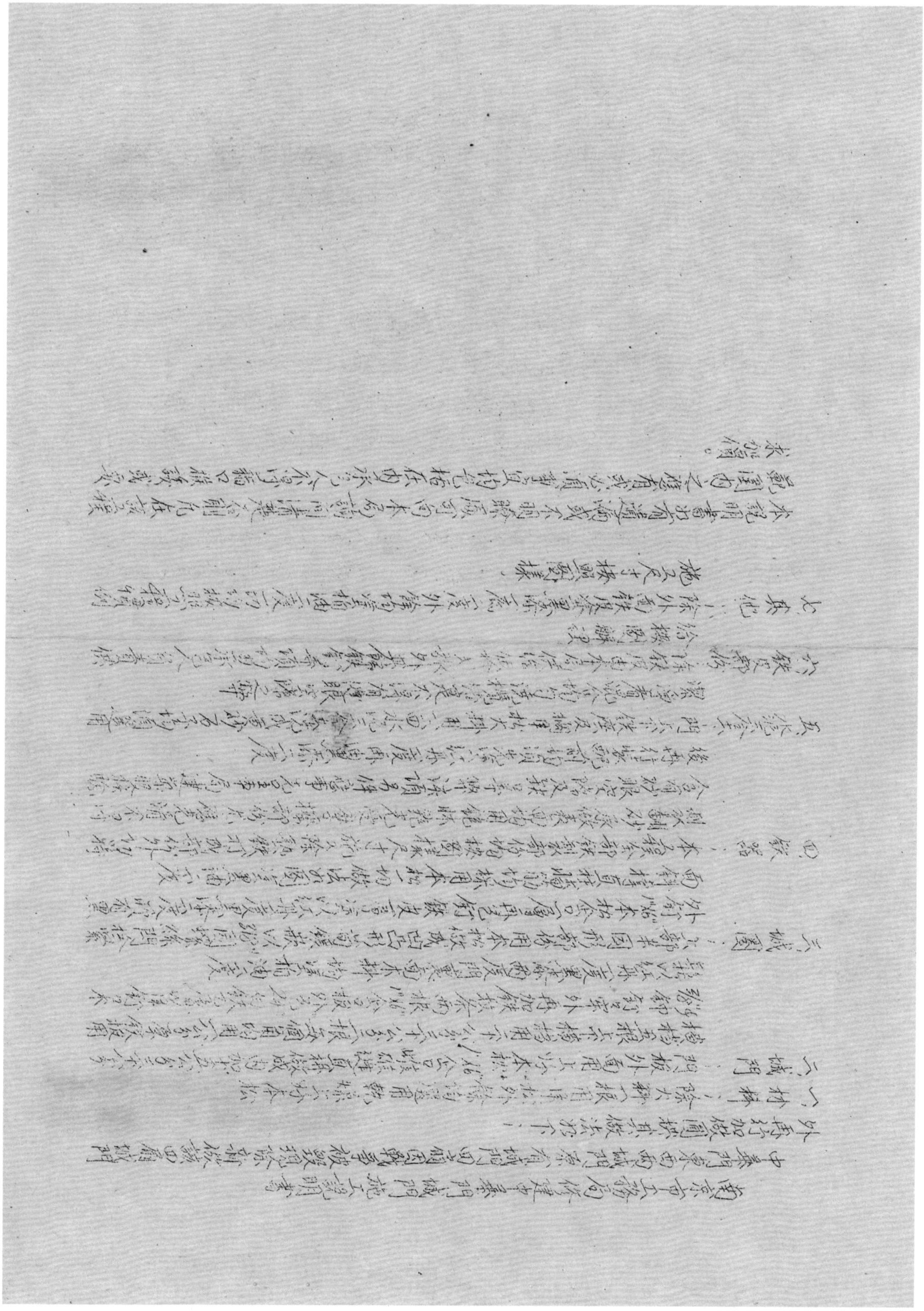
南京市工務局修建中華門城門施工說明書
中華門東西兩城門原有城門四個因戰爭被毀[illegible]四個城門外另訂加做圖樣其做法於下：
一、材料：除大料一根用洋松外，餘[illegible]選用乾燥本松
二、城門：門板外面用上好本松[illegible]
[illegible]
三、城閂：[illegible]
四、[illegible]
五、[illegible]
六、[illegible]
七、其他：[illegible]
本說明書如有遺漏或不明瞭處[illegible]

南京市工務局修建金川門城門工程施工説明書

原有洋松城門兩扇因抗戰均被燬，兹照新做二扇，其做法説明如後：

1，洋松城門：用4″×8″洋松併成，加用4″×6″洋松横檔上下共四根，再用1/4吋鉄螺絲釘牢，外釘24號白鉄壹層，加嵌釉漆兩度，內加做1公尺長1″口鉄門閂乙根。

2，上下軸：上軸利用原門軸，下軸係新做鉄座，做法照詳圖，惟原有門下端之石軸已不轉動，拆去換做鉄座，如圖。

3，鉄皮部份：城門外部釘鉄皮一道，鉄皮由局供給，式拾四張，其他鉄釘等均由承包人負責供給，釘就後外塗紅丹油一度，再加黑漆二度，照樣圖辦理。

本説明書如有遺漏或不明瞭處，可向本局詢問清楚，否則凡在工程範圍內之應有或必須事宜，均包括在內，承包人不得藉口推諉或要求加價。

南京市工務局加建中華门東西二门工程標單

工程地點：中華门　　　　37年6月7日

工程項目	工程説明	單位	數量	單價	複價	備註
甲鉄上座		磅	150	150,000,-	22,500,000,-	
乙鉄上座		〃	200	150,000,-	30,000,000,-	
甲鉄下座		〃	200	150,000,-	30,000,000,-	
乙鉄下座		〃	80	150,000,-	12,000,000,-	
鉄輪		〃	200	150,000,-	30,000,000,-	
角鉄板		〃	680	150,000,-	102,000,000,-	
鉄輪軌		〃	700	150,000,-	105,000,000,-	
鉄螺絲		〃	60	150,000,-	9,000,000,-	
鉄釘		〃	40	150,000,-	6,000,000,-	
洋松大料	0.3×0.3×13	板尺	520	300,000,-	156,000,000,-	
本松横檔	0.2×0.3×6	〃	640	70,000,-	44,800,000,-	
〃 〃	0.15×0.3×5.5	〃	1,100	70,000,-	77,000,000,-	
本松立柱	0.2×0.2×5	〃	540	70,000,-	37,800,000,-	
本松斜撑	0.15×0.2×5.2	〃	280	70,000,-	19,600,000,-	
本松欄杆	0.2×0.2×5.6	〃	99	70,000,-	6,930,000,-	
〃 〃	0.15×0.15×4.42	〃	435	70,000,-	30,450,000,-	
本松搭撑	0.25×0.25×19	〃	530	70,000,-	37,100,000,-	
本松企口板	1″×6″	M²	180	70,000,-	126,000,000,-	
水泥三合土		M³	8.5	4,000,000,-	34,000,000,-	
鉄拉条		根	2	7,000,000,-	14,000,000,-	
蘇石门檻		〃	1	2,800,000,-	2,800,000,-	
桐油		磅	250	70,000,-	17,500,000,-	
鉄皮		M²	60	400,000,-	24,000,000,-	包括鉄釘等 鉄皮由局供給
木工		工	120	620,000,-	74,400,000,-	
鉄工		工	60	650,000,-	39,000,000,-	
紮工		工	30	620,000,-	18,600,000,-	
土方		M³	5	200,000,-	1,000,000,-	
小工		工	25	300,000,-	7,500,000,-	
東西门每一门價格 ¥					1,114,980,000,-	
東西二门结構尺寸完全相同總計 ¥					2,229,960,000,—	(此数為上開價格之二倍)

有效日期　三天　　審計部代表　　投標廠商
完工期限　三十天　市政府代表　　经理
　　　　　　　　　工務局代表　　地址

南京市工務局加建中華门東西二门工程標單

工程地點：中華门　　　　　　　　37年6月7日

工程項目	工程說明	單位	數量	單價	複價	備註
甲鉄上座		磅	150	150,000,-	22,500,000,-	
乙鉄上座		〃	200	150,000,-	30,000,000,-	
甲鉄下座		〃	200	150,000,-	30,000,000,-	
乙鉄下座		〃	80	150,000,-	12,000,000,-	
鉄輪		〃	200	150,000,-	30,000,000,-	
角鉄板		〃	680	150,000,-	102,000,000,-	
鉄輪軌		〃	700	150,000,-	105,000,000,-	
鉄螺絲		〃	60	150,000,-	9,000,000,-	
鉄釘		〃	40	150,000,-	6,000,000,-	
洋松大料	0.3×0.3×13	板尺	520	300,000,-	156,000,000,-	
本松橫檔	0.2×0.3×6	〃	640	70,000,-	44,800,000,-	
〃〃	0.15×0.3×5.5	〃	1,100	70,000,-	77,000,000,-	
本松立柱	0.2×0.2×5	〃	540	70,000,-	37,800,000,-	
本松斜撐	0.15×0.2×5.2	〃	280	70,000,-	19,600,000,-	
本松欄杆	0.2×0.2×5.6	〃	99	70,000,-	6,930,000,-	
〃〃	0.15×0.15×4.2	〃	435	70,000,-	30,450,000,-	
本松欄撐	0.25×0.25×19	〃	530	70,000,-	37,100,000,-	
本松企口板	1″×6″	M^2	180	70,000,-	126,000,000,-	
水泥三合土		M^3	8.5	4,000,000,-	34,000,000,-	
鉄拉条		根	2	7,000,000,-	14,000,000,-	
蘇石门檻		〃	1	2,800,000,-	2,800,000,-	
桐油		磅	250	70,000,-	17,500,000,-	
鉄皮		M^2	60	400,000,-	24,000,000,-	包括鉄釘等鉄皮由局供给
木工		工	120	620,000,-	74,400,000,-	
鉄工		工	60	650,000,-	39,000,000,-	
漆工		工	30	620,000,-	18,600,000,-	
土方		M^3	5	200,000,-	1,000,000,-	
小工		工	25	300,000,-	7,500,000,-	
東西门每一门價格 ＄					1,114,980,000,-	
東西二门结構尺寸完全相同總計 ＄					2,229,960,000,—	（此数為上开價格之二倍）

有效日期　三天　　　　審計部代表　　　　投標廠商　成泰營造廠
完工期限　三十天　　　市政府代表　　　　經理
　　　　　　　　　　　工務局代表　　　　地址

南京市工務局興建金川门城门工程標準

工程地點：下関金川门　　　　37年6月7日

工程項目	工程說明	單位	數量	單價	複價	備註
洋松		板尺	1316	300,000.-	394,800,000.-	
〃		〃	144	300,000.-	43,200,000.-	
鐵门軸		磅	300	150,000.-	45,000,000.-	
鐵釘		〃	200	150,000.-	30,000,000.-	
柏油		〃	100	70,000.-	7,000,000.-	
水泥三合土		M^3	1.00	4,000,000.-	4,000,000.-	
鐵皮		M^2	27.5	400,000.-	11,000,000.-	包括鐵釘等 鐵皮由局供給
木工		工	100	620,000.-	62,000,000.-	
鐵工		〃	40	650,000.-	26,000,000.-	
小工		〃	20	300,000.-	6,000,000.-	
總計					629,000,000.-	

有效日期三天　　審計部代表　　投標廠商
　　　　　　　　市政府代表　　經理
完工期限三十天　工務局代表　　地址

Cheng Tai
成泰營造廠

陳成能

南京市工務局兴建金川门城门工程標準

工程地點：下関金川门　　　　37年6月7日

工程項目	工程說明	單位	數量	單價	複價	備註
洋松		板尺	1316	300,000.-	394,800,000.-	
〃		〃	144	300,000.-	43,200,000.-	
鉄门柚		磅	300	150,000.-	45,000,000.-	
鉄釘		〃	200	150,000.-	30,000,000.-	
柏油		〃	100	70,000.-	7,000,000.-	
水泥三合土		M^3	1.00	4,000,000.-	4,000,000.-	
鉄皮		M^2	27.5	400,000.-	11,000,000.-	包括鉄釘等鉄皮由局供給
木工		工	100	620,000.-	62,000,000.-	
鉄工		〃	40	650,000.-	26,000,000.-	
小工		〃	20	300,000.-	6,000,000.-	
總計					629,000,000.-	

有效日期三天　　審計部代表　　投標廠商
完工期限三十天　市政府代表　　經理
　　　　　　　　工務局代表　　地址

Cheng Tai
成泰營造廠

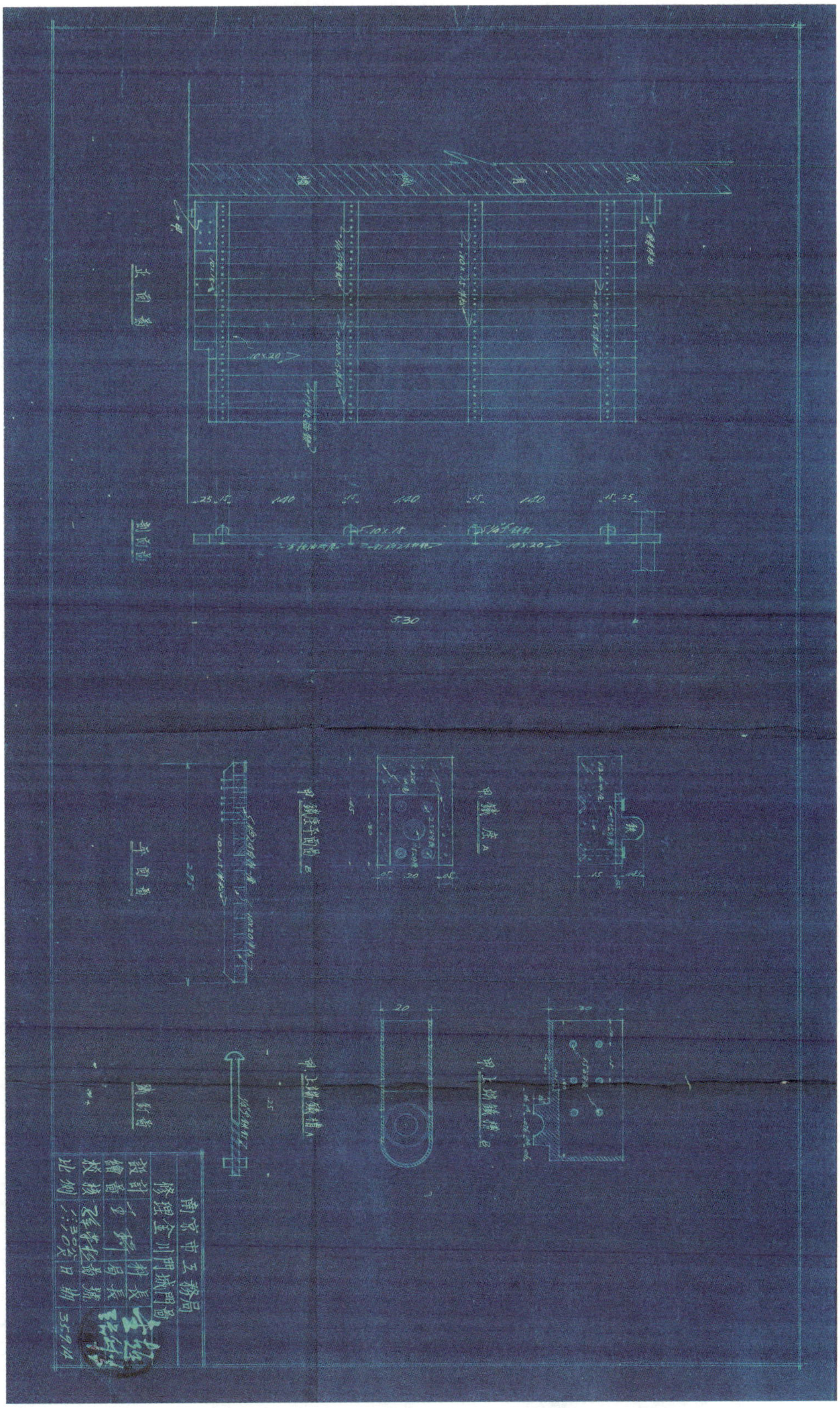
南京市工務局
修理金川門城門圖
530

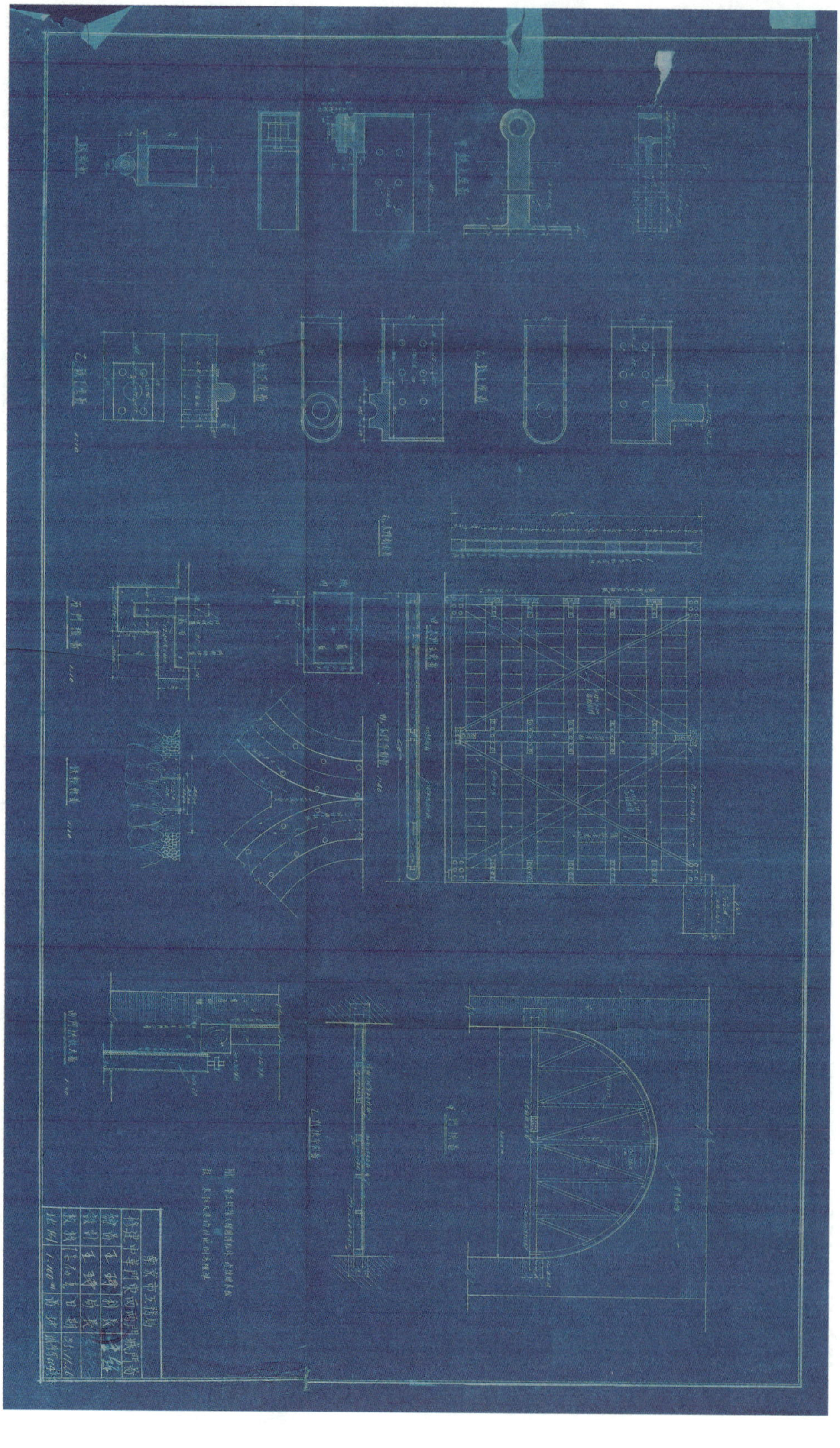

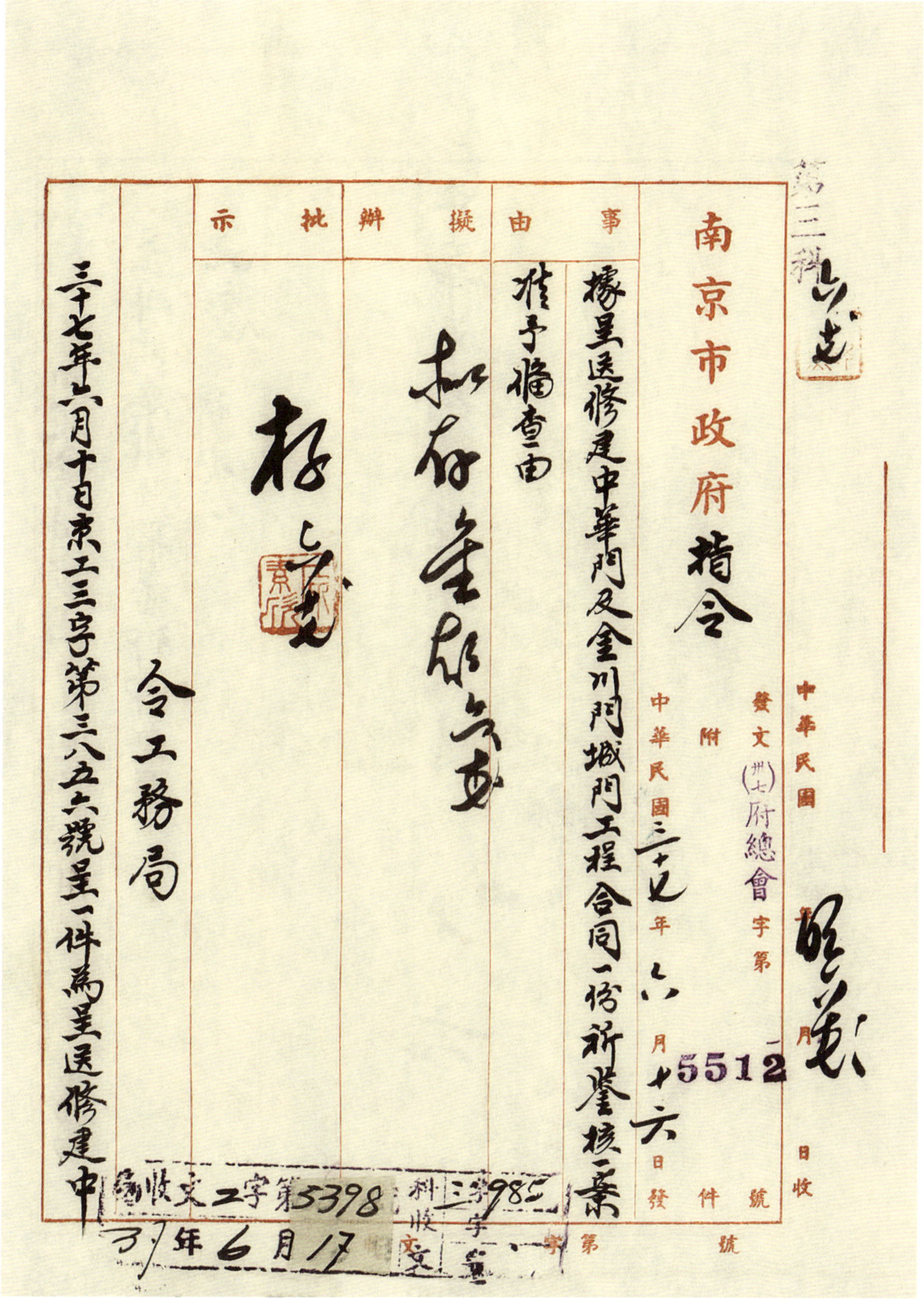

第三科

南京市政府指令

中華民國　年　月　日收

發文（卅七）府總會字第一5512號

附件

中華民國三十七年六月十六日發

事由	擬辦	批示
據呈送修建中華門及金川門城門工程合同一份祈鑒核一案准予備查由	擬存 [illegible]	存 [illegible]

令工務局

三十七年六月十日京工三字第三八五六號呈一件為呈送修建中

收文工字第5398　37年6月17

科收文三字第985號

華門及金川門城門工程合同一份仰祈鑒核備查由

呈件均悉准予備查仰即知照

此令。件存〃

中華民國三十五年六月十六日

市長 沈怡

監印 韓秀蘭

校對 錢懋宮

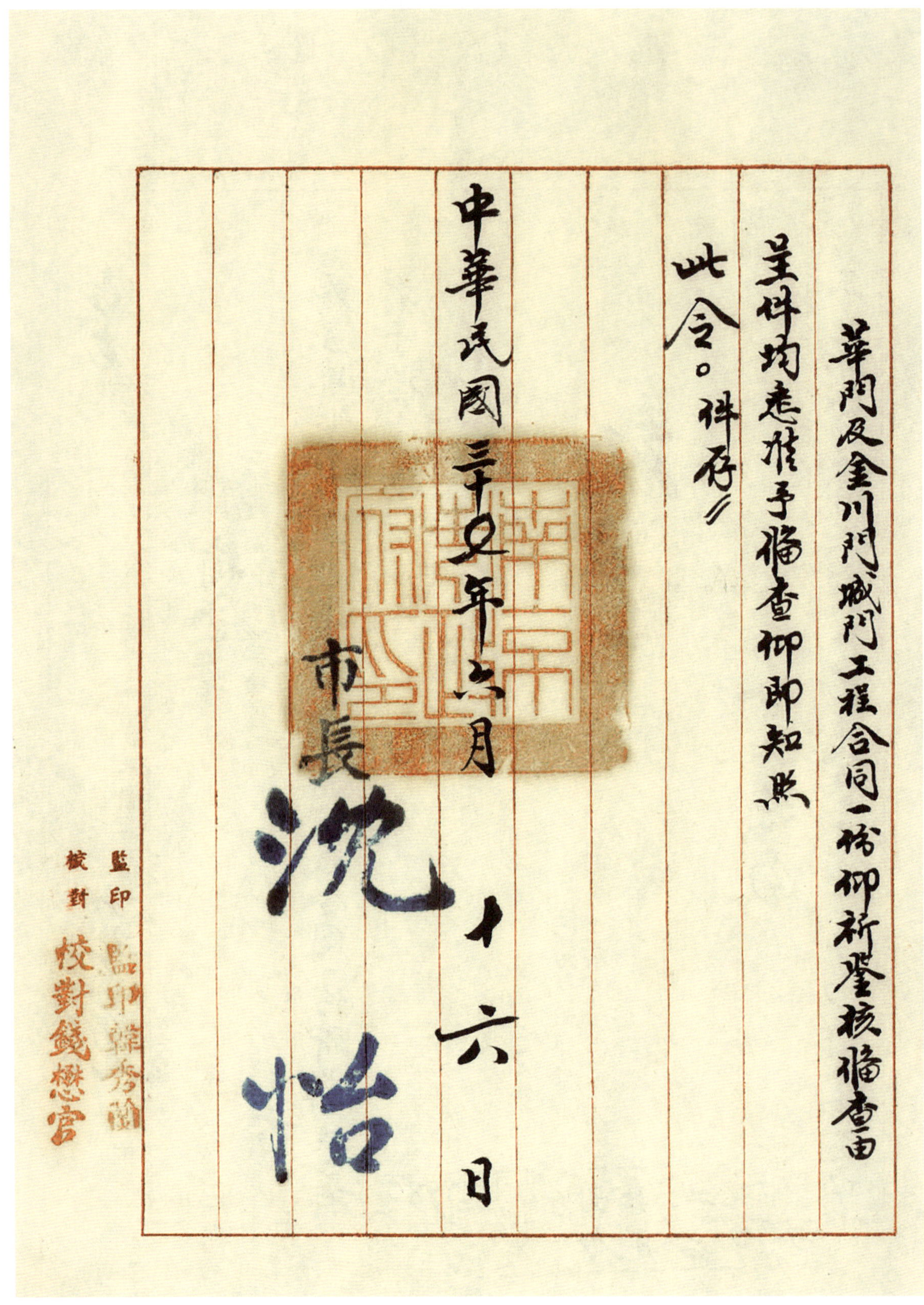

市工務局爲檢發修建中華門和金川門城門工程合同請派員負責監工致莫愁區、城北區工務管理處訓令

（一九四八年六月十二日）

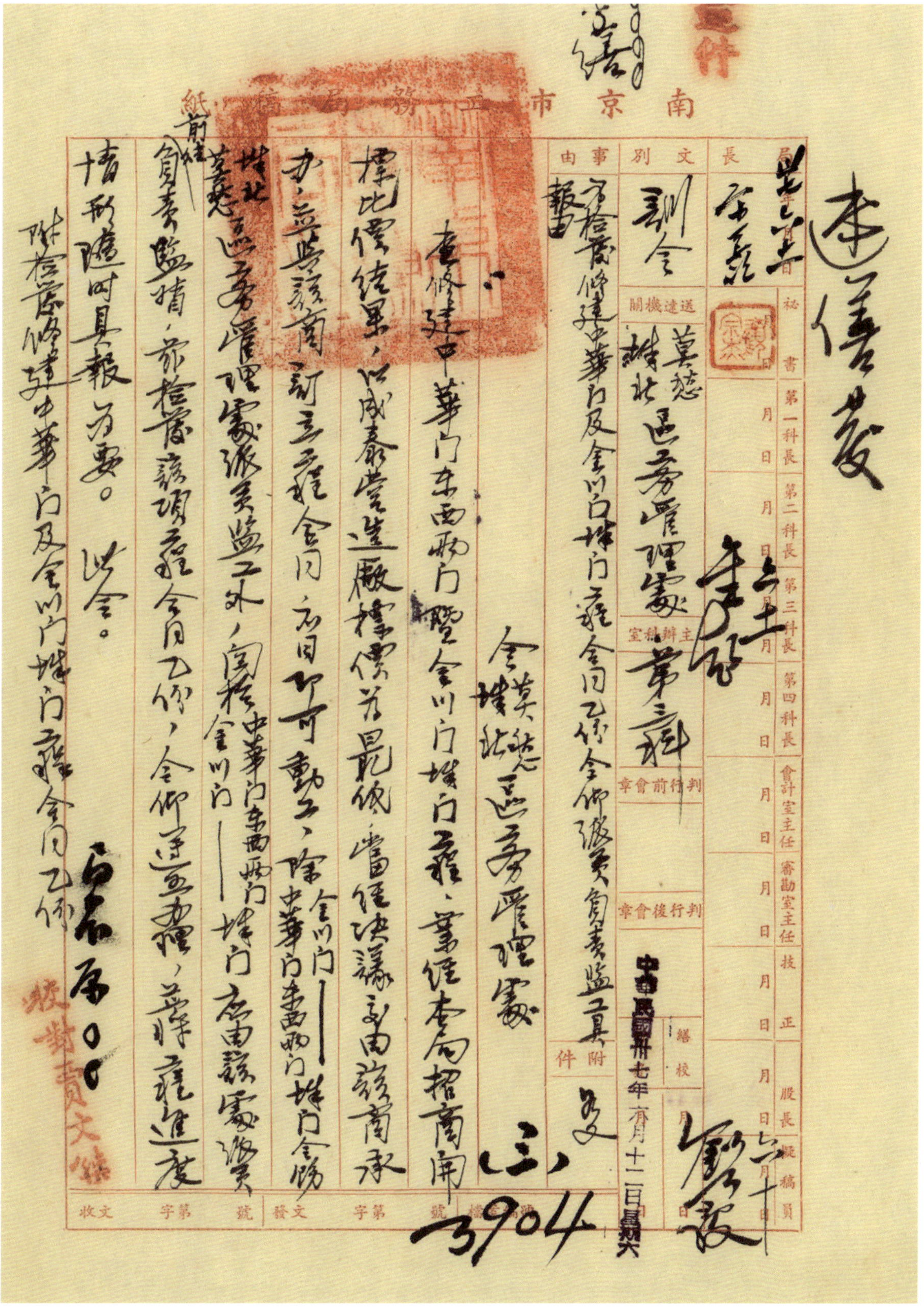

南京市工務局稿紙

事由：令檢發修建中華門及金川門城門工程合同仰派員負責監工具報

文別：訓令

送達機關：莫愁、城北區工務管理處

查修建中華門東西兩門暨金川門城門工程，業經本局招商開標比價結果，以成泰營造廠標價爲最低，當經決議交由該商承辦，並與該商訂立工程合同，定於　日即可動工。除分令莫愁區、城北區工務管理處派員監工外，合行檢發該項工程合同乙份，令仰遵照，並將工程進度負責監督，情形隨時具報爲要。此令。

附檢發修建中華門及金川門城門工程合同乙份

中華民國卅七年六月十二日

簽(三)字第671214號

查本局修建中華門及金川門城門工程，需鐵皮等於陰溝接合用，較寬，該項所需鐵皮係由局備價，茲准料單三張，擬請轉請予補發，以便應用。

六廿八

擬請由王樹之君，並由通商路盛泰營造廠領用。

六廿六

存推處

照發 洽 六廿七

庫存紙六十七張，請將領料單數字更正

不得之數，還請

全科長

南京市財務局簽註紙

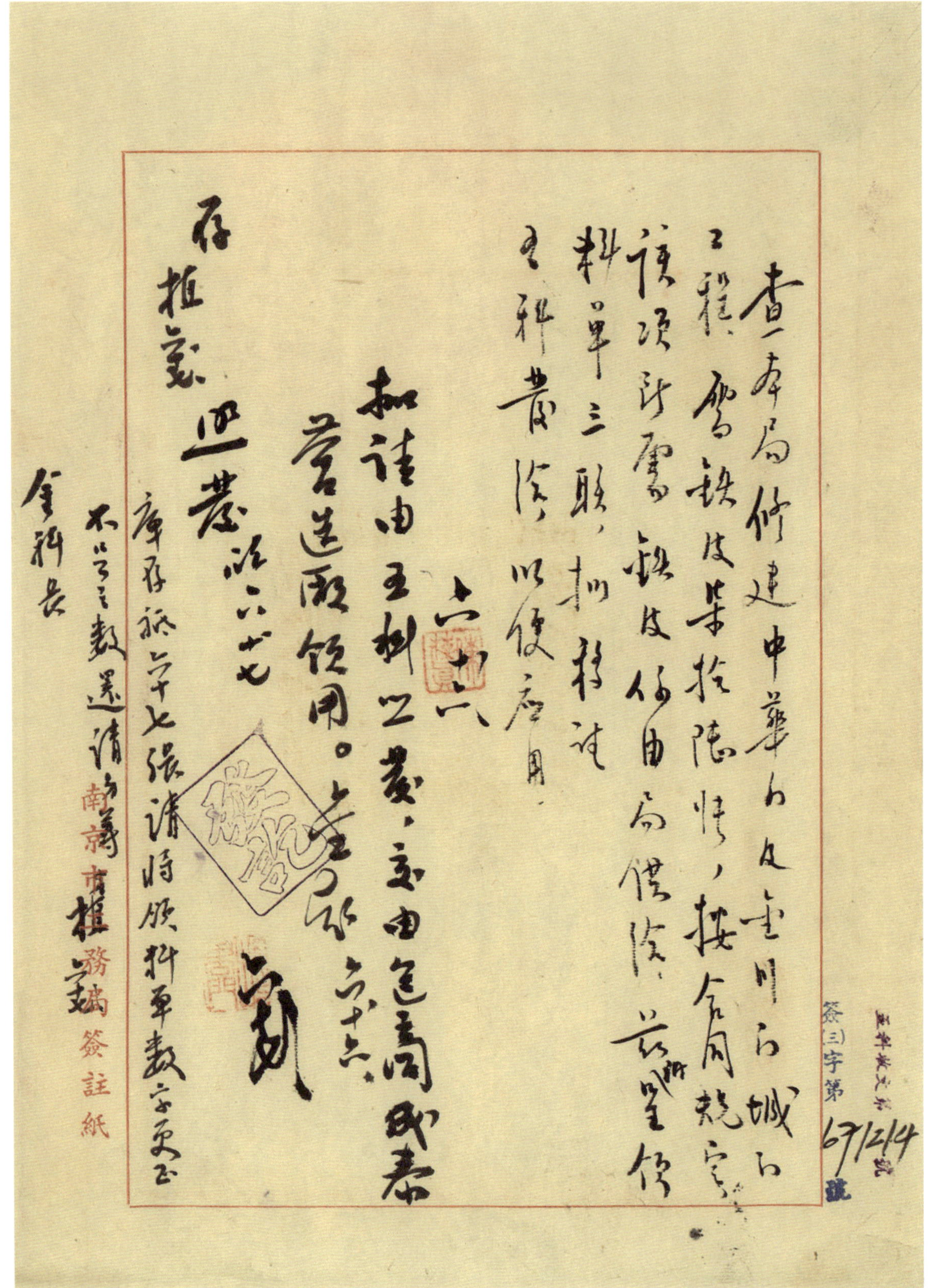

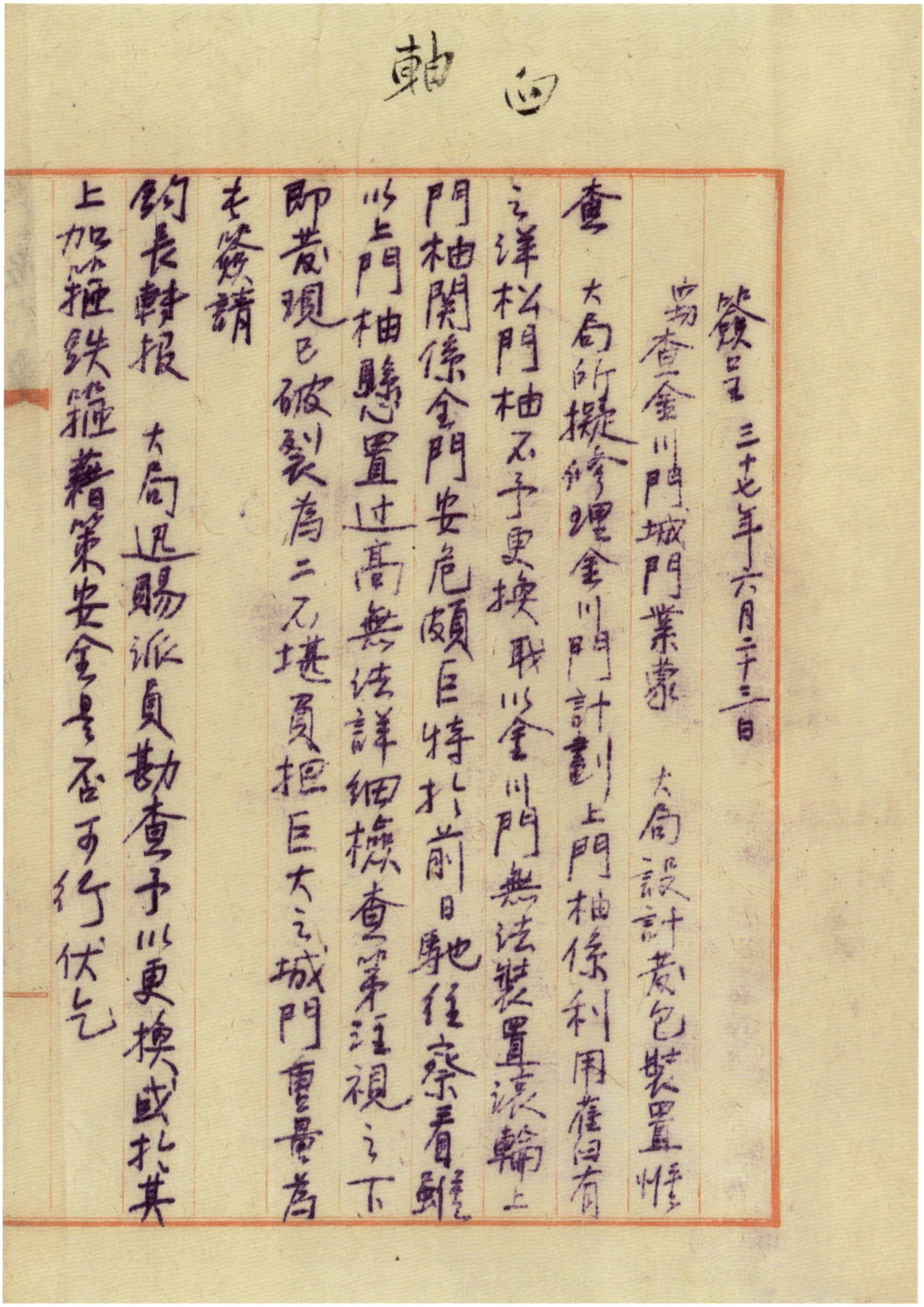

西軸

簽呈　三十七年六月二十三日

為查金川門城門業蒙

大局設計發包裝置悉

查　大局所擬修理金川門計劃上門柚係利用舊有

之洋松門柚不予更換，職以金川門無法裝置滾輪上

門柚關係金門安危頗巨特於前日馳往察看鑑

以上門柚懸置過高無法詳細檢查第注視之下

即發現已破裂為二不堪負擔巨大之城門重量為

專簽請

鈞長轉報　大局迅賜派員勘查予以更換或於其

上加箍鐵箍藉策安全是否可行伏乞

鑒核示遵
謹呈
主任
職姚紹賢

簽圍

北工伱字第二〇〇号
民國廿七年六月廿三日

為監造金川門十軸開發查並呈文模樣
乞鑒核備核示由

昨奉
局令監造金川門城門包商至今尚未前
來開工查計劃中門閂軸亦有問題數則
詳列陳如下
據包商蔡成泰承造該項工程面稱
一、中華門及金川門兩門共需鐵皮七十六
張，局中僅發六十七張，計缺少九張，該商

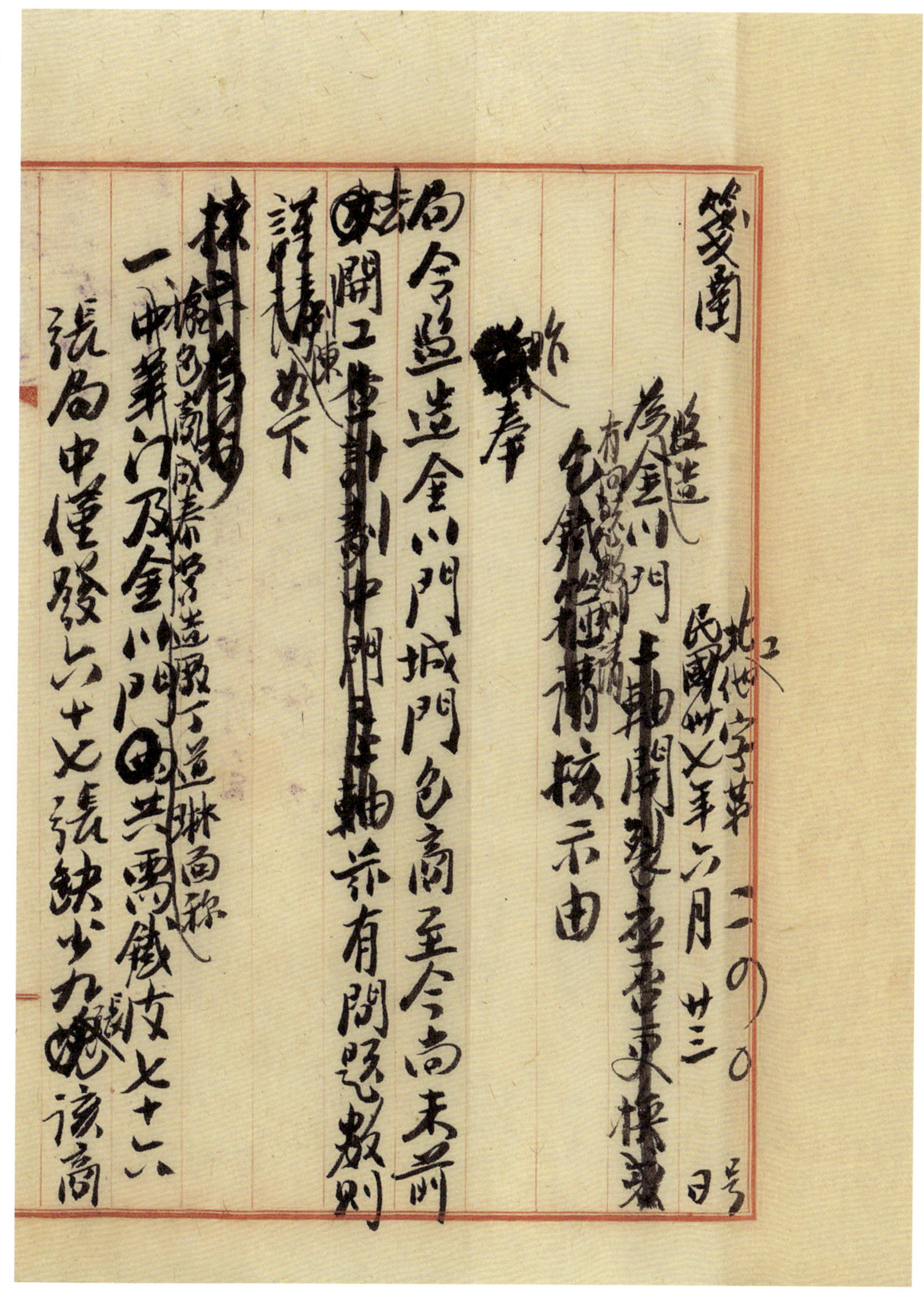

改建中華门儀光釘用所有金小門

缺少大塊呈召可少釘一段柳鎖

命包商代購補足（將门之上半截）加賬

償還

六、金小门説明書第一條包鐵（由本局）一層加塗

柏油二度，第三條外塗红丹油一度再

加黑漆二度（該段略有所同）究竟是油是漆兩層單

中僅列柏油無紅丹黑漆呈召以柏油

二度為準

三、計劃中門腰上端伸入原有洋松

木栏之中，現查此項洋松已經裂成二塊，門身甚重，下之滾輪襯托恐不勝載重之否，更換新木料，柳用鐵箍四道，已勒令包商添製，再由本局加賬償還。

四、金川門尚存舊門一扇，包商意欲利用舊料拼做新門，其栽處因合同中未此項說明，呈請核向

貴科請示辦理，呈局許可。

以上各項即請

核示為荷

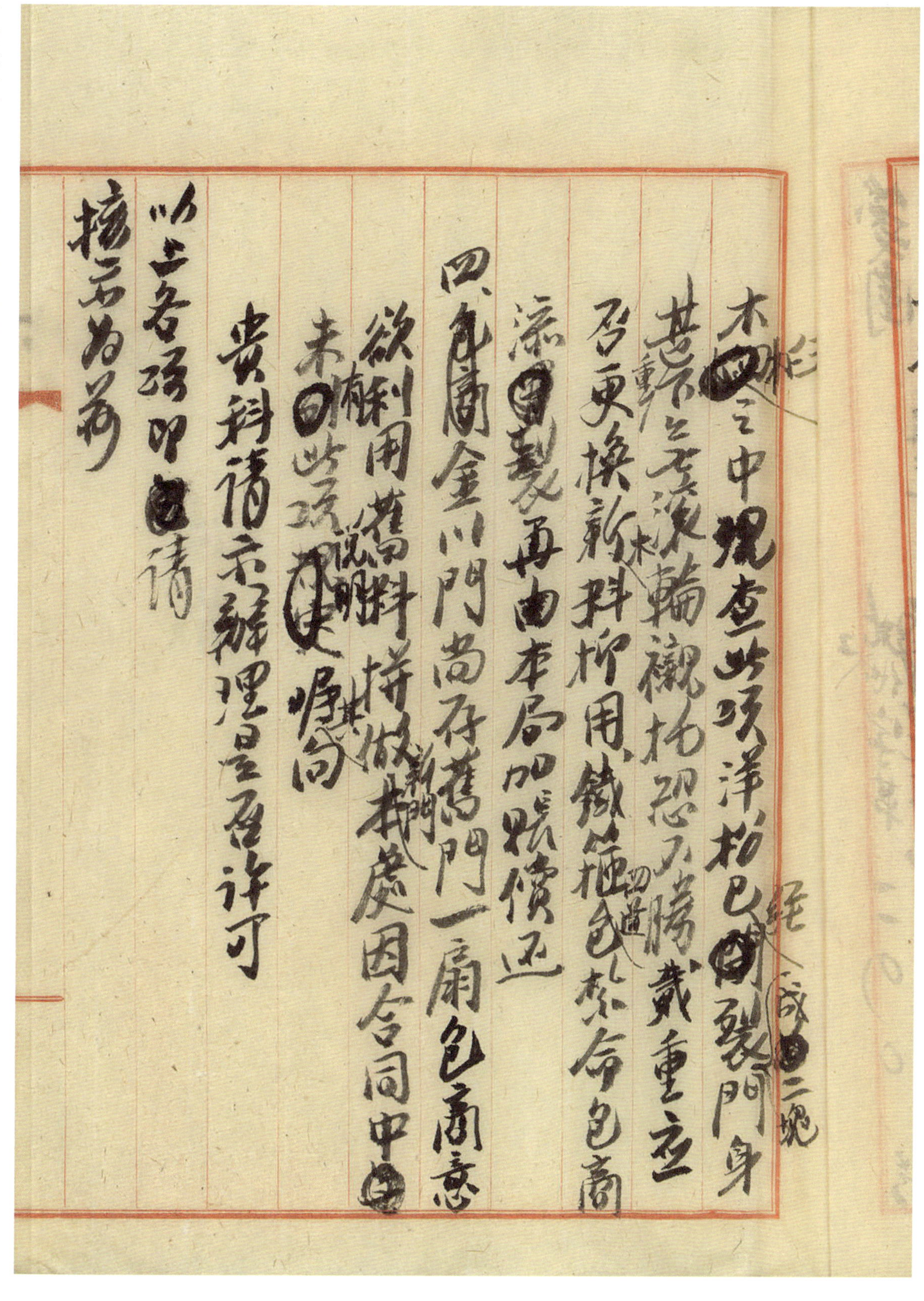

此上

第三科

俊藏

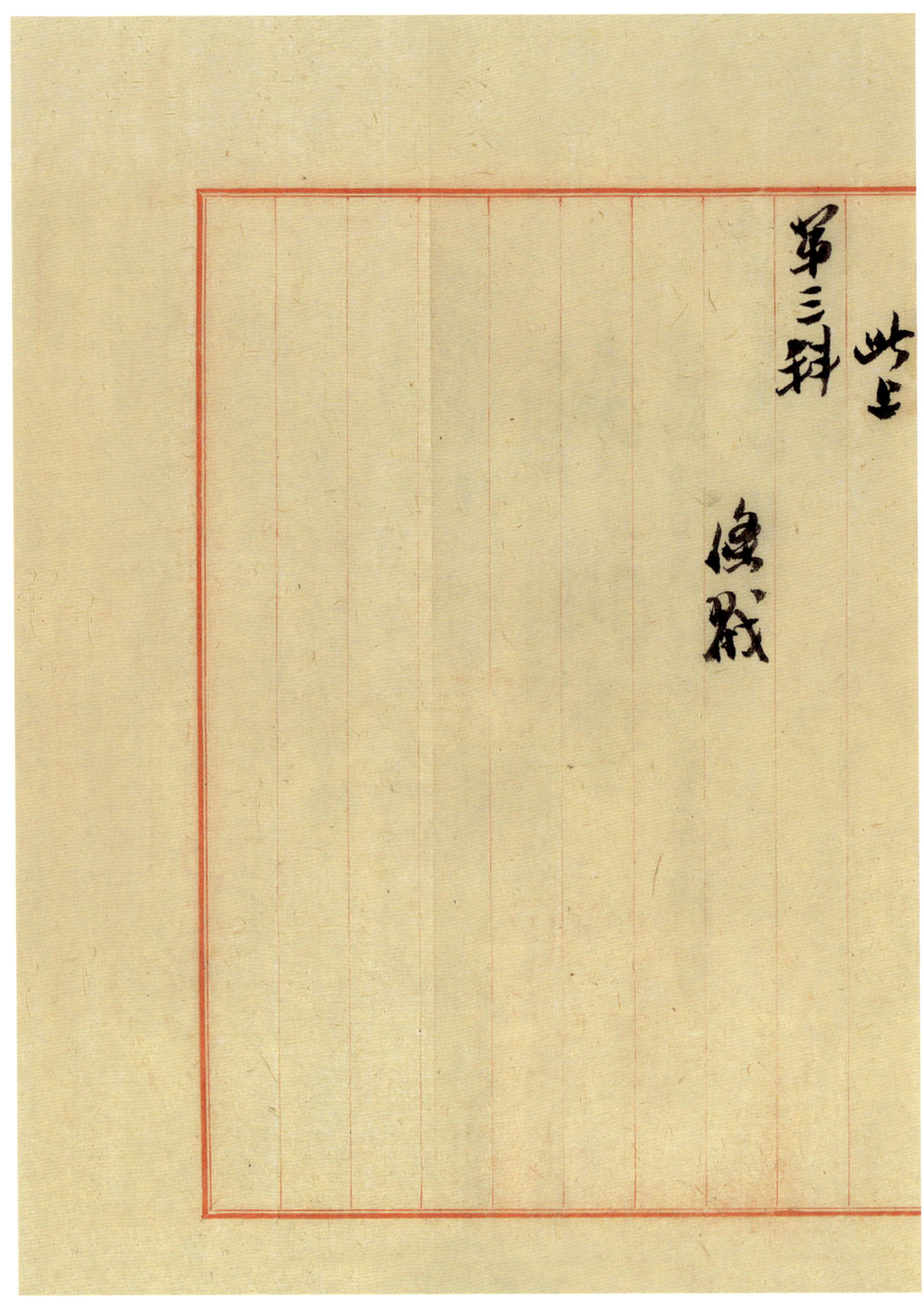

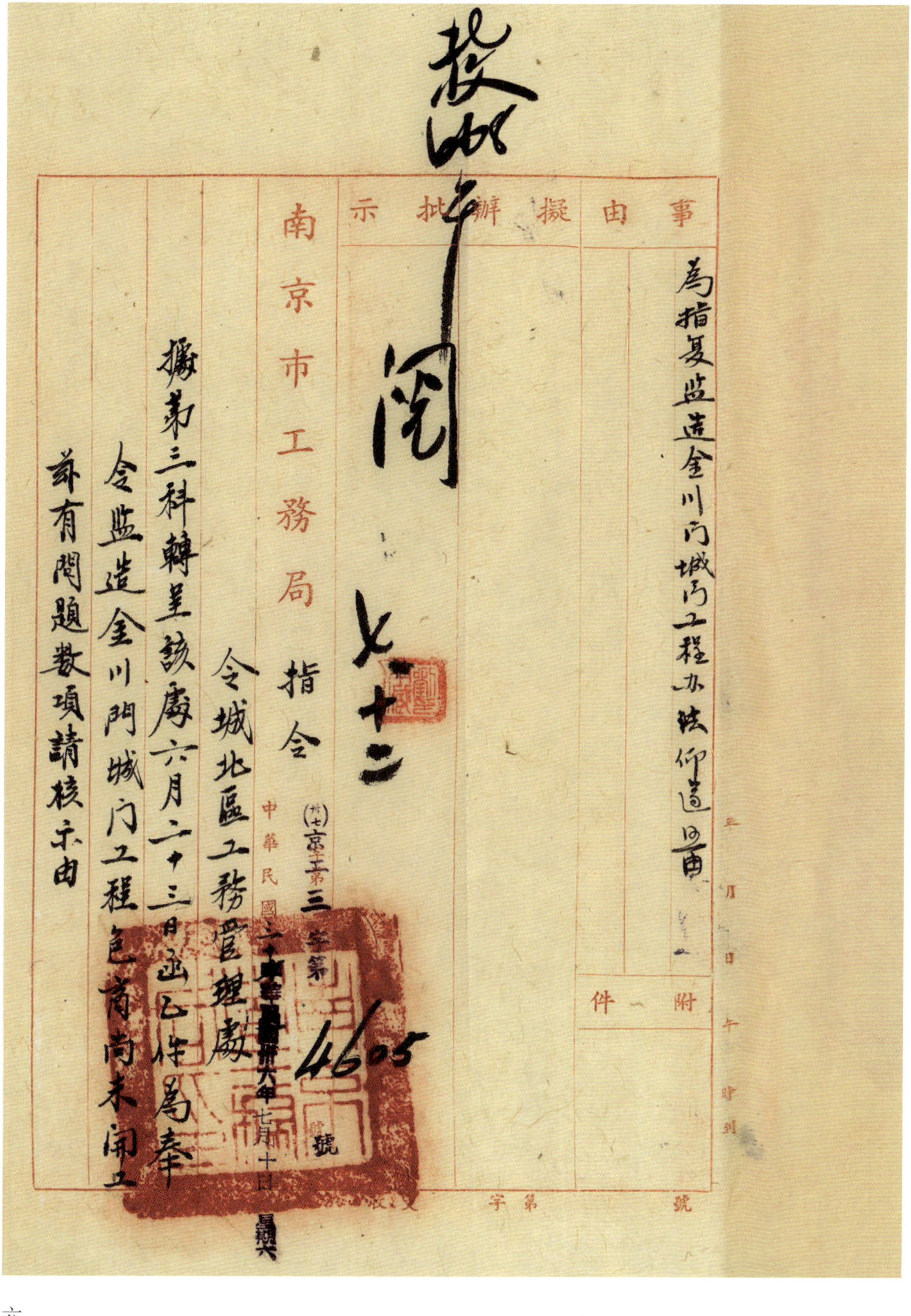

事由：為指復監造金川門城門工程辦法仰遵照由

擬辦

批示

閱　七、十二

附件

年　月　日　午　時到

字第　號

南京市工務局　指令

(卅七)京工第三字第4605號

中華民國三十七年七月十日

令城北區工務管理處

據第三科轉呈該處六月二十三日函乙件為奉

令監造金川門城門工程包商尚未開工

並有問題數項請核示由

呈悉所請分別指示如下：

(一)應就本局所發鉄皮施工

(二)應依照施工說明書第一條辦理即鉄皮外部塗柏油二度。

(三)門頭上洋松大料經派員查明確已裂成兩塊應由該廠飭知承包商用鉄皮箍包紮牢固加價償付。

(四)查金川門城二門程依據合同所有城门兩扇均係新做現存舊门材料應收為局有包商不可利用

上列四項仰即遵照辦理為要！此令。

局長 [illegible]

監印宋寄龢

海成泰營造廠南京事務所用箋

逕啟者敝廠承造
貴局金川门城门工程業已開工進行中查該城门原有舊门乙扇材料完好畧有数块損坏將以易去餘皆利用原有材料俟完工後予以照扣伏希
貴處照准不勝感盼実為德便此上
南京市工務局城北區管理處
主任 劉 鈞鑒

Cheng Tai 成泰營造廠

陳成能

九、九、 謹呈

南京 管家橋三十號 電話
蓮萊橋二十六號之一

簽呈　七月十六日

勘查金川門城門以通行火車必需有鉄鈎等物固定於城墻之上始免火車通過城墻時碰撞之弊職有見及此曾數度面囑承包人添置於上以免毀壞詎該承包人不獨延不遵辦且不派小工看守致昨日火車通過城洞時以受空氣急速流動影响新装之城門一扇自動關閉適與急行之火車相撞計損毀4"×8"門板洋松三塊4"×6"横檔洋松二塊鉄門扇一隻除倒下之木料已函請駐金川門憲警暫予保管外理合報請

鈞長轉報　大局迅飭該承包人從速派工修理以
免延誤謹呈
主任
職姚錫賢謹呈

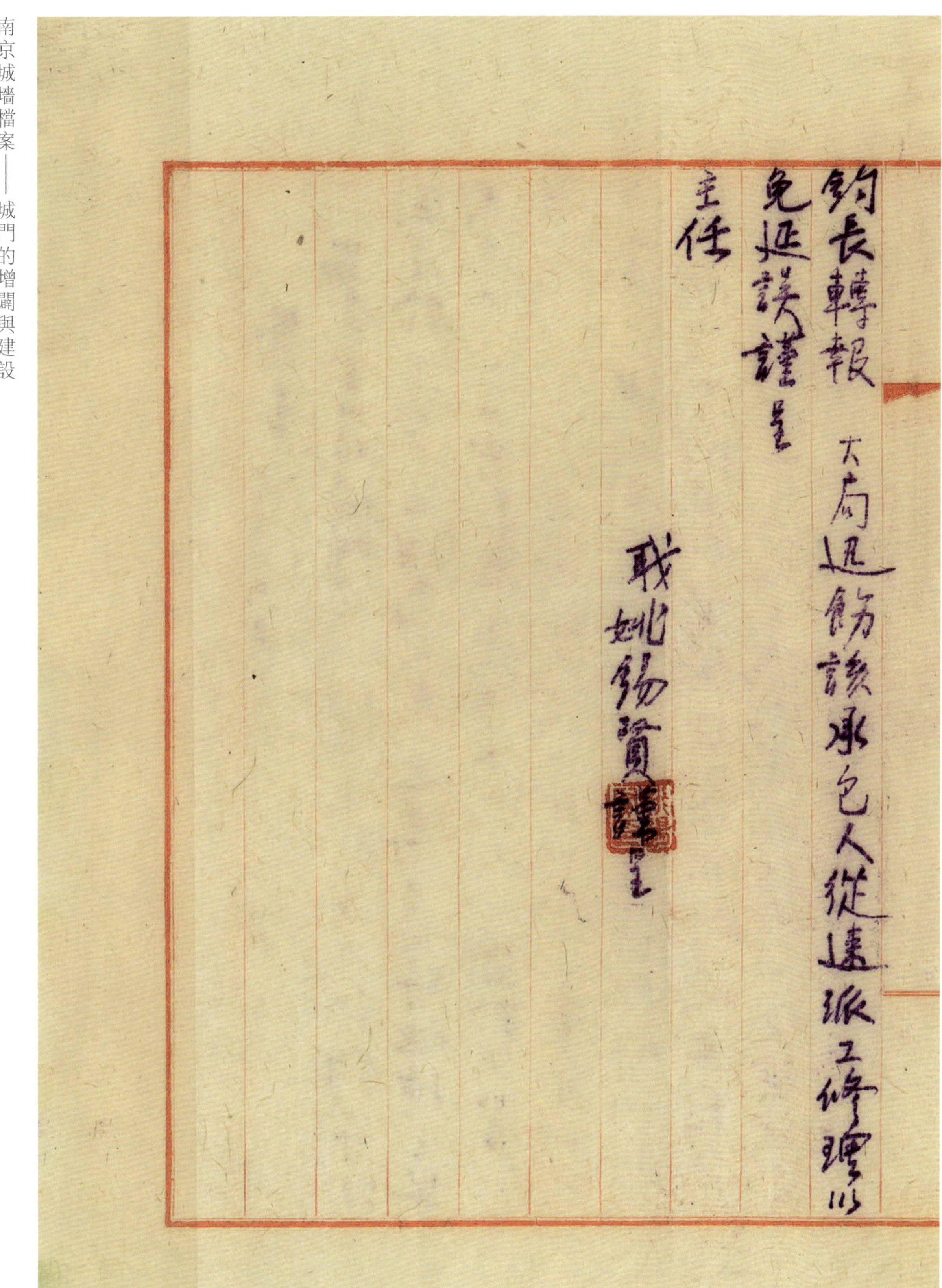

簽函

北也字第二五〇號
民國廿三年七月十六日

爲請轉知金川門包商成泰營
造廠修理城門由

查本處奉
府令監造金川門城門因鑒於大車經過城洞
威力甚大恐有吸損城門開合發生碰撞
之虞曾經本處函飭該包商成泰營造廠添
裝門鈎二只將門口牌墻上並允將所需
門鈎工料照數加賬該包商承允後延不
來辦石料昨日大車由車過洞時新裝

寬上之東首一扇城门竟被風引開合與大米車
相撞倒下幸未傷人計折毀4″×8″門框
洋松三塊4″×6″橫擋洋松二塊及鐵門
座一只除倒下之木料已請駐金川门憲
警點予保管外該包商承包是項工程尚
未全部完工驗收應負保管之責擬請
貴科通知該包商即日派工前去修理添裝门
鈞並飭限完成呈報驗收為荷

此致上

第三科　傑職

存

南京市鐵路管理處函為金川門城闉大門修理欠固致肇本月十五日撞車事端開列損失清單送請查照請責令承包人賠償並請修理該城門完好由

發文市鐵字五〇〇號　廿七、七、十九

局收文五字五三五號　廿七、七、二十

北收文八一號　廿七、七、廿三

查修建金川門城門工程包商承泰營造廠未照本處通知加做門扣致所建新門被火車撞倒損壞本處已於本月十六日函請第三科轉知該包商派工修理該包商已於昨日趕前往拆修並准京市鐵路管理

處函請本局責令承包人賠償該處損失依照本
工程合同第十四條及第十五條之規定此項意外事
件應由乙方負責處理及賠償擬請告知鐵道
管理處該包商之名稱及地址由該處逕向直
接交涉可也惟本處調查出事經過據附近居民
謂十四日該商收工時確曾用城磚將門塞緊當晚
有難民佔居該處城洞拔去城磚開門睡宿過夜
十五日晨離去乃由守門警員開門未曾仍將
城磚塞入因此隧道風吸動發生撞車之事十五日起
適值水木業工人罷工該商無人工作亦無人看守

此係天災人禍之一，該商能力無法抵抗，論情不無可原。而包商損失亦有數億之鉅，此可由該包商與鐵路管理處談判也。至來文所稱原植鋼軌二根送還之一節，與本局無關，可置不理。又謂嗣後如有在本路範圍以內敷設或改建工程，請先通知本處會同辦理，以策安全之一節，本處前在新門口翻修路面經過鐵軌，曾函請該處派設護軌（Guard Rail），事經三個月未見辦理，於安全極有關係，應警告該處須負一切責任。

劉用藏謹簽 七、廿三

京市鐵路管理處爲金川門城門裝設安全搭扣給市工務局的公函（一九四八年七月十五日）

（1）工務局改建金川门城门事先未洽本處，擅將所裁柱加修，致城门無法扣住，致肇事端

（2）據報安全搭扣將失去位置，近便列車近該城门鋼軌根

（3）以後凡有涉及本處範圍內有關建工程應先派員向本處洽商

京市鐵路管理處文稿

文別	公函
送達處所	工務局
事由	函工務局為金川门城门裝設安全搭扣以免為風吹動發生危險由
處長	
副處長	
課長	七十六
專員	工程師 七十五
股主任	
撰稿	
繕寫	卅年月日
校對	卅年月日
封發	卅年月日
檔案	第類第宗第號
發文編號	字第號

查金川门城门業經由貴局修理復，但因未設安全搭扣，致易為風吹動自行啓閉，殊屬危險。本日七三次客車由中華门開往下關經过金川门城门時，忽东边新做之门為風吹動致（機車经过）

将本路客車撞壞二輛（两車輛）城门亦受微損幾肇巨禍相（雖未發生傷人事件但損失已屬不小）

應函請貴局速即飭工在城门上装置安全搭扣以（並盼先與本處聯絡會商辦理以免再行發生危險）

策行車安全至紉賜復為荷　此致（事 安全 奉印）

南京市工務局

全銜

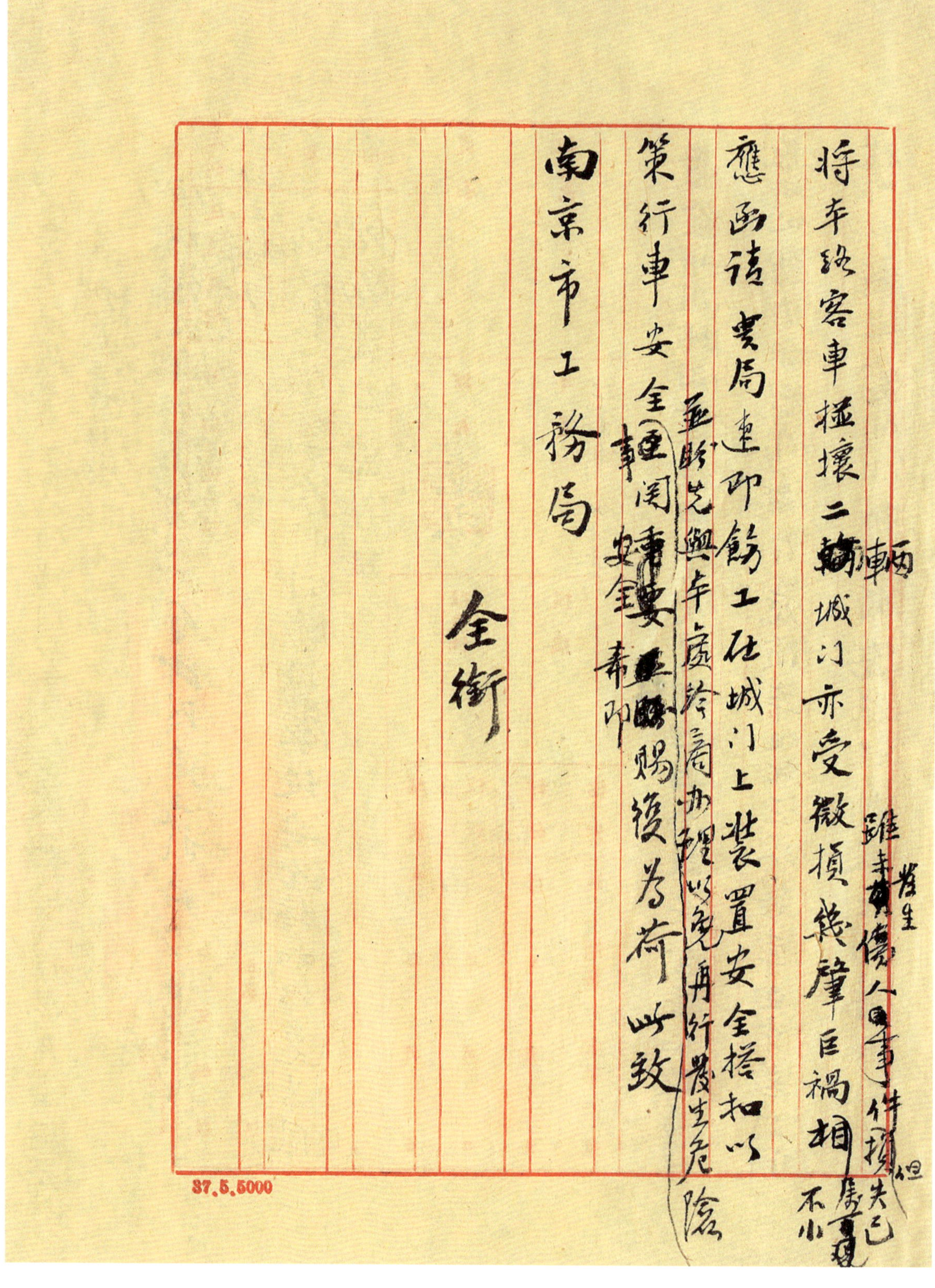

城北區工務管理處爲請轉知包商派工修復金川門城門并添制門鈎的公函及市工務局給成泰營造廠的通知

（一九四八年七月十六日）

劉

速通知修復

南京市工務局用箋

北他字第二五五號

科(三)字第　號

查本處奉

命監造金川門城門因鑒於火車經過城洞時風力甚大恐有吸引城門閉合發生碰撞之虞曾經本處面囑包商成泰營造廠添裝門鈎二只將門扣住墻上並允將所需門鈎工料照數加賬補償該包商承允後延未即辦不料昨日火車過洞時新裝之東首一扇城門竟被風引閉合與火車相撞倒下幸未傷人計折毀4"×8"門板洋松三塊4"×6"横擋洋松二塊及

南京市工務局用箋

鐵門座一只除倒下之木料已結駐金川門憲警暫予保管外該包商承包是項工程尚未全部完工驗收應負保管之責擬請

貴科通知該包商即日派工前去修理添製門鈎并如限完成呈報驗收爲荷

此上

第三科

南京市工務局城北區工務管理處

七月十六日

速件

南京市工務局稿紙

局長 年月日 三七、七、九

文別：通知

送達機關：成泰營造廠

事由：為通知該商派工修葺承包金川門城門由

主辦科室：第一科

判行後會章：中華民國卅七年七月二十日 星期二

案據本局第一科簽擬："據北區工務處呈稱：「查本處奉命營造金川門城門——（照抄至）——呈報驗收」等情。據此，合行通知該商趕速派工前往修葺具報，以便驗收為要。此通知。"

右通知成泰營造廠

地址：羅家橋[illegible]號

（三）4873

校對[illegible]

[illegible]387

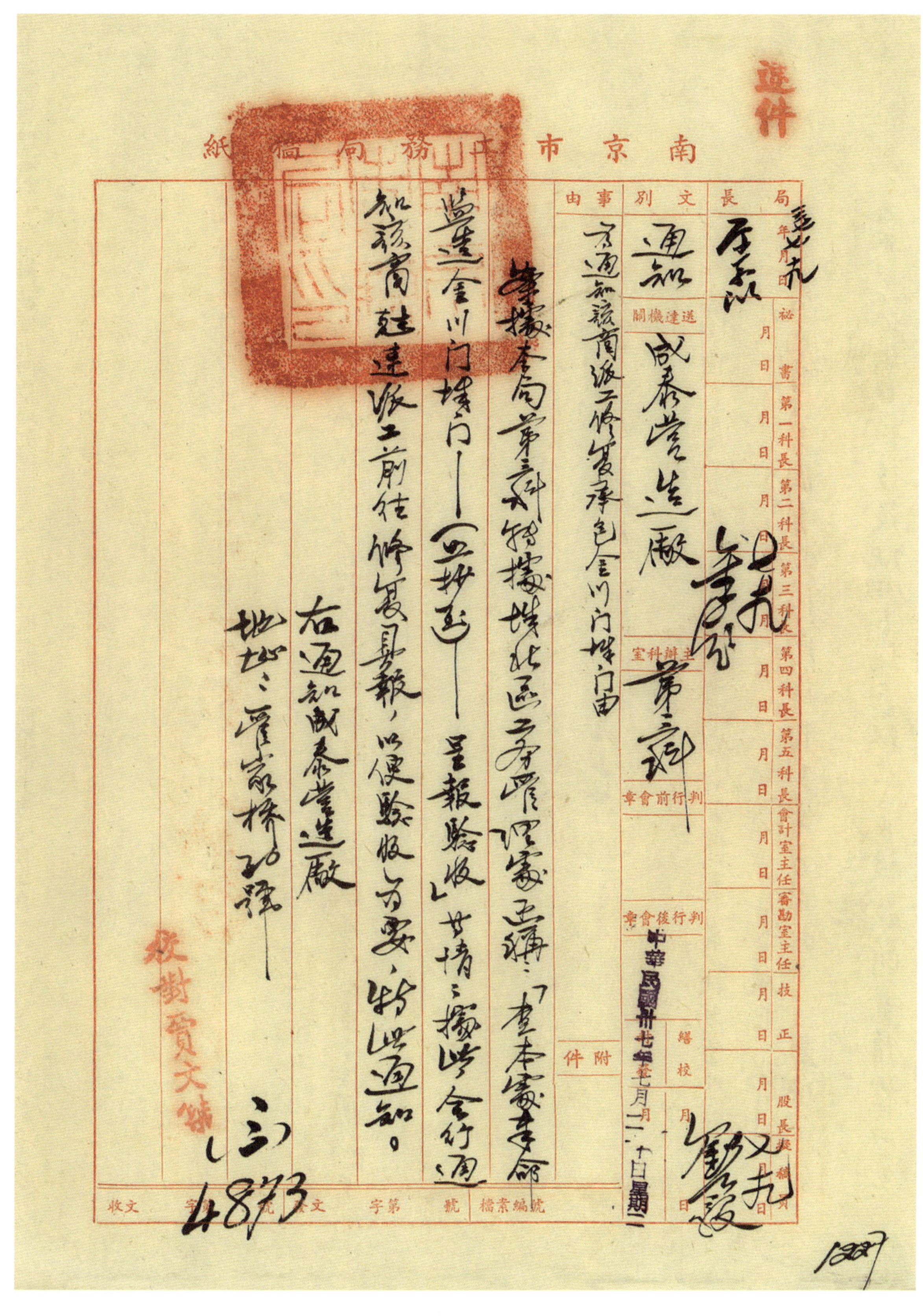

京市鐵路管理處關于金川門城闕大門修理欠固請責令承包人賠償并修理給市工務局的公函（一九四八年七月十九日）

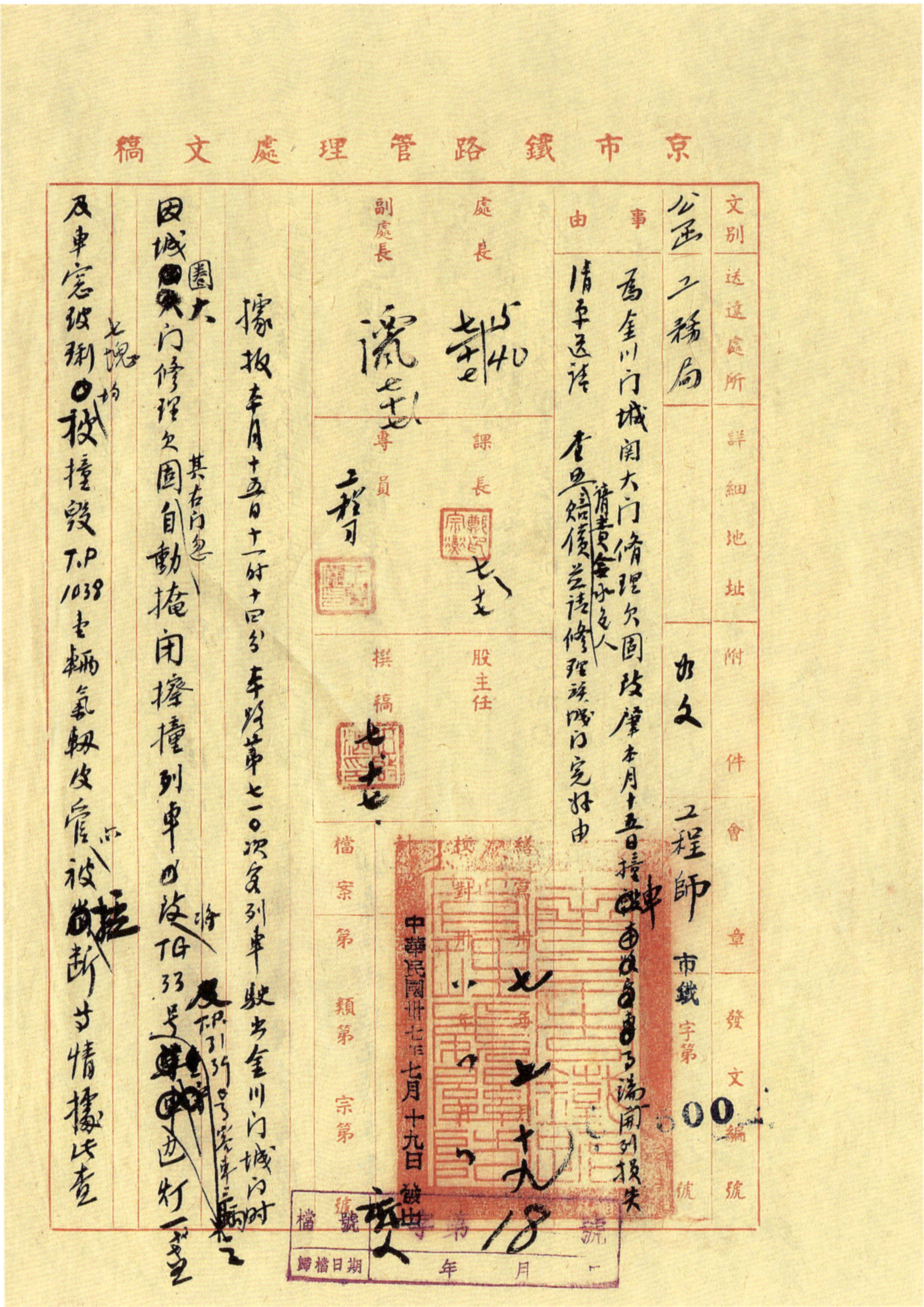

京市鐵路管理處文稿

文别：公函

送達處所：工務局

事由：為金川门城闕大门修理欠固致肇本月十五日撞車事故函請查照嚴責承包人賠償並請修理該城门完好由

處長　副處長　課長　股主任　專員　撰稿

詳細地址　附件　會章

工程師

發文編號：市鐵字第〇〇號

中華民國卅七年七月十九日

據报本月十五日十一时十四分本路第七一〇次客列車駛出金川门城门时，因城闕大门修理欠固，自動掩閉，撞擊列車……

該城門損毀緣由
貴局派工修整，事前未蒙通知，且施工欠周，復將本路前設植支持該門之
鋼軌移去，致失安全，又未裝該門搭扣扣住，致肇觸撞，此次事端經本處調查
計損失共計達國幣三千二百五十萬元，相應抄附損失清單壹紙
送請
貴局查照，責令肇事人如數賠償，並迅即派工將該城門修復，加設安全搭扣，並將原植鋼軌三根送還，嗣後如有
在本路範圍以內敷設或改建工程，請先通知本路，會同辦理，以策安全為荷。
此致
南京市工務局
附損失清單一份

37.5.5000

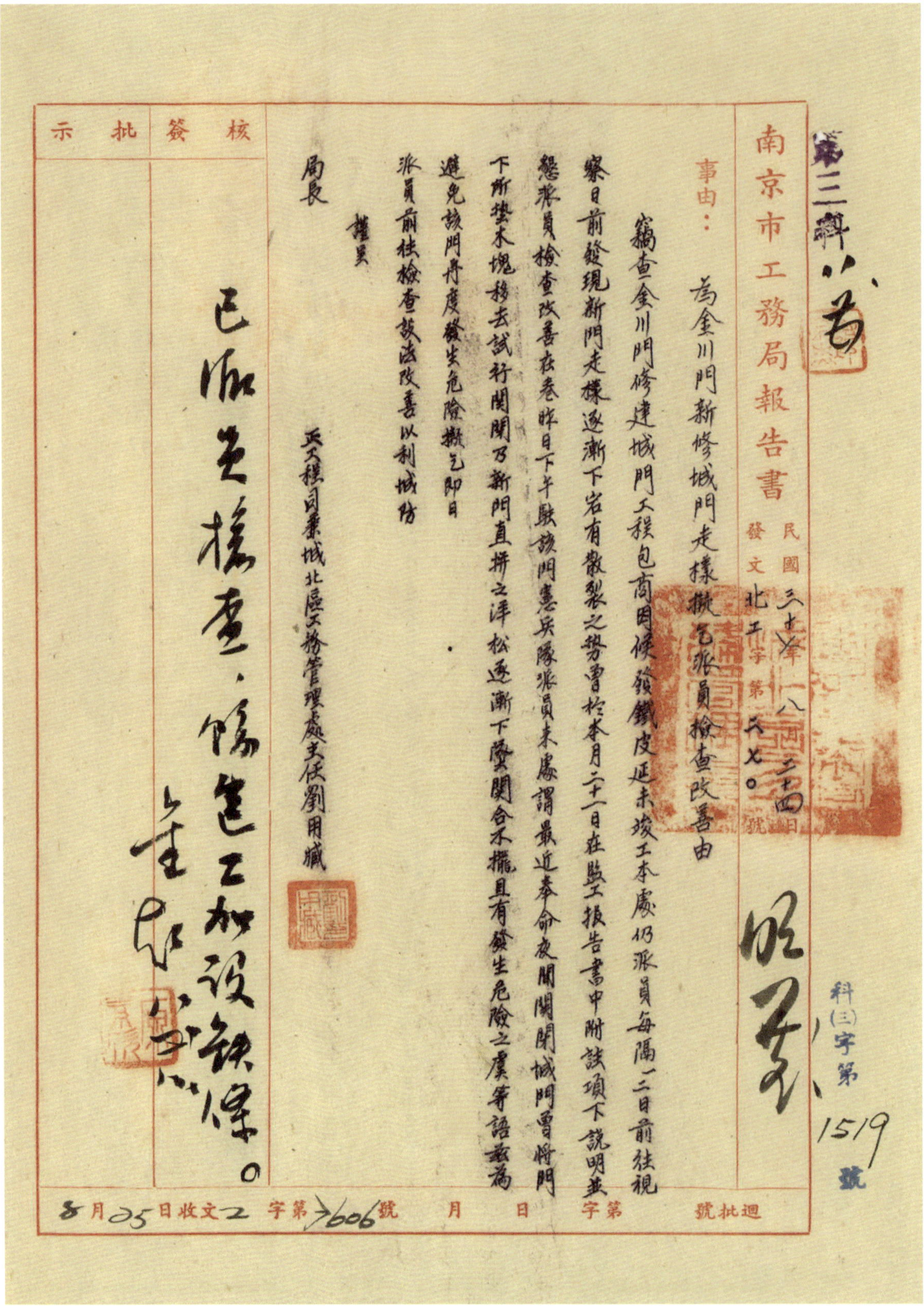
南京市工務局報告書

第三科

民國三十七年八月十四日
發文北工字第六七〇號

事由：為金川門新修城門走樣擬乞派員檢查改善由

竊查金川門修建城門工程包商田德發鐵皮延未竣工本處仍派員每隔一二日前往視察日前發現新門走樣逐漸下宕有散裂之勢曾於本月二十一日在監工報告書中附該項下說明並懇派員檢查改善在卷昨日下午駐該門憲兵隊派員來處謂最近奉命夜間關閉城門曾將門下所墊木塊移去試行關閉乃新門直拼之洋松逐漸下墜關合不攏且有發生危險之虞等語敬為避免該門再度發生危險擬乞即日派員前往檢查設法改善以利城防

謹呈

局長

兼工程司兼城北區工務管理處主任劉用臧

已派黃楊查，囑速工加設鉄條。

8月25日收文工字第7606號　月　日　字第　號批迴

科(三)字第1519號

城北區工務管理處爲金川門新修城門走樣擬乞派員檢查改善致市工務局的呈文（一九四八年八月十四日）

建築股通知 金鑒

修城門用楠皮已備妥

請飭包商前往領取

此致

金科長 趙元

植签

南京市工務局便箋

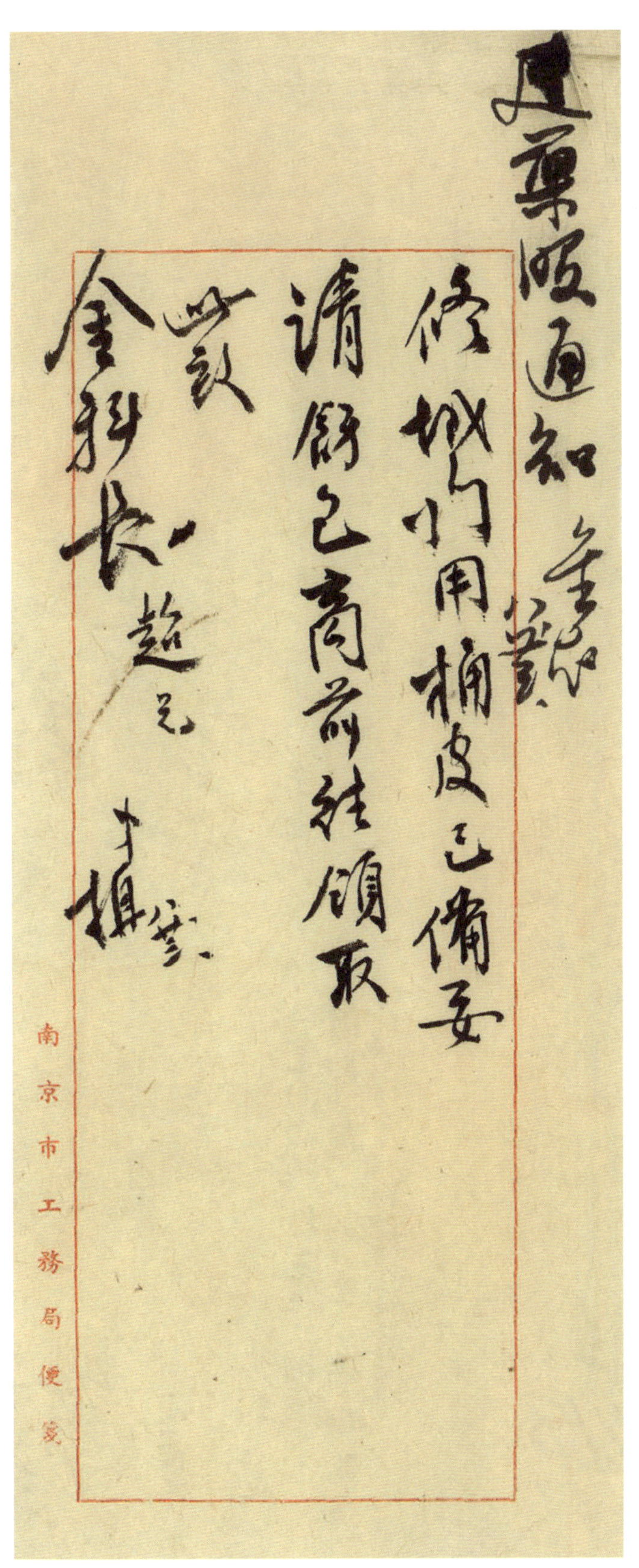

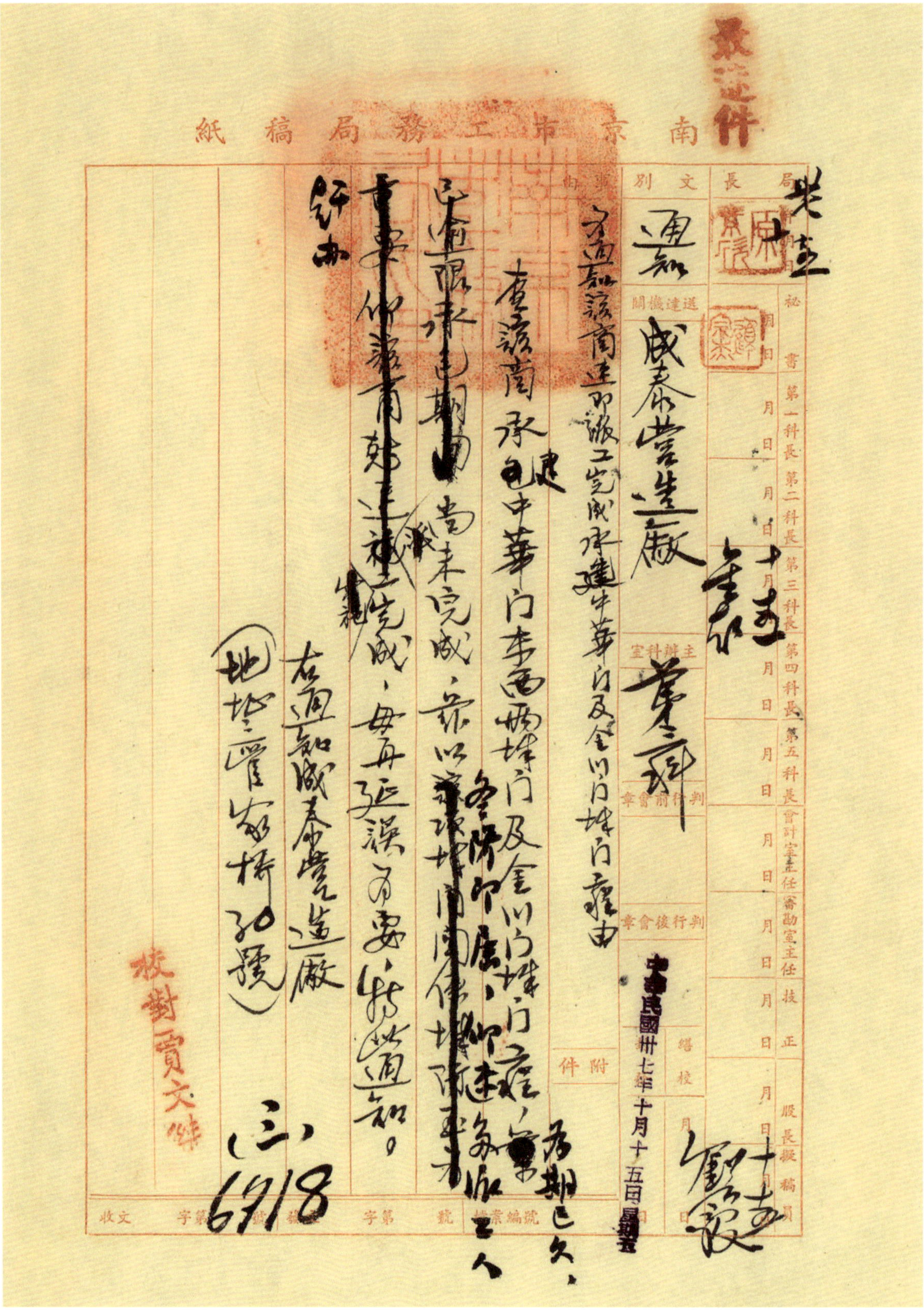

南京市工務局稿紙

局長	文別	送達機關	事由
光 十五	通知	成泰營造廠	為通知該商速即派工完成承建中華門及金川門城門工程由

查該商承包建中華門東西兩城門及金川門城門工程，為期已久，迄逾限期甚久，尚未完成，並以該項城門關係城防甚(?)重要，仰該商剋日派工完成，毋再延誤為要。特此通知。

右通知成泰營造廠

（地址：[illegible]橋30號）

主辦科室：[illegible]

中華民國卅七年十月十五日

校對 賈文[illegible]

（三）6918

市工務局爲要求成泰營造廠速即派工完成承建中華門及金川門城門工程的通知（一九四八年十月十五日）

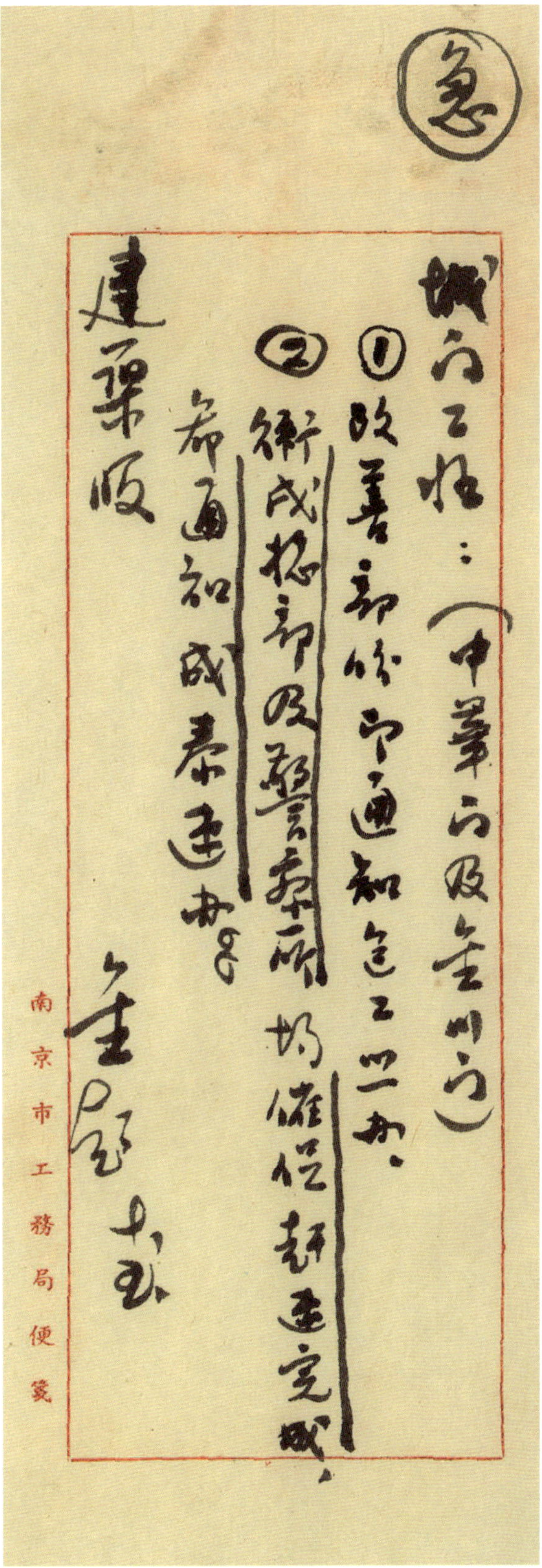

急

城門工程：（中華門及金川門）

①改善部份即通知進工四十天。

②衛戍總部及警察廳協催促趕速完成。

希通知成泰速辦。

建築股

金[illegible] 十五

南京市工務局便箋

南京城墻檔案

城門的增闢與建設

捌

中山、中華、挹江門等六城門

裝置電動開關工程

市工務局第一工程處爲檢送中山、中華、挹江、光華、水西、漢中六城門電動開關裝置及改裝修理計劃書、裝置圖致局長的呈文（一九四八年十一月六日）

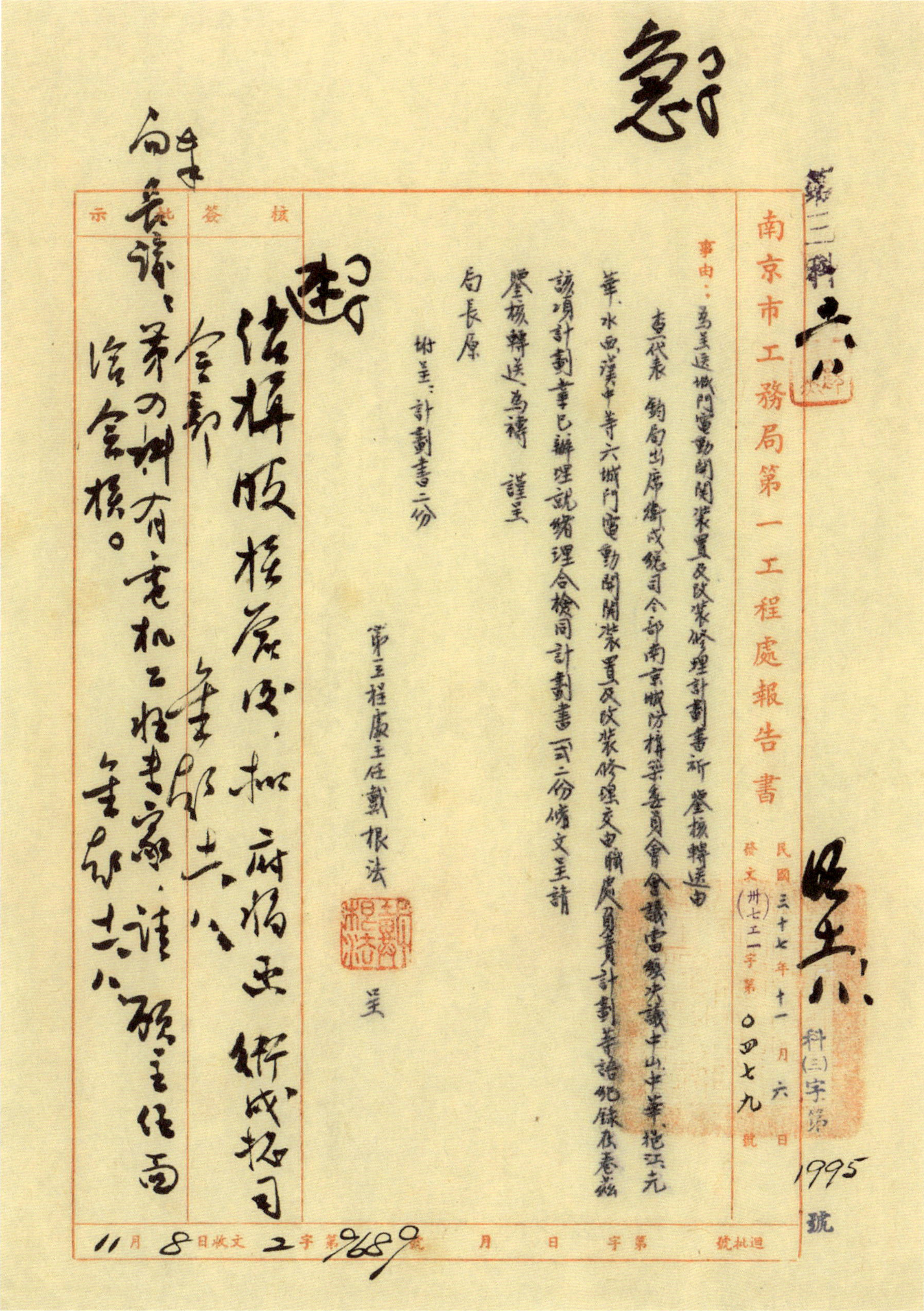

急

第三科 六八

南京市工務局第一工程處報告書

民國三十七年十一月六日

發文（卅七工一）字第〇四七九號

科(三)字第1995號

事由：爲呈送城門電動開關裝置及改裝修理計劃書祈鑒核轉送由

查代表鈞局出席衛戍總司令部南京城防構築委員會會議，當經決議中山、中華、挹江、光華、水西、漢中等六城門電動開關裝置及改裝修理交由職處負責計劃等語紀錄在卷，茲該項計劃書已辦理就緒，理合檢同計劃書（式二份）備文呈請鑒核轉送，爲禱。謹呈

局長原

附呈：計劃書二份

第一工程處主任戴根法（印）呈

核簽批示

11月8日收文工字第9689號　月　日　字第　號批過

南京市工務局第一工程處報告書

民國三十七年十一月六日
發文(卅七工一)字第〇四七九號

科(三)字第1995號

批示	核簽

事由：為呈送城門電動開關裝置及改裝修理計劃書祈鑒核轉送由

查代表鈞局出席衛戍總司令部南京城防構築委員會會議，當經決議中山、中華、挹江、光華、水西、漢中等六城門電動開關裝置及改裝修理交由職處負責計劃等語，紀錄在卷。茲該項計劃書已辦理就緒，理合檢同計劃書貳份，備文呈請鑒核轉送為禱。謹呈

局長原

附呈：計劃書二份

第一工程處主任戴根法（印） 呈

11月8日收文2字第9689號　月　日　字第　號批迴

王先生

南京市工務局簽呈紙

簽呈 於 37年 11月 21日

城門電動開關改良意見：

一、電動机改用五匹馬力

二、以馬達皮帶代白棕繩（圖中No.③）

三、馬達與繩輪（No.②）間改用磨擦連偶 Friction Coupling 以免突然停止燒壞馬達

事關軍事，最好將計劃書送國防部技術部門詳加研究改良 呈

局長原

為爭取時間起見，一面擬簽請轉送衛戍司令部，一面函請第一工程處研究改善。

十一、廿一

1995

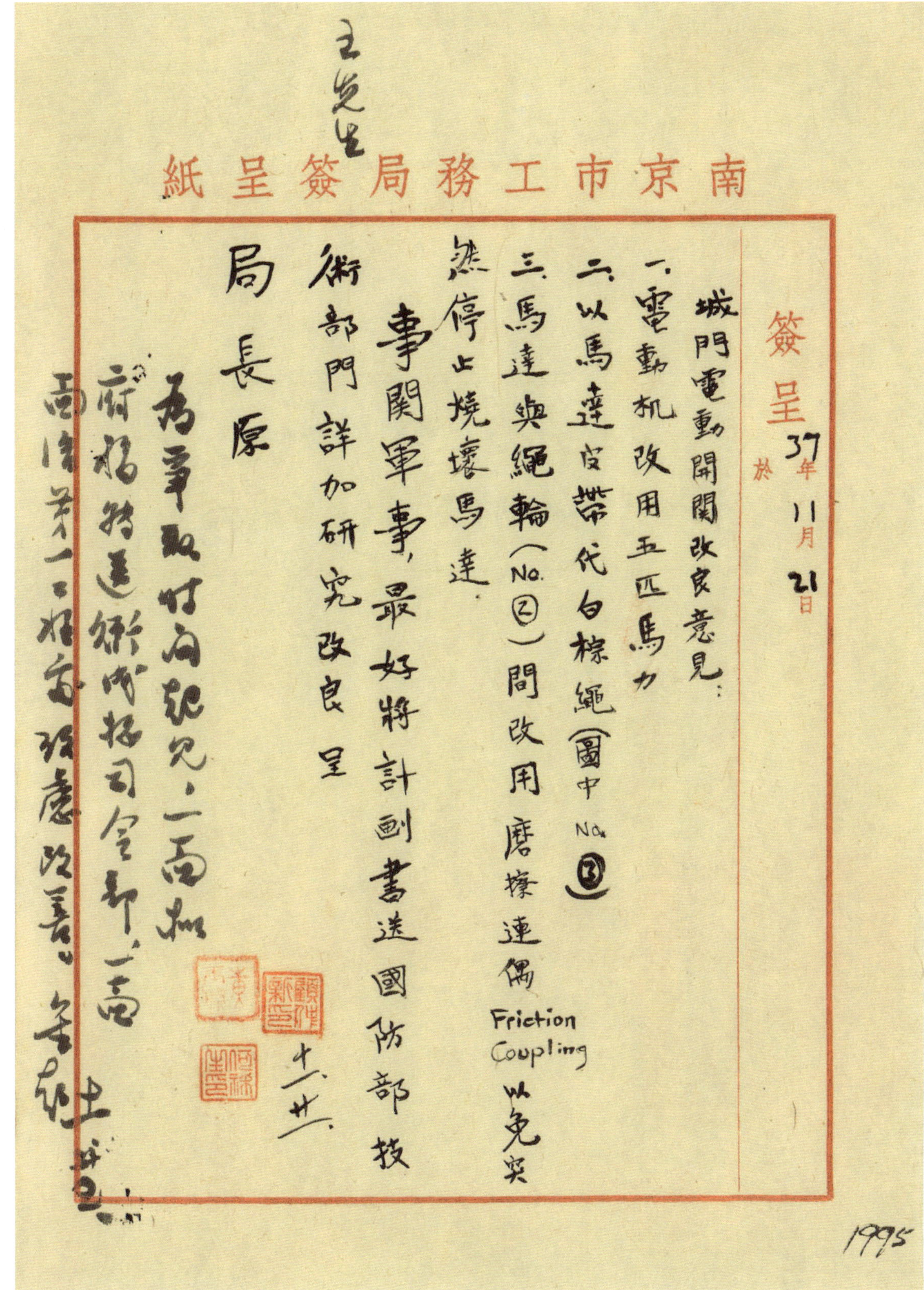

存卷

中山，中華，挹江，光華，水西，漢中等

城門電動開關裝置及改裝修理計劃書

民國三十七年十月　日製

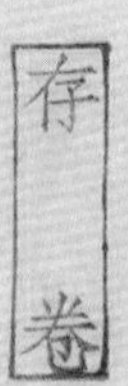

目次

城門電動開閉裝置說明

1. 利用電動開閉器操縱三相電動機，同時由於三相線路之調換，而使電動機迴轉方向改變，因迴轉方向之不同，以控制城門之啟閉。
2. 馬達之動力用繩輪傳動。
3. 由蝸輪及蝸桿改變傳動方向及減低轉速。
4. 蝸輪與軸固定，軸之他端接以齒輪，該傳動軸轉動時，齒輪之轉數與軸相同。
5. 被動軸一端有一固定滑輪與地面鐵板道接觸，他端則有固定齒輪與被動軸接觸。
6. 由齒輪推動被動軸而帶動地滑輪。
7. 利用地輪與板道之摩擦力，當馬達開動時，則地滑輪沿鐵板軌道轉動，而使門隨之開閉。
8. 開或閉每次須時45秒。

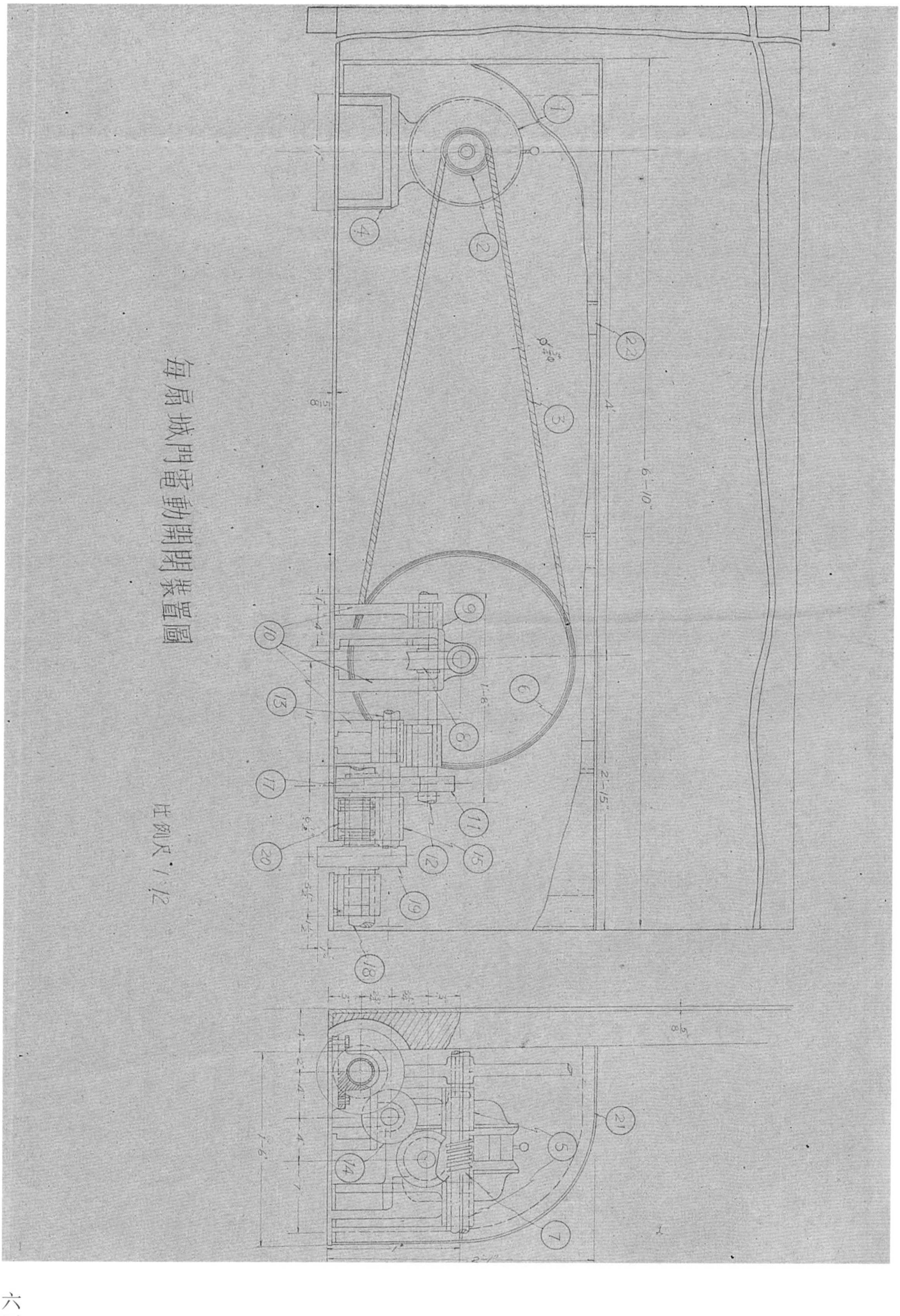
每扇城門電動開閉裝置圖
比例尺 1/12

電動開閉器線路圖

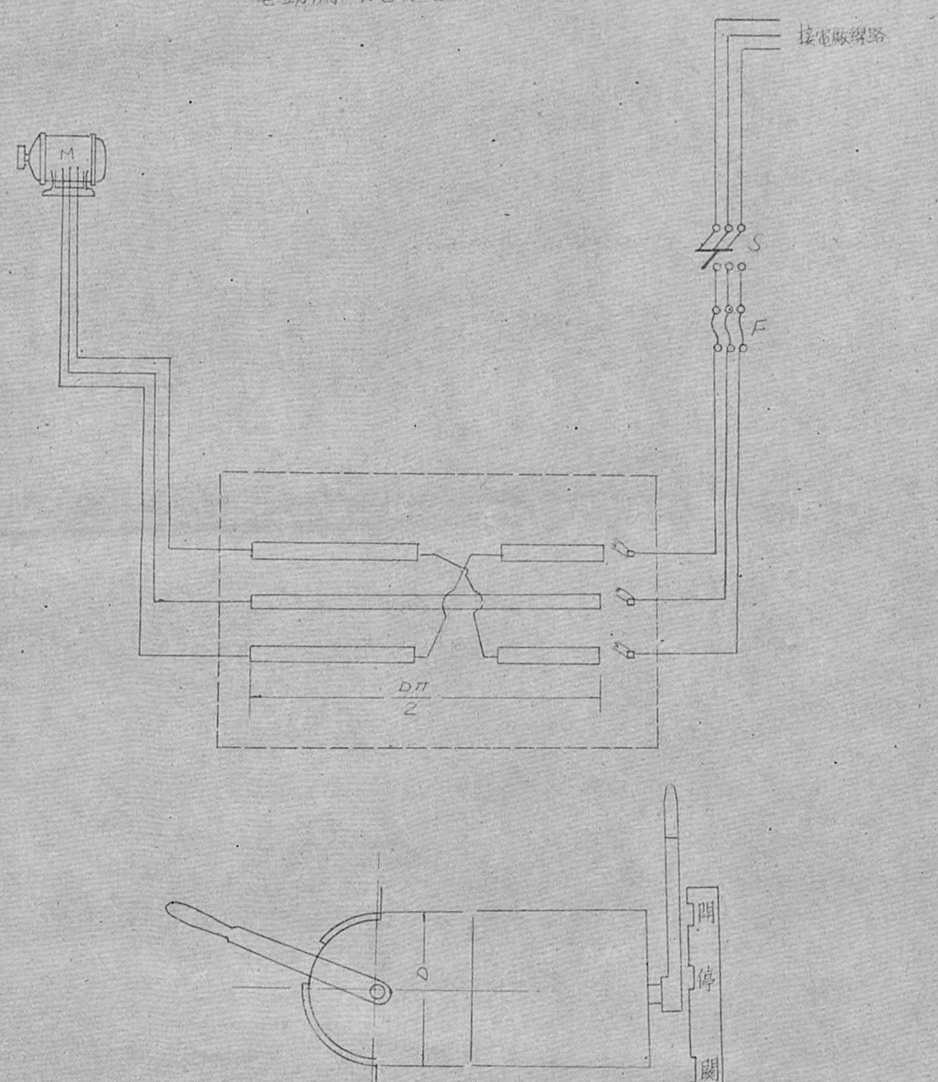

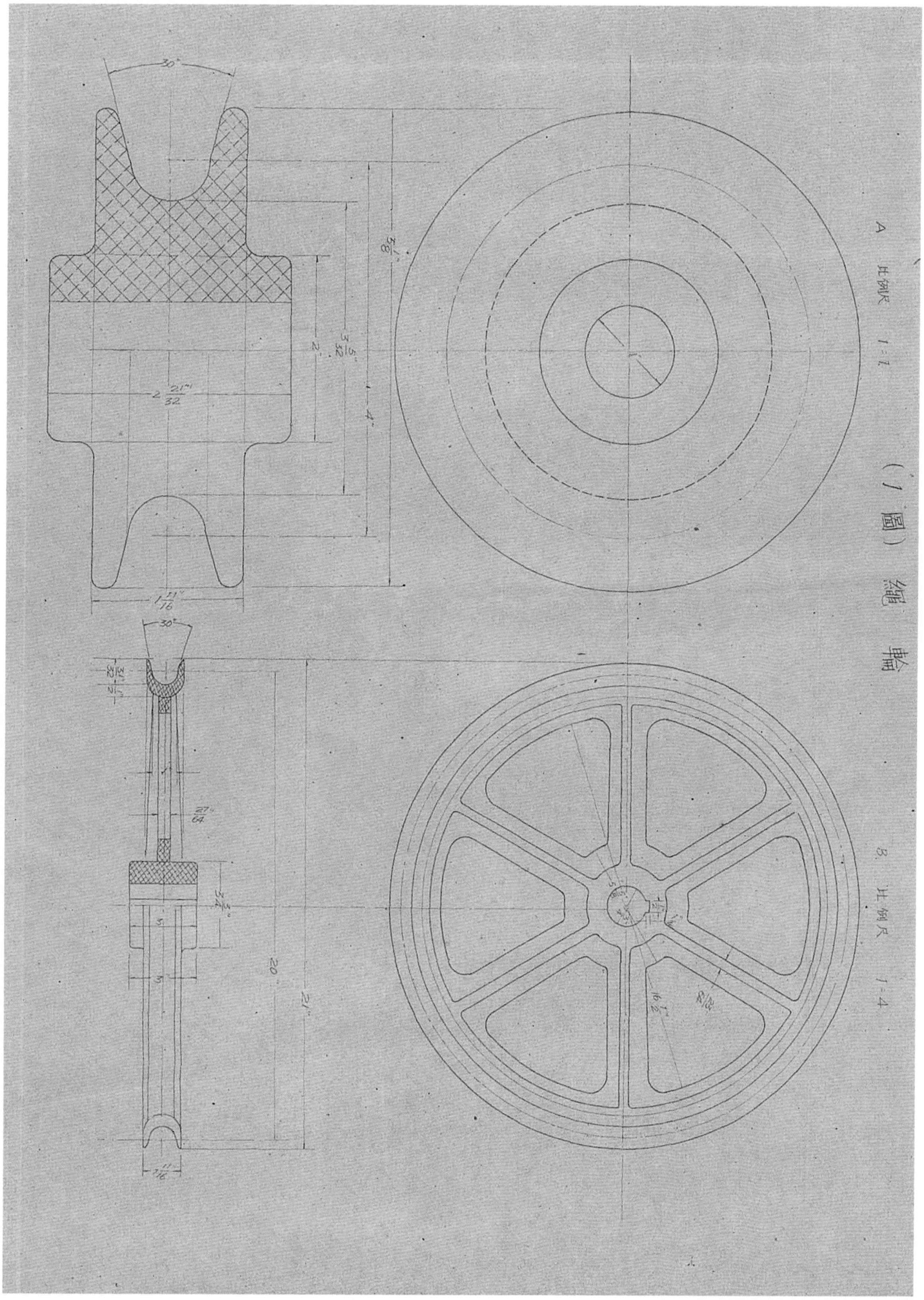

(圖1) 繩輪
A 比例尺 1:1
B 比例尺 1:4
30°

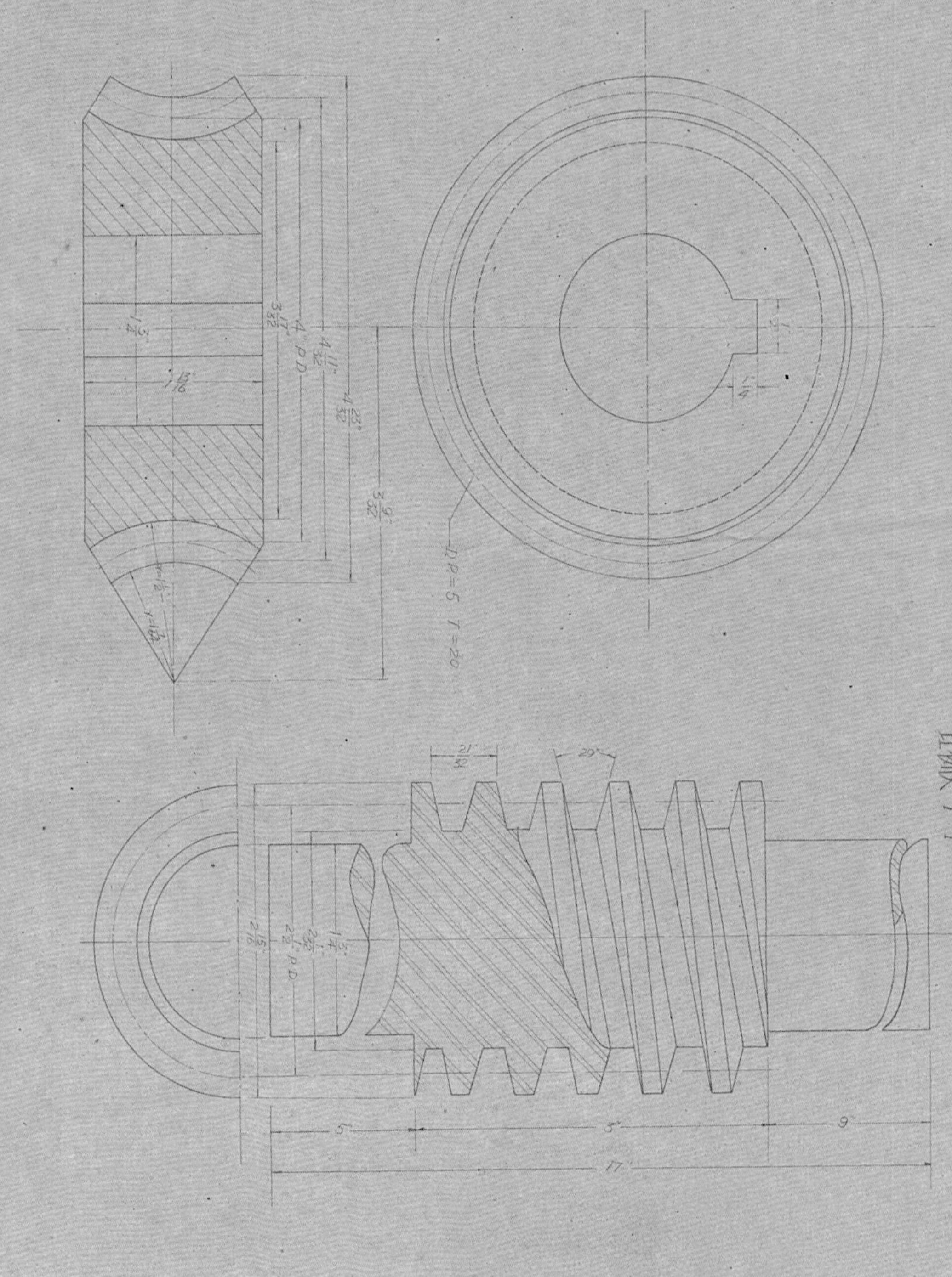

（2圖） 蝸桿及蝸輪

比例尺 1:1

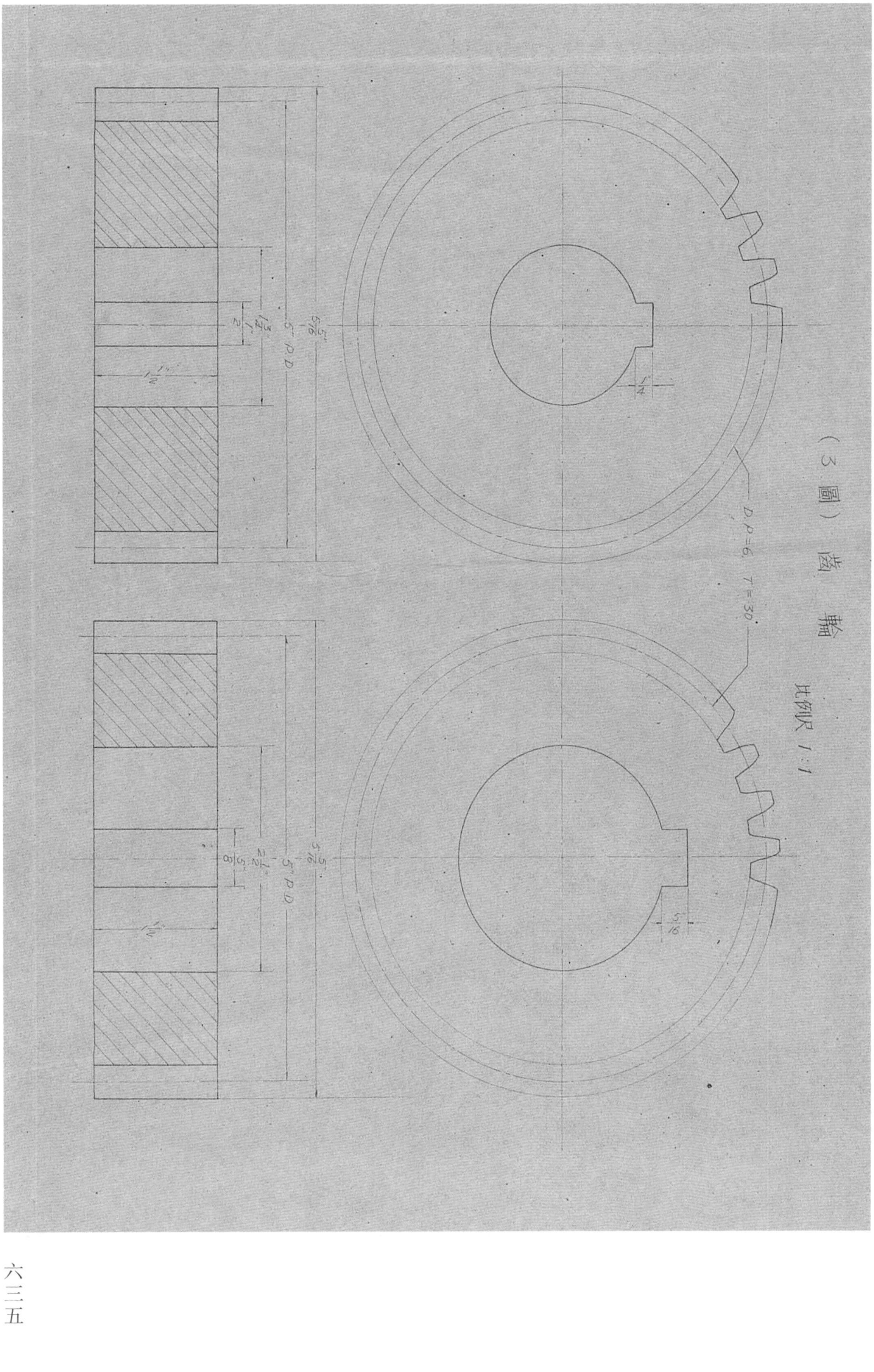

（3圖）齒輪 比例尺 1:1

（4圖）軸　承

比例尺 1:1

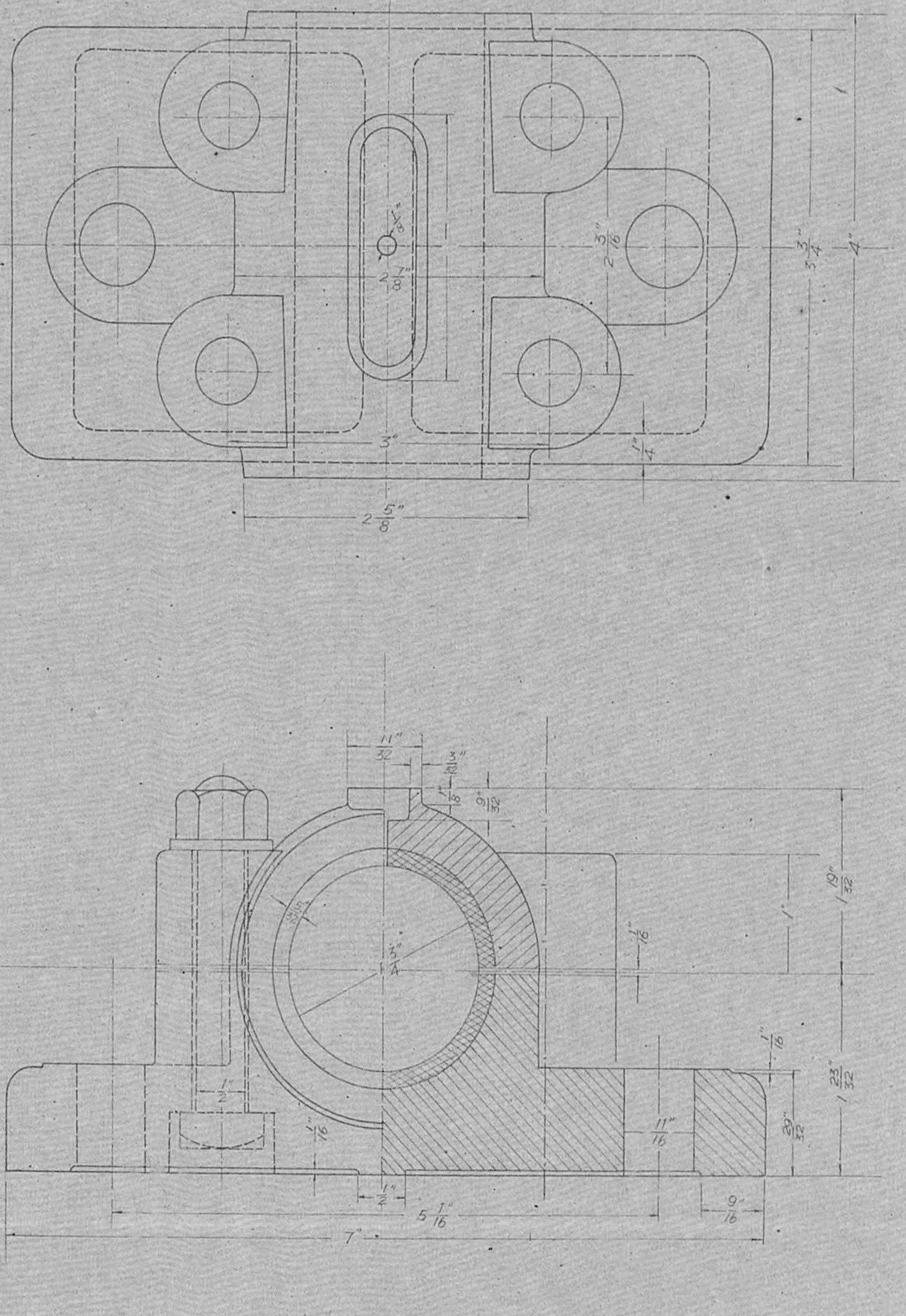

（5圖）軸 承

比例尺 1:1

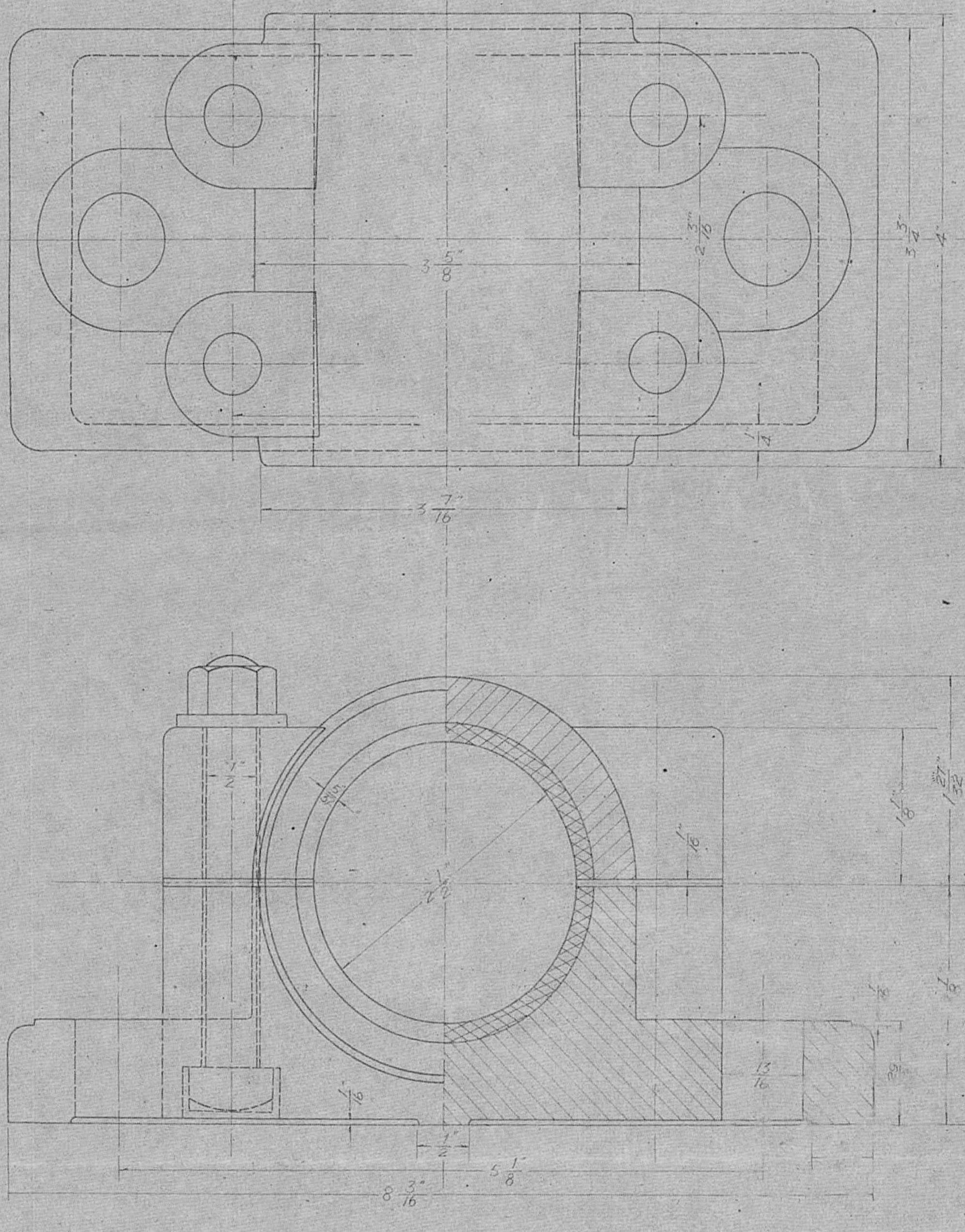

（6圖）地軸及地輪

比例尺 1:1

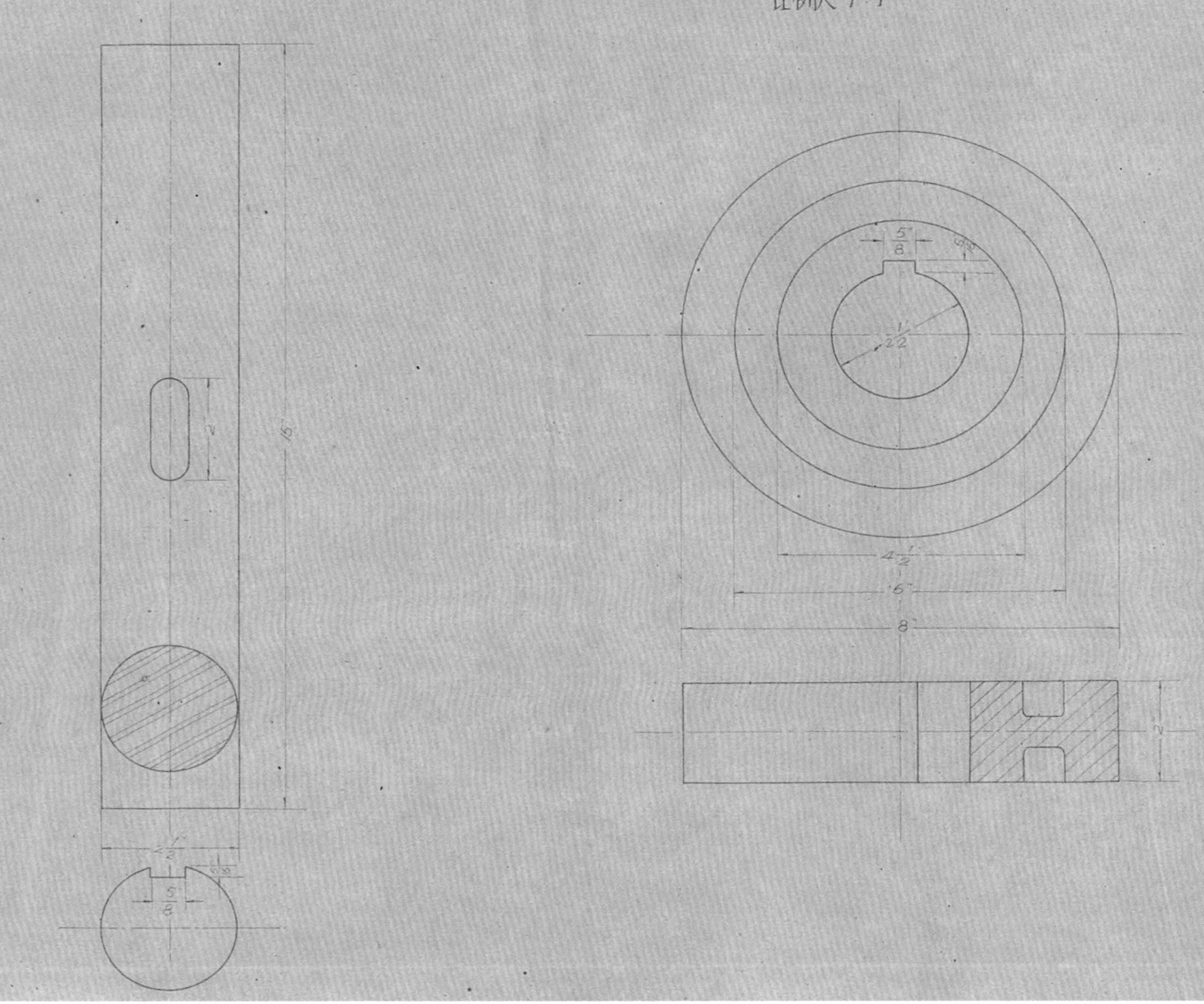

材料表

NO	名稱	材料	数量	NO	名稱	材料	数量
1	三相四極2HP馬達		1	17	齒輪	鑄鉄	1
2	4"φ繩輪	鋁合金	1	18	從動軸(16"×2½"φ)	熱鍊鉄	1
3	⅜"φ白棕繩		1	19	滑輪	鑄鉄	1
4	馬達支架	三角鉄	1	20	軸承	〃 〃	2
5	軸承	鑄鉄	2	21	鉄皮蓋		1
6	20"φ繩輪	鋁合金	1	22	弧形三角鉄		4
7	蝸桿(連軸)	熱鍊鋼	1				
8	蝸輪	〃 〃 〃	1				
9	軸承	鑄鉄	2				
10	軸承支架	三角鉄	6				
11	齒輪	鑄鉄	1				
12	從動軸(20"×1⅜"φ)	熱鍊鋼	1				
13	〃 〃 〃	〃 〃 〃	1				
14	齒輪	鑄鉄	1				
15	軸承	〃 〃	2				

中山,中華,挹江,光華,水西,漢中,六城門電動開閉裝置預算

名稱	數量	尺寸	單價	總價	備考
馬達	1座	2H.P.	2000.00	2000.00	3相4極50N 60週率,220V.
大小牙齒	5只		300.00	1500.00	
滑輪	2只	8"φ3"φ	120.00	240.00	
白棕繩	1条	直徑3/4"	80.00	80.00	
皮帶輪	2只	大小各1	70.00 50.00	120.00	
傳動軸	3根		100.00	300.00	
軸承	8个		100.00	800.00	
合金	5磅		30.00	150.00	
電線	20丈			500.00	
開閉管制	1座			400.00	
支架鉄及鉚釘	300磅		3.00	900.00	
鉄皮	100磅	(包機件外売)	3.00	300.00	
裝置人工	50工		6.00	300.00	
滑輪道鉄板	1200磅	20x1/2"x1	4.00	4800.00	
洋灰	5包		30.00	150.00	
合計				12,540.00	
總計	中華,中山,挹江,光華,水西,漢中,六城門共22扇.			275,880.00	

中山,水西,漢中,光華.等城門改裝及修理預算.

(一).挹江門：中門2扇,旁門四扇(鉄板門.均完好)

(二).中山門：中門2扇,左旁門2扇.(鉄板門完好).

右旁門2扇(木門)改裝3/8"厚鉄板門.

品名	重量	單價	總價	備考
鉄板及卯丁	8500磅	4.00	34000.00	
人工	200工	6.00	1200.00	
合計			35200.00	

(三).水西門：2扇(木門)改裝3/8"厚鉄板門:

品名	重量	單價	總價	備考
鉄板三角鉄及卯丁	9200磅	4.00	36800.00	
人工	200工	6.00	1200.00	
合計			38000.00	

(四).漢中門：2扇,修理:

品名	重量	單價	總價	備考
鉄板三角鉄及卯丁	1500磅	4.00	6000.00	
人工	120工	6.00	720.00	
合計			6720.00	

(五). 中華門：4扇（木門）改裝 3"/8 厚鉄板門：

品　名	重　量	單價	總　價	備考
鉄板三角鉄及卯丁	12960磅	400	5184000	
人　工	450工	600	270000	
合　計			5454000	

(六). 光華門：2扇（木門）改裝 3"/8 厚鉄板門：

品　名	重　量	單價	總　價	備考
鉄板三角鉄及卯丁	800000	400	3200000	
人　工	23000	600	138000	
合　計			3338000	

共計（六城門改裝及修理）G.Y. 167,84000

預算總額

中山、中華、挹江、光華、水西、漢中六城門電動開閉裝置改裝及修理預算總計GY. 443,720.00

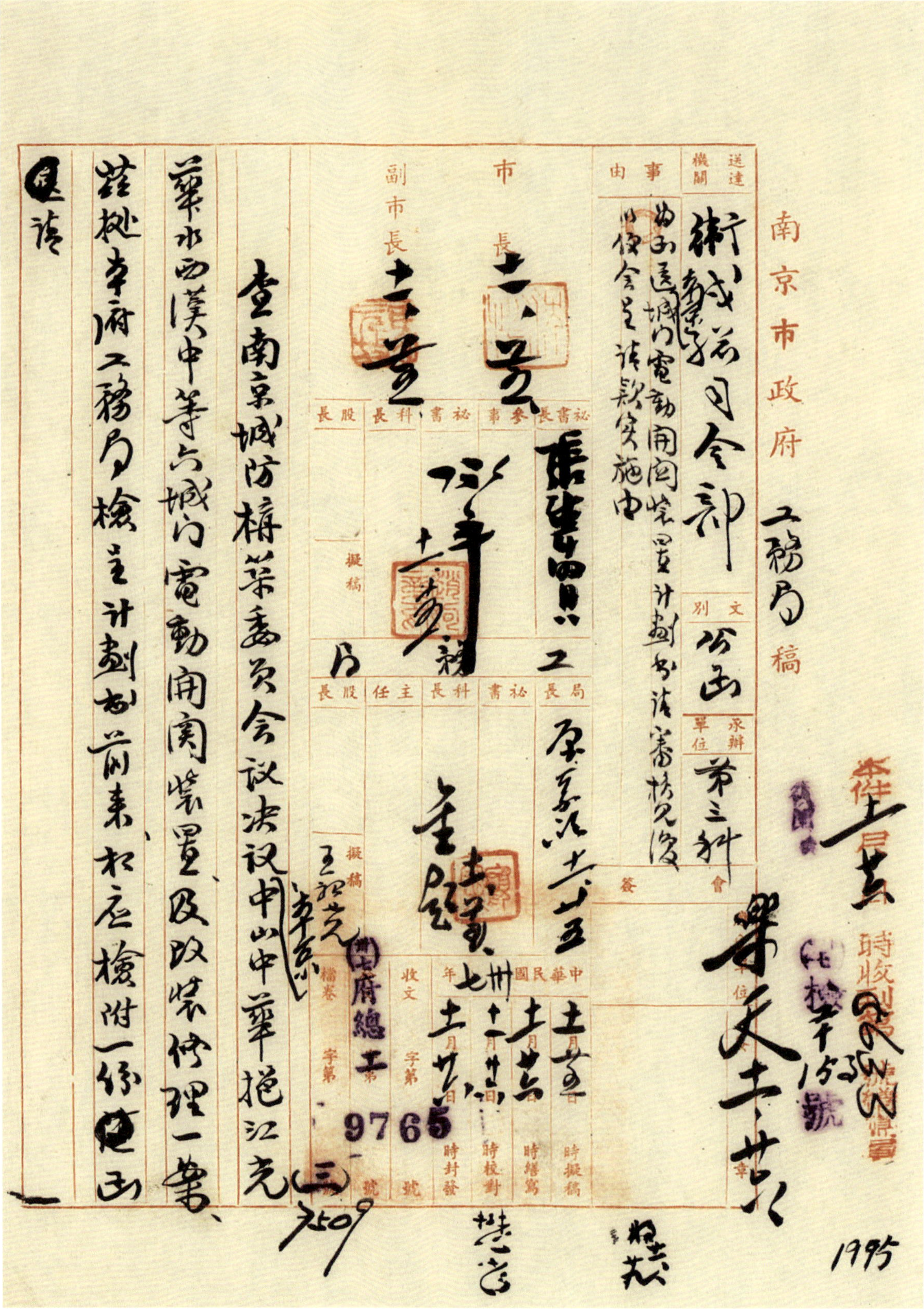
南京市政府 工務局稿

送達機關：衛戍總司令部

文別：公函

承辦單位：第三科

事由：為函送城門電動開閉裝置計劃書請審核見復以便會呈請款實施由

市長
副市長
秘書長 參事 秘書 科長 股長 擬稿
局長 秘書 科長 主任 股長 擬稿
會簽

中華民國卅七年 十一月 日

收文 字第 號
檔卷 府總工 字第 9765 號

查南京城防構築委員會議決設中山、中華、挹江、光華、水西、漢中等六城門電動開閉裝置及改裝修理一案，茲據本府工務局檢呈計劃書前來，相應檢附一份，函送

查照審核見復為荷

市政府爲函送本市中山、中華、挹江、光華、水西、漢中六城門電動開關裝置計劃書請審核見復致首都衛戍司令部的公函

（一九四八年十一月二十六日）

貴部查照、[redacted]核[redacted]復、以便會呈中央請款，俾
[redacted]付[redacted]實施[redacted]為荷 此致

首都衛戍總司令部

附送城門電動開閉裝置計劃書一份

衛名

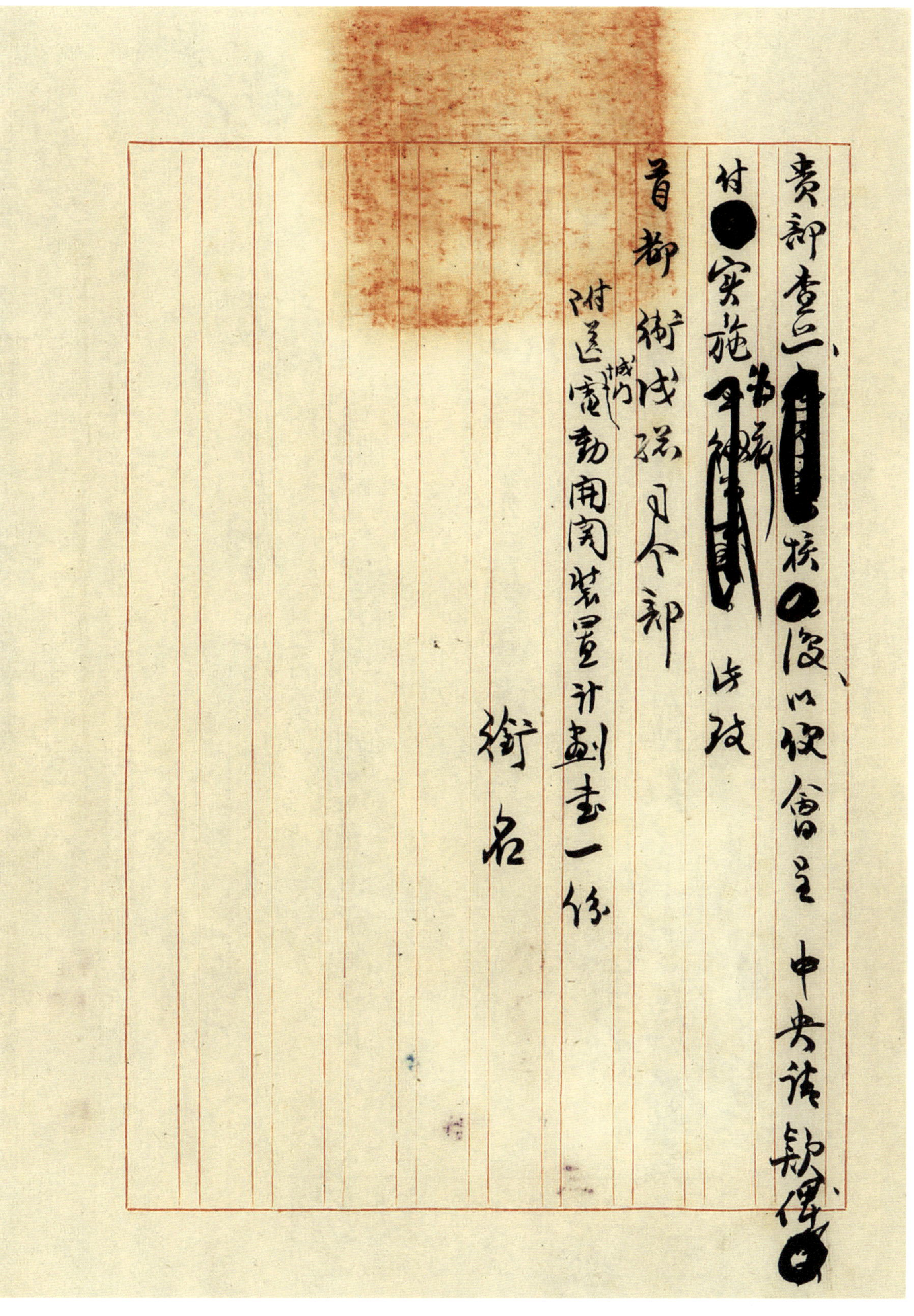

首都衛戍司令部爲請派員領城門電動開關經費并迅即開工一事與南京市政府的往來公文及市工務局的領條（附件：預算書）（一九四八年十二月十四日）

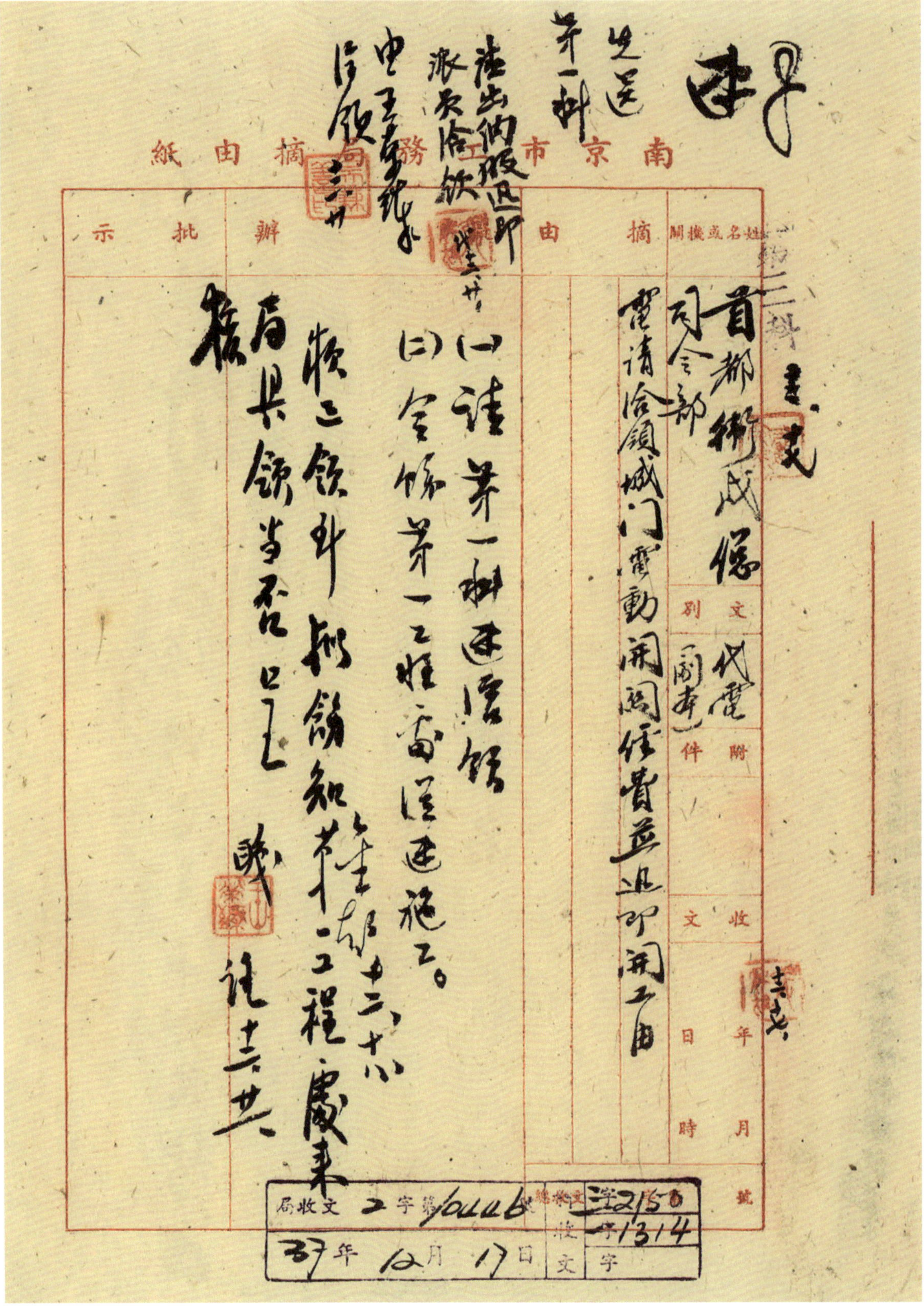

南京市工務局摘由紙

姓名或機關：首都衛戍司令部

摘由：電請派員領城門電動開關經費並迅即開工由

文別：代電

附件

收文　年　月　日　時

擬辦：(一)請并一科迅派員領 (二)令飭并一工程處迅速施工。

批示

局收文　工字第16446號

37年12月17日

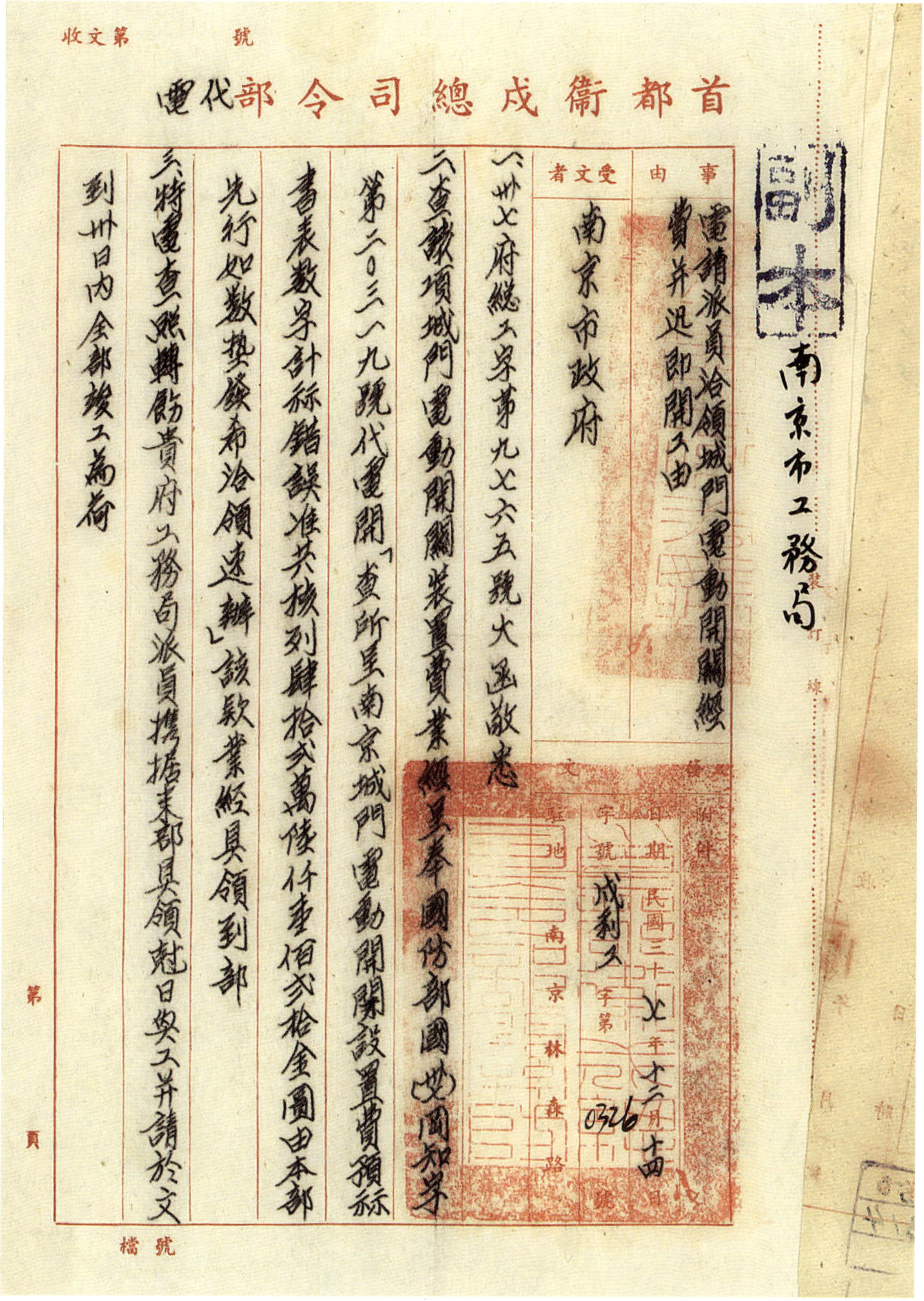

收文第　　號

首都衛戍總司令部代電

副本

南京市工務局

事由：電請派員洽領城門電動開關經費并迅即開工由

受文者：南京市政府

一、卅七府總工字第九七六五號大函敬悉

二、查該項城門電動開關裝置費業經呈奉國防部國工周知字第二〇三八九號代電開「查所呈南京城門電動開關設置費預算書表數字計算錯誤准共核列肆拾弍萬陸仟壹佰叁拾金圓由本部先行如數墊發希洽領速辦」該款業經具領到部

三、特電查照轉飭貴府工務局派員携據來部具領尅日興工并請於文到卅日內全部竣工為荷

日期：民國三十七年十二月十四日

字號：戍剏工字第0326號

駐地：南京林森路

附件

第　　頁

檔號

四、本件副本分送南京市工務局、本部副四科，並抄呈國防部、總統府第三局。

總司令張耀明

第　頁

檔號

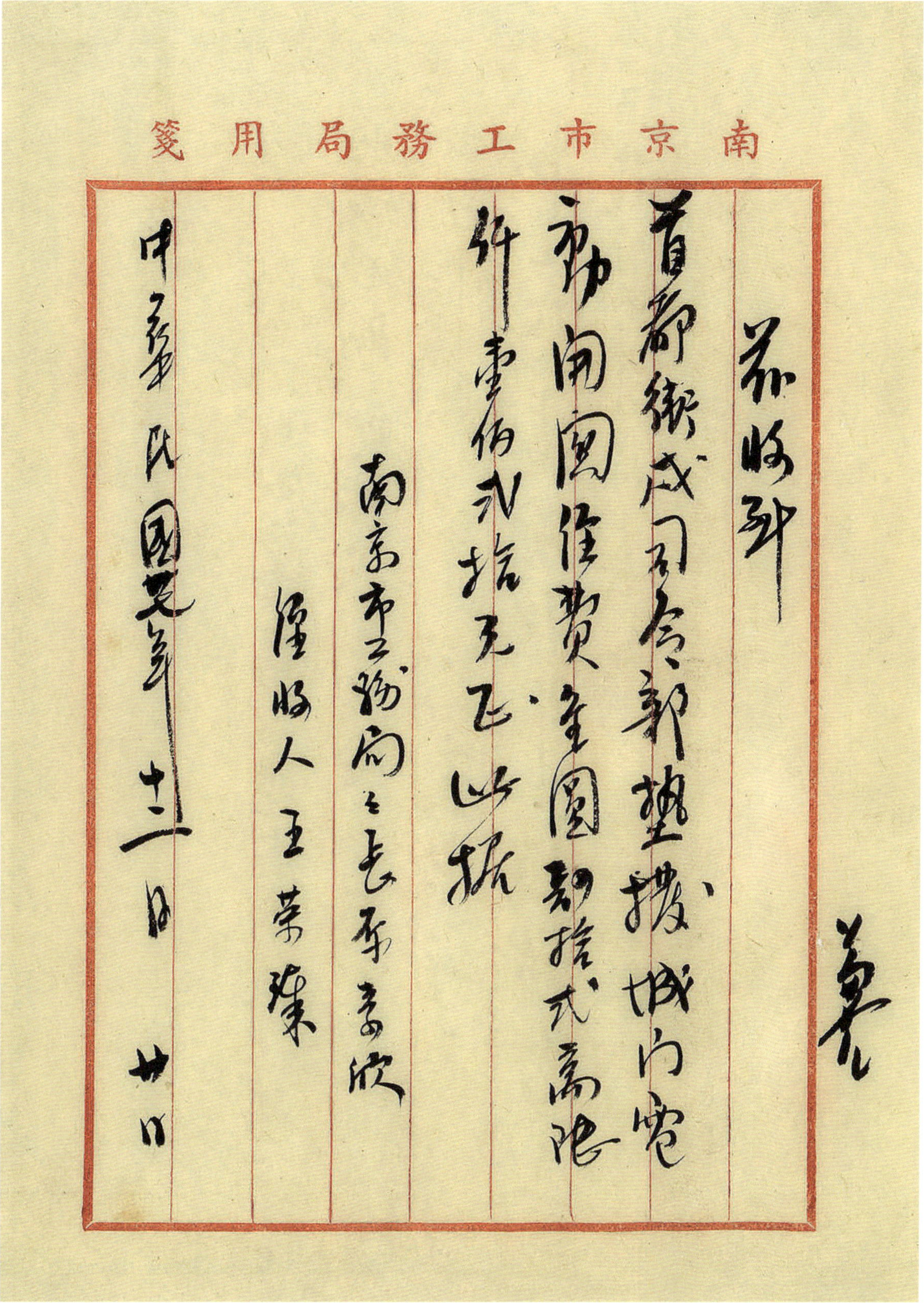

南京市工務局用箋

茲收到

首都衛戍司令部墊撥城內寬

市動開闢經費金圓貳拾貳萬陸

仟壹佰貳拾元正此據

南京市工務局局長宋希尚

經收人王榮璪

中華民國廿五年十二月廿日

蓋

以電話通知第一工程處具領 代十二.廿

出納股辦理領款手續後移還

第三科 代十二.廿

余○代十二.廿八

懷正於十二月廿六日收到 批飭知第一

工程處來局具領

代十二.廿

南京市工務局便箋

科(一)1320

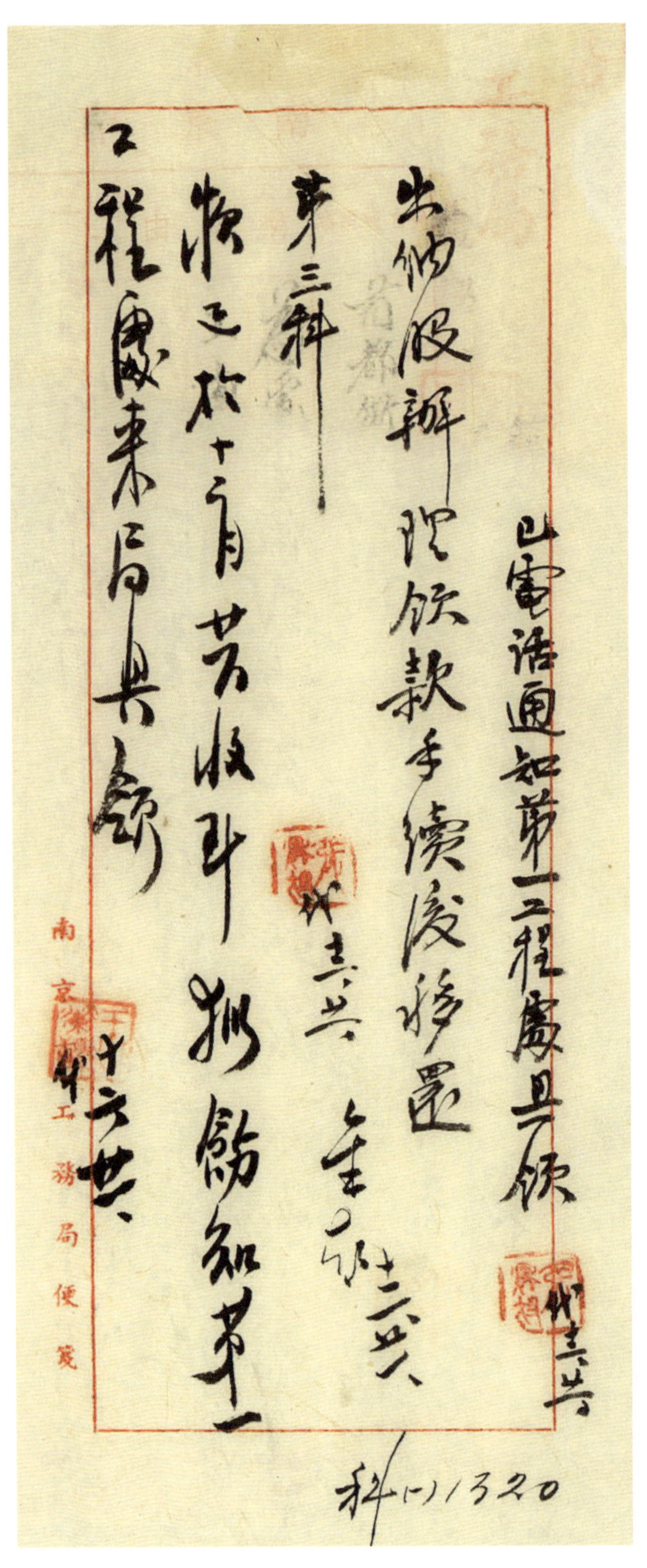

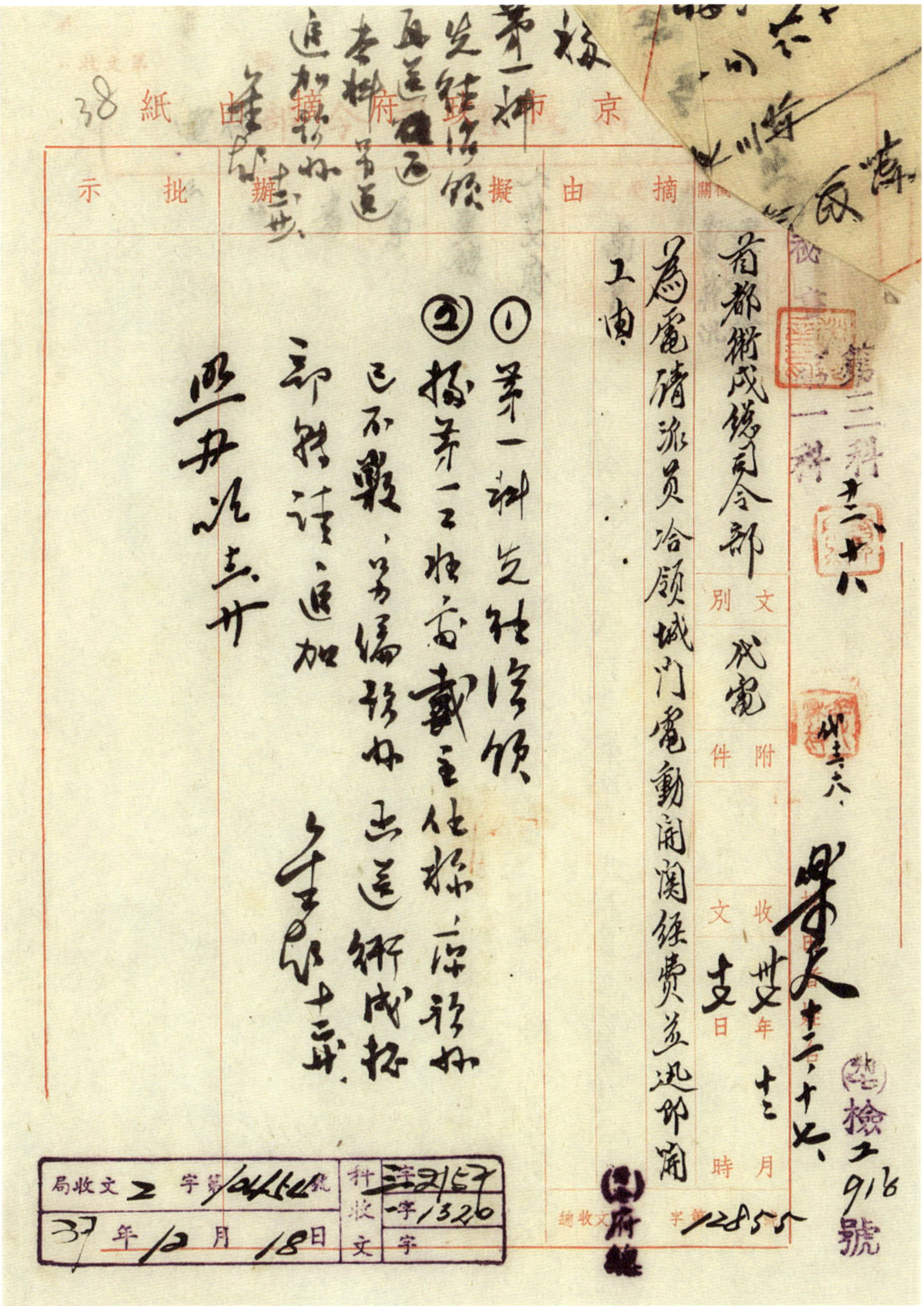

38 南京市政府摘由紙

機關	首都衛戍總司令部
文別	代電
附件	
收文	卅七 年 十二 月 支 日 時
摘由	為電請派員洽領城門電動開關經費並迅即開工由
擬辦	① 第一科定期洽領 ② 轉第二工程處載主任核辦，原預算已不敷，另編預算函送衛戍總部轉請追加 [illegible] 十二 十八
批示	照辦 [illegible] 十二 廿

第二科 十二 十八

局收文 工 字第 04464 號 37 年 12 月 18 日

科收文 字 1320

總收文 字第 12855 號

檢工 916 號

收文第　　號

都衛戍總司令部代電

事由：電請派員洽領城門電動開關經費并迅即開工由

受文者：南京市政府

一、卅七府總工字第九七六五號大函敬悉

二、查該項城門電動開關裝置費業經呈奉國防部國(史)周知字第二〇三八九號代電開「查所呈南京城門電動開關設置費預算書表數字計算錯誤准共核列肆拾貳萬陸仟叁佰貳拾金圓由本部先行如數墊發希洽領速辦」該款業經具領到部

三、特電查照轉飭貴府工務局派員携據來部具領赴日興工并請於文到卅日內全部竣工為荷

發文	
附件	
日期	民國三十七年十二月十五日
字號	戍利工字第0326號
駐地	南京林森路

檔號

第　頁

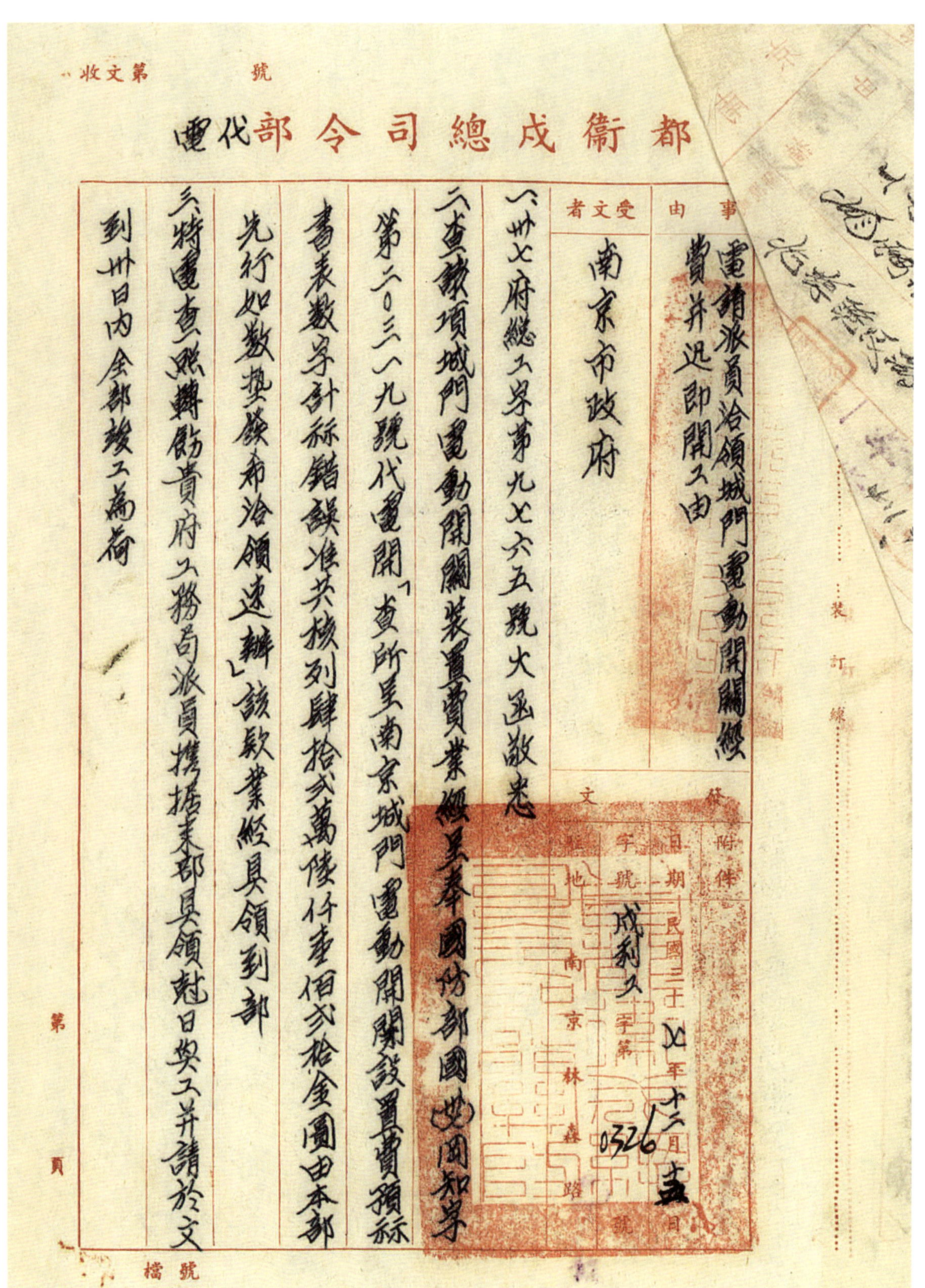

四、本件副本分送南京市工務局本部副四科並抄呈國防部總統府第三局

總司令張耀明

第　頁

檔號

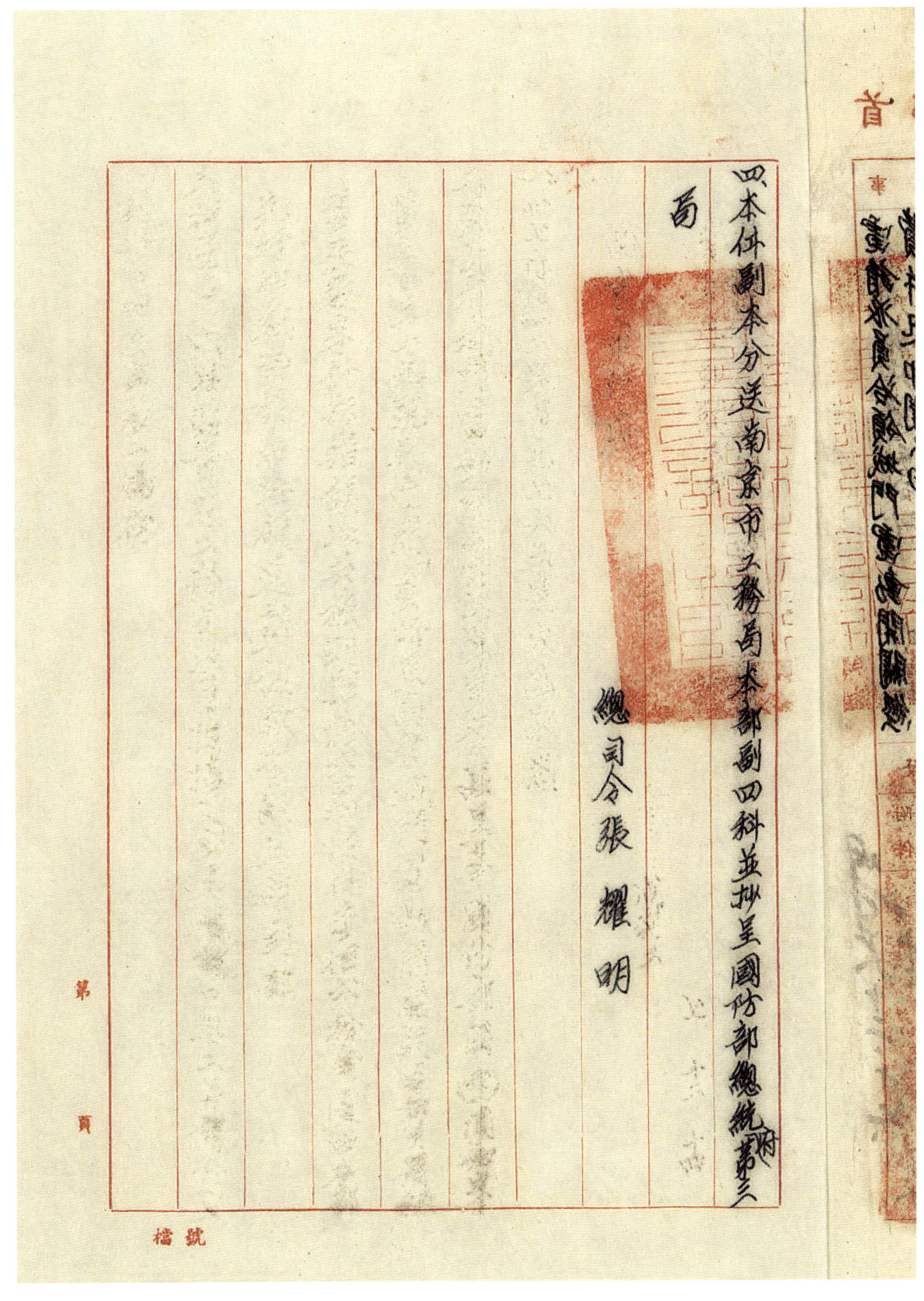

南京市政府工務局稿

送達機關	首都衛戍總司令部
文別	公函
承辦單位	第三科
應會單位	會計室
事由	為准咨派員洽領城門電動開閉經費一案，以前送預標係依開放前編擬，比之目前物價不敷甚鉅，據(?)同……重編……由

呈 市長

副市長

局長

秘書

科長

主任

股長

擬稿

中華民國三十七年十二月廿二日

收文 十二月廿五

府總工字第 10514 號

案准

貴部成利工字第三二六號代電，囑派員洽領城門電動開閉經費，並迅即施工等由。查此案前送預標，尚係根據開放前所編擬，衡諸目前物價，相差甚遠，正改編

7940

工 918

2150
2157

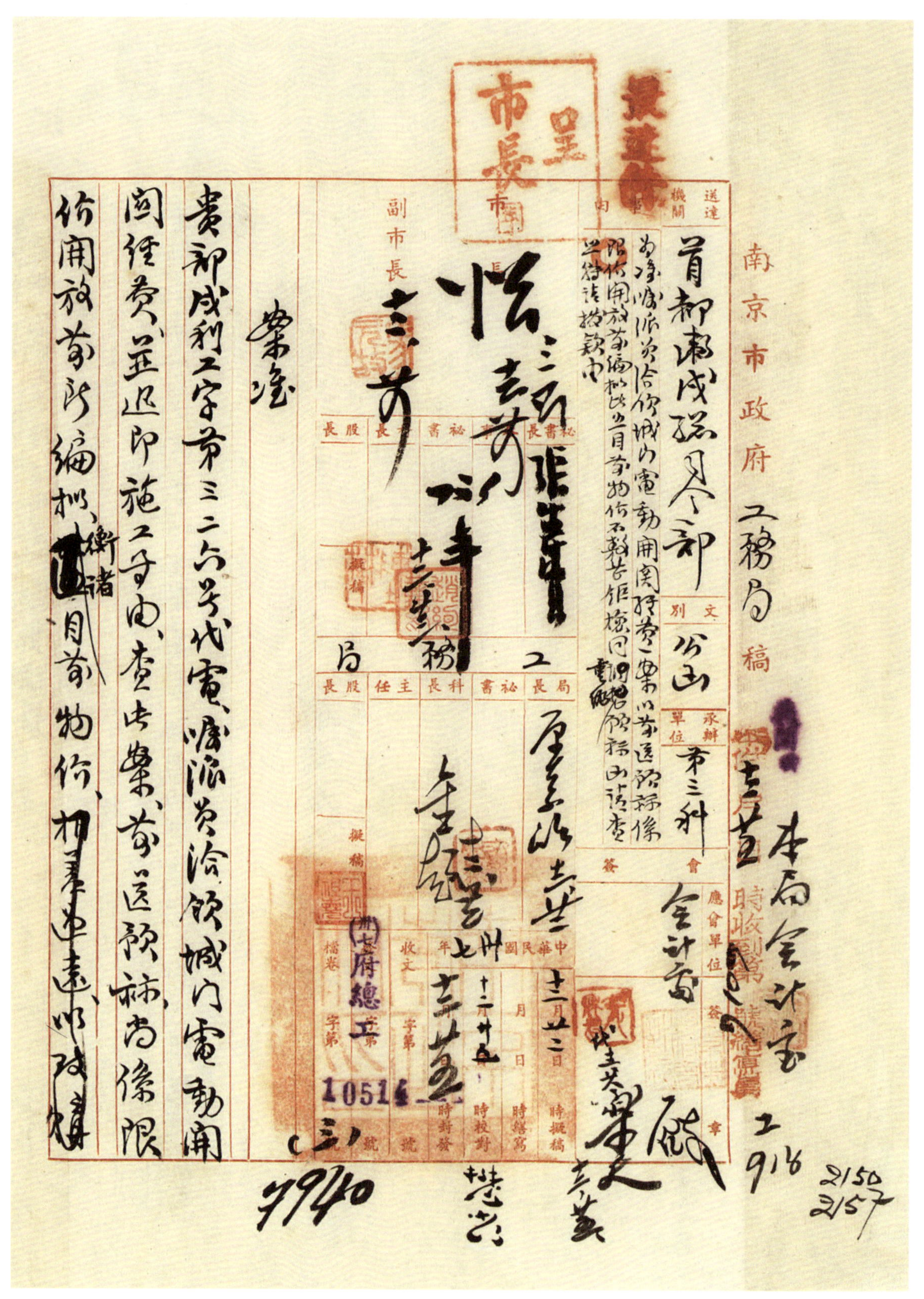

[redacted]不敷甚鉅，現經按照實際需要，重編預

算，預計需全國叁百伍拾柒萬捌千壹百捌拾元，

[redacted]除已將

貴部呈奉國防部核准國幣肆拾貳萬陸千壹百貳拾元

國，[redacted]本府工務局先行墊具款[redacted]並就該款項，

將本京中山中路、挹江門、光華門、水西、漢中、六城門、

暨修外城垣及檢同城門電動開閉裝置及改裝修理預算

壹份函請

查照，迅賜轉請撥款，以利實施，藉免延誤，至級公誼

此致

首都衛戍司令部

查已遵照所请指定以利实施兹送请查照为荷

此致

首都卫戍总司令部

附送（重编）中山门至六城门电动开关装置及路灯（维）修理预算

书一份

市长 沈 ○

市莫愁區工務管理處關于請核撥中華門城門添配鐵鏈、鐵鈎等經費致市工務局呈文（一九四八年十二月十九日）

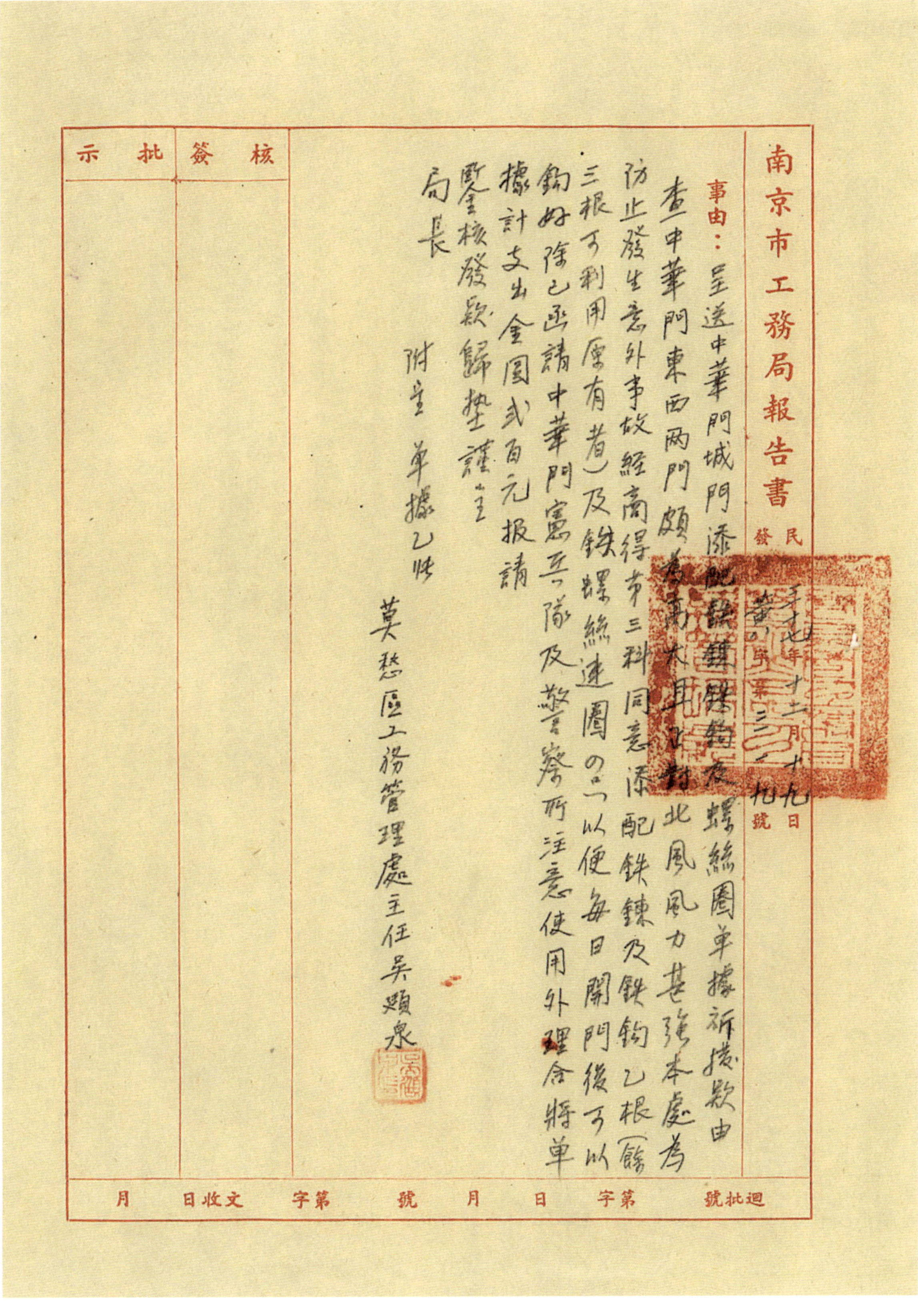

南京市工務局報告書

民國三十七年十二月十九日發 莫工字第三一九號

事由：呈送中華門城門添配鐵鏈鐵鈎及螺絲圈單據祈撥款由

查中華門東西兩門頗為高大且對北風風力甚強本處為防止發生意外事故經商得第三科同意添配鉄鍊及鉄鈎乙根（餘三根可利用原有者）及鉄螺絲速圈四只以便每日關門後可以鈎好除已函請中華門憲兵隊及警察所注意使用外理合將單據計支出金圓弍百元報請

鑒核發款歸墊謹呈

局長

附呈 單據乙紙

莫愁區工務管理處主任吳顯泉

核簽 批示

迴批 號 字第 日 月 號 字第 收文 日 月

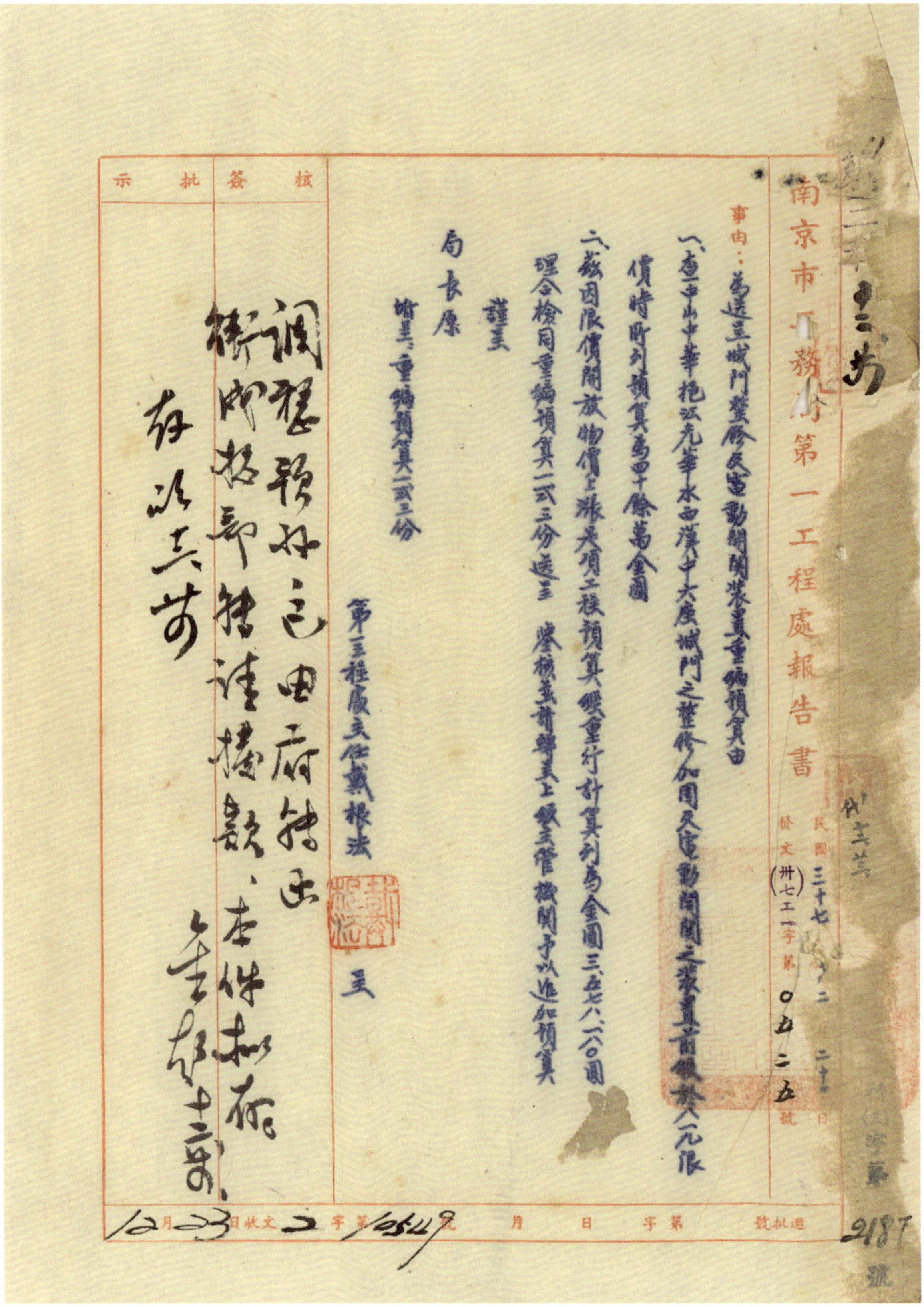

南京市工務局第一工程處報告書

民國三十七年十二月二十一日

發文（卅七）工一字第〇五二五號

事由：為送呈城門整修及電動開關裝置重編預算由

一、查中山中華挹江光華水西漢中大廣城門之整修及電動開關之裝置前經於八月限價時所列預算為四十餘萬金圓

二、茲因限價開放物價上漲是項工程預算經重行計算列為金圓三、五七八、八〇圓理合檢同重編預算一式三份送呈　鑒核並請轉呈上級主管機關予以追加預算

謹呈

局長原

附呈：重編預算一式三份

第一工程處處長戴根法

市工務局第一工程處爲檢送城門整修及電動裝置重編預算一事致局長的呈文（一九四八年十二月二十一日）

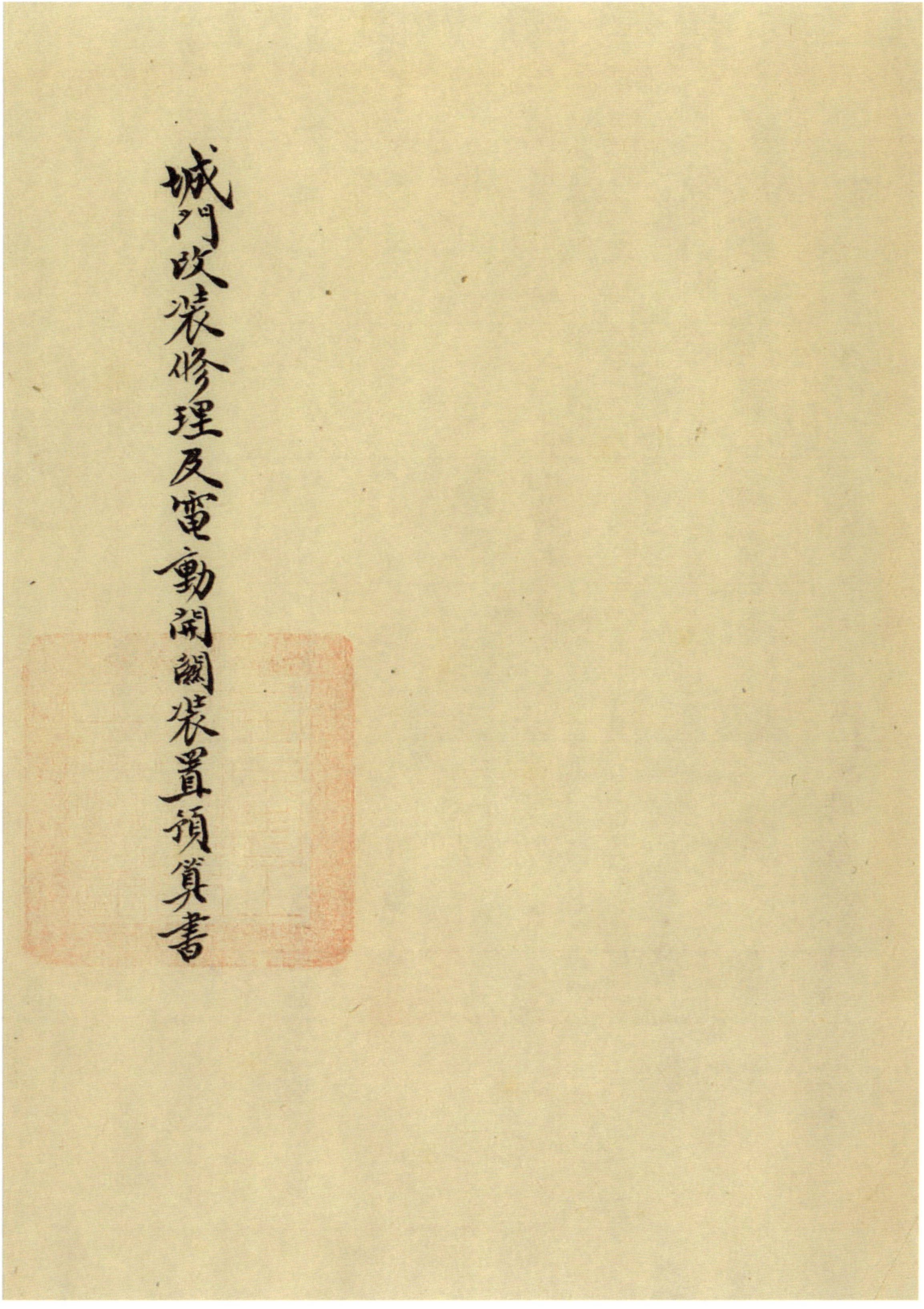

城門改裝修理及電動開關裝置預算書

中山中華挹江光華水西漢中六城門電動開閉裝置預算

名稱	數量	尺寸	單價	總價	備考
馬達	一座	2HP.	1000.00	10000.00	3相4線，50W 60週率，220V-380V.
大小牙齒	五只		一五0.00	七五00.00	
白棕繩	一条	直徑3/4"	一五0.00	五00.00	
皮帶輪	二只	大小各一	大 一五00.00 小 一000.00	二五00.00	
傳動軸	三根		一000.00	三000.00	
軸承	八個		五00.00	四000.00	
合金	五磅		二00.00	一000.00	
電線	五0丈			二五00.00	

開關會制	一座			二五〇〇.〇〇
支架鉄及卯丁	三〇〇磅		二〇.〇〇	六〇〇〇.〇〇
鉄皮	一〇〇磅	（包机件外壳）	二〇.〇〇	二〇〇〇.〇〇
裝置人工	一〇〇工		三〇.〇〇	三〇〇〇.〇〇
滑輪道鉄板	二〇〇〇磅	20'×1'/2"×1"	二〇.〇〇	四〇〇〇〇.〇〇
洋灰	一〇包		三〇〇.〇〇	三〇〇〇.〇〇
合計				八七五〇〇.〇〇
總計	六城門共二十二扇			一九二五〇〇〇.〇〇

中山、水西、漢中、光華、中華挹江、等城門改裝及修理預算

(一)挹江門三中門二扇、旁門四扇(鉄板門、均完好)

(二)中山門三中門二扇、左旁門二扇(鉄板門、完好)

右旁門(木門)改裝3/8"厚鉄板門

品名	重量	單價	總價	備考
鉄板三角鉄及鉚丁	一一七七四磅	二〇.〇〇	二三五,四八〇.〇〇	
煤炭等			三〇〇〇.〇〇	
人工	三四〇.〇〇	三〇.〇〇	一〇,二〇〇.〇〇	
合計			二四八,六八〇.〇〇	

(三)水西門三二扇(木門)改裝3/8"厚鉄板門

品名	重量	單價	總價	備考
鉄板三角鉄及卯丁	一三〇〇磅	二〇.〇〇	二六〇、〇〇〇.〇〇	
煤炭等			三〇〇〇.〇〇	
人工	三六〇工	三〇.〇〇	一〇、八〇〇.〇〇	
合計			二七三、三八〇.〇〇	

(四)漢中門〻二扇修理

品名	重量	單價	總價	備考
鉄板三角鉄及卯丁	一五〇〇磅	二〇.〇〇	三〇〇〇〇.〇〇	
人工	一五〇工	三〇.〇〇	四五〇〇.〇〇	
合計			三四五〇〇.〇〇	

南京金城紙號印

（五）中華門二四扇（木門）改裝3/8″厚鉄板門

品名	重量	單價	總價	備考
鉄板三角板及卯丁	四二〇〇〇磅	二〇.〇〇	八四〇,〇〇〇.〇〇	
煤炭等			一〇,〇〇〇.〇〇	
人工	七〇〇工	三〇.〇〇	二一,〇〇〇.〇〇	
合計			八七一,〇〇〇.〇〇	

（六）光華門二二扇（木門）改裝3/8″厚鉄板門

品名	重量	單價	總價	備考
鉄板三角鉄及卯丁	一〇六〇〇磅	二〇.〇〇	二一二,〇〇〇.〇〇	
煤炭等			三,〇〇〇.〇〇	

人工	三四〇工	三〇·〇〇	一〇二〇〇·〇〇
合計			二二五二〇〇·〇〇

共計（六城門改裝及修理）金圓一、六五三、一八〇·〇〇

預算總額

中山、中華、挹江、光華、水西、漢中、六城門電動開關裝置改裝及修理

預算總計金圓三、五七八、一八〇·〇〇

南京金城紙號印

首都衛戍司令部爲預借城門電動開關裝置所需材料一事給聯勤總部的代電（一九四八年十二月二十二日）

急

提呈

存

閲

南京市工務局摘由紙

來文機關	衛戍總部
摘由	爲城門電動開關裝置所需材料請予借用由
文別	代電 副本
附件	
收文年月日時	
總收文 字第 號	

擬辦：擬交由第一工程處劉主任運送。擬函正特聯勤總部工程署並派劉主任根據運送借

批示：已由劉主任親往接領。本件擬存

局收文 工 字第 10536 號

37 年 12 月 23 日

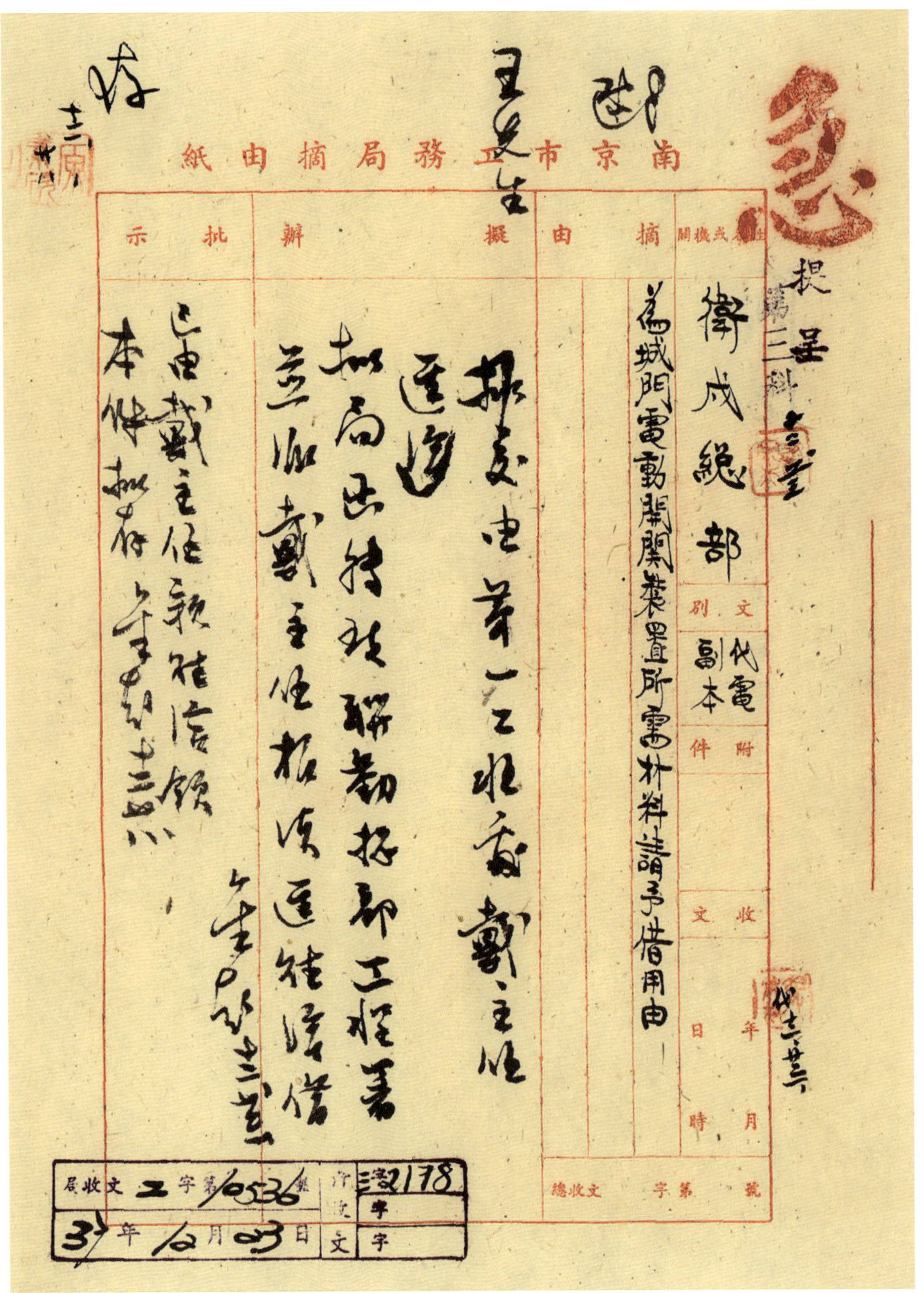

收文第　　號

首都衛戍總司令部（代電）

事由：為城门電動閘閥裝置所需材料請予借用由

受文者：聯勤總司令部郭總司令

（一）本部奉令整修南京中山、中華、挹江、光華、水西、漢中等城门并裝置電動閘閥業經轉請由南京市政府工務局負責辦理在案

（二）據工務局辦理裝置城门電動閘閥負責人戴夫任根法稱因整修中山等各城门并裝設電動閘閥設備急需高速鋼板等材料兹附呈所需借用材料清冊懇轉請聯勤總部工程署撥借領用

（三）兹隨電附送該項材料冊乙份請惠予撥借領用並轉市府工務局逕洽辦理

附件

日期：民國三十七年十二月廿二日

字號：戍利中字第3807號

駐地：南京

副本

南京市政府工務局（送中山路工務局東……）

最速件　限12月22日20時到

第　　頁

檔號

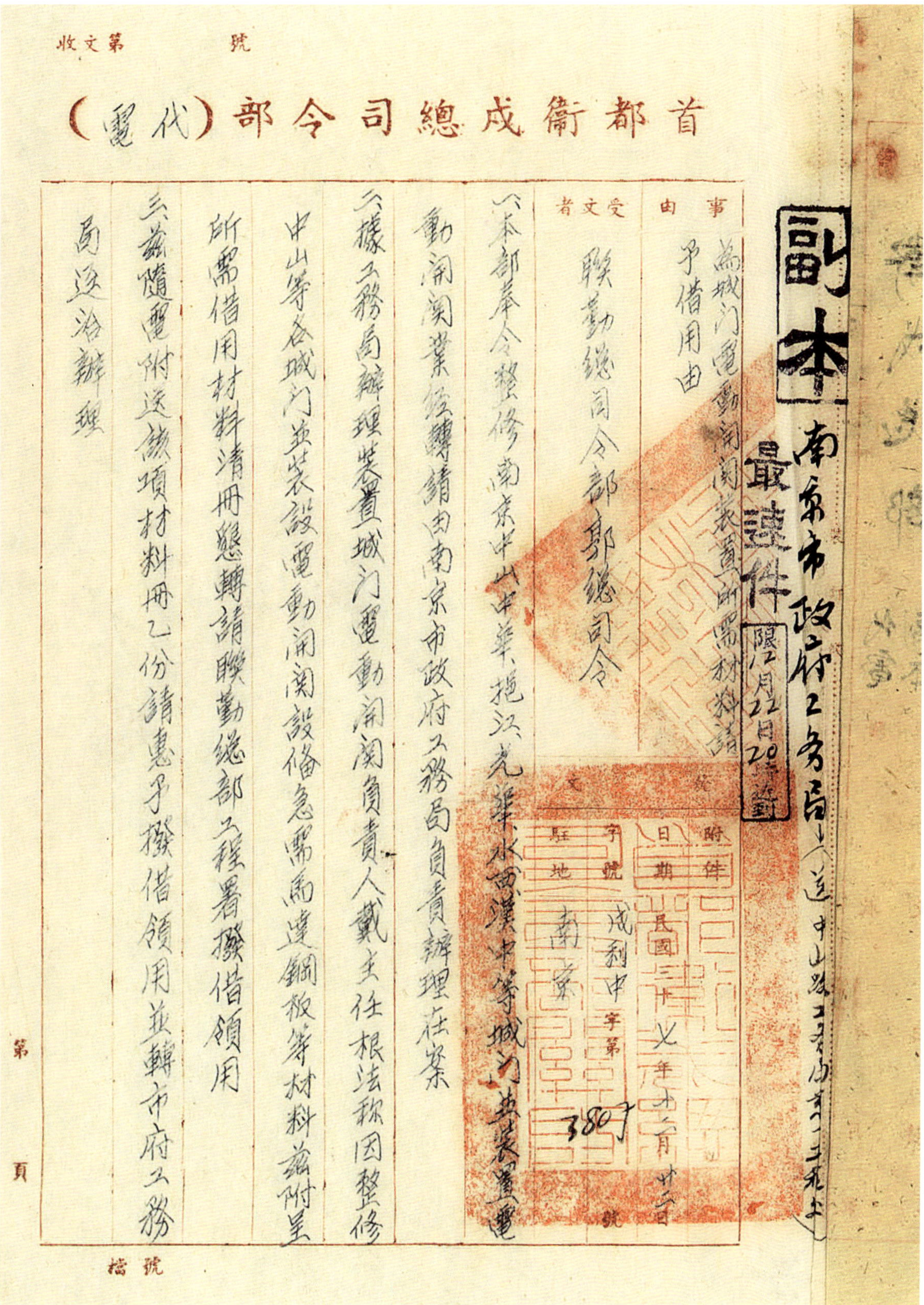

四、特電請查照辦理見覆為荷

五、本件抄副本送南京市政府公務局（無附件）

總司令張耀明

第　　頁

檔號

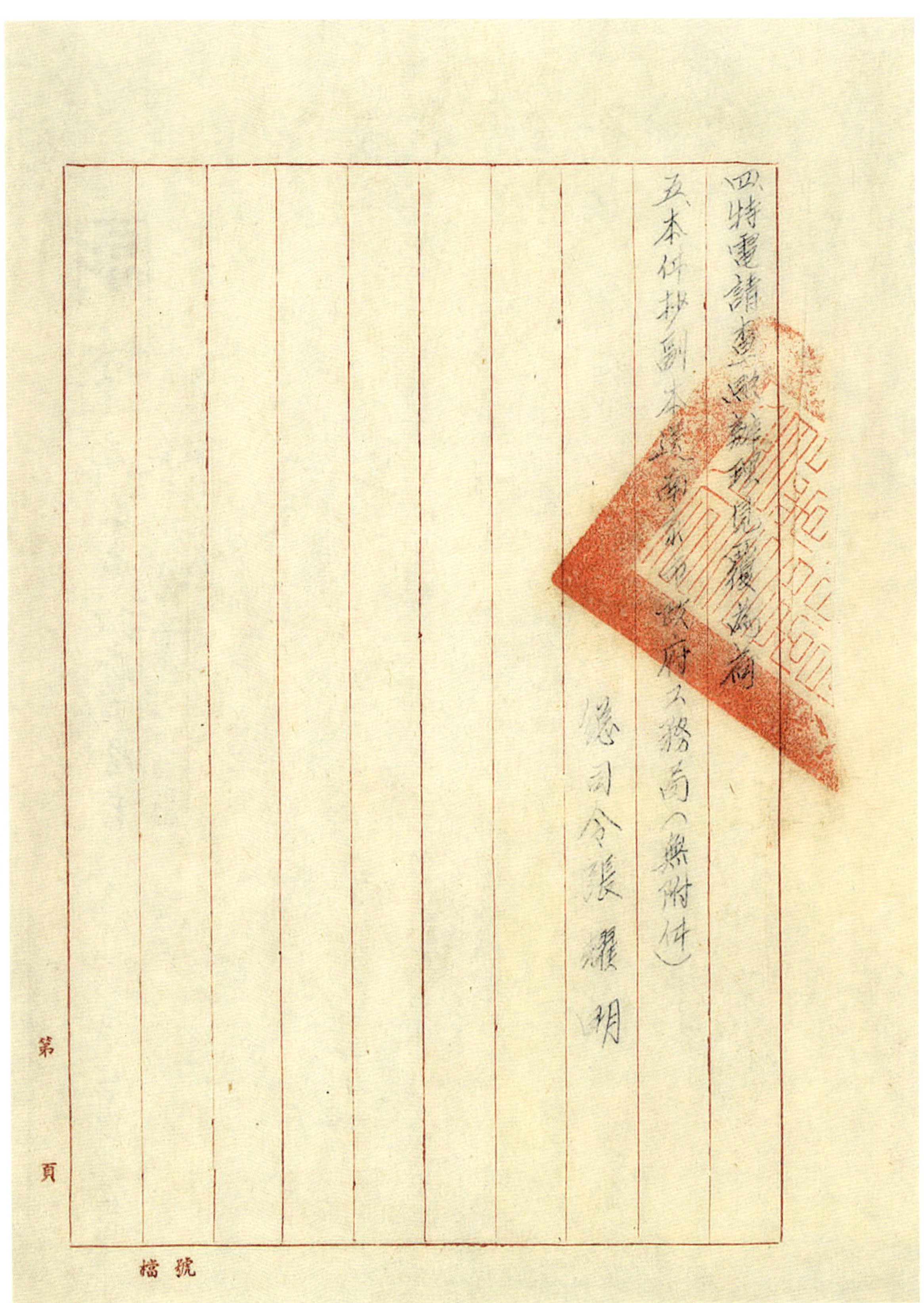

南京市工務局第一工程處用箋

第　　頁　第　　號

伯彤科長勛鑒

一、城門之整修及電動閘門之裝置一案經弟已向首都衛戍總司令部解釋過

二、聯絡之材料亦在請領中

三、退回衛戍部之報告一件

[illegible]安

十二、廿七

中華民國　　年　　月　　日

市工務局爲裝置中山、中華、挹江、光華、水西、漢中六城門電動開關一案預算調整給第一工程處的訓令
（一九四八年十二月二十三日）

南京市工務局稿紙

局長 十二、廿三
文別：訓令
送達機關：第一工程處
事由：爲裝置中山等六城門電動開關一案飭知三點仰遵辦由

令第一工程處

查關於裝置中山等六城門電動開關及改裝修理一案，業據該處另編調整預算到局，茲將飭知各點分列於後：

（1）重編調整預算，已由府轉函首都衛戍總部撥款；

（2）已撥到之肆拾貳萬陸千壹百貳拾金圓，仰即來局具領，撥款早日實施。

4880

卅七年十二月廿三日

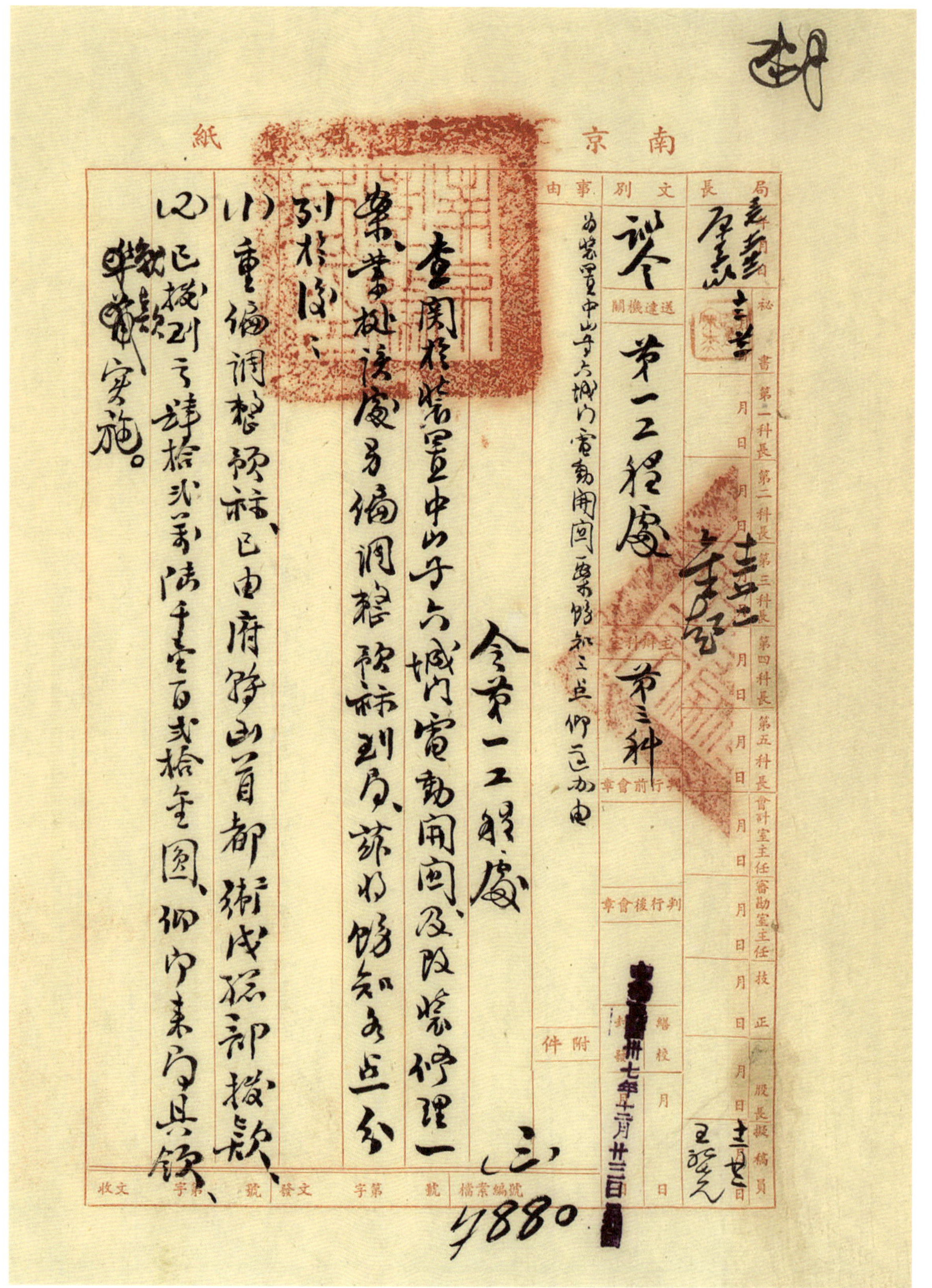

(3)追加預算部份，希請主任親往衛戍總部解釋原委，面請速撥。并洽撥各項需用材料。

以上三點，即仰迅予電覆為要。此令。

校對賈文錦

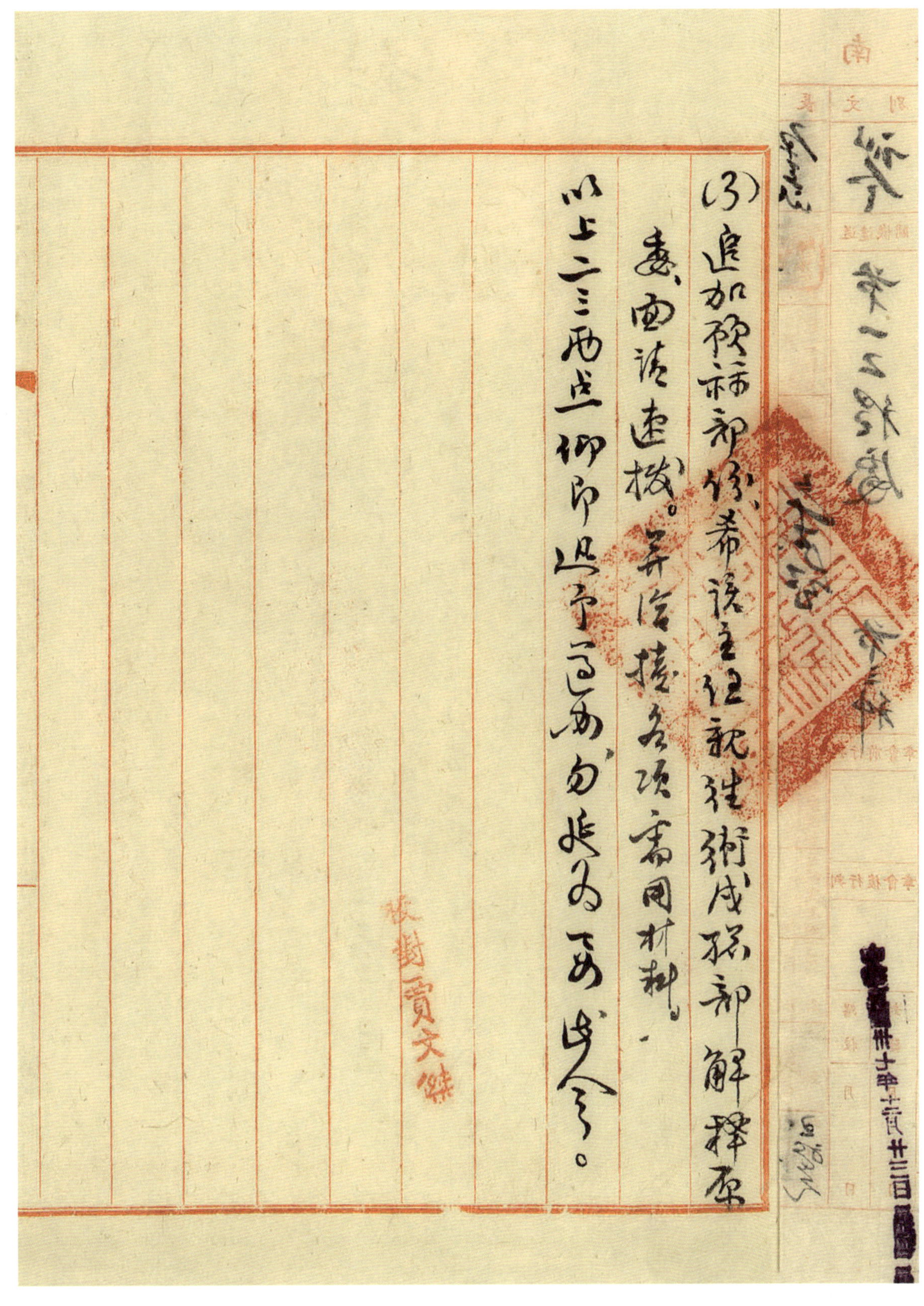

市工務局第一工程處爲辦理整修中山、中華、挹江、光華、水西、漢中六城門工程及裝電動開關請先行撥款以便開工致市工務局呈文（一九四八年十二月二十三日）

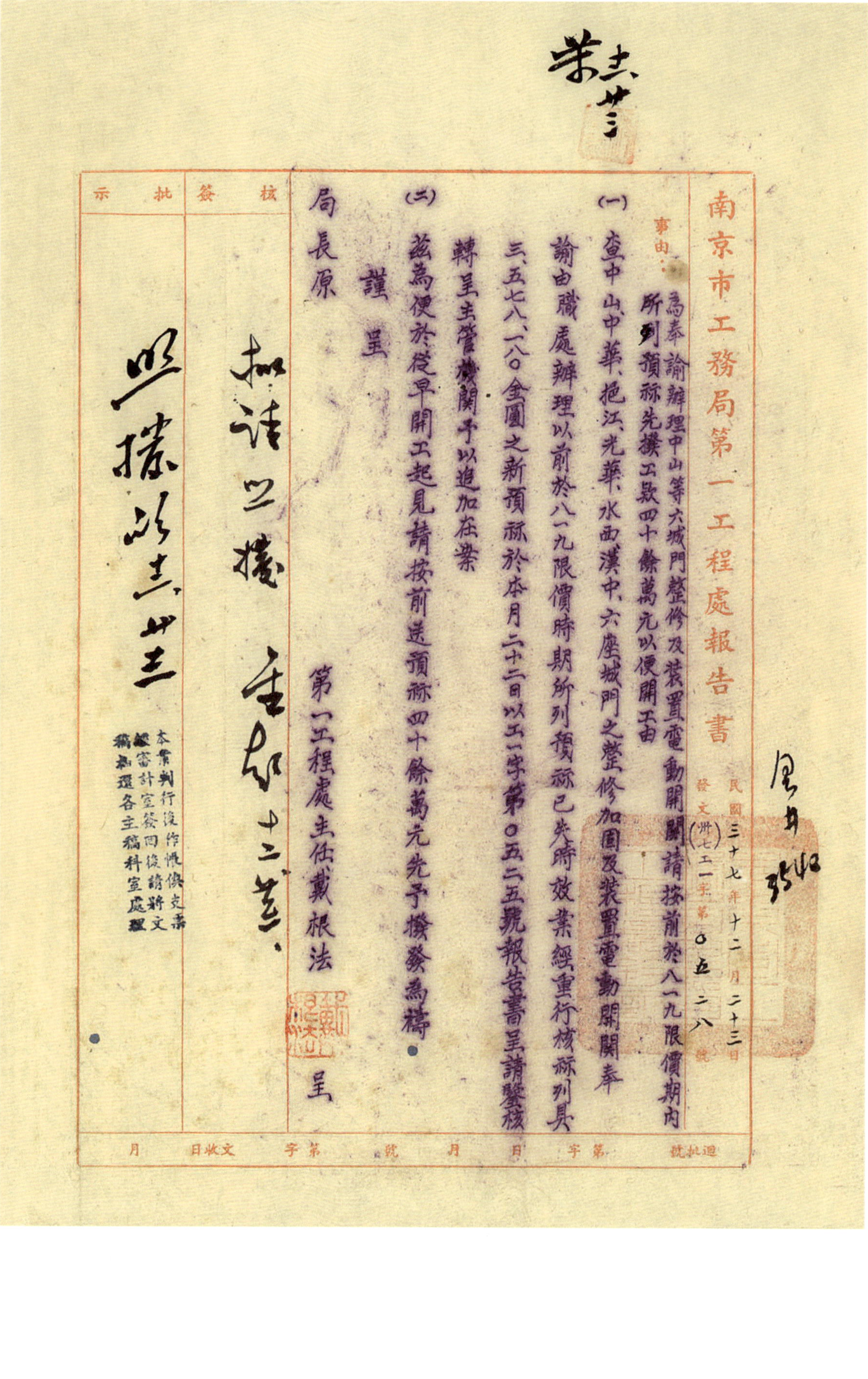

南京市工務局第一工程處報告書

民國三十七年十二月二十三日
發文（卅七）工一字第〇五二八號

事由：爲奉諭辦理中山等六城門整修及裝置電動開關請按前於八一九限價期内所列預算先撥工款四十餘萬元以便開工由

（一）查中山、中華、挹江、光華、水西、漢中六座城門之整修加固及裝置電動開關奉諭由職處辦理以前於八一九限價時期所列預算已先時放棄經重行核算列具三、五七八、一八〇金圓之新預算於本月二十二日以工一字第〇五二五號報告書呈請鑒核轉呈主管機關予以追加在案

（二）茲爲便於從早開工起見請按前送預算四十餘萬元先予撥發爲禱

謹呈

局長原

第一工程處主任戴根法 呈

核簽：擬請照撥 十二.廿三

批示：照撥 卅三

本案判行後作憑傳支票經會計室簽回後請將文稿稿即還各主稿科室[illegible]理

迴批號 第 字 月 日 號 第 字 文收日 月

市工務局第一工程處爲送城門装修及電動開關装置重編預算的報告書（一九四八年十二月二十三日）

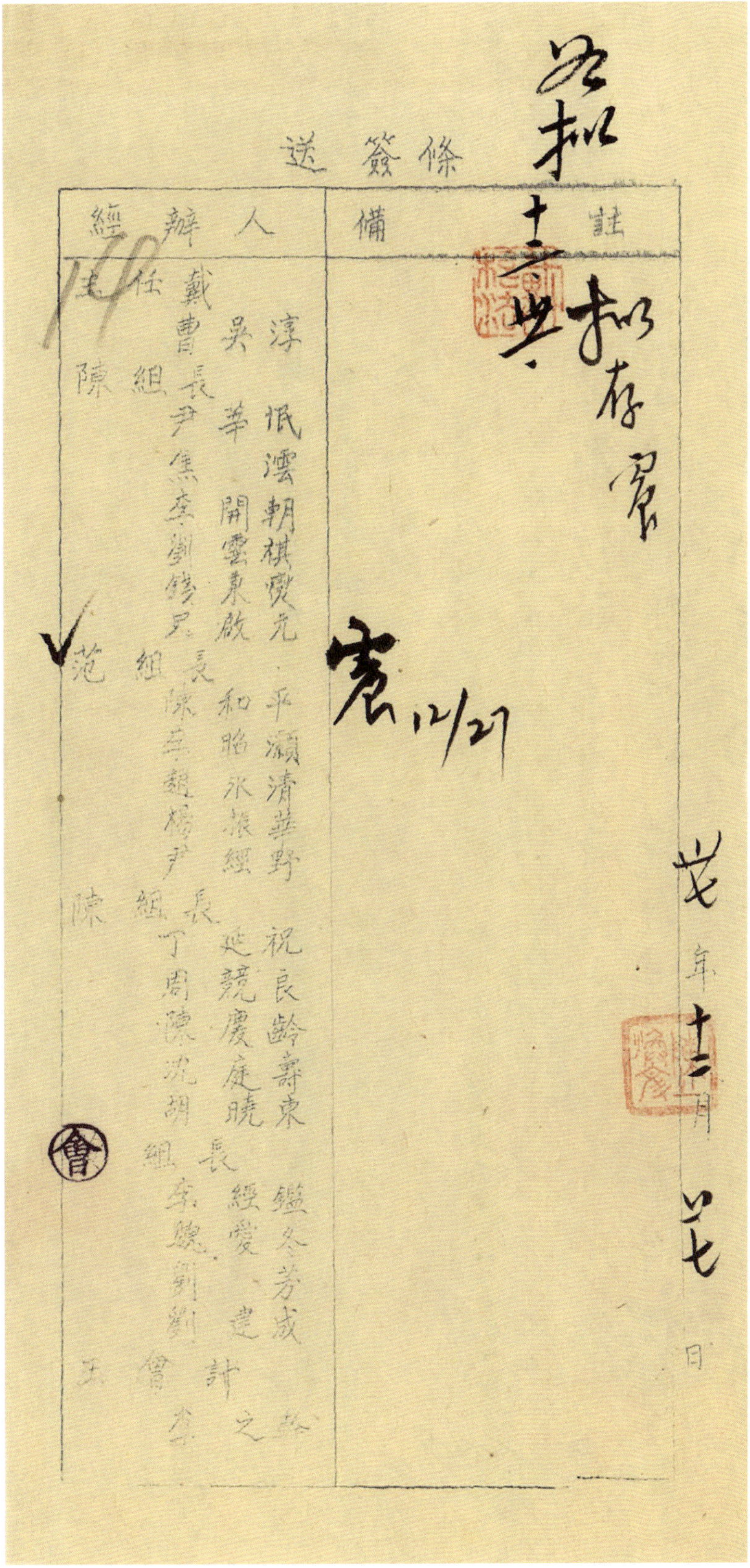
送簽條

經辦人	備註
主任 戴 淳　曹 吳	擬存
陳 組長	
范 組長	
陳 組長	
王	

年 十二 月 廿七 日

南京市工務局第一工程處報告書

民國三十七年十二月二十三日
發文（卅七工一）字第〇五二五號

中華民國卅七年十二月廿八日收到

（卅七工一）991

科（三）字第2187號

事由：為送呈城門整修及電動開關裝置重編預算由

一、查中山中華挹江光華水西漢中六座城門之整修加固及電動開關之裝置前經於八、九限價時所列預算為四十餘萬金圓

二、茲因限價開放物價上漲原項工程預算亟應重行計算列為金圓三、五七八、一八〇圓理合檢同重編預算一式三份送呈　鑒核並請轉呈上級主管機關予以追加預算

謹呈

局長原

附呈：重編預算一式三份

第一工程處主任戴根法（印）呈

核	簽	批	示
調整預算，已由府特函首都衛戍總部轉請撥款，本件知存。		存此 十二 廿四	

十二 23 收文日 工字第10449號

批迴　月　日　字第　號

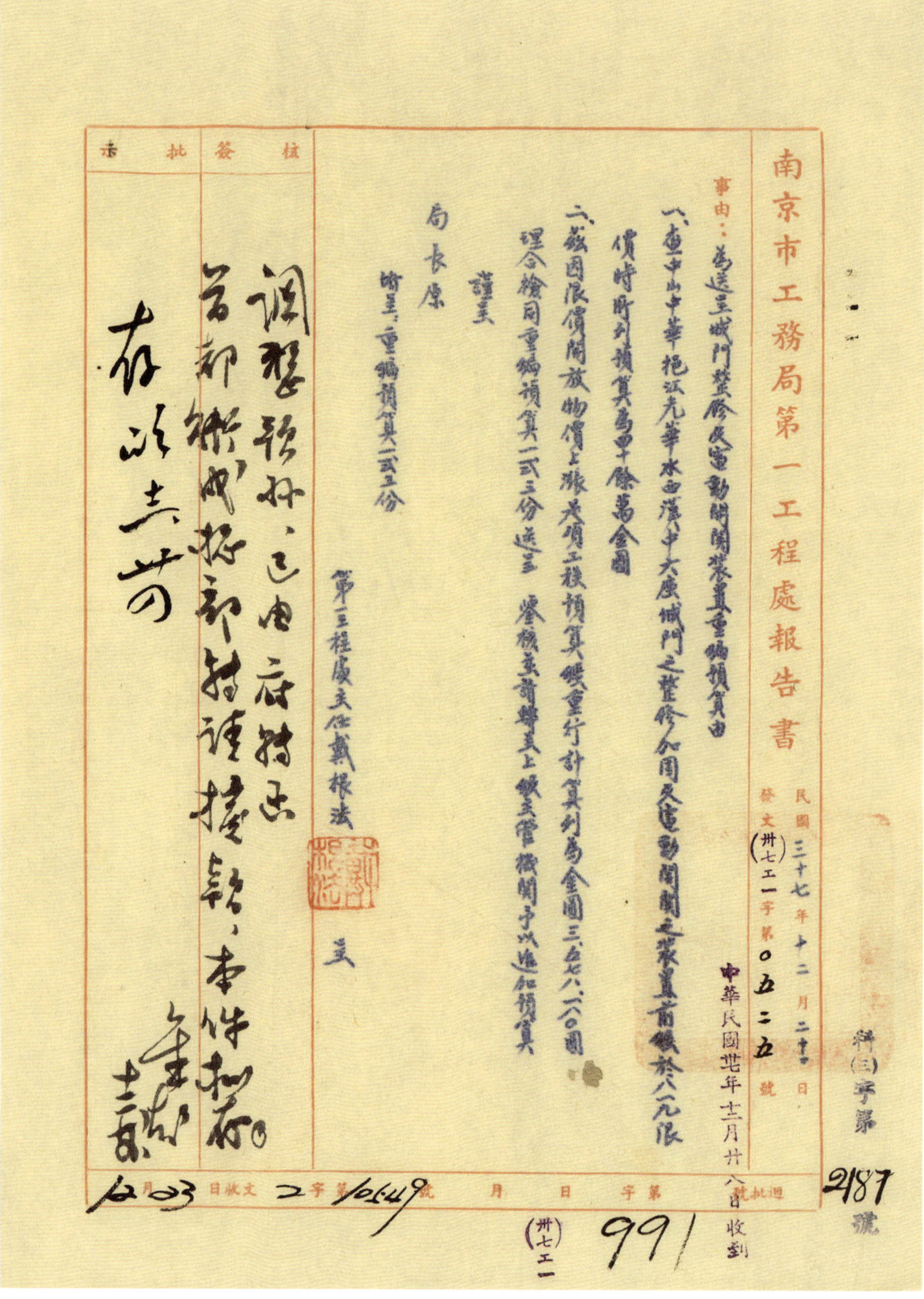

市工務局爲城防工事構築委員會會議記録中有關設置電動城門一案致第一工程處訓令（一九四八年十二月二十四日）

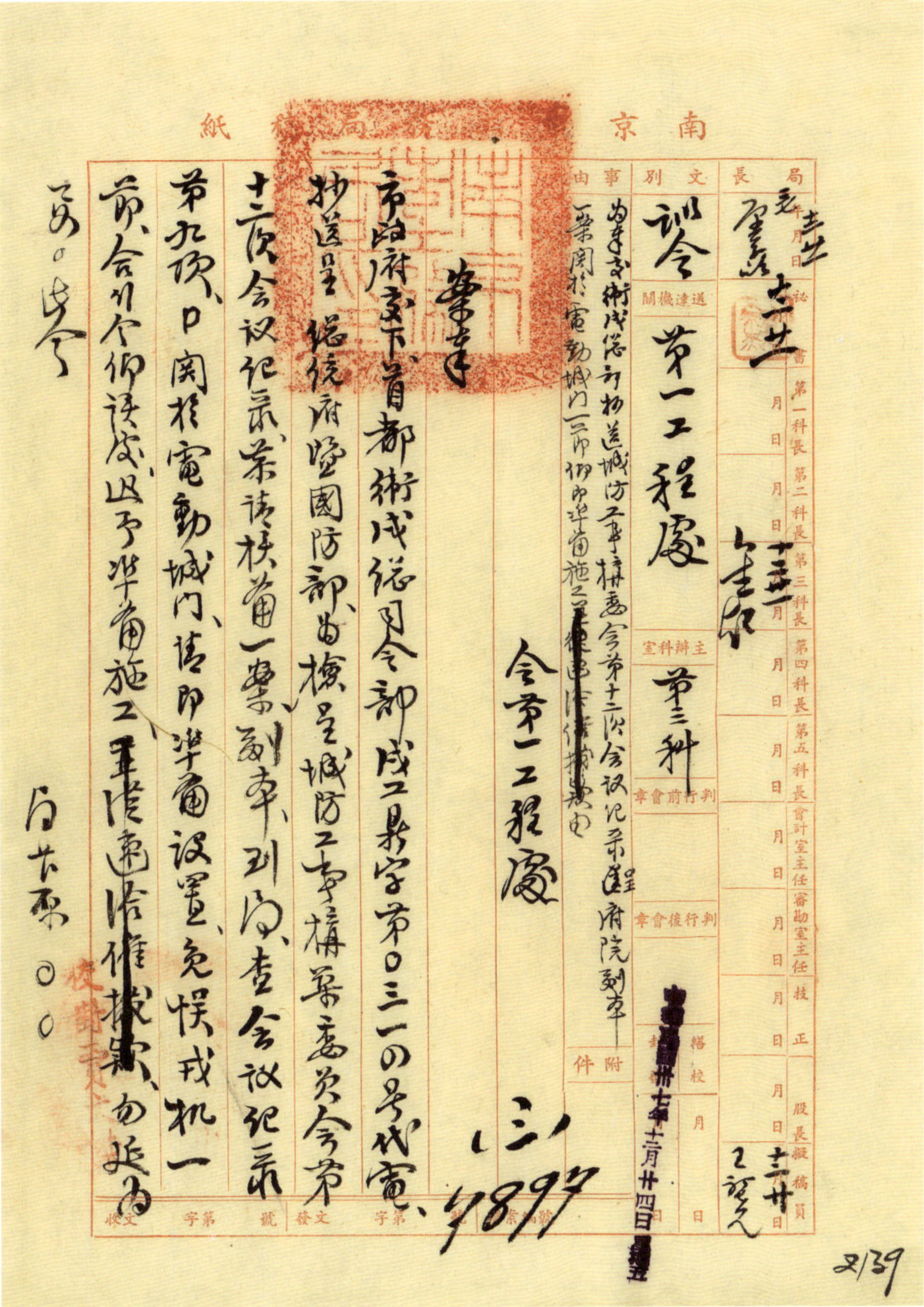

南京市工務局稿紙

文別：訓令

送達機關：第一工程處

主辦科室：第三科

事由：爲奉衛戍總部抄送城防工事構築委員會第十二次會議記録呈府院副本一案關於電動城門一二兩項仰即準備施工具報由

令第一工程處

案奉

市政府交下首都衛戍總司令部戍工悬字第〇三一〇號代電、抄送呈總統府暨國防部、爲檢呈城防工事構築委員會第十二次會議記録、業請核備一案副本、到府、查會議記録第九項、「關於電動城門、請即準備設置、免悞戎机」一節、合行令仰該處、迅予準備施工、具報、勿延爲要。此令。

局長　〇〇

（三）4897

卅七年十二月廿四日

首都衛戍司令部爲電動城門開關裝置追加預算請予核發致國防部總長顧祝同代電（一九四八年十二月二十五日）

工

南京市政府摘由紙

姓名或機關	首都衛戍總司令部
文別	代電副本
附件	
收文	卅七年十二月廿五日 時
摘由	爲電動城門開關裝置追加預算請核發由
擬辦	轉飭第一工程處知照 金 十二、廿五
批示	

第三科 十二、廿七 十二、卅 代 十二、卅

摘由者姓名 梁天 十二、廿五

總收文 府總字第0003號 （卅七 廿六）

局收文 工字第10658號 二二22/3 37年12月30日

局工951號

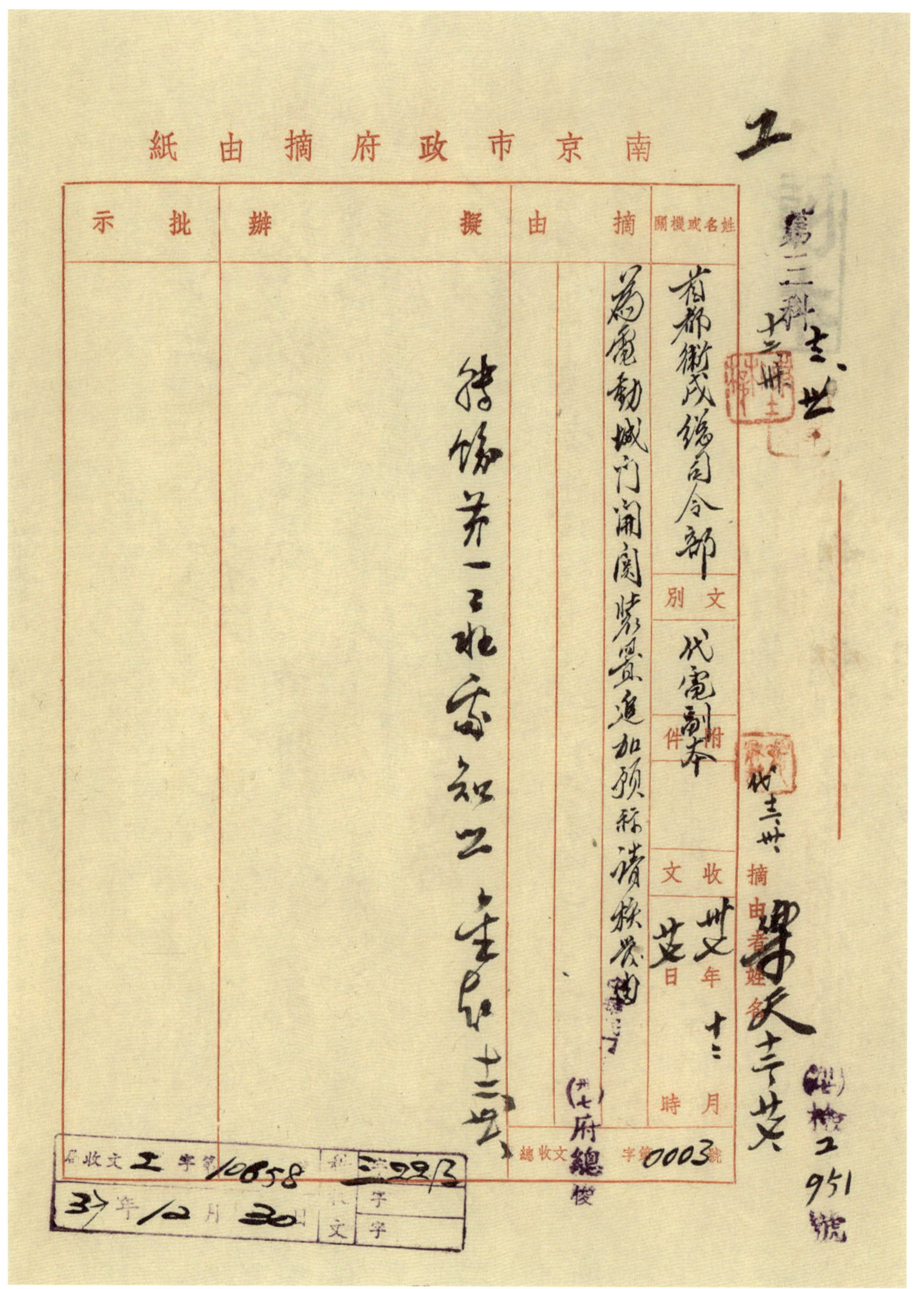

收文第　　號

首都衛戍總司令部（代電）

最速件

南京市政府

事由：為電動城門開關裝置追加預算請核發由

受文者：總長顧

附件：無

日期：民國三十七年十月廿五日

字號：戍工中字第三八四八號

駐地：南京

一、准南京市政府(卅七)府總工字第(10546)號公函開：「案准貴部戍衛工字第三二六號代電囑派員洽領城門電動開關經費并迅即施工等由，查此案前送預算尚係限價開放前所編擬，衡諸目前物價不敷甚鉅，現經按照實際需要重編調整預算，計需金圓叁百伍拾柒萬捌千壹百捌拾元，除已將貴部呈奉國防部核准之肆拾貳萬陸千壹百貳拾金圓飭由本府工務局先行具領并就所領款項將本京中山、中華、挹江、光華、水西、漢中六城門實施整修外，相應檢同

檔號

重編城門電動開閉裝置及改裝修理工程預算書一份函請查照

迅賜轉請撥款以利實施藉免延誤而敘公誼此致首都衛戍總司令部附

送重編中山等六城門電動開閉裝置及改裝修理工程預算書一份。

二、前隨電附呈原預算書一份懇請迅予核發以便轉請趕工整修各

城門並電動裝置。

三、本件抄副本送南京市政府。

總司令

兼主任委員 張耀明

第 頁

檔號

南京城防工事構築委員會工程處爲城門電動設備費數字錯誤希更正致市工務局的函（一九四八年十二月二十九日）

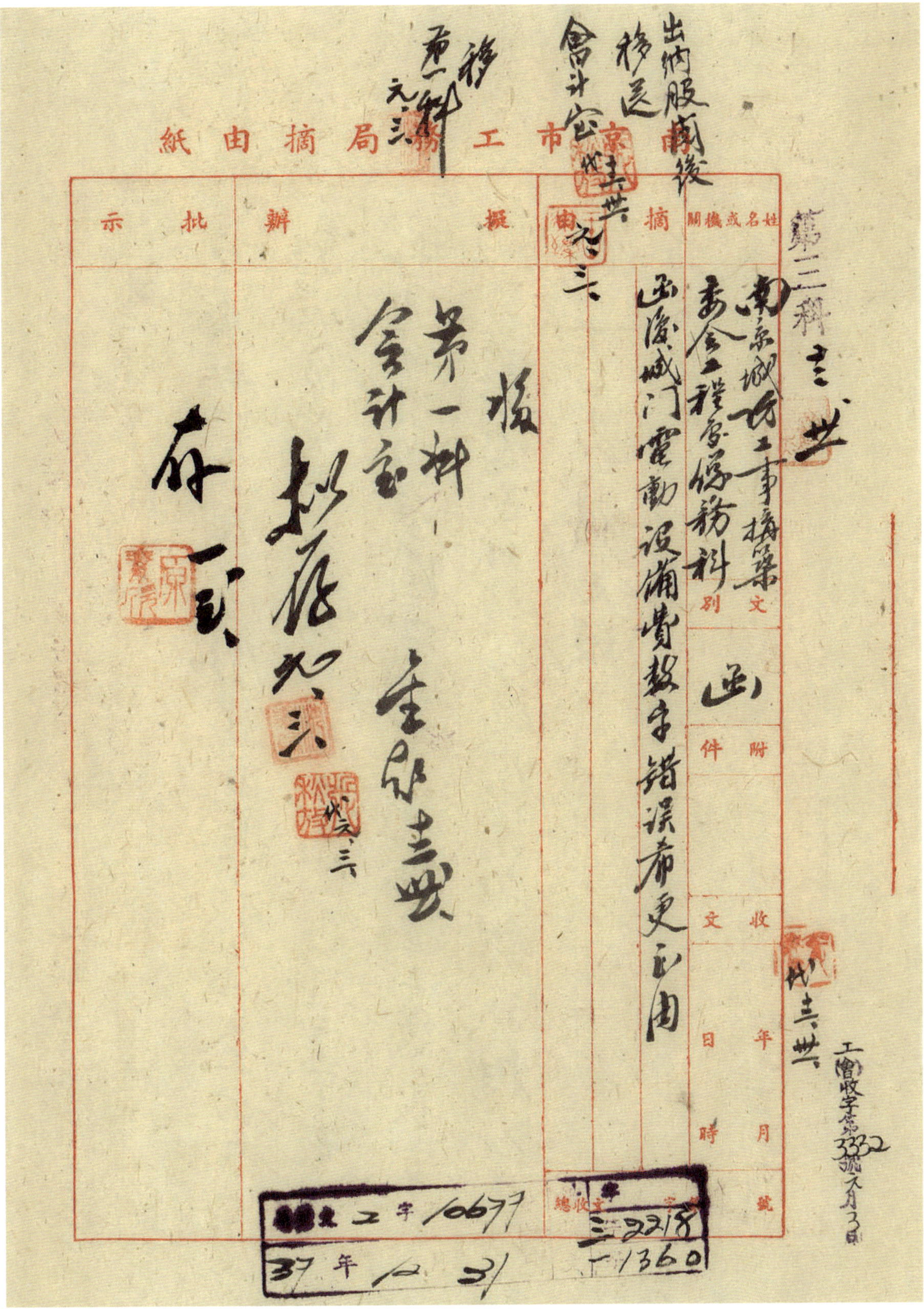

南京市工務局摘由紙

姓名或機關	文別	附件	收文年月日時	摘由	擬辦	批示
南京城防工事構築委員會工程處總務科	函			函復城门電動設備費數字錯誤希更正由	擬第一科會計室	存

南京城防工事構築委員會臨時工程處用箋

逕啓者：案奉

貴府卅七工一六七第[illegible]號代電敬悉查城牆電動設備費奉國防部卅閏知第一九三五號款額通知准列金圓四二六一三〇元經查工總良字第三四八號代電所列數字係繕寫錯誤相應復請更正為荷此致

市工務局

啓 十二 九

工總良字第〇三七二号

首都衛戍司令部爲請補送城門電動開關裝置材料詳細施工圖說一事給市工務局的代電及該局給第一工程處的訓令（一九四八年十二月三十一日）

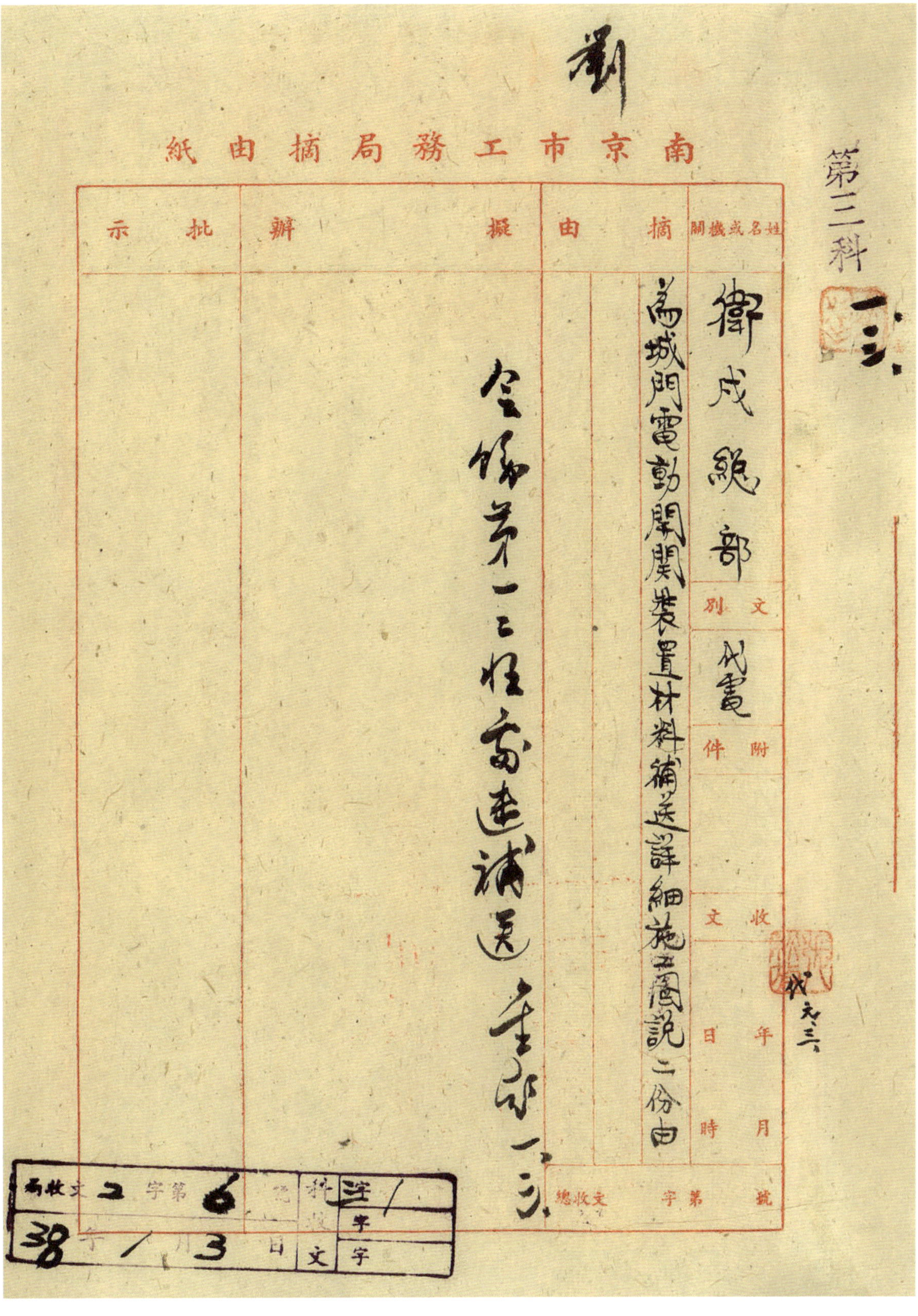

劉

第三科 一.三.

南京市工務局摘由紙

姓名或機關	衛戍總部
文別	代電
摘由	爲城門電動開關裝置材料補送詳細施工圖說二份由
附件	
收文年月日時	代 元.三.
擬辦	令第一工程處速補送 [illegible] 一.三.
批示	
總收文 字第 號	

收文 2 字第 6 號 38 年 1 月 3 日 科 字 文 字

收文第　　號

首都衛戍總司令部(代電)

事由：為城門電動閘閥裝置材料補送詳細施工圖說二份由

受文者：南京市政府公務局

一、准聯勤總部(卅七)禹橋字一三九〇〇號代電開：「一、十二月二十二日戌利中字第三八〇七號代電及附件囑撥城門電動閘閥裝置材料敬悉。二、為因貴部急需，茲先就庫存撥發鋼鐵材料一部，除支令已交付來員外，請即補送詳細施工圖說一份以憑辦理」。

二、請即補送詳細施工圖及說明表各二份以便存轉為盼。

總司令 兼主任委員 張耀明

附件：

日期：民國三十七年十二月卅一日

字號：戌利中字第三九〇六號

發文地：南京

第　　頁

檔號

南京市（工務局）紙

文別：訓令

送達機關：第一工程處

事由：為准衛戍總部電囑補送挹门電動開關裝置材料並說明一案令仰該處補呈來局以便轉函

主辦科室：第三科

局長　秘書　第一科長　第二科長　第三科長　第四科長　第五科長　會計室主任　審勘室主任　技正　股長　擬稿員

中華民國卅八年一月八日

令第一工程處

案准首都衛戍總司令部三十七年十二月三十一日戌新中字第三九〇六號代電開：「一、准聯勤總部——（四卅電）——以便存轉為盼」等由；准此，查挹门電動開關裝置及改裝修理工程預算書暨計劃書各件，（原令）該處業已編擬，（惟電開由）合行令仰該處迅即補呈兩份來局，以便轉送為要。

此令。

局長　原〇〇

校對員　文傑

（三）54

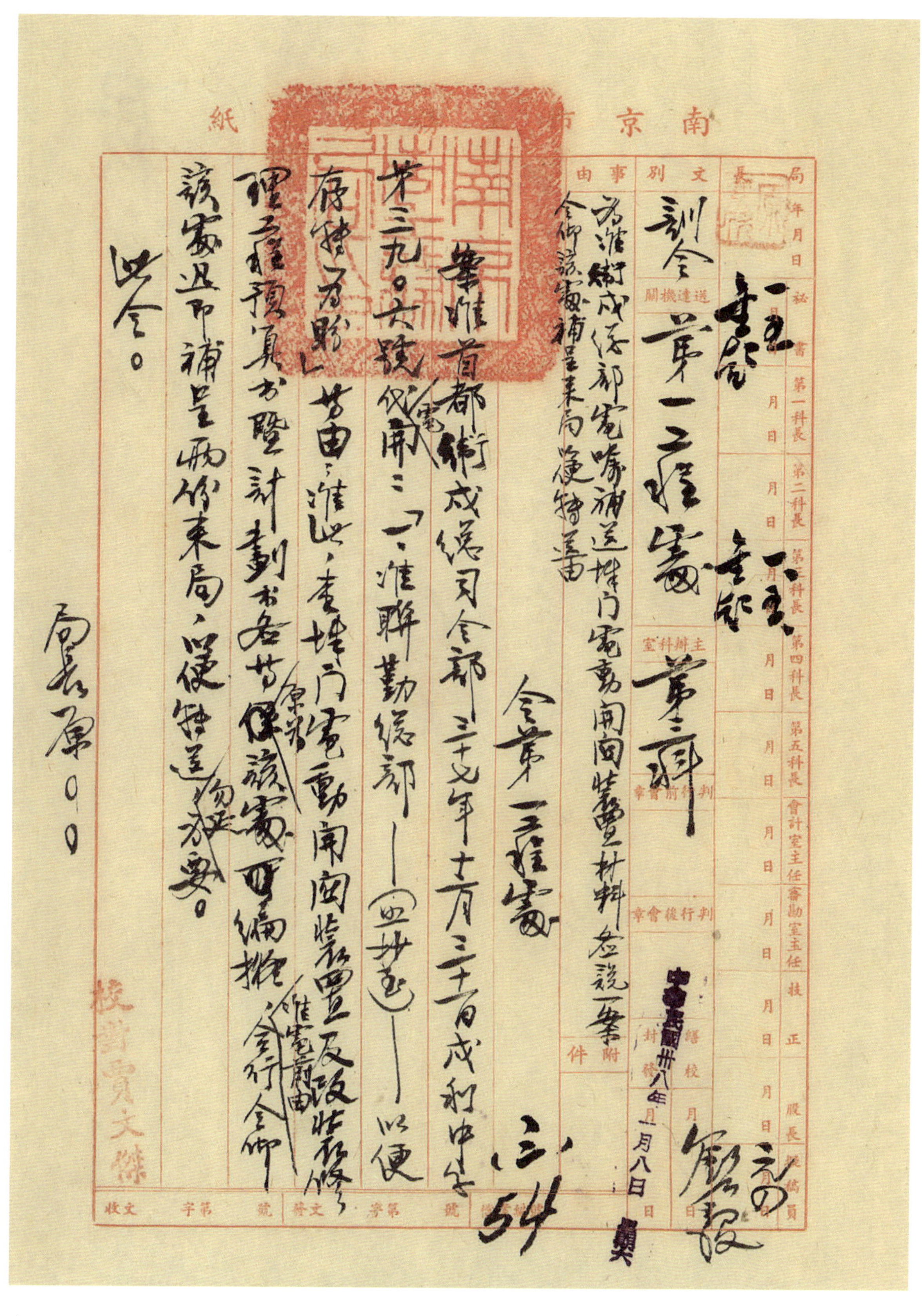

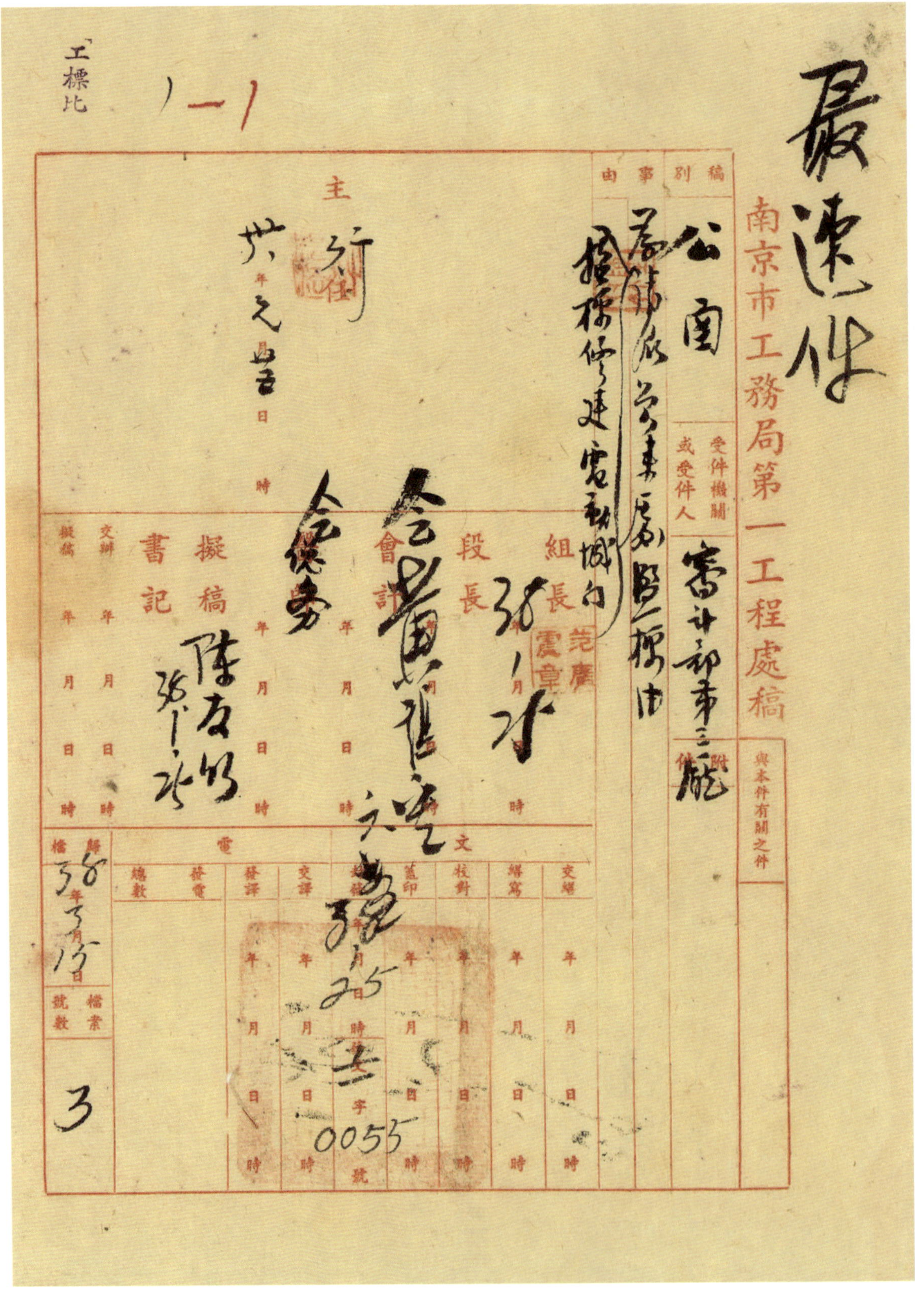
工標比 1-1

最速件

南京市工務局第一工程處稿

稿別：公函

事由：為請派員蒞臨監標 招標修建電動城門由

受件機關或受件人：審計部第三廳

附件

與本件有關之件

主任 行

卅八年一月廿五日

組長 范慶震章

段長 38/1/25

會計

擬稿

書記 陳應明 38/1/25

會簽 會審計處

電文

歸檔 38年1月25日

檔案號數 3

0055

逕啟者：本處前奉委座命修建本市安勒城門，特訂於本月廿四日上午十時假中山路二〇二號本處會議室招商投標，為特函請

貴處屆時派員蒞臨監標，以符規定。

此致

審計部第三廳

主任戴○○

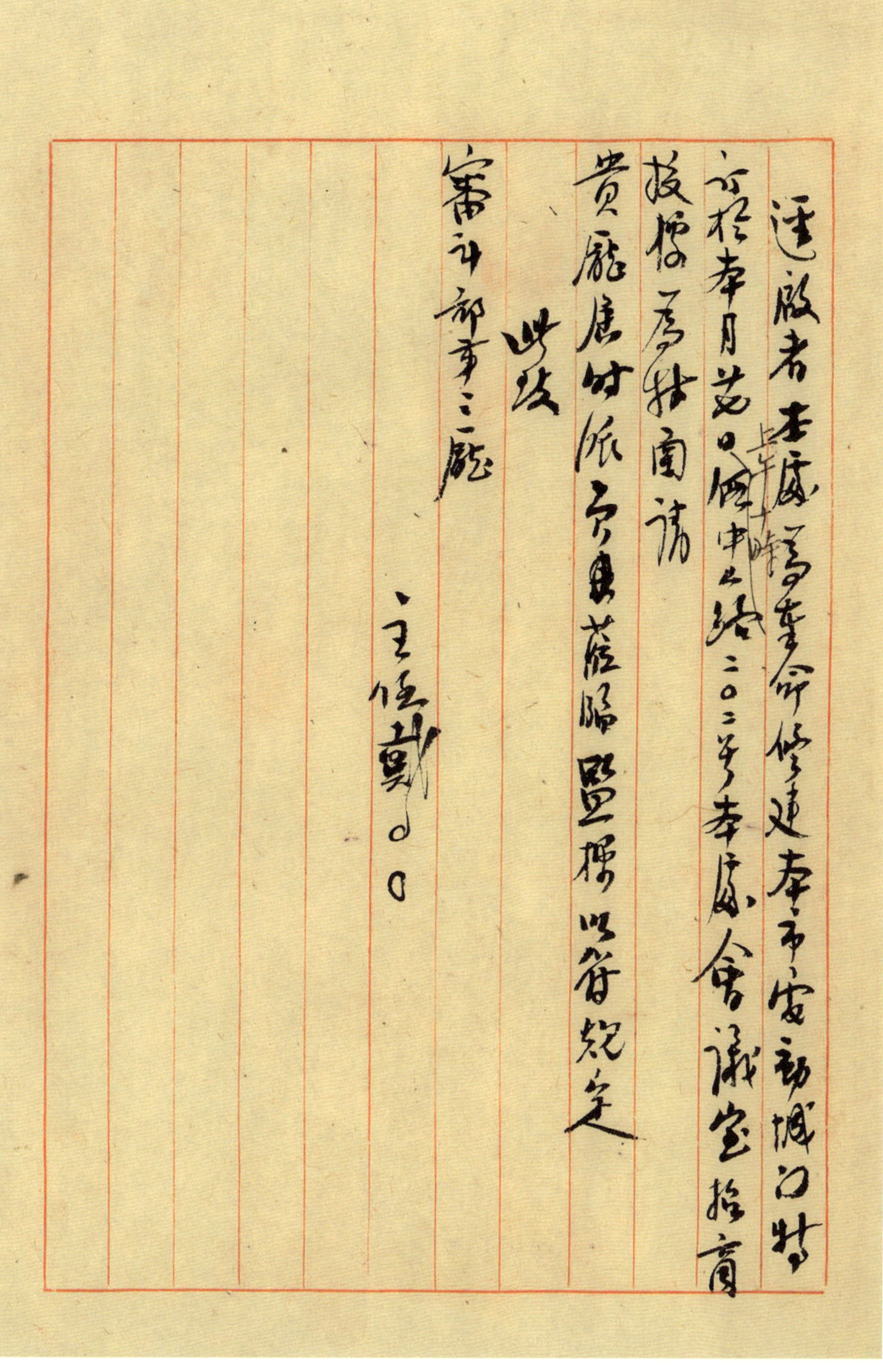

工標比

一乙

交通部公路總局第一機械築路工程總隊

稿別	事由	受件機關或受件人	附件
公函	請派員前來監標由	審計部第三廳	

宣銘 行

38年1月6日 時

組長	隊長	會計	醫師	擬稿	書記	交辦	擬稿
年月日時	年月日時	年月日時	年月日時	丁延佩		年月日時	年月日時

交繕	繕寫	校對	蓋印	封發	文	交譯	發譯	電 件	總數	檔案
年月日時	年月日時	年月日時	年月日時	38年1月6日 發文字第0012號		年月日時	年月日時			38年3月15日

(卅八)工一

檔案號數 1

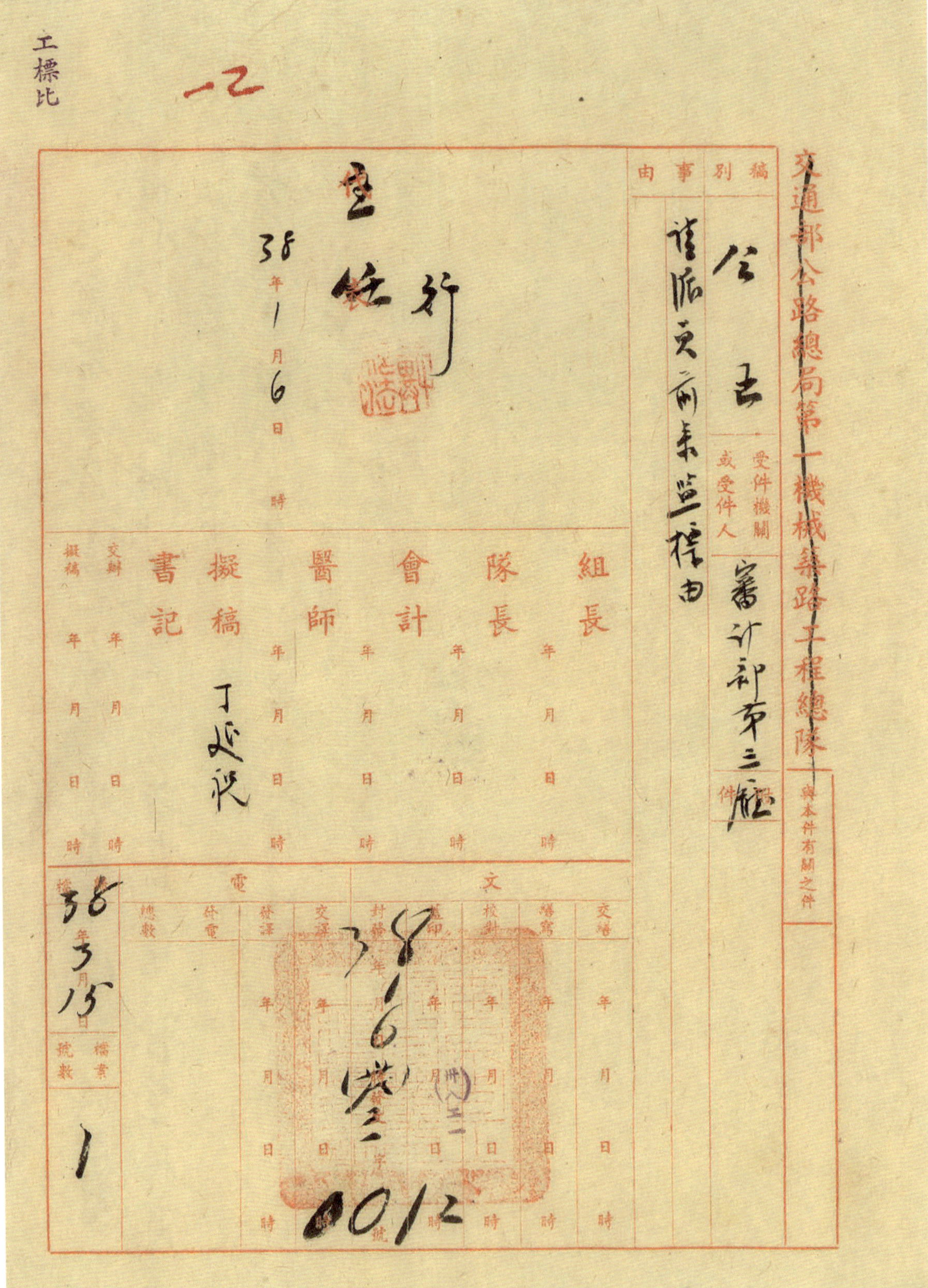

一3

送簽条

經辦人	備註
淳 張湛騏朝燮元 平顏清華野 壽東良齡 冬鐵芳成 韓 戴吳文華 雲閣秉啟震和昭永振經祝庭曉競慶虫愛經 建賢之 任曹煥尹焦劉李錢史廣陳李趙楊尹延沈胡周陳鎮魏李劉劉齊李 主 陳 范 丁 黃 玉	根13元.廿二 存 彬 元.十四 思 元.十三

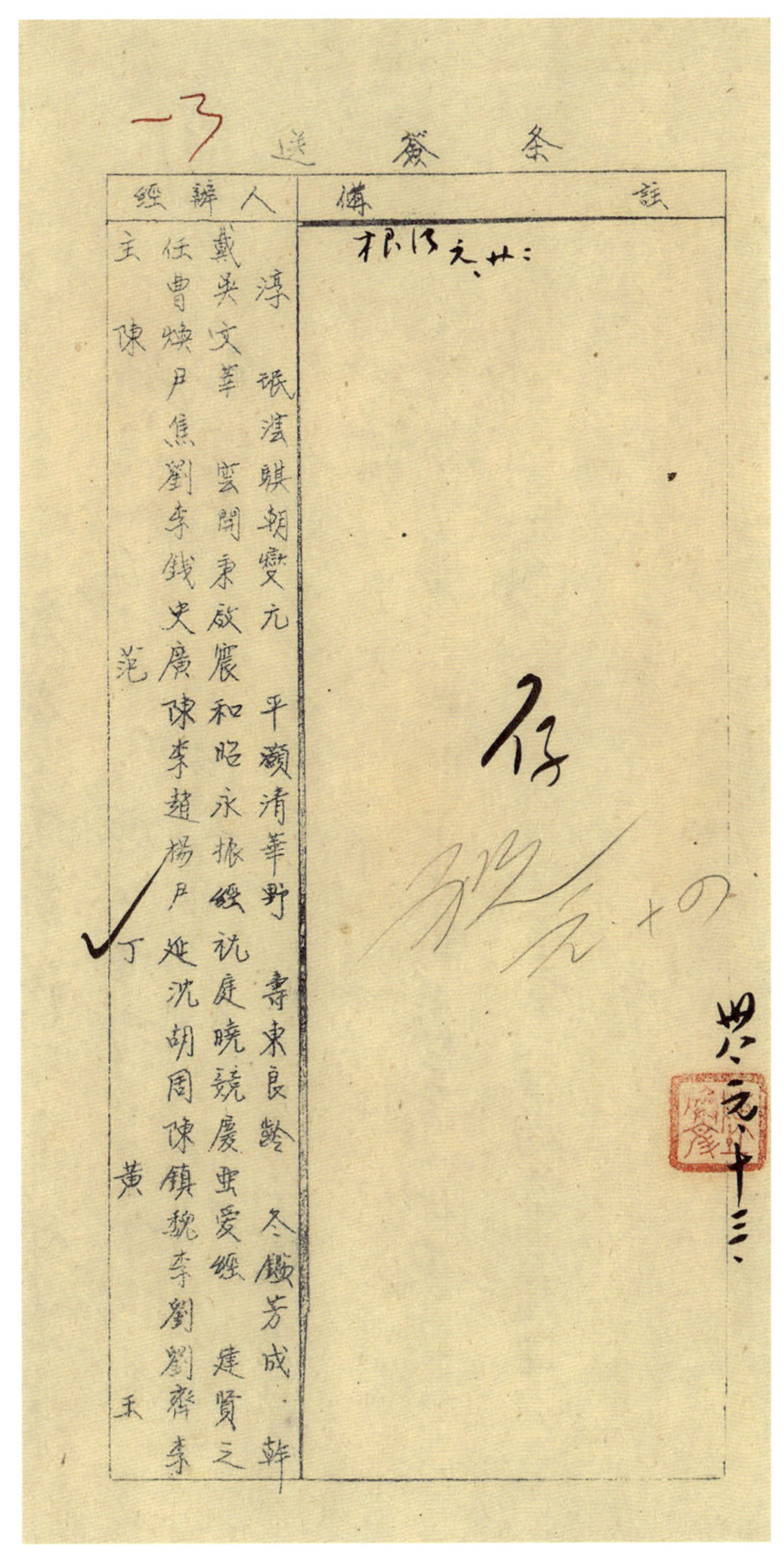

南京市工務局第一工程處便箋

逕啓者查本處經辦本市各處城门修理及橋樑工程亟需招商承包建作及採辦木料（洋松木杉枋板等項）並分批拟订於本月八日上午九時在中山路二〇二号本處開標比價拟請

貴部派員蒞臨監標即祈查照办理爲荷此致

審计部

南京市工務局第一工程處

工標比

審計部用箋

快郵代電　京廳(一)字第66號

南京市工務局第一工程處公鑒：案准貴處三十八年元月六日(卅八)工一字第〇〇一二號函，以擬購松木松方板業料定期比價，囑派員監視等由，准此，除派本部佐理吳丁志前往辦理外，相應電復查照為荷。審計部第三廳(一)條

(卅八)子真印

中華民國　年　月　日

第　頁

中華民國卅八年元月貳日收到

(卅八)工一

0021

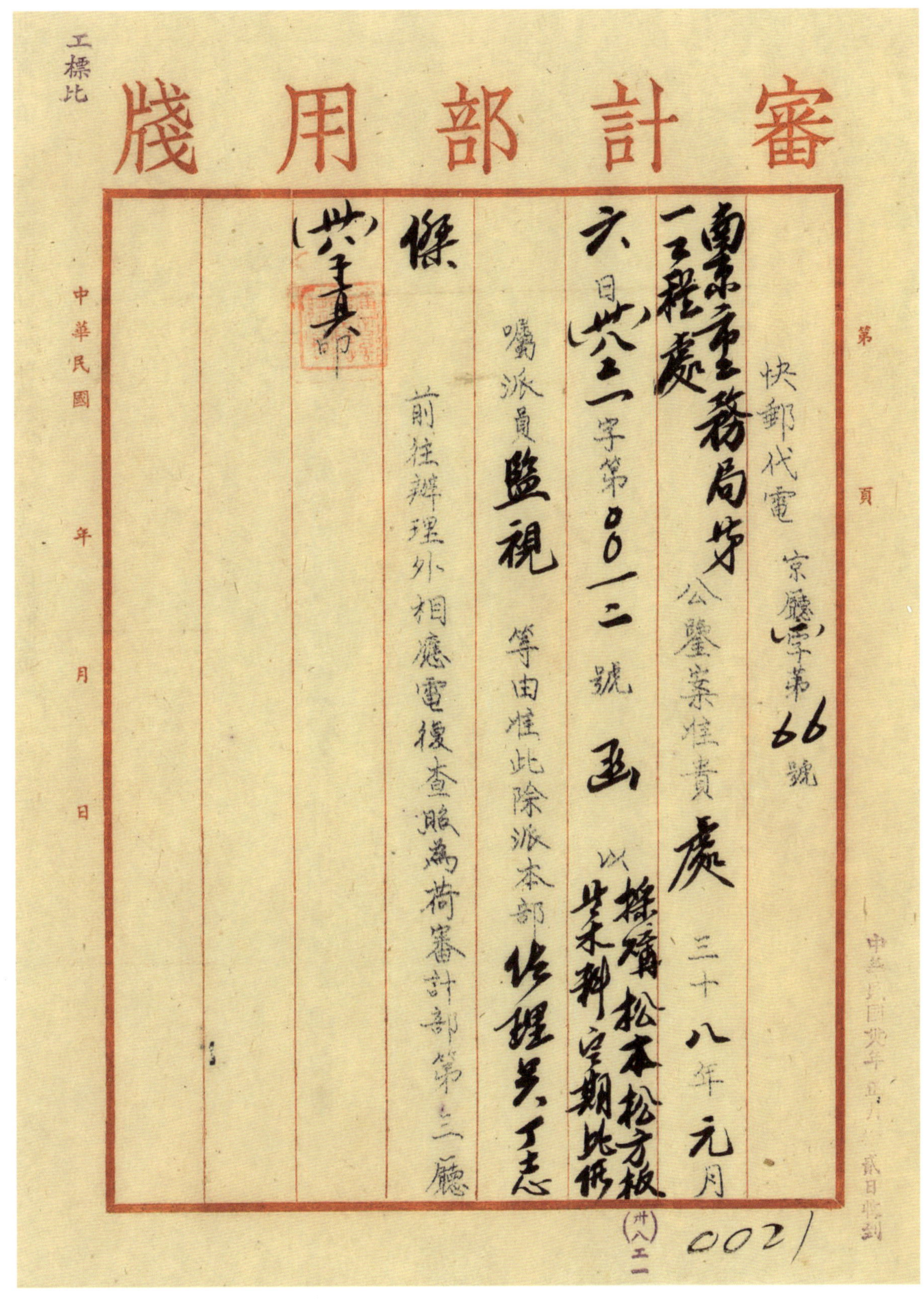

市工務局第一工程處關于招商城建電動城門邀請各廠商投標的通告（一九四九年一月二十五日）

工標比

—4

最速件

南京市工務局第一工程處稿

稿別	通告
事由	為通告各廠商來處參加修建電動城門由
受件機關或受件人	
附件	
與本件有關之件	

主任　行

卅八年元月　日　時

組長	段長	擬稿	書記	交辦	擬稿
張 1/25	金	孫	陳		
年 月 日 時	年 月 日 時	年 月 日 時	年 月 日 時	年 月 日 時	年 月 日 時

歸檔	電		文						
38年?月15日	總數	發電	發譯	交譯	封發	蓋印	校對	繕寫	交繕
檔案號數 2			年 月 日 時	年 月 日 時	38/1/25 工務文字 0054 號	年 月 日 時	年 月 日 時	年 月 日 時	年 月 日 時

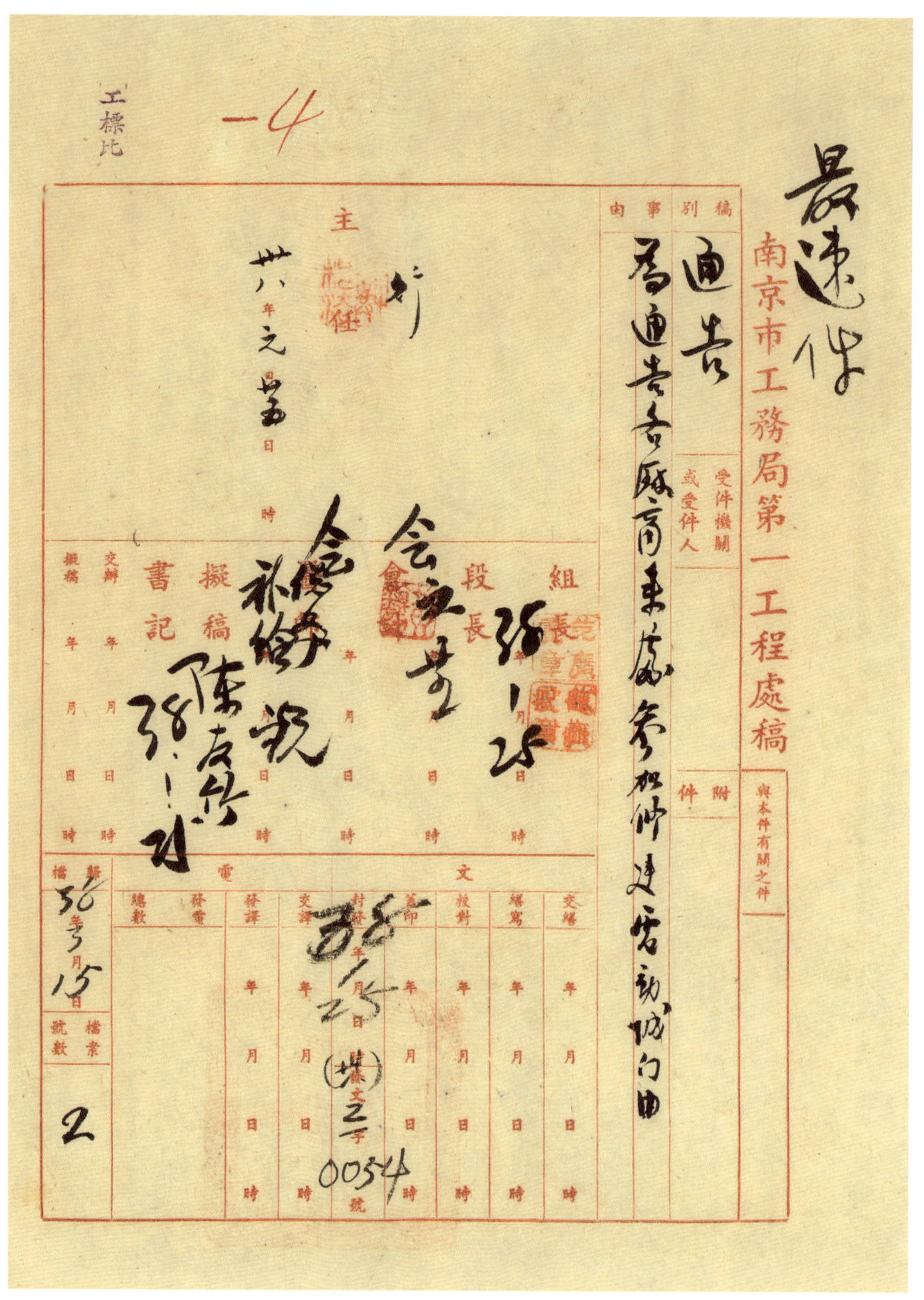

南京市工務局第八工程處通告　卅八（工八）字第〇〇五四號
中華民國卅八年一月廿四日

逕啟者：本處奉命修建本市正南城門三處，經會議決定招
商承建，爰特定於本月二十七日上午十時假本處（中山路八
〇二號）會議室當衆開標。爰希
貴　即日來處繳納押標金金圓券五百元，並領取圖樣，並
請屆時來處參加投標爲荷。
此致

附投標須知
一、凡領有本市正式營業執照之廠商均可參加投標
二、投標人須將標單封固後交本處工程組彙存
三、投標人須繳納押標金金圓券五百元（押標金於開標後
三日發還）

四、得標人应於開標後二日內領同保証人（舖保）來處簽訂合同

南京市工務局第一工程處主任

0008

最速件